法官裁判
智慧丛书

U0326334

法官的首要职责,就是贤明地运用法律。

〔英〕弗兰西斯·培根

JUDICIAL RULES AND APPLICATION
FOR CRIMINAL CASES OF INFRINGING UPON CITIZENS' PERSONAL RIGHTS

侵犯公民人身权利罪类案裁判规则与适用

刘树德　聂昭伟　著

图书在版编目(CIP)数据

侵犯公民人身权利罪类案裁判规则与适用 / 刘树德, 聂昭伟著. —北京：北京大学出版社, 2021.4

（法官裁判智慧丛书）

ISBN 978-7-301-32063-1

Ⅰ.①侵… Ⅱ.①刘… ②聂… Ⅲ.①侵犯人身权利罪—研究—中国 Ⅳ.①D924.344

中国版本图书馆 CIP 数据核字(2021)第 049653 号

书　　　名	侵犯公民人身权利罪类案裁判规则与适用 QINFAN GONGMIN RENSHEN QUANLIZUI LEI'AN CAIPAN GUIZE YU SHIYONG
著作责任者	刘树德　聂昭伟　著
丛 书 策 划	陆建华
责 任 编 辑	陆建华　张文桢
标 准 书 号	ISBN 978-7-301-32063-1
出 版 发 行	北京大学出版社
地　　　址	北京市海淀区成府路 205 号　100871
网　　　址	http://www.pup.cn　http://www.yandayuanzhao.com
电 子 信 箱	yandayuanzhao@163.com
新 浪 微 博	@北京大学出版社　@北大出版社燕大元照法律图书
电　　　话	邮购部 010-62752015　发行部 010-62750672　编辑部 010-62117788
印 刷 者	天津中印联印务有限公司
经 销 者	新华书店
	730 毫米×1020 毫米　16 开本　28.5 印张　558 千字 2021 年 4 月第 1 版　2021 年 4 月第 1 次印刷
定　　　价	89.00 元

未经许可，不得以任何方式复制或抄袭本书之部分或全部内容。

版权所有，侵权必究

举报电话：010-62752024　电子信箱：fd@pup.pku.edu.cn

图书如有印装质量问题，请与出版部联系，电话：010-62756370

聚焦刑事裁判文书说理(代总序)

裁判文书是记载人民法院审理过程和裁判结果的法律文书。裁判文书既是记录诉讼活动及其结果的载体,又是展示法官职业素养、显现法院形象、体现司法公正的媒介,还是反映刑事法理论与实践互动样态的重要依凭。此处从刑事裁判说理的角度切入,对刑事法理论与实践互动问题进行探讨,希冀对实践刑法学的构建有所裨益。

一、裁判文书的"五理"

裁判文书的说理,包括"五理",即事理、法理、学理、哲理和情理。

1. 事理

"事理",是对案件的客观事实以及法官查证、认定的法律事实方面提出的要求。有的判决书证明事实的证据不充分,仅有事实没有证据,或只是简单地罗列证据,缺乏对证据关联性的推理、分析和判断,对主要证据的采信与否未进行分析说明,对双方争议的关键证据的认定未置可否;有的判决书对法律事实的表述过于简单,例如一起贩毒刑事案件,事实部分表述为"某年某月以来,被告人某某数十次在某地贩卖毒品给吸毒人员甲、乙、丙等人吸食",贩卖的具体时间、地点、数量、次数、卖给了多少人等重要犯罪事实都不很清楚。再如一起故意伤害刑事案件,事实部分表述为"某年某月某日,被告人某某在某某县某某镇竹山坳,将本村村民甲打伤,经法医鉴定为轻伤",事件的起因、经过等一些影响定罪量刑的事实情节均未加以表述。

2. 法理

"法理",是对裁判适用法律方面提出的要求。法律适用包括实体法适用和程序法适用两个方面。法律适用具体包括"找法""释法"和"涵摄法"的过程。"找法"就是"以法律为准绳"的具体表现,最基本的要求是须做到"准确"。"释法"是由于法律规范具有普遍性和抽象性,绝大部分均需要解释后方可适用。不同的解释方法、立场、位序,有时会得出不同的结论。例如,采用形式解释还是实质解释、客观解释论还是主观解释论、文义解释优先还是目的解释优先,均可能导致个案处理结果的不同。① "释法"最基本的要求是须做到"得当"。"涵摄法"是法律事实与法律规范反复耦合,最后得出裁判结果的过程。"涵摄法"最基本的要求是须做到"正当或公正合理"。

3. 学理

"学理",是对裁判运用部门法学理论方面提出的要求。从裁判的整个过程来看,无论是法律事实的提炼,还是法律规范的解释,抑或法裁判结果的得出,均需不同程度地运用相关部门法学的基本理论,包括实体法理论和程序法理论。例如,刑事判决往往要运用刑法学、刑事诉讼法学,间或还会用到民事诉讼法学(附带民事诉讼)。目前刑事裁判文书的说理,绝大部分均按照传统的犯罪论体系的四要件顺序(或者不同的变体)来进行论述。② 但随着刑法学知识体系多元化局面的出现,即在传统的四要件犯罪论体系存在的同时,以德日阶层犯罪论体系为蓝本的各种犯罪论体系出笼,刑事审判实践包括刑事裁判文书的制作必将发生变化。③

4. 哲理

"哲理",是对裁判间或运用法理学、法哲学乃至哲学原理方面提出的要求。此处的法理学或者法哲学,既包括一般的法理学或者法哲学(例如,目前我国法学院校开设的法理学、法学基础理论),也包括部门的法理学或者法哲学,如刑法哲学、民法哲学。可以说,"哲理"是"学理"的进一步抽象和升华,更具有宏观的指导作用。刑事裁判的说理直接或者间接地受到刑法哲学乃至哲学的影响。以德国刑法学的发展史为例,不同的犯罪论体系均是在特定的哲学指导下逐步完善的。例如,古典犯罪论体系受自然主义哲学的影响,新古典犯罪论体系受新康德主义

---

① 参见周详:《刑法形式解释论与实质解释论之争》,载《法学研究》2010年第3期;陈兴良:《形式解释论与实质解释论:事实与理念之展开》,载《法制与社会发展》2011年第2期;劳东燕:《刑法解释中的形式论与实质论之争》,载《法学研究》2013年第3期。

② 参见刘树德:《刑法知识形态的裁判之维》,载赵秉志主编:《当代中国刑法学新思潮:高铭暄教授、王作富教授八十五华诞暨联袂执教六十周年恭贺文集》(上卷),北京大学出版社2013年版,第144—156页。

③ 参见陈兴良:《刑法的知识转型(学术史)》,中国人民大学出版社2012年版,第66—113页。

的影响,等等。① 受不同哲学影响的犯罪论体系对刑法、犯罪、刑罚均会有不同的认识,进而影响着刑事裁判包括裁判文书的说理。

5. 情理

"情理",是对裁判间或要顾及法律之外的道德、政治、民族、外交、民意与舆情、国民常识与情感等因素方面提出的要求。裁判所适用的法律,处在金字塔型的法系统之中,始终与其他各种社会系统,如政治系统、道德体系、经济制度等相互作用和影响。裁判作出的主体同样始终生活在充满复杂关系的社会之中,法官始终不可能真正是脱离俗界的"神"。处在我国现行政制架构中的人民法院,始终不可能扮演西方国家法院的那种"独立"的角色。② 这些众多的因素均直接或者间接地影响和要求裁判文书的说理要顾及法外的"情理"。例如,亲属间盗窃案件中考虑亲情伦理,刑事案件中考虑善的道德动机(例如下文"黄某盗窃案"),邻里纠纷等普通民事纠纷中考虑民间习惯,商事纠纷中考虑交易习惯,涉外案件中考虑外交,涉及边疆少数民族案件中考虑民族团结,敏感案件中考虑舆情,等等。

【案例】黄某盗窃案

经审理查明:2012年6月17日,江苏玉器商人林某乘坐一辆客运大巴车前往顺德容桂,在车上被被告人黄某及其同伙杨某(另案处理)偷走随身携带的手提包,内有现金1400元、诺基亚手机一部等。然而,黄某及杨某在得手后意外地发现,包内还有翡翠玉石一批共53件,后经警方鉴定该批玉石价值91.4万元。三日后,黄某因害怕被抓,凭借钱包中林某的身份证住址找到林某妻子后将玉石归还。2013年12月9日,黄某被警方抓获。

法院经审理认为,该案被害人林某未加防范地将包放在一旁座位上,难以让人判断包内有巨额财物。同时结合黄某"只想偷些小钱"的当庭供述和归还玉石的行为,可以推断被告人黄某在扒窃时的主观目的,是在公共汽车上窃取小额财物,而非追求窃取巨额财产,或采取能盗多少就多少的概括故意式的放任。根据主客观相统一的犯罪构成原理及罪责刑相适应的量刑原则,玉石的价值不应计入该案所盗窃的数额之内。黄某的行为符合刑法上的被告人对事实认识错误理论,从而阻却刑事责任。法院依照刑法相关规定,以盗窃罪判处被告人黄某有期徒刑7个月,缓刑1年,并处罚金1000元。

法官在该案判决书中就有如下一段"说理":被告人黄某的扒窃行为毫无疑义应受道德的谴责和法律的惩罚,但其后不远千里将所盗玉石归还失主的行为,不论其是出于自身的良知还是对法律的敬畏,均应该在道德上予以肯定和在法律上

---

① 参见喻海松:《德国犯罪构造体系的百年演变与启示》,载《中外法学》2012年第3期。
② 如我国学者指出的,"在传统中国,没有角色中立意义上的司法,只有相对专业或者司专意义上的司法,没有国家议事、执行、审判三种职权分立意义上的司法,只有作为整体国政的一部分的司法"。参见范忠信:《专职法司的起源与中国司法传统的特征》,载《中国法学》2009年第5期。

予以正面评价,并且可以也应该成为其改过自新之路的起点。①

二、刑事裁判文书说理受犯罪论体系结构安排的影响

犯罪论体系多元格局的形成,推动了学术话语层面的刑法知识形态的变化。随着20世纪90年代德国、日本系列刑法教科书的翻译引进,尤其是21世纪初期(2003年具有标志性)各种国际性或者全国性犯罪构成体系研讨会的召开、部分法学刊物对犯罪理论体系专题的刊登、部分学者对犯罪论体系的比较研究及知识性创作,我国刑法学犯罪构成理论体系的"一元"局面即以苏联犯罪构成体系为摹本并结合本国实践有所创新的四要件犯罪论体系终被打破,并已形成四要件犯罪论体系与阶层犯罪论体系的"二元"竞争格局。②

从实践维度来看,"阶层犯罪论体系"至今尚未见诸具体裁判之中。居于通说地位的,以犯罪客体—犯罪客观方面—犯罪主体—犯罪主观方面为排列顺序的四要件犯罪论体系仍处在指导实践的主导地位,检察官起诉或者抗诉、辩护人辩护、法官裁判均按此犯罪论体系进行思维和表达。例如,在"徐凤鹏隐匿、故意销毁会计凭证、会计账簿、财务会计报告案"中,辩护人提出如下辩护意见:"公诉机关指控被告人徐构成隐匿、故意销毁会计凭证、会计账簿、财务会计报告罪的证据不足:一、从犯罪的客体及犯罪对象方面讲,我国《刑法》第162条之一规定的犯罪对象是会计法规定的应当保存的公司、企业的会计资料,而个体的会计资料不属于会计法调整的范围;二、从犯罪的客观方面讲,徐没有实施隐匿、故意销毁会计凭证、会计账簿、财务会计报告的行为,因为徐拿走的是徐电器商城的商品经营账,并不是公司的账;三、徐电器商城的投资人、经营者是徐个人,而并非靖边县五金交电有限公司,电器商城经营行为是个人而非公司集体行为;四、徐与靖边县五金交电公司事实上形成了承包关系,而且也全部如数上交了承包费。综上,公诉机关指控被告人徐犯隐匿、故意销毁会计凭证、会计账簿、财务会计报告罪,证据不足,应依法判决徐无罪。"③

但是,实践中个案也出现按不同排列组合的四要件犯罪论体系进行表达的情形④,包括:

第一,犯罪主体—犯罪客体—犯罪主观方面—犯罪客观方面。例如本丛书涉及的"朱波伟、雷秀平抢劫案"的裁判理由:"这是刑法规定的抢劫罪。本罪的犯

---

① 杨虹等:《小偷的善意被作为从轻处罚情节》,载《人民法院报》2013年6月1日,第3版。
② 参见陈兴良:《刑法的知识转型(学术史)》,中国人民大学出版社2012年版,第66—112页。
③ 案例来源:陕西省靖边县人民法院(2010)靖刑初字第106号。
④ 有学者指出,除上述通行的排列顺序以外,至少还存在以下三种排列顺序:一是犯罪主体—犯罪客体—犯罪主观方面—犯罪客观方面;二是犯罪客观方面—犯罪客体—犯罪主观方面—犯罪主体;三是犯罪主体—犯罪主观方面—犯罪客观方面—犯罪客体。参见赵秉志:《论犯罪构成要件的逻辑顺序》,载《政法论坛》2003年第6期。

主体是年满 14 周岁并具有刑事责任能力的自然人;犯罪侵犯的客体是公私财物所有权和公民人身权利,侵犯的对象是国家、集体、个人所有的各种财物和他人人身;犯罪主观方面表现为直接故意,并具有将公私财物非法占有的目的;犯罪客观方面表现为对公私财物的所有者、保管者或者守护者当场使用暴力、胁迫或者其他对人身实施强制的方法,立即抢走财物或者迫使被害人立即交出财物";"这是刑法规定的强迫交易罪。本罪的犯罪主体除自然人以外,还包括单位;犯罪侵犯的客体是交易相对方的合法权益和商品交易市场秩序;犯罪主观方面表现为直接故意,目的是在不合理的价格或不正当的方式下进行交易;犯罪客观方面表现为向交易相对方施以暴力、威胁手段,强迫交易相对方买卖商品、提供或者接受服务,情节严重的行为。"①

第二,犯罪客体—犯罪主体—犯罪主观方面—犯罪客观方面。例如,本丛书涉及的"高知先、乔永杰过失致人死亡案"的裁判理由:"这是刑法规定的教育设施重大安全事故罪。该罪侵犯的客体,是公共安全和教学管理秩序,主体是对教育教学设施负有维护义务的直接人员,主观方面表现为过失,客观方面表现为不采取措施或者不及时报告致使发生重大伤亡事故的行为。"②

此外,实践个案还存在"简化版"的表达方式,包括:

其一,"犯罪客体—犯罪客观方面"。例如,"董杰、陈珠非法经营案"的裁判理由:"第一'冰点传奇'外挂软件属于非法互联网出版物。盛大公司所经营的《热血传奇》游戏是经过国家版权局合法登记的游戏软件,受国家著作权法的保护,被告人董、陈购买、使用'冰点传奇'外挂程序软件在出版程序上没有经过主管部门的审批,违反了《出版管理条例》的规定,在内容上也破坏了《热血传奇》游戏软件的技术保护措施,肆意修改盛大公司《热血传奇》游戏的使用用户在服务器上的内容,不仅违反了《信息网络传播权保护条例》的相关规定,而且侵犯了著作权人的合法权益……第二被告人董、陈利用外挂软件从事代练升级,构成非法经营罪。被告人购买了电脑,聘用了工作人员,先后替万多名不特定人使用非法外挂程序进行代练,并收取费用,客观上是对该非法外挂程序的发行、传播,属于出版非法互联网出版物的行为。"③

其二,"犯罪主观方面—犯罪客观方面"。例如,本丛书涉及的"崔勇、仇国宾、张志国盗窃案"的裁判理由:"一、被告人崔、仇、张主观上具有非法占有他人财物的目的。三个被告人均明知仇名下的涉案银行卡内的钱款不属仇所有,而是牟存储的个人财产。当涉案银行卡被吞、牟要求仇帮助领取银行卡时,三个被告人不是协助取回涉案银行卡并交还牟,而是积极实施挂失、补卡、取款、转账等行为,将卡内钱款瓜分,明显具有非法占有他人财物的目的。二、被告人崔、仇、张的行为

---

① 案例来源:《中华人民共和国最高人民法院公报》2006 年第 4 期。
② 案例来源:《中华人民共和国最高人民法院公报》2005 年第 1 期。
③ 案例来源:《最高人民检察院公报》2011 年第 5 号(总第 124 号)。

具有秘密窃取的性质。……本案中,三个被告人虽然是公然实施挂失、补卡、取款、转账等行为,但被害人并没有当场发觉,更无法阻止三个被告人的行为。被害人虽然对三个被告人可能侵犯其财产存在怀疑和猜测,并在案发后第一时间察觉了三个被告人的犯罪行为,但这与被害人当场发觉犯罪行为具有本质区别。因此,三个被告人的行为完全符合盗窃罪'秘密窃取'的特征。三、被告人崔、仇、张的行为符合盗窃罪'转移占有'的法律特征。……涉案银行卡被吞后,被害人牟虽然失去了对卡的实际控制,但基于掌握密码,并未丧失对卡内钱款的占有和控制。被告人崔、仇、张如果仅仅协助被害人取回涉案银行卡,不可能控制卡内钱款。三个被告人是通过积极地实施挂失、补办新卡、转账等行为,实现了对涉案银行卡内钱款的控制和占有。上述行为完全符合盗窃罪'转移占有'的法律特征。"①

其三,"犯罪客观方面—犯罪主体"。例如,"李江职务侵占案"的裁判理由:"李系沪深航公司的驾驶员,在完成运输任务过程中,不仅负有安全及时地将货物运至目的地的职责,还负责清点货物、按单交接及办理空运托运手续。因此,李对其运输途中的货物负有保管职责。托运人将涉案金币交付给沪深航公司承运,由此沪深航公司取得了对涉案金币的控制权。李受沪深航公司委派具体负责运输该批货物,其在运输途中亦合法取得了对该批货物的控制权。根据本案事实,托运人对涉案金币所采取的包装措施,仅是将金币等货物用纸箱装好后以胶带封缄。该包装措施虽然在一定程度上宣示了托运人不愿他人打开封存箱的意思,但主要作用在于防止货物散落。托运人办理托运时,就已整体地将保管、运输该批货物的义务交付给沪深航公司,托运人在整个运输过程中客观上已无力控制、支配该批货物。因此,李作为涉案货物承运人沪深航公司的驾驶人员,在运输涉案货物途中,对涉案货物负有直接、具体的运输、保管职责。李正是利用这种自身职务上的便利,伙同他人将本单位承运的货物非法占有。"②

三、刑事裁判文书说理受犯罪论体系思维逻辑的影响

无论是犯罪论体系的构建,还是司法实践中犯罪的认定,均离不开论证逻辑。正如我国学者指出的"阶层性是四要件犯罪论体系与阶层犯罪论体系之间的根本区别之所在"③,犯罪成立条件之间的位阶关系有利于保证定罪的正确性。按照阶层犯罪论体系的要求,司法裁判应遵循以下判断规则:客观判断先于主观判断、具体判断先于抽象判断、类型判断先于个别判断和形式判断先于实质判断。

1. 客观判断先于主观判断

从实践维度来看,个案往往采取了相反的判断规则,即主观判断先于客观判

---

① 案例来源:《中华人民共和国最高人民法院公报》2011年第9期。
② 案例来源:《中华人民共和国最高人民法院公报》2009年第8期。
③ 陈兴良:《刑法的知识转型(学术史)》,中国人民大学出版社2012年版,第109页。

断。例如，本丛书涉及的"赵金明等故意伤害案"的裁判理由："被告人赵、李等为报复被害人，主观上有故意伤害他人身体的故意，客观上实施了持刀追赶他人的行为，并致被害人死亡后果的发生，其行为均已构成故意伤害（致人死亡）罪。被害人被逼跳水的行为是被告人等拿刀追赶所致，被害人跳水后死亡与被告人的行为有法律上的因果关系，即使被告人对被害人的死亡结果是出于过失，但鉴于事先被告人等已有伤害故意和行为，根据主客观相一致原则，亦应认定构成故意伤害（致人死亡）罪。"①再如，"成俊彬诈骗案"的抗诉理由："主观上，原审被告人成、黄在进入各被害单位之前就已具有骗取被害单位车辆的犯罪故意；客观上，两被告人在意图非法占有被害单位车辆的思想驱使下，首先使用假身份证和驾驶证到职介所登记，再去被害单位应聘，既虚构了其身份及其遵纪守法的事实，又隐瞒了其'并非想从事司机职务'及其曾经诈骗其他单位车辆的真相，骗取了被害人的信任，使被害人陷入错误认识，'自愿'将车辆交其保管，从而实现其非法占有被害单位财物的目的。"②

2. 抽象判断先于具体判断

例如，本丛书涉及的"朱建勇故意毁坏财物案"的裁判理由，先从社会危害性层面作抽象判断，再对盗窃行为构成要件作具体判断："一、关于对被告人朱的行为能否用刑法评价的问题。《刑法》第2条规定：'中华人民共和国刑法的任务，是用刑罚同一切犯罪行为作斗争，以保卫国家安全，保卫人民民主专政的政权和社会主义制度，保护国有财产和劳动群众集体所有的财产，保护公民私人所有的财产，保护公民的人身权利、民主权利和其他权利，维护社会秩序、经济秩序，保障社会主义建设事业的顺利进行。'第13条规定：'一切危害国家主权、领土完整和安全，分裂国家、颠覆人民民主专政的政权和推翻社会主义制度，破坏社会秩序和经济秩序，侵犯国有财产或者劳动群众集体所有的财产，侵犯公民私人所有的财产，侵犯公民的人身权利、民主权利和其他权利，以及其他危害社会的行为，依照法律应当受刑罚处罚的，都是犯罪，但是情节显著轻微危害不大的，不认为是犯罪。'被告人朱为泄私愤，秘密侵入他人的账户操纵他人股票的进出，短短十余日间，已故意造成他人账户内的资金损失19.7万余元。这种行为，侵犯公民的私人财产所有权，扰乱社会经济秩序，社会危害性是明显的，依照《刑法》第二百七十五条的规定，已构成故意毁坏财物罪，应当受刑罚处罚。二、关于股票所代表的财产权利能否作为故意毁坏财物罪的犯罪对象问题……三、关于犯罪数额的计算问题……四、关于量刑问题……"③

---

① 案例来源：最高人民法院刑事审判第一、二、三、四、五庭主办：《刑事审判参考》（2007年第2集，总第55集），法律出版社2007年版，第21—26页。
② 案例来源：广东省佛山市中级人民法院（2007）佛刑二终字第338号。
③ 案例来源：《中华人民共和国最高人民法院公报》2004年第4期。

3. 个别判断先于类型判断

例如,"王怀友等诽谤案"的裁判理由采取了犯罪主体—犯罪客体—犯罪主观方面—犯罪客观方面的论证顺序,其中犯罪主观方面的判断属于个别判断,而犯罪客观方面的判断属于类型判断:"在主体方面,四个被告人均属完全刑事责任能力人。在客体方面,诽谤罪的客体是公民的名誉、人格,而对于政府工作人员来说政治名誉是其人格、名誉的组成部分,四个被告人的行为意欲侵害的是县委、政府领导人的政治名誉,因此四个被告人的行为侵犯的客体属于诽谤罪的客体。主观方面,尽管四个被告人各有其不同的上访事由,涉及不同的分管领导。但从整体上看,均因其各自上访问题未得到满意解决而对县委、政府产生不满,遂共同产生贬损县委、政府领导人政治名誉的念头,且均明知捏造的系虚假事实一旦散布出去必然会损害他人人格、破坏他人名誉,因此四个被告人均有诽谤他人的犯罪故意。客观方面,四个被告人针对县委、政府领导人共同实施了准备书写工具,商议捏造虚假事实,书写'大''小'字报及复印'小'字报;被告人王某、罗某、阮某还亲自实施了到昭通市区及鲁甸县城张贴的行为;四个被告人的行为造成了共同的危害后果。另外,四个被告人采用捏造虚假事实书写'大''小'字报这种恶劣的方法,选择昭通市区及鲁甸县城人员密集的公共场所进行张贴散布诽谤他人政治名誉,四个被告人的行为属于情节严重。综上所述,四个被告人属共同犯罪,其行为均已构成诽谤罪。"①

4. 实质判断先于形式判断

例如"李某抢劫案"的裁判理由不是先对抢劫一根玉米的行为作形式判断,即论证与判断此行为是否该当抢劫罪的实行行为,而是在量刑部分(是否适用缓刑)对此行为的社会危害性作实质判断:"抢劫罪侵犯的是财产权利和人身权利双重客体,本案中李某劫取的玉米价值甚小,对于超市来说损失甚微,但李深夜持刀架在被害人脖子处实施抢劫,给被害人造成的人身危险性远远超过财物本身的价值,给社会带来了不安全因素,具有严重的社会危害性,故不宜对李宣告缓刑。"②

四要件犯罪论体系反映到实践个案的裁判理由论证中,除不像阶层犯罪论体系所体现的先后有序递进之外,还间或存在部分要件"循环往复"或者杂糅在一起的现象。例如,"顾永波非法拘禁案"的裁判理由不仅将犯罪动机混同于犯罪目的,而且将犯罪主观方面与犯罪客观方面并在一起论证:"被告人顾为索取夫妻间曾协商约定的由其妻承担的债务,在其妻离家出走后,担心其妻不承担共同债务而落得人财两空,为迫使其妻的亲人及时找回其妻,扣押了其妻的亲人作为交换其妻的条件,从而达到要其妻承担债务与其离婚的目的,是一种'债务纠纷'的绑架行为。被告人顾在实施其违法行为时,实施了'扣押人质''以钱赎人'等类似绑

---

① 案例来源:云南省昭通市中级人民法院(2003)昭刑二终字第 162 号。
② 案例来源:上海市浦东新区人民法院(2012)浦刑初字第 2578 号。

架行为的客观外在的行为,但其主观上不具有索取财物的目的,不完全具备绑架罪的特征要件,不构成绑架罪。其为达到这一目的而非法扣押了人质钟某某,限制了人质钟某某的自由权利,影响较大,其行为构成非法拘禁罪。"①显然,正是此种逻辑不清晰的论证方式,导致观点"是一种'债务纠纷'的绑架行为"与"不完全具备绑架罪的特征要件,不构成绑架罪"的前后矛盾。

此外,从实践来看,四要件犯罪论体系与阶层犯罪论体系的判断规则、论证思维逻辑的不同,或许对大部分案件的最终处理结论不会带来影响,但间或直接影响到对同一事实的不同定性。例如,"成俊彬诈骗案"中检察院、一审法院、二审法院之所以存在定性的分歧,与裁判论证是先进行客观判断还是先进行主观判断有着直接的关系。检察院的抗诉意见认为:"主观上,原审被告人成、黄在进入各被害单位之前就已具有骗取被害单位车辆的犯罪故意;客观上,两被告人在意图非法占有被害单位车辆的思想驱使下,首先使用假身份证和驾驶证到职介所登记,再去被害单位应聘,既虚构了其身份及其遵纪守法的事实,又隐瞒了其'并非想从事司机职务'及其曾经诈骗其他单位车辆的真相,骗取了被害人的信任,使被害人陷入错误认识,'自愿'将车辆交其保管,从而实现其非法占有被害单位财物的目的。综上,原审被告人成、黄的行为已构成诈骗罪。"二审法院裁判理由:"原审被告人成伙同原审被告人黄,以非法占有为目的,使用假身份证和驾驶证骗取被害单位招聘成作司机,后成利用给被害单位送货之机,伙同黄将被害单位的车辆非法占为己有;成没有为被害单位从事司机一职的主观愿望,其骗取的司机一职只是其骗取被害单位财物的一种手段,原审被告人成、黄的行为已构成诈骗罪。"②抗诉意见和二审裁判理由均是先进行主观判断,认为被告人主观上有诈骗故意,进而基于此种故意实施了"诈骗"行为,因而构成诈骗罪。但是,按照阶层犯罪论体系的判断规则,宜先分析被告人的行为是职务侵占行为还是诈骗行为,两者的关键区别在于:第一,财物被侵害之前的状态是处于行为人控制还是由被害人控制;第二,财物的转移状态发生变化的原因是利用职务便利还是基于被骗而陷入认识错误进而做出财产处分。从本案案情来看,被告人虽然在取得司机身份时存在欺骗因素,但此并不意味着财物状态的改变也是基于被骗而陷入错误认识进而做出处分的结果。因而,本案被告人行为的定性宜为职务侵占罪。

四、聚焦"说理"来促进实践刑法学

近年来,随着依法治国方略的逐步实施和法治中国建设的逐步深化,中国法治实践学派随之兴起。所谓中国法治实践学派,是以中国法治为研究对象,以探寻中国法治发展道路为目标,以实验、实践、实证为研究方法,注重现实、实效,具

---

① 案例来源:云南省永德县人民法院(2007)永刑初字第29号。
② 案例来源:广东省佛山市中级人民法院(2007)佛刑二终字第338号。

有中国特色、中国气派、中国风格的学术群体的总称。① 2018 年 7 月 20 日至 21 日,在"法学范畴与法理研究"学术研讨会(长春)上,徐显明教授提出了未来的法理学"五化"的命题,即学理化、本土化、大众化、实践化和现代化;付子堂教授提出了"走向实践的中国法理学"命题。刑法学作为部门法学,在某些方面"春江水暖鸭先知",较早地开始了知识形态方面的反思,先后提出了其是"无声的刑法学""无史化的刑法学"②"缺乏学派之争的刑法学"③"缺乏教义学的刑法学"④。显然,这些命题的提出存在一个大的背景,就是德日三阶层犯罪论体系的引入,促发了刑法学知识的转型,并形成与对传统的四要件犯罪论体系并存的局面。如果说,学界围绕这些命题的论争与展开,更多地具有理论色彩的话,那么,另一个侧面的反思则集中在既有刑法学知识的疏离实践、缺乏实践理性品格方面⑤,就后者而言,此种状况出现了改变的迹象,如个人专著式教科书开始"在叙述过程中,穿插有大量的司法解释和案例分析"⑥,个别学者出版了判例教义学专著⑦,并领衔对司法规则进行汇纂⑧;个别学者结合案例进行专题研究⑨;等等。笔者较早地关注此问题并一直将其作为学术重心,收集了大量实践案例,不仅对特定罪名或者专题进行研究⑩,同时对最高司法机关相关刊物的案例进行汇总式评析⑪,还在前期学术累积的基础上提出"实践刑法学"的设想,并开始了初步的尝试。⑫ 如果说刑法处在"地方性与普适性"并存的发展状态⑬,那么,塑造实践理性品格无疑会更

---

① 参见钱弘道主编:《中国法治实践学派》(2014 年卷),法律出版社 2014 年版,第 3 页。
② 周光权:《法治视野中的刑法客观主义》,清华大学出版社 2002 年版,第 2 页。
③ 张明楷:《刑法的基本立场》,中国法制出版社 2002 年版,第 47 页。
④ 陈兴良:《刑法教义学方法论》,载《法学研究》2005 年第 2 期。
⑤ 参见齐文远:《中国刑法学应当注重塑造实践理性品格》,载陈泽宪主编:《刑事法前沿》(第六卷),中国人民公安大学出版社 2012 年版,第 226、232 页。
⑥ 黎宏:《刑法学》,法律出版社 2012 年版,自序第 III 页。
⑦ 参见陈兴良:《判例刑法学》(上下卷),中国人民大学出版社 2009 年版。
⑧ 参见陈兴良、张军、胡云腾主编:《人民法院刑事指导案例裁判要旨通纂》(上下卷),北京大学出版社 2012 年版。
⑨ 参见金泽刚:《抢劫加重犯的理论与实践》,法律出版社 2012 年版。
⑩ 参见刘树德:《绑架罪案解》,法律出版社 2003 年版;刘树德:《抢夺罪案解》,法律出版社 2003 年版;刘树德:《挪用公款罪判解研究》,人民法院出版社 2005 年版;刘树德:《敲诈勒索罪判解研究》,人民法院出版社 2005 年版;刘树德:《"口袋罪"的司法命运——非法经营的罪与罚》,北京大学出版社 2011 年版;刘树德:《牵连犯辨正》,中国人民公安大学出版社 2005 年版。
⑪ 参见刘树德:《阅读公报——刑事准判例学理链接》,人民法院出版社 2004 年版;刘树德、喻海松:《规则如何提炼——中国刑事案例指导制度的实践》,法律出版社 2006 年版;刘树德、喻海松:《中国刑事指导案例与规则:提炼·运用·说理》,法律出版社 2009 年版;刘树德:《刑事指导案例汇览:最高人民法院公报案例全文·裁判要旨·学理展开》,中国法制出版社 2010 年版。
⑫ 参见刘树德:《实践刑法学·个罪 I》,中国法制出版社 2009 年版;刘树德:《刑事裁判的指导规则与案例汇纂》,法律出版社 2014 年版。
⑬ 参见储槐植、江溯:《美国刑法》(第四版),北京大学出版社 2012 年版,第 16 页。

多地凸显"地方性",也可以说,只有丰富了"地方性"知识,方能真正地形成"有独立声音的中国刑法学",而非"重复别人声音的中国刑法学"。随着案例指导制度的出台及指导性案例的发布,中国裁判文书网的建成及裁判文书的网上公开,裁判文书释法说理指导意见①的下发及示范性说理文书的不断涌现,法院信息化建设的持续进步及大数据、人工智能等技术在司法领域的推广运用,实践(刑法)法学更有了良好的发展基础,理应有更大的使命与担当,既要加强案例指导制度运行的实证研究,为其健全和发展提供有针对性的对策建议,也要充分消化、吸收指导性案例的学术资源,全面、系统总结刑事法官裁判智慧,提升刑法学的实践性品格和教义化水平。

刘树德
2020 年 4 月 10 日

---

① 参见 2018 年 6 月 1 日最高人民法院《关于加强和规范裁判文书释法说理的指导意见》。

目 录

第一章 罪刑相适应原则 ……… 001
  一、罪刑相适应原则的内在要求:单向制约还是双向制约 ……… 001
  二、罪刑相适应原则在法官个案裁判解释中如何体现 ……… 002

第二章 刑法的时间效力与空间效力 ……… 010
  一、针对某一犯罪行为"新旧法"法定刑相同的,如何选择适用 ……… 010
  二、如何理解《刑法》第12条"从旧兼从轻"中的"处刑较轻" ……… 011
  三、犯罪预备行为发生在我国境内的,能否适用我国刑法 ……… 013

第三章 犯罪概念 ……… 017
  一、犯罪概念及"但书"的司法功能如何把握 ……… 017
  二、"但书"的司法适用 ……… 019

第四章 犯罪故意 ……… 023
  一、如何认定行为人犯罪故意中的认识因素 ……… 023
  二、如何认定不作为犯罪中行为人的犯罪故意 ……… 025

第五章 犯罪过失 ……… 028
  一、如何区分疏忽大意的过失行为与意外事件 ……… 028
  二、在人身伤害类案件中存在介入因素时,如何判断因果关系 ……… 032

第六章 刑事责任年龄与能力 ……………………………………… 039
一、户籍证明与其他证据矛盾时如何认定被告人的年龄 ………… 039
二、行为人因饮酒、吸毒致责任能力丧失的,是否影响刑事责任的承担 …… 040
三、醉酒状态下实施犯罪能否作为酌定从轻处罚情节 …………… 044
四、如何审查轻度精神障碍及智障者的刑事责任能力 …………… 046

第七章 正当防卫 …………………………………………………… 050
一、如何理解正当防卫的时间要件——不法侵害正在进行 ……… 050
二、如何理解"正当防卫不能明显超过必要限度造成重大损害" …… 052
三、针对无刑事责任能力的人能否实施正当防卫行为 …………… 054
四、为预防不法侵害而事先准备防卫工具的能否成立正当防卫 …… 056
五、在相互斗殴过程中是否存在实施正当防卫行为的空间 ……… 061
六、对于特殊防卫条件中"行凶"一词如何理解 ………………… 062
七、假想防卫致人死亡的行为应如何认定及处理 ………………… 065
八、在自家院内搜寻不法侵害人时发生打斗致人死亡的,是否构成正当防卫 ………………………………………………………… 067

第八章 犯罪形态 …………………………………………………… 069
一、在间接故意犯罪中是否存在未遂形态 ………………………… 069
二、对罪行极其严重的杀人未遂案件,能否适用死刑立即执行 …… 071
三、中止犯罪中"未发生结果"及"未造成损害"如何认定 …… 073
四、自动性与被迫性并存时犯罪中止与未遂如何认定 …………… 074
五、共同犯罪中犯罪未遂与犯罪中止如何认定 …………………… 076

第九章 共同犯罪 …………………………………………………… 080
一、共同犯罪中帮助犯等共犯行为的认定思路如何把握 ………… 080
二、共同犯罪中主犯与从犯如何认定与区分 ……………………… 083
三、如何准确区分共同犯罪与同时犯 ……………………………… 085
四、犯罪故意与犯罪行为不完全相同的,能否成立共同犯罪 …… 087
五、有责任能力者与无责任能力者能否成立共同犯罪 …………… 092
六、事前明知但无通谋,事后包庇、掩饰、隐瞒的,能否以共犯论处 …… 095
七、对明显超过共同犯罪故意内容的过限行为如何处理 ………… 097
八、共同犯罪中教唆犯、帮助犯脱离共犯关系如何认定 ………… 101

第十章 死刑 ... 104
一、《刑法》第48条"罪行极其严重"如何理解与认定 ... 104
二、对未成年人和年满75周岁老人如何适用《刑法》第49条和第17条 ... 106
三、如何理解《刑法》第49条规定的"以特别残忍手段致人死亡" ... 107
四、如何理解和认定《刑法》第49条规定的"审判时怀孕的妇女" ... 110
五、主观恶性极大、人身危险性极大的罪犯获得谅解的,能否判处死刑 ... 111
六、罪行极其严重的故意杀人未遂案件是否可以判处死刑 ... 113
七、对罪行极其严重但兼有法定从轻、从重情节的罪犯如何适用死刑 ... 114

第十一章 死缓并限制减刑制度 ... 116
死缓限制减刑在因恋爱、婚姻矛盾引发的杀人案件中如何适用 ... 116

第十二章 剥夺政治权利 ... 120
一、对被判处死刑的外国人能否附加剥夺政治权利 ... 120
二、对未成年人犯罪是否判决附加剥夺政治权利 ... 122

第十三章 自首与立功 ... 124
一、如何认定自首情节中的"确已准备去投案" ... 124
二、不知自己已被公安机关实际控制而投案的,能否认定"自动投案" ... 129
三、亲属"送亲归案"或者协助抓获行为人的,能否认定"自动投案" ... 131
四、取保候审期间逃跑,后自动投案并如实供述的如何认定 ... 133
五、行为人供述与采取强制措施罪名不同的罪行,针对该罪能否认定自动投案 ... 136
六、如何认定自首情节中的"明知他人报案而在现场等待" ... 138
七、经电话通知、传唤到案的行为能否认定为"自动投案" ... 141
八、作案后既有自杀又有报警行为的,能否认定为"自动投案" ... 144
九、报警后在等待抓捕期间继续实施犯罪行为的,能否认定为自动投案 ... 148
十、报警时未表明系作案人而在现场等待的,能否认定为"自动投案" ... 151
十一、以被害人或证人身份报案,归案后隐瞒重大犯罪事实的,能否认定"自动投案" ... 153
十二、在一般性排查中就如实交代罪行的,能否认定为"自动投案" ... 157
十三、对于犯罪后未逃离现场或者逃离后又返回的,如何认定"自动投案" ... 160
十四、在抢救被害人过程中被抓获,后主动如实供述的,能否认定为自首 ... 163
十五、如何区分认定"自动投案"过程中的"形迹可疑"与"犯罪嫌疑" ... 165

十六、如何理解和认定"如实供述主要犯罪事实"的内容与时间 …………… 168
十七、在二审发回重审后的一审期间再作供述的,能否认定为"如实
　　　供述" ……………………………………………………………………… 174
十八、行为人对其主观心态的辩解是否影响自首的成立 ………………… 176
十九、自动投案但对影响量刑升格的次要事实翻供的,是否影响自首的
　　　认定 ……………………………………………………………………… 179
二十、余罪自首中如何认定"司法机关尚未掌握的不同种罪行" ………… 181
二十一、共犯以证人身份协助司法机关指认同案犯的,是否构成立功 …… 187
二十二、抓获犯罪嫌疑人的线索来源违法或者不清的,能否认定为立功 … 189
二十三、被窝藏人主动供述他人窝藏犯罪的能否认定为立功 …………… 191
二十四、被告人亲属协助抓获其他犯罪嫌疑人的,能否认定为立功 …… 194

第十四章　缓刑 …………………………………………………………… 198
如何认定故意杀人当中的"情节较轻"并适用缓刑 ……………………… 198

第十五章　追诉时效 ……………………………………………………… 203
一、如何确定犯罪行为对应的法定最高刑及追诉期限 …………………… 203
二、被害人虽控告但公安机关不立案的案件是否受追诉时效限制 ……… 206
三、新、旧刑法交替后追诉时效规定应当如何适用 ……………………… 208
四、已婚被告人与他人存在事实婚姻关系,后单方终止事实婚姻的,如何
　　计算追诉时效 …………………………………………………………… 211

第十六章　故意杀人罪 …………………………………………………… 214
一、帮助他人玩"危险游戏"致人死亡案件如何定性 …………………… 214
二、因长期遭受家庭暴力而"以暴制暴"杀人的,应当如何量刑 ………… 216
三、教唆、帮助他人自杀行为能否认定为故意杀人罪 …………………… 220
四、以驾车、放火、爆炸、投毒等危险方法杀人应当如何定性 …………… 225
五、如何认定交通肇事逃逸案件转化为故意杀人的情形 ………………… 229
六、遗弃罪、虐待罪与故意杀人罪应当如何区分 ………………………… 233
七、因自己行为致被害人于生命危险境地,"见死不救"如何认定处理 …… 236
八、因婚恋、家庭、邻里纠纷等民间矛盾引发的杀人案件如何定罪量刑 … 239
九、故意杀人案件中被害人过错是否影响死刑适用 ……………………… 252
十、多名被告人致一人死亡的共同犯罪案件如何区别量刑 ……………… 259

第十七章　过失致人死亡罪 ... 263
一、如何区分间接故意杀人罪与过失致人死亡罪 ... 263
二、一般日常生活殴打行为致特异体质被害人死亡的案件如何定性 ... 268
三、驾驶交通工具在非公共交通范围内撞人死亡的应如何定罪 ... 273
四、针对发生在具体领域的过失致人死亡行为应当如何定罪 ... 275

第十八章　故意伤害罪 ... 280
一、故意伤害罪与故意杀人罪如何界分 ... 280
二、雇佣他人犯罪的案件中，对于雇佣人与被雇佣人应当如何处理 ... 282
三、数人寻衅滋事殴打他人致人重伤、死亡的如何定罪 ... 283
四、聚众斗殴过程中致人重伤、死亡的应当如何定罪 ... 286
五、转化犯中"致人伤残、死亡"应当如何理解 ... 288
六、行为人在见义勇为过程中致犯罪分子伤亡的如何定罪 ... 291
七、故意殴打行为导致特殊体质被害人死亡的如何定罪量刑 ... 294
八、家长体罚教育子女致子女死亡的如何定罪处罚 ... 299
九、虐待过程中实施暴力殴打直接致人伤亡的如何定罪处罚 ... 302
十、如何理解故意伤害犯罪"以特别残忍手段致人重伤造成严重残疾" ... 306
十一、组织出卖人体器官罪是否以人体器官的实际摘取作为既遂标准 ... 308

第十九章　强奸罪 ... 310
一、被害人无明显反抗行为或意思表示时，如何认定有无违背妇女意志 ... 310
二、妇女对性的自主决定权具体包括哪些内容 ... 314
三、丈夫强行与妻子发生性关系如何处理 ... 315
四、强迫他人性交、猥亵供行为人观看的行为如何定性 ... 318
五、行为人先后实施了奸淫和猥亵行为的，认定为一罪还是数罪 ... 320
六、如何认定强奸"致被害人重伤、死亡"或者"造成其他严重后果" ... 323
七、轮奸的成立是否要求各行为人均达到法定年龄和具有刑事责任能力 ... 328
八、轮奸案件中是否存在未遂形态 ... 330
九、帮助犯在实行犯离开后继续实施奸淫行为的，能否认定为轮奸情节 ... 334
十、轮奸幼女的，能否同时适用轮奸加重处罚与奸淫幼女从重处罚情节 ... 337
十一、未经共谋在不同地点对同一被害人先后实施奸淫是否构成轮奸 ... 338

第二十章　强制猥亵、侮辱妇女罪 ... 341
一、强制猥亵对象中包括已满和未满14周岁女性的，对所犯数罪是否并罚 ... 341

二、如何认定猥亵犯罪行为及在公共场所当众实施猥亵行为 …………… 343
三、用生殖器磨蹭未成年幼女阴道口,构成强奸罪还是猥亵儿童罪 …… 345

第二十一章　非法拘禁罪 …………………………………………… 348
一、采取劫持、扣押人质手段强行索取债务的行为如何定性 …………… 348
二、以索债为目的非法拘禁、扣押他人,是否以债务人本人为限 ……… 354
三、非法拘禁过程中发生致人伤亡结果的如何定罪量刑 ………………… 358
四、将被捉奸的妇女赤裸捆绑示众的行为如何定罪处罚 ………………… 362

第二十二章　绑架罪 …………………………………………………… 365
一、扣押人质索取少量钱财或者提出轻微不法要求的,能否认定为
　　绑架罪 …………………………………………………………………… 365
二、受欺骗蒙蔽而帮助绑架人控制人质或勒索财物的如何定性 ………… 369
三、如何准确区分敲诈勒索罪、抢劫罪与勒索型绑架罪 ………………… 373
四、故意杀害被绑架人未遂的,能否认定为"杀害被绑架人"并适用死刑 … 375
五、绑架"致人死亡"的,应当如何认定其主观故意与因果关系 ………… 379
六、绑架行为人绑架他人后自动放弃继续犯罪的如何处理 ……………… 380
七、绑架犯罪中犯罪预备与犯罪未遂如何认定 …………………………… 383
八、绑架犯罪未完成形态能否作为认定绑架罪"情节较轻"的依据 …… 386
九、在绑架中又劫取被绑架人随身携带财物的行为如何定罪 …………… 388

第二十三章　拐卖妇女、儿童罪 ……………………………………… 391
一、"两性人"能否成为拐卖妇女罪的犯罪对象 ………………………… 391
二、如何认定"造成被拐卖妇女、儿童及其亲属死亡或者其他严重后果" … 392
三、依被拐卖妇女的要求将其再转卖给他人的行为如何定罪处罚 ……… 397
四、为无民事行为能力妇女介绍对象收取费用的行为如何定性 ………… 399
五、出卖亲生子女的行为如何定罪量刑 …………………………………… 402
六、如何认定"暴力绑架儿童""偷盗婴幼儿"及"拐骗儿童" ………… 408
七、如何认定拐卖妇女、儿童罪中的既遂、未遂形态 …………………… 413
八、拐卖过程中奸淫被拐卖妇女或者强迫其卖淫的如何认定 …………… 415
九、福利院工作人员收买被拐卖儿童的行为如何认定 …………………… 417
十、被拐卖、拐骗儿童的年龄变化与认识错误对罪名认定有何影响 …… 418

第二十四章　重婚罪 …………………………………………………… 421
一、以夫妻名义同居生活的能否构成重婚罪 ……………………………… 421

二、恶意申请宣告配偶死亡后与他人结婚的行为是否构成重婚罪 ………… 424

第二十五章　虐待罪 …………………………………………………… 426
离婚后仍生活在一起的,是否属于虐待罪构成要件要素的"家庭
成员" ……………………………………………………………………… 426

第二十六章　组织残疾人、儿童乞讨罪 ………………………………… 428
如何认定组织儿童乞讨罪中的"暴力、胁迫"手段及"组织"行为 ………… 428

后　记 …………………………………………………………………… 431

第一章　罪刑相适应原则

一、罪刑相适应原则的内在要求：单向制约还是双向制约

(一) 传统罪刑关系理论

传统罪刑关系理论认为,犯罪与刑罚之间是一种决定与被决定、引起与被引起的关系。为此,罪刑相适应原则的含义是单向的,即刑罚的轻重应当与犯罪分子所犯罪行及承担的刑事责任相适应。这就要求"司法人员必须遵循先定罪、后量刑的时间顺序,不能把量刑提到定罪之前"[①]。也就是说,司法人员必须先确定犯罪行为的性质,在定罪之后再去确定与之相适应的刑罚。

(二) 罪制约刑的单向关系向罪刑相互制约的双向关系的转变

从司法实践来看,大量简单案件的办理过程的确如此。由于案件事实与刑法规范简单明晰,法官就像"一台自动售货机,人们向他馈送事实和法律规则,就像是向自动售货机投放硬币,然后便可从机器下面得到相应的结果"[②]。然而,在近些年发生的以"许霆案"为代表的系列"难办案件"中,审判人员沿着上述路径所作出的裁判结果却惹来众怒。为此,有学者开始对传统"由罪及刑"的正向模式进行反思,认为"刑从罪生、刑须制罪的罪刑正向制约关系并非罪刑关系的全部与排他的内涵,在这种罪刑正向制约关系的基本内涵之外,于某些疑难案件(或者'难办案件')中亦存在着逆向地立足于量刑的妥当性考虑,而在教义学允许的多种可能选择之间选择一个对应的妥当的法条与构成要件予以解释与适用,从而形成量刑反制定罪的逆向路径"[③]。反映在司法实践中,当审判人员"拿到一个案件(尤其是疑难案件)后,先出于各种考虑形成一个当判多重刑罚的意见,然后再沿着可能满足这个意见的多重可能的来路,返回去寻找合适的罪名"[④]。对此,张明楷教授也指出:"几乎在所有争议案件中,法官、

[①] 王勇:《定罪导论》,中国人民大学出版社1990年版,第263页。
[②] 〔德〕罗伯特·霍恩等:《德国民商法导论》,中国大百科全书出版社1996年版,第62页。
[③] 梁根林:《许霆案的规范与法理分析——编者按》,载《中外法学》2009年第1期。
[④] 白建军:《刑罚分则与刑法解释的基本理论》,载《中国法学》2005年第4期。

检察官通常都是先有一个结论,然后再去找应当适用的法律条文,看这些条文是否能包含案件的条件,这就是国外学者常说的三段论的倒置或者倒置的三段论。"①同样,我们在长期的审判实践中也发现,在疑难案件的定罪论证过程中,量刑结果权衡实际上提前参与到了对法律规范甚至案件事实的认定过程当中。由此,罪刑相适应原则具有了更多的含义,由传统的罪制约刑的单向关系转为罪刑相互制约的双向关系。

二、罪刑相适应原则在法官个案裁判解释中如何体现

在适用法律处理各种案件的过程中,法官不可避免地需要对法律进行解释,从某种意义上来说,法官适用法律其实就是一个解释法律的过程。② 我们知道,法律解释的方法有很多,如文义解释、体系解释、历史解释、目的解释等。那么,在处理具体案件过程中,我们在何种情况下应当采取何种解释?其理由和根据又是什么呢?对此,德国的普珀教授指出:"在具体个案中,当数个解释方法分别导出对立的结论时,为了决定应采哪一种解释,方法论长久以来都在努力试着定出各种解释方法之间的抽象顺位,但是并没有成功……对于具体个案中判决的发现来说,这些解释方法仅具有次要的意义。依此,法律适用者是先根据他的前理解及可信度衡量决定正确的结论,然后再回过头来寻找能够证成这个结论的解释方法。"③具体到刑事案件中来,我们在为某一罪状用语寻找解释方法的时候,需要考虑法条所规定的法定刑以及依此法条最终可能作出的宣告刑的轻重,使解释的结论符合罪刑相适应原则。关于这一点,正如张明楷教授所指出:"法定刑影响、制约对相应犯罪构成要件的解释。因为法定刑首先反映出国家对犯罪行为的否定评价和对犯罪人的谴责态度,所以,解释者必须善于联系法定刑的轻重解释犯罪的构成要件,将轻微行为排除在重法定刑的犯罪构成之外,使严重行为纳入重法定刑的犯罪构成之内。"④由此可见,在具体理解与适用法条过程中,如果说罪刑法定原则为刑法解释划定了边界,那么罪责刑相适应原则就为刑法解释指明了

---

① 张明楷:《刑法解释理念》,载《国家检察官学院学报》2008年第6期。
② 关于刑法为何需要解释,理由如下:首先,由于刑法规范的内容通过普通用语来表达,普通用语尽管核心含义明确,但是在向边缘扩展过程中,其外延就会变得模糊起来,这就需要通过解释来明确其边缘含义。其次,刑法规范是对犯罪现象进行抽象化、类型化的结果,均具有一定的抽象概括性,而案件事实却是具体的,为了缩短、拉近二者之间的距离,需要对刑法规范进行解释。再次,刑法一经制定便具有了相对稳定性,而社会生活又是不断发展变化的,为了使稳定的刑法规范适应不断发展变化的社会生活,也需要对刑法规范进行解释。
③ 〔德〕英格博格·普珀:《法学思维小学堂》,蔡圣伟译,北京大学出版社2011年版,第78页。
④ 张明楷:《许霆案的刑法学分析》,载《中外法学》2009年第1期。

方向,让我们知道在何种情况下应当采取何种解释方法。①

(一) 罪刑相适应原则在解释"暴力"用语中的作用

在侵害人身权利犯罪案件当中,"暴力"系一种常见的行为方式。按照"暴力"行为的强度可以分为如下几种情形:致人重伤、死亡的暴力,致人轻伤、轻微伤的暴力,以及日常生活中只是造成肉体的暂时痛苦而没有造成任何实质性伤害的暴力。那么,具体犯罪中的"暴力"需要达到何种程度呢?根据罪刑相适应原则,具体犯罪法定刑的刑种与严厉程度是依照一定的标准而与具体犯罪的构成要件相对应的,这就要求我们在理解罪状过程中,需要将具体犯罪罪状的含义确定与相应法定刑合理地对应起来。例如,妨害公务罪的法定最高刑仅为 3 年有期徒刑,为此,这里的暴力不可能包含已经致人重伤或者死亡的暴力。也就是说,如果妨害公务的暴力行为已经致人重伤或者死亡,就应考虑认定为故意伤害罪或者故意杀人罪。同样,针对侵害人身权利具体犯罪罪状中的"暴力"用语,其造成的结果包含哪种程度,也需要根据其法定刑的轻重来进行具体分析。事实上,在司法实践当中,很多时候我们也正是基于法定刑对罪状解释的制约作用,才得以将这些罪名区分开来。

【指导案例】张润博过失致人死亡案②——轻微暴力致人死亡案件如何定性

2013 年 5 月 13 日 14 时许,被告人张润博在北京市西城区白纸坊东街十字路口东北角,因骑电动自行车自南向北险些与自西向东骑自行车的被害人甘永龙(男,殁年 53 岁)相撞,两人为此发生口角。其间,甘永龙先动手击打张润博,张润博使用拳头还击,打到甘永龙面部致其倒地摔伤头部。甘永龙于同月 27 日在医院经抢救无效死亡。经鉴定,甘永龙系重度颅脑损伤死亡。

在现实生活中,因琐事纠纷引发拳打脚踢等轻微殴打行为,导致被害人摔倒、磕碰死亡或者因特异体质死亡的案件,时有发生。对于此类行为如何定性,司法实践中差异很大,认定为故意伤害(致人死亡)罪有之,认定为过失致人死亡罪有

---

① 例如,被告人甲喜欢赌博,便经常纠集乙、丙、丁在一起打麻将赌钱。为了防止被发现,甲等四人经常变换赌博场所,每次赌场都由甲来负责安排,然后再通知其他三人。案发后,查明四人参与赌博数十次,输赢达百万元。对甲究竟是认定聚众赌博罪还是开设赌场罪?如果认为认定聚众赌博罪即可实现罪刑相适应,那么就从文义解释的角度,认为甲系"纠集多人"进行赌博,符合聚众的特征,并最终停留在文义解释的方法上,从而实现定罪。反之,如果认为对甲认定聚众赌博罪放纵了犯罪,就会进一步运用体系解释、目的解释,认为开设赌场中的"赌场"不需要固定场所,每次变化的赌博场所也是赌场,甲为他人赌博提供了场所,因此属于开设赌场。参见陈兴良、周光权:《刑法学的现代展开Ⅱ》(第二版),中国人民大学出版社 2015 年版,第 121 页。

② 参见同志:《张润博过失致人死亡案——轻微暴力致人死亡案件如何定性》,载最高人民法院刑事审判第一、二、三、四、五庭主办:《刑事审判参考》(总第 103 集),法律出版社 2016 年版,第 43—47 页。

之,还有个别案件认定为意外事件。针对此类案件的定性,笔者认为,应当从罪刑相适应原则出发,通过考察此类犯罪所涉罪名的法定刑幅度,进而对行为作一个恰如其分的解释。从立法上来看,《刑法》对故意伤害(致人死亡)行为配置了10年有期徒刑以上的重刑,这就要求我们在针对该罪条款时应当采取严格解释的态度,即只有那些具有高度危险性的暴力行为才属于故意伤害罪的范畴。对于那些日常生活中的一般殴打行为,由于其他因素介入导致死亡结果发生的情形,应当排除在故意伤害犯罪之外。就本案而言,被告人与被害人因生活琐事发生争吵,在受到对方攻击的情况下出拳击打被害人,仅打中被害人一下,被害人倒地后即停止继续侵害。从尸检鉴定意见来看,不仅拳头击打过的地方没有任何受伤骨折的情况,连外表皮肤组织亦未发现损伤痕迹。由此可见,被告人实施的拳打行为应属于日常生活中一般殴打行为的范畴,并不具有高度致害(即致人死亡)的危险性,不宜认定为刑法上的"故意伤害(致人死亡)行为"。而且,从实践来看,多数拳打脚踢等轻微殴打行为致人死亡的案件中,被告人的行为并未直接造成被害人轻伤以上的后果,而是多因被害人倒地磕碰或者特异体质等复杂原因导致死亡,类似于民间的"失手打死人"情形,将此种行为认定为过失致人死亡罪,更符合公众的一般判断,也更容易为社会公众所接受。

【指导案例】杨安等故意伤害案①——寻衅滋事随意殴打他人致人重伤、死亡的应如何定罪

2002年3月25日中午,被告人杨安、刘波、毛永刚、任建武在湖南省安乡县城关镇文化站"乡巴佬"餐馆喝酒吃饭。下午2时许,杨安等人欲无票进入文化站"火箭炮影院",与该影院的工作人员发生纠纷。后经他人出面协调,杨安等人进入影院。在观看歌舞演出过程中,杨安走上舞台调戏女演员,刘波则要女演员跳脱衣舞。身为文化站副站长的李耀平见状劝杨安等从舞台下来遭拒绝,双方发生争吵。杨安即冲下舞台双手抓住李耀平,用膝盖顶击李的身体下部,其他同案犯见状也冲上前去,共同围住李耀平拳打脚踢。次日下午5时,李耀平在被送往医院途中死亡。经法医鉴定,李耀平因系头部损伤引起硬膜下血肿,脑组织挫裂伤而死亡。

本案涉及寻衅滋事罪与故意伤害罪的区分,从四被告人一开始所实施的行为来看,属于典型的寻衅滋事罪。那么,后面将被害人殴打致死的行为能否包含在该罪名之内?是否应当以故意伤害(致人死亡)罪来认定呢?对此,我们需要从这两种犯罪的法定刑配置来进行分析。其中,寻衅滋事罪的法定刑为5年以下有期

---

① 参见于前军、孙孝明:《杨安等故意伤害案——寻衅滋事随意殴打他人致人重伤、死亡的应如何定罪》,载最高人民法院刑事审判第一庭、第二庭编:《刑事审判参考》(总第30集),法律出版社2003年版,第39—48页。

徒刑、拘役或者管制;故意伤害罪的法定刑则因伤害结果的不同而不同,如致人轻伤,处3年以下有期徒刑、拘役或管制;致人重伤,处3年以上10年以下有期徒刑;致人死亡或者以特别残忍手段致人重伤造成严重残疾的,处10年以上有期徒刑、无期徒刑或者死刑。通过刑罚的这一配置可以看出,在致人轻伤的情况下,寻衅滋事中的"随意殴打他人"可以将该结果包含在内,故以寻衅滋事罪论处,不会轻纵被告人。但是,如果在寻衅滋事"随意殴打他人"过程中突然加大打击的力度,致人重伤或死亡的,由于寻衅滋事罪的法定最高刑仅为有期徒刑5年,显然无法包含致人重伤或死亡的结果,或者说该结果已超出寻衅滋事罪的涵盖范围。本案即属于这种情况,根据罪刑相适应原则,应当以法定刑更重的故意伤害罪(致人重伤或死亡)来定罪处罚。

(二)罪刑相适应原则在绑架案件认定中的适用

我国《刑法》在绑架罪定罪、量刑上均表现出异常严厉的态度①,这就要求我们在理解绑架罪的罪状时也应当采取严格解释的态度,防止将一些类似于绑架罪的轻罪行为作为绑架罪予以重处,以准确体现罪刑相适应原则的内在要求。为此,我们需要分析被告人与被绑架人的关系,被告人对被绑架人剥夺自由行为的恶劣程度,被告人所提出的要求实现之难易,对第三人及解救方的对抗程度等多方面因素,将绑架罪与敲诈勒索罪、非法拘禁罪准确区分开来。具体来说:首先,从控制人质的手段行为来看,如果只是单纯地将被害人骗离原地,之后不加控制,通常不构成绑架罪的客观行为,以此勒索财物的可以认定为敲诈勒索罪。② 其次,绑架罪中勒索财物或提出不法要求应限定在"重大"范围内,即以勒索巨额赎金或者其他重大不法要求为目的。因一时冲动或者因为存在纠纷绑架人质索要少量钱财,或者提出其他很容易满足的不法要求的,应当以非法拘禁或者敲诈勒索罪论处。再次,作为绑架罪当中威胁第三者的手段必须是重度暴力,即当绑架人向被绑架人亲友所提出的不法要求得不到满足时,以杀死或重伤被绑架人相要挟,而并非仅仅是继续剥夺自由或者揭露他人隐私等轻微后果。最后,绑架罪要求行为人勒索的财物没有任何依据和理由可言,即纯属无中生有。对于行为人与被绑架人存在债务纠纷,即使该债务纠纷是高利贷、赌债等法律不予保护的非法债务,或者事出有因存在情感纠纷,行为人据此绑架债务人,向债务人亲属索要与

---

① 在犯罪停止形态上,规定完成绑架他人的行为即构成绑架既遂,不需要进一步实施勒索财物或提出不法要求的行为;在量刑上,1997《刑法》规定其法定最低刑为10年以上有期徒刑,致被绑架人死亡或者杀害被绑架人的为绝对确定死刑。尽管在2009年2月28日《中华人民共和国刑法修正案(七)》公布施行之后,对绑架罪的最低法定刑降至有期徒刑5年,罪与刑之间的冲突已经有所缓解,但是以5年有期徒刑作为最低法定刑,如此之高的最低法定刑在其他罪名中仍然甚为罕见。

② 关于欺骗手段能否构成绑架罪的行为方式,理论界虽然存在争论,但笔者认为,关键不在于行为本身的欺骗性或者诱骗性,而在于欺骗后的行为。如果仅仅是单纯地将被害人骗离原地,之后没有进一步实施暴力控制行为,也没有妨碍被害人的行动自由,则不构成绑架罪;反之,如果为了勒索财物或满足其他不法要求,将被害人骗离原地之后加以拘禁、控制的,已经超过了单纯的欺骗,构成绑架罪。

其非法债务大体相当的财物,或者在两人交往过程中所花销的钱款,应当认定为非法拘禁罪,而非绑架罪。①

【指导案例】被告人张舒娟敲诈勒索案②——利用被害人年幼将其哄骗至外地继而敲诈其家属钱财的能否构成绑架罪

2006年10月2日13时许,被告人张舒娟在江苏省淮安市开往淮阴的专线车上偶遇中学生戴磊(男,1993年3月18日生),戴磊到淮阴区汽车北站下车后,张舒娟主动上前搭讪。在了解到戴磊的家庭情况后,张舒娟遂产生将戴磊带到南京,向戴磊家人索要钱款的想法。随后,张将戴磊哄骗至南京并暂住在南京市鸿兴达酒店。当晚23时许,张舒娟外出打电话到戴磊家,要求戴家第二天付8万元人民币并不许报警,否则戴磊将有危险。次日上午,张舒娟又多次打电话到戴家威胁。其间,戴磊乘被告人外出之机与家人电话联系,告知其父并无危险。后在家人的指点下离开酒店到当地公安机关求助,淮安警方在南京将张舒娟抓获。

本案被告人以非法占有为目的,通过对被害人实施加害相要挟,向被害人亲属索要钱财。从形式上来看,似乎符合勒索型绑架罪的构成特征。但是,由于我国《刑法》对绑架罪在量刑上表现出异常严厉的态度,为避免对司法实践中所存在的虽控制人质但恶性不大的案件以绑架罪论处并科以重刑,根据罪刑相适应原则的要求,有必要严格解释绑架罪的构成要件,对控制人质的手段行为等进行限缩性解释,将其限定在具有极端性的手段上,从而达到与其刑罚设置相匹配的程度。据此,绑架罪中的控制人质应当是被害人已经处于行为人的实际控制之下,且人身安全处于随时可能被侵犯的危险状态。反之,如果被告人所实施的行为不足以对被害人形成实际的控制,也没有对被害人进一步实施加害的可能,则不属于绑架罪中的手段行为。可见,区别勒索型绑架罪与非法拘禁罪、敲诈勒索罪,关键就是要确定被告人对被害人人身自由的剥夺是否达到严重的程度、是否严重危及了被害人的人身安全。在本案中,被告人在实施绑架行为控制人质过程中,并未对被害人实施暴力或以暴力相威胁,而主要采取欺骗的手段,使其自愿跟随她去南京,到南京之后亦未对其人身实施任何实质性的限制,出门时也是将戴磊一个人丢在宾馆房间里,致使其可以自由离开酒店到当地公安机关求助,更没有勒索不

---

① 对此,最高人民法院在《关于对为索取法律不予保护的债务非法拘禁他人行为如何定罪问题的解释》中明确规定,"行为人为索取高利贷、赌债等法律不予保护的债务,非法扣押、拘禁他人的,依照刑法第二百三十八条的规定定罪处罚"。

② 参见徐俊、孙江:《被告人张舒娟敲诈勒索案——利用被害人年幼将其哄骗至外地继而敲诈其家属钱财的能否构成绑架罪》,载最高人民法院刑事审判第一、二、三、四、五庭:《刑事审判参考》(总第56集),法律出版社2007年版,第31—35页。

成而要加害戴磊的意图。在这种情况下,被害人的行动实际上是自由的,既没有被看押、捆绑、殴打,更没有被伤害,除了受到被告人谎言的吓唬而随其来到南京之外,其人身自由事实上并未受到什么影响,亦不存在勒索不成受到伤害的潜在危险,不符合绑架罪的特征,故法院对其以量刑更轻的敲诈勒索罪来认定是适当的。

【指导案例】舒勇非法拘禁案[①]**——为与前妻见面而挟持前岳父为人质的行为能否认定为绑架罪**

被告人舒勇因其前妻洪英对其避而不见,心生不满,多次发送"汽油要来了""不接要死人的"等内容的短信威胁恐吓洪英。2011年12月7日下午5时许,舒勇携带分装好的多瓶汽油及弹簧刀、打火机等物品窜至浙江省龙游县詹家镇夏金村下街26号洪英父亲洪冬苟家,用脚踢洪冬苟家大门,洪冬苟开门后,舒勇将一瓶汽油淋到自己身上,向洪冬苟要求与洪英见面。之后,舒勇用弹簧刀、汽油、打火机等危险物品将洪冬苟控制在二楼卧室,逼迫其提供洪英的电话号码。打通洪英电话后,舒勇又以伤害洪冬苟要挟洪英即刻与其见面。村干部、民警先后到达现场劝说舒勇,欲解救洪冬苟。但舒勇以自残、泼洒汽油、伤害人质相威胁,阻止村干部、民警进入。直至当晚7时30分许,民警趁机强行踢门进入,解救人质并将舒勇抓获归案。

从《刑法》规定来看,绑架罪与非法拘禁罪在行为方式上具有相似性,即均以暴力、胁迫或者其他手段非法剥夺他人人身自由,但由于二者刑罚的严厉性存在重大差别,因而有必要合理界定二者的界限。立法对绑架罪的严厉处罚,显然是针对社会生活中发生的特定绑架犯罪类型的,这种特定绑架犯罪往往是以勒索巨额赎金或者重大不法要求为目的。由于勒索的赎金或者其他不法要求很高,被勒索的被害人家属或亲友往往难以满足,由此忧心忡忡、精神高度紧张,陷入到两难选择之中:要么在财产上蒙受巨大损失、在某一事项上作出重大让步;要么使人质遭受巨大伤害甚至死亡。这种类型的绑架犯罪由于其索取要求的重大性及其难以满足性是典型的绑架犯罪行为特征,也是立法针对绑架犯罪设置重刑的原因所在。在本案中,被告人舒勇为了与前妻洪英见面,而以暴力、威胁等手段挟持了洪英父亲洪东苟,逼迫洪东苟给洪英打电话并以伤害洪东苟要挟洪英即刻与其见面。舒勇限制剥夺了洪东苟的人身自由,同时客观上也使洪英为其父亲洪东苟的人身安危担忧而前来与其见面,看似符合绑架罪的形式特征。但因舒勇与洪英以前曾存在过婚姻关系,而洪东苟曾经系舒勇的岳

[①] 案例来源:浙江省衢州市龙游县人民法院刑事判决书(2012)衢龙刑初字第88号;浙江省衢州市中级人民法院刑事裁定书(2012)浙衢刑终字第129号。

父,三者之间关系比较特定,彼此曾存在过一些情感纠葛;舒勇一开始也并没有直接要挟洪东苟,而是将一瓶汽油淋到自己身上,以自身安危向洪冬苟提出要求。在其行为未奏效后,舒勇才进一步挟持洪东苟,而且其所提要求也仅仅是与其前妻洪英见上一面,该要求在实现时并不存在任何难度,显然不能将其归结为绑架罪中让人难以实现的"重大不法要求",故法院改变指控罪名,最终以量刑更轻的非法拘禁罪来认定是适当的。

【指导案例】被告人胡经杰、邓明才非法拘禁案①**——为寻找他人而挟持人质的行为构成何罪**

被告人胡经杰与韩某某原系恋爱关系,2004年3月韩某某开始疏远胡经杰,与龚某关系较好。同年4月,胡经杰邀约邓明才等人同往龚某的朋友万某某的暂住处,寻找龚某欲殴打报复。胡、邓在万的暂住处没有找到龚某,即对万某某进行殴打并逼问龚某在何处。万某某被迫与龚某的同事马某某电话取得联系,得知龚某、韩某某等人正在南山游玩。胡、邓即强行将万某某带出,逼迫万某某随同帮助寻找龚某。韩某某得知万某某被胡经杰等人带走即与胡经杰、邓明才约定了双方见面地点,并劝胡不要伤害万某某,胡以"等着收尸"相威胁,韩即报警。公安民警接警后将胡、邓二人抓获。

在本案中,被告人胡经杰、邓明才为了找到龚某,以暴力、语言威胁等手段挟持万某某,限制其人身自由的行为是否属于"绑架他人作为人质"的绑架行为,这涉及如何来解释"绑架他人作为人质"的含义。笔者认为,在理解具体犯罪构成要件的时候不仅要看罪状,还要关注法定刑,不能脱离法定刑孤立地解释罪状,理由是,法定刑明确地表达了立法者对某种罪行的评价和惩罚意图,这对于准确区分那些外部形式特征比较接近的罪名至关重要。这就是所谓的法定刑对罪状解释的制约意义,同时也是罪刑相适应原则的要求所在。既然我国《刑法》第239条对绑架罪规定了异常严厉的法定刑,那么就要对绑架罪的客观行为进行严格解释,将其缩小到与其严厉法定刑相匹配的范围。在本案中,两位被告人以暴力、语言威胁等手段挟持万某某陪同其去找龚某,限制了万某某的人身自由,同时客观上也使龚某、韩某某等人为万某某的安危担忧而前来与其见面,看似符合绑架罪的形式特征,但此案系因恋爱纠纷引发,胡某某与万某某在案前相识,万某某与龚某系同事,当事者之间关系比较特定;胡某某认为龚某夺其所爱与其女友韩某某谈恋爱,自己曾被龚殴打,自认为龚某有过错,心生不满,可谓事出有因;胡挟持万某某陪同其去找龚某,目的是欲殴打龚解气,泄

---

① 参见田野:《被告人胡经杰、邓明才非法拘禁案——为寻找他人而挟持人质的行为构成何罪》,载最高人民法院刑事审判第一、二、三、四、五庭编:《刑事审判参考》(总第55集),法律出版社2007年版,第27—32页。

愤报复;从本案的暴力程度及伤害后果看,仅仅是拳脚相加,而并非绑架罪当中的杀伤性暴力,反映出被告人对其暴力行为有所节制,对被害人人身威胁不是很大;没有足够理由将胡要求万陪同去找龚某归结为犯罪构成要件中的不法要求,更不宜归结为"重大不法要求",故本案以非法拘禁罪定罪处罚是正确的,体现了罪刑相适应的定罪要求。

第二章 刑法的时间效力与空间效力

一、针对某一犯罪行为"新旧法"法定刑相同的,如何选择适用

(一)裁判规则

根据《刑法》第 12 条第 1 款所规定的"从旧兼从轻"原则,首先要求选择适用行为时法(即旧法),只有当审判时法(即新法)不认为是犯罪或者虽认为是犯罪但处罚更轻时才予以适用。故对于 1997 年 9 月 30 日以前发生、1997 年 10 月 1 日以后审理的刑事案件,如果刑法规定的定罪处刑标准、法定刑与修订前刑法均相同的,应当选择适用修订前的刑法。

(二)规则适用

按照罪刑法定原则的要求,定罪量刑应当以行为时刑法具有明文规定为限。因此,对行为时不认为是犯罪的行为,不能适用事后刑法予以追究;与行为时的刑法相比,当审判时的刑法有变更时,不能适用比行为时更重的刑法。上述内容可以概括为"不溯及既往"原则,可见,刑法的时间效力与罪刑法定原则息息相关。除此之外,《刑法》第 12 条第 1 款还专门规定了刑法的溯及力问题。按照该条的规定,在 1997 年 9 月 30 日之前发生的行为,如果未经法院审判或者判决未确定,应当按照如下情况来分别处理:①行为时的法律不认为是犯罪,而现在审判时的法律认为是犯罪的,适用行为时的法律,不以犯罪论处,即审判时的法律不具有溯及力。②行为时的法律认为是犯罪,而审判时的法律不认为是犯罪的,适用审判时的法律,不以犯罪论处,即审判时的法律具有溯及力。③行为时的法律与审判时的法律均认为是犯罪,按照行为时的法律(包括关于追诉时效的规定)应当追究的,适用行为时的法律;但是如果按照审判时的法律处刑较轻的,应当适用审判时的法律,即现行刑法具有溯及力。④现行刑法施行以前,依照当时的法律已经作出生效判决的,该判决继续有效。

【指导案例】方金青惠投毒案①——针对某一犯罪行为"新法"与"旧法"法定刑相同的,如何选择适用

被告人方金青惠于1993年从越南到中国广西做工,1994年底与广东省罗定市金鸡镇大岗管理区官塘村村民周继华结婚。方金青惠与周继华共同生活一段时间后,周继华之母简梅芳对方金青惠没有生育不满。一天,周继华殴打方金青惠,简梅芳在一旁帮周,后方金青惠流产。方金青惠认为其流产是简梅芳殴打所致,遂产生用老鼠药毒杀简梅芳的恶念。1996年6月至8月间,方金青惠先后4次购买含有氟乙酰胺的毒鼠药,毒害简梅芳。1996年6月19日19时许,方金青惠乘周继华不备,将毒鼠药放入周继华为其父周木新、其母简梅芳煲的中药内。但简梅芳让周木新先喝。周木新喝时,方金青惠因怕事情败露未予制止。次日凌晨1时许,周木新因中毒死亡。

在本案中,被告人方金青惠的投毒行为发生在1996年,但一审是在1999年即1997年《刑法》实施之后,这就涉及应适用哪部《刑法》的问题。1997年《刑法》第12条第1款规定:"中华人民共和国成立以后本法施行以前的行为,如果当时的法律不认为是犯罪的,适用当时的法律;如果当时的法律认为是犯罪的,依照本法总则第四章第八节的规定应当追诉的,按照当时的法律追究刑事责任,但是如果本法不认为是犯罪或者处刑较轻的,适用本法。"可见,对于发生在1997年9月30日即1997年《刑法》颁布施行以前的行为,如果需要追诉的,原则上应当选择适用行为时的法律,只有在1997年10月1日以后审理的刑事案件,如果1997年《刑法》不认为是犯罪或虽认为犯罪但处刑较轻才能予以适用。被告人方金青惠于1996年实施故意杀人行为,因1997年《刑法》与1979年《刑法》对故意杀人罪规定的法定刑完全相同,根据《刑法》第12条关于"从旧兼从轻原则"的规定,应当适用1979年《刑法》。

二、如何理解《刑法》第12条"从旧兼从轻"中的"处刑较轻"

(一) 裁判规则

1.《刑法》第12条规定的"处刑较轻",是指刑法对某种犯罪规定的法定刑比修订前刑法轻。法定刑较轻是指法定最高刑较轻;如果法定最高刑相同,则指法定最低刑较轻。如果主刑完全相同,则比较二者附加刑的轻重。

2. 法定最高刑或者最低刑是指具体犯罪行为对应的法定刑幅度的最高刑或者最低刑,而不是比较该种犯罪的所有法定刑。

---

① 参见蔡金芳:《方金青惠投毒案——针对特定的被害人投放毒物致死致伤多人的行为应如何定性》,载最高人民法院刑事审判第一庭、第二庭编:《刑事审判参考》(总第16辑),法律出版社2003年版,第1—5页。

3. 如果行为时法与审判时法的法定刑幅度完全相同,那么就要看构成要件和情节规定的严格程度。

(二) 规则适用

对于《刑法》第 12 条规定的"从旧兼从轻原则"中的"处刑较轻",需要从以下几个方面来进行理解:

1. "处刑较轻"是指法定刑,而不是宣告刑,因为《刑法》第 12 条所要解决的是适用哪个法条的问题,只有先通过比较法定刑的轻重,选择好法条之后,才会涉及具体宣告刑的问题,二者不能本末倒置。

2. 如果《刑法》规定的某一犯罪只有一个法定刑幅度,法定最高刑或者最低刑就是指该法定刑幅度的最高刑或者最低刑;如果《刑法》规定的某一犯罪有两个以上法定刑幅度,法定最高刑或者最低刑是指具体犯罪行为对应的法定刑幅度的最高刑或者最低刑,而不是比较该种犯罪的所有法定刑。

3. 在比较法定刑时第一步要比较法定最高刑,例如盗窃数额较大,过去是 5 年以下,现在是 3 年以下,最高刑是过去更重。第二步,如果法定最高刑相同,就要比较最低刑。如一般的敲诈勒索犯罪,过去《刑法》规定处 3 年以下有期徒刑或者拘役,现在《刑法》规定处 3 年以下有期徒刑或者拘役或者管制,管制比拘役要轻,故现行《刑法》处罚要轻。第三步,如果主刑都相同,再看附加刑。第四步,如果法定刑幅度完全相同,那么就要看构成要件和情节规定的严格程度。例如,故意伤害犯罪,过去《刑法》规定"情节特别严重的"可以判处死刑,现在《刑法》规定"以特别残忍手段造成他人严重残疾的"才可以判处死刑,显然比过去规定的更为严格,就应当认为现在的《刑法》处刑较轻。第五步,如果法定刑幅度以及量刑情节均相同,轻重无法比较,根据"从旧兼从轻"原则,就适用旧法。

【指导案例】夏侯青辉等故意伤害案①——在法定刑幅度相同的情况下如何通过量刑情节来比较刑法的轻重

1994 年 12 月 15 日 11 时许,在江西省铁路分宜车站货场施工工地上,被告人夏侯玲平以被害人伍志凌踩到其菜地为由,与之发生激烈争执。夏侯玲平遂回村邀集被告人夏侯青辉等人,手持棍、锹等对伍志凌进行围殴。在殴打中,夏侯青辉持木棍朝伍志凌头部猛击一下,致伍当场倒地,四肢抽搐,经送医院抢救至今仍昏迷不醒,呈"植物人"状态。2002 年 9 月 13 日,经鉴定被害人损伤程度为重伤甲级。

---

① 参见黄伟:《夏侯青辉等故意伤害案——对刑法修订前发生,刑法修订后交付审判的故意伤害致人重伤造成"植物人"的案件,应如何适用刑罚》,载最高人民法院刑事审判第一庭、第二庭编:《刑事审判参考》(总第 36 集),法律出版社 2004 年版,第 22—26 页。

本案的故意伤害致人重伤的行为发生在1994年,审理是在2002年,期间关于该种罪行的法律规定发生了变化,此时应如何选择适用法律量刑?对此,应当根据《刑法》第12条"从旧兼从轻"原则来作具体分析。经查,根据1979年《刑法》第134条第2款的规定,犯故意伤害罪,致人重伤的,处3年以上7年以下有期徒刑;致人死亡的,处7年以上有期徒刑或者无期徒刑。1983年《全国人民代表大会常务委员会关于严惩严重危害社会治安的犯罪分子的决定》(以下简称《决定》)对此作了修改,根据该《决定》的规定,故意伤害他人身体,致人重伤或者死亡,情节恶劣的,可以在刑法规定的最高刑以上处刑,直至判处死刑。根据该规定,在1997年《刑法》修订前,对故意伤害致人重伤的行为,如果情节恶劣的,可判处3年以上有期徒刑、无期徒刑直至死刑。修订后的1997年《刑法》第234条规定,"致人重伤的,处三年以上十年以下有期徒刑;致人死亡或者以特别残忍手段致人重伤造成严重残疾的,处十年以上有期徒刑、无期徒刑或者死刑"。通过比较法定刑可见,在发生致人重伤结果的情况下,行为前后刑法的法定最高刑均为死刑,法定最低刑均为3年有期徒刑。

在法定刑幅度相同的情况下,就要看构成要件与量刑情节的严格程度。从《决定》来看,适用死刑的条件是"情节恶劣"。这里的"情节"是多种多样的,包括行为人的人身危险性特别大,故意伤害他人的动机特别卑劣,故意伤害的手段特别残忍,故意伤害的后果特别严重以及故意伤害的对象是老弱幼病残等各种情形。因此,本案造成被害人呈植物人状态,属于故意伤害的后果特别严重的情形,完全可以认定为《决定》所规定的"情节恶劣"情节,应对被告人判处法定最高刑即死刑。而从现行《刑法》规定来看,适用死刑的条件是"以特别残忍手段致人重伤造成严重残疾",包括手段和结果两个必要条件。也就是说,只有同时具备手段特别残忍,后果系重伤且达到严重残疾标准这两个要件才能适用该情形。就本案而言,行为人故意伤害致人重伤且造成被害人一直处于"植物人"状态,虽然后果特别严重,但其作案手段一般,仅仅是当头一棍而已,不能认定为手段特别残忍,故不属于"以特别残忍手段致人重伤造成严重残疾"的情形,只能依法在"三年以上十年以下有期徒刑"以内量刑。两相比较,现行1997年《刑法》法定最高刑明显要轻,根据《刑法》第12条"从旧兼从轻"原则的规定应当予以适用。

三、犯罪预备行为发生在我国境内的,能否适用我国刑法

(一) 裁判规则

我国《刑法》第6条第3款规定:"犯罪的行为或者结果有一项发生在中华人民共和国领域内的,就认为是在中华人民共和国领域内犯罪。"其中犯罪行为既包括实行行为,也包括预备行为。故如果实施犯罪的准备工作、作案工具的购买均在我国大陆发生,尽管结果发生在我国境外或者港澳台地区,大陆法院对该犯罪行为仍然享有管辖权。

(二) 规则适用

属地管辖原则系刑法的基本管辖原则,属地管辖原则要求以犯罪地为连接点来确定所适用的刑法。那么,我们以什么因素为标准来确定犯罪发生在本国领域内呢?对此,存在以下几种观点和立法例:①行为地说。认为犯罪是行为,故只有当行为发生在本国领域内时才能认定是在本国领域内犯罪。②结果地说。认为犯罪的实质是侵害或威胁法益,故只有当该种结果发生在本国领域内时,才能认为是在本国领域内犯罪。③遍在说。即行为实施地与结果发生地都是犯罪地,行为或结果有一项发生在本国领域内,就适用本国刑法。我国刑法采用了"遍在说",《刑法》第6条第3款规定:"犯罪行为或者结果有一项发生在中华人民共和国领域内的,就认为是在中华人民共和国领域内犯罪。"犯罪行为分为构成要件实行行为与非实行行为。在单独犯罪中,尽管在大多数时候,实行行为与非实行行为的实行地在同一地方,这种情况下认定犯罪地不存在困难。但是,当实行行为与非实行行为的实施地不在同一地方时,如在甲地买刀到乙处杀人,或者有时犯罪人仅实施了非实行行为,还未来得及到异地着手实施实行行为,如仅在甲地买了刀,还未到乙去即被抓获,这种情况下非实行行为的实施地能否认定为犯罪地?笔者认为,我国《刑法》第6条第3款既然没有将"犯罪的行为"限定为犯罪的实行行为,就没有理由认为犯罪地不包括非实行行为的实施地。也就是说,只要是犯罪行为,不论是符合基本构成要件的实行行为,还是符合修正构成要件的非实行行为,其实施地都可以认为是犯罪地。例如,犯罪分子在我国境内买刀后又到境外杀人越货,就可以认定其杀人预备行为发生在我国领域内,应适用我国刑法。可见,在预备犯的场合,预备行为实施地就是犯罪地;同样,在未遂犯场合,行为地与行为人希望、放任结果发生之地或结果可能发生之地,都是犯罪地。

而在共同犯罪场合,关于犯罪地的确定,从世界各国的刑法理论及规定来看,存在两种观点和做法:一种主张是根据"共同犯罪从属说"来确定共同犯罪的犯罪地,即认为在共同犯罪中,帮助犯、教唆犯的犯罪行为皆依附于正犯的犯罪行为而成立,故应以正犯的犯罪行为实施地作为共同犯罪的犯罪地。① 另一种主张是根据"共同犯罪独立说"来确定共同犯罪的犯罪地,即认为在共同犯罪中,帮助犯、教唆犯的成立及其可罚性决定于他们自身行为的危害性和危险性,并非依附于正犯的犯罪行为而存在,因而帮助犯、教唆犯和正犯的犯罪行为实施地皆可作为共同犯罪的犯罪地。② 我国刑法没有对共同犯罪案件的犯罪地

---

① 如《泰国刑法典》第6条的规定就是采纳了这种主张:"犯罪在泰国领域内依本法视为发生于境内,则其共同正犯、从犯或教唆犯之行为系在泰国领域外,应视其共同正犯、从犯或教唆犯之行为系在泰国领域内。"

② 如《德国刑法典》第9条第(2)项便是采取了这一主张的规定:"正犯之犯罪地,共犯之各个行为地,……皆为共犯之犯罪地。"

作出特别规定,故只要共同犯罪行为(如正犯行为、教唆行为、帮助行为)有一部分发生在本国领域内或者共同犯罪结果有一部分发生在本国领域内,就认为是在本国领域内犯罪。例如,对于行为人的预备行为发生在我国内地,实行行为发生在境外或者港澳台地区的情形,即如果实施犯罪的准备工作、作案工具的购买均在我国内地发生,尽管实行行为与结果均发生在我国香港特别行政区,我国内地法院对该犯罪行为仍然享有管辖权。

【指导案例】被告人张子强等抢劫、绑架案[①]——**在我国内地组织策划并准备犯罪工具,到我国香港特别行政区实施绑架、抢劫等犯罪的,内地司法机关是否具有管辖权**

1995年底至1996年初,被告人张子强、陈智浩和柯贤庭、朱玉成、李运、叶继欢、郭志华、梁辉和罗志平、张焕群等人先后在深圳名都酒店、日新宾馆等地,多次密谋绑架勒索香港人李某某。张子强出资港币140万元用于购买枪支弹药、车辆等作案工具及租赁关押人质的房屋;陈智浩、朱玉成负责购买车辆、假车牌及对讲机,朱玉成还负责租下关押人质的一农场房屋;柯贤庭负责观察李某某的行踪。叶继欢为此从内地购得AK47自动枪2支、微型冲锋枪1支、手枪5支、炸药9包(重1.887公斤)及子弹一批,在张子强、陈智浩等人的安排和接应下,于1996年5月12日与被告人梁辉等人将上述枪支弹药偷运到香港。5月23日下午6时许,张子强接到柯贤庭的电话后得知李某某的行踪,即与陈智浩等人携带枪支、铁锤等作案工具,在香港深水湾道80号附近绑架了被害人李某某及其司机林某。张子强、陈智浩到李家收取勒索的赎金港币10.38亿元后,释放被害人。张子强分得赃款港币3.62亿元,陈智浩分得赃款港币2.95亿元。

(……其他罪行略)

1997年初,被告人张子强图谋绑架香港人郭某,指使张志烽观察郭的行踪。张志烽又将绑架图谋转告胡济舒、陈树汉等人。此后,张子强与上述同案人先后在广州市胜利宾馆、东莞市华侨酒店、深圳市广东银行大厦的喷泉酒楼等地密谋并作具体分工。期间,张子强、胡济舒分别出资港币200余万元、20万元为实施犯罪做准备,胡济舒还纠合甘永强、邓礼显等人参与绑架。同时9月29日下午6时许,张子强接张志烽电话后得知郭某的行踪,即与甘永强、邓礼显等人在香港海滩道公路桥底附近,将郭某绑架至香港马鞍岗200号。张子强向郭家收取了勒索的赎金港币6亿元后,释放被害人。作案后,张子强分得赃款港币3亿元。

法院经审理认为,本案指控的犯罪,尽管其中的犯罪实行行为是在我国香港

---

① 案例来源:广东省高级人民法院(1998)粤高法刑终字第1139号。

特别行政区实施,但是犯意发起、组织、策划等实施犯罪的准备工作,均发生在我国内地;而且,实施犯罪所使用的枪支、爆炸物等主要的作案工具均是从内地非法购买后走私运到我国香港特别行政区,《刑法》第 6 条第 3 款规定:"犯罪的行为或者结果有一项发生在中华人民共和国领域内的,就认为是在中华人民共和国领域内犯罪。"《刑事诉讼法》第 25 条规定:"刑事案件由犯罪地的人民法院管辖。如果由被告人居住地的人民法院审判更为适宜的,可以由被告人居住地的人民法院管辖。"据此,我国内地法院对本案依法享有管辖权。

第三章　犯罪概念

一、犯罪概念及"但书"的司法功能如何把握

(一) 裁判规则

我国《刑法》第13条对犯罪概念进行了界定,揭示了犯罪应当具有社会危害性、刑事违法性和应受刑罚惩罚性等基本特征。其中,社会危害性是犯罪的本质特征,这是认定犯罪的基本依据。某种行为虽然表面符合刑法分则规定的犯罪构成客观要件,但是如果不具有实质的社会危害性,或者社会危害性未达到值得刑罚处罚的程度,就可以适用《刑法》第13条中的"但书"规定,将其认定为"情节显著轻微危害不大"的情形,从而排除出罪。

(二) 规则适用

我国《刑法》第13条分为前半段和后半段,其中前半段是犯罪概念,后半段是"但书"规定,即"但是情节显著轻微危害不大的,不认为是犯罪"。关于"但书"规定能否直接援引作为定罪量刑的依据使用,或者说是否具有司法功能问题,在理论界存在争议。有学者认为,犯罪概念只是犯罪成立与否的指导形象,而并非认定犯罪的具体标准,故《刑法》第13条的"但书"规定也只是"出罪"的指导原则,而不是宣告无罪的具体标准,只有犯罪构成才是评价行为罪与非罪的唯一标准,并认为"但书"规定根据社会危害性判断犯罪的成立与否,如果将其直接引入到判决当中会与罪刑法定原则相违背。然而,笔者认为,基于立法用语简练的要求,刑法分则在对某些具体罪状进行表述时,有时仅仅是针对犯罪行为进行定性描述,而并没有涉及行为的定量因素。如此一来,就不可避免地会使得某些构成要件仅具有形式意义[①],包含了不值得科处刑罚的行为在内。以私自开拆、隐匿、毁弃邮件、电报罪为例,《刑法》第253条仅仅简单地规定,"邮政工作人员私自开

---

① 对此,从与我国《刑法》第13条"但书"规定具有源流关系的苏俄刑法来看,在犯罪概念中明确承认了构成要件的形式化特征。1902年《俄罗斯苏维埃联邦社会主义共和国刑法典》第7条规定:"形式上虽然符合本法典分则所规定的某种行为的要件,但是由于显著轻微而对社会并没有危害性的作为或者不作为,都不认为是犯罪。"苏联解体后的《俄罗斯联邦刑法典》继承了犯罪概念的但书规(转下页)

拆、隐匿、毁弃邮件、电报的,处二年以下有期徒刑或者拘役"。按照该规定,即使邮政工作人员仅仅私拆一封没有重要内容的信件,并未造成严重后果的,也应当认定为构成该罪,这显然不当地扩大了处罚范围,与罪刑法定原则所要求的禁止处罚不当罚行为的精神相悖。此时,就需要运用"但书"规定,将这些不具有可罚性的行为排除出犯罪圈外,从而避免刑罚权的滥用。

那么,我们应当通过何种形式来发挥"但书"规定的上述司法功能呢?有学者主张,在判断行为是否符合刑法规定的构成要件时,应当以"但书"的限制性规定作为指导,从实质上将值得科处刑罚的违法行为解释为符合构成要件的行为。① 笔者认为,在对行为作定性分析判断是否符合构成要件时,要求司法者同时又作定量分析,属于"眉毛胡子一把抓"。为避免这种杂乱无序的认定思路,有必要将行为定性与定量评价分步骤进行,也就是对犯罪构成的判断先作形式解释,然后再作实质解释,遵循由表及里、由形式到实质的步骤。其中,针对一些传统犯罪尤其是重罪行为,如故意杀人、放火、爆炸、抢劫、强奸等,这些行为本身即体现了严重的社会危害性,故只要一经实施就可以认定具有严重的社会危害性,一般情况下无需再对其进行定量分析。② 而针对另外一些行为,如盗窃、诈骗、抢夺、贪污等等,尽管均属于具有社会危害性的行为,但行为本身尚不足以体现出严重的社会危害性,为此分则条文在罪状描述中专门规定了"数额较大"等定量因素。针对上述犯罪行为,根据分则对数额定量因素的明确规定,通常无需再适用总则中的"但书"条款。除此之外,刑法分则中还存在一些行为性质并非特别恶劣,而且分则罪状描述中又缺少定量因素的行为(如前述所称的私自开拆、隐匿、毁弃邮件、电报罪),针对这些行为,我们在评价其社会危害性是否严重时,则需要适用刑法总则中的"但书"规定作为判断标准。

如此一来,我们对犯罪的认定实际上就分为两个步骤:首先,根据刑法分则关

(接上页)定,该法第14条第2款规定:"虽然行为在形式上具有本法典规定的某一行为要件,但由于情节显著轻微而不具有社会危害性的,不是犯罪。"在我国,王作富教授同样指出:"刑法分则所规定的构成要件是形式化的,'但书'所规定的行为,从表面上看符合刑法分则某一条文的规定,但因其情节显著轻微、危害不大,实际上不构成该条文所规定的犯罪。"针对此类行为,储槐植教授也指出:"'但书'规定具有重要的'出罪'功能,行为符合犯罪成立要件,仍然可以根据'但书'规定,在情节显著轻微,社会危害性不大,没有处罚必要性的场合,认定其不是犯罪。"参见王作富:《中国刑法研究》,中国人民大学出版社1988年版,第66页;储槐植:《刑事一体化论要》,北京大学出版社2007年版,第101页。

① 参见张明楷:《刑法学》(第五版),法律出版社2016年版,第91页。

② 事实上,由于故意杀人、放火、爆炸、抢劫、强奸等均属于性质极其恶劣的犯罪行为,故刑法分则在对其罪状描述中未规定任何定量的因素,立法者的本意似乎是只要一实施这些行为,即没有争议、没有商量地构成犯罪,因此也就根本没有适用"但书"条款的余地。但是,从司法实践来看,立法者显然是过于自信了。因为即使是恶劣如斯的故意杀人行为,也存在情节显著轻微的情形,例如应极端痛苦的病人请求而实施的"安乐死"行为,实践中存在无罪处理的先例;同样,在强奸犯罪中,婚内强奸行为完全是符合分则所规定的强奸罪罪状的,但是因为其情节显著轻微,也有不作为犯罪论处的。由此可见,即使在重罪行为中,仍然存在适用"但书"条款的余地。

于具体罪状的描述,对行为进行定性分析,从形式上来判断是否符合犯罪构成要件尤其是客观要件;其次,在上述基础上,再对行为进行定量分析,从实质上判断符合构成要件的行为是否具有社会危害性,以及是否达到应受刑罚处罚的程度,最终得出行为是否构成犯罪的结论。由于"但书"规定主要是在行为符合构成要件的基础上阻却实质违法性,从而可以将那些形式上符合构成要件,但不值得科处刑罚的行为排除出罪,体现的是一种出罪功能,与罪刑法定原则禁止处罚不当罚行为的内在要求不谋而合,故并不违背罪刑法定原则的要求。① 也正因为如此,在司法实践中,无论是在一些法律文件还是司法案例当中,我们都不难发现"但书"规定频频出现的身影。

二、"但书"的司法适用

(一)司法文件对"但书"条款的直接规定

1. 针对情节轻微的未成年人犯罪,为了避免对其适用刑罚所带来的"交叉感染",司法文件明确要求适用"但书"条款不作为犯罪处理。

如:最高人民法院2006年1月1日发布实施的《关于审理未成年人刑事案件具体应用法律若干问题的解释》(法释[2006]1号)第6条规定:"已满十四周岁不满十六周岁的人偶尔与幼女发生性行为,情节轻微、未造成严重后果的,不认为是犯罪。"接下来的第9条规定:"已满十六周岁不满十八周岁的人实施盗窃行为未超过三次,盗窃数额虽已达到'数额较大'标准,但案发后能如实供述全部盗窃事实并积极退赃,且具有下列情形之一的,可以认定为'情节显著轻微危害不大'不认为是犯罪……"

---

① 我国《刑法》第3条规定:"法律明文规定为犯罪行为的,依照法律定罪处刑;法律没有明文规定为犯罪行为的,不得定罪处刑。"有学者认为,上述规定的前半段属于积极的罪刑法定原则,即只要法律明文规定为犯罪行为的,就应当按照法律定罪处刑。而"但书"规定允许将符合刑法分则要件的行为作出罪处理,这显然是违背积极的罪刑法定原则的。笔者认为,上述观点显然是对罪刑法定原则的误读。因为罪刑法定原则的宗旨是保障人权,自始至终都是在消极意义上来使用的。对于《刑法》第3条前半段,正确的理解应当是,"只有法律明文规定为犯罪行为的,才能依照法律定罪处刑",但并非必须定罪处刑,在某些情况下仍然可以不予定罪处刑。关于这一点,正如有学者所指出:"入罪必须法定,出罪无需法定,这是本书一贯强调的理念,也是世界各国刑法实践所一致赞同的。例如,超法规的违法阻却事由,即是没有法律规定却能出罪的范例。而作为罪刑法定的派生原则的禁止类推,也只是禁止不利于被告人的类推(即入罪类推),而允许有利于被告人的类推(即出罪类推)。因此,法定原则,亦即只有法有明文规定才可作出有效裁判的原则,只是限制入罪判断的原则,而不是限制出罪判断的原则。'但书'规定,其本意即是出罪,是对纯粹形式理性作出的实质正义修正,并不受法定原则的限制,当然也不违背罪刑法定原则保障人权的主旨。因为"罪刑法定原则的核心是限制国家权力、保障国民自由,凡是将有罪解释为无罪、重罪解释为轻罪的,或者说凡是限制了处罚范围的,都不可能违反罪刑法定原则。"参见何秉松主编:《刑法教科书》(上卷),中国法制出版社2000年版,第68页;方鹏:《出罪事由的体系与理论》,中国人民公安大学出版社2011年版,第306页;张明楷:《实质解释论的再提倡》,载《中国法学》2010年第4期。

又如:最高人民检察院2003年4月18日发布实施的《关于相对刑事责任年龄的人承担刑事责任范围有关问题的答复》(〔2003〕高检研发第13号)规定,"相对刑事责任年龄的人实施了刑法第二百六十九条规定的行为的……情节显著轻微,危害不大的,可根据刑法第十三条的规定,不予追究刑事责任"。

2. 针对私自送养子女问题,对于未给所送子女身心健康造成严重损害的情形,司法文件明确要求适用"但书"条款不作为犯罪处理。

如:最高人民法院、最高人民检察院、公安部、司法部2010年3月15日发布实施的《关于依法惩治拐卖妇女儿童犯罪的意见》(法发〔2010〕7号)第17条规定,"对私自送养导致子女身心健康受到严重损害,或者具有其他恶劣情节,符合遗弃罪特征的,可以遗弃罪论处;情节显著轻微危害不大的,可由公安机关依法予以行政处罚"。

3. 针对一些违禁或管制物品,如果是因为生产、生活需要而持有,且未造成严重后果的,司法文件明确要求适用"但书"条款排除出罪。

如针对禁用剧毒化学品:最高人民法院、最高人民检察院于2003年9月4日发布的《关于办理非法制造、买卖、运输、储存毒鼠强等禁用剧毒化学品刑事案件具体应用法律若干问题的解释》(法释〔2003〕14号)第5条第1款规定:"本解释施行以前,确因生产、生活需要而非法制造、买卖、运输、储存毒鼠强等禁用剧毒化学品饵料自用,没有造成严重社会危害的,可以依照刑法第十三条的规定,不作为犯罪处理。"

再如,针对易制毒化学品:最高人民法院于2016年4月6日发布的《关于审理毒品犯罪案件适用法律若干问题的解释》(法释〔2016〕8号)第7条规定:"易制毒化学品生产、经营、购买、运输单位或者个人未办理许可证明或者备案证明,生产、销售、购买、运输易制毒化学品,确实用于合法生产、生活需要的,不以制毒物品犯罪论处。"

又如,针对枪支、弹药、爆炸物:最高人民法院于2001年9月17日发布的《对执行〈关于审理非法制造、买卖、运输枪支、弹药、爆炸物等刑事案件具体应用法律若干问题的解释〉有关问题的通知》(法〔2001〕129号)规定,"行为人确因生产、生活所需而非法制造、买卖、运输枪支、弹药、爆炸物,没有造成严重社会危害,经教育确有悔改表现的,可依法免除或者从轻处罚"。

(二)个案对"但书"条款的直接适用

针对那些不值得科处刑罚的危害行为,即使缺乏法律文件的相应规定,司法人员仍然可以直接适用"但书"条款宣告无罪。对此,最高人民法院早在1989年11月4日《关于一审判决宣告无罪的公诉案件如何适用法律问题的批复》(已失效)中就指出:对被告人有违法行为,但情节显著轻微,危害不大,不认为是犯罪的,可在宣告无罪判决的法律文书中,同时引用刑法第10条(现为《刑法》第13条)的规定作为法律根据。

【指导案例】王明成、蒲连升被控故意杀人案①——为帮助被害人摆脱病痛,对其实施"安乐死"的行为如何定性处罚

被告人王明成之母夏素文长期患病,1986年6月23日被诊身患绝症,疼痛难忍。1987年初,夏病情加重,腹胀伴严重腹水,多次昏迷,后被送陕西省汉中市传染病医院住院治疗,被告人蒲连升为主管医生。医院当日即开出病危通知书,6月27日,夏素文病情加重,表现痛苦烦躁,喊叫想死,当晚惊叫不安,至28日晨昏迷不醒。8时许,该院院长雷××查病房时,王明成问雷××其母是否有救。雷回答说:"病人送得太迟了,已经不行了。"王即说:"既然我妈没救,能否采取啥措施让她早点咽气,免受痛苦。"雷未允许,王明成坚持己见,雷仍回绝。9时左右,王明成又找主管医生蒲连升,要求给其母施用某种药物,让其母无痛苦死亡,遭到蒲的拒绝。在王明成再三要求并表示愿意签字承担责任后,蒲连升给夏素文开了100毫克复方冬眠灵,并在处方上注明是家属要求,王明成在处方上签了名。后蒲连升遂将冬眠灵给夏素文注射,夏素文平静地离开人世。

本案涉及安乐死。所谓"安乐死",是指为免除患有绝症、濒临死亡的患者的痛苦,受患者嘱托而使其无痛苦的死亡。安乐死分为消极的安乐死和积极的安乐死。消极的安乐死,是指为了免除患者的痛苦,经其同意,不再采取治疗措施(包括积极撤除人工的生命维持装置)任其死亡的安乐死。这种安乐死没有人为地提前缩短或结束他人的生命,而是尊重生命自然规律,顺其自然地走向死亡,因此不构成故意杀人罪。而积极的安乐死,是指为了免除患者的痛苦,经其承诺,而提前结束其生命的行为。当前,世界上只有个别国家对积极的安乐死实行了非犯罪化。在我国,救死扶伤是公民与医生的职责,即使对生命垂危、痛不欲生的患者,也应尽量给予治疗和安慰,以减轻其痛苦,而不能人为地提前结束患者的生命。即使得到患者的同意,也属于对他人生命的侵害,构成故意杀人罪。本案即属于积极的安乐死,被害人夏素文身患绝症、痛苦异常而又无治疗希望,采取无痛苦的方式让其离去,对其本人及家属而言,都是一种解脱。

为此,陕西省汉中市人民法院认为,被告人王明成在其母夏素文病危濒死的情况下,再三要求主管医生蒲连升为其母注射药物,让其母无痛苦地死去,虽属故意剥夺其母生命权利的行为,但情节显著轻微,危害不大,不构成犯罪。被告人蒲连升在王明成的再三请求下,亲自开处方并指使他人给垂危病人夏素文注射促进死亡的药物,其行为亦属故意剥夺公民的生命权利,但其情节显著轻微,危害不大,不构成犯罪。依照《刑法》第10条和《刑事诉讼法》第11条的规定,于1991年

---

① 参见最高人民法院中国应用法学研究所编:《王明成、蒲连生被控故意杀人案》,载《人民法院案例选》(1992年第2辑),人民法院出版社1993年版,第7—10页。

4月6日作出判决,宣告被告人蒲连升、王明成无罪。① 后汉中市人民检察院以原判定性错误、适用法律不当为理由,向陕西省汉中地区中级人民法院提出抗诉。后经二审审理认为,原审人民法院对本案认定的事实清楚,证据确实、充分,定性准确,审判程序合法,适用法律和判决结果是适当的,遂于1992年3月25日依法裁定:驳回汉中市人民检察院的抗诉,维持汉中市人民法院对本案的判决。

【指导案例】廖某某拐卖儿童案②——捡拾弃婴送福利院获利的行为是否构成本罪

2002年1月的一天,被告人廖某某得知蔡某有一女婴要送人,于是到蔡某家将其女婴抱走,送交湖南省常德市社会福利院,获利800元。2002年4月的一天,被告人廖某某在彭水县朱砂乡小地名"黄角树"处拾得一女婴,送交常德市社会福利院,获利1000元。同月的一天,廖某某在黔江汽车西站捡的一女婴,送交常德市社会福利院,获利1800元。同时查明,常德市社会福利院是由常德市民政局开办的一家事业单位,其经营范围系"孤儿与弃婴收养等",并根据弃婴捡拾人路途的远近和各种实际情况,为捡拾人发放500元至1000元不等的补助费,该补助费主要是对捡拾人在捡拾过程中的生活、交通、误工等各项费用进行补贴。

重庆市黔江区人民检察院指控被告人廖某某的行为构成拐卖儿童罪。重庆市黔江区人民法院经审理认为,作为弃婴,其生命处于不确定的状态,结果也只有两种:一种被人捡拾收养,这样其生命才可以得到延续;二是无人捡拾收养,从而导致其死亡。被告人廖某某将所捡拾的弃婴送往具有法定收养职能的社会福利院,虽然客观上获取了一定利益,但是同时也给弃婴的生存提供了可能。故法院认为被告人的主观恶性不深,社会危害性不大,情节显著轻微,根据《中华人民共和国刑法》第13条之规定,对被告人廖某某的行为不认定为犯罪。

---

① 该案在审理过程中,汉中市中级人民法院经依法请示最高人民法院,后者批复称:"'安乐死'的定性问题有待立法解决,就本案的具体情节,可以依照刑法第十条的规定,对蒲、王的行为不作犯罪处理。"

② 参见黎宏主编:《刑事案例诉辩审评——强奸罪拐卖妇女儿童罪》,中国检察出版社2005年3月,第321—327页。

第四章 犯罪故意

一、如何认定行为人犯罪故意中的认识因素

(一) 裁判规则

判定行为人在犯罪故意中的认识因素,需要从行为人对其行为的性质、对象、后果等方面的认识来进行分析。根据社会一般人(合理的人)的情况,以一般人能否认识到为标准进行基础性判断;当然,由于主观故意终究是行为人的认识,故在第一步判断完成之后,还需要结合行为人的年龄、经历、经验等具体情况来进行修正。

(二) 规则适用

犯罪故意由认识和意志两个因素组成,其中,犯罪故意的认识因素要求行为人对相应犯罪构成客观事实具有明确的认识。如果行为人已经有认识,仍决意实施相应行为,那么就属于明知故犯,应认定为具有犯罪故意;反之,如果行为人虽然没有认识到,但如果其处于谨慎的注意状态就能够认识到的,那么就属于过失犯罪;如果行为人即使处于谨慎的注意状态仍然无法认识到的,那么就只能认定为意外事件。在司法实践当中,为逃避法律制裁,被告人常常会否认自己主观上具有明知故意。在这种情况下,我们就应当从客观事实出发,引入"推定故意"概念。推定故意是相对于现实故意而言的,现实故意是指有证据直接证明的故意,而推定故意是指没有证据能够直接证明,但根据其他证据可以推定行为人具有某种故意,行为人如果否认自己具有此种故意,必须提出反证。我们知道,主观事实表现为行为人的主观心理状态,它不像客观事实那样具有外在形态,因而主观事实的认定较之客观事实更为困难。尽管在有些情况下,主观事实是有其他证据证明的,例如对幼女年龄的明知,有证人证实告诉过行为人幼女的实际年龄,对此行为人也承认。对此,幼女年龄的明知就是有证据证明的。但在另外一些情况下,主观事实是没有证据直接证明的,这里涉及司法推定这样一种间接证明行为人某种主观事实存在的司法技术。例如,甲用刀刺向乙的心脏或者甲向站在远处的乙开枪射击,即使甲辩称不知道自己的行为必然会造成乙的死亡结果,但根据社会一般人的情况,仍然可以推定其具有主观明知。行为人欲推翻明知推定,需

要证明其认识、辨认能力低于常人,否则即可以根据该推定来认定其主观明知。

关于主观认识的具体内容,根据现行《刑法》第 14 条"明知自己的行为会发生危害社会的结果,并且希望或者放任这种结果的发生,因而构成犯罪的,是故意犯罪"的规定,犯罪故意中认识因素的内容包括以下几个方面:①对行为性质的认识。行为人对自己行为性质的认识主要是对行为客观(自然)属性的认识,即对外部行为的物理性质要有所认识,知道自己在干什么,而不是指法律规范评价。例如,在故意杀人罪中,行为人必须认识到自己的行为是杀人行为,在客观上具有能杀死人的性质。②对行为对象的认识,即对犯罪行为所欲影响或者改变的事物的认识。所有侵害公民人身权利的故意犯罪,都以"人"为犯罪对象,行为人必须对此有认识,否则不能成立故意。例如,误认为人为野兽而射杀,就不能成立杀人的故意;反之,误认为野兽为人而射杀,不阻却杀人的故意,应负杀人未遂的罪责。③对行为结果的认识。我国刑法针对犯罪故意规定"明知自己的行为会发生危害社会的结果",可见,行为结果是犯罪故意必不可少的认识内容。其中,结果犯中的结果,系法定构成要件,对结果的认识是构成结果犯故意的必要条件。如果行为人缺乏对结果的认识,则行为人对该结果无故意。行为犯、危险犯的既遂尽管不要求产生法定的实害结果,但是这并不能说明这些故意犯罪没有产生任何结果,且不要求行为人对这些结果没有认识。因为结果包括自然意义上的结果和法律意义上的结果,法律结果是指行为人对刑法所保护的法益进行损害或使之处于危险状态的一种法律上的评价。① 从法律意义的结果的视角来理解对结果的认识:危险犯、行为犯和举动犯都要求行为人认识到其行为举动可能造成某种危险状态。可见,行为结果是所有犯罪故意都必须认识的内容。④对行为的时间、地点、方法和手段的认识。对于某些以一定的时间、地点、方法和手段作为特殊构成要件的个罪来说,行为人必须对行为的时间、地点和方法、手段有明确的认识。如非法捕捞水产品罪,规定了禁渔期、禁渔区、禁止使用的工具、方法等特殊要件,行为人必须对上述事实有明确的认识才能成立该罪的故意。

【指导案例】官其明故意杀人案②——如何判定行为人的犯罪故意

被告人官其明与被害人张爱华于 2003 年 5 月确立恋爱关系,后张爱华多次向官其明提出分手,官均不同意。2003 年 11 月 16 日凌晨 2 时 30 分许,官其明到广东省东莞市桥头镇"东方娱乐城"路口接张爱华下班,后两人一起回到"华翠旅店"304 号房间。张爱华再次提出分手,官其明不同意,两人因此发生争吵。官其明一时气愤,使用捂口鼻和双手掐脖子的方法,致张爱华窒息死亡。官其明提出捂

---

① 参见〔意〕杜里奥·帕多瓦尼:《意大利刑法学原理》,陈忠林译,中国人民大学出版社 2004 年版,第 114 页。

② 参见杨才清:《官其明故意杀人案——如何判定行为人的犯罪故意》,载最高人民法院刑事审判第一庭、第二庭编:《刑事审判参考》(总第 44 集),法律出版社 2006 年版,第 33—41 页。

被害人的口鼻是为了阻止被害人吵闹,并非有意杀害被害人,不构成故意杀人罪,而构成过失致人死亡罪。

在本案中,被告人官其明用手捂被害人口鼻和掐被害人脖子的行为,能否据此认定其具有杀人的主观故意呢?对此,我们除了应当审查被告人的供述之外,还应当通过分析案件客观因素来确定:①行为所针对的被害人身体部位。针对致命的要害部位(如心脏、颈部)实施打击,一般可以认定为有杀人故意;针对非要害部位(如四肢)实施打击,一般只具有伤害故意。②行为手段轻重、持续时间长短、有无节制。若行为人下手凶狠、毫无节制、持续时间较长等,那么可以认定为有杀人故意。③犯罪工具的杀伤力。木棒、尖刀、枪支的杀伤力是完全不同的,能够反映出行为人不同的主观心态。④案发起因是预谋还是临时起意,行为人与被害人的关系是素有积怨还是素不相识。在判断的标准上,我们可以首先按照一般人的标准来进行判断,即在当时具体的条件下,一般具有正常理智的人对这种结果的发生能否预见,从而作出初步的判断。在初步判断的基础上,更重要的是从实际出发,实事求是,根据行为人的年龄、所从事的职业、技术熟练程度、社会阅历、智力发育情况等行为人的主客观特征,分析他在当时具体情况下对这种结果的发生能不能预见。

具体到本案中,根据社会一般人的常识,行为人用手捂被害人口鼻并掐被害人脖子,该行为属于剥夺他人生命的行为,必然会使被害人窒息并导致被害人死亡,这是生活的常识,社会一般人都能预见。被告人官其明作为心智健全、具有完全刑事责任能力的成年人,其认识能力与常人无异,在实施犯罪行为当时的时空环境下,对其行为的性质、对象、结果等要素也必然能够认识到。被告人仍不顾被害人的反抗而决意实施该行为,主观上具有故意杀人的事实性认识,积极追求被害人死亡结果的发生,反映出被告人主观上具有非法剥夺被害人生命的故意,其行为完全符合故意杀人罪的构成特征。即使被告人否认具有杀人故意,同样可以通过客观行为事实来推定其具有杀人故意。而且,即使如被告人所言,其捂被害人的口鼻是为了阻止被害人吵闹,并非有意杀害被害人,也符合间接故意的情形,即为了实现自己的其他目的,而放任犯罪结果的出现,同样应当以故意杀人罪来认定,而并非其所称的过失致人死亡罪。

二、如何认定不作为犯罪中行为人的犯罪故意

(一)裁判规则

1. 行为人在明知自己实施的先行行为会引发严重的危害后果,认识到自己有义务、有能力采取积极有效预防措施的情况下,故意不采取(直接故意)或者放任危害结果的发生(间接故意),因而最终发生了危害后果的,行为人就具备了不作为犯罪的犯罪故意。

2. 一般来说,只要先行行为制造了侵害法益的危险,即使该先行行为不具有

违法性,甚至是合法行为,也可以成为作为义务的来源。

(二) 规则适用

一般认为,不作为犯构成要件当中的认识因素包括以下几个方面的内容:

1. 对法定危险状态存在认识。危险状态的存在是产生作为义务的客观条件,为了避免特定危险状态的实现,法律将防止其发生之义务赋予特定之人,然而该义务并不是在任何时候都存在的。例如,母亲意图饿死婴儿而不为其哺乳,作为义务并不出现在刚刚开始的第一次不哺乳行为,而是产生于婴儿有饿死的危险之际。因此,法定危险状态的存在是行为人能够履行作为义务所必须认识的首个要素。

2. 对作为义务的认识。只有认识到作为义务的存在,才谈得上履行义务。例如,只有看到禁止吸烟的标示才会扔掉手中的香烟。然而,需要明确的是,尽管认识到作为义务的存在是履行义务的前提,但作为义务是不依赖于人的主观认识的客观存在,并非产生义务的依据。

3. 对作为可能性的认识。有作为义务的场合并不意味着就一定能够履行义务,还必须要有作为的可能性,缺乏该可能性的场合行为人的反规范意识无从体现,不能依故意犯处罚行为人,因为他确信自己没有履行义务的能力,他选择不履行并不违反法律的规定。因此,认识到作为可能性和没有认识到作为可能性不可同等对待,前者的场合认识到作为义务的存在、认识到自己有作为的可能竟置法律要求于不顾,是典型的故意犯罪;后者的场合由于没有意识到作为的可能,应根据实际情况要么依无罪处理,要么按过失犯处罚。

综上所述,不作为犯故意的认识要素包括:法定危险状态的存在、作为义务以及作为可能性。其中,法定状态以及作为义务的存在与否都是不依赖于行为人意志的客观存在,因而判断起来比较简单。唯独作为可能性是考虑了行为人自身的因素而加以判断的结果,所以相对比较复杂,需要进一步研究。对此,笔者认为,首先,应当采一般人标准,根据行为当时的客观情况,以一般人的智力水平及生活经验为标准,一般人认为有作为可能性认识的,推定行为人也能认识到;反之,则不具有作为可能性认识。其次,由于认识与否本身就属于主观意识的范畴,故还应当运用行为人标准来进行判断,即应当以行为人在行为当时的主观认识为标准判断作为可能性认识的存在与否。

【指导案例】杨某某故意伤害案[①]**——明知先行行为会引发危害后果而不予以防止的行为构成故意犯罪**

被告人杨某某因与被害人张某某谈恋爱而产生矛盾,杨某某即购买两瓶硫酸

---

① 参见刘京川:《杨某某故意伤害案——明知先行行为会引发危害后果而不予以防止的行为构成故意犯罪》,载最高人民法院刑事审判第一、二、三、四、五庭主办:《刑事审判参考》(总第55集),法律出版社2007年版,第6—12页。

倒入喝水的杯中,随身携带至其就读的河南省洛阳市第一中学。2004年10月23日21时40分许,杨某某在该校操场遇到张某某,两人因恋爱之事再次发生激烈争执,杨某某手拿装有硫酸的水杯对张某某说,"真想泼到你脸上",并欲拧开水杯盖子,但未能打开。张某某认为水杯中系清水,为稳定自己情绪,接过水杯,打开杯盖,将水杯中的硫酸倒在自己的头上,致使其头、面、颈、躯干及四肢等部位被硫酸烧伤。

在本案中,被告人杨某某购买硫酸带至学校,执盛有硫酸的杯子与被害人发生争执,争执中有"真想泼到你脸上"的语言表露,上述行为使被害人的人身安全处于一种高度危险的状态。此时,杨某某负有因其先行行为而产生的防止危险发生的义务。但是杨某某并没有告知被害人水杯中装的是硫酸,促使被害人产生误解,更没有及时抢过杯子,阻止被害人将硫酸倒在头上和脸上,最终造成重大伤害结果,由此成立不作为犯罪。那么,在此不作为犯罪中,本案被告人的犯罪故意是什么呢?杨某某对硫酸可能造成严重的人身伤害后果是明知的,对其作为义务和作为能力也是明知的。当被害人拿过水杯打开杯盖的时候,杨某某明知杯中盛有硫酸,有可能会发生伤人的危害后果,在有义务有能力告知被害人的情况下却故意不告知,将被害人置于危险境地;在被害人误认为水杯中的硫酸是清水倾倒时,杨某某也未加以阻止;杨某某购买硫酸同时又购买碳酸钠,知道如何防止或减轻硫酸对人体伤害的程度,但是在被害人往自己身上倾倒硫酸之后,杨某某并未用预先准备的碳酸钠对其施救以防止或减小危害后果,故对危害结果的发生持放任态度。综上,被告人杨某某在认识因素和意志因素上均符合间接故意犯罪的主观特征。

第五章　犯罪过失

一、如何区分疏忽大意的过失行为与意外事件

(一) 裁判规则

是否"应当预见"是判断疏忽大意过失犯罪是否成立的关键所在,"应当预见"包括两方面的内容:具有预见义务和预见能力。其中,预见义务是一种客观存在,来自于法律、规章制度的明示规定,或者生活习惯和常识的要求,或者由先行行为而产生。而对行为人预见能力的判断,则应当在考察一般人预见能力的基础上充分考虑行为人的具体智识情况。如果一般人能够预见,但行为人智识水平低,则不宜认定为过失;如果行为人的智识水平不低于一般人,则可以认定为过失;如果一般人不能预见,而行为人的智识水平明显高于一般人,则可以认定为过失。

(二) 规则适用

根据我国《刑法》第15条的规定,疏忽大意过失犯罪是指行为人应当预见自己的行为可能发生危害社会的结果,因为疏忽大意而没有预见,以致发生这种危害社会结果的犯罪行为。由此可见,意外事件与疏忽大意的过失有相似之处,表现在行为人都没有预见到自己行为的危害结果,客观上又都发生了危害结果。但是,在意外事件中,行为人是不应当预见、不能够预见危害结果的发生;而疏忽大意过失中的没有认识,并非行为人不能预见危害结果,而是由于疏忽大意才没有预见。如果行为人小心谨慎、认真负责,那么就能够预见到危害结果的发生。在司法实践中,判断疏忽大意的过失,关键是需要判断行为人是否应当预见、能够预见,即同时存在预见义务和预见能力。

其中,所谓"应当预见",是指行为人有预见的义务,即法律法规及社会日常生活所要求的为一定行为或不为一定行为时应当谨慎小心,以避免危害社会结果的发生。这种义务主要来自于三个方面:①针对职务或者业务上负有特定义务的人,法律、法规、规章制度和具体操作规程等以成文形式为其预先设定的预见义务。一般表现为要求行为人作为或者不作为,如航空规则、铁路或道路行车安全

规则以及生产、医疗、作业安全的规章制度等。法律要求这些行为人实施行为时谨慎小心,注意避免发生危害社会的结果。②生活常识和习惯所要求的注意义务。这是为社会大众设定的普通预见义务,其内容来源于社会共同生活准则的要求,也就是长期以来人们在工作和生活中形成的常识和习惯。例如,社会生活准则要求行为人用火时,必须谨慎小心,以免发生火灾;要求行为人从楼上扔重物时,有充分注意有无可能伤及行人或他人财物的义务。③基于先行行为产生的注意义务。这种预见义务是指,某个人本来没有预见义务,但当其实施某种行为可能引起刑法所保护的某种社会关系处于危险状态时,行为人就负有为一定行为或不为一定行为的义务,以排除或避免危害结果的发生。例如,甲带邻居小孩到公园游玩,如果疏于看管小孩,致使小孩掉入湖中溺水而死,需要对小孩的死亡负过失责任。

所谓"能够预见",是指行为人具备了预见自己行为可能发生危害结果的主观能力和客观条件。从主观上说,行为人具有预见的能力,即行为人达到法定责任年龄、具有刑事责任能力和相应的生活常识与技能等。从客观上说,由于每个人所具有的认识能力不是抽象存在的,而是存在于一定的具体客观外部环境和条件之中,故要求行为人具有预见的条件,即时间、地点、环境等不妨碍行为人主观预见能力的发挥。只有将行为人的认识能力与行为时的客观环境和条件结合起来,才能得出与实际情况相符的准确结论。在对行为人是否具有预见能力进行具体判断时,可以分为如下两个步骤进行:首先,需要采取客观标准或者说社会一般人标准,分析在当时具体的条件下,一般具有正常理智的人对这种结果的发生能否预见,从而作出初步的判断。其次,由于社会上的人都是各个具体的人,每个人的认识能力是各不相同的,故在初步判断的基础上,还需要进一步采取主观标准或者说个人标准,根据行为人的年龄、健康和发育状况、智力水平、知识水平、所从事的职业、所担负的职务、技术熟练程度、社会阅历等行为人的主客观特征,分析他在当时的客观环境和条件下,对这种结果的发生能不能预见。① 也就是说,在判断行为人能否预见其行为可能产生危害结果时,行为人本人的情况起着决定性的作用。

【指导案例】朱家平过失致人死亡案②——如何区分疏忽大意的过失与意外事件

被告人朱家平为了拆迁,从拆迁市场购买回来旧砖头、旧钢筋、旧楼板交给无

---

① 具体而言,应先将具体的行为人进行类型化考虑。假如行为人是一名医生,就以医生这个职业群体来考虑,看这个群体能否预见类似结果的发生。如果这个群体对类似结果的发生具有预见能力,而行为人的认知能力并不低于这个职业群体的平均水准,行为人没有预见到,则可以认定行为人存在过失。反之,如果一般人难以预见,但根据行为人的专业知识、业务熟练情况,有足够的证据证明行为人的预见能力高于一般人,也可以认定其存在过失。

② 参见扬述:《朱家平过失致人死亡案——如何区分疏忽大意的过失与意外事件》,载最高人民法院刑事审判第一庭、第二庭编:《刑事审判参考》(总第44集),法律出版社2006年版,第49—52页。

建筑资质的于全门建两层楼房,并吩咐于全门为其节省资金。2004年5月中旬的一天,于全门带领王顶玉、王顶宝、王玉喜、王桂莲等人进行施工,在施工过程中,未采取安全防范措施。2004年5月28日下午2时许,当被告人朱家平经于全门同意将两桶烂泥浆吊到二楼廊檐顶部不久,在楼板自重和施工操作等负荷作用下,导致挑梁断落,致使王顶玉被砸当场死亡;王顶宝被砸伤后抢救无效死亡;王进喜、王桂莲被砸成轻微伤。经鉴定,该房建造标准很低,泥浆强度为0,主要承重构件构造连接和整体性很差,挑梁不符合现行建筑结构设计规范的有关要求。被告人朱家平及其辩护人均提出,朱家平主观上无过失、无法预见到死伤后果,系意外事件。

本案的主要问题是,被告人朱家平在主观上属于疏忽大意的过失还是意外事件?朱家平没有预见到死亡结果的发生,那么其是否应当预见呢?尽管从形式上来看,建造房屋本身就具有一定的风险,可能会发生事故,但这种风险属于一般生活中被允许的风险。就如司机驾驶机动车在道路上行驶一样,不能因为具有发生车祸的可能性,就认为行为人已经预见到会发生危害结果。同样,也不能仅仅因为建房有一定风险,就认为被告人已经预见到会发生危害结果。因为建房风险属于被允许的风险,只要建房人持谨慎的态度、规范地操作,这种风险是可以被避免的。本案被告人朱家平在建房过程中,发生两死两轻微伤,应当说,该伤亡结果显然是出乎其预料的。那么,朱家平对于该结果是否具有预见义务和预见可能性呢?如果没有预见义务或预见可能性,就属于意外事件。经查,本案中,朱家平为了拆迁而建房,购买的是旧建筑材料,委托的是无建筑资质的人员,还嘱咐建房人员尽量少用水泥以节省资金,同时在施工过程中没有采取任何安全防范措施,因此朱家平的建房行为明显违反了房屋建设一般活动所应遵循的义务,是一种容易导致施工人员伤亡的危险行为。由于其先行行为导致刑法所保护的施工人员的生命安全处于危险状态当中,行为人就负有为一定行为或不为一定行为的义务,以排除或避免危害结果的发生。而且,从注意能力上来看,对于前述危险状态,社会一般普通人都能够认识得到,朱家平的智能水平并不低于社会一般人,故也是完全能够认识到的。综上,由于朱家平的先行行为致刑法所保护的生命法益处于危险状态当中,其主观上具有注意义务、客观上具有预见能力,故应当认定其对伤亡结果存在过失,以过失致人死亡罪来对其定罪处罚。

【指导案例】穆志祥被控过失致人死亡案①——致人死亡无罪过,违法行为与危害结果之间没有因果关系的不构成犯罪

1999年9月6日10时许,被告人穆志祥驾驶其农用三轮车,载客自江苏省灌

---

① 参见汪勤云、张海峰、王永仑、林夫:《穆志祥被控过失致人死亡案——致人死亡无罪过,违法行为与危害结果之间没有因果关系的不构成犯罪》,载最高人民法院刑事审判第一庭、第二庭编:《刑事审判参考》(总第28辑),法律出版社2003年版,第31—36页。

南县盂兴庄驶往县城新安镇,因车顶碰触村民李学明从李学华家所接电线接头的裸露处,车身带电,乘客张木森在下车时因手抓挂在车尾的自行车车梁而触电身亡。现场勘验表明,因穆志祥在车顶上焊接有角铁行李架,致使该车实际外形尺寸为高235cm。按有关交通管理法规的规定,该种车型最大高度应为200cm。李学明套户接李学华家电表,套户零线、火线距地面垂直高度分别为253cm、228cm,且该线接头处裸露。按有关电力法规的规定,安全用电套户线对地距离最小高度应为250cm以上,故李学明所接的火线对地距离不符合安全标准。穆志祥辩称,本案被害人触电死亡纯属意外事件,其不应当承担刑事责任。

在本案中,危害结果的发生是由穆志祥在车顶上焊接有角铁行李架,以及李学明安装电线高度过低且电线接头处裸露共同造成。从主观上来看,被告人穆志祥虽私自在车顶焊接角铁行李架致车身违规超高(235cm),但对于李所接照明电线不符合安全用电高度要求(火线对地距离仅为228cm),尤其是接头处裸露等违规用电情形,穆志祥的确无法认知,也不具备预见的可能性。且对于社会一般人而言,非长期居住在事故发生地附近的居民,根本无法准确判断李学明的违章用电行为可能带来的危害后果。由于李学明所接套户线路仅低于规定22cm(法定最低高度应为250cm),即使电力设施专业维护人员未经测量也未必能够预见。穆志祥没有义务也不可能预见到其在李学华住宅附近停车,车顶会恰巧碰上李学明家私自拉接的不符合安全用电对地高度要求,且未采取任何绝缘措施的裸露电线接头处,故其主观上不具有疏忽大意的过失,应认定为刑法上的意外事件。

从客观上来说,该案实际上还涉及介入因素中断因果关系的问题。首先,为防止车辆侧翻或失衡引发的交通事故发生,交通管理法规根据车辆具体类型,规定了不同的高度标准。穆志祥违规改装车辆高度,增加了车辆行驶的不安全系数,会危及交通安全,故其行为创设了法律所禁止的风险。但是,本案穆志祥加高车辆所创设的风险是导致车辆侧翻或失衡等事故,而被害人的死亡系由触电造成,与被告人违规行为所创设的风险并非同一类型,故不能认定被害人死亡的结果是被告人违规行为所创设风险的实现,进而不能认定穆志祥的行为具有导致本案被害人身亡的高度盖然性。其次,即使认定穆志祥私自违规架高车顶角铁行李架的行为已经客观上制造了发生一定危害后果的危险状态,在该危险状态向现实结果发展的过程中,介入了李学明的违章用电行为。按照介入因素能否中断因果关系的判断标准,该介入因素不依赖于穆志祥的先行行为,具有异常性,且能够单独引起致人伤亡结果的发生,故能够中断穆志祥私自违规架高车顶角铁行李架的行为与被害人死亡结果之间的因果关系。根据刑法罪责自负原理的要求,该死亡结果应当由实施违章用电行为的李学明来承担责任,而不应由穆志祥承担,对其而言属于意外事件。

二、在人身伤害类案件中存在介入因素时,如何判断因果关系

(一) 裁判规则

在判断某一介入因素是否中断因果关系时,应当从如下几个方面着手:①先行行为导致危害结果发生的危险性之大小;②介入因素对先行行为的依赖性程度即异常性大小;③介入因素对危害结果的发生是否具有决定性作用。

(二) 规则适用

过失致人死亡罪的成立以发生死亡结果为前提,这就要求过失的实行行为与死亡结果之间存在因果关系。司法实践中,我们在判断刑法因果关系时,可以以"条件说"为基础,即如果行为与结果之间存在"无A则无B"的条件关系,二者之间在原则上具有因果关系。例如,甲因为疏忽大意没有注意到乙系血友病患者,扇了乙一耳光,导致乙嘴角流血并流血不止,因失血过多死亡。从条件关系看,如果没有甲的扇耳光导致出血的行为,就没有乙的死亡,那么就可以初步判断甲的该行为系乙死亡的原因,二者之间存在因果关系。在条件关系的基础上,再进一步考察是否存在介入因素。司法实践中,经常会发现在一个危害行为引起某一危害结果的过程中,介入了第三个因素的情况。这种因素可能是自然因素,也可能是他人的行为,还可能是被害人自己的行为。由于这种因素的介入,导致原来因果联系的方向发生不同程度的改变。此时能否认为先行行为仍是最后危害结果产生的原因,介入因素能否中断先行行为与结果之间的因果关系,一直是一个非常复杂的问题。对此,我们认为,在判断某一介入因素是否中断因果关系时,应当从先行行为导致结果发生的作用大小,以及介入因素对先行行为的依赖程度、对结果发生的作用大小等几个方面着手:

1. 先行行为导致危害结果发生的盖然性之大小。当行为人所实施的先行行为导致结果发生的盖然性程度越高,表明其对结果所起的作用越大,介入因素越难以阻断这种因果关系,对结果仅能起到轻微作用,应肯定先行行为与结果之间具有因果关系。反之,则表明先前行为对结果所起的作用小,应否定二者之间的因果关系。例如,当被告人的先行伤害行为致被害人濒临死亡的重伤,具有导致被害人死亡的高度危险时,即使介入医生或者他人的过失行为引起被害人死亡的,依然应当肯定伤害行为与死亡结果之间的因果关系。反之,如果先前的行为只是导致被害人轻伤,并不具备致人死亡的高度危险,医生或者他人的严重过失导致被害人死亡的,则应当否定伤害行为与被害人死亡之间的因果关系。

2. 介入因素对先行行为的依赖性程度即异常性大小。在有介入因素参与的刑法因果关系链条中,先行行为往往使受害对象处于危险的状态,而介入因素又顺其自然地使这种危险状态现实化了。此时,介入因素对先行行为的依赖程度,是判断介入因素是否中断先行行为与危害后果之间因果关系的重要依

据。① 具体来说,如果介入因素完全依赖于先行行为,介入因素的出现是由先行行为所引发,先行行为必然或者通常会导致介入因素的出现,那么介入因素对行为人来说是一种正常的现象,不具有异常性,即使介入因素具有高度危险,直接导致危害后果的出现,也不能中断先行行为与结果之间的因果关系。例如,行为人在实施暴力犯罪时,通常会引起被害人的逃离行为,如被害人无路可逃跳入水库溺死,或者逃入高速公路被车撞死,仍然应当肯定追杀行为与死亡结果之间的因果关系。反之,如果介入因素与行为人的先行行为无关,其出现具有偶然性和独立性,那么介入因素将会中断先行行为与危害结果之间的因果关系。例如,甲乘坐公交车时与司机发生争吵,狠狠地打了司机一拳,该行为严重干扰了司机的正常驾驶,对安全驾驶创设了明显的危险,如果此时司机返身抵挡甲,这种抵挡行为属于本能反应,并不异常,由此发生交通事故并不能否定甲的行为与事故之间存在因果关系。反之,如果司机起身离开座位与甲厮打起来,全然不顾汽车行驶,则属于异常的行为,由此造成交通事故的,则可以中断甲的行为与事故结果之间的因果关系。

3. 介入因素对危害结果的发生是否具有决定性作用。如果介入因素独立于先行行为,独自地对危害结果起主要的、决定性的作用,那么介入因素将是危害结果产生的原因力,即使先行行为具有致使结果发生的高度危险性,仍然可以中断先行行为与危害结果之间的因果关系。② 例如,甲以杀人的故意向情敌乙的食物中投放了足以致死的毒药,但在毒性发生作用之前,乙的另一情敌丙开枪杀死了乙。由于乙的死亡是丙的开枪行为直接导致的,且丙的开枪行为独立于甲的投毒行为,故中断了甲投毒行为与乙死亡结果之间的因果关系,对甲仅以故意杀人罪(未遂)定罪,甲对丙的死亡结果不承担刑事责任。反之,如果介入因素从属于先行行为,并和先行行为共同对危害结果产生作用,那么该介入因素就不能中断先行行为与危害结果之间的因果关系。例如,被害人在旅途中被人打伤,为了尽快回到居住地,导致治疗不及时而死亡的,应当认定伤害行为与死亡结果之间的因果关系。因为尽管受害人的死亡与其没有第一时间入院治疗有关系,但是该因素并不能独立引起死亡结果的发生,之前受到的伤害仍然系死亡结果发生的主要原因,故伤害行为与死亡结果之间具有因果关系。

【指导案例】穆志祥被控过失致人死亡案③——致人死亡无罪过,违法行为与危害结果之间没有因果关系的不构成犯罪

1999年9月6日10时许,穆志祥驾驶其农用三轮车,载客自灌南县孟兴庄驶

---

① 参见〔日〕木村龟二:《刑法学词典》,顾肖荣等译,上海翻译出版公司1991年版,第143页。
② 参见〔日〕木村龟二:《刑法学词典》,顾肖荣等译,上海翻译出版公司1991年版,第152页。
③ 参见汪勤云、张海峰、王永仑、林夫:《穆志祥被控过失致人死亡案——致人死亡无罪过,违法行为与危害结果之间没有因果关系的不构成犯罪》,载最高人民法院刑事审判第一庭、第二庭编:《刑事审判参考》(总第28辑),法律出版社2003年版,第31—36页。

往县城新安镇，因车顶碰触村民李学明从李学华家所接电线接头的裸露处，车身带电，乘客张木森在下车时因手抓挂在车尾的自行车车梁而触电身亡。现场勘验表明，因穆志祥在车顶上焊接有角铁行李架，致使该车实际外形尺寸为高235cm。按有关交通管理法规的规定，该种车型最大高度应为200cm。李学明套户接李学华家电表，套户零线、火线距地面垂直高度分别为253cm、228cm，且该线接头处裸露。按有关电力法规的规定，安全用电套户线对地距离最小高度应为250cm以上，故李学明所接的火线对地距离不符合安全标准。

在本案中，被告人穆志祥私自改装车辆违规超高的行为，与被害人触电身亡的结果之间有一定的联系，符合"没有前者就没有后者的"条件关系，但该条件关系在发展过程中，介入了第三者的行为，即李学明私接电线对地距离不够且在所接电线接头处无绝缘措施，使电线接头裸露处放电。在介入第三者行为的情况下，能否中断之前的因果关系需要从以下几个方面考虑：①从行为人的实行行为导致结果发生的危险性大小来看，穆志祥私自改装车辆违规超高的行为本身，具有一定的危险性。针对不同类型的机动车辆，我国交通管理法规对其最大高度作了限定，这主要是因为车辆超过限定的标准，会大大增加车辆侧翻而引发交通事故的危险，但并不包含防止车辆触碰悬挂物（尤其是电线）而产生危险的内容。然而，从本案来看，被害人的死亡并非由改装车辆高度所引起的侧翻或失衡等事故所导致，故不能认为被害人的死亡结果是被告人违规行为所创设风险的实现。也就是说，被害人触电死亡结果的发生并不在行为人所创设的不容许风险的范围之内，故不应归责于行为人改装车辆超高的行为。②从介入因素异常性大小来看，穆志祥显然不可能预见其在李学华家住宅附近停车，车顶会恰巧碰上李学明私自拉接的不符合安全用电对地高度要求，且未采取任何绝缘措施的裸露电线接头处。③从介入因素对结果发生的作用大小来看，被害人死亡的直接原因是触电，引起触电的原因是李学明所接照明线路高度不够，且在接头处没有采取绝缘措施，使电线接头裸露处放电。综上可见，本案被害人触电死亡的真正原因是李学明的介入行为，而非被告人的行为，故法院认定被告人的行为与被害人死亡之间没有因果关系是正确的。

【指导案例】朱建刚故意伤害案[①]——**故意伤害致人死亡案件因果关系的认定**

2012年9月11日凌晨，何照鹏（另案处理，已判刑）因认为田亚雄（被害人，男，殁年24岁）及乔双红在浙江省杭州市江干区太平门直街调戏其女友卞士云而发生口角。当日3时20分许，何照鹏持砍刀纠集被告人朱建刚及梁春生（另

---

① 参见聂昭伟：《故意伤害致人死亡案件的因果关系判断》，载《人民司法（案例）》2017年第11期，第48—51页。

案处理,已判刑)、李世库(另案处理)等人,分别持木棍、鱼叉、砍刀与田亚雄、乔双红发生殴斗,致使田亚雄头部受伤倒地,后被送往医院治疗,并于同年11月22日出院回甘肃老家康复治疗。经鉴定,被害人田亚雄头部外伤致左侧额、颞、顶部硬膜下血肿,并形成脑疝,出现失语、四肢强直性瘫痪等严重并发症,其损伤程度已构成重伤,伤残程度为一级伤残。2015年1月18日,田亚雄在家中病情发作,经抢救无效死亡。

在本案中,被害人受伤后在治疗期间被接回老家康复治疗,并经较长时间后死亡,该死亡结果与先前伤害行为之间是否存在因果关系。一种观点认为,由于被害人系事隔两年多后在家中康复治疗期间死亡,无法确认该死亡后果与被告人之前伤害行为之间存在直接因果关系,故不认定该案系故意伤害致人死亡案件;另一种观点认为,尽管被害人系经过长时间治疗后死亡,但案发当时已经严重颅脑损伤,且回到老家后并未放弃治疗,其间也不存在医疗事故等中断因素,故先前伤害行为与死亡结果之间的因果关系并未中断,被告人仍需对该死亡结果承担责任。笔者赞同上述第二种意见,认为在判断某一介入因素是否中断因果关系时,应当从先行行为导致结果发生的作用大小,以及介入因素对先行行为的依赖程度、对结果发生的作用大小等几个方面来着手。具体到本案中,被害人在省城医院治疗一段时间后,被害人亲属将被害人接回了老家,尽管在医疗条件上要差很多,但并不足以切断先前伤害行为与死亡结果之间的因果关系。原因在于:首先,被告人先前实施的伤害行为已经致被害人严重颅脑损伤,被害人经手术治疗后意识消失、无任何自主表达与活动能力,如此严重的伤害使得被害人基本没有治愈的可能,死亡结果的发生已经不可避免。其次,对于被害人的家庭经济条件而言,不可能期待他们不计成本地在省城医院持续治疗直至死亡,故被害人亲属将被害人接回老家,该行为本身并不具有异常性;而且被害人被带回老家之后,并未完全放弃治疗,仍然通过药物控制病情。最后,被害人死亡的主要原因仍然是之前所受到的严重伤害,接回老家治疗并不能够独立地引起死亡结果的发生,故不能中断先前伤害行为与死亡结果之间的因果关系。

【指导案例】赵金明等故意伤害案[①]——持刀追砍致使他人泅水逃避导致溺水死亡的如何定罪

被告人赵金明与马国超曾经有矛盾,案发前赵金明听说马国超放风要把自己砍掉,决定先下手为强。2003年8月14日晚7时许,赵金明纠集被告人李旭及韩成雄、韩愈杰、韩波、汪冲、谢泉(均另案处理)前往帮忙,并在车上发给每人砍刀

[①] 参见李晓庆:《赵金明等故意伤害案——持刀追砍致使他人泅水逃避导致溺水死亡的如何定罪》,载最高人民法院刑事审判第一、二、三、四、五庭主办:《刑事审判参考》(总第55集),法律出版社2007年版,第21—26页。

一把,车行至紫云街看见马国超正在街上同人闲聊后,赵金明等人下车持刀向马国超逼近,距离马国超四五米时被马发现,马国超见势不妙立即朝街西头向涵闸河堤奔跑,赵金明持刀带头追赶,李旭及韩成雄、韩愈杰、韩波、汪冲跟随追赶。当赵金明一行人追赶40余米后,马国超从河堤上跳到堤下的水泥台阶上,摔倒在地后又爬起来扑到河里,并且往河心里游。赵金明等人看马国超游了几下,因为怕警察来了,就一起跑到附近棉花田里躲藏,等了半小时未见警察来,被告人等逃离现场。同年8月16日马国超尸体在涵闸河内被发现。经法医鉴定,马国超系溺水死亡。

本案存在争议的问题是,被告人在持刀追赶被害人的过程中,被害人自己跳河溺水身亡,死亡结果是否仍然应当归责于被告人的行为?这实际上就是判断被害人死亡结果与被告人的行为之间是否存在因果关系的问题。对此,需要运用前述因果关系的判断方法来进行分析:①考察被告人的行为本身是否具有致人死亡的危险性。被告人赵金明伙同多人持刀追砍被害人,该行为对被害人的身体健康与生命安全构成了直接的威胁,本身具有导致伤亡结果发生的高度危险。②介入因素对先行行为的依赖性程度即异常性大小。在被告人的行为致危害结果发生的过程中,如果介入了来自被害人或者第三方的介入因素,能否产生排除结果归责的效果取决于该介入因素对先行行为的依赖程度即异常性大小。如果介入因素完全依赖于先行行为,先行行为必然或者通常会导致介入因素的出现,那么介入因素对行为人来说是一种正常的现象,不具有异常性,即使介入因素具有高度危险,直接导致危害后果的出现,也不能中断先行行为与结果之间的因果关系。本案中,被害人面对7名持刀暴徒近距离的追砍,无路可逃跳入水库,系一个正常人会有的合理反应,在社会一般人预期的范围之内,不具有异常性,故不能中断先行行为与危害结果之间的因果关系。综上,赵金明等人持刀追赶被害人的行为与被害人死亡结果之间具有刑法意义上的因果关系。根据主客观相一致的定罪原则,对赵金明等人应当以故意伤害致人死亡罪定罪处罚。同时,考虑到赵金明等人在被害人马国超溺水时跑到附近躲藏,这与采取围、追、堵、截等妨碍被害人上岸的方式导致被害人溺水死亡在危害性上有一定区别,在量刑时可考虑这一因素。

【指导案例】被告人刘旭过失致人死亡案[①]**——轻微伤害行为致特殊体质人死亡的案件应如何定罪**

2004年4月29日11时许,被告人刘旭驾驶车号为京CZ××的白色捷达轿车行驶至北京市宣武区宣武门路口由东向南左转弯时,适遇被害人张立发(殁年69

---

① 参见陈兴良、张军、胡云腾主编:《人民法院刑事指导案例裁判要旨通纂》(上卷),北京大学出版社2013年版,第411页。

岁)骑车由东向西横过马路,二人因让车问题发生争吵。被告人刘旭驾车前行至宣武门西南角中国图片社门前后靠边停车,与随后骑自行车同方向而来的张立发继续口角。被告人刘旭在争吵过程中,动手推了张立发的肩部并踢了张立发的腿部。张立发报警后双方被民警带至派出所。在派出所解决纠纷时,被害人张立发感到胸闷不适,于当日13时到首都医科大学宣武医院就诊,15时许抢救无效死亡。经法医鉴定,张立发因患冠状动脉粥样硬化性心脏病,致急性心力衰竭死亡。

本案被告人的争吵与推搡行为诱发被害人的心脏病,导致后者因心脏病发作急性心力衰竭死亡,其行为与结果之间显然存在"没有前者就没有后者"的条件关系。而且,由于被害人的心脏病在案发之前就有,属于被害人既有身体状况的一部分,它与被害人的其他特征(如年龄、性别等)构成了一个不可分离的整体。因此,我们不能说被害人心脏病发作属于介入因素,并由此中断行为与结果之间的因果关系。可见,刑法中的因果关系并非抽象行为与抽象结果之间的关系,而是被告人的具体行为与具体的被害人死亡结果之间的关系。这就要求我们在认定刑法中的因果关系时,不能以假想的一般人作为判断标准,而应着眼于具体的被害人,被害人所具有的身体疾病等特异体质,属于被害人的一部分,尽管对于危害结果的发生存在作用甚至是关键的作用,但被害人的特异体质仅仅是结果发生的条件,而并非刑法意义上的原因,故被害人的心脏病发作不属于介入因素,不能中断被告人的行为与被害人死亡结果之间的因果关系。当然,由于被告人的行为并不具有致他人死亡的危险,在通常情况下不会发生死亡结果,故其行为不属于故意杀人罪的实行行为。被告人在事发当时无法预料到被害人患有心脏病,并会因心脏病发作导致死亡结果的发生,故被告人不应承担过失致人死亡的刑事责任。

【指导案例】李中海故意杀人案[①]**——如何认定交通肇事逃逸案件中的间接故意杀人犯罪**

2005年10月16日凌晨3时许,被告人李中海驾驶一辆牌号为豫PKC2××的二轮摩托车于上海市共康路附近营运载客时搭载了被害人章诚,后当李中海沿上海市江杨南路由北向南骑行至江杨南路桥北堍处时,因操作不当造成二轮摩托车车头撞击到路边隔离带,导致章诚从摩托车后座甩出后倒地。李中海下车查看后,发现章诚躺在机动车道内因受伤而无法动弹,为逃避自身责任,李中海不顾章诚可能被后续过往车辆碾压身亡的危险,在未采取任何保护措施的情况下,自行驾车逃逸。后章诚被一辆途经该处的大货车碾压,当场致死。案发后,经现场勘

[①] 参见叶琦、蔡恩璇:《李中海故意杀人案——如何认定交通肇事逃逸案件中的间接故意杀人犯罪》,载最高人民法院刑事审判第一、二、三、四、五庭主办:《刑事审判参考》(总第95集),法律出版社2014年版,第40—45页。

查、调查取证、技术鉴定,交警部门认定李中海对本起事故负全部责任。同时,《尸体检验报告书》认定:"被害人章诚系因在交通事故中造成复合伤而死亡。"

  刑法上的因果关系是指危害行为与危害结果之间引起与被引起的关系。作为义务的不履行与已经造成的危害结果之间是否具有刑法上的因果关系,一般不存在争议,但在具有介入因素的情形中,认定比较复杂。本案即是如此,被告人在交通肇事逃逸之后,被害人死亡结果发生之前,介入了其他车辆经过碾压被害人的行为。那么,该介入因素能否中断肇事逃逸和死亡结果之间的关系呢?对此,我们需要从两个方面来进行分析:①从最早出现的实行行为导致最后结果发生的可能性大小来看,虽然本案交通肇事发生时间为凌晨时分,但是当时该路段的车辆往来仍较为频繁。在此情况下,被告人李中海交通肇事后逃逸,将被害人留置于有车辆来往的机动车道内,发生更为严重的伤亡后果的可能性极高。②从介入因素异常性大小来看,本案案发地是车辆来往频繁的机动车道内,又是凌晨时分,留在机动车道内的被害人被来往车辆碾压并非异常情况,而是一种必然因素。因此,大卡车碾压倒在机动车道内的被害人,不能中断被告人先行行为与被害人死亡结果之间的因果关系。同时,《尸体检验报告书》认定,被害人章诚是在交通事故中造成复合伤而死亡,表明被害人死亡结果发生是李中海交通肇事致其受伤倒地无法动弹的先行行为和后续过往车辆实施碾压共同作用所致,故李中海的不作为与被害人的死亡结果之间具有刑法上的因果关系。

第六章　刑事责任年龄①与能力

一、户籍证明与其他证据矛盾时如何认定被告人的年龄

（一）裁判规则

1. 审查被告人实施犯罪时是否已满18周岁，一般应当以户籍证明为依据。

2. 对户籍证明有异议，并有经查证属实的出生证明文件、无利害关系人的证言等证据证明被告人不满18周岁的，应认定被告人不满18周岁。

3. 没有户籍证明以及出生证明文件的，应当根据人口普查登记、无利害关系人的证言等证据综合进行判断。必要时，可以进行骨龄鉴定，并将结果作为判断被告人年龄的参考。

4. 未排除证据之间的矛盾，无充分证据证明被告人实施被指控的犯罪时已满18周岁且确实无法查明的，不能认定其已满18周岁。

【指导案例】伍金洪、黄南燕绑架案②——户籍证明与其他证据矛盾时如何认定被告人的年龄

2008年8月，被告人黄南燕提议绑架前女友许梦思以勒索财物，被告人伍金洪表示同意，两人为此进行多次商议，决定杀死许梦思再勒索财物。同年9月13日晚，黄南燕、伍金洪从浙江省温州市瓯海区丽岙镇一起来到仙岩镇。当晚10时许，黄南燕将许梦思骗至伍金洪选定的仙岩镇河口塘村河滨中路南侧的"河口塘村公变5号"变电房内，与伍金洪一起掐昏许梦思，从其身上搜得现金人民币60余元及一部手机，随后两人将许梦思捆绑后扔入附近的温瑞塘河，致被害人许梦

---

① 《刑法》（2020年）第17条第3款规定："已满十二周岁不满十四周岁的人，犯故意杀人、故意伤害罪，致人死亡或者以特别残忍手段致人重伤造成严重残疾，情节恶劣，经最高人民检察院核准追诉的，应当负刑事责任。"《刑法修正案（十一）》于2021年3月1日起施行，这就意味着此后的刑事责任最低年龄下调至12周岁。

② 参见聂昭伟：《伍金洪、黄南燕绑架案——户籍证明与其他证据矛盾时如何认定被告人的年龄》，载最高人民法院刑事审判第一、二、三、四、五庭主办：《刑事审判参考》（总第77集），法律出版社2011年版，第51—58页。

思溺水死亡。次日上午 10 时许,黄南燕打电话给许梦思的外婆索要人民币 5 万元。当日下午,黄南燕去约定地点取赎金时被抓获。

本案户籍证明等法定证据证明黄南燕出生于 1990 年 8 月 11 日,但是黄南燕辩称其出生于 1990 年 9 月 23 日。当户籍证明等法定证据与被告人供述的年龄出现矛盾时,应当如何采信证据呢?笔者认为,考虑到我国户籍证明有可能在其原始生成阶段因为种种原因而造成错误,因此,出生证明、计生办证明、学籍证明等其他证据若能够相互印证,共同补强被告人的供述或辩解,并能达到使一般人确信的程度,那么就可以合理地排除户籍证明,采信能够相互印证、共同补强的证据。经查,本案户籍证明虽然反映被告人黄南燕出生时间为 1990 年 8 月 11 日,但是其他证据却证明黄南燕关于其出生于 1990 年 9 月 23 日的口供更为真实可信:①黄南燕的户口不是在其出生时申报的,而是在 2003 年即出生后 13 年补报的。且作为申报依据的《出生医学证明》,并非由出生医院出具,而是由瓯海区疾控中心出具的。上面所填写的出生时间是根据助产士姜仙涛签字盖章的证明书来确定的。姜称当时并没有核对黄南燕的出生时间,黄南燕的母亲亦称当时没有注意出生时间的差错。可见,本案中的户籍证明显然不能客观真实反映黄南燕的出生时间。②《梧田区卫生院妇产科分娩登记表》证实被告人系 1990 年 9 月 23 日出生,梧田区卫生院系被告人黄南燕出生时的医院,分娩登记表经鉴定系黄南燕出生当年填写,最能反映出生时的真实情况。③《黄氏宗谱》系其父母早年所报,上面记载黄南燕出生于 1990 年 9 月 23 日。对于该宗谱的真实性,经温州市人民检察院依法鉴定,不是近年制作,可排除伪造的可能性。综上,法院在认定黄南燕年龄时排除了户籍证明,直接以其他证据作为依据,认定黄南燕作案时未满 18 周岁是适当的。

二、行为人因饮酒、吸毒致责任能力丧失的,是否影响刑事责任的承担

(一) 裁判规则

行为人在具有责任能力的情况下有意识地实施饮酒、吸毒等行为,使自己一时陷入丧失或者尚未完全丧失责任能力的状态,并在该状态下实施了符合犯罪构成要件特征的行为的,根据刑法规定和原因自由行为理论,应当负刑事责任。

(二) 规则适用

原因自由行为理论是大陆法系刑法学中的一个重要概念,是指具有责任能力的行为人,故意或者过失地使用酒精饮料或者其他麻醉剂之类的物品,使自己一时陷入丧失刑事责任能力的状态,并在该状态下实施了符合构成要件的行为。其中,使自己陷入丧失责任能力状态的行为,称为原因行为;在该状态下实施的构成要件行为,称为结果行为。由于行为人可以自由决定自己是否陷入上述状态,故称为原因自由行为。例如,行为人明知自己有病理性醉酒史,且饮酒后会实

施暴力行为,仍然故意饮酒,随即实施暴力行为造成伤亡结果的,即属于原因自由行为。此外,因吸毒产生幻觉而实施构成要件行为的,也属于原因自由行为。按照我国刑法规定的主客观相统一原则,犯罪的可罚性应遵循责任能力与行为同时存在原则(简称"同时存在"原则),即责任能力必须存在于行为之时,不能追究行为人在无责任能力状态下所实施行为的刑事责任。然而,在原因自由行为中,行为人在实施构成要件行为即结果行为时,处于无责任能力状态,那么是否与"同时存在"原则相矛盾,进而无需承担刑事责任呢?对此,张明楷教授认为,对于同时存在原则中的行为不宜狭义地理解为着手实行后的实行行为,而宜理解为与结果的发生具有因果关系的行为,即将原因行为与结果行为作为一个犯罪对待,只要行为人开始实施与结果的发生具有因果关系的行为时具有辨认控制能力即可。不仅如此,在认定行为人的主观要件时,也要从行为人实施原因行为时的主观心态来入手。

一方面,从责任能力上来看,精神障碍是否影响责任能力的认定需要区分情况具体对待。精神病可以分为以下四类:①内因性精神病;②器质性精神病;③症状性精神病(内科疾病引起的精神异常);④中毒性精神病。其中,前三种属于病理性精神病,其病因并非患者本人意志自由的选择,患者对患病后的行为是不自由的,因而无需对自己所实施的危害行为承担刑法上的责任;而吸毒致幻行为人的精神病属于中毒性精神病,其在未食用毒品前与常人无异,有着正常的辨认能力和控制能力,自愿摄入者患病的原因是吸毒,这是行为人意志自由的选择,而且其明知吸食毒品可以导致自身出现精神活动的变化和行为的异常,对吸食毒品可能产生的社会危害性是有所认知的。由于其在实施原因行为(即自陷行为)时具有责任能力,故理应对吸毒后实施的犯罪行为承担刑事责任。对此,虽然刑法没有明文规定吸毒致幻型犯罪的法律后果,但举轻以明重,行为人对在不为法律禁止的饮酒行为后所实施的犯罪行为尚需承担刑事责任,那行为人更应对在法律明令禁止的吸毒行为后所实施的犯罪行为承担刑事责任。可见,我国《刑法》第18条中所称精神病人,是指在未犯罪以前就是限制刑事责任能力人抑或是无刑事责任能力人,而不包括再次发生病理性、复杂性醉酒者等自愿摄入的中毒性精神病人。①

另一方面,具有责任能力的人自陷精神障碍并实施符合构成要件的违法行为,对其主观故意或者过失的认定,取决于其实施自陷行为时的主观心态。如果行为人吸毒导致精神障碍犯罪时对原因行为没有过错,即因被他人强迫或者强制注射毒品从而导致精神障碍时犯罪,这种情况下行为人不应承担刑事责任,更不能认定为原因自由行为;如果行为人具有因实施自陷行为而实施危害行为的前科

---

① 对此,司法部《精神障碍者刑事责任能力评定指南》第 4.2.5 条规定:"对毒品所致精神障碍者,如为非自愿摄入者按 4.1 条款评定其刑事责任能力;对自愿摄入者,暂不宜评定其刑事责任能力,可进行医学诊断并说明其案发时精神状态。"

史,明知自己一旦陷于精神障碍状态就会实施危害行为,仍然希望或者放任自己陷于精神障碍的,其主观罪过为故意;如果行为人对自己陷入精神障碍状态后引发危害结果发生的危险没有预见,或者虽有预见但轻信可以避免的,那么其主观罪过则为过失。例如,杨某平时经常吸毒,而且毒瘾越来越大。某日,杨某在吸毒之后产生了有人要来伤害自己的幻觉。为了防止被伤害而找来菜刀、木棍等,并用打火机将窗帘点燃。邻居见其房间冒出浓烟遂赶来救火,却遭到杨某的阻拦,后警察赶到才将大火扑灭。本案中,如果杨某在以前吸毒时明知自己吸毒后会产生幻觉进而实施放火行为,那么认定其构成故意犯罪即放火罪;反之,如果杨某以前吸毒后从未有过这样的经历,此次行为是吸毒后第一次产生幻觉并实施上述放火行为,应当认定为过失犯罪。

【指导案例】彭菘故意杀人案①——被告人吸食毒品后影响其控制、辨别能力而实施犯罪行为的,是否要承担刑事责任

2005年5月5日凌晨,被告人彭菘因服食摇头丸药性发作,在其暂住处福建省福州市鼓楼区×村×座×室内,持刀朝同室居住的被害人阮召森胸部捅刺,致阮召森抢救无效死亡。当晚9时许,被告人彭菘到福建省宁德市公安局投案自首。经精神病医学司法鉴定认为,彭菘系吸食摇头丸和K粉后出现精神病症状,在精神病状态下作案,评定为限制刑事责任能力。

在本案中,被告人彭菘尽管在实施构成要件行为即杀人行为时系责任能力受限,但是其明知吸毒行为本身为法律所禁止,仍然有意识地再次吸毒,在是否吸毒这一原因行为上具有选择的意志自由,应认定为具有刑事责任能力人。其次,从主观心态来看,被告人彭菘在以前曾因吸毒产生过幻觉的情况下,明知自己吸食后会出现幻觉仍故意吸食,进而出现精神障碍将阮召森杀死,主观上系故意使自己限于该种精神障碍状态,应承担故意杀人罪的刑事责任。而且,根据我国《刑法》第18条的规定,醉酒的人犯罪,应当负刑事责任。吸食毒品在我国属于违法行为,吸食毒品后犯罪,比醉酒的人犯罪,性质更严重。根据"举轻以明重"的解释原则,也应当负刑事责任。此外,刑法意义上的精神病人是指在实施危害行为前就已经是精神病人,在实施犯罪行为时处于精神障碍是由于精神病发作。本案被告人在实施杀人行为时虽然在辨认、控制能力上与其没有吸食毒品时存在区别,但其当时出现精神障碍,并非精神病发作的原因,而系自陷于精神障碍状态,不属于刑法意义上的精神病人,故对其责任能力也不需要再作司法精神病鉴定。当然,由于被告人彭菘平时长期吸毒,辨认、控制能力较之正常人要差,在决

---

① 参见陈鸿翔:《彭菘故意杀人案——被告人吸食毒品后影响其控制、辨别能力而实施犯罪行为的,是否要承担刑事责任》,载最高人民法院刑事审判第一、二、三、四、五庭主办:《刑事审判参考》(总第55集),法律出版社2007年版,第1—5页。

定是否再次吸毒时责任能力也要异于常人,尽管具有责任能力但相对要低。为此,鉴定机构将其认定为限制刑事责任能力人,法院也并未判处其死刑立即执行,从轻判处无期徒刑是适当的。

【指导案例】郑师武非法拘禁案[①]——吸毒致幻挟持他人,不具有真实的绑架犯罪目的,不应认定构成绑架罪

2014年6月1日17时许,被告人郑师武吸食甲基苯丙胺(冰毒)后,出现被警察追捕的幻觉,便闯入广东省广州市越秀区瑶池大街20巷7号首层10号白氏化妆品有限公司的仓库,手持一把西瓜刀劫持了仓库管理员被害人李文珍,将仓库卷闸门锁上,企图"躲避警察追捕",并恐吓李文珍不要报警。群众发现上述情况后,将李文珍被劫持的消息通知该公司负责人白霜。白霜到场后询问郑师武有无需求。郑师武提出让白霜开车护送其与李文珍到广州市海珠区的要求,遭到了白霜的拒绝。当日22时,民警接到白霜报警后到达现场与郑师武谈判,一直用刀劫持、殴打李文珍的郑师武与民警陷入对峙。次日1时30分许,白霜寻机将卷闸门打开,民警立即冲入仓库将郑师武制服并抓获归案,缴获其西瓜刀,解救出李文珍。在上述过程中,郑师武造成李文珍背部、左中指、右肘部受伤,经鉴定属轻微伤。案发后经法医鉴定,郑师武案发时患"精神活性物质(甲基苯丙胺)所致精神障碍"。

根据刑法主客观相统一原则,刑事责任能力必须存在于行为实施之时。在本案中,被告人郑师武在作案时处于丧失辨认和控制能力的精神病性障碍状态,那么能否追究其刑事责任呢?对此,需要引入"原因自由行为"理论。所谓"原因自由行为",是指具有责任能力的行为人,故意或者过失使自己陷入丧失或者尚未完全丧失责任能力的状态,并在该状态下实施了符合犯罪构成要件的行为。由于行为人在实施与结果的发生具有因果关系的行为时具有责任能力,而且具有故意或者过失,就具有非难可能性,因而需要对此承担刑事责任,且不能适用从轻或者减轻处罚的规定。我国刑法虽然没有规定原因自由行为,但是《刑法》第18条第4款规定:"醉酒的人犯罪,应当负刑事责任。"这可视为肯定原因自由行为理论的类似规定。此外,司法部《精神障碍者刑事责任能力评定指南》第4.2.5条规定:"对毒品所致精神障碍者,如为非自愿摄入者按4.1条款评定其刑事责任能力;对自愿摄入者,暂不宜评定其刑事责任能力,可进行医学诊断并说明其案发时精神状态。"这也反映出从刑事责任能力评定角度讲,我国司法实务界是承认原因自由行为理论的。根据原因自由行为理论,对于自愿吸毒者,其本案中,被告人郑师武在

---

① 参见林旭群、林子淇:《郑师武非法拘禁案——吸毒致幻挟持他人,不具有真实的绑架犯罪目的,不应认定构成绑架罪》,载最高人民法院刑事审判第一、二、三、四、五庭主办:《刑事审判参考》(总第108集),法律出版社2017年版,第54—58页。

犯罪时,由于吸毒导致精神障碍,作案时无辨认能力,但由于其吸毒时有正常的辨认能力和控制能力,明知吸食毒品可以导致自身出现精神活动的变化,在吸食前本可以自由决定自己是否陷入丧失或不完全丧失辨认、控制能力状态,而仍然放纵自己的吸毒行为,其理应对吸毒后实施的犯罪行为承担刑事责任。

三、醉酒状态下实施犯罪能否作为酌定从轻处罚情节

(一)裁判规则

行为人自陷醉酒状态,在醉酒原因上明显存在过错,应当为其在醉酒状态下的杀人行为承担刑事责任。醉酒情节能否作为酌定从轻处罚情节,需要考察行为人在醉酒原因上的过错程度及其犯罪时的精神状态进行综合评判。

(二)规则适用

醉酒又称酒精中毒,包括生理性醉酒和病理性醉酒。生理性醉酒即普通醉酒,其引起的精神障碍属于非精神病精神障碍。刑法通说认为,生理性醉酒的行为人具有责任能力,对其实施的犯罪行为应当承担刑事责任;即使是责任能力有所减弱,由于醉酒是行为人自己造成,也不得从轻或减轻处罚。对此,《刑法》第18条第4款规定:"醉酒的人犯罪,应当负刑事责任。"病理性醉酒则属于精神病范围,多见于平常并不饮酒或者对酒精无耐受性,在偶尔一次饮酒之后发生。病理性醉酒人的行为紊乱、记忆缺失,并伴有幻觉、错觉、妄想等精神病症状,且其行为通常具有攻击性。刑法通说认为,病理性醉酒属于精神病,醉酒人完全丧失责任能力。当行为人没有意识到的首次病理性醉酒导致结果发生时,不能认定为犯罪;但如果行为人得知自己有病理性醉酒史,在酒后会实施攻击行为的情况下,故意饮酒造成结果,则应当承担责任。对此,司法部发布的《精神障碍者刑事责任能力评定指南》第4.2.4条规定:"病理性醉酒者,实施危害行为时处于辨认或控制能力丧失的,评定为无刑事责任能力;再次发生病理性醉酒时,对自愿者评定为完全刑事责任能力。"可见,即便是病理性醉酒,也只适用于行为人首次尚未发现自己病史的情况。如果行为人得知自己病理性醉酒病史后,预见到自己饮酒后会实施攻击行为,依然故意或过失饮酒或接触酒精类物质,从而造成损害结果,行为人则应当承担责任。

对于醉酒后犯罪,尽管我国《刑法》第18条第4款明确规定"醉酒的人犯罪,应当负刑事责任",而且醉酒亦不属于法定从宽处罚情节,但对于刑事责任大小是否存在影响,进而在量刑时能否酌情考虑等问题没有规定。对此,笔者认为,醉酒犯罪与正常状态下犯罪毕竟有所不同:从主观恶性来看,醉酒会导致人的辨认能力和控制能力减弱,这一点已为医学和司法精神病学所认同。在辨认控制能力受到削弱的情况下实施杀人犯罪,与正常状态下实施的杀人犯罪相比,行为人的主观恶性相应较小。而且,醉酒杀人与正常状态下杀人所造成的社会负面影响不同,社会公众对酒后滋事伤人现象也易于谅解,社会危害性上相应存在差别。因此,对于在醉酒状态下实施的故意杀人犯罪,在适用死刑时应特别慎重,除情节

特别恶劣、后果特别严重、主观恶性及人身危险性极大的犯罪分子外,一般可不判处死刑立即执行。在具体判断时,我们首先需要对原因行为进行考察,根据导致其在醉酒原因上的过错程度,进行具体分析。从醉酒的原因上来看,为了实施犯罪而故意借酒壮胆或明知自己会"酒后乱性"而饮酒的,其主观恶性最大,过失醉酒者次之,因不能预见或不可抗拒的原因醉酒者最轻。其次,需要对结果行为进行考察,分析被告人是否一开始就有实施结果行为的意图、在实施结果行为时的精神状态,等等。再次,需要分析原因行为与结果行为之间因果关系的紧密程度。对于某些行为只要行为人将自己陷入无责任能力状态即可实施,行为人的主观恶性更大,行为的社会危害性也更大。如扳道工为了使火车与汽车相撞,在火车到来之前,故意醉酒使自己陷入丧失责任能力状态而不放下栏杆,导致火车与汽车相撞。

【指导案例】房国忠故意杀人案[①]——醉酒状态下实施犯罪,量刑时可否酌情考虑导致行为人醉酒的原因

2006年11月30日,被告人房国忠在河南省卢氏县城关镇北关村被害人白建江的邻居金小军家帮忙修塑料大棚。白建江携带白酒来到塑料大棚,叫金小军喝酒,金小军推脱不喝,白建江就让房国忠和他一起喝。下午16时许,二人喝完两瓶白酒后,白建江又将房国忠带到自己家中喝酒。喝酒时白建江同房国忠发生争吵、厮打,在厮打中房国忠用白建江家的菜刀朝白建江头部、颈部连砍数刀,致白建江当场死亡。

在本案中,被告人房国忠、被害人白建江二人先后共喝下近3瓶白酒,均进入醉酒状态。尽管房国忠应当为其醉酒状态下的杀人行为承担刑事责任,但是考虑到其在醉酒原因上的过错程度及其犯罪时的精神状态,对其可以酌情从轻处罚:首先,房国忠与被害人白建江二人素不相识,彼此之间没有积怨,不存在房国忠借酒对白建江进行报复,即房国忠在醉酒前不存在犯罪预谋、故意醉酒后杀害白建江的可能。其次,被害人白建江的积极邀请饮酒行为对于房国忠醉酒有一定责任,降低了房国忠对于自己醉酒原因的过错程度。最后,房国忠在其辨认、控制能力明显下降情况下与被害人发生争执而杀人,与头脑清醒状态下的预谋杀人以及激情杀人行为相比,在主观恶性、人身危险性和社会危害性均相对较小,不判处死刑也能为一般公众接受和理解。为此,法院最终没有判处被告人死刑是适当的。

[①] 参见胡立新、张若瑶:《房国忠故意杀人案——醉酒状态下实施犯罪,量刑时可否酌情考虑导致行为人醉酒的原因》,载最高人民法院刑事审判第一、二、三、四、五庭主办:《刑事审判参考》(总第68集),法律出版社2009年版,第1—5页。

【指导案例】被告人侯卫春故意杀人案①——在故意杀人犯罪中醉酒状态能否作为酌定从轻处罚情节

2008年3月18日晚,被告人侯卫春邀请被害人侯党振到其家喝酒至深夜,后送侯党振回家。当行至侯军勇家大门口时,侯卫春对侯党振实施殴打,又迅速从其家拿来菜刀,对躺在地上的侯党振的头部、躯干部一阵乱砍后回家。次日凌晨6时许,侯卫春从家中出来查看侯党振的情况,并用人力三轮车将侯党振送到当地诊所,但侯党振已因钝性外力作用于头部、胸部、会阴部等处,造成颅脑损伤,胸部肋骨多发性骨折,最终因创伤性休克而死亡。

在本案中,被告人侯卫春系自陷于醉酒状态,在醉酒原因上存在明显过错,应当为其醉酒状态下的杀人行为承担刑事责任。但是考虑到:第一,侯卫春与被害人平日关系较好,素无矛盾,没有杀害被害人的动机,与那种为了实施犯罪而故意醉酒的情形明显不同。第二,由于醉酒严重影响了侯卫春的辨认、控制能力,故不能简单地以其使用菜刀反复砍击被害人要害部位来认为其犯意坚决。事实上,从其酒醒后积极施救并认罪悔罪的行为可以看出,其并不希望或者积极追求杀人结果的发生。故就其犯罪故意的认识因素和意志因素而言,侯卫春的主观恶性尚不属极深。第三,侯卫春在案发次日清晨酒醒后主动将被害人送至当地诊所救治,也说明其有一定的悔罪表现。综合考虑侯卫春的罪责严重程度,并结合其醉酒状态下辨认、控制能力较弱的实际,法院认为其尚不属于必须判处死刑立即执行的对象是适当的。

四、如何审查轻度精神障碍及智障者的刑事责任能力

(一)裁判规则

在审查轻度精神障碍及智障者的刑事责任能力时,应坚持医学标准和法学标准相结合原则:首先通过医学标准来确定行为人是否存在精神障碍以及其程度,是属于精神病还是非精神病性精神障碍,是否是在精神病发病期实施的危害行为,以及其精神病理机制与危害行为的实施有无直接因果关系;再适用法学标准(即心理学标准),通过考察上述精神障碍对其辨认、控制能力是否存在影响以及影响的大小。

(二)规则适用

关于精神障碍人有无刑事责任能力问题,应当采取医学标准和法学标准(心理学标准)相结合的方式来认定。其中,医学标准又称生物学标准,是指从医学上

---

① 参见陈新军:《侯卫春故意杀人案——在故意杀人犯罪中醉酒状态能否作为酌定从轻处罚情节》,载最高人民法院刑事审判第一、二、三、四、五庭主办:《刑事审判参考》(总第73集),法律出版社2010年版,第11—16页。

来看,行为人是基于精神病理的作用而实施特定危害行为的精神病人,包括如下两层含义:①行为人必须是精神病人。所谓"精神病",是由于人体内外原因引起的严重的精神障碍性疾病。精神病不同于精神障碍,精神障碍又称精神疾病,包括两大类:一是精神病,包括以下几种严重的精神障碍:精神分裂症、偏执性精神病以及严重的智能欠缺或者精神发育不全达到中度(痴愚)或者更为严重者(白痴),此外还包括病理性醉酒等,上述这些情形会导致辨认和控制能力完全丧失。二是非精神病性精神障碍,如神经官能症(包括癔症、焦虑症、强迫症、神经症性抑郁、恐怖症等)、人格障碍、性变态、生理性醉酒等,上述情形通常不会丧失辨认和控制能力。②精神病人实施危害行为必须是基于精神障碍的作用。这就要求行为人的精神病在危害行为实施当时必须处于发病期,而不能是缓解期或间歇期。另外,行为人的精神病理与特定危害行为的实施具有直接因果关系。如果精神病人在发病期实施的危害行为并非由于精神病理性机制(如幻觉、妄想等)所致,精神病与危害行为无直接关系时,应认定其不属于无责任能力的精神病人。[①] 对于上述问题的判断,往往需要精神医学、心理学等专门知识,为此,刑事诉讼法往往专门设立司法鉴定制度。

法学标准又称心理学标准,是指从心理学、法学的角度看,患有精神病的行为人的危害行为不但是由于其精神病理机制直接引起的,而且由于精神病理的作用,使其行为时丧失了辨认或者控制自己触犯刑法之行为的能力。所谓丧失辨认行为的能力,是指行为人由于精神病理的作用,在行为时不能正确地了解自己行为危害社会的性质及其危害结果。例如,精神分裂症患者实施杀人时,由于其精神病理的作用,不知道自己实施的是杀人行为,也不知道该行为会造成剥夺对方生命的结果,或者坚信自己是在反击一个要杀害自己的凶手。所谓丧失控制自己行为的能力,是指行为人由于精神病理的作用,不能根据自己的意志自由地选择实施或者不实施危害行为,也往往表现为不能根据自己的意志选择和控制危害行为实施的时间、地点、方式与程度。

由于刑事责任能力的有无及限制是一个法律上的概念,最终应该交由作为法律专家的法官来判断。只是在认识行为人的精神状态上,作为其判断的前提,首先应当由精神病医学专家依据医学标准鉴定,做出是否具有精神病及精神病种类与程度轻重的结论,然后在精神病医学专家鉴定基础上,由司法工作人员依据法

[①] 例如:处于发病期的精神分裂症患者因性欲冲动,拦路强奸妇女未遂,作案时即认识到自己的行为是违法的,行为当时能够选择作案时间、地点,案发后能够极力掩饰以逃避惩罚。经鉴定认为,其尽管患有精神分裂症,但是强奸一事与其精神病无关,并非精神分裂症病理所致,未丧失责任能力。有专家还明确指出,"技巧性的盗窃、诈骗、贪污等犯罪行为,往往与精神分裂症的精神病理无关;除非有确凿证据,证明其在作案当时由于某种精神病性症状(如幻觉等)的驱使而如此,否则也不能评定为无责任能力"。参见储展明、任福民:《工厂基层单位开展精神卫生工作问题》,载《上海精神医学》1982年第3期,第132页;贾谊诚等:《实用司法精神医学》,安徽人民出版社1988年版,第224页。

学标准进一步判断行为人是否因为患有精神病而丧失辨认能力和控制能力,从而最终认定行为人是否具有责任能力。可见,医学专家的鉴定结论仅仅是司法工作人员认定行为人是否具有责任能力的前提和基础,而并非最后的结论。在司法实践中,对于医学专家经过鉴定并直接得出行为人有无责任能力的结论,司法工作人员应当在此基础上根据法学标准做进一步判断,防止专家同时进行医学与法学的判断。对于医学专家所作出的精神病鉴定存在疑问的,其可以请求重做精神病鉴定结论,也可在已然鉴定为精神病的基础之上依据刑法学标准和案情的具体情况认定行为人是否具有责任能力。

针对尚未完全丧失辨认或控制能力的精神病人犯罪,《刑法》第18条第3款规定:"尚未完全丧失辨认或者控制自己行为能力的精神病人犯罪的,应当负刑事责任,但是可以从轻或者减轻处罚。"上述规定表明,对责任能力减弱的精神病人犯罪的,只是"可以"而不是"应当"从轻或者减轻处罚。此时需要进一步考察其精神障碍对辨认和控制能力的影响,并根据受影响程度的大小来决定是否从轻、减轻处罚。精神障碍对行为人行为能力有较大影响的,应当从轻、减轻处罚;对于影响较小的,可以不从轻判处刑罚。在审查轻度精神障碍及智障者的刑事责任能力时,具体来说,可以考察其犯罪动机是否具有现实基础,作案前、作案时以及作案后的表现等来进行综合认定。

【指导案例】杜成军故意杀人案①——在严重暴力犯罪案件中,对具有轻度精神障碍,认识和控制能力所受影响不大的被告人,是否可以不从轻处罚

1996年7月7日,被告人杜成军携带一根铁鞭来到同村村民马尚友家中,欲与马尚友之妻施某发生性关系。遭到拒绝后,杜成军先后持铁鞭、扁担击打施某及其二儿子马某东(时年9岁)头部,致人重伤。杜成军刑满释放后,认为马尚友家人害其坐牢,一直怀恨在心并伺机报复。2007年9月8日9时许,杜成军见马尚友的大儿媳被害人张英(殁年20岁)抱着儿子被害人马某星(殁年1岁)去别人家串门,便尾随身后用一根木棍击打张英的头部。张英放下怀中的马某星抱住头部,杜成军先将马某星打倒在地,再将张英压倒殴打。杜成军亲属及村民闻讯赶到进行劝止,张英趁机抱起马某星逃跑,杜成军又追上先后用木棍、铁錾击打张英、马某星母子头面部,致马某星头颅骨粉碎性骨折当场死亡,致张英急性失血性休克死亡。另查明,杜成军患有轻度精神发育迟滞伴精神障碍。

《刑法》第18条第3款规定:"尚未完全丧失辨认或者控制自己行为能力的精神病人犯罪的,应当负刑事责任,但是可以从轻或者减轻处罚。"可见,精神病人是

---

① 参见广文革、王勇:《杜成军故意杀人案——在严重暴力犯罪案件中,对具有轻度精神障碍,认识和控制能力所受影响不大的被告人,是否可以不从轻处罚》,载最高人民法院刑事审判第一、二、三、四、五庭主办:《刑事审判参考》(总第95集),法律出版社2014年版,第53—58页。

否具有刑事责任能力,取决于其精神障碍是否影响到辨认和控制能力。虽然患有精神障碍,但是如果不影响其实施某一犯罪行为的辨认能力和控制能力的,就属于完全刑事责任能力人;如果削弱了其辨认、控制能力,则属于限制刑事责任能力人;如果因患精神障碍丧失了辨认和控制能力,则属于无刑事责任能力人。本案被告人杜成军患有轻度精神发育迟滞伴精神障碍,其作案时被医学专家鉴定为具有轻度精神障碍。那么,该精神障碍是否会影响其辨认能力和控制能力,以及影响的程度到底有多大呢?根据卷内相关证据,杜成军有性意识,平日能独立劳作,生活能够自理,喜欢赌博、爱贪小便宜,还有敲诈勒索村民钱财的行为。在本次作案过程中,杜成军动机清晰,目的明确;作案对象、作案过程具有明确性、针对性;作案后逃离现场,有自我保护意识;归案后能回忆和如实供述犯罪经过。以上种种情节,足以表明其在实施故意杀人犯罪时具有与正常人基本相当的辨认能力和控制能力,其精神障碍对其辨认和控制自己行为的影响甚微。而从其罪行来看,杜成军在案发十多年前试图与被害人张英的婆婆发生不正当性行为遭拒后,遂对张英的婆婆和时年仅9岁的小叔子实施伤害行为,致一人重伤、一人轻伤,杜成军因此被判刑5年。刑满释放后,杜成军不思悔改,对被害人一家怀恨在心。案发当日,杜成军尾随张英至作案现场,不顾自己父母、多名群众的阻拦以及张英的求饶,先后持木棍、铁錾对着两位被害人的头部多次猛击,最终导致张英和其一岁的婴儿死亡。其犯罪动机十分卑劣,杀人犯意十分坚决,杀人手段特别凶残,杀人后果特别严重,其又曾因暴力犯罪被判刑,平日为害乡里,当地百余名群众向法院递交联名信,强烈要求对杜成军判处死刑,以免杜成军出狱后继续危害社会和乡邻。因此,法院对杜成军依法判处死刑立即执行,取得了较好的法律效果和社会效果。

第七章 正当防卫

一、如何理解正当防卫的时间要件——不法侵害正在进行

(一) 裁判规则

"不法侵害正在进行"涉及不法侵害开始与结束的时间;关于不法侵害开始的时间,一般以"着手"为判断标准,但是如果在着手之前不法侵害的现实威胁已经十分明显而紧迫,待其着手之后来不及避免结果时,也可认为不法侵害已经开始。关于不法侵害结束的时间,当被侵害的法益不再处于紧迫、现实的侵害或威胁之中,或者说不法侵害行为已经不可能继续侵害或威胁法益时,即为不法侵害结束的时间。

(二) 规则适用

不法侵害只有正在进行时,才能使得法益处于紧迫的危险当中,从而使得防卫行为成为保护法益的必要手段。如果在不法侵害尚未开始或者已经结束的情况下实施所谓的防卫行为,理论上称之为防卫不适时,应当承担刑事责任。"不法侵害正在进行"涉及不法侵害开始与结束的时间,其中,关于不法侵害开始的时间,一般以"着手"为判断标准;但是,如果不法侵害的现实威胁十分紧迫而明显,待其着手实行后来不及减轻或避免结果发生时,也应当认定为不法侵害已经开始。例如,尽管刑法理论一般认为,在持枪杀人案件中,被告人拿出枪支并瞄准被害人时就是杀人行为的"着手"。但是,当不法侵害者为了杀人而拿出手枪时,此时对法益的现实危险就已经十分明显、紧迫,就可以对其实施防卫行为。反之,当法益不再处于紧迫、现实的侵害或威胁之中时,就应当认定为不法侵害结束的时间,或者说以不法侵害行为已经不可能继续侵害或威胁法益为认定标准。

针对不同种类的犯罪类型,不法侵害是否已经结束的具体判断标准是不一样的。①在即成犯的情形中,由于一旦发生法益侵害结果,犯罪便同时终了,不法侵害已经结束,此时不再具备正当防卫的时机条件,不能再实施正当防卫。②在状态犯的情况下,行为虽然已经既遂(结束),但不法侵害状态依然存在,在现场来得及挽回损失的,应当认定为不法侵害尚未结束,可以实行正当防卫。例如,在财产

性违法犯罪情况下,行为虽然已经既遂,但在现场还来得及挽回损失的,应当认为不法侵害尚未结束,可以实行正当防卫。换言之,被当场发现并同时受到追捕的财产性违法犯罪的侵害行为,一直延续到不法侵害人将其所取得的财物藏匿至安全场所为止;在此之前,追捕者可以使用强力将其财物取回。例如,抢劫犯使用暴力劫得财物,抢劫罪虽已既遂,但在当场对抢劫罪犯予以暴力反击夺回财物的,应当认为是正当防卫。当然,如果不法侵害人已经离开了现场,就应当认为不法侵害已经结束,不能再针对其先前的犯罪行为实施防卫。③在继续犯(或称持续犯)的情形中,由于犯罪既遂之后犯罪行为仍然处于持续状态,不法侵害尚未结束,故在此期间可以进行正当防卫。例如,在绑架罪中,对于采取暴力绑架被害人后并进行非法拘禁的场合,此时绑架罪已经既遂,但由于被害人仍然处于被非法拘禁的状态,仍然可以实施正当防卫。④在不作为犯罪中,如果不法侵害人履行义务能够避免结果发生的,仍然可以通过正当防卫迫使不法侵害者履行义务。

【指导案例】黄中权故意伤害案①

2004年8月1日22时40分,被告人黄中权驾驶一辆车牌号为湘AT47××的浅绿色捷达出租车,在湖南省长沙市远大路军凯宾馆附近接到两名要求到南湖市场的男性乘客,当车行至旺德府建材超市旁时,两人持刀逼住黄中权从其身上抢走现金200余元和TCL2188银色外壳手机一台,并将车钥匙扯下丢出窗外,后下车逃跑,黄中权从地上拾回钥匙发动汽车时,两男子已不知去向,黄中权随即驾车寻找,在好百年家居建材区D1-40号门前的三角坪,发现两人正要坐一辆从事营运的摩托车逃走,黄中权趁摩托车未启动,用车头撞在摩托车前轮上,两男子被逼跳下摩托车,往南湖布艺城方向逃跑,黄中权又继续驾车追赶,将其中一人(即被害人姜伟)逼在一处栏杆内僵持了10秒钟左右,后这名男子又向布艺城的西头楼梯台阶上跑去,黄中权驾车紧随其后将其撞倒在第三级台阶处,致其失血性休克死亡。

在本案中,被害人与其同伙在出租车内对被告人实施了抢劫行为,抢劫得逞后拔下车钥匙逃跑,此时针对被告人的抢劫行为已经既遂,不法侵害已经结束,且不具有继续或重新对被告人实施加害行为的现实危险性。尽管根据刑法通说,"在财产性违法犯罪情况下,行为虽然已经既遂,但在现场还来得及挽回损失的,应当认定不法侵害尚未结束,可以实行正当防卫"②。但是成立上述情形要求行为人在现场抓捕,或者虽在其他地方抓捕不法侵害人,但系抓捕人从现场不间断地延续到其他地方。然而在本案中,姜伟等人抢劫后已经逃离现场不知去

---

① 案例来源:湖南省长沙市芙蓉区人民法院刑事判决书(2005)芙刑初字第108号。
② 张明楷:《刑法学》(第4版),法律出版社2011年版,第195页。

向,被告人黄中权是在此后寻找、追踪过程中,在绕了几条大街之后,才重新发现姜伟,明显不具备连续性和及时性,已经不属于上述"在案发现场能够当场挽回损失"的情形。在这种情况下,行为人再针对不法侵害人先前的犯罪行为实施防卫,不符合正当防卫的时间要件,而属于事后防卫,不成立正当防卫。需要特别提出的是,在特定的情况下还会出现防卫时机重新获得的情况。例如,在黄中权追撞劫匪案中,其辩护人就辩称黄追赶绝对是合法的,属于扭送范畴。逃跑途中,姜伟等二人挥舞刀具,刀是凶器,威胁已经产生,如果黄不是有车辆阻挡的话,那么就自然陷入更加危险境地,所以对方属于行凶,黄中权重新具有正当防卫的条件。笔者认为,从全案事实确认,姜伟等二人劫财得手后急于逃跑,处于被动地位,姜伟等二人在逃跑途中持刀对黄挥舞,主要是为了阻止黄中权的追逐以及便于自己逃跑,而非持刀行凶,并无主动再次加害黄的故意和可能。从死者被撞后趴在台阶上的姿势也可以看出,他是被车从后面撞上的,整个过程,黄一直在驾车追赶,因此,现场情形并没有达到可以让黄进行无限防卫的条件,其并未重新获得特殊防卫权,故不能认定为正当防卫。

二、如何理解"正当防卫不能明显超过必要限度造成重大损害"

(一) 裁判规则

"正当防卫不能明显超过必要限度造成重大损害"包括两个方面:一是防卫措施不能明显超过必要限度;二是防卫结果不能造成重大损害。一般来说,只要防卫人造成的损害没有明显超过不法侵害者可能造成的损害,就不属于防卫过当。只有当防卫措施明显超过必要限度,且造成重大损害两个方面同时具备,才能认定为防卫过当。

(二) 规则适用

对于"不能明显超过必要限度造成重大损害"如何来理解,笔者认为,其包括两个方面的内容:

一是从防卫行为本身来看,防卫人所采取的防卫措施应当与不法侵害行为基本相当。对此,通常可以从不法侵害行为的危险程度以及双方的手段、强度、人员数量与强弱、现场时空环境等来进行具体分析。至于防卫工具往往是防卫人现场顺手所拿,除非是事先已经预见到不法侵害的情况,否则一般不能要求行为人在紧急情况下选择比较缓和的工具。因此,我们不能以不法侵害人没有使用刀具等凶器,而防卫人使用了刀具就认定防卫措施超出了必要限度。二是从防卫结果来看,不能造成重大损害,通常是指重伤以上结果,致人轻伤的不成立防卫过当。在做此判断时,不能仅简单地将防卫人造成的损害与不法侵害者已经造成的侵害进行比较,还应当与不法侵害行为可能造成的损害进行比较。只要防卫人造成的损害没有明显超过不法侵害行为可能造成的损害,就可以不认定为防卫过当。

以上两个标准必须同时具备,才能认定为防卫过当。因此,如果防卫措施虽然明显超过必要限度但防卫结果并未造成重大损害,或者防卫结果虽造成严重损害但防卫措施并未明显超过必要限度的,均不能认定为防卫过当。

【指导案例】赵泉华被控故意伤害案①——**正当防卫仅致不法侵害人轻伤的不负刑事责任**

被告人赵泉华与被害人王企儿及周钢因故在上海市某舞厅发生纠纷。事后王自感吃亏,于 2000 年 1 月 4 日 19 时许,与周钢共同到赵泉华家门口,踢门而入,被在家的被告人赵泉华用凶器打致轻伤。

本案被害人非法侵入被告人住宅,被告人实行防卫行为造成轻伤后果的,不应承担故意伤害的刑事责任。理由在于,我国《刑法》第 245 条规定了非法侵入住宅罪,对于非法侵入住宅的行为,住宅主人有权自行采取相应的制止措施,包括依法对非法侵入者实施必要的防卫行为。本案中,面对被害人王企儿、周钢等人的多次挑衅,赵泉华均予以避让,说明其不想再发生争执,根本没有非法伤害对方的主观故意。后二被害人将门锁踢坏,强行闯入被告人住宅,表明二人的不法侵害行为已经开始并正在进行,赵泉华具备了实施正当防卫的法定条件。实施正当防卫就有可能对不法侵害人造成一定的伤害后果,但只要防卫行为没有明显超过必要限度造成重大损害,就依法不负刑事责任。就本案而言,被告人赵泉华一人要对付王企儿、周钢两人的不法侵害,其采取的防卫措施虽然比较激烈,并使用了凶器,但还达不到明显超过必要限度的程度,且防卫结果仅造成一人轻伤一人轻微伤,没有造成重大损害,故其防卫行为符合我国《刑法》第 20 条第 1 款关于正当防卫的规定,依法不应对其造成对方的轻伤后果承担刑事责任。

【指导案例】韩霖故意伤害案②——**如何认定防卫过当**

2003 年 8 月 30 日 19 时许,被害人王某见被告人韩霖同丁某某在网吧上网,王某认为丁某某是自己的女友,即对韩霖产生不满,纠集宋某、贾某等四人到网吧找韩霖。王某先让其中二人进网吧叫韩霖出来,因韩霖不愿出来,王某又自己到网吧中拖扯韩霖,二人发生争执,后被网吧老板拉开。王某等人到网吧外等候韩霖,当韩、丁二人走出网吧时,王某即将韩拖到一旁,并朝韩踢了一脚。韩霖挣脱后向南跑,王某在后追赶,宋某、贾某等人也随后追赶。韩霖见王某追上,即持随身携带的匕首朝王挥舞,其中一刀刺中王某左颈部,致王某左侧颈动脉、静脉断

---

① 参见黄国民:《赵泉华被控故意伤害案——正当防卫仅致不法侵害人轻伤的不负刑事责任》,载最高人民法院刑事审判第一庭、第二庭主编:《刑事审判参考》(总第 38 集),法律出版社 2004 年版,第 101—105 页。

② 参见马殿振:《韩霖故意伤害案——如何认定防卫过当》,载最高人民法院刑事审判第一、二、三、四、五庭主办:《刑事审判参考》(总第 69 集),法律出版社 2010 年版,第 40—47 页。

裂,急性大失血性休克死亡。

本案被告人的行为具有防卫性质,存在争议的是能否认定为防卫过当。对此,需要从两个方面来进行分析:一方面,需要分析不法侵害行为的危险程度、侵害者的主观心态以及侵害手段、强度、人员多少与强弱、现场所处客观环境与形势等,考察防卫措施是否明显超过必要限度;另一方面,要考察防卫结果是否造成重大损害,即防卫行为所保护的合法权益与其所造成的损害后果之间不能差距过大,不能为了保护微小权利而造成不法侵害人重伤或者死亡。具体到本案中,被害人一方赤手空拳,没有持械,仅实施了拖拉、撕扯、脚踢、围堵、追赶等行为,这些不法侵害行为的意图非常明确并限于拳脚殴打的范围之内,尚未达到对韩霖人身安全造成严重危害的程度,不属于特殊防卫条件中的"行凶"范围。在这种情况下,韩霖采取持刀捅刺不法侵害人,在防卫手段和强度上已经远远超过足以制止不法侵害人的手段和强度。而且,韩霖所实施的防卫行为造成不法侵害人死亡,也已经超出不法侵害人殴打其可能会造成的人身伤害后果,两者存在巨大的悬殊。综上,法院认定韩霖属于防卫过当是适当的。

三、针对无刑事责任能力的人能否实施正当防卫行为

(一)裁判规则

1. 无刑事责任能力的未成年人或者精神病人实施的法益侵害行为同样属于不法侵害,可以实施正当防卫。

2. 明知不法侵害者无刑事责任能力,如果能够采取回避措施避免侵害的,通常不能进行正当防卫;如果不知道侵害者的身份,或者虽然知道但无法采取回避措施避免侵害的,则可以实施正当防卫。

(二)规则适用

对于未达到法定年龄,不具有刑事责任能力的人的侵害,能否实施正当防卫,是我国刑法理论颇具争议的问题。我国刑法规定对"不法"侵害可以进行正当防卫,按照传统刑法所采取的主观违法性论,只有达到法定年龄、具有责任能力的人在故意或者过失心理支配下实施的侵害行为,才能属于不法侵害行为。无责任能力的精神病人或者未成年人,既不能成为犯罪的主体,也不能成为违法的主体,其所实施的侵害不能成立犯罪与违法,不属于不法侵害。如此一来,就会使得合法权益在面对来自此类人员的侵害时无能为力;而且,要求公民在紧急情况下先对侵害者的精神状态作出鉴别再选择是否采取正当防卫行为,显然是强人所难。同时,正当防卫系针对不法侵害所采取的一种法益保护手段,而并非是对不法侵害行为的一种制裁,故不能像制裁违法犯罪行为那样,需要不法侵害行为人具有有责性。为此,笔者认为,针对这里的"不法侵害"应当采取客观违法性论,即不应将其理解为主、客观相统一的犯罪或违法概念,而应当理解为在客观上对合

法利益具有损害性的行为,故未达到法定年龄、不具有责任能力的人侵害法益的行为同样属于不法侵害,应当允许对其进行正当防卫。

当然,无刑事责任能力人的侵害行为明显不能等同于有刑事责任能力人的故意侵害,由于法益应当尽可能地受到全面保护,因此对于无刑事责任能力的精神病人的侵害行为实施正当防卫时,应尽一切努力避免对精神病人造成不应有的身体损害。一般而言,在遇到无刑事责任能力人的侵害时,如果明知侵害者是无刑事责任能力人,采取回避措施并不存在特别负担的情况下,例如有条件用逃跑等其他方法避免侵害时,则不宜实施正当防卫;如果不知道侵害者是无刑事责任能力人,或者不能用逃跑等其他方法避免侵害时,则可以实行正当防卫。换言之,面对未达到法定年龄、无责任能力人的不法侵害时,对防卫行为应当予以限制,虽然并不要求只能在迫不得已的情况下才能进行防卫,但应当尽量将其限制在必要的场合。

【指导案例】范尚秀故意伤害案[①]——对精神病人实施侵害行为的反击能否成立正当防卫

被告人范尚秀与被害人范尚雨系同胞兄弟。范尚雨患精神病近10年,因不能辨认和控制自己的行为,经常无故殴打他人。2003年9月5日上午8时许,范尚雨先追打其侄女范莹辉,又手持木棒、砖头在公路上追撵其兄范尚秀。范尚秀在跑了几圈之后,因无力跑动,便停了下来,转身抓住范尚雨的头发将其按倒在地,并夺下木棒朝持砖欲起身的范尚雨头部打了两棒,致范尚雨当即倒在地上。约1个小时后,范尚秀见范尚雨未回家,即到打架现场用板车将范尚雨拉到范尚雨的住处。范尚雨于当日上午11时许死亡。下午3时许,被告人范尚秀向村治保主任唐田富投案。

在本案中,不法侵害人系不能辨认和控制自己行为性质的精神病人,并且持有木棍等凶器,对被告人而言具有较大的人身危险性。由于《刑法》第20条第1款所规定的"不法侵害"不仅包括犯罪行为,同样也包括不具刑事责任能力的未成年人或精神病人所实施的法益侵害行为,被告人范尚秀在被患精神病的弟弟范尚雨追打而无力继续奔跑躲避的情况下,为使自己的人身免受不法侵害而击打范尚雨,是符合正当防卫条件的。而且从防卫手段上来看,与侵害行为也是相适应的。但是在被告人已经将被害人按倒在地以后,被害人对被告人的人身危险性已经大大减弱,被告人仍使用木棒两次击打被害人的要害部位,并导致被害人死亡,明显超过了必要的限度,属于防卫过当。考虑到被告人与被害人系同胞兄弟,见被害

[①] 参见艾军:《范尚秀故意伤害案——对精神病人实施侵害行为的反击能否成立正当防卫》,载最高人民法院刑事审判第一庭、第二庭主编:《刑事审判参考》(总第45集),法律出版社2006年版,第10—14页。

人未回家又到现场寻找,认定被告人具有杀人故意理由不足,故法院最终以故意伤害罪对被告人定罪处罚是适当的。

四、为预防不法侵害而事先准备防卫工具的能否成立正当防卫

(一)裁判规则

1. 不法侵害的紧迫性是一种客观事实,并不取决于行为人是否预见等主观因素,故防卫行为人是否预见到不法侵害的发生,以及防卫人事先是否准备或者携带了某种可用于防卫的工具,并不影响对不法侵害正在进行的认定。

2. 行为人事先预见到不法侵害的发生,为预防而事先做好准备或者携带某种可用于防卫的工具,或者为预防不法侵害预先设立防卫装置,在不损害无辜者合法权益的情况下,均不影响正当防卫的成立。

3. 不法侵害是指不合法地危害他人人身和财产安全的行为,既包括犯罪行为,也包括其他一般违法行为。

(二)规则适用

正当防卫与互殴在外在表现形式上存在较高的重合度。司法实践中,在防卫行为人与他人事先发生过纠纷的情况下,防卫行为人预见到对方的不法侵害可能发生,为预防而事先做好准备或者携带某种可用于防卫的工具,这种情形在司法实践中大量存在,在判决结果上迥然不同,为此有必要进行深入研究与分析。

1. 防卫行为人在对不法侵害有所预见的情况下,是否影响防卫紧迫性的认定,进而影响对正当防卫的认定呢?对此,有观点认为,防卫紧迫性是正当防卫成立的必备要件,如果行为人已经预见他人意欲对其实施侵害行为,该不法侵害便不再具有紧迫性特征;而且,当行为人得知他人将要对其实施伤害时,应当首先向当地公安机关或有关部门报告寻求救济,平息事态,或回避可能发生的不法侵害。如果其积极准备反击工具,说明其主观上是出于斗殴的故意,而非防卫目的,因此,其反击行为应当认定为相互斗殴,而非正当防卫。笔者认为,上述观点是不正确的。原因在于:

(1)由于具有紧迫性的不法侵害行为系一种客观事实,并不取决于行为人是否预见等主观因素,故防卫人是否预见到不法侵害的发生,以及防卫人事先是否准备或者携带了某种可用于防卫的工具,并不影响对不法侵害正在进行的认定。也就是说,只要在客观上存在正在进行的不法侵害,不管防卫人事先是否已经预见,事先是否做好防卫准备,都可以进行正当防卫。

(2)行为人纵然预见到不法侵害,也不必然由此导致回避义务的负担。在我国,刑法通说认为只有在面对未成年人、精神病人等无责任能力者实施的不法侵害时,才产生回避义务,对于社会一般人实施的不法侵害则通常无须回避,只要满足正当防卫的基本要件,"正无须向不正让步",任何人都可以实施防卫行为。

(3)人身安全受到威胁后,行为人完全有理由准备防卫工具,不能单纯因为防

卫人进行了防卫准备便一概否定成立正当防卫。首先,人身安全受到威胁后至不法侵害实际发生前,行为人准备防卫工具的事实本身,并不能直接说明主观上究竟是为了斗殴还是为了防卫,其真实目的只有根据案发当时的全部案件事实及证据才能确定。事实上,行为人虽然预见到不法侵害,并因此而提前准备好了防卫工具,但只要其未事先向对方发起攻击,而是在对方首先实施不法侵害行为时才使用该防卫工具进行反击,那么就不能认定行为人主观上是出于斗殴的目的,而只能认定成立正当防卫。其次,从公力救济与公民个人防卫权之间的关系来看,当公民个人合法权益面临不法侵害时,首要的当然是向国家寻求公力救济。但是,公力救济毕竟也有其难以克服的缺陷,如救济手段十分有限、形式上又多为事后救济,且在防卫人所受到仅仅只是潜在威胁的情况下,即使其事先向公安机关报告,也难以得到有效保护。正因为此,刑法上才设立了正当防卫制度。既然立法赋予了公民正当防卫的权利,那么,当其人身、财产或其他合法权益面临不法侵害危险时,就没有理由不允许其进行必要的防卫准备,否则就与正当防卫制度的立法精神相悖。

尽管防卫行为人在对不法侵害有所预见并准备工具的情况下,并不影响正当防卫的认定,但是能否认定为正当防卫,仍然需要看是否符合正当防卫的法定条件。在对不法侵害有所预见并准备工具的情形中,我们需要从主观上来分析行为人是否具有防卫意图,其中的关键在于准备防卫工具的行为人是否存在自招行为。所谓"自招行为"实际上就是防卫挑拨,即行为人通过语言或者身体动作,故意挑衅、引诱以激怒对方,促使对方先对自己实行袭击,紧接着以所谓"正当防卫"为借口对对方实行报复、加害的一种违法或犯罪的行为。防卫挑拨是故意犯罪的行为,防卫挑拨人主观上追求加害结果的发生,不具有防卫意思,不享有防卫权。

2. 在预先设置自动防卫装置的情况下,防卫行为在防卫人设置自动防卫装置时,尚不存在现实的不法侵害,故正当防卫并未开始;安装之后,没有遭到不法侵害,防卫装置尚未发挥制止不法侵害的作用,仍然不涉及正当防卫问题。只有当防卫装置设立之后,遇到了正在进行的不法侵害,预设的自动防卫装置针对正在进行的不法侵害发挥了作用,制止了不法侵害,只要没有超出必要限度的,就应当认定为正当防卫。当然,在自动防卫装置设置过程中,设置者必须采取必要的措施,对在特定场所设置了自动防卫装置的事实、危险程度等给予明确的说明,如通过设置警示牌、漫画等方式,以期阻却不法侵害,同时也避免无辜者遭受不必要的伤害。此外,自动防卫装置还应与其设置的位置及周边环境相适应。以野外生产、仓储场所和家庭私人场所为例,野外生产环境属于开放的公共环境,防卫装置打击的潜在对象较广,公共安全应当作为重要的因素进行考量。一般情况下,不应设置防卫装置。即使设置,也必须尽到高度的注意义务,并且对防卫装置的强度进行最大程度的克制,不可设置强力的杀伤性装置。否则,其行为往往会被认定为危害公共安全的故意犯罪。与野外生产环境相比,家庭私人场所具有人身权利和财产权利的混合性质,其封闭性大大加强。住宅是特殊的财产形式,此时的防卫强度可进一步加强,设置者的注意义务可进一步减弱。

3."不法侵害"中的"不法"即违反法律,但与刑法中的符合构成要件且违法意义上的"不法"并非同等概念。不法侵害既包括犯罪行为,又包括其他一般违法行为。因为犯罪行为与其他一般违法行为都是侵犯法益、危害他人人身和财产安全的行为。而公民的人身与财产权利都应当受到法律保护,没有理由禁止公民针对一般违法行为进行正当防卫。而且在紧迫情况下,公民也难以区分不法侵害系犯罪行为还是一般违法行为,将不法侵害限定为犯罪行为,不利于公民进行正当防卫。事实上,不法侵害是否达到犯罪的程度,不是能否进行正当防卫的前提条件,而仅仅是正当防卫的限度条件。正当防卫的前提条件是指存在"正在进行的不法侵害",只要遭受到正在进行的不法侵害,不管程度轻重,达到犯罪程度还是属于一般违法行为,都可以实施防卫行为。正当防卫的限度条件是指防卫强度应当与侵害强度基本相当,以能够制止不法侵害为限,不能明显超过侵害强度并造成重大伤亡。相对来说,如果所遭受的不法侵害的强度较小,只能采取强度较小的防卫行为;如果所遭受的不法侵害的强度较大,就可采取强度较大的防卫行为;如果不法侵害的强度很大,严重危及人身安全,比如对方持械行凶杀人,则可以实施无限制防卫,直至造成对方人身伤亡,均不负刑事责任。

【指导案例】何强聚众斗殴案①

2010年11—12月期间,江苏省常熟市忠发投资咨询有限公司(以下简称忠发公司)法定代表人徐建忠欠下曾勇等人为其提供的巨额赌资。后曾勇亲自或指使杨佳等人多次向徐建忠讨要该笔债务。2011年4月2日上午,何强受徐建忠指派与张胜、陈强等人至某咖啡店与杨佳等人就如何归还该笔债务进行谈判,但未果。当日中午,在何强与杨佳手机通话过程中,双方言语不和,发生冲突。杨佳称,何强说"这笔钱就怕你有命拿,没命花!"之后,何强主动打电话给之前从未联系过的曾勇,双方又恶语相向,互有挑衅。何强预感曾勇等人有可能上门生事,随即打电话给张胜,要求其带人至忠发公司。张胜随即召集了陈强、张人礼、龙云中及李毅夫至忠发公司,并在该公司内准备菜刀等工具。之后,何强再次主动拨打曾勇电话,双方通话相互刺激、互有挑衅。曾勇称,何强说"钱在公司,有种你来拿!"当时曾勇回应道"你等着!"致矛盾升级激化。曾勇便纠集杨佳、龚军等人持刀赶至忠发公司。当何强等人通过公司监控看到有多人持刀上楼时,何强等人在公司办公室等待。当曾勇等人进入办公室后,曾勇一方不由分说上前殴打何强等人,何强等遂对曾勇一方展开反击,打斗致多人受轻微伤。

---

① 案例来源:江苏省常熟市人民法院刑事判决书(2011)熟刑初字第0785号;江苏省苏州市中级人民法院(2012)苏中刑终字第0091号。

在本案中,何强与被害人在事先发生口角之后,积极纠集人手、准备斗殴工具以及准备妥当后再次打电话言语刺激对方人员。在与对方通话时有"这笔钱就怕你有命拿,没命花!""钱在公司,有种你来拿!"等言论,这些言语刺激是激化矛盾、导致对方攻击行为的重要先前原因,是何强的自招行为。这种挑衅实际上是在向对方传递信息,其债务纠纷将通过"丛林法则"的方法来解决,实质上是一种"约架"行为。因此,在对方上门寻衅时,何强所实施的反击行为性质上属于互殴行为,而非防卫行为。

【指导案例】李明故意伤害案①——为预防不法侵害而携带防范性工具能否阻却正当防卫的成立

2002年9月17日凌晨,被告人李明与其同事王海毅、张斌(另案处理)、孙承儒等人在北京市海淀区双泉堡环球迪厅娱乐时,遇到本单位女服务员王晓菲等人及其朋友王宗伟(另案处理)等人,王宗伟对李明等人与王晓菲等人跳舞感到不满,遂故意撞了李明一下,李明对王宗伟说:"刚才你撞到我了。"王宗伟说:"喝多了,对不起。"两人未发生进一步争执。李明供称其感觉对方怀有敌意,为防身遂返回其住处取尖刀一把再次来到环球迪厅。其间王宗伟打电话叫来张艳龙(男,时年20岁)、董明军等三人(另案处理)帮其报复对方。当日凌晨1时许,李等人返回单位,当途经京昌高速公路辅路北沙滩桥附近的过街天桥时,张艳龙、董明军等人即持棍对李明等人进行殴打。李明、王海毅、张斌进行反击,其间,李明持尖刀刺中张艳龙胸部、腿部数刀,致张艳龙失血性休克死亡。

在本案中,被告人李明在与他人发生摩擦后,为预防对方报复事先携带刀具防身,其目的是为了防范自己的合法权益遭受不法侵害,在侵害发生之前做防范的准备,预先采取必要的防范措施。那么,被告人为预防不法侵害而携带防范性工具,该情节是否影响正当防卫的成立呢?对此,如前所述,笔者认为并不影响。当然,最终能否认定为正当防卫,仍然要看是否符合正当防卫的法定条件。

【指导案例】胡咏平故意伤害案②——当人身安全受到威胁后便准备防卫工具是否影响防卫性质的认定

2002年3月19日下午3时许,被告人胡咏平在福建省厦门伟嘉运动器材有限公司上班期间,与同事张成兵(在逃)因搬运材料问题发生口角,张成兵扬言下

---

① 参见于同志:《李明故意伤害案——为预防不法侵害而携带防范性工具能否阻却正当防卫的成立》,载最高人民法院刑事审判第一、二、三、四、五庭主办:《刑事审判参考》(总第55集),法律出版社2007年版,第13—20页。

② 参见黄应生:《胡咏平故意伤害案——当人身安全受到威胁后便准备防卫工具是否影响防卫性质的认定》,载最高人民法院刑事审判第一庭、第二庭主编:《刑事审判参考》(总第30集),法律出版社2003年版,第33—38页。

班后要找人殴打胡咏平,并提前离厂。胡咏平从同事处得知张成兵的扬言后即准备二根钢筋条磨成锐器藏在身上。当天下午5时许,张成兵纠集邱海华(在逃)、邱序道在厦门伟嘉运动器材有限公司门口附近等候。在张成兵指认后,邱序道上前拦住刚刚下班的胡咏平,要把胡拉到路边。胡咏平不从,邱序道遂殴打胡咏平两个耳光。胡咏平即掏出一根钢筋条朝邱序道的左胸部刺去,并转身逃跑。张成兵、邱海华见状,立即追赶并持钢管殴打胡咏平。被害人邱序道受伤后被"120"救护车送往杏林医院救治。被告人胡咏平被殴打后先到曾营派出所报案,后到杏林医院就诊时,经邱序道指认,被杏林区公安分局刑警抓获归案。经法医鉴定,被害人邱序道左胸部被刺后导致休克,心包填塞、心脏破裂,损伤程度为重伤。

公诉机关认为,当人身安全受到威胁时,应当向单位领导或公安机关报告,以缓和矛盾,解决纠纷,而胡咏平不向单位领导或公安机关报告,反而事先准备凶器,说明其主观上有斗殴故意。笔者认为,上述观点是错误的。准备工具是为了防卫还是为了斗殴,要依据事实和证据来判断,而不能一律认为就具有了斗殴的故意。在本案中,胡咏平始终供称,他准备工具是为了防卫,如果张成兵不叫人打他,他不会主动去打人。事实也表明,胡咏平从同事处得知张成兵扬言在下班后要叫人殴打他后,并未向张成兵求证是否属实,也未纠集他人准备与张成兵一伙人斗殴。他不知道张成兵是否真会叫人殴打他,以及会叫多少人,在什么时间、什么地点殴打他,他面临的只是一种威胁,双方并未达成打架或斗殴的合意。而且,胡咏平确实是在下班路上被人拦住殴打后才反击的,且反击一下就逃离,并未主动出击,也未连续反击,这说明胡咏平准备工具的目的是防卫而不是斗殴。

在本案中,尽管在一开始被害人仅仅对其实施了打耳光的行为,但仍然属于"不法侵害",胡咏平此时进行防卫,时机是适当的,并不属于事前防卫。公诉机关认为,被害人用拳掌殴打胡咏平脸部的行为还不属于不法侵害,只有持凶器殴打或将人打成轻伤以上的行为才属于不法侵害,这显然是对不法侵害的误解。因为不法侵害不仅包括犯罪行为,也包括一般违法行为。事实上,遭受不法侵害的强度,并非能否进行正当防卫的前提条件,而仅仅是正当防卫的限度条件。正当防卫的前提条件是指存在"正在进行的不法侵害",只要遭受到正在进行的不法侵害,不管程度轻重,都可以实施防卫行为。不法侵害的强度无非是决定正当防卫限度的条件,即防卫强度应当与侵害强度基本相当,以能够制止不法侵害为限,不能明显超过侵害强度并造成重大伤亡。具体来说,如果所遭受的不法侵害的强度较小,只能采取强度较小的防卫行为;如果所遭受的不法侵害的强度较大,就可采取强度较大的防卫行为;如果不法侵害的强度很大,严重危及人身安全,则可以实施无限制防卫。本案被告人胡咏平所遭受的不法侵害仅仅是一般的拳掌殴打,并不属于严重危及其人身安全的暴力犯罪,故其应当采取与侵害程度大体相当的防卫措施。胡咏平在遭到对方打耳光这一轻微不法侵害的情况下,随即持尖锐的钢筋捅刺对方胸部,其所实施的防卫行为明显超过必要限度并造成对方重伤,属于防卫过当,应当承担故意伤害罪的刑事责任。

五、在相互斗殴过程中是否存在实施正当防卫行为的空间

(一)裁判规则

1. 在斗殴过程中,双方被劝停或者一方停止斗殴逃跑甚至求饶时,另一方继续侵害的,前者可以进行正当防卫。

2. 在日常生活中发生的争吵扭打等一般性轻微斗殴中,一方突然加大侵害的强度,致使他方生命受到严重威胁的,他方也可以进行正当防卫。

(二)规则适用

相互斗殴,是指双方以侵害对方身体的意图进行相互攻击的行为,斗殴双方在主观上均不具有防卫意图,在客观上都不是制止不法侵害,保护法益的行为,故原则上双方均不成立正当防卫。尽管如此,在斗殴过程中仍然存在成立正当防卫的空间:①在相互斗殴过程中,一方明显且实际停止斗殴甚至向对方求饶或者逃走,另一方继续侵害的,"斗殴"事实上已经结束,前者可以进行正当防卫。②在日常生活中的一般性轻微斗殴中,一方突然使用杀伤力很强的凶器,或者突然加大侵害的强度,致使他方生命安全受到严重威胁的,他方可以进行正当防卫。

【指导案例】张建国故意伤害案①**——互殴停止后又为制止他方突然袭击而防卫的行为是否属于正当防卫**

1998年7月13日19时许,被告人张建国到北京市朝阳区安慧北里"天福园"酒楼喝酒。当日21时许,张建国在该酒楼卫生间内与同在酒楼饮酒的徐永和(曾是张建国邻居)相遇。张建国遂同徐永和戏言:"待会儿你把我们那桌的账也结了。"徐永和对张建国进行辱骂并质问说:"你刚才说什么呢?我凭什么给你结账?"徐边说边扑向张建国并掐住张的脖子,被在场的其他人员劝开。徐永和离开卫生间返回到饮酒处,抄起两个空啤酒瓶,将酒瓶磕碎后即寻找张建国。当张建国从酒楼走出时,徐永和即手持碎酒瓶向张建国面部扎去。张建国躲闪不及,被扎伤左颈、面部。后张建国双手抱住徐永和的腰部将徐摔倒在地,致使徐永和被自持的碎酒瓶刺伤左下肢动、静脉,造成失血性休克,经医院抢救无效死亡。

本案的发展过程可以分为两个阶段:第一阶段是徐永和酒后因对被告人张建国的一句戏言不满,与张发生争执扭打,双方行为性质属于互殴。第二阶段,即徐

---

① 参见蔡金芳、马瑛:《张建国故意伤害案——互殴停止后又为制止他方突然袭击而防卫的行为是否属于正当防卫》,载最高人民法院刑事审判第一庭、第二庭主编:《刑事审判参考》(总第22集),法律出版社2002年版,第5—9页。

永和与张建国经人劝解后分开,互殴已经结束。但徐永和并未善罢甘休,而是抄起两个空酒瓶,将酒瓶磕碎后持碎酒瓶扎伤张建国左颈、面部。这属于互殴停止后,一方又进行突然袭击的情形。此时,因互殴已经停止,徐永和属于不法侵害人。面对不法侵害,张建国当然有正当防卫的权利。从实际情况来看,张建国在意识到不法侵害正在发生后,为制止不法侵害,采取了抱住徐永和后腰将徐摔倒的防卫方法,具备法律规定的正当防卫的条件,而且防卫手段、强度亦未超过必要的限度,故对徐永和被自己手持的碎酒瓶扎伤致死的行为不负刑事责任。

六、对于特殊防卫条件中"行凶"一词如何理解

(一)裁判规则

在通常情况下,"行凶"包含了杀人和伤害界限不明,但有很大可能造成他人严重伤害甚至死亡的行为;对于一般违法暴力行为、轻微暴力犯罪以及一般暴力犯罪实施的防卫,不适用特殊正当防卫的规定,但仍然存在防卫过当问题。

(二)规则适用

《刑法》第20条第3款规定:"对正在进行行凶、杀人、抢劫、强奸、绑架以及其他严重危及人身安全的暴力犯罪,采取防卫行为,造成不法侵害人伤亡的,不属于防卫过当,不负刑事责任。"其中,"行凶"一词并不是一个法律术语,更不是一个独立的罪名,而是一个日常群众性语言。关于"行凶"的含义,由于刑法及有关司法解释均没有明确,使得理论界与实务界存在各种观点。从汉语对"行凶"的解释来看,上海辞书出版社1979年出版的《辞海》将"行凶"解释为"杀伤人的行为";商务印书馆1980年出版的《现代汉语词典》将"行凶"解释为"打人或杀人";三环出版社1990年出版的《语言大典》将"行凶"解释为"打人或伤人(行凶作恶)"。可见,"行凶"在汉语中的含义基本上可统一为"杀人或伤人(打人)",即故意实施的严重危及他人生命、健康的暴力犯罪行为。当然,由于《刑法》第20条第3款将"行凶"与杀人、抢劫、强奸、绑架等罪名并列在一起,表明作为"行凶"的暴力并非杀人、抢劫、强奸、绑架罪中的暴力,而是该4项罪名之外其他罪名中的暴力。除了上述4种具体罪名之外,我国刑法分则中包含有暴力的罪名很多,它们主要通过两种立法方式规定在刑法中:一是明示的以暴力手段为构成要件的犯罪,如劫持航空器罪、暴力危及飞行安全罪等;二是隐含的以暴力手段为构成要件的犯罪,如强迫交易罪、寻衅滋事罪等。当然,并非所有的犯罪都可以适用《刑法》第20条第3款的规定,只有那些严重危及人身安全的才可适用。

那么,何为"严重危及人身安全的暴力犯罪"呢?对此,我们应该结合"杀人、抢劫、强奸、绑架"等行为的性质来进行理解。"严重危及人身安全的暴力犯罪",是对"杀人、抢劫、强奸、绑架"等可以进行特殊防卫的行为性质的本质概括。这是考虑到,"杀人、抢劫、强奸、绑架"的暴力程度已经达到严重危及人身安全的程度,所以公民才可以进行特殊防卫。对于"其他严重危及人身安全的暴力犯罪"

的范围,刑法虽然没有一一列举,但显然其暴力程度和性质应该与"杀人、抢劫、强奸、绑架"的程度和性质相当。所以考察"杀人、抢劫、强奸、绑架"这些已经被列举的罪名的暴力程度和性质,是判断"严重危及人身安全的暴力犯罪"的重要依据。据此,一方面我们要考察行为的暴力性质,即侵害行为是否涉及公民的人身安全,包括杀人、抢劫、绑架所体现的生命权、健康权,强奸所体现的性的不可侵犯权,绑架所体现出的人身自由权,而不包括上述被列举行为没有体现出的其他人身权,如名誉权、隐私权、住宅权等;另一方面,还要从刑法对这些行为所规定的刑罚来进行考察。从刑法对"杀人、抢劫、强奸、绑架"的刑罚规定来看,起刑点是3年有期徒刑。因此,暴力侵害行为强度反映在刑罚上,应达到处3年有期徒刑以上刑罚的程度。比如故意伤害,要求达到足以造成重伤的强度,而对于只能造成轻伤的情况,不能认为足以危及人身安全的程度。又如一般的非法拘禁行为,也不能适用特殊防卫,但是在非法拘禁过程中所使用的手段行为足以致人重伤的情况下,也可以认定为达到足以危及人身安全的程度,可以进行特殊防卫。

【指导案例】李小龙等被控故意伤害案[①]——特殊防卫的条件以及对"行凶"的正确理解

2000年8月13日晚21时许,河南省淮阳县春蕾杂技团在甘肃省武威市下双乡文化广场进行商业演出。该乡村民徐永红、王永军、王永富等人不仅自己不买票欲强行入场,还强拉他人入场看表演,被在门口检票的被告人李从民阻拦。徐永红不满,挥拳击打李从民头部,致李倒地,王永富亦持石块击打李从民。被告人李小伟闻讯赶来,扯开徐永红、王永富,双方发生厮打。其后,徐永红、王永军分别从其他地方找来木棒、钢筋,与手拿鼓架子的被告人靳国强、李凤领对打。当王永富手持菜刀再次冲进现场时,赶来的被告人李小龙见状,即持"T"型钢管座腿,朝王永富头部猛击一下,致其倒地。王永富因伤势过重被送往医院抢救无效死亡。

根据《刑法》第20条第3款的规定,对正在进行行凶、杀人、抢劫、强奸、绑架以及其他严重危及人身安全的暴力犯罪,采取防卫行为,造成不法侵害人伤亡的,不属于防卫过当,不负刑事责任。其中,比较难把握的是对"行凶"的界定。笔者认为,认定"行凶"的关键是必须足以严重危及他人的重大人身安全。故"行凶"不应该是一般的拳脚相加之类的暴力侵害,即使是持械殴打也不一定都是"行凶"。只有那种持凶器、器械且足以严重危及他人的重大人身安全的行为,才可以认定为特殊防卫中的"行凶"。本案中,被害人一方作为地头蛇仗势欺人,不仅自己不买票,还强拉他人入场看表演。当被告人李从民为息事宁人作出让步,要求被害人等人在原来票价一半

[①] 参见孙鲁、洪冰:《李小龙等被控故意伤害案——特殊防卫的条件以及对"行凶"的正确理解》,载最高人民法院刑事审判第一庭、第二庭主编:《刑事审判参考》(总第34集),法律出版社2004年版,第13—19页。

的基础上购票看演出时,又遭到被害人方的不法侵害。在被告人方进行防卫反击时,被害人一方又找来木棒、钢筋、菜刀等凶器意欲进一步加害被告人方,使被告人方的重大人身安全处于现实的、急迫的、严重的危险之下,应当认定为"行凶"。此时,被告人李小龙为保护自己及他人的重大人身安全,用钢管座腿击打王永富的头部,符合特殊防卫的条件,虽致王死亡,但依法不负刑事责任。

【指导案例】吴金艳故意杀人案①

北京市海淀区北安河乡北安河村农民孙金刚、李光辉曾是某饭店职工。孙金刚于2003年8月离开饭店,李光辉于同年9月9日被饭店开除。9月9日晚9时许,李光辉、张金强(同系海淀区北安河村农民)将孙金刚叫到张金强家,称尹小红向饭店经理告发其三人在饭店吃饭、拿烟、洗桑拿没有付钱,致使李光辉被开除;并说孙金刚追求尹小红,尹小红却骂孙金刚傻。孙金刚听后很气恼,于是通过电话威胁尹小红,扬言要在尹小红身上留记号。三人当即密谋强行将尹小红带到山下旅馆关押两天。当晚23时许,三人上山在饭店外伺机等候。次日凌晨3时许,三人强行破门而入。孙金刚直接走到尹小红床头,李光辉站在被告人吴金艳床边,张金强站在宿舍门口。孙金刚进屋后,掀开尹小红的被子欲强行带走尹小红,遭拒绝后,便殴打尹小红并撕扯尹小红的睡衣,致尹小红胸部裸露。吴金艳见状,下床劝阻。孙金刚转身殴打吴金艳,一把扯开吴金艳的睡衣致吴金艳胸部裸露,后又踢打吴金艳。吴金艳顺手从床头柜上摸起一把刃长14.5cm、宽2cm的水果刀将孙金刚的左上臂划伤。李光辉从桌上拿起一把长11cm,宽6.5cm,重550克的铁挂锁欲砸吴金艳,吴金艳即持刀刺向李光辉,李光辉当即倒地。吴金艳见李光辉倒地,惊悚片刻后,跑出宿舍给饭店经理拨打电话。公安机关于当日凌晨4时30分在案发地点将吴抓获归案。经鉴定,李光辉左胸部有2.7厘米的刺创口,因急性失血性休克死亡。

在本案中,侵害人李光辉等人实行预谋的内容是要把尹小红带下山关两天,孙金刚还欲在尹小红身上留下记号,并夜闯女工宿舍,且孙金刚进屋后即对尹小红进行殴打、撕扯,致尹小红胸部裸露,后又对吴金艳殴打、撕扯,致吴金艳胸部裸露。孙金刚带尹小红下山到底是强奸、伤害还是绑架、非法拘禁,对吴金艳是伤害还是侮辱,均存在可能。在这种情况下,对于李光辉等人的行为性质,无法用一个具体的罪名来定性,最确切的用词就是"行凶"。对于李光辉等人侵害行为是否达到足以危及人身安全的程度,应该结合侵害行为暴力程度的严重性、紧迫性和受害人的性别,侵害行为发生的时间、地点、环境等因素综合考虑。首先,从侵害人和被侵害人双方的性别对比来看,孙金刚等人是3名年轻力壮的当地男

---

① 案例来源:北京市海淀区人民法院刑事判决书(2004)海法刑初字第696号;北京市第一中级人民法院刑事裁定书(2004)一中刑终字第3051号。

子,受威胁、侵害的是2名外地打工的年轻女子,而其中只有1名女子敢于防卫。1名年轻女子面对3名年轻男子,如果不寻求其他非正常手段,也是绝没有足够的力量能够对抗侵害的。其次,从侵害行为发生时的具体时空环境来看,当时已是凌晨3点,正是夜深人静,饭店的客人和厨师早已熟睡;从现场环境来看,饭店大院里,客人住所离女工宿舍尚远,厨师也住在二楼,房门紧闭。在这种时间和地点,2名女子被围困在空间狭小的宿舍里,实际已经处于孤立无援的境地。在双方这种力量对比悬殊以及特殊的时空状态下,李光辉举起长11厘米、宽6.5厘米、重550克的铁锁欲砸吴金艳,这一侵害行为的强度会危及吴金艳的生命安全,至少是身体健康。综合考虑上述因素,我们可以判断,吴金艳面对这种危急状况,并没有时间和机会选择其他防卫方式,其持刀刺向李光辉,完全系其不得已而为之的本能防卫反应,吴金艳对于李光辉的侵害行为可以进行特别防卫。

七、假想防卫致人死亡的行为应如何认定及处理

(一)裁判规则

客观上不存在不法侵害,但行为人误认为存在不法侵害,因而进行所谓防卫的,属于假想防卫。假想防卫不是正当防卫,但也不构成故意犯罪;符合过失成立条件的,按照过失犯罪论处;如果没有过失,则按意外事件处理。

(二)规则适用

在司法实践中,经常会发生行为人的主观认识与实际情况不一致,即所谓"认识错误"情形。刑法上的认识错误,是指行为人对自己的行为在刑法上的性质或者对与构成要件相关的事实存在不正确的理解。由于故意是认识因素与意志因素的统一,因此,对客观事实的认识错误在一定情况下会影响到罪过的有无及罪过形式,进而影响到行为人的刑事责任。根据《刑法》第20条的规定,只有对正在进行的不法侵害行为才可以实施正当防卫。当客观上并不存在某种不法侵害,但行为人误认为存在某种不法侵害,进而针对误认的"侵害人"实行了所谓"防卫"行为,这种情形属于刑法上的认识错误,在理论上称之为"假想防卫"。"假想防卫"虽然是行为人"故意"而为,但是在刑法意义上的"故意"系对危害社会结果的一种积极追求或放任态度,也就是说,只有当行为人明知自己的行为会造成危害社会的结果时,才属于刑法意义上的"故意"。而在"假想防卫"情形中,行为人主观上是出于防卫意图,系为了保护自己或者他人的合法权益免受不法侵害,误以为是在对不法侵害实行正当防卫。由于行为人认为自己的行为是合法正当的,根本就不存在认识到自己行为会发生危害社会的结果问题。因此,假想防卫中的故意仅具有心理学上的意义,而并非刑法上的犯罪故意,我们不能将二者混为一谈。在假想防卫的情况下,我们还需要进一步去区分行为人的行为是构成过失犯罪,还是纯属意外事件。区分的标准就在于是否"应当预见",具体来说就是审查行为人发生主观认识错误的原因是什么,对于认识错误是否存在过错,即行为人在误解

被害人行为性质这件事情上是否属于疏忽大意。

【指导案例】王长友过失致人死亡案①——假想防卫如何认定及处理

1999年4月16日晚,被告人王长友一家三口入睡后,忽然听见有人在其家屋外喊叫王与其妻佟雅琴的名字。王长友便到外屋查看,见一人已将外屋窗户的塑料布扯掉一角,正从玻璃缺口处伸进手开门闩。王即用拳头打那人的手一下,该人急抽回手并跑走。王长友出屋追赶未及,亦未认出是何人,即回屋带上一把自制的木柄尖刀,与其妻一道,锁上门后(此时其十岁的儿子仍在屋里睡觉),同去村书记吴俊杰家告知此事,随后又到村委会向大林镇派出所电话报警。当王与其妻报警后急忙返回自家院内时,发现自家窗前处有俩人影,此二人系本村村民何长明、齐满顺来王家串门,见房门上锁正欲离去。王长友未能认何、齐二人,而误以为是刚才欲非法侵入其住宅之人,又见二人向其走来,疑为要袭击他,随即用手中的尖刀刺向走在前面的齐满顺的胸部,致齐因气血胸,失血性休克当场死亡。何长明见状上前抱住王,并说:"我是何长明!"王长友闻声停住,方知出错。

本案并不存在真正的"不法侵害",而被告人误以为存在,并实施了所谓的"防卫行为",符合"假想防卫"的情形。需要指出的是,假想防卫中的"不法侵害"是基于行为人主观想象或推测,但这并不是脱离实际情形的任意想象,而是要有一定合理的根据的。只有这样,才能避免有人借口存在"不法侵害"而实施"假想防卫",从而可以不承担故意犯罪责任的情形出现。在本案中,被告人王长友家住偏僻位置,由于案发前确有人欲非法侵入其住宅,被告人在恐惧状态下携刀在身。当其外出报警后返家时,看见有人又在自家院内窗前,基于先前的惊恐和对室内孩子安危的担心,加之案发当晚夜黑风高,误认为系不法侵害者,又见二人向其走来,以为要袭击他。可见,被告人的"假想"显然有其合理的一面,符合假想防卫的特征,应认定为假想防卫行为。那么,对假想防卫造成严重后果的,究竟是以故意犯罪还是过失犯罪处理呢?根据《刑法》第14条的规定,故意犯罪的认识因素是行为人明知自己的行为会发生危害社会的结果。而在假想防卫场合,行为人并没有认识到其行为会发生危害社会的后果,反而认为是合法正当的,故在假想防卫中是不可能存在犯罪故意的。本案被告人王长友正是在这种错误认识的基础上,自以为是为了保护本人人身或财产的合法权益而实施所谓的正当防卫,因此,他主观上并不存在故意,不成立故意杀人罪或故意伤害罪。但是,本案被告人报警回来后,看见被害人等人在自家院内窗前,由于农村村民串门系常态,且被害人向其走来而并非落荒而逃,根据日常生活准则行为人应当预见有可能是同村村

---

① 参见于奎金、包树海:《王长友过失致人死亡案——假想防卫如何认定及处理》,载最高人民法院刑事审判第一庭、第二庭主编:《刑事审判参考》(总第20辑),法律出版社2001年版,第9—13页。

民前来串门,而并非"非法侵入住宅",但行为人因为疏忽大意而没有预见,以致发生这种结果的,应认定为过失致人死亡罪。

八、在自家院内搜寻不法侵害人时发生打斗致人死亡的,是否构成正当防卫

(一) 裁判规则

意图实施抢劫的不法分子进入他人封闭的院落后,已经使得房主一家的人身、财产安全受到明显、紧迫的现实危险,可以认为不法侵害正在进行;被房主发现后,不法侵害人躲进房主院内,由于法益仍然处于紧迫、现实侵害的危险当中,不法侵害行为随时可能继续侵害或威胁法益,应认为不法侵害尚未结束。在此过程中,房主持械进入院内搜寻躲藏的不法侵害人,在遭到不法侵害人持刀攻击时击打不法侵害人致死,符合刑法关于无过当防卫的规定,应认定为正当防卫行为。

(二) 规则适用

成立正当防卫要求不法侵害正在进行,因为只有这样,才能使得刑法保护的法益处于紧迫的危险当中,从而使防卫行为成为保护法益的必要手段。不法侵害正在进行,是指不法侵害已经开始且尚未结束。关于不法侵害开始的时间,在通常情况下应当以不法侵害人已经着手实施不法侵害为判断标准,只要一着手即可认定为不法侵害正在进行。当然,在不法侵害的现实威胁十分明显、紧迫时,待其着手实行后来不及减轻或者避免结果,也应认为不法侵害已经开始,从而将防卫时间适当提前。例如,刑法通说认为,在持枪杀人案件中,瞄准被害人时就是杀人的着手。但是,当不法侵害人为了杀人而拿出手枪时,就可以进行防卫,而不是等到瞄准时才能防卫,否则就不能达到正当防卫的目的。可见,只要被害人感受到其所面临的危险具有现实性和紧迫性,即使不法侵害人的行为尚未着手,被害人也可以将防卫时间予以适当提前,当不法侵害人进入侵害现场或者直接面临被害人时,被害人即可实施防卫行为。例如,为了杀人而进入他人住宅的,在不法侵害人开始侵入他人住宅时,就可以针对不法侵害人进行正当防卫。关于不法侵害的结束时间,是指法益不再处于紧迫、现实的侵害或者威胁之中,或者说不法侵害行为已经不可能继续侵害或威胁法益。

【指导案例】李英俊故意伤害案[①]——在自家院内搜寻藏匿的不法侵害人时发生打斗,致人死亡的,构成正当防卫

被告人李英俊系辽宁省抚顺市城区会元乡马金村村民。2011 年 8 月 26 日 4

[①] 参见欧阳宁疆、张利晨:《李英俊故意伤害案——在自家院内搜寻藏匿的不法侵害人时发生打斗,致人死亡的,构成正当防卫》,载最高人民法院刑事审判第一庭、第二庭主编:《刑事审判参考》(总第 20 集),法律出版社 2016 年版,第 68—72 页。

时许,李英俊夫妇在家中睡觉时被院内的狗叫声吵醒,其妻刘占元走到院门口,看见刘振强(被害人,男,殁年42岁)持尖刀刺其院门,并声称要"劫道"。李英俊随后赶来,见状立即回院内取来一根铁管,并打电话通知村治保主任刘首钢等人前来帮忙。刘振强随后翻墙进入院内,来到李英俊家厨房外,用尖刀割开厨房纱窗,被刘占元发现后躲进院内玉米地。李英俊持铁管进玉米地寻找刘振强,在玉米地里与持尖刀的刘振强相遇,二人发生打斗。李英俊持铁管击打刘振强头部,致其倒地。后刘振强被送医院救治,因颅脑损伤于次日死亡。

在本案中,被害人刘振强凌晨持尖刀砍击被告人家大门,后翻墙进入李家院内划割厨房纱窗,其行为严重威胁李英俊及其家人的人身安全,属于正在进行的不法侵害。刘振强划割纱窗被李英俊妻子发现后躲入院内的玉米地,虽然未继续行凶,但是其躲避的目的是准备逃离现场还是伺机行凶,无法判断。同时,刘振强患有精神病,案发时处于精神异常状态,攻击他人的可能性较大。由于该玉米地与李家住房在同一个院落内,刘振强躲在玉米地后,威胁的紧迫性和严重性尽管已经有所缓和,但对李家人仍然具有现实威胁,应认定为不法侵害并未结束。面对躲在自家院内玉米地里的持刀男子,由于不能确定其是否会再次实施侵害,李英俊有权利保护自身及其家人的安全,其进玉米地搜寻持刀人的目的是排除现实危险,携带铁管防身也是人之常情,即使其认识到可能与对方发生打斗,对对方造成伤害,也不影响其目的的正当性。虽然多名村民到场后李家人的安全已有保证,李英俊可以选择等待警察到场处置,但是这只是一种处理方式,其在警察到来之前自行搜捕不法侵害人,也是一种合理合法的方式。对此,根据《刑事诉讼法》第82条的规定,对正在实行犯罪或者在犯罪后即时被发觉的人,任何公民都可以立即扭送公安机关、人民检察院或者人民法院处理。因此,我们不能将李英俊在自家院内搜捕潜在侵害人的行为认定为意图加害他人的行为,否则就是对公民自行抓捕、扭送犯罪嫌疑人权利的不当限制,与刑法鼓励、提倡同犯罪分子作斗争的立法目的不符。因此,李英俊在遭到刘振强持刀攻击的情况下持铁管还击并将刘振强打倒的行为,符合《刑法》第20条第3款规定的无过当防卫的构成要件,系正当防卫,依法不负刑事责任。

第八章 犯罪形态

一、在间接故意犯罪中是否存在未遂形态

(一) 裁判规则

在间接故意中,行为人对危害结果的发生持"放任"态度,结果的发生与否均在行为人的意志范围之内;即使最终没有发生危害结果,也并未违背其意志,故不能认定为"由于犯罪分子意志以外的原因而未得逞",相应的犯罪未遂也就无从谈起。

(二) 规则适用

犯罪的停止形态只是针对故意犯罪而言,包括犯罪预备、犯罪中止、犯罪未遂和犯罪既遂四种类型。直接故意犯罪一般都存在着各种犯罪的停止形态,这在理论界基本达成一致。但就间接故意犯罪是否存在犯罪停止形态的问题,尤其是是否存在未遂形态,理论界尚存在争论。有人认为,间接故意的意志因素是放任,即出现危害结果或者不出现危害结果都不违背行为人的意愿,如果结果出现是既遂,反之就是未遂。具体到间接故意杀人案件中,同样可以出现犯罪未遂。因为,从司法实践来看,间接故意杀人,多数是那些心狠手辣、随身携带利器的犯罪分子,动辄放肆地朝他人要害部位行凶,不管他人死活的情况。从其主观心理上分析,他们虽然不是明确追求被害人死亡的结果,但是对被害人死亡结果的发生满不在乎、听之任之,即持放任的态度。从客观上看,他们实施了毫无节制的、足以致人死亡的行为。在这种情况下,如果发生了被害人死亡的结果,就应以间接故意杀人既遂论处;如果被害人由于犯罪人以外的原因被抢救过来了,没有死亡,理应以间接故意杀人未遂论处。[①] 持这种观点的学者认为,研究间接故意杀人有没有未遂,应当从实际案情出发。对于视杀人为儿戏,明显地具有杀人的故意,但又看不出具有预期的杀人目的,造成被害人生命垂危,经及时抢救而未死的

---

① 参见唐秀英:《查清事实,全面分析》,载《人民司法》1980 年第 6 期。

案件,应视为间接故意杀人未遂。①

笔者认为,上述观点是不正确的。关于犯罪未遂的概念,我国《刑法》第23条第1款规定:"已经着手实行犯罪,由于犯罪分子意志以外的原因而未得逞的,是犯罪未遂。"所谓"间接故意",是指行为人明知其行为可能引起某种危害社会的结果,并且有意放任这种结果发生的心理态度。间接故意的标志是放任意志,在汉语中,放任是指听其自然、不加干涉。为此,我国刑法通说将对发生危害结果的"放任"态度解释为"听之任之、漠不关心"。也就是说,放任就是对某种危害结果的发生与不发生,以及发生何种危害结果,同行为人毫无利害关系。从司法实践来看,放任通常发生在行为人为了追求其他目的,而放任犯罪危害结果的发生。② 可见,放任是指行为人为追求某种目的而不顾危害社会结果发生的心理态度。由于结果的发生与否均在行为人的意志范围之内,即使没有发生危害结果,也并未违背其意志范围,故不能认定为"由于犯罪分子意志以外的原因而未得逞",相应的也就谈不上"未得逞"的问题。如果危害结果出现,就构成间接故意犯罪;反之,就不构成犯罪。所以,间接故意犯罪不存在犯罪未遂的问题,同样也不存在间接故意犯罪预备和间接故意犯罪中止。也就是说,间接故意不存在犯罪停止形态问题,而只有是否构成犯罪的问题。

【指导案例】曹成金故意杀人案③——间接故意犯罪是否存在未遂形态?

被告人曹成金与熊燕原有恋爱关系。2000年4月,两人在广州分手后,曹两次来安徽省铜陵市找熊燕,要求其回江西,熊不愿意。2000年11月12日下午1时许,曹携带被其锯短枪管、子弹已上膛的单管猎枪及4发子弹再次来到铜陵市,要求熊燕跟其回家,熊不肯。后熊燕约其朋友郑林、高翔、王琳等人一起在铜陵体育馆二楼台球室与曹成金见面,熊仍表示不愿随曹回江西。当日傍晚,熊燕与郑林等人离开体育馆,曹成金跟随其后,在淮河中路人寿保险公司门前路段,熊燕与郑林等人拦乘出租车欲离去时,曹阻拦不成,遂掏出猎枪威逼熊燕、郑林下车。郑林下车后乘曹不备,扑上抢夺曹的猎枪。曹急忙中对着郑林小腿内侧的地面扣动扳机,子弹打破了郑林的长裤,并在郑林的左膝内侧留下3mm×5mm表皮擦伤。

从本案起因来看,被告人曹成金与郑林等人没有利害关系,事先不存在剥夺郑林等人生命或者伤害郑林等人的直接故意;在其到铜陵市劝说熊燕随其回江西

---

① 参见赵秉志主编:《刑法争议问题研究》(下卷),河南人民出版社1996年版,第226—227页。
② 对此,如德国学者曾提出,"在涉及间接故意时,……行为人估计到出现各种结果的可能性,其原来的目的只是其中的一定结果,其余的并不是他们所'追求'的结果"。参见[德]J·列克沙斯J·伦内贝格:《民主德国刑法理论的若干问题》,田彦群、张仲译,深圳大学学报编辑部1988年版,第100页。
③ 参见王正山:《曹成金故意杀人案——间接故意犯罪是否存在未遂形态》,载最高人民法院刑事审判第一庭、第二庭编:《刑事审判参考》(总第21辑),法律出版社2001年版,第13—17页。

被拒绝后,掏出非法携带的枪支,也只是为了吓唬郑林等人,而非为了实施故意杀人或者伤害行为;在争夺枪支的过程中,曹成金突然对郑开枪,但其是朝着郑林小腿内侧地面扣动扳机,而不是对着郑林要害部位开枪。可见,其并不希望或者说并未积极追求他人死亡结果的发生,不属于直接故意行为。然而,开枪行为系一种具有高度风险的行为,尤其是在争执过程中开枪,很容易造成伤亡结果,但是行为人为了阻挡他人离开,仍然不计后果地实施开枪行为,在主观上应认定为是一种间接故意,即对其行为可能造成他人伤亡或者没有发生任何损害结果,都是行为人放任心理所包含的内容。正因为在间接故意中,行为人对危害结果的发生与否是持一种放任态度,结果的发生与否均能为行为人这种放任心理所包含,而不是什么意志以外的原因所致,故无所谓"得逞"与否,犯罪未遂也就无从谈起了。因此,对本案被告人的行为,不能以故意杀人罪(未遂)或者故意伤害罪(未遂)追究刑事责任。

二、对罪行极其严重的杀人未遂案件,能否适用死刑立即执行

(一)裁判规则

在故意杀人未遂案件中,尽管未遂情节系法定从宽处罚情节,但对于那些犯罪动机极其卑劣、情节特别恶劣、手段特别残忍,给被害人造成严重伤害、社会影响极坏的情形,也可以考虑适用死刑立即执行。

(二)规则适用

我国《刑法》第61条规定了量刑的原则:"对于犯罪分子决定刑罚的时候,应当根据犯罪的事实、犯罪的性质、情节和对于社会的危害程度,依照本法的有关规定判处。"本条中的情节,是指实施犯罪的有关具体情况,包括犯罪过程、手段等等,这也是法院决定刑罚轻重的重要依据,主要包括以下两种:第一种是法定情节,即法律规定的从重、从轻、减轻以及免除处罚的情节,如犯罪形态中的预备、未遂、中止和既遂,共同犯罪中的首犯、主犯、从犯、胁从犯和教唆犯,此外还有累犯、自首、立功等情节。对于犯罪行为具有法定情节的,必须依法确定其量刑的轻重。第二种是酌定情节,即不是法律中明确规定的情节,而是法院根据实际情况和审判实践,在量刑时予以考虑的情节,如犯罪动机、犯罪时的环境和条件、犯罪人的一贯表现、认罪态度等。对于法定情节,按照刑法是否就法定情节的功能作出绝对规定为标准,可以将法定情节分为应当型情节和可以型情节。前者是指刑法明文规定的,在量刑时必须从宽或从严处罚的情节,通常采用"应当"用语来表述,如犯罪中止、累犯、未成年犯等。后者是指刑法明文规定的,对量刑可能产生从宽影响的情节,通常采用"可以"用语来表述,如犯罪未遂等。对于酌定情节,刑法并未明文规定,而是根据刑事立法精神与刑事政策,由法院从审判经验中总结出来的,在量刑时需要酌情考虑的情节,酌定情节都是可以型情节。

犯罪未遂系司法实践中一种常见的法定从宽处罚情节,我国《刑法》第23条

规定:"已经着手实行犯罪,由于犯罪分子意志以外的原因而未得逞的,是犯罪未遂。对于未遂犯,可以比照既遂犯从轻或者减轻处罚。"由于犯罪未遂的结果是犯罪未能得逞,其社会危害性通常要小于犯罪既遂的情形,因此,刑法规定对未遂犯可以比照既遂犯从轻或者减轻处罚。这里规定"可以从轻或者减轻处罚",是因为在未遂的情况下,往往造成程度不同的危害后果,危害程度不同,处罚也应当不同。"可以"从轻或减轻,不是一律必须从轻或减轻,而是应当根据案件的具体情况决定是否从轻或减轻。具体到故意杀人未遂案件与死刑适用的情形中,对于没有造成被害人死亡的故意杀人未遂情形,因其社会危害性要小于故意杀人既遂情形,故一般不判处被告人死刑立即执行。但是,依照《刑法》第234条之规定,故意伤害"以特别残忍手段致人重伤造成严重残疾的,处十年以上有期徒刑、无期徒刑或者死刑",故意伤害致人重伤造成严重残疾的,尚且可以适用死刑立即执行,针对故意杀人未遂情形适用死刑立即执行当然不存在障碍。故对于那些犯罪动机极其卑劣、情节特别恶劣、手段特别残忍,给被害人造成严重伤害、社会影响极坏的情形,也可以考虑适用死刑立即执行。

【指导案例】覃玉顺强奸、故意杀人案①——对罪行极其严重的故意杀人未遂犯,能否适用死刑立即执行

2007年9月23日15时许,被告人覃玉顺在四川省会理县太平镇小村村1组大火房山(地名)山坡上找蝉壳,遇见在此放羊的被害人代某(女,时年18岁)。覃见四周无人,产生强奸代某的念头。覃玉顺趁代某不备,从后面将代抱住,遭代某反抗,覃便用随身携带的尖刀将代胸部刺伤,强行将代奸淫。事后代某指责覃玉顺,覃又用刀捅刺代某腹部,并将代某推下山坡,捡一石头砸向代某,但未砸中。代某受伤昏迷。覃玉顺以为代某已死亡,便逃至黄泥包包(地名)附近坐下抽烟。代某醒来后,捡起一根木棒拄着,走到黄泥包包处呼救。覃玉顺听到代某的呼救声,再次跑到代某面前,将其用于支撑的木棒抢下丢弃,并用尖刀捅刺代某的腰部,代某反抗时将覃玉顺的刀抢落,覃用手将代某露出的肠子扯断,又捡起地上的刀向代某的腹部、腿部连刺数刀,后因见村民赶来,才逃离现场。代某经抢救脱离生命危险。损伤程度为重伤。

本案是一起性质极为恶劣、后果十分严重的强奸杀人案件。在审理过程中,对被告人覃玉顺是否适用死刑,有意见认为,覃玉顺杀人未遂,属于法定从宽情节,不应判处死刑立即执行。笔者认为,该款规定的是"可以"而非"应当"从宽处罚,意味着根据案件的具体情况,也可以不予从宽处罚。对于那些犯罪动机极

---

① 参见李晓光、赵娟:《覃玉顺强奸、故意杀人案——对罪行极其严重的故意杀人未遂犯,能否适用死刑立即执行》,载最高人民法院刑事审判第一、二、三、四、五庭主办:《刑事审判参考》(总第77集),法律出版社2011年版,第35—41页。

其卑劣、情节特别恶劣、手段特别残忍,致被害人严重伤害、社会影响极坏的故意杀人案件,也可考虑判处死刑立即执行。本案即是如此,存在诸多应予以从严惩处的情节:①覃玉顺为掩盖其强奸罪行而持刀捅刺被害人,发现被害人未死后又多次持刀捅刺并扯断被害人漏出的小肠,表明其杀人犯意十分坚决,情节极其恶劣,手段极其残忍。②尽管被害人幸免于死,伤势却十分严重,被送至医院4天后才完全苏醒。而且被害人案发时年仅18岁,正值花季之时却遭受奸淫,身心受到极大摧残,留下难以抚平的巨大创伤。③被告人的犯罪行为在当地亦造成恶劣的社会影响,引起一定程度的恐慌,被害人亲属、当地基层组织和干部群众均强烈要求判处被告人死刑。综合这些主客观情节,被告人覃玉顺故意杀人虽系未遂,但其行为已造成极其严重的后果,且主观恶性极深、人身危险性极大,其未遂情节不足以对其从轻处罚,应依法判处死刑。

三、中止犯罪中"未发生结果"及"未造成损害"如何认定

(一) 裁判规则

1. 成立犯罪中止要求"未发生犯罪结果",但这并非没有发生任何结果,而是没有发生行为人原本所希望或者放任的、由该犯罪行为性质所决定的结果。

2. 犯罪中止免除处罚规定中的"没有造成损害"不同于一般意义上的损害,而是建立在犯罪成立评价前提下的。故中止犯中的"没有造成损害"并非没有造成任何损害结果,而是指没有造成达到刑法意义上成立犯罪程度的结果。

(二) 规则适用

根据《刑法》第13条关于犯罪概念的规定,中止犯的犯罪行为应当是具有严重社会危害性的行为,是能够为刑法所评价的行为。对于那些情节显著轻微、危害不大的行为,不能认定为犯罪,自然也就谈不上成立中止犯的可能。因此,中止犯中的"损害"必须是刑法规范禁止的侵害结果,而不是一般意义上的损伤。值得注意的是,这里的"损害"可以是与行为人意图实现的损害存在巨大差距。如行为人使用暴力强奸妇女,在奸淫之前实施了猥亵行为,尽管后来放弃奸淫行为,但由于猥亵系刑法规范禁止的侵害结果,也应认定为"造成损害";再如,行为人意图入户抢劫,尽管入户后放弃抢劫,但是由于入户行为系非法侵入住宅罪所要求的构成要件结果,也应认定为"造成损害"。但是,如果行为人中止杀人或抢劫行为,但其行为造成了被害人暂时身体疼痛或者轻微伤害的,由于并非刑法规范评价的行为,不应认定为"造成损害";同样,行为人向他人实施敲诈勒索行为,使被害人产生恐惧心理,但后来自动放弃犯罪的,也不应认定为"造成损害"。

【指导案例】朱高伟强奸、故意杀人案①——中止犯罪中的"损害"认定

被告人朱高伟与被害人陈某（女，20岁）系租房邻居。2005年8月2日23时许，朱高伟路过陈某住处，见陈某独自在房内睡觉，遂产生强奸念头，并准备了老虎钳及袜子各一只。次日凌晨1时许，朱高伟用老虎钳将陈某住处防盗窗螺丝拧下，从窗户进入室内，把袜子塞入陈某嘴内，又从室内拿了一根绳子将陈捆绑，并将陈拖至隔壁自己住处内实施了奸淫。后朱高伟又将陈某捆绑，因害怕陈报警，便用手掐、毛巾勒其颈部，意图灭口，因发现陈某面部恐怖，心生恐惧，不忍心下手遂解开被害人手脚上的绳子，逃离现场。

《刑法》第24条明确规定，"对于中止犯，没有造成损害的，应当免除处罚；造成损害的，应当减轻处罚"。为此，确定"损害"的内涵对于正确处理中止犯具有重要意义。在本案中，被告人朱高伟自动中止了故意杀人行为，属于犯罪中止没有争议，但其对被害人掐脖、勒颈的行为既造成被害人的颈部勒痕等伤，同时还造成被害人精神恐慌，能否认定为中止犯的"损害"？笔者认为，虽然朱高伟的故意杀人行为在客观上给被害人造成颈部勒痕等轻微伤结果，而且给被害人精神上带来了恐慌，但是这种轻微伤害以及恐惧心理并非刑法规范禁止的侵害结果，因而不能评价为中止犯中的"造成损害"，故法院对于朱高伟的故意杀人行为免除处罚是恰当的。

四、自动性与被迫性并存时犯罪中止与未遂如何认定

（一）裁判规则

1. 中止犯罪的原因很多，不能将引起行为人中止犯罪的原因，一律当作行为人意志以外的原因，进而否定中止的自动性；也不能因为存在客观障碍就否认中止的自动性；在存在客观障碍的情况下，有时候行为人并没有认识到，或者虽然认识到了，但认为该客观障碍不足以阻止其继续犯罪，而是由于其他原因放弃犯罪的，均应认定为犯罪中止。

2. 当被告人并非完全自动地放弃重复侵害行为，而是既有自动性，又有被迫性，此时就应当具体分析究竟是自动性为主，还是被迫性为主，进而决定系认定为犯罪未遂还是犯罪中止。

（二）规则适用

犯罪中止和犯罪未遂，一般情况下容易区分。犯罪中止是指在犯罪过程中，行为人自动放弃犯罪或者有效地防止犯罪结果的发生，属于未完成犯罪中的

---

① 参见杜军燕、吴政、宋兴林：《朱高伟强奸、故意杀人案——中止犯罪中的"损害"认定》，载最高人民法院刑事审判第一、二、三、四、五庭主办：《刑事审判参考》（总第72集），法律出版社2010年版，第32—37页。

一种犯罪停止形态;而犯罪未遂是指行为人已经着手实行犯罪,由于意志以外的原因而未得逞的一种犯罪停止形态。区分二者的关键要看阻止犯罪达成既遂状态的是"犯罪分子意志以内的原因"还是"犯罪分子意志以外的原因",也就是犯罪分子未完成犯罪是具有"自动性"还是"被迫性"。犯罪中止体现为"自动性",即"能达目的而不欲";而犯罪未遂体现为"被迫性",即"欲达目的而不能"。所谓"意志以外的原因",是指违背犯罪人意志的,客观上使犯罪行为不可能着手或者既遂,或者使犯罪人认为客观上不可能着手或既遂的原因。因此,中止的自动性应理解为,行为人认识到客观上可能继续实施犯罪或者可能既遂,但自愿放弃原来的犯罪意图。可见,中止的成立,需要重点考虑基于行为人本人的认识,而不是根据客观事实进行判断,也不是同时根据主观认识与客观事实来进行判断。即只要行为人认为可能既遂而不愿达到既遂的,即使客观上存在障碍不可能既遂,也成立中止。反之,即使客观障碍并不存在,但行为人误以为存在而停止犯罪的,也只能成立未遂。

需要注意的是,被告人停止侵害行为既有自动性,又带有被迫性,此时就应当具体分析究竟是自动性为主,还是被迫性为主。在认定过程中,我们需要从主、客观两个方面来进行分析:一方面,行为人停止犯罪肯定是有客观原因的,我们不能将这些原因一律当作行为人意志以外的原因,并以此来否定中止的自动性。而应当对这些客观原因进行分析,即根据社会的一般观念,分析这些原因对一般人是否会产生强制性影响。如果一般人在当时情况下不会放弃犯罪,而行为人放弃的,成立犯罪中止。例如,行为人在实施强奸行为过程中,发现被害人正值例假期,知道可以实施强奸行为而自愿放弃的,我们不能因为被害人来例假是行为人没有预见到的事实,就认定为是意志以外的原因。同样以前述强奸犯罪为例,在行为人试图奸淫被害人过程中,被害人与行为人系熟人、被害人身体有疾病、被害人为免受侵害而自愿支付财物、被害人的自杀威胁等情形尽管对犯罪的继续实施会造成一些障碍,但对于强奸犯罪实施的影响效果是有限的,在犯罪能够继续进行的情况下,行为人自动停止犯罪,可以认定为系基于本人的意思中止犯罪。另一方面,也不能因为确实存在一般人遇到会放弃犯罪的客观障碍,而否认中止的自动性。在存在客观障碍的情况下,即使该种客观障碍足以阻止犯罪的继续进行,但一些时候行为人并不一定认识到,或者虽然认识到,却误认为不足以阻碍自己继续实施犯罪的,行为人系基于其他原因而停止犯罪的,也应当认定为犯罪中止。

【指导案例】李官容抢劫、故意杀人案[①]**——对既具有自动性又具有被迫性的放弃重复侵害行为,能否认定犯罪中止**

2008年6月上旬,被告人李官容因急需用钱而预谋对被害人潘荣秀实施抢劫

---

① 参见黄应生、郭盛元、林新英:《李官容抢劫、故意杀人案——对既具有自动性又具有被迫性的放弃重复侵害行为,能否认定犯罪中止》,载最高人民法院刑事审判第一、二、三、四、五庭主办:《刑事审判参考》(总第73集),法律出版社2010年版,第17—24页。

后杀人灭口。2008年6月19日20时许,李官容携带作案工具绳子、锄头等,以一同到龙岩玩为由将潘荣秀骗上车。20日凌晨,在福建省上杭县庐丰畲族乡安乡大桥附近,李官容停车,用绳子将潘荣秀绑在座位上,抢走潘荣秀提包内的现金人民币130余元及手机一部(价值990元)。20日4时许,李官容用绳子猛勒潘荣秀的脖子致其昏迷,手脚捆绑后扔到汽车后备箱。途中打开后备箱发觉潘荣秀未死,遂先用石头砸潘荣秀的头部,后用随身携带的小剪刀刺潘荣秀的喉部和手臂,致潘荣秀再次昏迷。20日6时许,苏醒后的潘荣秀挣脱绳索,乘李官容上厕所之机,打开汽车后备箱逃至公路上向过路行人呼救,路人曾某遂用手机报警。李官容见状即追赶潘荣秀,并用水果刀捅刺潘荣秀的腹部,因潘荣秀抵挡且衣服较厚致刀柄折断而未能得逞。李官容遂以"你的命真大,这样做都弄不死你,我送你去医院"为由劝潘荣秀上车。潘荣秀上车后李官容又殴打潘荣秀。当车行驶到上杭县紫金公园门口时,李官容开车往老公路方向行驶,潘荣秀在一加油站旁从车上跳下向路人呼救。李官容大声说"孩子没了不要紧,我们还年轻,我带你去医院"以搪塞路人,并再次将潘荣秀劝上车。李官容威胁潘荣秀不能报警否则继续杀她,潘荣秀答应后,李官容遂送潘荣秀去医院。经鉴定,潘荣秀的伤情程度为轻伤。

在本案中,被告人放弃重复侵害行为既有自动性,又带有被迫性,此时就应当具体分析究竟是自动性为主,还是被迫性为主。①放弃杀人犯罪的被迫性大于自动性。被害人从汽车后备箱逃出到公路上向路人求救后,路人已经报警;被告人追上并持水果刀捅刺被害人的腹部,因刀柄折断而未得逞后,其自己也觉得被害人"命真大,这样做都弄不死";被告人在将被害人骗上车后,又继续殴打被害人,被害人在加油站旁从车上跳下,再次向路人求救。此时已是早晨,路上人多,被害人又具有一定的反抗能力,被告人在客观上无法继续实施杀人灭口行为,只好再次以送被害人到医院为由将她劝说上车。可见,被告人主要是因为之前一而再的想杀死被害人,但被害人仅受轻伤且具有反抗呼救能力,在当时的时空环境下无法再继续实施杀人行为才被迫停止了犯罪,因此其放弃犯罪的被迫性大于主动性。②送被害人去医院的被迫性大于自动性。被告人将被害人送医救治虽然有一定的自动性,但更多的是被迫性。第一次是以送医院为名将逃下车的被害人骗上车,而当被害人第二次逃下车呼救时,据被告人供称,已经是白天了,路上也有很多人,当时有三四辆摩托车及一辆中巴车经过,被害人每辆车都拦,其怕有人报警,这时没有办法了,所以送被害人去医院,然后和她协商私了此事,叫她不要报警。可见,被告人之所以将被害人送医救治,被迫性大于自动性,应认定为犯罪未遂而非中止。

五、共同犯罪中犯罪未遂与犯罪中止如何认定

(一)裁判规则

1. 部分正犯自动停止犯罪,并阻止其他正犯实施犯罪或者防止犯罪结果发生

的,属于中止犯;其他没有自动中止意图与行为的正犯、帮助犯就是未遂犯。

2. 共同正犯中,部分正犯中止自己的行为,但未阻止其他正犯实施犯罪,由其他共犯的行为直接导致结果发生时,不成立中止犯,而属于既遂犯。

3. 教唆犯、帮助犯欲成立中止犯,除了自动中止自己的教唆、帮助行为之外,还需要有效阻止正犯行为与结果的发生。在多层次雇佣关系中,如果教唆犯对被教唆人再教唆情况知情的,还必须确保被教唆人能及时有效地通知、说服、制止他人实施犯罪并产生犯罪结果。

(二) 规则适用

【指导案例】王元帅、邵文喜抢劫、故意杀人案①——共同正犯中犯罪中止与未遂的认定

2002年6月6日,被告人王元帅主谋并纠集被告人邵文喜预谋实施抢劫。当日10时许,二人携带事先准备好的橡胶锤、绳子等作案工具,在北京市密云县鼓楼南大街骗租杨某某(女,29岁)驾驶的松花江牌小型客车。当车行至北京市怀柔区大水峪村路段时,经王元帅示意,邵文喜用橡胶锤猛击杨某某头部数下,王元帅用手猛掐杨的颈部,致杨昏迷。二人抢得杨某某驾驶的汽车及手机等物品。王元帅与邵文喜见杨某某昏迷不醒,遂谋划用挖坑掩埋的方法将杨某某杀死灭口。杨某某佯装昏迷,趁王元帅寻找作案工具,不在现场之机,哀求邵文喜放其逃走。邵文喜同意掩埋杨时挖浅坑、少埋土,并告知掩埋时将杨某某的脸朝下。王元帅返回后,邵文喜未将杨某某已清醒的情况告诉王。当日23时许,二人将杨某某运至北京市密云县金叵罗村朱家峪南山的土水渠处。邵文喜挖了一个浅坑,并向王元帅称其一人埋即可,便按与杨某某的事先约定将杨掩埋。王元帅、邵文喜离开后,杨某某爬出土坑获救。

从本案的案情发展来看,王元帅与邵文喜在共同抢劫后又预谋杀人灭口,但在共同实施杀人行为过程中,因被害人的哀求,邵文喜的主观心态发生了变化,打消了原有的杀人灭口的犯罪意图。但因惧怕王元帅,邵文喜未敢当场放被害人逃跑,而是采取浅埋等方法给被害人制造逃脱的机会,从客观上有效地避免了致人死亡结果的发生。在共同犯罪中,当部分实行犯主动放弃犯罪时,对其本人及其他实行犯的犯罪形态如何来认定?对此,我们认为应当区以下几种情况:第一,如果共同正犯中部分人主动退出,但未采取任何措施阻止其他共犯继续犯罪的,以致犯罪结果发生的,对退出者仍应当认定为犯罪既遂。第二,如果部分正犯在实行过程中主动退出,且积极采取措施阻止其他正犯继续犯罪,但最终未能有

---

① 参见南英:《王元帅、邵文喜抢劫、故意杀人案——共同正犯中犯罪中止与未遂的区别》,载最高人民法院刑事审判第一庭、第二庭主办:《刑事审判参考》(总第32集),法律出版社2003年版,第24—28页。

效阻止犯罪结果发生的,对主动退出者仍然应认定为犯罪既遂。第三,如果共同正犯中部分人主动放弃犯罪,并有效阻止其他正犯继续犯罪,或者阻止犯罪结果发生的,主动放弃者属于犯罪中止。其他共犯如果系经劝说后停止犯罪的,也属于犯罪中止,反之则属于犯罪未遂。本案中,邵文喜自动放弃犯罪,并有效防止犯罪结果的发生,应认定为犯罪中止。而王元帅杀人灭口意志坚定,并误以为犯罪目的已经实现,本案被害人未死、逃脱完全是其意志以外的原因造成的,应认定为故意杀人犯罪行为实施终了的未遂。

【指导案例】张烨等强奸、强制猥亵妇女案[①]**——共同犯罪中部分既遂、全体既遂**

2000年5月16日下午,冯某(在逃)纠集被告人张烨、施嘉卫及"新新"(在逃)等人强行将被害人曹某(女,21岁)带至某宾馆,进入以施嘉卫名义租用的客房。冯某、张烨、施嘉卫等人使用暴力、威胁等手段,强迫曹某脱光衣服站在床铺上,并令其当众小便和洗澡。嗣后,张烨对曹某实施了奸淫行为,在发现曹某有月经后停止奸淫;施嘉卫见曹某有月经在身,未实施奸淫,而强迫曹某采用其他方式让其发泄性欲。

在本案中,被告人施嘉卫在同案犯强奸完成之后自动放弃了奸淫行为,其行为是否构成犯罪中止?笔者认为,其不构成犯罪中止。根据《刑法》第24条的规定,"在犯罪过程中,自动放弃犯罪或者自动有效地防止犯罪结果发生的,是犯罪中止"。可见,要成立犯罪中止,行为人仅消极地停止犯罪行为还不够,还必须采取积极措施有效地防止犯罪结果的发生;如果未能有效地防止犯罪结果发生,则仍不能成立犯罪中止。故在共同犯罪的场合,如果单个共同犯罪人,仅仅是消极地自动放弃个人的实行行为,没有积极阻止其他共同犯罪人的犯罪行为,并有效防止共同犯罪结果的发生,就不能构成中止犯,也不能免除其对共同犯罪结果的责任。本案中,被告人施嘉卫先前与其他被告人实施了强迫被害人脱衣服等行为,这表明其参与了张烨共同强奸被害人的犯罪。在共同强奸犯罪过程中,随着主犯张烨完成强奸行为,共同犯罪整体上已经既遂,因而也就不存在共同犯罪的中止问题。故施嘉卫见曹某身体不适放弃继续对曹某实施奸淫行为,并不影响其承担既遂犯的责任。

[①] 参见金泽刚:《张某等强奸、强制猥亵妇女案——共同犯罪中部既遂、全体既遂》,载最高人民法院刑事审判第一庭、第二庭编:《刑事审判参考》(总第20集),法律出版社2001年版,第14—21页。

【指导案例】黄土保等故意伤害案①——在多层次教唆中,教唆犯成立中止情形的认定

2000年6月上旬,被告人黄土保找到被告人洪伟商量,提出找人利用女色教训朱环周。随后,洪伟即着手觅寻机会利用女色来引诱朱环周,但未能成功。于是,洪伟打电话给黄土保,提出不如改为找人打朱环周一顿,黄土保表示同意。之后,洪伟雇佣被告人林汉明去砍伤朱环周。后黄土保因害怕打伤朱环周可能会造成的法律后果,又于7月初,两次打电话给洪伟,明确要求洪伟取消殴打朱环周的计划,但洪伟应承后却并未及时通知林汉明停止伤人计划。林汉明找来被告人谢兰中、庞庆才、林汉宁,准备了两把菜刀,于7月24日晚,一起潜入朱环周住处楼下,等候朱环周开车回家。晚上9点50分左右,朱环周驾车回来,谢兰中趁朱环周在住宅楼下开信箱之机,持菜刀朝朱环周的背部连砍2刀,臀部砍了1刀,庞庆才则用菜刀往朱环周的前额面部砍了1刀,将朱环周砍致重伤。

由于共同犯罪中,每一个人的行为都系犯罪结果发生的原因之一,这就决定了共犯人欲成立犯罪中止,除了必须中止自己的教唆、帮助行为之外,还必须有效阻止正犯实施犯罪行为,并避免犯罪结果的发生。只有这样,才能认为共犯人自动消除了自己犯罪行为与结果之间的因果关系,才能成立犯罪中止。因此,在教唆犯的场合,教唆犯在其他被教唆人已经着手实施犯罪以后,虽其个人意图中止犯罪,但未能积极参与有效阻止犯罪结果发生,也不能认为成立犯罪中止。本案中,被告人黄土保雇佣、唆使被告人洪伟去组织实施故意伤害犯罪,其要成立犯罪中止,不能仅其本人消极地放弃犯罪意图,消极地不参与实行犯罪或不予提供事前所承诺的帮助,还必须及时有效地通知、说服、制止被教唆人洪伟停止实施犯罪行为,使之不会发生犯罪结果。从表面上看,黄土保对被其直接雇佣、教唆的洪伟,已实施了积极的补救措施,似乎可以成立犯罪中止,但是本案并非一个单层次教唆关系,因为洪伟又雇佣了谢兰中、庞庆才、林汉宁,由此形成一个多层次的雇佣、教唆关系,使得中止的认定变得更为复杂。在这种情形中,需要重点考察黄土保对其下家洪伟的再教唆雇佣情况是否知情。如果知情,黄土保要成立犯罪中止,对被洪伟教唆雇佣的其他人员,也必须同样积极采取相应补救措施,即必须要确保洪伟能及时有效地通知、说服、制止谢兰中、庞庆才、林汉宁实施犯罪行为并产生犯罪结果。否则,因此而导致犯罪行为和结果实际发生的,黄土保仍然应当承担相应的刑事责任,不能成立犯罪中止。在本案中,尽管黄土保因害怕打人的后果而决定放弃伤害计划,客观上也两次电话通知洪伟放弃伤人行动,但其并未进一步及时有效地通知、说服、制止其他被洪伟雇佣、教唆的人彻底放弃犯罪意图,由此而导致犯罪行为和结果的实际发生,故不能认定黄土保构成犯罪中止。

---

① 参见杨振庆、洪冰:《黄土保等故意伤害案——在多层次教唆中,教唆犯成立中止情形的认定》,载最高人民法院刑事审判第一庭、第二庭编:《刑事审判参考》(总第28集),法律出版社2003年版,第16—24页。

第九章 共同犯罪

一、共同犯罪中帮助犯等共犯行为的认定思路如何把握

(一) 裁判规则

在共同犯罪中，共犯的故意与行为并不要求与正犯相同。只要共犯认识到他人将要或者正在实施犯罪，具有为他人犯罪提供便利、帮助的意图，并在该意图支配下实施了相应的帮助行为，而该意图和行为为正犯所知晓和接受的，即与正犯构成共同犯罪。

(二) 规则适用

刑法通说认为，"在客观方面，共同犯罪的成立必须是两个以上的人具有共同犯罪的行为。所谓共同的犯罪行为，是指各共犯的行为都指向同一犯罪，并相互联系、相互配合，成为一个有机的犯罪活动整体，各共犯的行为都是共同犯罪行为这一整体的组成部分。在发生危害结果的场合，每个人的行为都与危害结果之间存在因果关系"[1]。可见，我国传统刑法理论并未区分正犯(实行犯)与共犯，而是从整体上来认定共同犯罪，即将正犯与共犯行为作为一个整体来判断是否成立共同犯罪，在得出成立共同犯罪的结论之后，再对各共犯按照其作用来进行量刑，这种方法显然是存在缺陷的。其实，"正犯是实现符合构成要件的实行行为这一过程中的中心人物或者核心人物"[2]，因为犯罪的本质是侵害或者威胁法益，具体表现为对法益造成侵害结果或危险结果，而支配这种结果发生的人正是正犯。为此，我国刑法分则对各种正犯行为进行了具体规定，通过这些正犯行为决定着具体罪名的认定。而各种犯罪的帮助行为、教唆行为，刑法对其内容并未也无法作出具体规定。

其中，一些帮助行为甚至表现为日常生活行为，离开了正犯行为，就很难判断这些帮助行为是否属于"犯罪行为"。例如，甲将一把刀借给乙去杀人，如果不优

---

[1] 黄京平主编:《刑法学》(第二版)，中国人民大学出版社2011年版，第108页。
[2] C.Roxin, Strafrecht Allgemeiner Teil, Band II, C.H. Beck, 2003, S.9.

先考虑乙的行为,就根本无法判断甲的行为是否系犯罪行为。再如,同样是抱住被害人的行为,既可能是普通的拥抱行为,也可能是协助杀人的行为,抑或属于抢劫罪、强奸罪的协助行为,甚至直接是非法拘禁罪的实行行为。又如,同样是望风行为,既可能是盗窃的帮助行为,也可能是强奸的协助行为,还可能是赌博的帮助行为,甚至可能是非法拘禁罪的实行行为。不区分实行行为与非实行行为,离开他人的行为和行为人本身的意图,孤立地评价裸的行为,往往难以评价行为的性质和确定行为所触犯的罪名。所以,"在处理共同犯罪案件时,先确认正犯,在正犯的行为符合构成要件且违法的前提下,再判断是否存在教唆犯、帮助犯,就变得相对容易。这是认定共同犯罪的最佳路径,没有必要抽象地讨论共同犯罪的成立条件"①。

【指导案例】于爱银、戴永阳故意杀人案②——**受杀人犯指使将小孩带离现场能否构成共犯**

被告人于爱银因与丈夫阚继明关系不睦,在外打工期间与被告人戴永阳相识,后二人非法同居,并商定结婚事宜。于爱银因离婚不成,便产生使用安眠药杀害丈夫的念头,并将此想法告知了戴永阳。2001年8月,戴永阳随于爱银一起回到家中。8月13日上午,于爱银及戴永阳在"田集药店"买安眠药未果。下午,于爱银去其他药店买到6片安眠药。当晚,于爱银、丈夫阚继明及其儿子和戴永阳一起吃饭、喝酒,待阚继明酒醉后,于爱银乘机将碾碎的安眠药冲兑在水杯中让阚继明喝下。因阚继明呕吐,于爱银怕药物起不到作用,就指使戴永阳将她的儿子带出屋外。于爱银用毛巾紧勒酒醉后躺在床上的丈夫的脖子,用双手掐其脖子,致其机械性窒息死亡。

在本案审理过程中,对被告人于爱银构成故意杀人罪没有异议,但对戴永阳如何处理存有分歧。共同的犯罪故意和共同的犯罪行为,是构成共同犯罪的两个必要条件。其中,对于作为实行犯正犯的故意与行为容易理解,但对于共犯,由于其所实施的并非构成要件行为,在故意与行为上往往不同于正犯,给我们认定带来了困难。笔者认为,只要共犯认识到正犯将要或者正在实施构成要件行为,仍然主动为正犯提供便利和帮助,且为正犯所知晓和接受的,那么二者即构成共同犯罪。在本案中,被告人于爱银先让其丈夫喝下安眠药,又勒掐其脖子,积极追求其丈夫死亡结果的发生;戴永阳在得知于爱银想用安眠药杀死其丈夫后,不仅没有拒绝,而且以自己的行动参与了杀人行为:先参与买安眠药(未果),又听从于爱

---

① 张明楷:《共同犯罪的认定方法》,载《法学研究》2014年第3期。
② 参见吴光侠:《于爱银、戴永阳故意杀人——受杀人犯指使将小孩带离现场能否构成共犯》,载最高人民法院刑事审判第一、二、三、四、五庭主编:《刑事审判参考》(总第49集),法律出版社2006年版,第17—25页。

银指使将小孩带出屋外,为于爱银杀人行为的完成提供了便利,二人的杀人共同故意由此形成并得到实现。尽管孤立地看,戴永阳的上述行为不属于杀人客观要件行为,但为于爱银犯罪创造了方便条件,帮助了于爱银实施杀人犯罪,也具备了共同犯罪的客观要件。因此,戴永阳主观上有共同犯罪的故意,客观上有共同犯罪的行为(帮助行为),具备了共同犯罪的主客观条件,与于爱银构成故意杀人共同犯罪。

【指导案例】滕开林、董洪元强奸案[①]**——通奸后帮助他人强奸是否构成共犯**

被告人滕开林与被害人王某系公媳关系。2001年8月18日,被告人滕开林、董洪元晚饭后乘凉时,滕开林告诉董洪元,儿媳王某同他人有不正当两性关系,而自己多次想与她发生性关系均遭拒绝,但是"只要是外人,都肯发生性关系",并唆使董洪元与王某发生性关系。董洪元遂答应去试试看。滕开林又讲自己到时去逮个"息脚兔"(即"捉奸"),迫使王某同意与自己发生性关系。当日晚9时许,董洪元在王某房间内与其发生性关系后,滕开林随即持充电灯赶至现场"捉奸",以发现王某与他人有奸情为由,以将王某拖回娘家相威胁,并采用殴打等手段,强行对被害人实施奸淫。因生理原因,滕开林的强奸行为未能得逞。

在本案中,被告人董洪元与被害人发生性关系时属于通奸行为,不构成强奸罪,那么其以该行为来帮助被告人滕开林实施奸淫行为,是否构成共同犯罪呢?对此,笔者认为,其构成共同犯罪。如前所述,在共同犯罪中,对于作为帮助犯共犯的故意与行为,并不要求与正犯完全相同。只要帮助犯认识到他人将要或正在实施犯罪,具有为他人犯罪提供便利、帮助的意图,并实施了相应的行为,而该意图和行为为正犯所知晓和接受的,即与正犯构成共同犯罪。在本案中,被告人滕开林意图利用抓住被害人与他人通奸的机会,对被害人实施奸淫行为。对此,被告人董洪元是明知的,当其表示愿意配合时即与滕开林达成了合意。此后,按照两人的事先合意,董洪元与王某发生了通奸行为,尽管该行为没有违背王某的意志,但是其系为后来强奸行为作铺垫,为滕开林随后的强奸行为创造了方便条件,成了滕开林强奸被害人王某的借口。由此,该行为成为被告人滕开林强奸王某行为的重要组成部分,是强奸罪的帮助行为,应当以强奸犯罪的共犯论处。

---

① 参见贺同新:《滕开林、董洪元强奸案——通奸后帮助他人强奸是否构成共犯》,载最高人民法院刑事审判第一庭等编:《刑事审判参考》(总第50集),法律出版社2006年版,第14—18页。

二、共同犯罪中主犯与从犯如何认定与区分

(一) 裁判规则

共同犯罪的成立除了需要具备共同的犯罪故意之外,还要求各行为人有共同的犯罪行为,对共同犯罪中主、从犯进行区分时应当从上述两个方面来着手。其中,提出犯意、邀请他人、指挥协调并积极参加的系主犯;而听从主犯安排、指挥,不直接实施犯罪构成客观要件行为,或者虽有实施但罪行较轻的,可以认定为从犯。

(二) 规则适用

对于共同犯罪中主犯与从犯的认定与区分,我们可以从以下几个方面来进行具体分析:①从事前犯意的提起、犯罪对象的选择、犯罪工具的准备来看,其中提起犯意的被告人作用更大,选择犯罪对象的次之,准备犯罪工具的最小。当然,如果各行为人均有犯意,仅是其中一人先说出,另外的人一拍即合,并随后积极参与出谋划策的,如果起意者在实行阶段作用并不突出的,则不宜认定起意者罪责最大。②从事中犯罪实行阶段来看,在故意杀人案件中,关键是谁的行为对致人死亡结果的发生所起作用较大。一般来说,积极主动先进行捅刺、捅刺刀数多、捅刺要害部分的罪责较大。③在事后阶段,通常会有毁灭罪证、分赃等情节,这些事后行为对于区分各被告人的地位作用具有补充作用。一般来说,实施毁灭罪证行为的、主持分赃的和分赃多的被告人比其他被告人作用更大。比较完各被告人在犯罪中的具体作用之后,还需要进一步区分各被告人在主观恶性、人身危险性等方面的差异。一般情况下,成年人较未成年人,长辈较晚辈,有累犯、再犯情节或者违法记录的被告人较品行良好的初犯罪责更大,而作案后自首、立功、认罪悔罪、积极赔偿、取得被害人谅解的则比不具备这些情节的罪责要小。

【指导案例】于爱银、戴永阳故意杀人案[①]**——如何准确区分共同犯罪的主从犯**

被告人于爱银因与丈夫阚继明关系不睦,在外打工期间与被告人戴永阳相识,后二人非法同居,并商定结婚事宜。于爱银因离婚不成,便产生使用安眠药杀害丈夫的念头,并将此想法告知了戴永阳。2001年8月,戴永阳随于爱银一起回到家中。8月13日上午,于爱银及戴永阳在"田集药店"买安眠药未果。下午,于爱银去其他药店买到6片安眠药。当晚,于爱银与丈夫阚继明及其儿子和戴永阳一起吃饭、喝酒,待阚继明酒醉后,于爱银乘机将碾碎的安眠药冲兑在水杯中让阚

---

① 参见吴光侠:《于爱银、戴永阳故意杀人案——受杀人犯指使将小孩带离现场能否构成共犯》,载最高人民法院刑事审判第一、二、三、四、五庭主编:《刑事审判参考》(总第49集),法律出版社2006年版,第17—25页。

继明喝下。因阚继明呕吐,于爱银怕药物起不到作用,就指使戴永阳将她的儿子带出屋外。于爱银用毛巾紧勒酒醉后躺在床上的丈夫的脖子,用双手掐其脖子,致其机械性窒息死亡。

在共同犯罪案件中,可能各行为人都是主犯,但不可能都是从犯,一般说来总会有主有从,为此,我们要注意将从犯与主犯区别开来。从审判实践来看,在事前提出犯意,纠集他人;事中积极实施犯罪,指挥、协调他人行动,或者直接造成严重危害后果的,通常可以认定为主犯。而在主观上,听从主犯的安排、授意和指挥,主观恶性较小的;在客观上担当配角,帮助准备、实施犯罪,不直接实施具体犯罪构成客观要件的行为,仅为共同犯罪创造有利条件和环境的,或者虽然直接参与实施了犯罪行为,但罪行较轻,没有直接造成危害后果或者危害后果并不严重,一般可以认定为从犯。在本案中,被告人于爱银因离婚不成,主谋杀害丈夫,提出用安眠药杀害丈夫的犯意,采取下安眠药、用毛巾勒和手掐颈部的方法,直接造成其丈夫死亡的严重后果,在共同犯罪中处于主导和支配地位,起主要作用,是主犯。被告人戴永阳在明知于爱银要害死其丈夫的情况下,在事前准备阶段与其一起去田集药店买安眠药(未果);事中实施阶段,又听从于爱银的指使,将于爱银10岁的儿子带离现场,便利了于爱银顺利实施犯罪。其上述行为在共同犯罪中起辅助作用,应当被认定为从犯,并结合本案案情予以从轻处罚。

【指导案例】龙世成、吴正跃故意杀人、抢劫案[①]——共同抢劫杀人致人死亡案件中如何准确区分主犯之间的罪责

2006年11月28日22时许,被告人龙世成、吴正跃经预谋,携带匕首、塑料胶带、尼龙绳等作案工具,骗乘被害人李波驾驶的奇瑞牌出租车(价值人民币2万元)至云南省红河州财经学校附近公路边时,持匕首戳刺李波,劫得现金100余元和价值400元的手机1部,后二人分别用匕首朝李波颈、胸、背部连捅数十刀,致李当场死亡。同月24日22时30分许,龙世成、吴正跃经预谋,携带水果刀、塑料胶带等工具,骗乘被害人保佑文驾驶的桑塔纳出租车至"友缘"招待所门口时,二人持刀威胁并用塑料胶带捆绑保佑文,劫得现金420元、价值661元的小灵通手机1部等物品,后将保佑文捆绑弃于一废弃防空洞内。

本案两被告人共同抢劫杀人致一人死亡,二人均系主犯且地位、作用基本相当。在这种情况下,根据死刑政策精神仍应对二人的罪责大小作进一步区分,进而准确适用死刑。具体来说,我们可以从事前、事中与事后几个方面来进行分析。

---

① 参见徐琛:《龙世成、吴正跃故意杀人、抢劫案——共同抢劫杀人致一人死亡案件,如何准确区分主犯之间的罪责》,载最高人民法院刑事审判第一至五庭主办:《刑事审判参考》(总第75集),法律出版社2010年版,第24—30页。

具体到本案中：首先，从事前犯意的提起、犯罪对象的选择、犯罪工具的准备来看，由于二人相互推诿，现有证据难以区分二人在该阶段的作用大小。其次，从事中犯罪实行阶段来看，在第一次作案中，二人均实施了暴力杀人行为，尸体检验鉴定也未能区分直接致害行为由谁实施，但能够认定系龙世成首先持刀捅刺了被害人，故其作用大于吴正跃。最后，在事后阶段，龙世成丢弃、毁灭了大部分罪证，占有赃物也比吴正跃多，也可以认定其作用地位大于吴正跃。在本案只造成一人死亡，二被告人均无法定从重、从轻处罚情节的情况下，应只判处一人死刑。故最高人民法院经复核后，依法核准龙世成死刑，对吴正跃改判为死刑缓期二年执行是适当的。

三、如何准确区分共同犯罪与同时犯

（一）裁判规则

成立共同犯罪首先需要具有共同故意，要求各行为人认识到并非其一人单独实施犯罪，而是与其他行为人一起互相配合来共同实施犯罪；其次还需要有共同的犯罪行为，即各共同犯罪人的行为都指向同一犯罪事实，在犯罪目标上具有同一性，在实施犯罪过程中彼此联系，互相配合。

（二）规则适用

共同犯罪的成立需要具备共同的犯罪故意与犯罪行为。我国传统刑法理论坚持"犯罪共同说"。一方面要求在主观上具有"共同的犯罪故意"，包含两方面的意思：一是各共犯均有相同的犯罪故意；二是共犯之间具有意思联络。另一方面，要求在客观上具有共同的犯罪行为，"所谓共同的犯罪行为，是指各共犯人的行为都指向同一犯罪，并相互联系、相互配合，成为一个有机的犯罪活动整体，各共犯人的行为都是共同犯罪行为这一整体的组成部分。在发生危害结果的场合，每个人的行为都与危害结果之间存在因果关系"[①]。在认定共同犯罪过程中，需要将其与同时犯区分开来。所谓"同时犯"，是指二人以上没有共同的犯罪故意，为各自目标在同时或近乎同时实施同一性质的犯罪。同时犯的特点是行为人各有故意，但缺乏共同的故意即缺乏意思联络，所以不是共同犯罪，而是同时实行的单独犯，各人只对自己的犯罪行为承担刑事责任。即使各行为人相互知道对方也在实施同一性质的犯罪行为，但由于数个行为人主观上只有自身的故意，相互间没有意思联络，客观上没有实施相互配合的行为，故只成立单独的犯罪。例如甲、乙不约而同地意图杀害丙而向丙射击，甲没有命中，乙命中丙的头部致丙死亡。甲负故意杀人罪未遂的责任，乙负故意杀人罪既遂的责任。

同时犯不仅是一个实体法概念，更是一个重要的诉讼法概念。以故意伤害为

[①] 高铭暄、马克昌主编：《刑法学》（第6版），北京大学出版社、高等教育出版社2014年版，第163页。

例,在二人以上存在犯意联络而对被害人进行伤害的场合,即使不能证明伤害结果具体由哪一位行为人造成,也不影响对各共犯人刑事责任的认定,因为根据共同犯罪原理,各共犯人均需对共同犯罪范围之内的危害结果承担责任。但是,在同时犯的场合,二人以上没有意思联络而实施共同伤害,由于不存在共犯关系,各行为人只有在其行为与伤害结果之间存在因果关系时,才需要对伤害结果负责。为此,除非能够分清伤害结果是由谁的行为所造成,否则各行为人均不对伤害结果负责,只承担故意伤害未遂的刑事责任。不仅如此,如果所造成的伤害结果是轻伤,则所有参与同时伤害的行为人都将不被追究刑事责任。[1]

【指导案例】刘正波、刘海平强奸案[2]——**缺乏犯意联络和协同行为的同时犯,不能认定为共同犯罪**

2008年9月20日20时许,被告人刘正波、刘海平及黄登科、"小伢子"等人与被害人刘某甲(女)、刘某乙(女)一起吃完饭后,黄登科提议将刘某甲、刘某乙分别带走发生性关系,刘正波、刘海平等人均表示同意。随后,刘正波、黄登科将刘某甲带至"左岸宾馆"278号房间。刘正波威胁并殴打刘某甲,黄登科用手掐住刘某甲的脖子,并和刘正波一起轮流对刘某甲实施了强奸。刘海平、"小伢子"将刘某乙带至"松坡公园",欲强行与刘某乙发生性关系,刘某乙反抗并在用手机接听一个电话后称已经报警,刘海平与"小伢子"被迫放弃强奸刘某乙的计划。

根据我国《刑法》第25条第1款的规定,共同犯罪必须具备共同犯罪故意与犯罪行为两个条件。其中,共同犯罪故意不仅要求各被告人均有犯罪的故意,而且要求各行为人之间必须存在相互协同实施特定犯罪的意思沟通与犯意联络,否则就只能认定为同时犯,由各自单独承担责任。在本案中,首先,刘海平与刘正波事先并无明确的强奸犯意。当各被告人得知被害人刘某乙、刘某甲是在社会上玩的女人时,被告人等人即认为在社会上玩的女人就可以随便与之发生性关系,基于这种想法,各被告人才提议将被害人分别带出去发生性关系,该合意并非强奸合意。其次,刘海平与刘正波没有就共同实施强奸进行过沟通与犯意联络。刘正波与刘海平系在分别伙同他人将二被害人带出去后,在意图与被害人发生性关系时因遭被害人反抗而产生的强奸犯罪故意,可见,二被告人的强奸犯意是在不同

---

[1] 在这个问题上,为了避免出现归责上的困境,《日本刑法》采取了举证责任倒置的方式,根据该法第207条的规定,二人以上实施暴行伤害他人的,在不能辨别各人暴行所造成的伤害轻重或者不能辨认何人造成了伤害时,即使不是共同实行的,也依照共犯的规定处断。据此,在同时犯场合,只要行为人不能成功举证证明自己的行为与伤害结果之间不存在因果关系,对于伤害结果,就需要承担相应罪责。参见〔日〕山口厚:《刑法各论》,王昭武译,中国人民大学出版社2011年版,第55页。

[2] 参见陈建军、刘静坤:《刘正波、刘海平强奸案——欠缺犯意联络和协同行为的同时犯罪不能认定为共同犯罪》,载最高人民法院刑事审判第一至五庭主办:《刑事审判参考》(总第77集),法律出版社2011年版,第42—50页。

时间、不同地点分别形成的。其次,共同犯罪的成立还要求各行为人在客观上具有协同配合行为。在本案中,刘海平与刘正波分别伙同他人将被害人带走,在不同的时间、空间针对不同的侵害对象采取不同的手段,各自的强奸行为彼此独立、分开进行,不存在互相利用、补充和配合等关系。综上,被告人刘海平与刘正波在主观上没有共同的强奸故意,客观上也没有共同的强奸行为,故不构成共同犯罪,只对自己所实施的犯罪行为承担责任。

四、犯罪故意与犯罪行为不完全相同的,能否成立共同犯罪

(一)裁判规则

1. 共同犯罪是指数人共同实施了行为,而不是共同实施了特定的犯罪。在"行为"方面,不要求共同实施特定的犯罪,只要行为具有共同性就可以成立共同犯罪;在"主观"方面,也不要求各共同犯罪人的犯罪故意内容完全一致,只要就所实施的行为具有意思联络就可以成立共同犯罪。为此,二人以上虽然共同实施了不同的犯罪,但如果这些不同的犯罪之间具有交叉重叠的性质时,就可以在重合的范围内成立共同犯罪。在成立共同犯罪的前提下,存在分别定罪的可能性。对于超出重合范围的行为,应当以其他的罪名来认定。

2. 成立共同犯罪不要求各共同犯罪人分别独自具备某具体犯罪主观要件的全部内容,当存在"主观超过要素"如特定目的的情况下,只要各共同犯罪人的犯意相互连接,共同形成某一具体犯罪的主观要件,即使其中部分参与人不具有特定目的,也可以成为共犯。

3. 各共同犯罪人"各怀鬼胎",出于完全不同的犯罪动机共同实施犯罪。由于犯罪动机并非构成要件要素,故并不影响共同犯罪的成立。

(二)规则适用

我国传统刑法理论坚持强硬的"犯罪共同说",成立共同犯罪必须具备三个条件:①共同犯罪的主体,必须是两个以上达到刑事责任年龄、具有刑事责任能力的人或者单位。②构成共同犯罪必须二人以上具有共同的犯罪行为。所谓共同的犯罪行为,指各行为人的行为都指向同一犯罪,相互联系,互相配合,形成一个统一的犯罪活动整体,各共犯的行为都是共同犯罪行为这一整体的组成部分。在发生危害结果的场合,每个人的行为都与危害结果之间存在因果关系。各行为人所实施的行为,必须是犯罪行为,否则不可能构成共同犯罪。③构成共同犯罪必须二人以上具有共同的犯罪故意。共同的犯罪故意,包含两方面的意思:一是各共同犯罪人均有相同的犯罪故意;二是共同犯罪人之间具有意思联络。[①] 然而,我国

[①] 参见高铭暄、马克昌主编:《刑法学》(第6版),北京大学出版社、高等教育出版社2016年版,第164—166页。

认定共同犯罪的传统方法,存在不区分不法与责任、不区分正犯与狭义的共犯①、不分别考察参与人行为与正犯结果之间的因果性等 3 个特点,这种认定方法导致难以解决诸多复杂案件。例如:15 周岁的甲诚邀 17 周岁的乙为其入户盗窃望风,乙推脱不掉勉强答应为其望风。按照通说,甲未达刑事责任年龄,乙与甲不成立共同犯罪,对乙不能以共犯论处。同样,由于乙并未直接实施将他人财产占为己有的实行行为,其望风行为根本不符合盗窃罪的构成要件,故在单独评价的情况下不能对其以盗窃罪论处。那么,能否认定乙成立盗窃罪的间接正犯呢?很显然,本案不是乙将甲当作盗窃的工具加以利用,反倒是乙被未成年人甲作为工具加以利用。所以,作为间接正犯处理也不妥当。无罪的结论更不能接受,因为假如乙应邀为已满 16 周岁的人望风,无疑成立盗窃罪的帮助犯,现在为未达刑事责任年龄的人望风,社会危害性更大,更应值得处罚。②

传统理论之所以存在上述诸多缺陷,原因在于没有正确理解共同犯罪的立法宗旨。事实上,共同犯罪立法宗旨主要是为了解决二人以上行为(尤其是未实施实行行为的共犯)的结果归属问题,而不是为了解决最终的责任承担问题。其实,在二人以上参与实施的犯罪中,对于直接实施构成要件行为的正犯,由于犯罪结果系其直接造成,即便不考虑其他参与人的行为,也可以很容易地认定其行为是结果发生的原因。但是,对于其他参与人来说,由于其没有直接实施构成要件行为,则需要通过共同犯罪原理来解决其结果归属问题。如果我们能够肯定参与人的行为与结果之间存在物理或者心理的因果性,能够认定成立共同犯罪,即使犯罪结果并非参与人直接造成,或者根本无法查清危害结果究竟系谁所为,仍然可以将结果归属于参与人。

也正因此,"行为共同说"逐渐取代了传统的"犯罪共同说"。根据"行为共同说",共同犯罪系不法形态,其中的"犯罪"是指不法层面上的犯罪,而非传统意义上包括不法与责任两个层面的犯罪。也就是说,共同犯罪是指数人共同实施了刑法上符合构成要件的不法行为,而不是共同实施特定的犯罪。为此,故意内容不同的各行为人,甚至故意行为人与过失行为人(包括意外事件行为人),都可能因为存在共同"行为"的意思而成立违法性意义上的共同犯罪。至于各参与人是否具有责任,则并不属于共同犯罪要解决的问题。具体来说,诸如责任能力、责任年龄、故意内容、违法性认识的可能性、期待可能性等责任要素,均不属于共同犯罪所解决的问题,而属于责任层面的问题,需要个别判断。

采用这种观点,传统刑法理论在实务中所遇到的难题就能够迎刃而解。以故

---

① 传统刑法理论不区分正犯与共犯,整体认定共同犯罪。在得出共同犯罪的结论之后,再考虑各共犯的作用予以量刑。由于一些日常行为也可能成立帮助行为,如果离开了正犯行为,就很难判断这些帮助行为是否属于犯罪行为。如甲将一把刀借给乙,如果不优先考虑乙的行为,就根本无法判断甲的行为是否系犯罪行为。

② 参见张明楷:《共同犯罪的认定方法》,载《法学研究》2014 年第 3 期。

意为例,甲与乙共谋报复丙,后二人共同对丙实施暴力,并致丙死亡。但事后查明,甲具有杀人的故意,而乙仅具有伤害的故意。在这种情况下,只要查明二人共同对丙实施了暴力导致丙死亡,就应认定二人成立共同犯罪,并将死亡结果归属于二人的行为。至于二人的责任(根据各自的故意内容),则需要个别认定。如果二人的故意内容不同,各自就可能成立不同的犯罪。事实上,我国《刑法》第25条规定的"共同犯罪是指二人以上共同故意犯罪",其意是指"二人以上共同实施故意犯罪",强调的是将共同犯罪限定在故意犯罪之内。同样,再以责任能力与法定年龄为例。有责任能力者与无责任能力者,也可以成立共同犯罪。例如,15周岁的甲诚邀17周岁的乙为其入户盗窃望风,乙推脱不掉勉强答应为其望风。在此案件中,首先,由于乙并没有实施犯罪构成要件的实行行为,因此,追究乙的刑事责任必须以成立共同犯罪为前提。而根据行为共同说,甲与乙成立共同犯罪。为此,对乙就可以名正言顺地追究盗窃罪的刑事责任。其次,在对乙具体量刑时,由于甲与乙成立共犯,因此,乙便是盗窃罪的从犯,可以顺理成章地适用刑法总则有关从犯从轻、减轻或者免除处罚的规定,从而做到罚当其罪。

从司法实践来看,当二人以上共同实施犯罪,但是彼此主观故意的内容并不完全一致时,在如下情形中存在重合性质,亦能够在重合范围内成立共同犯罪。

(1)当两个条文之间存在法条竞合的关系时,其条文所规定的犯罪一般存在重合性质。

①因犯罪主体特别而形成的法条竞合。如一般公民甲没有认识到乙是现役军人,二人在战时共同造谣惑众、动摇军心的,在战时造谣扰乱军心罪(《刑法》第378条)的范围内成立共犯;但由于乙是现役军人,对乙应另认定为战时造谣惑众罪(《刑法》第433条)。

②因犯罪对象特别而形成的法条竞合。例如,甲声称自己走私普通货物,要求乙为其提供方便,乙帮助甲予以运输,但实质上甲走私的是文物。由于乙没有认识到甲走私的是文物,故不能认定乙是走私文物罪的共犯。但甲、乙的行为在走私普通货物、物品罪的范围内具有重合的性质,故两人在该罪的范围内成立共同犯罪。由于甲的行为另外触犯了走私文物罪,故对甲应认定为走私文物罪。

③因犯罪目的特别而形成的法条竞合。如甲不具有牟利目的,也不知道乙具有牟利目的,而与乙共同传播淫秽物品,在传播淫秽物品罪的范围内存在共同犯罪,甲成立传播淫秽物品罪;由于乙具有牟利目的,对乙应认定为传播淫秽物品牟利罪。

④因犯罪手段特别而形成的法条竞合。如甲以为乙实施普通诈骗罪而为其提供帮助,事实上乙实施了金融诈骗罪,甲、乙在普通诈骗罪的范围内存在共犯,但对乙应认定为金融诈骗罪。

⑤因危害结果特别而形成的法条竞合。如甲帮助司法工作人员乙刑讯逼供,但乙在刑讯逼供过程中致人重伤,甲、乙在刑讯逼供罪的范围内成立共同犯

罪,但由于乙的行为导致他人伤残,对乙应认定为故意伤害罪。

(2)虽然不存在法条竞合关系,但当两种犯罪所侵犯的法益同类,或者其中一种犯罪所侵犯的法益包含了另一犯罪所侵犯的法益,亦能够在重合范围内成立共同犯罪。

①当两种犯罪所侵犯的法益相同,其中一种犯罪比另一种犯罪更为严重,严重犯罪包含了非严重犯罪的内容,能够在重合范围内成立共同犯罪。比较典型的有:生产、销售假药罪与生产、销售劣药罪,生产、销售不符合卫生标准的食品罪与生产、销售有毒、有害食品罪,故意杀人罪与故意伤害罪,强奸罪与强制猥亵、侮辱妇女罪,绑架罪与非法拘禁罪,抢劫罪与敲诈勒索罪等。

②两种犯罪所侵犯的法益是同类而不完全相同,但其中一种罪所侵犯的法益包含了另一犯罪所侵犯的法益时,也能够在重合范围内成立共同犯罪。例如,放火罪与故意毁坏财物罪所侵犯的法益是同类但不完全相同,甲以为乙将要犯故意毁坏财物罪而实施了帮助行为,事实上甲犯了放火罪,乙与甲在故意毁坏财物罪的范围内成立共同犯罪,但对乙的行为应认定为放火罪。再如,为境外窃取、刺探、收买、非法提供国家秘密、情报罪(《刑法》第111条)与非法获取国家秘密罪(《刑法》第282条)所侵犯的法益是同类但不完全相同,甲不知道乙是为境外的机构、组织、人员非法提供国家秘密而为乙窃取了国家秘密,甲与乙在非法获取国家秘密罪的范围内成立共同犯罪,但对乙的行为应认定为为境外窃取、刺探、收买、非法提供国家秘密罪。

(3)在法定转化犯的情况下,如果数人共同实施了转化前的犯罪行为,而部分人实施了转化行为,但他人不知情的,应就转化前的犯罪成立共同犯罪,如抢劫罪与抢夺罪、抢劫罪与盗窃罪。

【指导案例】蒋晓敏故意杀人案[①]——犯罪故意与行为不完全相同亦能成立共同犯罪

2006年12月14日凌晨0时30分许,被告人董丹维在酒吧喝酒时遇到女同学黄如意。黄如意告知其车钥匙被网友许侃拿走,董丹维即找到许侃欲要回黄如意的车钥匙,因许侃不肯,两人发生争执、推搡,被旁人劝开。此后,董丹维遇见刚到爵色酒吧的网友被告人蒋晓敏及蒋的朋友被告人胡梁,董丹维因自感吃亏,即对蒋晓敏称许侃打了自己,要蒋帮其打回来。蒋晓敏即上前责问并与许侃发生扭打。胡梁也上前帮助扭打,并踢了许侃两脚。其间,蒋晓敏掏出随身携带的尖刀朝许侃的胸腹部连刺3刀,致被害人许侃心脏破裂,急性大失血而死亡。蒋晓敏、胡梁见许侃倒地后随即逃离现场。后董丹维发现许侃倒地也逃离现场。

---

① 参见聂昭伟:《犯罪故意与行为不完全相同亦能成立共同犯罪》,载《人民司法(案例)》2010年第4期。

在本案中，三被告人在犯罪故意上并非完全一致。其中，蒋晓敏持刀朝被害人要害部位连刺3刀，在主观上存在致人死亡的间接故意。董丹维要求蒋晓敏帮其"打回来"，根据社会的一般观念，意思仅要求蒋晓敏去对被害人拳打脚踢。同时，董并不知道蒋随身携带刀子，在蒋持刀刺人时也不在场，其始终缺乏杀人的故意，原审认定其构成故意杀人罪不当。同样，原审认定胡梁构成故意杀人罪亦不妥当。尽管蒋晓敏主观上具有杀人故意，而董丹维、胡梁持伤害故意，但这并不妨碍三人之间成立共同犯罪。那么，三人在什么范围内成立共同犯罪呢？在本案中，三被告人共同殴打被害人，有对被害人实施暴力伤害的共同故意。蒋晓敏的故意杀人行为，与董丹维、胡梁的故意伤害行为具有重合性质，三人在故意伤害的限度内构成共同犯罪。当然，成立共同犯罪并不意味着对所有犯罪人以同一罪名来认定。对于超出重合范围的行为，应当以更重的罪名来认定。据此，二审法院认定，三被告人在故意伤害犯罪范围内成立共同犯罪，被告人董丹维、胡梁构成故意伤害罪，被告人蒋晓敏由于另外还实施了超出故意伤害范围的杀人行为，应认定为故意杀人罪。

【指导案例】焦祥根、焦祥林故意杀人案[①]**——各行为人的犯罪动机不一致不影响共同犯罪的成立**

被告人焦祥根、焦祥林系同胞兄弟，与家人共同经营管理"小岭洞"山场。焦祥林明知焦祥根极力反对村委会将"小岭洞"山场转与他人开发经营，便欲利用焦祥根的心理杀害唐邦明以谋取唐的房产。2008年春节之后，焦祥林多次哄骗焦祥根，称有人要买"小岭洞"山场，焦祥根表示"谁来买山场就干掉谁"，焦祥林默认。2008年4月9日，焦祥林再次对焦祥根提及有人要买山场，焦祥根让焦祥林将要买山场的人带来。2008年4月9日7时许，焦祥林以与唐邦明共同开发"小岭洞"山场为由，约唐邦明下班后看山场。同日16时许，焦祥林告知焦祥根将有一"老板"前来看山场，焦祥根仍表示"谁来买山场就干掉谁"，并携带柴刀到"小岭洞"山场等候。同日17时许，焦祥林带唐邦明来到"小岭洞"山场，遇到在此等候的焦祥根，焦祥林故意与唐邦明谈论买山场之事以让焦祥根听到。焦祥根听见后立即上前辱骂并殴打唐邦明，将唐打倒在地，后骑在唐的背上，向后猛勒唐的领带，致唐机械性窒息死亡。

本案是一起由被告人焦祥林精心策划的故意杀人案件。焦祥林为达到侵占被害人唐邦明房产的目的，以欺骗手段诱使、刺激被告人焦祥根产生杀人犯意，并将被害人骗至现场让焦祥根杀害，焦祥根扮演了焦祥林杀人工具的角色。此案是

---

① 参见闫宏波、翁彤彦：《焦祥根、焦祥林故意杀人案——以欺骗手段诱使他人产生犯意，并创造犯罪条件的，构成共同犯罪》，载最高人民法院刑事审判第一至五庭主办：《刑事审判参考》（总第25辑），法律出版社2011年版，第16—23页。

否属于共同犯罪值得探讨。认定共同犯罪需要各行为人具有共同的犯罪故意和共同的犯罪行为。其中,"共同故意"意味着各行为人都明知共同犯罪行为的性质、危害结果,并且希望或者放任危害结果的发生,且各行为人主观上存在意思联络,都认识到不是自己一个人在实施犯罪,而是同他人一起犯罪。本案从主观方面看,尽管二被告人的杀人动机不同,焦祥根系为了避免被害人承租、占有其家经营的山场而杀人,焦祥林系为了占有被害人的房产而杀人,但二人都具有杀害被害人的犯罪故意。由于各行为人的犯罪动机并非构成要件要素,故并不影响共同犯罪的成立。从二被告人的供述看,二人对"有人买山场怎么办"一事多次进行交流,焦祥根向焦祥林明确表示"谁来就干掉谁",焦祥林不仅未予反对,反而还强化焦祥根的态度,可以说二人对"谁来买山场就杀谁"的决定已形成共同的意思联络。特别是在焦祥林告诉焦祥根"有个老板要来买山场"后,焦祥根让焦祥林把此人带上山来看看,焦祥林立即答应,在这种情况下,二被告人显然已经形成共同杀人的故意。从客观方面看,焦祥林虽然没有直接动手实施杀人行为,但是其在诱使、刺激焦祥根形成故意杀人犯意后,将被害人唐邦明骗至山场,并故意与唐邦明谈论购买山场之事,使唐成为焦祥根杀害的特定对象,客观上为焦祥根杀害唐邦明创造了条件,是一种教唆且重要的帮助行为。因此,可以认定二被告人相互配合,共同实施了故意杀人行为,构成共同犯罪。

五、有责任能力者与无责任能力者能否成立共同犯罪

(一) 裁判规则

《刑法》第 25 条第 1 款"共同犯罪是指二人以上共同故意犯罪"中的"二人",无需都达到刑事责任年龄、具有刑事责任能力,只要是两个以上"人",均能够在违法性意义上成立共犯;至于是否达到刑事责任年龄、具有刑事责任能力、存在违法性认识的可能性、具备期待可能性等,则是在成立共同犯罪之后在有责性阶段进行个别判断的问题。为此,有责任能力者与无责任能力者可以成立共同犯罪。

(二) 规则适用

《刑法》第 29 条第 1 款规定,"教唆不满十八周岁的人犯罪的,应当从重处罚"。由于教唆犯属于共同犯罪中的一种共犯类型,当被教唆者因为年龄问题不具有刑事责任能力时,其与教唆者能否成立共同犯罪,并适用上述条款对教唆犯从重处罚呢?这就涉及对《刑法》第 25 条第 1 款对共同犯罪规定的理解问题。《刑法》第 25 条第 1 款规定:"共同犯罪是指二人以上共同故意犯罪。"对于该规定中的"二人",传统刑法理论认为,必须是达到刑事责任年龄、具有刑事责任能力的人。按照上述理解,对于司法实践中很多情形无法得到妥善处理。以"邀约成年

人望风案"为例①:15周岁的甲诚邀17周岁的乙为其入户盗窃望风,乙推脱不掉勉强答应为其望风。按照通说,因为甲未达刑事责任年龄,乙与甲不成立共同犯罪,结果要么宣告乙无罪(因为欠缺盗窃罪的实行行为),要么认为乙成立盗窃罪的间接正犯。很显然,本案不是乙将甲当作盗窃的工具加以利用,反倒是乙被甲作为工具加以利用。所以,作为间接正犯处理也不妥当。无罪的结论更不能接受,因为假如乙应邀为已满16周岁的人望风,无疑成立盗窃罪的帮助犯,现在为未达刑事责任年龄的人望风,社会危害性更大,更应值得处罚。

笔者认为,这里的"犯罪"并非规范意义上的,即并非是指被教唆者的行为一定要符合犯罪构成四要件从而构成犯罪,而是自然意义上的行为。关于这一点,2002年7月24日全国人民代表大会常务委员会法制工作委员会在《关于已满十四周岁不满十六周岁的人承担刑事责任范围问题的答复意见》中指出,"刑法第十七条第二款规定的八种犯罪,是指具体犯罪行为而不是具体罪名"。可见,共同故意"犯罪"并非违法且有责性意义上的犯罪,而是仅指违法性意义上的犯罪,即只要符合构成要件且违法即可,最终是否作为犯罪处罚,还需要在有责性阶段进行个别认定。据此,"邀约成年人望风案"中的问题迎刃而解,即乙与甲在违法性意义上成立共犯,进而认定乙成立盗窃共同犯罪的从犯,甲则因未达刑事责任年龄而宣告无罪。同样,《刑法》第29条第1款所规定的"教唆不满十八周岁的人犯罪的,应当从重处罚",既包括被教唆者达到刑事责任年龄的人,也包括被教唆者未达到刑事责任年龄的情形。也就是说,只要被教唆者不满18周岁,对于教唆犯均应当适用《刑法》第29条第1款的规定从重处罚。

当然,需要指出的是,尽管被教唆者可以是不满14周岁的未成年人,但也必须是具有一定规范意识的人。以"唆使未成年人盗窃案"为例:母亲甲唆使15周岁的儿子乙出去盗窃以贴补家用。尽管按照通说,甲与乙不成立共同犯罪,甲成立盗窃罪的间接正犯。②但现在刑法理论一般认为,利用具有独立意思决定能力的未成年人实施犯罪,只要对未成年人不存在胁迫的情形,利用者通常应被评价为教唆犯而不是间接正犯。③本案中,15周岁的儿子应该具有辨别盗窃行为性质的能力,因此将甲的行为评价为教唆犯可能更为妥当。④而且,我国《刑法》第29条第1款明文规定,"教唆不满十八周岁的人犯罪的,应当从重处罚",将利用未成年人犯罪的行为评价为教唆犯也比间接正犯处罚重。反之,如果是教唆幼儿或者精神病患者这样完全缺乏规范意识的人犯罪,则应当认定为间接正犯。

---

① 参见陈洪兵:《"二人以上共同故意犯罪"的再解释——全面检讨关于共同犯罪成立条件之通说》,载《当代法学》2015年第4期。
② 参见王作富主编:《刑法》(第五版),中国人民大学出版社2011年版,第123页。
③ 参见〔日〕前田雅英:《刑法总论讲义》(第5版),东京大学出版会2011年版,第470—472页。
④ 参见何庆仁:《共犯判断的阶层属性》,载《中国刑事法杂志》2012年第7期。

【指导案例】胡金秀盗窃案①——教唆未成年人犯罪能否成立共同犯罪

2012年4月9日上午，被告人胡金秀伙同他人经事先预谋窜至浙江省临安市锦城街道六园街81号广场农贸综合市场10—12号摊位前，由被告人胡金秀伙同他人以买菜为名吸引被害人陈宏的注意，教唆未成年人进入摊位内窃得被害人陈宏放在摊位内桌子上的女士拎包1只，内有现金人民币1 100元和价值人民币13 405元重34.7克的24K黄金项链1条。案发后，被告人胡金秀伙同他人逃至农贸市场门口时，被被害人陈宏抓获并将财物追回。

浙江省临安市人民法院经审理认为，被告人胡金秀以非法占有为目的，伙同他人教唆未成年人秘密窃取他人财物，其行为已构成盗窃罪。公诉机关指控的罪名成立。本案系共同犯罪。据此，以盗窃罪判处被告人胡金秀有期徒刑8个月，并处罚金人民币1 000元。

【指导案例】李尧强奸案②——与未满刑事责任年龄的人轮流奸淫同一幼女的是否成立轮奸

2000年7月某日中午，被告人李尧伙同未成年人申某某（1986年11月9日出生，时年13周岁）将幼女王某（1992年5月21日出生）领到黑龙江省哈尔滨市香坊区幸福乡东柞村村民张松岭家的玉米地，先后对王某实施轮流奸淫。2000年11月2日，因被害人亲属报案，李尧被抓获。

在本案审理过程中，针对与未满刑事责任年龄的人轮流奸淫同一幼女的是否成立轮奸问题，存在两种观点：一种意见认为，李尧的行为不属于"轮奸"。理由是，轮奸属于共同犯罪中共同实行犯，既然是共同犯罪，就必须要求两个以上犯罪主体基于共同犯罪故意实施了共同犯罪行为这一要件。由于本案另一行为人不满14周岁被排除在犯罪之外，故不能将本案认定为共同犯罪，因而也就不能认定为轮奸（简称"轮奸共同犯罪说"）。另一种意见认为，李尧的行为属于"轮奸"。理由是，认定轮奸，只要看行为人具有伙同他人在同一段时间内，对同一妇女或幼女，先后连续、轮流地实施了奸淫行为即可，并不要求各行为人之间必须构成强奸共同犯罪。换言之，认定是否属于"轮奸"，不应以二人以上的行为是否构成共同强奸犯罪为必要，而只看是否具有共同的奸淫行为（简称"轮奸共同行为说"）。法院经审理后采纳了第二种意见，认为虽然另一参与轮奸人申某某，因不满14周岁而被排除在犯罪主体之外，二人之间不构成强奸共同犯罪（共同实行犯）。但对被

---

① 案例来源：浙江省临安市人民法院刑事判决书（2013）杭临刑初字第299号。
② 参见张杰：《李尧强奸案——与未满刑事责任年龄的人轮流奸淫同一幼女的是否成立轮奸》，载最高人民法院刑事审判第一庭、第二庭编《刑事审判参考》（总第36集），法律出版社2004年版，第27—31页。

告人李尧而言,其具有伙同他人在同一时间段内,对同一妇女,先后连续、轮流实施奸淫行为的认识和共同行为,因此,仍应认定其具备了轮奸这一事实情节。换一角度说,申某对王某实施奸淫行为时虽不满14周岁,依法不负刑事责任,但不能因此否认其奸淫行为的存在。相反,被告人李尧与申某对同一幼女轮流实施了奸淫行为,却是客观存在的事实。因此,即使申某不负刑事责任,亦应认定另一被告人的行为构成强奸罪,且属于"轮奸"。

六、事前明知但无通谋,事后包庇、掩饰、隐瞒的,能否以共犯论处

(一)裁判规则

1. 事前与本犯通谋,事后为本犯实施包庇、掩饰、隐瞒行为的,即使未参与实施正犯行为,由于与正犯行为、结果之间具有心理的因果性,仍然应当与本犯构成共同犯罪。

2. 事先通谋是指行为人与实施上游犯罪的本犯有共同的犯罪故意,事前与本犯共同商议,制定犯罪计划以及进行犯罪分工等活动。事先通谋要求本犯与下游包庇、窝藏、掩饰者之间存在一种双向沟通,下游罪犯明知他人将实施上游犯罪事实,但事先并未与他人针对同一犯罪进行犯意交流,犯罪策划、分工等合谋行为,即使事后针对上游犯罪实施了包庇、掩饰、隐瞒等行为,也不能认定为与本犯有通谋,而只能以各自的犯罪来认定。

(二)规则适用

对于仅参与共谋而没有着手犯罪实行行为的,或者实施的是其他的犯罪实行行为,应该如何定罪处罚?对此,我国刑法及相关司法解释有着明确规定。比如,《刑法》第310条第3款规定:"犯前款罪,事前通谋的,以共同犯罪论处。"而《刑法》第156条①和第349条②等也有类似规定。虽然《刑法》第312条没有这样的规定,但是最高人民检察院1995年2月13日颁布的《关于事先与犯罪分子有通谋,事后对赃物予以窝藏或者代为销售或者收买的,应如何适用法律的问题的批复》规定:"与盗窃、诈骗、抢劫、抢夺、贪污、敲诈勒索等其他犯罪分子事前通谋,事后对犯罪分子所得赃物予以窝藏、代为销售或者收买的,应按犯罪共犯追究刑事责任。事前未通谋,事后明知是犯罪赃物而予以窝藏、代为销售或者收买的,应按窝赃、销赃罪追究刑事责任。"此外,2015年5月最高人民法院《关于审理掩饰、隐瞒犯罪所得、犯罪所得收益刑事案件适用法律若干问题的解释》(以下简称《解释》)第5条规定:"事前与盗窃、抢劫、诈骗、抢夺等犯罪分子通谋,掩饰、隐瞒犯罪所得及其产生的收益的,以盗窃、抢劫、诈骗、抢夺等犯罪的共犯论处。"这就基本

---

① 《刑法》第156条规定:与走私罪犯通谋,为其提供贷款、资金、帐号、发票、证明,或者为其提供运输、保管、邮寄或者其他方便的,以走私罪的共犯论处。

② 《刑法》第349条规定:犯前两款罪,事先通谋的,以走私、贩卖、运输、制造毒品罪的共犯论处。

上确立了"事前通谋"在盗窃、诈骗、抢劫、抢夺、贪污、敲诈勒索等共同犯罪成立中的规范意义。

所谓"通谋",通常是用来描述共同犯罪中共犯具备共同犯意的一个专用术语,旨在揭示共犯之间具有共同的主观故意。针对"通谋"这一规范要素的含义,陈兴良教授指出:"二人以上通过交流犯罪思想而形成共同犯罪故意,这种思想已经发生在人与人之间的社会关系中,而不仅仅是思想的范畴。在二人以上犯罪思想交流的基础上,往往对犯罪进行谋划、商议,决定共同实施犯罪,就是刑法上的共谋。"①基于刑法用语本身具备一定的统一性与规范性,故对"通谋"一词的应然性含义还可以从其他解释中窥得一二。我国《刑法》第156条规定:"与走私罪犯通谋……以走私罪的共犯论处。"对此处"通谋"的理解,全国人大常委会法制工作委员会刑法室进行了较为具体的解释:"通谋是指行为人与走私罪犯有共同的走私犯罪故意,事前与走私罪犯共同商议,制定走私计划以及进行走私分工等活动。"②据此,笔者认为,刑法上的"通谋"不同于单向的"明知",一方明知他人将实施上游犯罪事实,但事先并未与他人针对同一犯罪进行犯意交流、犯罪策划、分工等的合谋行为,即使事后针对上游犯罪实施了包庇、掩饰、隐瞒等行为,也不能认定为与本犯有通谋,而只能以各自的犯罪来认定。

【指导案例】被告人冉国成、冉儒超、冉鸿雁故意杀人、包庇案③——如何理解和认定事前通谋的共同犯罪

2001年4月10日,被告人冉国成与本乡杨家村村民何玉均因赌博纠纷发生斗殴,冉被何打伤,遂对何怀恨在心,伺机报复。案发前,冉国成曾先后3次对其胞兄冉儒超流露"要搞(指报复)何玉均",但冉儒超对此一直未置可否。2002年9月11日23时许,冉国成突然接到单位执行任务,其突发当晚杀死何玉均的念头。于是便从家中携带一把砍刀,并邀约冉儒超、冉鸿雁陪同执行查处任务。冉儒超看见冉国成携带砍刀后,问为何带刀,冉国成含糊搪塞。执行完任务后,冉国成借故离开,潜入在附近居住的被害人何玉均的卧室,持随身携带的砍刀向熟睡中的何玉均猛砍20余刀,致其当场死亡。与此同时,金洞乡政府干部罗军、冉儒超、冉鸿雁在附近寻找冉国成。三人听见从何玉均住房内传出砍杀声,冉儒超当即意识到可能是冉国成在砍杀何玉均,遂叫冉鸿雁和罗军赶紧过去看一下。二人赶到现场时,发现冉国成已将何玉均杀死,后冉儒超帮助冉国成将作案用刀具予以藏

---

① 陈兴良:《共同犯罪论》,中国人民大学出版社2006年版,第74页。
② 全国人大常委会法制工作委员会刑法室:《中国刑法修订的背景与适用》,法律出版社1998年版,第172页。
③ 参见于天敏、王飞:《冉国成、冉儒超、冉鸿雁故意杀人、包庇案——如何理解和认定事前通谋的共同犯罪》,载最高人民法院刑事审判第一庭、第二庭编:《刑事审判参考》(总第33辑),法律出版社2003年版,第26—33页。

匿,决定由自己为其顶罪,并和冉国成订立攻守同盟后外逃。

在本案中,被告人冉儒超事前明知被告人冉国成将报复被害人,事后又对冉国成进行包庇,其是否构成故意杀人的共犯,关键在于如何理解《刑法》第310条第2款规定的"事前通谋"。在共同犯罪中,共犯之间的意思联络是必不可少的,而且这种意思联络是双向的,各行为人不但认识到自己在犯罪,而且认识到其他共犯也在与其一起实施犯罪。如果行为人仅仅认识到自己在实施犯罪,没有认识到其他人在配合其实施该犯罪,那么二者之间就因缺乏意思联络而未形成共同的犯罪故意。从本案的事实来看,冉国成向冉儒超流露其将报复被害人的念头,但冉儒超对此未置可否,故本案只是冉国成对冉儒超单向的犯意流露,没有冉儒超予以支持的犯意回应。案发当晚,尽管冉儒超曾看到冉国成随身携带有砍刀,但当冉儒超问其为何带刀时,冉国成却对其敷衍搪塞,故冉儒超并不知道冉国成带刀的真实意图,同样与冉国成之间没有形成共同杀人的意思联络。至于冉国成在实施杀人犯罪之时,虽然冉儒超已经意识到冉国成在犯罪,但是其本人只是叫冉鸿雁和罗军"去看一下",并未参与冉国成的杀人犯罪活动,故两者之间也不存在事中通谋。因此,冉儒超与冉国成之间既无事前通谋,也无事中通谋,两者之间没有形成共同报复杀人的犯罪故意,冉儒超不构成故意杀人的共犯,对其应当以包庇罪论处。

七、对明显超过共同犯罪故意内容的过限行为如何处理

(一)裁判规则

1. 在共同正犯的情形中,判定是否实行过限的关键要看其他实行犯是否知情。如果知情,一般不认定实行过限,除非其有明确有效的制止行为;如果不知情,则由实行者本人对过限行为承担责任。

2. 在教唆犯场合,主要看教唆的内容是否明确。如果明确,以教唆内容为标准判断实行犯是否过限;如果不明确,一般不认定实行行为过限,除非实行行为明显超出教唆内容的范围。是否"明显超出教唆意图",需要根据个案中的教唆语言、提供的工具等来进行具体判断。

(二)规则适用

所谓"实行过限",又称"共犯过剩",是指在共同犯罪中,部分正犯实施的行为与结果超出其他正犯、教唆犯、帮助犯的故意内容的情形。与其他共犯问题一样,实行过限的核心问题也在于确定各个共犯的归责范围。笔者认为,共同犯罪中有共同实行犯罪、教唆犯罪、帮助犯罪等几种情形,每种情形的实行过限都有不同的判定原则。

1. 教唆犯中的实行过限认定。教唆犯是犯意的发起者,没有教唆犯的教唆,就不会有该犯罪行为的发生,特别是使用威胁、强迫、命令等方法的教唆犯,因此,教唆犯在共同犯罪中往往起主要作用。在教唆犯罪的情形下,判定实行行为

过限的基本原则是看被教唆人的行为是否超出了教唆的范围。对于教唆故意范围的认定,主要看教唆者的教唆内容是否明确,即教唆犯对被教唆人的实行行为有无明确要求;或正面明确要求用什么犯罪手段达到什么犯罪后果,如明确要求用棍棒打断被害人的一条腿;或从反面明确禁止实行犯采用什么手段,不得达到什么犯罪结果等,如在伤害中不得使用刀具、不得击打被害人头部,不得将被害人打死等。在教唆内容较为确定的情况下,认定被教唆人的行为是否属于实行过限较为容易,但如果教唆犯的教唆内容较为概括,由于教唆内容并不明确,确定被教唆人的行为是否实行过限就较为困难。尤其是在一些教唆伤害的案件中,教唆者出于教唆伤害他人的故意往往使用诸如"收拾一顿""整他一顿""弄他""摆平他""教训"等内涵外延较为模糊的言语,在不同的语言环境中,不同阅历背景的人理解起来往往是有分歧的。对于这种盖然性教唆,实际的危害结果取决于实行行为的具体实施状况,轻伤、重伤甚至死亡的危害结果都可能发生,但无论哪一种结果的出现都是由教唆犯的授意所引起,均可涵盖在教唆犯的犯意中。因此,在这种情况下,由于教唆犯的盖然性教唆而使被教唆人产生了犯意,实施了教唆故意涵括内的犯罪行为,一般情况下不应认定实行行为过限,除非实行行为显而易见地超出教唆内容。

2. 实行犯中的实行过限认定。在共同实行犯罪的情形下,判定实行行为过限的基本原则,是看其他实行犯对个别实行犯所谓的"过限行为"是否知情。如果共同实行犯罪人中有人实施了原来共同预谋以外的犯罪,其他共同实行犯根本不知情,则判定预谋外的犯罪行为系实行过限行为,由实行者本人对其过限行为和后果承担责任;如果其他实行犯知情,除非其有明确、有效的制止行为,则一般认为实行犯之间在实施犯罪当场临时达成了犯意沟通,其他人对实行者的行为予以了默认或支持,个别犯罪人的行为不属于实行过限,其行为造成的危害结果由各实行犯共同承担责任。

【指导案例】王兴佰、韩涛、王永央故意伤害案[①]——**不属于实行过限的行为应担共同犯罪刑事责任**

2003年,被告人王兴佰与逄孝先各自承包了本村沙地售沙。王兴佰因逄孝先卖沙价格较低影响自己沙地的经营,即预谋找人教训逄孝先。2003年10月8日16时许,王兴佰得知逄孝先与妻子在地里干活,即纠集了韩涛(案发时16周岁)、王永央及崔某、肖某、冯某等人。在地头树林内,王兴佰将准备好的4根铁管分给王永央等人,并指认了逄孝先。韩涛、王永央与崔某、肖某、冯某等人即冲入田地殴打逄孝先。其间,韩涛掏出随身携带的尖刀捅刺逄孝先腿部数刀,致其双下肢

---

① 参见牛传勇:《王兴佰、韩涛、王永央故意伤害案——共同故意伤害犯罪中如何判定实行过限行为》,载最高人民法院刑一、二、三、四、五庭主编:《刑事审判参考》(总第52集),法律出版社2007年版,第5—10页。

多处锐器创伤致失血性休克死亡。王永央看到韩涛捅刺被害人并未制止,后与韩涛等人一起逃离现场。

在本案中,被告人王兴佰预谋找人"教训"一下被害人,至于怎么教训、教训到什么程度,既没有特别明确的正面要求,也没有明确禁止实行犯用什么手段、禁止达到什么程度的反面要求,故王兴佰的教唆内容属于盖然性的教唆。在这种情形下,由于王兴佰向实行犯韩涛、王永央等提供了具有一定杀伤力的铁管,尽管被害人最终系被韩涛用自己所持的尖刀捅刺致死,且被害人的死亡在一定程度上也确实超乎王兴佰等人意料,但仍不能认定韩涛的这种行为属于过限行为。同样,对于共同实行犯王永央而言,虽然韩涛持刀捅刺被害人系韩涛个人的临时起意,但是王永央看到了这一行为并未予以及时和有效的制止,所以,对于王永央而言,也不能判定韩涛的行为属于实行过限。综上,韩涛持刀捅刺被害人的行为,对于教唆者王兴佰及共同实施者王永央来说,均不属于实行过限,故二人均应对被害人的死亡结果承担责任。

【指导案例】陈卫国、余建华故意杀人案①——对明显超出教唆故意的过限行为如何处理

案发前,被告人余建华在浙江省温州市瓯海区娄桥镇娄南街某鞋业有限公司务工。2005年9月29日晚,余建华因怀疑同宿舍工友王东义窃取其洗涤用品而与王发生纠纷,遂打电话给亦在温州市务工的被告人陈卫国,要陈前来"教训"王。次日晚上8时许,陈卫国携带尖刀伙同同乡吕裕双(另案处理)来到某鞋业有限公司门口与余建华会合,此时王东义与被害人胡恒旺及武沛刚正从门口经过,经余建华指认,陈卫国即上前责问并殴打胡恒旺,余建华、吕裕双也上前分别与武沛刚、王东义对打。其间,陈卫国持尖刀朝胡恒旺的胸部、大腿等处连刺三刀,致被害人胡恒旺左肺破裂,急性失血性休克死亡。

在本案中,对被告人陈卫国认定为故意杀人罪没有问题,关键是对余建华能否以该罪的共犯来认定。余建华在本案中属于教唆犯,但是其教唆的内容并不明确,只是让人去"教训"一下与其有纠纷的同事。在教训的内容上,既无正面的将被害人打成什么程度的要求,也无反面的禁止和限制,事先并未明确不得将被害人打成什么样子。对于这种概括性教唆情形,由于无论哪种结果的出现均能涵盖在教唆犯意内,故一般情况下不认定实行过限。当然,如果具体案件中能够认定明显超出教唆范围的,仍然可以认定为实行过限。具体到本案中,从起因上看,余

---

① 参见干金耀:《陈卫国、余建华故意杀人案——对明显超出共同犯罪故意内容的过限行为应如何确定罪责》,载最高人民法院刑一、二、三、四、五庭主编:《刑事审判参考》(总第52辑),法律出版社2007年版,第1—4页。

建华仅要求陈卫国前去"教训"与其有纠纷的被害人,该纠纷仅仅是一般日常生活当中的纠纷,而且发生在同事之间,并非是深仇大恨,故"教训"的范围应当限于伤害而不包括杀人结果;其次,余建华没有让陈卫国带凶器,也不知道陈携带了杀伤性很强的刀具,而且也没有意识到陈卫国一上来就直接持刀捅刺。为此,虽然余建华与陈卫国的共同犯罪故意是概括的故意,但这一概括的故意是有限度的,并不包括杀人的故意。而且,在犯罪行为实施阶段,这一故意内容也没有明显转化,故对余建华应当以故意伤害罪论处,而不能认定为故意杀人犯罪的共犯。

【指导案例】吴学友故意伤害案①——被雇佣人实施的行为未达到犯罪程度又超出授意的范围,对雇佣人应如何定罪处罚

2001年元月上旬,被告人吴学友应朋友李洪良(另案处理)的要求,雇请无业青年胡围围、方彬(均未满18周岁)欲重伤李汉德,并带领胡围围、方彬指认李汉德并告之李汉德回家的必经路线。当月12日晚,胡围围、方彬等人携带钢管在李汉德回家的路上守候。晚10时许,李汉德骑自行车路过,胡、方等人即持凶器上前殴打李汉德,把李汉德连人带车打翻在路边田地里,并从李身上劫走人民币580元。事后,吴学友给付胡围围等人"酬金"人民币600元。经法医鉴定,李汉德的伤情为轻微伤甲级。

在本案中,被告人吴学友教唆雇佣未成年人重伤他人,但是被雇佣人所实施的伤害行为未达到犯罪程度,反而是实施了之外的抢劫行为,此时对教唆人应如何追究刑事责任?这里实际上涉及两个问题:一是实行过限问题;二是教唆重伤但被教唆人仅轻伤他人的定性问题。

关于第一个问题,在被雇佣者实行了犯罪的情况下,如果被雇佣人又另行实施了他种犯罪,就属于"过限行为",应由被雇佣人个人负责,对雇佣人只能按其所雇佣的犯罪来认定。被告人吴学友只是雇佣胡围围等人故意伤害,而胡围围等人在实施伤害行为时又另行对同一对象实施了抢劫行为,超出了吴学友雇佣的范围,应由胡围围等人自行负责。

关于第二个问题,被告人吴学友教唆的内容是重伤,而被害人实际上遭受的是轻微伤,由于轻微伤并未达到故意伤害罪所要求的伤害程度,那么,能否从共犯从属性原理出发,以胡围围等人实施的伤害行为本身不构成犯罪为由,得出吴学友也不构成犯罪的结论?对此,笔者认为,教唆犯不仅具有从属性,也具有独立性。从刑法的规定来看,成立教唆犯只须具备两个要件,即在教唆他人实行犯罪的故意支配下,实施了能够引起他人实行犯罪意图的教唆行为。至于被教唆者是

---

① 参见张岚:《吴学友故意伤害案——被雇佣人实施的行为未达到犯罪程度又超出授意的范围,对雇佣人应如何定罪处罚》,载最高人民法院刑事审判第一庭、第二庭编:《刑事审判参考》(总第28集),法律出版社2003年版,第25—26页。

否接受了教唆,并进而实施了被教唆之罪,并不影响教唆者成立犯罪。对此,《刑法》第 29 条第 2 款规定:"如果被教唆的人没有犯被教唆的罪,对于教唆犯,可以从轻或者减轻处罚。"为此,对教唆未遂的教唆犯一般都需要定罪处罚(刑法未规定可以免除处罚),尤其是对那些教唆他人实施重罪或者教唆未成年人犯罪的更应如此。就本案被告人吴学友的雇佣犯罪行为而言,从其雇佣对象(未成年人)、雇佣意图和要求(重伤他人)等方面来看,不属于《刑法》第 13 条当中的"情节显著轻微危害不大"的情形,故应单独以故意伤害罪(未遂)追究其相应的刑事责任。

本案存在的另一个问题是,被告人吴学友教唆的内容是重伤,而被害人实际上遭受的是轻微伤,对吴学友能否适用重伤未遂的法定刑?笔者认为,由于故意伤害致人重伤并不要求行为人必须对重伤结果具有故意,出于过失也可以构成。而过失犯罪系以结果论,因此,行为人基于伤害的故意实施伤害行为时,致人重伤的,构成故意伤害致人重伤;致人轻伤的,成立故意伤害致人轻伤。由于本案并未发生致人重伤的结果,故对作为教唆犯的吴学友适用轻伤未遂的法定刑即可。

八、共同犯罪中教唆犯、帮助犯脱离共犯关系如何认定

(一) 裁判规则

1. 教唆者在引起他人犯意之后,在被教唆者着手实施犯罪之前,只有说服被教唆者放弃犯意,才能从共犯关系中脱离出来。如果虽然极力劝说被教唆者,但后者执意不放弃犯意,并造成侵害法益结果的,教唆者仍应承担既遂犯的责任。

2. 在正犯着手之前,帮助犯只有消除了对正犯的因果影响力,才可以脱离共犯关系①;在正犯着手之后,如果消除了其对正犯既遂结果的因果影响力,对正犯的既遂结果仅承担未遂或中止的责任。②

(二) 规则适用

虽然共犯的因果关系相对于单独犯而言有所扩张,在认定标准上有所降低,但仍然要求与法益侵害结果(包括危险)之间存在因果关系,否则违反个人责任原则。与单独犯一样,在共犯脱离问题上,同样应坚持行为与结果的因果性是共犯承担刑事责任的根据。责任主义要求每个人只对自己的行为及其引起的结果负责,而且共同犯罪并非民法上的连带责任,因此,共犯人只要切断了自己的行为与随后的未遂结果(着手之前的脱离)或既遂结果之间的因果关系,就不能要求

---

① 例如,帮助犯将作案工具提供给正犯之后,在正犯着手之前取回的;或者虽曾答应为正犯望风,但在正犯着手之前明确告知不再为其望风的,就可以从共犯关系中脱离出来。

② 例如,在正犯犯罪过程中,答应望风的帮助犯电话告知正犯,不再实施望风行为,正犯仍然继续实施犯罪并致既遂的,帮助犯仅仅承担中止的责任;反之,如果帮助犯在正犯犯罪过程中,偷偷溜走不再望风,由于正犯以为帮助犯一直在为其提供望风,即使帮助犯已经离开,正犯仍然能够安心实施犯罪,帮助犯对正犯的心理因果关系并未中断,故并未脱离共犯关系,应当对正犯的既遂结果承担责任。

脱离者对脱离后的完全由他人行为所引起的未遂或者既遂结果负责,这就是所谓"因果关系切断说"①。由于共同犯罪系一个整体,共犯行为一经实施,针对危害结果的发生不仅具有物理上的原因力,而且还存在心理上的原因力,故共犯关系的脱离必须消除上述两种原因力。而共犯一旦脱离成功,就只承担中止犯、预备犯、未遂犯的刑事责任,不再承担既遂的责任。其中,如果脱离者在正犯着手之前脱离的,仅对预备行为负责;如果在正犯着手之后结果发生之前脱离的,仅在未遂的限度内承担共犯的责任。

1. 教唆犯的脱离。教唆行为与正犯的行为结果之间主要表现为一种心理上的原因力,因此,教唆犯引起他人的犯罪意图之后,只有消除了教唆行为所产生的心理原因力,才能成立教唆犯的脱离。所谓消除教唆行为产生的心理原因力,是指教唆者使被教唆者放弃犯意。如果教唆者虽努力劝说被教唆者,但是被教唆者执意不放弃犯意,造成了法益侵害结果的,教唆者仍然应当承担既遂犯的责任。当然,对教唆者撤回教唆的中止行为可以作为酌定量刑情节予以考虑。

2. 帮助行为与正犯所实施的行为、结果之间既存在物理上的原因力,也存在心理上的原因力。故帮助犯只有消除了物理上和心理上的原因力,才能成立帮助犯的脱离。例如,将凶器提供给正犯后,在正犯着手实施构成要件行为之前,将凶器予以取回的;或者答应按时望风的人,在正犯着手之前告知正犯自己不再实施望风行为,就属于共犯关系的脱离。在这种情况下,正犯仍然着手实施犯罪的,帮助者不承担既遂的责任。需要注意的是,撤销物理上的原因力容易理解,但是撤销心理上的原因力容易被人忽视。例如,甲入户盗窃,纠集乙为其望风,但是在甲入户后,乙悄悄地溜走了,甲不知情,仍然继续盗窃后既遂。该案中,尽管乙撤销了物理上的原因力,但是由于甲一直以为乙在为自己的盗窃望风,所以即使乙离开了望风现场,其行为依然使得甲能够安心盗窃,因而与甲的盗窃结果之间具有心理上的原因力,故乙并未脱离共犯关系,仍然应当对盗窃既遂承担责任。

【指导案例】郭艺彬、郑艺贤等故意伤害案②——教唆犯撤回教唆行为的定性与量刑

2009年5月14日凌晨4时许,被告人郭艺彬在与被告人郑艺贤等人在吃烧烤喝酒时,发现之前与其有过节的王光艺及被害人陈某某(殁年16岁)等人也在,遂向郑艺贤提议给对方一点教训。郑艺贤先打电话纠集被告人陈富裕、林文宜(另案处理)携带砍刀赶到现场。郭艺彬听到郑艺贤打电话叫人带刀过来,即竭力进行劝阻。尔后,陈富裕、林文宜携带砍刀先后赶到现场。郑艺贤、陈富裕各取一把砍刀欲冲向被害人陈某某,郭艺彬上前拉住郑艺贤进行阻止,郑艺贤打了郭

---

① 姚万勤:《日本刑法中脱离共同正犯关系研究及其启示》,载《政治与法律》2014年第11期;马荣春:《论共犯脱离》,载《国家检察官学院学报》2014年第4期。

② 参见王福元、陈鸣:《教唆犯撤回教唆行为的定性与量刑》,载《人民司法·案例》2012年第18期。

艺彬之后,与陈富裕各持一把砍刀继续冲上前去,并持刀朝被害人陈某某的腿部、肩部、背部等部位猛砍十多刀,后逃离现场。被害人陈某某受伤后被送医院抢救无效,于当日16时许死亡。经法医鉴定,被害人陈某某系全身多处被锐器砍伤致创伤性失血性休克而死亡。

  在本案中,在被告人郑艺贤叫人拿刀过来时,以及在实施故意伤害行为过程中,被告人郭艺彬大喊"不要了",拉扯郑艺贤的衣服、手臂进行劝阻,属于自动放弃犯罪或防止犯罪结果发生的行为,明显地表达出了对其之前教唆犯意的撤回意思,但是由于其所教唆的郑艺贤等人已经开始着手实施故意伤害行为,故不可能完全脱离教唆犯关系,仍然需要对他人的行为及结果承担责任。那么,在这种情况下能否成立犯罪中止呢?对此,仍然需要从犯罪中止的有效性来进行考察。即使教唆犯本人中止,撤回了教唆意思,如果被教唆人执意不放弃犯意,并造成了法益侵害结果的,对教唆者仍应采取"部分实行、全部责任"和"部分既遂、全体既遂"的原则,由教唆者承担既遂犯的责任。当然,对于这部分共犯的处罚,因教唆者实施了中止行为,表明其主观恶性和人身危险性减小,应当将其作为一个重要的酌定量刑情节来考虑。被告人郭艺彬在教唆被告人郑艺贤实施犯罪之后,有明显的阻止郑艺贤等人实施故意伤害的行为,为避免伤害后果进行了认真、积极的努力,虽然最后没有能够成功阻止犯罪后果的发生,但是仍然可以比照未遂犯来进行处罚。本案各被告人故意伤害致人死亡,依法应当在10年以上有期徒刑、无期徒刑、死刑范围内量刑,法院对郭艺彬判处10年有期徒刑体现了从轻处罚。

第十章　死　刑

一、《刑法》第 48 条"罪行极其严重"如何理解与认定

(一) 裁判规则

"罪行极其严重"主要包括两个方面:1. 犯罪行为的性质极其严重,犯罪手段、后果等情节极其严重;2. 行为人的主观恶性和人身危险性极大。

(二) 规则适用

《刑法》第 48 条第 1 款的"罪行极其严重",是从 1979 年《刑法》第 43 条第 1 款的"罪大恶极"修改而来的,均是对死刑所要适用的犯罪分子的限定和修饰。从立法渊源来看,这种对死刑所要适用的对象的限定和修饰,在中华人民共和国成立后刑法立法的过程中都一直存在。早在 1957 年 6 月 28 日,全国人民代表大会常务委员会办公厅提出的《中华人民共和国刑法草案》(初稿) (第 22 次稿) 第 47 条第 1 款规定:"死刑只适用于罪大恶极、民愤极大、必须判处死刑的犯罪分子。"直至全国人民代表大会常务委员会法制委员会办公室于 1979 年 5 月 12 日印发的《中华人民共和国刑法草案》(法制委员会修正第二稿) (第 37 次稿),各个时期的刑法典草案都有这种限定和修饰,且都表述为"罪大恶极、民愤极大、必须判处死刑"。由于罪大恶极、民愤极大并非法律用语,故 1997 年刑法将适用死刑的条件修改为"罪行极其严重"。从历史解释的角度来看,"罪行极其严重"仅是更规范的表述,其含义仍承袭自"罪大恶极",其内容包括"罪大"与"恶极"两个部分,故对其应从行为的客观危害性与行为人的人身危险性这两个方面来进行综合把握。[①] 也就是说,在对"罪行极其严重"的判断中,既要考虑行为因素,又要考虑行为人的因素;既要考虑客观危害性,又要考虑主观恶性与人身危险性。

[①] 参见高铭暄:《中华人民共和国刑法的孕育诞生和发展完善》,北京大学出版社 2012 年版,第 225 页以下;陈兴良:《死刑适用的司法控制——以首批刑事指导案例为视角》,载《法学》2013 年第 2 期;张绍谦:《死刑司法适用标准研究》,载《华东政法大学学报》2009 年第 2 期。

【指导案例】闫新华故意杀人、盗窃案①——对既有法定从轻又具有法定从重处罚情节的被告人应当慎重适用死刑

1. 2003年10月中旬的一天22时许,被告人闫新华将一妇女带至北京市海淀区北蜂窝路15号院×号楼×号家中留宿。次日凌晨4时许,闫新华趁该妇女熟睡之机,用铁锤猛砸其头部,致其重度颅脑损伤死亡。后闫新华将该妇女的尸体肢解,抛弃于海淀区莲花桥西北角垃圾堆、宣武区广安门桥下护城河等处。

2. 2003年12月4日23时许,被告人闫新华携带铁锤、绳子等凶器到北京市海淀区北京交通大学东路41号院×号楼地下室×号内,与徐某(女,40岁)同宿。次日凌晨6时许,闫新华趁徐某熟睡之机,用铁锤猛打徐某的头部,并用尼龙绳欲将徐某勒死,因徐某奋力反抗搏斗,闫新华杀人未遂。

3. 2003年10月至11月,被告人闫新华实施盗窃3次,窃得"安利"化妆品等物品,共计价值人民币9406元及户口簿、护照等。

4. 2004年1月至2月2日,被告人闫新华先后4次盗窃人民币共计2700余元及移动电话机、充电器等物品,共计价值人民币4340元。

2004年2月18日,被告人闫新华因涉嫌犯盗窃罪被查获归案后,如实供述了司法机关还未掌握的本人两起故意杀人和三起盗窃罪行(即上述第1、2、3项事实)。

在本案中,被告人故意实施了两起杀人行为,且手段残忍,并致一名被害人死亡,其犯故意杀人罪的性质、后果、情节均特别严重。被告人曾多次因扒窃、盗窃、流氓被行政处罚,因犯盗窃罪被判处刑罚,既有劣迹,也有前科,在刑满释放未满一年内又实施故意杀人罪、盗窃罪,系累犯。可见,被告人主观恶性大。但是,被告人又具有自首行为,属法定从轻情节。对于这种同时具有法定从轻、从重情节的罪行极其严重的被告人,应当综合衡量审慎适用死刑立即执行。就本案而言,综合衡量本案的从重、从轻情节,依法对本案被告人从宽处罚,是适当的。理由如下:第一,被告人的自首情节对于侦破案件具有重大价值。根据我国刑法的规定,对于自首的被告人,可以从轻或者减轻处罚。这里的"可以从轻",应理解为从轻是原则,不从轻是例外。特别是对应判处死刑立即执行的,如果具有法定可以从轻或减轻处罚情节的,一般不应判处死刑立即执行。从本案被告人自首的罪行看,两起故意杀人犯罪均发生在2003年,案件较长时间未破,公安机关也未掌握被告人实施犯罪的任何线索。正是被告人的主动供述,公安机关才得以及时侦破这两起重大犯罪案件。对于这样的自首情节,在量刑时应予考虑。第二,从本案的累犯情节来看,被告人在本案之前所犯系盗窃罪,其人身危险性相对较小,且被

---

① 参见谭京生、于同志:《闫新华故意杀人、盗窃案——对既具有法定从轻又具有法定从重处罚情节的被告人应当慎用死刑立即执行》,载最高人民法院刑事审判第一庭等编:《刑事审判参考》(总第50集),法律出版社2006年版,第1—8页。

抓获后,能够如实供述公安机关尚未掌握的三起同一种余罪,虽不能认定为自首,但也反映了其具有一定的认罪悔罪态度。其余罪的自首情节,使公安机关侦破了两起重大案件,且被告人归案后,积极配合公安机关指认犯罪现场,如实供述全部犯罪事实,认罪悔罪。综合考虑这些情节,法院最终对其判处死刑缓期二年执行,是正确的。

二、对未成年人和年满75周岁老人如何适用《刑法》第49条和第17条

(一)裁判规则

一般而言,除另有法定或酌定从重处罚情节外,对罪行极其严重的未成年被告人或者年满75周岁老年被告人,不判处无期徒刑是恰当的;但如果另有一个或多个法定从重处罚情节,对上述人员也可以适用无期徒刑。

(二)规则适用

《刑法》规定对未成年人和年满75周岁的老人不适用死刑,同时又规定对上述人员应当或者可以从轻与减轻处罚。有人认为,对于那些论罪应当判处死刑的未成年人或75周岁以上老人,根据《刑法》第49条的规定不适用死刑。同时,根据《刑法》第17条规定,"已满十四周岁不满十八周岁的人犯罪,应当从轻或者减轻处罚。"第17条之一规定,"已满七十五周岁的人故意犯罪的,可以从轻或者减轻处罚",对该上述人员也不能判处无期徒刑。

我们认为,上述理解是错误的。理由是:《刑法》第17条规定,"已满十四周岁不满十八周岁的人犯罪,应当从轻或减轻处罚"。第17条之一规定,"已满七十五周岁的人故意犯罪的,可以从轻或减轻处罚",体现了法律对身体、智力尚未完全发育成熟的未成年人以及老年人予以特殊保护的立法精神,而《刑法》第49条中关于"犯罪的时候不满十八周岁的人不适用死刑""审判的时候已满七十五周岁的人,不适用死刑"的规定,正是这一立法精神的具体体现。因此,对于已满14周岁不满18周岁的未成年人或者年满75周岁的老年人实施的犯罪行为,如果论罪依法应当判处法定最高刑,而该罪的法定最高刑是死刑的,则不能判处死刑(包括死刑缓期二年执行),但是依法可以判处无期徒刑。具体来说,上述两个条款能否同时适用并对上述人员适用无期徒刑应视情况而定:(1)对罪行极其严重的未成年被告人,因其根据《刑法》第17条规定属应当从轻、减轻处罚的情形,故除了其另有法定或酌定从重情节外,一般不判处无期徒刑。但如果其具有法定或酌定从重情节外,可以判处无期徒刑。(2)针对年满75岁的老年人,《刑法》第17条规定的是可以从轻或减轻处罚,故对其判处无期徒刑没有问题。能否同时适用上述两个条款需要视情况而定:(1)如果其属于可以从轻、减轻但最终未从轻、减轻的,无需同时适用,此时可以判处其无期徒刑;(2)如果其属于可以从轻、减轻但最终得以从轻、减轻,或者属于应当从轻、减轻的,应当同时适用,此时不应判处其无期徒刑。

【指导案例】胡金亭故意杀人案①——对审判时已满75周岁的老年人犯罪能否适用无期徒刑

被告人胡金亭认为村干部黄建忠等三人分地时对其不公,一直欺压自己,遂对黄建忠等怀恨在心,预谋将黄建忠杀害,并为此准备了杀人工具尖刀一把。2011年11月7日19时30分许,胡金亭得知黄建忠与其他工作人员来村里做群众工作,即一边尾随其后,一边用脏话挑衅黄建忠,途中趁黄建忠不备之机,用事先准备的尖刀朝黄建忠左侧后背猛刺一刀。黄建忠因左肺下叶破裂、心脏破裂致心肺功能衰竭、失血性休克而死亡。当晚,胡金亭主动拦下警车向公安机关投案。

在本案中,被告人胡金亭作案时已年满75周岁,依照《刑法》第49条规定,如果不属于"以特别残忍手段致人死亡"的情形,对其不应适用死刑,也不能适用死缓刑。同时,综合本案具体犯罪事实和各种犯罪情节,法院认为胡金亭所犯罪行严重,对其不适用从轻或者减轻处罚,从而对其判处无期徒刑是正确的。由于《刑法》第17条之一规定可以延伸出适用从轻或者减轻处罚和不适用从轻或者减轻处罚的可能,故二审判决同时引用《刑法》第17条之一和第49条第2款的规定,也是规范、妥当的。

三、如何理解《刑法》第49条规定的"以特别残忍手段致人死亡"②

(一) 裁判规则

1. "特别残忍手段"要与"情节特别恶劣"区别开来,前者仅仅是后者的部分内容之一。司法实践中,不应以"情节特别恶劣"来取代"特别残忍手段",否则就会扩大对年满75周岁老人的死刑适用范围,有悖于《刑法》第49条第2款的立法初衷。

2. 在认定"特别残忍手段"时,主要从杀人手段对于公众善良风俗、伦理底线、人类恻隐心的破坏程度上来分析:(1)在杀人手段上,使用非常见的凶残狠毒方法杀死被害人;(2)在杀人过程上,持续时间长、次数多或者故意折磨被害人的;(3)其他让社会民众普遍难以接受的手段杀人的。

(二) 规则适用

对于"特别残忍手段"的具体含义,当前立法、司法机关并未作出明确解释,导致司法实践中相当混乱。一些司法人员动辄使用"手段残忍""特别残忍""极其

---

① 参见聂昭伟:《胡金亭故意杀人案——如何理解刑法第四十九条"以特别残忍手段致人死亡"》,载最高人民法院刑事审判一至五庭主办:《刑事审判参考》(总第90集),法律出版社2013年版,第40—45页。

② 参见聂昭伟:《故意伤害致人死亡案件因果关系及特别残忍手段的认定》,载《人民司法(案例)》2017年第11期,第48—51页。

残忍"等词语,而不进行任何分析和论证,令人难以信服,故有必要对其认定标准做一个恰当的界定。针对何为"特别残忍手段",全国人民代表大会常务委员会法制工作委员会刑法室编著的《中华人民共和国刑法释义》作了一个相对权威的解释,认为这里所说的"特别残忍手段",是指故意造成他人严重残疾而采用毁容、挖人眼睛、砍掉人双脚等特别残忍的手段伤害他人的行为。① 当然,上述解释还是粗线条的,在解释相关概念时亦存在循环定义的逻辑问题,对于解决司法实践中的具体问题帮助有限。

笔者认为,"手段特别残忍"侧重的不是对法益侵害程度和后果的判断,而在于其严重违反人道,严重伤害正常人类感情,严重践踏了人性尊严。"手段特别残忍"未必造成更大的危害后果,但是足以表现出一种较之普通伤害手段更加泯灭人性和沦丧道德的反伦理性。这就是立法者对于以特别残忍手段致人重伤者提升法定刑,同时对于以特别残忍手段致人死亡的老年人亦不免死的原因。为此,在对"特别残忍手段"进行解释时,可以从以下几个方面着手:(1)从手段的种类来看,使用焚烧、冷冻、油煎、毒蛇猛兽撕咬等非常规的凶残狠毒方法伤害他人的。(2)从行为持续的时间和次数来看,故意延长被害人的痛苦时间或者不必要地增加痛苦程度,如用钢锯将被害人的四肢逐个锯断致人重伤的;或者存在多次反复性的动作,如使用凶器数十次捅刺或击打受害人。(3)从伤害的部位来看,故意毁伤人体主要器官,使人体基本机能毁损或完全丧失,并带来巨大精神痛苦,如挖人眼睛、割人耳鼻、砍人双腿、严重毁容等。(4)从伤害的对象来看,未成年人、残疾人等系弱势群体,承受伤害的程度较之正常成年人要低,可适当降低"手段特别残忍"情节的适用门槛。如因与他人发生纠纷而将婴幼儿摔成重伤,对这种泯灭人性的行为可以认定为"手段特别残忍"。(5)其他给被害人肉体上带来极大痛苦,让社会公众在心理上难以接受的手段。

除了把握"以特别残忍手段"的上述基本含义外,司法实践中,我们在认定"特别残忍手段"时还要注意如下两个问题:

第一,"手段特别残忍"应区别于"情节特别恶劣"。有观点认为,"手段特别残忍"的规定范围太小,应扩大为"情节特别恶劣"。即对致人严重伤残的被告人,除了要考虑犯罪手段是否特别残忍之外,还应综合考虑主观恶性和人身危险性等因素。笔者认为,从对故意伤害罪的立法本意来看,故意伤害致人死亡的,应当在有期徒刑10年以上直至死刑判处;而在未发生死亡结果的情形中,一般应在10年以下量刑,除非被告人手段特别残忍且造成他人严重残疾。《刑法》之所以如此规定,是为了体现刑法对生命权的特别保障,告诫那些意图或正在实施伤害行为者,不要轻易伤及他人性命。而如果将"特别残忍手段"替换为"情节特别恶劣",这无疑是将更多的案件判处与致人死亡同样的刑罚,不

---

① 参见胡康生、李福成主编:《中华人民共和国刑法释义》,法律出版社2007年版,第328页。

利于对被害人生命权的保护。

第二,"手段特别残忍"应区别于日常生活用语中的残忍,且不能用"致人重伤造成严重残疾"的后果来进行反推。司法实践中,一种非常流行的观点认为,故意伤害能够致人严重残疾的,那必然是手段特别残忍的。笔者认为,故意伤害致人严重残疾的行为当然是残忍的,因为行为人故意伤害能够致人严重残疾的,必然在手段上要达到一定的强度和力度,而且其侵害的通常是受害人的重要部位,并在行为上具有一定的重复性,否则也不大可能发生致人严重残疾的结果。但这种"残忍"是相对于日常生活行为甚至一般违法犯罪行为而言的,其仍然可以包含于故意伤害行为本身的"残忍"当中,并不具有特别性。而《刑法》第234条规定中的"手段特别残忍",是指在一系列致人严重残疾的伤害行为中,其中一小部分最为狠毒的手段。因此,我们不能简单地以造成严重残疾后果反推"手段特别残忍"。而且,这样的反推论证也违背了"禁止重复评价"原则。因为"以特别残忍手段"与"致人严重残疾"系并列关系,意即针对在10年以上量刑的故意伤害行为,除了致人严重残疾之外,还需要手段特别残忍。而如果简单地以致人严重残疾来证明手段特别残忍,那么就等于是将致人严重残疾重复适用了两次,违背了"禁止重复评价原则"。

【指导案例】胡金亭故意杀人案①——如何理解和适用《刑法》第49条"以特别残忍手段致人死亡"

被告人胡金亭认为村干部黄建忠等三人分地时对其不公,一直欺压自己,遂对黄建忠等怀恨在心,预谋将黄建忠杀害,并为此准备了杀人工具尖刀一把。2011年11月7日19时30分许,胡金亭得知黄建忠与其他工作人员来村里做群众工作,即一边尾随其后,一边用脏话挑衅黄建忠,途中趁黄建忠不备之机,用事先准备的尖刀朝黄建忠左侧后背猛刺一刀。黄建忠因左肺下叶破裂、心脏破裂致心肺功能衰竭、失血性休克而死亡。当晚,胡金亭主动拦下警车向公安机关投案。

在本案中,被告人胡金亭作案时已年满75周岁,依照《刑法》第49条规定,如果不属于"以特别残忍手段致人死亡"的情形,对其不应适用死刑,也不能适用死缓刑。胡金亭在作案手段上选择的是持刀杀人,而并非其他非常见的凶残狠毒方法;在行为次数上仅仅捅刺了一刀,并非连续捅刺;在被害人失去反抗能力之后也并没有再次捅刺。综上,被告人胡金亭的犯罪手段一般,法院认定其作案手段不属于"以特别残忍手段致人死亡",依法不适用死刑是正确的。

---

① 参见聂昭伟:《胡金亭故意杀人案——如何理解刑法第四十九条"以特别残忍手段致人死亡"》,载最高人民法院刑事审判一至五庭主办:《刑事审判参考》(总第90集),法律出版社2013年版,第40—45页。

四、如何理解和认定《刑法》第49条规定的"审判时怀孕的妇女"

(一)裁判规则

1. 怀孕妇女因涉嫌犯罪在羁押期间自然流产后,又因同一事实被起诉、交付审判的,应当视为"审判的时候怀孕的妇女",依法不适用死刑。

2. 羁押期间做人工流产后脱逃,多年后又被抓获归案并交付审判的,应认定为"审判的时候怀孕的妇女",不能适用死刑。

3. 对"审判时"应作广义理解,是指从犯罪嫌疑人涉嫌犯罪而被羁押时起至法院依法作出的判决生效时止的刑事诉讼全过程。

4. 只要公安机关已掌握被告人的犯罪事实,应当采取羁押措施但因得知其怀孕而暂缓采取强制措施,或者采取取保候审、监视居住措施的,均应依照《刑法》第49条的规定,将被告人视为"审判时怀孕的妇女",进而不适用死刑。

(二)规则适用

"审判时"应作广义理解,即指从犯罪嫌疑人涉嫌犯罪而被羁押时起,至法院依法作出的判决生效时止的刑事诉讼全过程。也就是说,只要刑事诉讼程序已经启动,尚未结束,对此期间怀孕的妇女,无论基于何种原因,均不适用死刑。

【指导案例】张怡懿、杨珺故意杀人案①——公安机关待犯罪嫌疑人分娩后再采取强制措施的,能否视为"审判时怀孕的妇女"

章桂花与被告人张怡懿系母女。张怡懿与同学杨珺关系较亲密,因杨多次向张借钱后不还,引起章桂花不满,遂到杨家干涉,并阻止张怡懿与杨珺交往。杨珺对章怀恨在心。2000年7月,杨珺对张怡懿谈起章母章桂花如死亡,张则可获自由,且可继承遗产,张亦认为母亲管束过严,两人遂共谋杀害章桂花。同年8月23日晚,张怡懿在上海市永兴路×弄×号家中给其母章桂花服下安眠药,趁章昏睡之机,将杨珺提供的胰岛素注入章体内。因章桂花不死,张怡懿又用木凳等物砸章头部。次日中午,杨珺至张怡懿家,见章桂花仍未死亡,即与张共同捆绑章的手,张用木凳猛砸章头部。被害人章桂花终因颅脑损伤而死亡。嗣后,张怡懿、杨珺两人取走章的存折、股票磁卡等,由杨藏匿。张怡懿购买水泥,并将章桂花的尸体掩埋于家中阳台上。10月8日,公安机关在对犯罪嫌疑人张怡懿采取强制措施后,又查证杨珺涉嫌参与共同杀人。但其时杨珺正在怀孕,故未对其采取相应的强制措施。10月20日杨珺产下一男婴并将其遗弃(此节因证据原因未予指控),公安机关遂于10月30日将其刑事拘留。上海市人民检察院第二分院以被告

---

① 参见张华:《张怡懿、杨珺故意杀人案——公安机关待犯罪嫌疑人分娩后再采取强制措施的,能否视为"审判时怀孕的妇女"》,载最高人民法院刑事审判第一庭、第二庭编:《刑事审判参考》(总第32集),法律出版社2003年版,第13—18页。

人张怡懿、杨珺犯故意杀人罪,向上海市第二中级人民法院提起公诉。

本案案情简单,关键是对怀孕的杨珺能否适用死刑问题。对此,我国1997《刑法》第49条做出了原则性的规定:"审判的时候怀孕的妇女,不适用死刑。"此后,最高人民法院于1998年8月7日颁布《关于对怀孕妇女在羁押期间自然流产审判时是否可以适用死刑问题的批复》[法释(1998)18号]中进一步指出:"怀孕妇女因涉嫌犯罪在羁押期间自然流产后,又因同一事实被起诉、交付审判的,应当视为'审判的时候怀孕的妇女',依法不适用死刑。"该司法解释将将怀孕妇女从被羁押时起至检察院提起公诉期间亦视为"审判时",进一步体现了对孕妇的人道关怀。可见,我们对"审判时"应作广义理解,即指从犯罪嫌疑人涉嫌犯罪而被羁押时起,至法院依法作出的判决生效时止的刑事诉讼全过程。然而,我国《刑事诉讼法》第60条第2款规定:"对应当逮捕的犯罪嫌疑人、被告人,如果患有严重疾病,或者是正在怀孕、哺乳自己婴儿的妇女,可以采取取保候审或者监视居住的办法。"只要把该规定与关于孕妇不适用死刑的规定加以比较分析,就会发现二者之间存在明显漏洞,有可能导致对孕妇适用死刑。例如,公安机关在立案侦查时,发现本应当予以逮捕的犯罪嫌疑人正在怀孕,根据上述规定而对其采取取保候审或者监视居住措施。在此期间,怀孕妇女因为人工流产、自然流产或者分娩后,公安机关再对其采取羁押措施,这样就不再属于审判时怀孕的妇女,从而可以判处死刑。笔者认为,上述理解明显违背了刑事立法精神。因为本来对于怀孕的被告人不予羁押是出于人道主义,照顾妇女及胎儿的特殊利益,而最后却使得不能适用死刑变成可以适用死刑,显然违背了立法精神。因此,只要公安机关已掌握了被告人的犯罪事实,因得知其怀孕而暂缓采取强制措施,均应依照《刑法》第49条规定,将被告人视为"审判时怀孕的妇女",进而不适用死刑。

五、主观恶性极大、人身危险性极大的罪犯获得谅解的,能否判处死刑

(一)裁判规则

如果被告人主观恶性极大、人身危险性极大,即使被告人家属积极赔偿,并取得被害人家属谅解,也可以不从轻判处,而直接判处死刑立即执行。

(二)规则适用

在刑罚裁量过程中,不能片面夸大积极赔偿或谅解等罪后情节的作用,而应当着重考察犯罪性质和犯罪行为给社会造成的危害程度。其中,对于因民间纠纷激化引发的犯罪,由于发生在特定当事人之间,对社会秩序和公众安全感的破坏作用有限,法院应当对此类案件加大民事调解工作力度,努力化解双方矛盾,修复被破坏的社会关系。如果被害方最终获得赔偿并表示谅解的,原则上应从轻处罚,不考虑判处死刑立即执行。反之,对于那些严重危害社会治安、严重破坏人民群众安全感的案件,即使被告人积极赔偿并获得谅解,但论罪当处死刑的也应依法判处死刑。

【指导案例】林明龙强奸案[①]——在死刑案件中,被告人家属积极赔偿,取得被害方谅解,能否作为应当从轻处罚情节

被告人林明龙,男,1975年6月26日出生,无业。1993年1月17日因犯盗窃罪被判处有期徒刑6年;2001年3月20日因犯盗窃罪被判处有期徒刑2年2个月,2002年10月18日刑满释放;2006年1月6日因盗窃被劳动教养1年3个月;2008年8月12日因犯盗窃罪被判处有期徒刑1年,并处罚金人民币2 000元,2009年3月21日刑满释放。2002年10月25日零时许,被告人林明龙尾随被害人刘某(女,殁年16岁)至浙江省温州市鹿城区黄龙住宅区登峰组团×幢二楼至三楼楼梯转弯的平台时,欲与刘某发生性关系,遭拒绝,即采用手臂勒颈等手段,致刘某昏迷。在刘某昏迷期间,林明龙对刘实施了奸淫,且窃取刘某手机一部(价值人民币765元,以下币种均为人民币)和现金300元后逃离现场。案发后,经鉴定,刘某因钝性外力作用致机械性窒息死亡。

本案二审时,被告人和被害人双方家属私下达成了赔偿谅解协议,这种情况下是否必须对被告人从轻处罚呢?对此,笔者认为,在刑罚裁量过程中,不能片面夸大积极赔偿或谅解等罪后情节的作用,而应当着重考察犯罪性质和犯罪行为给社会造成的危害程度。其中,对于因民间纠纷激化引发的犯罪,由于发生在特定当事人之间,对社会秩序和公众安全感的破坏作用有限,法院应当对此类案件加大民事调解工作力度,努力化解双方矛盾,修复被破坏的社会关系。如果被害方最终获得赔偿并表示谅解的,原则上应从轻处罚,不考虑判处死刑立即执行。反之,对于那些严重危害社会治安、严重破坏人民群众安全感的案件,即使被告人积极赔偿并获得谅解,但论罪当处死刑的也应依法判处死刑。强奸致人死亡就属于严重危害社会治安的犯罪,与因婚恋、家庭、邻里矛盾等民间纠纷引发的故意杀人、伤害犯罪案件不同,这类犯罪往往针对不特定对象,严重破坏人民群众的安全感,属于应从严惩处的对象。在本案中,林明龙深夜尾随未成年被害人,在居民楼的楼梯上将被害人强奸致死,犯罪性质特别严重,情节特别恶劣,后果特别严重,在当地造成了恶劣的社会影响,属于罪行极其严重的犯罪分子,应当依法严惩。对于这类犯罪,法院不宜主动介入调解,即使是双方私下达成协议的,考虑从轻时也应当从严把握。

就本案中的协议内容来看,赔偿款的支付是以不判处死刑立即执行为前提的,这种出于获取巨额赔偿款目的而表示的谅解,很难说是真诚的谅解。而且,本

[①] 参见夏建勇:《林明龙强奸案——在死刑案件中,被告人家属积极赔偿,取得被害方谅解,能否作为应当型从轻处罚情节》,载最高人民法院刑事审判一至五庭主办:《刑事审判参考》(总第75集),法律出版社2011年版,第37—42页。

案被告人前科累累,不满 18 岁就因犯盗窃罪被判刑 6 年,释放不久又犯盗窃罪被判刑 2 年 2 个月,出狱只有 7 天又犯下本案,此后又继续作案,2006 年因盗窃被劳动教养 1 年 3 个月,2008 年再次因犯盗窃罪被判刑 1 年。林明龙先后 4 次判刑、1 次劳教,每次都是时隔不久又再犯案,主观恶性极大,人身危险性极大,可谓是屡教不改,不堪改造。对如此恶劣的犯罪分子,如果仅因被告人家庭有钱赔偿就可以从轻处罚,实质上意味着有钱可以买命。因此,本案核准被告人林明龙死刑,没有因被告人家属积极赔偿、被害方谅解而对被告人从轻处罚是正确的。

六、罪行极其严重的故意杀人未遂案件是否可以判处死刑

(一) 裁判规则

罪行极其严重的故意杀人未遂案件,可以判处死刑。

(二) 规则适用

《刑法》第 23 条规定:"已经着手实行犯罪,由于犯罪分子意志以外的原因而未得逞的,是犯罪未遂。对于未遂犯,可以比照既遂犯从轻或者减轻处罚。"具体到死刑案件中,由于死刑只适用于罪行极其严重的犯罪分子,而故意杀人未遂没有造成被害人死亡,社会危害性相对故意杀人既遂一般要小,因此通常不判处被告人死刑立即执行。但该条款中规定的是"可以"而非"应当"从宽处罚,意味着尽管通常应给予从宽处罚,但对于那些犯罪动机极其卑劣、情节特别恶劣、手段特别残忍,致被害人严重伤害的案件,也可以不予从宽处罚,判处死刑立即执行。

【指导案例】覃玉顺强奸、故意杀人案[①]——对罪行极其严重的故意杀人未遂犯,能否适用死刑立即执行

2007 年 9 月 23 日 15 时许,被告人覃玉顺在山坡上找蝉壳,遇见在此放羊的被害人代某(女,时年 18 岁)。覃见四周无人,产生强奸代某的念头。覃玉顺趁代某不备,从后面将代抱住,遭代某反抗,覃便用随身携带的尖刀将代胸部刺伤,强行将代奸淫。事后代某指责覃玉顺,覃又用刀捅刺代某腹部,并将代某推下山坡,捡一石头砸向代某,但未砸中。代某受伤昏迷。覃玉顺以为代某已死亡,便逃至黄泥包包(地名)附近坐下抽烟。代某醒来后,捡起一根木棒拄着,走到黄泥包包处呼救。覃玉顺听到代某的呼救声,再次跑到代某面前,将其用于支撑的木棒抢下丢弃,并用尖刀捅刺代某的腰部,代某反抗时将覃玉顺的刀抢落,覃用手将代某露出的肠子扯断,又捡起地上的刀向代某的腹部、腿部连刺数刀,后因见村民赶来,才逃离现场。代某经抢救脱离生命危险,损伤程度为重伤。

[①] 参见李晓光、赵娟:《覃某某强奸、故意杀人案——对罪行极其严重的故意杀人未遂犯,能否适用死刑立即执行》,载最高人民法院刑事审判一至五庭主办:《刑事审判参考》(总第 77 集),法律出版社 2011 年版,第 35—41 页。

故意杀人未遂通常不判处被告人死刑立即执行,但对于那些犯罪动机极其卑劣、情节特别恶劣、手段特别残忍致被害人严重伤害的案件,也可以不予从宽处罚,判处死刑立即执行。本案就属于这种情况:(1)覃玉顺强奸后为杀人灭口而持刀捅刺被害人,发现被害人未死后又多次持刀捅刺,并扯断被害人露出的小肠,表明其杀人犯意十分坚决,情节特别恶劣,手段极其残忍。(2)被害人案发时年仅18岁,正值花季却遭受奸淫,身心受到极大摧残,尽管幸免于死,但伤势十分严重,被送至医院4天后才完全苏醒。(3)被告人的犯罪行为在当地亦造成了恶劣的社会影响,同村村民反映被告人平时称王称霸,被害人亲属、当地基层组织和干部群众均强烈要求判处被告人死刑。综合这些主客观情节,被告人故意杀人虽系未遂,但其行为已造成极其严重的后果,且主观恶性极大、人身危险性极大,其未遂情节不足以对其从轻处罚,应依法判处死刑。

七、对罪行极其严重但兼有法定从轻、从重情节的罪犯如何适用死刑

(一)裁判规则

对于罪行极其严重的被告人,既有累犯这样的从重处罚情节,又有自首等从轻处罚情节的,应当慎重适用死刑立即执行。

(二)规则适用

对于被告人同时具有法定从轻、从重情节的案件,要全面考察犯罪的事实、性质、情节和对社会危害程度的基础上,结合被告人的主观恶性、人身危险性等因素,不能将多个情节简单地进行折抵,而应当在综合分析判断后,作出总体从宽或从严的选择。

【指导案例】闫新华故意杀人、盗窃案①——对既有法定从轻又具有法定从重处罚情节的被告人应当慎重适用死刑

被告人闫新华,男,1977年因扒窃被行政拘留15日,同年及1980、1982年先后3次又因盗窃被劳动教养3年、2年、2年,1986年因流氓罪被劳动教养二年。1988年9月因犯惯窃罪被判处有期徒刑7年。2001年8月因犯盗窃罪、伪造居民身份证罪被判处有期徒刑2年,2002年12月13日刑满释放;因涉嫌犯盗窃罪于2004年2月18日被羁押,同年3月24日被逮捕。

1. 2003年10月中旬的一天22时许,被告人闫新华将一妇女带至自己家中留宿。次日凌晨4时许,闫新华趁该妇女熟睡之机,用铁锤猛砸其头部,致其重度颅

---

① 参见谭京生、于同志:《闫新华故意杀人、盗窃案——对既具有法定从轻又具有法定从重处罚情节的被告人应当慎用死刑立即执行》,载最高人民法院刑事审判第一庭等编:《刑事审判参考》(总第50集),法律出版社2006年版,第1—8页。

脑损伤死亡。

2.2003年12月4日23时许,被告人闫新华携带铁锤、绳子等凶器与徐某(女,40岁)同宿。次日凌晨6时许,闫新华趁徐某熟睡之机,用铁锤猛打徐某的头部,因徐某奋力反抗搏斗,闫新华杀人未遂。

3.2003年10月至11月,被告人闫新华实施盗窃3次,窃得"安利"化妆品等物品,共计价值人民币9406元及户口簿、护照等。

4.2004年1月至2月2日,被告人闫新华先后4次盗窃人民币共计2700余元及移动电话机、充电器等物品,共计价值人民币4340元。

2004年2月18日,被告人闫新华因涉嫌犯盗窃罪被查获归案后,如实供述了司法机关尚未掌握的本人两起故意杀人和三起盗窃罪行(即上述第1、2、3项事实)。

从本案来看,如果无自首情节和累犯情节,或者只有累犯情节,则应以故意杀人罪判处被告人死刑立即执行。如果无累犯情节而有自首情节,则原则上不应判处死刑立即执行。而本案被告人既有累犯情节又有自首情节,在这种情况下,应权衡两种情节的具体情况,准确判断两种情节对量刑影响力的大小,进而决定量刑。从本案的累犯情节来看,被告人在本案之前所犯系盗窃罪,其人身危险性相对较小,且被抓获后,能够如实供述公安机关尚未掌握的两起杀人案件,该两起故意杀人案均发生在2003年,公安机关未掌握被告人实施犯罪的任何线索。正是被告人的主动供述,公安机关才得以及时侦破这两起重大犯罪,对于这样的自首情节,在量刑方面应予考虑。综上,被告人的行为虽属罪行极其严重,但鉴于其具有重大余罪自首情节及酌定从轻处罚情节,虽然也同时具有法定从重处罚情节,但综合考虑,应属"不是必须立即执行死刑的",从而对其依法从宽处罚,适用死刑缓期二年执行是合适的。

第十一章 死缓并限制减刑制度

死缓限制减刑在因恋爱、婚姻矛盾引发的杀人案件中如何适用

(一) 裁判规则

1. 因恋爱、婚姻等民间矛盾激化引发的故意杀人案件,被告人犯罪手段残忍,且有累犯等从重处罚情节,论罪应当判处死刑,但如果被告人亲属主动协助公安机关将其抓捕归案,或者具有坦白悔罪、积极赔偿等从轻处罚情节,同时被害人亲属要求严惩的,法院根据案件性质、犯罪情节、危害后果和被告人的主观恶性及人身危险性,可以依法判处被告人死刑,缓期二年执行,同时决定限制减刑。

2. 对于 2011 年 4 月 30 日以前的犯罪,《刑法修正案(八)》实施后尚处于一审、二审或者死刑复核阶段的案件,依照修正前刑法本应判处死刑立即执行,但依照修正后刑法判处死缓刑并限制减刑能够罚当其罪的,体现了"从旧兼从轻"原则精神,可以适用死缓刑并限制减刑。

(二) 规则适用

判处死缓并限制减刑,虽然不是一个独立的刑种,但是在实际效果上已经成为介于死刑立即执行与死缓刑之间的过渡刑罚,适用的对象是判处死刑立即执行偏重,但是判处死缓刑又偏轻的场合。对于因恋爱、婚姻等民间纠纷矛盾激化引发的故意杀人案件,论罪可以判处死缓刑,如果民事赔偿工作难以有效开展,被害方强烈要求判处死刑的,可以根据案件情节、被告人人身危险性等因素,依法适用限制减刑。

【指导案例】王志才故意杀人案①

被告人王志才与被害人赵某某(女,殁年 26 岁)在山东省潍坊市科技职业学院同学期间建立恋爱关系。2005 年,王志才毕业后参加工作,赵某某考入山东省曲阜师范大学继续专升本学习。2007 年赵某某毕业参加工作后,王志才与赵某某

---

① 参见最高人民法院《关于发布第一批指导性案例的通知》(2011 年 12 月 20 日,法〔2011〕354 号),载《最高人民法院公报》2012 年第 2 期(总第 184 期)。

商议结婚事宜,因赵某某家人不同意,赵某某多次提出分手,但在王志才的坚持下二人继续保持联系。2008年10月9日中午,王志才在赵某某的集体宿舍再次谈及婚恋问题,因赵某某明确表示二人不可能在一起,王志才感到绝望,愤而产生杀死赵某某然后自杀的念头,即持赵某某宿舍内的一把单刃尖刀,朝赵的颈部、胸腹部、背部连续捅刺,致其失血性休克死亡。次日8时30分许,王志才服农药自杀未遂,被公安机关抓获归案。王志才平时表现较好,归案后如实供述自己罪行,并与其亲属积极赔偿,但未与被害人亲属达成赔偿协议。山东省潍坊市中级人民法院认定被告人王志才犯故意杀人罪,判处死刑,剥夺政治权利终身。宣判后,王志才提出上诉。山东省高级人民法院裁定驳回上诉,维持原判,并依法报请最高人民法院核准。最高人民法院不核准被告人王志才死刑,发回山东省高级人民法院重新审判。山东省高级人民法院经依法重新审理,以故意杀人罪改判被告人王志才死刑,缓期二年执行,剥夺政治权利终身,同时决定对其限制减刑。

就本案而言:(1)本案系因恋爱矛盾激化引发的故意杀人案件,被告人因多年的恋情受阻感到绝望而杀人,主观恶性较之其他严重影响群众安全感的暴力犯罪有所区别。(2)被告人系临时起意,激情杀人,与其他有计划、有预谋的杀人有所区别。(3)被告人认罪、悔罪态度较好,其亲属有赔偿被害方经济损失的愿望和行动。(4)被告人平时表现较好,没有前科劣迹。(5)被害人家属反应特别强烈,拒不接受赔偿调解,要求严惩。综上,虽然被告人罪行极其严重,论罪当处死刑,但是鉴于本案因婚恋纠纷引发,被告人系临时起意、激情杀人,归案后有悔罪表现,积极赔偿被害方经济损失,且平时表现良好,尚有可供改造的余地。同时由于其犯罪手段残忍,且被害人亲属拒不谅解,坚决要求严惩,社会矛盾难以化解,故法院最终判处其死缓刑并限制减刑是适当的。①

【指导案例】李飞故意杀人案②

2006年4月14日,被告人李飞因犯盗窃罪被判处有期徒刑二年,2008年1月

---

① 值得一提的是,由于死缓刑并限制减刑系《刑法修正案(八)》确立的一项新的刑罚制度,故对于发生在2011年4月30日以前的犯罪,还存在一个时间效力的问题。对此,最高人民法院《关于〈中华人民共和国刑法修正案(八)〉时间效力问题的解释》第2条明确规定:"2011年4月30日以前犯罪,判处死刑缓期执行的,适用修正前《刑法》第五十条的规定。被告人具有累犯情节,或者所犯之罪是故意杀人、强奸、抢劫、绑架、放火、爆炸、投放危险物质或者有组织的暴力性犯罪,罪行极其严重,根据修正前刑法判处死刑缓期执行不能体现罪刑相适应原则,而根据修正后刑法判处死刑缓期执行同时决定限制减刑可以罚当其罪的,适用修正后《刑法》第五十条第二款的规定。"之所以能溯及既往,是因为相对于判处死刑立即执行而言,判处死缓刑并限制减刑属于较轻的刑罚,对被告人而言更为有利,完全符合"从旧兼从轻原则"。当然,如果判处被告人死缓刑已经罪刑相当的,则不能适用该制度。

② 参见最高人民法院《关于发布第三批指导性案例的通知》(2012年9月18日,法〔2012〕227号),载《最高人民法院公报》2013年第2期(总第196期)。

2日刑满释放。2008年4月,经他人介绍,李飞与被害人徐某某(女,殁年26岁)建立恋爱关系。同年8月,二人因经常吵架而分手。8月24日,李飞单位得知李飞曾因犯罪被判刑一事,并以此为由停止了李飞的工作。李飞认为其被停止工作与徐某某有关。同年9月12日21时许,李飞拨打徐某某的手机,因徐某某外出,其表妹王某某(被害人,时年16岁)接听了李飞打来的电话,并告知李飞,徐某某已外出。当日23时许,李飞到黑龙江省哈尔滨市呼兰区徐某某开设的"小天使形象设计室"附近,再次拨打徐某某的手机,与徐某某在电话中发生吵骂。后李飞破门进入徐某某在"小天使形象设计室"的卧室,持室内的铁锤多次击打徐某某的头部,击打徐某某表妹王某某头部、双手数下,致徐某某当场死亡、王某某轻伤。同月23日22时许,李飞母亲梁某某得知情况后,及时报告公安机关,并于次日晚协助公安机关将来姑母家取钱的李飞抓获。在本案审理期间,李飞的母亲梁某某代为赔偿被害人亲属4万元。

法院经审理认为:被告人李飞的行为已构成故意杀人罪,罪行极其严重,论罪应当判处死刑。本案系因民间矛盾引发的犯罪,案发后李飞的母亲梁某某在得知李飞杀人后的行踪时,主动、及时到公安机关反映情况,并积极配合公安机关将李飞抓获归案;李飞在公安机关对其进行抓捕时,顺从归案,没有反抗行为,并在归案后始终如实供述自己的犯罪事实,认罪态度好;在本案审理期间,李飞的母亲代为赔偿被害方经济损失;李飞虽系累犯,但此前所犯盗窃罪的情节较轻。综合考虑上述情节,可以对李飞酌情从宽处罚,对其可不判处死刑立即执行。同时,鉴于其故意杀人手段残忍,又系累犯,且被害人亲属不予谅解,故依法判处被告人李飞死刑,缓期二年执行,同时决定对其限制减刑。

【指导案例】张某故意杀人案[①]——如何在近亲属之间的杀人犯罪案件中贯彻宽严相济刑事政策和体现罪责刑相适应原则

被害人张某甲、李某系被告人张某的父母。张某因李某曾经殴打其祖母并将其祖母居住的房子欺骗过户到李某名下,李某对其自幼经常打骂,管教方式粗暴,而对李某积怨很深。2007年9月,张某因朋友向其借款,遂瞒着张某甲、李某,将家中房产证作抵押从银行贷款人民币6万元。张某甲、李某得知后,经常对张某大加责骂。张某不堪忍受,遂计划杀害张某甲、李某。2008年10月12日,张某通过其同事找来一包"毒鼠强",张某购买了紫菜蛋汤等三个菜带回家中,并将"毒鼠强"放入紫菜蛋汤后离开。当晚8时许,张某返回家中看见张某甲、李某已呈中毒症状,便从房间找来一根背包带,勒张某甲颈部,后又在房间找来一把单刃

---

① 参见李萍、李剑弢:《张某故意杀人案——如何在近亲属之间的杀人犯罪案件中贯彻宽严相济刑事政策和体现罪责刑相适应》,载最高人民法院刑事审判第一、二、三、四、五庭主办:《刑事审判参考》(总第85集),法律出版社2012年版,第32—37页。

尖刀,刺张某甲颈部一刀,刺、割李某颈部数刀,致张某甲、李某死亡。

  本案被告人张某因家庭矛盾投毒杀害自己的亲生父母,严重违背基本人伦;面对奄奄一息的父母,仍残忍实施勒颈和刀刺行为。仅以此论,张某犯罪手段十分残忍,犯罪情节十分恶劣,应当判处死刑立即执行。然而,张某同时也存在诸多从轻处罚情节。例如,归案后坦白罪行,有认罪、悔罪表现;案件因家庭纠纷引发,被害人存在严重过错;被害人部分家属表示谅解且所在社区群众均希望留张某一命。尤为值得提出的是,张某犯罪时刚满19周岁,性格可塑性强,有较大改造空间。此外,本案被告人是二被害人的独生子,母系亲属不再坚决要求判处被告人死刑立即执行,父系亲属在案发后多次到法院为张某求情,希望能留张某一命。尤其是张某的祖母,因本案已经失去了儿子、儿媳,若对张某再判处死刑立即执行,意味着断子绝孙,为此张某的祖母多次不惜以死请求法院对张某从轻处罚。当地社区民众也均表示同情,希望法院不判处张某死刑立即执行。如果判处张某死刑立即执行,张某的祖母就无人赡养,从而必然留下一定的社会隐患。从这一角度考虑,判处张某死缓,更有利于社会矛盾化解,更能实现法律效果和社会效果的有机统一。

第十二章 剥夺政治权利

一、对被判处死刑的外国人能否附加剥夺政治权利

(一) 裁判规则

我国刑法中的"政治权利"是我国公民依法享有的参与国家管理和政治活动的权利,是我国宪法赋予中国公民的权利,外国籍被告人并不享有,也就不存在剥夺的问题。即使是当该外国人所犯之罪系危害国家安全罪,或者被判处死刑或者无期徒刑,根据《刑法》第56、57条的规定应当附加剥夺政治权利的①,也仍然不能判决附加剥夺政治权利。

(二) 规则适用

根据《刑法》的规定,所有的主刑和附加刑(除驱逐出境外)均没有对犯罪人的国籍作出特别规定。因此,单纯从法律条文上来看,似乎可以认为剥夺政治权利能够适用于犯罪的外国人。尤其是当该外国人所犯之罪系危害国家安全罪时,或者被判处死刑、无期徒刑时,按照刑法规定必须附加剥夺政治权利。那么,剥夺政治权利能否适用于外国人呢?对此,"否定说"认为,只有具有的东西才能予以剥夺,外国人不享有中国公民享有的政治权利,当然也就无法剥夺其政治权利。"肯定说"认为,外国人并非完全不可能享有政治权利。例如,外国人受聘担任我国国有公司、企业的厂长、经理时,就享有了相应的政治权利,具有被剥夺的前提条件。而且,外国人犯罪在无期徒刑期间被假释,或者因危害国家安全罪被判处刑罚而刑满释放后,有可能取得中国国籍,如果不剥夺其政治权利,那么他在成为我国公民后就会享有政治权利。笔者认为,后一种观点是不成立的,针对外国人不应适用剥夺政治权利。理由如下:

1. 我国刑法中的主刑、附加刑剥夺的是犯罪人生命、自由或者财产。这些权利人皆有之,并无国籍之分,自然可以适用于犯罪的外国人。但是政治权利与之不同,是否具有与国籍问题存在着密切联系。根据我国《刑法》第54条之规定:

---

① 《刑法》第57条规定,"对于判处死刑、无期徒刑的犯罪分子,应当剥夺政治权利终身"。

"剥夺政治权利是剥夺下列权利:(一)选举权和被选举权;(二)言论、出版、集会、结社、游行、示威自由的权利;(三)担任国家机关职务的权利;(四)担任国有公司、企业、事业单位和人民团体领导职务的权利。"我国《宪法》第34条规定:"中华人民共和国年满十八周岁的公民,不分民族、种族、性别、职业、家庭出身、宗教信仰、教育程度、财产状况、居住期限,都有选举权和被选举权;但是依照法律被剥夺政治权利的人除外。"此外,中共中央组织部、人力资源和社会保障部、公安部等25部门关于印发《外国人在中国永久居留享有相关待遇的办法》的通知(2012)规定,凡持有中国《外国人永久居留证》的外籍人员可享有以下待遇:"除政治权利和法律法规规定不可享有的特定权利和义务外,原则上和中国公民享有相同权利,承担相同义务。"综上可见,政治权利是中国公民依法享有的参与国家管理和政治活动的权利,是宪法赋予中国公民的权利,外国籍被告人并不享有,当然也就不存在剥夺的问题。

2. 外国人受聘担任我国国有公司、企业的厂长、经理,并不能认为是我国宪法和法律赋予外国人的政治权利。外国人接受聘请担任我国国有公司、企业的厂长、经理,只是中方和外方的一种纯粹的合同关系。因此,以外国人受聘担任我国国有公司、企业的厂长、经理这种情况,论证外国人也有政治权利,故应予剥夺,是不充分的。

3. 犯罪的外国人在无期徒刑期间被假释、或者犯危害国家安全罪等罪被判处刑罚而刑满释放后,尽管有可能取得中国国籍,但这并不能成为外国人具有政治权利的理由。因为现在刑罚适用的对象是外国人,至于外国人以后变为中国人,那是以后的事,不应当在现在的刑罚当中预先予以剥夺。

【指导案例】方金青惠投毒案[①]——针对被判处死刑的外国人能否附加剥夺政治权利

被告人方金青惠,又名方氏县、蔡容妹,女,23岁,文盲,越南社会主义共和国人。因涉嫌犯投毒罪,于1997年3月11日被逮捕。

方金青惠于1993年从越南到中国广西做工,1994年底与广东省罗定市金鸡镇大岗管理区官塘村村民周继华结婚。方金青惠与周继华共同生活一段时间后,周继华之母简梅芳对方金青惠没有生育不满。一天,周继华打方金青惠,简梅芳在一旁帮周,后方金青惠流产。方金青惠认为其流产是简梅芳殴打所致,遂产生用老鼠药毒杀简梅芳的恶念。1996年6月至8月间,方金青惠先后4次购买含有氟乙酰胺的毒鼠药,毒害简梅芳。1996年6月19日19时许,方金青惠乘周继华不备,将毒鼠药放入周继华为其父周木新、其母简梅芳煲的中药内。但简梅芳让

---

① 参见蔡金芳:《方金青惠投毒案——针对特定的被害人投放毒物致死致伤多人的行为应如何定性及对犯罪的外国人能否附加剥夺政治权利》,载最高人民法院刑事审判第一庭、第二庭编:《刑事审判参考》(总第16辑),法律出版社2003年版,第1—5页。

周木新先喝。周木新喝时,方金青惠因怕事情败露未予制止。次日凌晨1时许,周木新因中毒死亡。1996年6月24日上午,方金青惠在家煲好瘦肉粥后,把鼠药放入碗中并添上瘦肉粥请简梅芳吃。简梅芳吃了几口,然后把粥搅混喂其孙女周木莲(3岁,简梅芳次子周荣林的女儿)吃。周木莲因中毒抢救无效死亡,简梅芳中毒受轻微伤。1996年8月28日上午,方金青惠乘简梅芳不备进入简的住房,将一包毒鼠药放入简梅芳使用的一白色瓷茶壶中。当天到简家聊天、做客的邻居、亲戚等十人喝了壶内的水后中毒。其中,周金南经医院抢救无效死亡,简梅芳、周家发、周锦昌、李兰花、周天社、何大呀、王世华受轻伤,何拾、黄锦受轻微伤。

本案被告人方金青惠系外国人,采取投毒手段先后致多人死亡,多人受伤,犯罪后果极其严重,对其依法应适用死刑。《刑法》第57条规定,"对于判处死刑、无期徒刑的犯罪分子,应当剥夺政治权利终身"。然而,本案中方金青惠虽然已与中国公民结婚,但是并未加入中国国籍,依法不享有我国《宪法》及相关法律规定的一系列政治权利,故尽管对其依法适用死刑,但仍然不能判决附加剥夺政治权利。

二、对未成年人犯罪是否判决附加剥夺政治权利

(一)裁判规则

对犯罪的未成年人,一般不宜判处附加剥夺政治权利,刑法明文规定应当附加剥夺政治权利的除外。

(二)规则适用

关于对未成年人是否适用剥夺政治权利的问题,我国刑法学界见解不一。一种观点认为,对犯罪的未成年人一般不宜适用剥夺政治权利。主要理由是:(1)不满18岁的未成年人本来就不享有政治权利,实际上也不具有享有的能力,适用剥夺政治权利,没有实际意义;(2)未成年人可塑性强,不剥夺政治权利也可以改造为新人;(3)刑法中有未成年人犯罪应当从轻或减轻处罚的规定,因而即便应该剥夺,也可以从轻或减轻而不予剥夺。另一种观点主张对未成年人应剥夺其政治权利,因为未成年人在执行主刑期间可能年满18岁而享有政治权利,如果不剥夺其政治权利,就不利于同未成年犯罪人作斗争和对他们改造。

笔者原则上同意上述第一种观点,认为对未成年人一般不宜适用剥夺政治权利。我国《宪法》第34条规定:"中华人民共和国年满十八周岁的公民,不分民族、种族、性别、职业、家庭出身、宗教信仰、教育程度、财产状况、居住期限,都有选举权和被选举权。"可见,同外国人一样,我国未成年人本身就不享有选举权和被选举权,因而也就不存在剥夺的问题。当然,考虑到未成年人在执行主刑期间可能年满18岁,如果不剥夺其政治权利年满18周岁之后就可以行使政治权利,不利于同未成年犯罪人作斗争和对他们改造。因此,最高人民法院《关于审理未成年人刑事案件具体应用法律若干问题的解释》(法释〔2006〕1号)尽管规定对未成年罪

犯一般不判处附加剥夺政治权利,但同时规定"刑法规定'应当'附加剥夺政治权利"除外。同样,针对犯严重破坏社会秩序的未成年罪犯如何适用剥夺政治权利问题,1995年5月2日最高人民法院《关于办理未成年人刑事案件适用法律的若干问题的解释》(已失效)中也曾规定,"对犯严重破坏社会秩序罪的未成年罪犯,除依法判处无期徒刑、死刑缓期执行的以外,一般不附加判处剥夺政治权利刑"。综上可见,对于未成年人犯罪,如果刑法规定"应当附加剥夺政治权利"的,可以对其剥夺政治权利,例如被判处无期徒刑的未成年被告人,或者实施危害国家安全的未成年被告人。

依此道理,在对未成年犯罪案件中罚金刑适用时,也应当参照上述原则;而不能认为,未成年人在犯罪时没有财产可供执行,就不能对其判处罚金刑,因为现在没有受罚能力并不代表其在成年之后仍然没有可供执行的财产。为此,最高人民法院在《关于审理未成年人刑事案件具体应用法律若干问题的解释》(法释〔2006〕1号)第15条第1款中规定:"对未成年罪犯实施刑法规定的'并处'没收财产或者罚金的犯罪,应当依法判处相应的财产刑;对未成年罪犯实施刑法规定的'可以并处'没收财产或者罚金的犯罪,一般不判处财产刑。"

第十三章 自首与立功

一、如何认定自首情节中的"确已准备去投案"

(一) 裁判规则

1. "准备投案"不仅仅是被告人的一种心理活动,还要求被告人为投案进行了"安排和筹划",实施了与投案相关的必要准备行为,能够清楚地反映出其投案意愿,且能够得到相应证据的证明。

2. 准备投案的行为主要有两类:一是为投案准备工具、创造条件。如了解投案对象和路线、准备交通工具、请求亲友陪同等;二是为投案解决后顾之忧、安排后事。如投案前与亲友告别,交代债权债务,安排老人赡养、子女抚养等问题。

(二) 规则适用

趋利避害是人之本能,犯罪分子作案后通常会存在侥幸心理,对于是否投案内心难免会有挣扎。对于经过反复思考或家人劝说后放弃逃跑,决定向司法机关投案自首,但是还在准备阶段就被公安机关抓获这种情形,犯罪分子在内心已经有接受刑法惩罚、弃恶从善的想法,其在主观上有投案的意愿,客观上也实施了一定的准备行为,只是还没有来得及去投案即被公安机关抓获,认定他们具有自首情节并从轻处罚,有利于更好地对其进行改造,鼓励其从善,符合刑法设立自首制度的宗旨。为此,最高人民法院在《关于处理自首和立功具体应用法律若干问题的解释》(以下简称《关于自首和立功的解释》)第1条中规定,自动投案除主动、直接向司法机关投案这种典型形式外,还包括"经查实确已准备去投案,或者正在投案途中,被公安机关捕获"的情形。然而,由于"准备去投案"的被告人仅仅实施了准备行为,投案的意愿刚刚展开即被抓获,相对于被告人在投案途中被抓获的以及其他主动到公安机关投案的情形而言,在具体认定时要更为困难。对此,需要从以下几个方面来进行审查判断:

1. 必须实施了与投案相关的必要行为,能够清楚地反映投案意愿。准备投案不能仅仅是被告人的一种纯粹的心理活动或者单纯的意思表示,还必须要外化为客观行为,否则就不具有法律意义,而且司法机关也无从查证。这就要求,行为人必须在投案意愿的支配下,为投案实施了一定的准备行为。反之,如果行为人已向他人表示将要投案,但在时间和条件允许的情况下,却一直没有为投案做任何准备行为,就不能认定为准备投案。从司法实践来看,为投案做准备的行为主要有两类:一是为投案准备工具、创造条件。如了解投案对象和场所路线,为投案准备交通工具、生活用具,请求父母、亲友陪同投案,正在书写供词准备带去投案,因受伤等原因正在寻找他人代为投案,等等。二是为投案解除后顾之忧、安排后事。如投案前与亲友告别,交代债权债务,安排赡养老人、抚养子女事宜,等等。在上述行为中,有些能够明显地反映出被告人的投案意愿,如请求亲友陪同投案;但也有一些准备行为具有双重性质,如准备交通工具、与家人告别,这些行为既可能是为投案创造条件或者解除后顾之忧,也可能是为潜逃在做准备。对于这种情形,不能仅凭被告人的供述,还应当结合其他证据来进行分析判断,如果缺乏其他证据予以印证的,一般也不能认定为准备投案。需要指出的是,行为人的投案准备行为与投案行为之间必须具有一定的连续性。如果行为人投案准备行为已经充分完成,但是迟迟没有进一步实施投案行为,表明其投案意愿已经中断或改变,也不能认定为"准备去投案"①。

2. 准备投案必须有相应的证据加以证明。根据《关于自首和立功的解释》的规定,构成"准备投案"必须要求"经查实确已准备去投案",这里就存在一个证明标准的问题。对准备投案的证明标准当然不能要求过高,不能以"事实清楚,证据确实、充分"的定罪标准来衡量,但也不能动辄以有利于被告人为由,对其辩解在既无法查实也无法排除的情况下一概采信。因为《关于自首和立功的解释》强调,必须是"经查实确已准备去投案",一方面要求"经查实",另一方面要求行为人"确已"准备投案。对此,可以从行为人准备投案行为的客观表现、被抓获时的客观行为、归案后供述的主动性与及时性、相关证人对行为人归案前言行的证言等方面进行综合审查判断。一般来说,如果犯罪分子有自动投案的意愿,正准备投案,那么他在被抓获当时必然会告诉侦查人员自己正准备投案,而在到案之后,也会积极主动甚至迫不及待地交代犯罪事实,以积极的态度争取自首的认定。反之,如果其一开始并未向侦查人员表明自己准备投案,直到审查起诉环节,乃至审判环节才告知司法工作人员其有准备投案的情节,而且一开始对犯罪事实的供述也是避重就轻,那么其供称"准备去投案"就很可能只是一种狡辩。此外,对于准备投案被抓获的情形,被告人通常会告知其亲友,并让其亲友提供投案帮助或者向其亲友安排"后事",故其亲友的证言也是证明其准备投案的有力证据之一,被

---

① 例如,被告人在原籍地作案后外逃,在亲属的劝说下准备投案而返回原籍地,但返回后一个月内一直未去投案,后被公安机关抓获。被告人辩称准备投案,其亲属也能证明说服被告人返回原籍地准备投案的过程。但是,所谓的"准备投案"竟然准备了一个月,这说明其投案意愿发生了变化。实际上,从客观行为看,被告人返回原籍地时确实是准备投案,但之后又放弃了投案意愿,所以不能认定为准备投案。

告人在到案之初也会向司法机关提供上述线索。故如果被告人辩称准备投案,却提不出相应的证据线索,司法机关经查证也未发现确能证明其已为投案做准备的证据的,不能认定为准备投案。

【指导案例】徐勇故意杀人案①——关于自首情节中"确已准备去投案"的认定

2013年9月1日19时许,被告人徐勇与其表兄陈文贤(被害人,殁年34岁)等人在浙江省嵊州市浦口街道东郭村陈文贤家饮酒时,因陈文贤怀疑徐勇此前想偷陈文贤妻子的电瓶车,二人发生争执扭打。陈文贤持啤酒瓶去打徐勇头部,徐勇遂拔出随身携带的弹簧刀捅刺陈文贤胸、腹部等处数刀,致其右心房破裂而失血性休克死亡。另查明:被告人徐勇作案后在亲属的规劝下,表示先回家与妻子告别后就去投案,但回家来不及投案即醉倒,其亲属主动报案后,协助公安人员将昏睡的徐勇带至公安机关。次日,徐勇醒酒后即如实供述了犯罪事实。

在本案中,被告人徐勇作案后回家途中,姐夫刘俊及外甥媳妇陈选洪均打电话劝徐勇自首,徐勇称先回家与妻子陈红燕告别再去投案。关于此节事实,相关证人证言及徐勇的供述可相互印证;徐勇回家后因酒性发作,未来得及安排善后即醉倒昏睡,此时刘俊报案并带领公安人员赶来;公安人员赶到徐勇家时,发现徐勇烂醉如泥,陈勇妻子陈红燕称本想用三轮车送徐勇去投案,但力气不够搬不动,公安人员遂将徐勇带回派出所,徐勇醒酒后即如实供述了犯罪事实。可见,徐勇作案后准备回家与家人先告别再去投案,有准备投案的客观行为,而且此行为系为投案解除后顾之忧、安排后事,属于与投案相关的必要行为,徐勇醒来后即如实供述了犯罪事实,其投案意愿是明确的、连续的。以上事实除徐勇的供述外,还得到了其亲属和公安人员证言的印证。故一、二审法院根据已查明的事实、证据认定徐勇的行为属于"经查实确已准备去投案",并结合其如实供述罪行,而依法认定为自首,是正确的。

【指导案例】赵新正故意杀人案②——如何认定"确已准备去投案"和"正在投案途中"

2009年11月30日8时许,被害人马西滨(殁年31岁)到陕西省渭南市开发

---

① 参见聂昭伟、孟伟:《徐勇故意杀人案——关于自首情节中"确已准备去投案"的认定》,载最高人民法院刑事审判一至五庭主办:《刑事审判参考》(总第103集),法律出版社2016年版,第38—42页。

② 参见郑鹏、曹吴清:《赵新正故意杀人案——如何认定"确已准备去投案"和"正在投案途中"》,载最高人民法院刑事审判一至五庭主办:《刑事审判参考》(总第89集),法律出版社2013年版,第24—28页。

区夕阳红敬老院向被告人赵新正催要欠款时,二人发生争执,赵新正持匕首朝马西滨胸部等处捅刺数刀,致马西滨当场死亡。随后,赵新正将马西滨的尸体拖至卫生间,又驾驶马西滨的轿车将马的手机、手表、钱包等随身物品抛扔在前往西安市临潼区的路上,并将该轿车弃于临潼区常堡建材市场一门店前。之后,赵新正返回,在卫生间用菜刀将马西滨的尸体肢解,将尸块、作案用的匕首、肢解尸体用的菜刀、马西滨所穿衣服等物分别装入家中两个皮箱及纸袋内,并于次日凌晨抛于渭河中。另查明:赵新正被抓获时,公安人员从其身上提取到其于2009年12月1日书写的"投案自首情况说明",但2009年12月3日3时许,公安人员在和赵新正通话,敦促其投案时,赵新正并未明确表示其要投案,且当日18时许,公安人员在西安市将其抓获后,其也未供述自己准备投案。

在关于"自动投案"的认定中,"准备去投案"表明主动、直接的投案行为尚未开始,只是在为投案做准备工作,而"正在投案途中"则表明投案的行为已经开始,即已经启程前往特定机关投案,只是由于时间和空间的差距而尚未完成投案即被抓获。在本案中,被告人赵新正在被公安机关抓获时并未准备去投案,也不是在投案途中,不构成自首。首先,赵新正及其辩护人认为赵新正准备去投案的最重要的依据是,2009年12月3日18时许,公安机关抓获赵新正时,从赵新正身上提取到的一份其被抓获前两日所书写的"投案自首情况说明",表明其确实曾经有过投案的想法,但是在有条件投案的情况下迟迟不实施投案行为,赵新正作案后前往投靠的朋友徐某及其家人亦均证实,赵新正没有向他们表达任何投案自首的意愿,说明其在准备投案之后犹豫不决,心理上尚未准备好自动投案,甚至在心理上发生变化,由最初的自愿投案变成不愿投案,故赵新正的行为不能认定为"确已准备去投案"。其次,被告人赵新正也不属于"在投案途中"被抓获。公安机关出具的侦破经过证明,2009年12月3日18时许,公安人员在西安市一人行道上将从住处出来准备吃饭的赵新正抓获,而并非在投案途中将其抓获。综上,法院对赵新正未认定具有投案自首情节是适当的。

【指导案例】张东生故意杀人案[①]——被告人具备自首要件,其亲属不配合抓捕的不影响自首的成立

2006年1月15日下午,被告人张东生到河北省保定市兴华路兴华小区×号楼×单元×室找到在此租住的被害人魏慧。被告人张东生以魏慧多次欺骗自己为由与之发生争吵,后张东生持砍刀冲魏慧头部及上肢连砍数刀后逃离现场。魏慧经抢救无效死亡。另查明:被告人张东生被公安机关锁定为重大犯罪嫌疑人后,在

---

① 参见李卫星:《张东生故意杀人案——被告人具备自首要件,其亲属不配合抓捕的不影响自首的成立》,载最高人民法院刑事审判一至五庭主办:《刑事审判参考》(总第72集),法律出版社2010年版,第15—20页。

返回其家的胡同口被公安人员抓捕时称:"我是张东生,我要自首。"当其家人不配合公安人员工作时,张东生没有任何劝阻言行。

在本案中,被告人张东生在杀死被害人后,将杀死被害人之事告诉了亲友,亲友们都劝其自首,张东生也有投案的意愿,但称想回家看一下生病的母亲后再去自首。亲友们送张东生回家,在返回其家的胡同口时看到前来抓捕的公安人员,在公安人员尚未采取抓捕措施,甚至在尚未确认他就是张东生之前,张东生主动说出"我是张东生,我要自首"。因此,张东生虽然没有直接去公安机关投案,且是在看到公安人员后才表示自首,但是根据张东生的供述及其言行表现,结合其他证人的证言等证据,能够确认张东生的确是准备"回家看一下生病的母亲后再去自首",具有自首的内心意愿;且张东生在看到公安人员后主动说出自己的身份,并明确说要自首,已经有了投案的具体言行表示。无论其是在回家探母的路上还是在直接去公安机关投案的路上被抓获,均可认定为"确已准备去投案,或者正在投案途中",不影响其"应当视为自动投案"这一基本要件的成立。张东生投案后在家人围困、阻挠抓捕的情况下,虽然没有主动劝阻家人,但是毕竟没有脱逃,主观上并无逃跑或抗拒抓捕的意思表示,客观上也没有实施配合家人阻挠抓捕的行为,说明他并没有放弃自动投案的想法,不能因为他没有劝阻言行而否定其已作出的投案表示与行为,因此,张东生家属不配合抓捕的行为不影响其自动投案的成立。

【指导案例】赵春昌故意杀人案①——如何认定"经查实确已准备去投案"

2006年1月31日下午3时许,被告人赵春昌酒后到本村李卫东的小卖部去玩,与正在打扑克的李梅菊发生口角,赵春昌遂拿起灶台上的一把菜刀,照李梅菊头部连砍数刀,李梅菊经抢救无效死亡。另查明,被告人赵春昌作案后四处躲藏、逃窜。其间,河南警方给赵春昌之妻韩志云做工作,要求韩协助公安机关抓捕赵春昌或者规劝赵春昌投案自首,韩志云允诺并于2006年2月3日赶到其娘家吉林省辽源市。2006年2月8日河南警方根据韩志云提供的地址,到辽源市山湾乡赵春昌的岳母盛秀兰家,要求盛秀兰及其家人协助公安机关抓捕赵春昌或者规劝赵春昌投案自首。2006年2月9日凌晨3时许,赵春昌逃至盛秀兰家,其妻韩志云遂给赵春昌做工作,规劝赵投案自首,赵春昌同意投案,韩志云遂将此情况电话报告给河南警方,河南警方即通知辽源警方。同时,盛秀兰亦安排儿媳李书芳报警,并到村口带领随后赶到的辽源警方来家中将赵春昌抓获归案。

---

① 参见王锋永:《赵春昌故意杀人案——如何认定"经查实确已准备去投案"》,载最高人民法院刑事审判第一、二、三、四、五庭主办:《刑事审判参考》(总第60集),法律出版社2008年版,第41—45页。

本案犯罪嫌疑人赵春昌在其犯罪事实已被公安机关发觉后外逃期间,其亲属应公安机关的要求,规劝赵春昌投案自首,赵同意投案,其亲属遂将赵愿意投案的情况报告警方,并到村口带领公安人员到家中将在家中等候的赵春昌抓获归案。由此可以看出,在主观上,赵春昌已经明确表示同意投案;客观上,其亲属打电话将赵春昌投案的意愿通知警方并带领警方在家中将其抓获,赵春昌在被抓获时没有抗拒行为。上述情节均有证据证实,足以认定被告人赵春昌"确已准备去投案",并且赵春昌在归案后如实供认了自己的罪行,其行为符合自首的构成要件。因此,法院认定被告人赵春昌具有自首情节是正确的。

二、不知自己已被公安机关实际控制而投案的,能否认定"自动投案"

(一) 裁判规则

在犯罪嫌疑人或犯罪事实已被司法机关发觉的情况下,犯罪嫌疑人只有在尚未受到讯问或被采取强制措施时主动、自愿投案的,才能成立自动投案。其中,对于"讯问"的认定,应当以是否掌握了足以合理怀疑被查问对象实施犯罪的证据为标准。掌握的证据足以合理怀疑被查问对象实施犯罪的,是讯问;否则,不是讯问,而是询问、盘问。对于"采取强制措施",并不以《中华人民共和国刑事诉讼法》(以下简称《刑事诉讼法》)规定的五种类型为限,只要司法机关已经将行为人作为犯罪嫌疑对象对其人身予以强制或控制,就属于这里的"采取强制措施"。

(二) 规则适用

根据《关于自首和立功的解释》第1条第1款第(一)项规定,在犯罪嫌疑人或犯罪事实已被司法机关发觉的情况下,犯罪嫌疑人欲成立"自动投案",必须是在尚未受到讯问或未被采取强制措施之前主动、自愿投案。其中,对于"讯问",应当注意与盘问、询问区分开来。在区分的标准上,实践中存在三种观点:第一种观点以是否掌握了查问对象的主要犯罪事实(或基本犯罪事实)为标准;第二种观点以是否已经将被查问对象与待办案件相联系为标准;第三种观点以是否掌握了足以合理怀疑查问对象实施犯罪的证据为标准。掌握的证据足以合理怀疑被查问对象实施犯罪的,是讯问;否则,不是讯问,而是询问、盘问。笔者认为,第一种观点对自动投案的成立范围规定过宽,第二种观点则过分限制了自动投案的成立空间,第三种观点是适当的。理由在于:与询问和盘问不同,讯问是针对犯罪嫌疑人开展的调查工作,讯问须以掌握一定的犯罪证据为前提,且掌握的证据需要达到合理怀疑被查问对象实施犯罪的程度。根据这一标准,被查问对象在司法机关掌握据以合理怀疑其实施犯罪的证据之前所作的交代(或投案)成立自动投案,而之后的交代(或投案)不认定为自动投案。

关于"强制措施"的理解,实践中也有两种观点。一种观点认为,此处的"强制措施"与《刑事诉讼法》所规定的"强制措施"系同一概念,其范围仅包括《刑事诉讼法》明确规定的拘传、拘留、逮捕、取保候审和监视居住五种措施。据此,如果犯罪嫌疑人已被采取了上述"强制措施",即使其主动交代,也不能认定为自动投案。① 反之,如果犯罪嫌疑人未被采取上述五种"强制措施",即使公安机关对该人已经达到实际控制效果,只要其投案行为具有主动性和自愿性,也可成立自动投案。另一种观点认为,此处规定的"强制措施"与《刑事诉讼法》所规定的"强制措施"并非同一概念,只要司法机关已对犯罪嫌疑人实施了实际的人身控制,即使不符合或未履行《刑事诉讼法》所规定的"强制措施"的条件和程序,也是对其采取了"强制措施"。相反,犯罪嫌疑人在投案时,只要其还有行动自由决定能力,即使其已经被采取了《刑事诉讼法》规定的五种"强制措施"(如被批准逮捕、网上追逃),其投案仍应当视为自动投案。笔者同意第二种意见,《关于自首和立功的解释》之所以要求投案行为必须发生在被采取"强制措施"前,意在明确自动投案的前提与时间条件,防止将无助于节约司法资源的投案行为认定为自动投案。而投案行为是否有利于节约司法资源,取决于犯罪嫌疑人在投案之时是否已经被公安机关作为犯罪嫌疑人实际控制。如果在实施投案行为时,司法机关尚未将其作为犯罪嫌疑对象对其人身予以强制或控制,其人身活动处于自由、自主状态,即使其已被采取《刑事诉讼法》规定的五种"强制措施"之一,也应当认为犯罪嫌疑人未被采取"强制措施"。反之,就应当认为已被采取"强制措施"。

【指导案例】周元军故意杀人案②——不明知自己已被公安机关实际控制而投案的,不认定为自首,但可酌情从轻处罚

被告人周元军因怀疑其妻周会珍与他人有不正当男女关系,二人经常争吵,夫妻关系不睦。2008 年 8 月 20 日,周会珍要求与周元军离婚。当日 17 时 30 分许,周元军持事先准备的尖刀来到湖南省溆浦县周会珍之弟周日东的租住处卧室内捅刺周会珍后背、前胸各一刀。周会珍呼救,周会珍之母刘秀妮闻讯赶到客厅,周元军先持刀捅刺刘秀妮腹部一刀,致刘秀妮肝脏破裂大出血死亡后,又继续捅刺周会珍,致周会珍重伤后潜逃,后因畏罪触电自杀,被人发现后报警并送医院抢救。民警接到"有人触电自杀"的报案后赶到医院,经组织辨认确认该触电自杀男子系周元军后,遂安排专人(便衣)守候在病房内对其实施控制。周元军被救醒后即告知在场人员自己的身份及杀害妻子和岳母的情况。

本案审理中,对于被告人周元军是否构成"自动投案"存在两种意见:第一种意见认为,周元军的行为构成自动投案。理由是:自动投案的根本特征是犯罪人

---

① 如被取保候审和监视居住的人在脱保或外逃后又投案的,因为其已被采取了《刑事诉讼法》规定的"强制措施",就不能再认定其行为系自动投案。
② 参见杨学成、谷国文、李伟华:《周元军故意杀人案——不明知自己已被公安机关实际控制而投案的,不认定为自首,但可酌情从轻处罚》,载最高人民法院刑事审判一至五庭主办:《刑事审判参考》(总第 80 集),法律出版社 2011 年版,第 42—51 页。

具有投案的主动性和自愿性,周元军作案后触电自杀,在昏迷状态中被他人送往医院救治,其清醒后在并不知道自己被身着便装的公安人员控制的情况下,即告知在场人员自己的身份以及杀害其妻和岳母的事实,主观上具有投案的主动性和自愿性;客观上周元军当时亦未被执行拘留、逮捕等"强制措施"或者受到讯问,符合司法解释关于自动投案的规定,故应认定周元军的行为系自动投案。第二种意见认为,周元军不构成自动投案。理由是:从主观上来说,被告人周元军昏迷后醒来并不知在场人员中有便衣警察,也不知道自己已被公安机关控制,故其讲述犯罪事实的行为只是正常聊天行为,不能视为是向司法机关、有关组织和人员投案;其在谈话中也始终没有要委托"看护人员"投案的意思表示,故其行为也不能视为委托他人代为投案,因此,其主观上没有主动、自愿投案的意愿。从客观上来讲,因"尚未受到讯问或未被采取强制措施"是成立自动投案的客观前提,周元军尚在昏迷中时,公安机关就已将其作为犯罪嫌疑人予以控制,应视为已对其实施了"强制措施",其不具备自动投案的客观条件,即使其有投案意愿和行为,亦不能认定其系自动投案。笔者认为,法院最终采纳上述第二种意见是适当的。

三、亲属"送亲归案"或者协助抓获行为人的,能否认定"自动投案"

(一) 裁判规则

判断亲属报警协助抓获被告人是否构成自首,不能一概而论,需要根据有关法律、司法解释和刑事政策的规定,结合被告人犯罪后的主观心态、客观行为、亲属报警所产生的效果、到案后的供述情况等方面因素加以综合分析,才能得出正确的结论。

(二) 规则适用

《关于自首和立功的解释》规定,"并非出于犯罪嫌疑人主动,而是经亲友规劝、陪同投案的,公安机关通知犯罪嫌疑人的亲友,或者亲友主动报警后,将犯罪嫌疑人送去投案的,也应当视为自动投案"。《关于自首和立功的解释》规定的自动投案并不以传统的犯罪嫌疑人本人自动或者主动投案为限,还包括了犯罪嫌疑人亲友主动帮助投案的情形。换言之,《关于自首和立功的解释》允许犯罪嫌疑人到案时持有相对消极的主观心态,只要其不反对亲属的报警及公安机关的抓捕,客观上也没有实施逃避侦查的对抗性行为,仍然可以视为自动投案。这在一定程度上突破了对投案自动性的传统认识,但同时又保留了其合理内涵,可以将其称之为"非对抗性"标准。审判实践中,要注意准确把握投案的非对抗性标准,要有能体现其非对抗性(配合合作)方面的证据。例如,如果亲属事先已经对犯罪分子进行教育、劝导,但是犯罪分子明确予以拒绝,或者在抓捕过程中拒捕,抗拒司法追究,表明其仍具有较强的对抗性,就不能认定其为自动投案。再如,如果犯罪分子并不明知亲属已向公安机关报警或者公安机关正在前来抓捕,其主观方面的对抗性或非对抗性同样无从体现,此种情形下即使犯罪分子没有拒捕行为,依照最高人民法院《关于处理自首和立功若干具体问题的意见》(以下简称《关于自首和立功的意见》)第1条规定①,也不能认定为自动投案,但可以参照法律对自首的有关规定酌情从轻处罚。

【指导案例】袁翌琳故意杀人案②——对亲属报警并协助公安机关抓获被告人行为的认定

被告人袁翌琳于2009年5月10日凌晨,在北京市海淀区复兴路乙63号北京卫戍区招待所×室,因与男友路星(殁年22岁)发生感情纠纷,趁路星熟睡之机,持事先准备的尖刀猛刺路星胸部数刀,路星因被刺破左肺、心脏致急性失血性休克死亡。后袁翌琳将其杀人及欲自杀的情况打电话告知其亲属,其亲属随即报警,并协助公安人员赶到案发现场后将袁翌琳抓获归案。

在本案中,被告人袁翌琳将被害人杀死后,打电话将杀人的情况告诉了自己的亲属,袁翌琳的亲属在得知该情况后迅速报警,并在电话中做袁翌琳的思想工作,尽力稳定袁翌琳的情绪。在得知袁翌琳作案的详细地点后,其亲属在电话中告诉袁翌琳,正和公安人员赶往案发现场。袁翌琳亲属的报警行为,为公安机关侦查破案提供了详细的线索,使公安人员能够在案发后及时赶到现场,将袁翌琳予以控制,袁翌琳的被抓获与其亲属的代替投案行为之间有紧密联系,其亲属报警的行为客观上起到了降低追诉犯罪成本,节约司法资源的效果。更重要的是,袁翌琳得知公安机关即将前来抓捕后,在有条件逃跑的情况下,并没有采取反抗和逃避抓捕的行为,被公安机关控制后能始终配合公安机关工作,如实供述自己的犯罪事实,认罪并悔罪。综合本案情节,袁翌琳的行为符合自首的实际效果、客观行为、主观心态三个方面要件,其自首应当予以认定。

【指导案例】吕志明故意杀人、强奸、放火案③——如何认定"送亲归案"情形下的自动投案

被告人吕志明与被害人徐某某(女,殁年32岁)系邻居,均已离婚。2009年7月22日20时许,吕志明酒后遇到徐某某,纠缠并要求与其发生性关系,遭徐某某

---

① 犯罪嫌疑人被亲友采用捆绑等手段送到司法机关,或者在亲友带领侦查人员前来抓捕时无拒捕行为,并如实供认犯罪事实的,虽然不能认定为自动投案,但是可以参照法律对自首的有关规定酌情从轻处罚。

② 参见周军、李忠勇:《袁翌琳故意杀人案——对亲属报警并协助公安机关抓获被告人行为的认定》,载最高人民法院刑事审判一至五庭主办:《刑事审判参考》(总第80集),法律出版社2011年版,第36—41页。

③ 参见李晓光、任能能:《吕志明故意杀人、强奸、放火案——如何认定"送亲归案"情形下的自动投案》,载最高人民法院刑事审判一至五庭主办:《刑事审判参考》(总第80集),法律出版社2011年版,第29—35页。

拒绝。当日 21 时许,吕志明翻围墙跳进徐某某家院内,进入室内后再次要求与徐某某发生性关系,被徐某某拒绝,吕即用拳头将徐某某打倒,用铁丝和胶带捆、缠徐的手和嘴,对徐某某实施强奸。吕志明恐徐某某报案,使用徐某某家炕上的背包带将徐勒死,并用打火机点燃现场衣物、被褥焚烧尸体,后逃离现场。另查明,2009 年 8 月 5 日晚,吕志明在接受公安机关的排查之后,见公安人员摆弄他吸过的烟头,感到事情要败露。吕志明到其姐姐吕红霞家,讲述了公安人员提取烟头的情况,吕红霞说是为了做 DNA 鉴定。吕志明承认在徐某某被害当晚其曾和徐某某发生过性关系,并谎称此前已经发生过一次,这次是第二次。其姐夫张东权是看守所工作人员,追问吕志明是否杀人,吕志明否认杀人、放火。张东权即提出让吕志明到公安机关说明吕当晚虽曾在案发现场出现,但并未实施犯罪的情况。吕志明同意后,张东权给公安局副局长苏学军打了电话。苏学军带人赶到张东权家将吕志明带至公安机关,在口头讯问中,吕志明仍否认实施杀人、放火行为。直至次日 6 时许,吕志明供述了强奸、杀人、放火的犯罪事实。

在本案中,被告人吕志明在公安机关排查期间,因恐罪行败露而向亲属承认其和被害人发生过性关系,但否认强奸被害人,亦不承认实施了杀人、放火行为。吕志明经亲属劝说后,同意亲属联系公安人员,其目的并非要将自己主动交由司法机关处理,而是心存侥幸,试图通过虚构被害人曾自愿与其发生过性关系,且当晚其再次与被害人发生性关系并非强奸,"合理"解释被害人体内为何留有其精斑,以掩盖犯罪事实。吕志明于当日 20 时许被带到公安机关,在口头讯问中仍否认实施犯罪行为,直至次日 6 时许才被迫供认犯罪。这表明,吕志明并不具有将自己主动置于司法机关控制下接受审查处理的投案目的,不属于自动投案,不能认定为自首。此外,在被告人吕志明一再否认对被害人实施犯罪的情况下,吕的亲属并不知道吕实施了强奸、杀人、放火等犯罪行为,即并非明知被害人系被吕所杀害,也没有将吕作为犯罪分子来看待。吕志明的亲属主动打电话联系公安人员,让其前来将吕志明带走,目的在于让吕到公安机关说明情况,撇清涉案嫌疑,并不具有主动报案的性质。综上,被告人吕志明本人并未自动投案,其亲属的行为也不能视为"送亲归案",故不能认定其本人具有自首情节。

四、取保候审期间逃跑,后自动投案并如实供述的如何认定

(一) 裁判规则

1. 自动投案的时间节点是尚未受到讯问、未被采取强制措施之时;取保候审是对犯罪嫌疑人、被告人所采取的一种刑事强制措施,在此期间逃跑后再投案的,不符合自动投案的要求,不能认定为自动投案。但如果行为人在取保候审期间犯新罪后逃跑,由于该取保候审系针对前罪而采取的,相对于新罪而言行为人并未被采取强制措施,故其投案行为符合自动投案的时间节点。

2. 行为人犯罪后自动投案并如实供述自己的罪行,被取保候审之后潜逃,又再次投案并如实供述的,应当认定为自首;犯罪之后自首,被取保候审之后潜逃,最终系被抓获归案的,不能认定为自首。

(二) 规则适用

1. 犯罪嫌疑人、被告人在被采取取保候审强制措施之后潜逃,后再归案的,不能认定为投案自首。如果将这种行为认定为自动投案,就会与自首制度的立法本意相违背。自首的本质是犯罪嫌疑人犯罪后主动将自己交付国家追诉,使犯罪得以及时侦破和审判,从而达到节约司法资源的效果。而犯罪嫌疑人在取保候审期间逃跑的,严重妨碍了刑事诉讼活动的正常进行,使得司法机关不得不又花费很大人力、物力去抓捕,浪费了司法资源,与自首制度的本质完全背离。而且,犯罪嫌疑人在取保候审期间逃跑本身就违反了关于取保候审的法律规定,本来就应当受到进一步的惩罚,如果将潜逃后再归案的行为认定为自动投案,那么犯罪嫌疑人因其不法行为不仅没有受到惩罚,反而获得了法律上的奖励,等于是在鼓励被采取取保候审的犯罪人实施违法行为,这不仅是对其他没有脱逃、主动遵守取保候审相关规定的犯罪嫌疑人的一种不公平待遇,还有可能引发更多违法行为的发生,从而与刑罚的目的完全相悖,故对这种情形不能认定为"自动投案"。

此外,根据最高人民法院《关于自首和立功的解释》第1条的规定,自动投案的时间节点是在尚未受到讯问、未被采取强制措施之前。取保候审是对未被逮捕或逮捕后需要变更刑事强制措施的犯罪嫌疑人、被告人,责令其提出保证人或者缴纳保证金,并出具保证书,保证随传随到,对其不予羁押或暂时解除其羁押的一种刑事强制措施。当犯罪嫌疑人、被告人已经被采取取保候审强制措施的情况下,其逃跑后再主动归案的,不符合自动投案的时间节点要求,也不能认定为自动投案。当然,取保候审期间因为犯新罪而逃跑,不成立自动投案是针对被采取取保候审的前罪而言的。对于新罪,由于行为人在逃跑之时并未被立案,也没有因此受到讯问或者被采取强制措施,故其投案行为符合自动投案的时间节点要求,而且该行为在客观上也节约了司法资源,体现了认罪悔罪的态度,故对新罪应当认定为自动投案。

2. 犯罪后自动投案并如实供述自己的罪行,构成自首,但这个结论并非是不可逆转的。从刑事诉讼过程来看,一个案件要经过立案、侦查、起诉、审判等多个程序,投案行为能否认定为自首,最终需要由审判机关来认定,故在判决宣判之前行为人的一系列表现,均会影响到自首的成立。行为人自动投案并如实供述自己的罪行,该行为必须延续到一审阶段,才能最终获得自首的认定。对此,《关于自首和立功的解释》第1条规定,犯罪嫌疑人自动投案后又逃跑的,不能认定为自首;犯罪嫌疑人自动投案并如实供述自己罪行又翻供,在一审判决前仍不能如实供述的,也不能认定为自首。其原因就在于这两种情形分别以逃跑行为和翻供行为否定了此前的投案自首行为。需要指出的是,《关于自首和立功的解释》第1条规定的"自动投案后又逃跑的,不能认定为自首",应当是指"自动投案后又逃跑,最终是被抓获归案"的情形,而不包括"自动投案后又逃跑,之后自己再次投案"的情形。行为人再次投案是对其逃跑行为的纠正,使其又恢复到逃跑之前置于司法机关控制之下,等待法律制裁的状态,符合自首的"主动、自愿性"要求,因而应当认定为自首。

【指导案例】吴某强奸、故意伤害案①——行为人在取保候审期间犯新罪而逃跑,被公安机关依法通缉后又自动投案并如实供述罪行的,是否认定全案构成自首

2013年4月13日3时许,被告人吴某在其租住的江苏省扬中市三茅镇扬子新村房间内,采取言语恐吓等方式,强行与被害人陈某某(女,1994年4月生)发生性关系。当日,吴某因涉嫌犯强奸罪被刑事拘留,同月20日被取保候审。被告人吴某在取保候审期间逃跑,后被公安机关依法通缉。同年12月30日,吴某在扬中市扬子新村第二机关幼儿园门前,因会车问题与被害人范永记发生纠纷,后吴某持木棍殴打范永记,致范永记轻伤。2014年9月10日,被告人吴某主动向公安机关投案,到案后如实供述了其实施强奸、故意伤害的犯罪事实。

在本案中,对于吴某因涉嫌犯强奸罪被取保候审,期间实施故意伤害犯罪行为而逃跑,之后又自动投案的行为能否认定为自首,存在不同意见:第一种意见认为,吴某犯罪后逃跑,后又自动投案并如实供述罪行,符合法律规定的自首要件,应对其所犯强奸罪、故意伤害罪一并认定为自首。第二种意见认为,吴某逃跑时尚处于取保候审期间,属于已被采取强制措施的情形,不符合法律规定的自动投案的时间要件,对其所犯的强奸罪、故意伤害罪均不认定自首。第三种意见认为,吴某因涉嫌犯强奸罪而被取保候审,在此期间内逃跑,后自动投案的行为不应认定为自首。吴某因涉嫌犯故意伤害罪,在未被讯问、采取强制措施之前逃跑,后又自动投案并如实供述自己犯罪事实的,可以认定为自首。法院采纳了第三种意见,理由如下:第一,吴某因涉嫌犯强奸罪被取保候审,在此期间逃跑、后又主动投案的行为,不符合成立自首关于时间节点的要求,对其所犯强奸罪不应认定为自首。在本案中,吴某于2013年4月13日因涉嫌犯强奸罪被公安机关抓获归案,当日被刑事拘留,同月20日被取保候审,属已被采取刑事强制措施。因此,吴某在取保候审期间逃跑,不符合刑法关于自动投案时间节点的规定,不具备自首的前提条件,对其所犯强奸罪不应认定为自首。第二,吴某因涉嫌犯故意伤害罪,在未被讯问、采取强制措施之前逃跑,后又自动投案并如实供述自己犯罪事实的,可以对

---

① 参见张云、王禹:《吴某强奸、故意伤害案——行为人在取保候审期间犯新罪而逃跑,被公安机关依法通缉后又自动投案并如实供述罪行的,是否认定全案构成自首》,载最高人民法院刑事审判一至五庭主办:《刑事审判参考》(总第103集),法律出版社2016年版,第38—42页。

该新罪认定为自首。吴某的逃跑行为虽然发生在取保候审期间,但其被取保候审是因为所犯强奸罪而非故意伤害罪,不能认为公安机关对其所犯故意伤害罪也采取了强制措施。由于吴某在逃跑之时,其所犯故意伤害罪尚未被立案,本人也未因此受到讯问或被采取强制措施,就其所犯故意伤害罪而言,之后的投案行为符合自动投案的时间节点,应当认定为自动投案。

【指导案例】王裕昌、严炎开等抢劫案①——犯罪后自首,被取保候审后潜逃,又再次投案的,仍应认定为自首

1999年11月24日凌晨,被告人王裕昌、严炎开伙同多名同案犯,在江西省莲花县六市乡路段,拦住被害人洪文辉驾驶的货车,劫得洪文辉的现金人民币330元。另查明:(1)被告人王裕昌于1999年12月19日到莲花县公安局投案,同日被取保候审。因王裕昌在取保候审期间经依法传唤无故拒不到案,公安机关遂对其进行网上追逃。2010年8月8日,王裕昌被广东警方抓获。(2)被告人严炎开于2000年12月11日向莲花县公安局投案,同日被取保候审。因严炎开在取保候审期间经依法传唤无故拒不到案,公安机关遂对其进行网上追逃。2010年10月18日,严炎开再次向莲花县公安局投案。

在本案中,被告人王裕昌自首并被取保候审后潜逃,最终被抓获归案,王裕昌的逃跑行为否定了已经具备的"自动投案"要件,说明其不愿将自己继续置于司法机关控制之下,不愿接受法律制裁,体现不出悔罪态度,也没有节约司法资源,不构成自首。被告人严炎开投案自首并被取保候审后潜逃,虽然否定了之前的投案自首行为,但是其第二次投案的行为,是对其逃跑行为的纠正,使其又恢复到逃跑之前置于司法机关控制之下,等待法律制裁的状态,符合自首的"主动、自愿性"要求,因而应当认定为自首。

五、行为人供述与采取强制措施罪名不同的罪行,针对该罪能否认定自动投案

(一)裁判规则

在行为人犯有数罪的情况下,尽管公安机关仅以其中一罪对行为人采取强制措施,但如果行为人所犯另外罪行已经被公安机关掌握,即使其主动供述与采取强制措施不同的犯罪事实,对该罪也不能认定为自首。

(二)规则适用

在行为人犯有数罪并案或先后处理的情况下,针对其中某一或部分证据较完

---

① 参见最高人民法院刑事审判第一庭编著:《最高人民法院自首、立功司法解释:案例指导与理解适用》,法律出版社2012年版,第91—95页。

整的罪名,公安机关在一些时候仅以该罪名对行为人采取强制措施,行为人在被采取强制措施之后主动交代另外罪行的,对该另外罪行能否认定为自首?对此,需要根据刑法对自首的相关规定来进行判断。《刑法》第67条第2款规定:"被采取强制措施的犯罪嫌疑人、被告人和正在服刑的罪犯,如实供述司法机关还未掌握的本人其他罪行的,以自首论。"从该规定可以看出,已经被采取强制措施的犯罪嫌疑人,其所供罪行能否认定为"自动投案",取决于司法机关是否已经掌握该罪行,而与司法机关采取强制措施所针对的罪名没有关系。如果行为人所供述的系司法机关尚未掌握的其他罪行,可以以自首论;反之,如果其所供述的罪行已经被司法机关所掌握,即使与立案、侦查过程中采取强制措施的罪名不同的,也不能认定为自首。

【指导案例】黄光故意杀人、诈骗案[①]**——打电话报警但未承认自己实施犯罪行为的能否认定为自首**

1. 诈骗事实。2009年9月至2011年12月间,被告人黄光谎称能帮助龙利源承包电站周边林木、向电站供应沙石和办理建筑企业资质证书,先后以需支付承包款、办事费、押金等名义骗取龙利源钱款共计人民币135.5万元。

2. 故意杀人事实。2011年12月23日,龙利源与生意伙伴黄文一起到广东省阳春市八甲镇八甲火锅城食用猫肉火锅,等餐期间,黄光借故离开,到其轿车上取出事先准备的一包片状大茶药(钩吻,俗称"断肠草",有剧毒),然后将大茶药放入火锅内。龙利源、黄文和黄光开始食用。龙利源、黄文喝过汤说有苦味,黄光即谎称系猫胆破裂或者所配药材过多所致,还食用少量猫肉和火锅汤以遮掩真相。稍后,龙利源、黄文、黄光均出现中毒症状,被送到镇卫生院进行治疗和抢救。在医院期间,黄光打电话报警,但隐瞒了其投放大茶药的事实。龙利源因为食用过多大茶药而中毒太深经抢救无效于当日下午死亡,黄文、黄光经抢救脱险。

在本案中,被告人黄光犯有诈骗罪和故意杀人罪,公安机关虽然以诈骗罪立案并拘留黄光,但实际上已经掌握了证明黄光实施了投毒杀人行为的相当证据:第一,公安机关一直是围绕投毒案件开展前期调查的,这从刑拘之前对黄光的几次询问笔录中可以看出。第二,在黄光供述投毒杀人罪行之前,侦查机关从火锅店业主及一同食用猫汤的黄文处获悉,龙利源在抢救期间情绪激动并用手指着黄光;黄光当天行为反常,并在厨房进出频繁,特别是在火锅城厨房消毒柜顶上提取了剩余的大茶药片。同时,证人提交了龙利源与黄光有经济往来的相关票据,据此侦查机关确定黄光有投毒的重大作案嫌疑。第三,公安机关之所以未以故意杀

---

① 参见陆建红:《黄光故意杀人、诈骗案——打电话报警但未承认自己实施犯罪行为的是否认定为自首以及如何审查判断经鉴定属于被害人真实签名的保证书等书证的真实性》,载最高人民法院刑事审判一至五庭主办:《刑事审判参考》(总第101集),法律出版社2015年版,第72—79页。

人罪而以诈骗罪立案并拘留黄光,一方面由于黄光犯诈骗罪的证据已经收集得比较充分,而诈骗罪正是黄光故意杀人罪的前因;另一方面公安机关已将相关物证送检,但检验报告未出正式结果。为了防止黄光毁灭证据、逃跑,故先以诈骗罪立案侦查。综上,黄光在被以诈骗罪立案并刑事拘留后交代的投毒杀人犯罪,不属于交代公安机关尚未掌握的犯罪事实,依法不成立自首。

六、如何认定自首情节中的"明知他人报案而在现场等待"

(一)裁判规则

针对留在现场被抓捕的行为成立现场待捕型自首,需要具备以下三个条件:①行为人作案后,明知或者根据现场情况,有合理依据认为他人已经报案;②行为人案发后有足够的时间和条件,能够逃跑而未逃跑;③行为人案发后自愿留在现场的目的是为了等待被抓捕。

(二)规则适用

司法实践中,犯罪嫌疑人作案后,为了防止被抓捕,通常会立即离开案发现场这块是非之地。但是一些情况下,犯罪嫌疑人为了投案自首减轻罪责,犯罪后会在现场等候抓捕。对此,《关于自首和立功的意见》第1条明确规定,"明知他人报案而在现场等待,抓捕时无拒捕行为,供认犯罪事实的",应当视为"自动投案"。而在另外一些情况下,犯罪嫌疑人留在现场并非为了等待抓获,而是因为无法离开,或者为了毁灭证据、继续作案、观察四周情况等而不愿离开,后在该现场被公安机关抓获归案。在这种情形中,犯罪嫌疑人及其辩护人通常会运用该条款来进行辩护,认为已经"明知他人报案而留在现场等待",应认定为投案自首,由此需要对该条款有一个正确理解。笔者认为,根据《关于自首和立功的意见》的规定,并非所有留在现场被抓捕的行为都成立现场待捕型自首。这种情形要认定自动投案,需要具备以下三个条件:

1. 必须要明知他人已经报案。这里的"明知"不仅存在有无的问题,还有程度的问题。根据明知程度的不同,分为"确切的明知"和"推定明知"两种情形。所谓"确切的明知",是指对明知的内容有明确的、非常清楚的认识,如作案后看到或者听到他人报案,而在现场等待的,属于"确切的明知";另一种是行为人虽然没有看到或者听到他人报案,但根据当时情况有理由相信他人已经或者将要报案的,属于"推定的明知"。例如交通肇事后留在现场,事故现场有多人在参与抢救,尽管没有人明确告知要去报警,或者虽有人打电话但无法听见电话的内容,但依照一般常识判断,他人完全有可能已经或者正在报警,其仍然选择留在现场的,此种情形也属于"明知他人已经报案"。

2. 犯罪嫌疑人作案后留在现场系其主动选择,而非客观上的迫不得已。也就是说,犯罪嫌疑人在明知他人报案的情况下有机会逃走而未逃走,即"能逃而不逃",这种情形体现了其自愿、主动将自己交付法律制裁的意图。犯罪嫌疑人留在现场的原因很多,一些情况下犯罪嫌疑人作案后在客观上没有受到强力控制,完全可以成功逃匿,但是其为了投案自首减轻自己罪责而自愿主动选择留在现场;但是在另一些情形中,犯罪嫌疑人在主观上并非自愿,而是一种迫不得已的选择。如作案后遇到被害人阻拦或者群众围堵等客观原因,而难以离开现场;或者因为受伤、醉酒、突发疾病等自身原因而无法离开现场。为此,在具体认定时,首先需要从客观上来分析行为人在当时的情况下是否有条件逃走。如果行为人因为受伤、意识不清、被群众包围等客观因素而不得不留在现场,并非能够自由选择是否留在现场,则不能认定为自动投案。其次还需要判断行为人不选择逃走的原因和目的是什么,如果滞留现场是为了寻找继续作案的机会而非等待抓捕,同样不能认定为自动投案。只有在其有机会逃走而未逃走,留在现场等待抓捕,主动、自愿地将自己交给司法机关控制的,才能认定为"自动投案"。

3. 犯罪嫌疑人作案后留在现场具有特定目的性即"等待抓捕"。对于"留在现场等待",立法本意是作案后本来没有必要留在原处,但为了等待司法机关抓捕,接受司法机关的处理而留在现场,即留在现场要具有等待司法机关抓捕的特定目的性。如果犯罪嫌疑人作案后知道他人已经报案,但其滞留现场并非为了等待抓捕,而是为了清理犯罪现场,或者是为了寻找作案机会以便进一步实施犯罪,此后被抓获的情形不属于"留在现场等待"。

【指导案例】韩永仁故意伤害案①——"明知他人报案而在现场等待"情形的具体认定

被告人韩永仁与被害人逯永君均系吉林省长春市雪月山饭店的锅炉工,二人轮流值班。2013年7月19日晚,逯永君值班。韩永仁供述称"21时许,我看见逯永君将锅炉水加冒,他还在休息室听收音机,我就批评他,他不服还骂我,我急了,就从休息室的碗架子上拿起一把尖刀"。韩永仁持刀扎逯永君左大腿上段前内侧及前胸正中平乳头处各一刀,后逯永君抢下尖刀,持刀追撵韩永仁至雪月山饭店一楼大厅,逯永君因伤情较重倒地,韩永仁见状回到锅炉房休息室。金岚随即拨打120急救电话,并电话告知经理庞秀平。后韩永仁再次来到大厅,见逯永君趴在地上不动,询问金岚是否报120,得到答允后回到锅炉房休息室。后庞秀平拨打110报警电话,并派饭店员工赵立东、方强到锅炉房看韩永仁的动向,韩永仁始终在锅炉房休息室待着,直至被公安人员带走。

根据《关于自首和立功的意见》之规定,"明知他人报案而在现场等待,抓捕时无拒捕行为,供认犯罪事实"的,可以认定为自首。对于本案被告人韩永仁是否属

---

① 参见杨华、季昊:《韩永仁故意伤害案——"明知他人报案而在现场等待"情形的具体认定》,载最高人民法院刑事审判一至五庭主办:《刑事审判参考》(总第102集),法律出版社2016年版,第32—36页。

于上述情形,审理过程中有两种不同意见:第一种意见认为,韩永仁查看被害人伤情后询问他人是否报120,仅可视为韩永仁对被害人有救治的意思,但120属于医疗机构,并非司法机关,韩永仁对现场有人拨打110报警并不知情,不能认定为自动投案。第二种意见认为,韩永仁虽然没有在现场看到他人报案,但是结合案发现场情况,其有理由相信会有人及时报案,客观上有足够的时间、条件逃跑而未逃跑,符合立法本意,应视为自动投案的情形。笔者同意第二种意见,理由是:首先,韩永仁持刀捅刺被害人后,被害人持刀追撵韩永仁至饭店一楼大厅,后失血过多倒在大厅地上,在大厅值班的金岚看到了这些情况,韩永仁知道已经有人发现其犯罪事实,此后再次来到饭店大厅,确认他人已经拨打120电话才回到第一作案现场——锅炉房。对于当时的被告人来说,犯罪事实已经被发现,在场证人还打了电话,无论是拨打110还是120,韩永仁都有理由相信他人已经报案,警察会赶到现场,故可以认定为"明知他人报案"。其次,被告人韩永仁在刺伤逯永君后,人身自由并未受到限制,其在自行回到锅炉房的过程中没有任何人阻拦、包围,有足够的时间逃走而未逃走,始终在锅炉房休息室待着直至被公安人员带走。此外,韩永仁留在现场没有任何毁灭证据、试图再次作案的行为,在意识到他人已经知道自己的犯罪行为、会去报案的情况下,仍然选择留在现场,被抓捕时没有拒捕行为,应认定其自愿在现场等待被抓捕。当然,针对并未主动报案,在现场等待抓捕型的自首,虽也具有投案的主动性和自愿性,但和主动到公安机关投案的典型自首相比,主动性和自愿性相对要更低一些,故在考虑从轻时应当有所区别,从宽幅度不宜过大。

【指导案例】熊华君故意伤害案[①]**——现场待捕型自首的认定条件**

2007年6月22日13时,被告人熊华君在位于湖北省武汉市武昌区和平大道745号铁道部第四勘察设计院(以下简称铁四院)门口,因安装报警装置与铁四院值班室内午休的保安唐某某发生口角,后相互扭打,其间被告人熊华君用安装报警装置所用的起子将唐某某的颈部捅伤,致使其左侧颈外动脉破裂急性大失血休克而死亡。案发后,在场的另一名保安送唐某某去医院,同时通知了铁四院公安处。熊华君在现场等待公安人员到来,并供认了上述犯罪事实。经报警,武昌区公安分局杨园街派出所民警至案发单位将熊华君带回派出所接受讯问。

在本案中,当另一名保安送被害人去医院抢救,现场仅有熊华君及其两名同事的情况下,熊华君始终没有试图离开的意思表示和行为,而是一直在现场等待公安人员的抓捕,显示出将自己置于司法机关控制下的自愿性。本案发生在中午

---

① 参见许军:《熊华君故意伤害案——现场待捕型自首的认定条件》,载最高人民法院刑事审判一至五庭主办:《刑事审判参考》(总第80集),法律出版社2011年版,第25—28页。

1时许,熊华君在捅伤被害人后,当时现场共有5人,期间其中一名保安先去了一趟离案发现场最近的办公楼,再返回送受伤同事去医院急救。根据当时的情况,熊华君应当能够推断出该保安进办公楼是向公安机关报案。当铁四院公安处民警最先来到现场时,熊华君一见到就立即上去承认了自己的犯罪行为,并按其要求前往铁四院公安处的办公室,随后又被闻讯赶来的杨园街派出所民警押解回办案单位。在整个抓捕、押解过程中,熊华君不抗拒、不脱逃,按照公安人员的要求顺利到达羁押场所。综上,对被告人熊华君的行为应当认定为"自动投案",后其又如实供述,故应当认定为自首。

七、经电话通知、传唤到案的行为能否认定为"自动投案"①

(一) 裁判规则

从"自动投案"的实质要件及相关法律规定来看,不应将经电话通知或传唤到案的行为一概排除在"自动投案"之外。对这种行为能否认定为"自动投案",不应一概而论,而应结合案件情况来进行具体分析。

(二) 规则适用

1. 从"自动投案"的实质要件来看,不应将经电话通知或传唤到案的行为一概排除在"自动投案"之外。自动投案的本质是犯罪嫌疑人犯罪之后,在具有人身自由的状态下,自愿、主动将自己置于司法机关或者有关负责人的控制之下,并进一步接受法律的审查与制裁。在经电话通知或传唤情形中,行为人在接到电话通知或传唤时,其犯罪事实可能尚未被司法机关发觉,也有可能已经被发觉。但无论何种情形,犯罪嫌疑人在接到电话通知或传唤之时,其人身尚处于自由状态,自主选择的余地很大:既可以选择到案,也可以选择拒绝前往,还可以选择潜逃外地。在这种情形下,犯罪嫌疑人放弃其他选择而自愿归案,表明其具有到案的自愿性和主动性。只要其在投案心理的支配下,以犯罪嫌疑人而非证人或者被害人的身份前往司法机关,均符合自动投案的本质特征,应认定为自动投案。况且,《关于自首和立功的解释》对于"犯罪后逃跑,在被通缉、追捕过程中,主动投案的"以及"公安机关通知犯罪嫌疑人的亲友,或者亲友主动报案后,将犯罪嫌疑人送去投案的",均视为自动投案。而犯罪嫌疑人在经侦查机关电话通知、传唤后即主动归案的,无论是在主观恶性还是在社会危害性等方面都要轻得多,根据"举重以明轻"的刑法当然解释原理,也应当认定为"自动投案"。

2. 从相关法律规定来看,不应将经电话通知或传唤到案的行为一概排除在"自动投案"之外。《关于自首和立功的解释》第1条第(一)项规定:"自动投案,是指犯罪事实或者犯罪嫌疑人虽被发觉,但犯罪嫌疑人尚未受到讯问、未被采

---

① 参见聂昭伟:《经电话通知传唤到案认定自动投案的条件》,载《人民司法·案例》2016年第8期。

取强制措施时,主动、直接向公安机关、人民检察院或者人民法院投案……"可见,在认定"自动投案"过程中,主要是判断行为人在投案之时是否"已经受到讯问或者已被采取强制措施"。《刑事诉讼法》第119条规定,"对不需要逮捕、拘留的犯罪嫌疑人,可以传唤到犯罪嫌疑人所在市、县内的指定地点或者到他的住处进行讯问"。上述规定明确了传唤与讯问、拘留、逮捕的关系:一方面,讯问只有在传唤到案后才能进行,表明犯罪嫌疑人在到案之前是尚未受到讯问的;另一方面,犯罪嫌疑人在被传唤时并未被采取逮捕、拘留两种强制措施,意味着传唤既非逮捕亦非拘留。此外,传唤与作为强制措施的拘传尽管只有一字之差,但根据《刑事诉讼法》的规定,二者在归案的主动性上完全不同。其中,拘传是司法机关强制犯罪嫌疑人到案接受讯问的一种强制措施,通常情况下适用于经过传唤无正当理由拒不到案的犯罪嫌疑人,强调的是归案的被动性,可以使用械具;而传唤只是一种通知,其实质是犯罪嫌疑人自行按照侦查人员指定的时间,到达指定的地点接受讯问,不使用械具,它强调的是被传唤人到案的主动性、自觉性,并非一种强制措施。

3. 经电话通知或传唤到案能否认定"自动投案",应结合案件情况进行具体分析。

(1) 司法机关尚未掌握任何犯罪证据,亦未确定犯罪嫌疑人,仅电话通知行为人到案进行一般性排查,后者主动到案的,不仅符合《关于自首和立功的解释》第1条规定的"罪行未被司法机关发觉,仅因形迹可疑被有关组织或者司法机关盘问、教育后,主动交代自己的罪行的"情形,同时也符合《关于自首和立功的意见》第1条第1款"在司法机关未确定犯罪嫌疑人,尚在一般性排查询问时主动交代自己罪行的"的规定,依法应当认定为"自动投案"。

(2) 司法机关虽掌握了个别证据或者线索,但尚不符合立案条件,在初查过程中以电话通知、传唤的形式让犯罪嫌疑人到案接受调查询问的,根据《公安机关办理刑事案件程序规定》(2012年)第171条之规定,"初查过程中,公安机关可以依照有关法律和规定采取询问、查询、勘验、鉴定和调取证据材料等不限制被调查对象人身、财产权利的措施"。第189条进一步强调,"公安机关侦查犯罪,应当严格依照法律规定的条件和程序采取强制措施和侦查措施,严禁在没有证据的情况下,仅凭怀疑就对犯罪嫌疑人采取强制措施和侦查措施"。可见,在初查过程中,侦查机关虽然可以接触被查对象,向其了解情况,但这种行为在性质上系询问而非讯问,且这是以被查对象自愿为前提的,侦查机关不能采取任何强制措施。犯罪嫌疑人在具有人身自由的状态下,接到电话通知后主动到案并如实陈述自己罪行,表明其主动将自己置于司法机关控制之下,愿意接受法律制裁,符合自动投案的本质精神,应当认定为自动投案。

(3) 司法机关已经掌握较为充分的证据,并确定了犯罪嫌疑人,行为人接到电话通知或传唤后到案能否构成自动投案,需要根据自动投案的本质特征来进行具体分析。首先,需要考查犯罪嫌疑人在投案之时人身是否受到控制。司法实践中,大多数被传唤的犯罪嫌疑人并不是由其接到传唤通知后自行到案,而是侦查人员携带传唤通知书直接找到被传唤人,并将其带至公安机关进行讯问,犯罪嫌疑人面对这种传唤没有选择的余地,只能被动归案,故不能认定为自动投案。其次,还需要分析犯罪嫌疑人是否具有投案的心理。司法实践中,公安机关在掌握了犯罪嫌疑人的犯罪事实后,一些时候为了防止打草惊蛇,出于抓捕策略的需要,在电话通知犯罪嫌疑人时往往会编造一些理由,以其他名义让其到案。对于此种情形,尽管从形式上看符合"自动投案"的主动自愿性特征,但其到案并非抱着到公安机关讲清楚自己犯罪事实,进而将自己置于司法机关控制之下的投案心理,而是认为司法机关在向其调查与自己犯罪无关的其他事情,调查之后不会被采取强制措施,不会丧失人身自由,对这样的到案行为不能认定为自动投案。当然,如果司法机关在电话通知或传唤时,已经明确要求行为人因其犯罪而到司法机关接受调查。在这种情况下,行为人原本可以拒绝前往甚至潜逃,但其仍然选择前往司法机关,表明其抱着将自己置于司法机关控制之下的投案心理,应当认定为"自动投案"。

【指导案例】庄晶晶等强奸、强迫卖淫案①——经传唤通知到案的行为能否认定为"自动投案"

2012年7月11日下午,被告人庄晶晶以知道被害人周某某(1996年9月14日出生)与他人发生了性关系要告诉其父母为要挟,将周某某带至浙江省苍南县灵溪镇万豪酒店,逼迫周某某向张勤卖淫。

2012年7月初的一天下午,被告人庄晶晶、杨万子预谋强迫被害人叶某某(1998年6月4日出生)卖淫,由杨万子将叶某某骗至浙江省平阳县鳌江镇曙东路×超市×单元×室庄晶晶家中,以暴力殴打等手段强迫叶某某去卖淫。后将叶某某带至鳌江镇帝豪宾馆,逼迫叶某某向黄发棠(另案处理)卖淫,获嫖资人民币3000元。

……(其他笔数犯罪事实略)

2012年8月6日晚上22时,被告人杨万子在接到公安机关要求投案的电话通知后,即到平阳县公安局治安大队接受调查,并对自己的犯罪事实供认不讳。

在本案中,在被告人杨万子归案之前,公安机关尽管已经掌握了杨万子的犯罪事实,但当时杨万子尚未受到讯问,亦未被采取强制措施,其人身自由未受到任何限制,在接到公安机关要求其投案的电话通知之后,即以犯罪嫌疑人的身份自行到当地公安机关接受调查,并如实供述了犯罪事实,完全符合《关于自首和立功的解释》第1条第1项之规定,故法院依法认定杨万子具有自动投案情节是正

---

① 参见聂昭伟:《经电话传唤到案认定自动投案的条件》,载《人民司法·案例》2016年第8期。

确的。

【指导案例】许诗经强奸、强制猥亵妇女案[①]——经传唤自动到案并如实供述的,是否构成自首

2010年6月28日21时许,被告人许诗经在福建省闽清县坂东镇得利超市门口遇到被害人许某(女,15岁)及其弟等人,以要解决许某之弟拿其手机之事而对许某动手动脚,并将许某之弟赶跑。许某跑到附近超市躲避后,出来时被许诗经发现,许诗经将许某劫持到一巷子内,强行抚摸许某胸部等处,后又准备强奸,但遭到许某强烈反抗,许诗经便放弃了强奸,但强迫许某为其口交。22时许,坂东派出所接到报警后电话通知许诗经到该派出所接受调查。23时许,许诗经自行前往派出所接受调查,如实供述了上述犯罪事实。

在本案中,被害人许某的亲属于案发当日22时许向公安机关报警。被告人许诗经在未被采取强制措施、尚未受到讯问时,其人身自由并未受到任何限制。其在接到公安机关要求其投案的电话通知之后,在具有人身自由,可以自由决定是否前往公安机关的情况下,即以犯罪嫌疑人的身份自行到当地公安机关接受调查,并如实供述了犯罪事实,完全符合《关于自首和立功的解释》第1条第1项之规定,故法院依法认定许诗经具有自动投案情节是正确的。

八、作案后既有自杀又有报警行为的,能否认定为"自动投案"

(一)裁判规则

1. 自动投案的实质是,行为人系基于自己至少是不反对的意志,将自己置于办案机关的合法控制之下,接受办案机关的审查和裁判。行为人作案后虽向公安机关报警,但其后准备"畏罪自杀"的,不能认定为"自动投案"。

2. 被告人自杀未遂后留在现场,未要求他人报警的,其只有在客观上具有逃离现场的能力即"能逃而不逃"时,才能体现其投案的意愿,进而认定为"明知他人报案而在现场等待"成立"自动投案";如果其因为受伤、被他人围堵等客观原因滞留在现场的,不能成立"自动投案"。

3. 被告人自杀未遂后留在现场,自己主动报警,或者明确要求他人报警的,直接体现了其投案的意愿,属于《关于自首和立功的解释》中"委托他人先代为投案"情形,即使其当时已经失去逃跑能力的,也可以认定为"自动投案"。

(二)规则适用

对于作案后自杀未遂留在现场被抓的行为,能否成立"自动投案"不能一概而

[①] 参见最高人民法院刑事审判第一庭编著:《最高人民法院自首、立功司法解释:案例指导与理解适用》,法律出版社2012年版,第20—28页。

论,应当区分为被告人自杀未遂后要求他人报警以及未要求他人报警两种情形,不同情形具有不同要求。

1. 被告人自杀未遂后留在现场,未要求他人报警的情形

最高人民法院《关于自首和立功的意见》第1条规定,"明知他人报案而在现场等待,抓捕时无拒捕行为,供认犯罪事实的",应当视为"自动投案"。司法实践中,行为人作案后在现场即被抓获的情形并不少见。在这种情形中,行为人通常会运用《关于自首和立功的意见》的上述条款来进行辩护,认为其"明知他人报案而留在现场等待",应认定为"自动投案",由此需要对该条款有一个正确的理解。笔者认为,"明知他人报案"首先表明行为人本人没有报案,也没有要求他人代为报案,直接认定为"自动投案"即可。在行为人没有报案也没有要求他人报案的前提下,"留在现场等候"欲成立自动投案,在主、客观上需要具备以下两个条件:

(1)从客观上来看,犯罪嫌疑人有机会、有能力逃走而未逃走,即"能逃而不逃",只有这样才能体现其主动、自愿将自己交付司法机关并接受法律制裁的意图。司法实践中,犯罪嫌疑人留在现场的原因很多,一些情况下犯罪嫌疑人作案后在客观上具有逃离现场的能力,也没有受到强力控制,完全可以成功逃匿,但是其为了投案自首减轻自己罪责而自愿、主动选择留在现场;但是在另一些情形中,犯罪嫌疑人留在现场在主观上并非自愿,而是一种迫不得已的选择。如作案后因为受伤、醉酒、突发疾病等自身原因而无法离开现场;或者遇到被害人阻拦或者群众围堵等客观原因,而难以离开现场。在上述情形中,犯罪嫌疑人留在现场并非主动自愿选择,而是客观上的迫不得已,不能认定为"自动投案"。

(2)从主观上来看,犯罪嫌疑人作案后留在现场具有特定目的,即"等待抓捕"。对于"留在现场等待",立法本意是作案后本来没有必要留在原处,但为了等待司法机关抓捕,接受司法机关的处理而留在现场,即留在现场要具有等待司法机关抓捕的特定目的性。如果犯罪嫌疑人作案后知道他人已经报案,但其滞留现场并非为了等待抓捕,而是为了清理犯罪现场,或者是为了寻找作案机会以便进一步实施犯罪,此后被抓获的不属于"留在现场等待"。

2. 被告人自杀未遂后留在现场,明确要求他人报警的情形

如前所述,在"明知他人报案而在现场等待"进而成立自动投案的情形中,由于行为人既未主动报案,亦未要求他人报案,其投案意愿无从体现,就只能从客观上来进行判断,即考察行为人在客观上是否具有逃离现场的机会和能力。如果其因为受伤没有能力逃走,或者被群众围住没有机会脱身,那么其就没有选择的余地,只是被迫留在现场,其投案意愿在客观上无从体现,当然不能成立自动投案。与之不同的是,如果被告人自杀未遂之后留在现场,主动要求他人报警的,由于该行为直接体现了行为人主动将自己交付司法机关处理的意愿,符合《关于自首和立功的解释》第1条规定自动投案包括"因病、伤或者为了减轻犯罪后果,委托他人先代为投案"的,可以直接认定为"自动投案",而无需再去考察行为人是否具有

逃离现场的能力。

当然,如果投案人在让他人打电话报警之后,主观心态发生了变化,则可能会影响到"自动投案"的认定。司法实践当中,部分案件中既存在让他人报警,又伴有自杀的情形,对此能否认定为"自动投案",就涉及对"接受司法机关审查和裁判"的理解问题。有观点认为,根据《刑法》及司法解释对"自动投案"的规定,"接受司法机关审查和裁判"并非要件之一,故即使被告人在报案前后"畏罪自杀",不愿"接受司法机关审查和裁判",也不影响投案行为的认定。笔者认为,上述观点是错误的。从一般自首成立条件的表述来看,1984年4月16日发布实施的《关于当前处理自首和立功有关问题具体应用法律的解答》(简称《关于自首和立功的解答》)第1条规定,"对于犯罪分子作案后,同时具备自动投案、如实交代自己的罪行、并接受审查和裁判这三个条件的,都认为是自首"。据此,"接受审查和裁判"系"自动投案"的必要要件之一。尽管1997《刑法》第67条第1款规定,"犯罪以后自动投案,如实供述自己罪行的,是自首",将"接受审查和裁判"这一要件予以删除,但这只是因为自动投案,如实交代自己的罪行,引起的法律后果就是国家审查和裁判,具备这两个条件,就表明犯罪嫌疑人或被告人愿意接受国家的审查和裁判,出于立法用语简练的需要,没有必要再将该要件规定进去。①

根据上述理解,对于被告人作案后既存在自杀行为,又实施了报警行为的,能否认定为自动投案,可以着重从"接受国家审查和裁判"的角度来进行分析:其一,犯罪行为人作案后,先打电话报案,但此后又实施了自杀行为的,不能认定为自动投案。理由是,行为人在打电话报案之时尽管具有投案意愿,但其此后所实施的自杀行为表明其主观心态发生了变化,害怕受到法律制裁而畏罪自杀,与自首要件中所蕴含的"接受国家审查和裁判"精神不符,不能认定为自动投案。其二,犯罪行为人作案后先实施了自杀行为,随后自己打电话报警,或者要求他人打电话报警的,只要其此后没有进一步实施自杀行为或者抗拒抓捕行为,就可以视为自动投案。理由是,犯罪行为人虽然实施了自杀行为,但其随后打电话投案,表明其主观心态发生了变化,对自己先前的畏罪自杀行为感到后悔,愿意将自己置于司法机关的控制之下,并接受国家的审查和裁判。当然,如果其在实施自杀行为之后虽然打电话报案,但打完电话后又进一步实施了自杀行为,或者在公安人员到达时抗拒抓捕,则表明其不愿将自己置于司法机关控制之下,不愿意"接受审查和裁判",不能认定为自动投案。

---

① 最高人民法院1998年发布的《关于处理自首和立功具体应用法律若干问题的解释》第1条规定,"犯罪嫌疑人自动投案后又逃跑的,不能认定为自首"。"犯罪嫌疑人自动投案并如实供述自己罪行后又翻供的,不能认定为自首;但在一审判决前又能如实供述的,应当认定为自首"。上述规定表明,"接受审查和裁判"系成立自首的内在要求。

【指导案例】刘益庆故意杀人案①——被告人向公安机关报警后准备自杀的,不认定为自首

被告人刘益庆与被害人郑安会于 2007 年开始交往并同居。从 2008 年开始,二人就经常吵嘴打架。郑安会提出分手,刘益庆不同意。2009 年 9 月 17 日 7 时许,刘益庆又到郑安会家里,问郑安会为什么不和他一起生活,郑安会说自己要与前夫复婚。刘益庆听后很气愤,就随手从卧室电脑桌上抓起一把水果刀,向躺在床上的郑安会颈部、胸腹部连刺数刀,致郑安会失血性休克死亡。刘益庆离开案发现场,出门后遇见张华,随后乘出租车前往乌江三桥。在出租车上,刘益庆先后给陈权、张军打电话,称自己杀了郑安会,要陈、张二人帮忙照顾小孩。到桥上后,刘益庆又给公安机关打了电话,说自己将郑安会杀死了,现在乌江三桥上准备自杀。后民警赶到乌江三桥劝下刘益庆,将其控制并带往公安机关,刘益庆如实供述了自己杀害郑安会的事实。

在本案中,被告人刘益庆向公安机关报警后,又准备自杀的行为不构成自首。因为自动投案的实质就是,行为人系基于自己至少是不反对的意志,主动将自己置于办案机关的合法控制之下,接受办案机关的审查和裁判。对此,早在 1984 年 4 月 16 日,"两高一部"发布实施的《关于自首和立功的解答》第 1 条规定,"对于犯罪分子作案后,同时具备自动投案、如实交代自己的罪行、并接受审查和裁判这三个条件的,都认为是自首"。据此,"接受审查和裁判"系"自动投案"的必要要件之一。尽管 1997 年《刑法》第 67 条第 1 款规定,"犯罪以后自动投案,如实供述自己的罪行的,是自首",将"接受审查和裁判"这一要件予以删除,但这只是因为自动投案,如实交代自己的罪行,引起的法律后果就是国家审查和裁判,具备这两个条件,就表明犯罪嫌疑人或被告愿意接受国家的审查和裁判,出于立法用语简练的需要,没有必要再将该要件规定进去。被告人刘益庆作案后虽然给公安机关打电话称自己已经将郑安会杀害,但是其又称自己准备自杀。公安机关接电话后赶到乌江三桥,刘益庆不仅没有表示要投案,反而站在乌江三桥栏杆上,扬言要跳桥自杀,不准任何人靠近,其拒绝公安机关对其控制的意图明显,既未将自己置于公安机关的合法控制之下,亦未有接受办案机关审查和裁判的意愿,故依法不构成"自动投案"。

【指导案例】吴康成故意杀人案②——行为人作案后自杀未遂,要求他人报警并在现场等待抓捕的,能否认定为"自动投案"

2012 年年初,被告人吴康成与离异女子被害人丁莉君(殁年 40 岁)在赌场相

---

① 参见最高人民法院刑事审判第一庭:《最高人民法院自首、立功司法解释:案例指导与理解适用》,法律出版社 2012 年版,第 8—12 页。

② 案例来源:浙江省杭州市中级人民法院刑事判决书(2015)浙杭刑初字第 14 号;浙江省高级人民法院刑事裁定书(2015)浙刑三终字第 68 号。

识后同居。2014年6月,吴康成与妻子离婚。吴康成与丁莉君同居期间,二人因在赌场所放贷款无法收回及怀疑丁莉君另有男人之事产生矛盾,吴康成遂于2014年9月初从浙江省杭州市余杭区余杭街道两人的租住处搬离。后吴康成反悔,要求和好,遭丁莉君拒绝。2014年9月12日晚,吴康成约丁莉君等人到杭州市余杭区余杭街道宝林路×号×餐饮店×号包厢内用餐。其间,吴康成要求与丁莉君和好,丁莉君表示其已另有男友而拒绝,吴康成遂冲出饭店从车上取来尖刀一把,不顾朋友劝说,返回包厢持刀连续猛刺丁莉君腹部、腰背部等处多刀,致被害人丁莉君腹主动脉断裂,急性大失血死亡。随后吴康成又朝自己腹部捅刺一刀,坐倒在地上要求他人报警,民警赶至现场将吴康成抓获并送至医院救治。

本案被告人吴康成在捅刺被害人之后,接着捅刺自己一刀欲自杀。后坐倒在地上,要求在场人员"报警"。对于这种情形,能否认定为"自动投案",在本案审理过程中存在争议。一种意见认为不构成"自动投案",理由是,被告人杀人后实施了自杀行为,留在现场是因为受伤在客观上无法逃离,故不成立自动投案。另一种意见认为,对于作案后自杀未遂留在现场被抓的行为,能否成立"自动投案"不能一概而论,应当区分为被告人自杀未遂后要求他人报警以及未要求他人报警两种情形,不同情形具有不同要求。笔者同意第二种意见。首先,吴康成的行为不属于"明知他人报案而留在现场等待"的情形,不能依照该情形认定为"自动投案"。理由是,一方面,被告人吴康成作案后明确要求他人报案,不属于自己未报案而"明知他人报案"的情形;另一方面,吴康成因自杀流血过多而留在现场,在客观上已经失去了逃离现场的能力,也不属于"能逃而不逃、留在现场等待抓捕"的情形。其次,被告人吴康成作案后先是针对自己实施了自杀行为,继而感到后悔,要求在场人员报警。在这两个阶段中,由于其实施自杀行为在前,委托他人打电话报警在后,体现了将自己交由司法机关控制,接受司法机关审查和裁判的意愿,符合自动投案的精神实质,可以认定为自动投案。当然,由于吴康成因自杀流血过多而留在现场,在客观上已经失去了逃离现场的能力,对于节约司法机关的抓捕成本来说价值不大,故一、二审法院尽管均认定吴康成的行为构成自首,但并未给予较大从宽处罚幅度的做法是恰当的。

九、报警后在等待抓捕期间继续实施犯罪行为的,能否认定为自动投案

(一)裁判规则

自动投案的时间性要求意味着犯罪嫌疑人一旦实施了投案的行为,就不能再继续实施犯罪。如果犯罪嫌疑人在其打电话表示投案后,还继续实施犯罪,表明其主观上并未彻底放弃和终止继续犯罪的意图,缺乏自愿将自己置于司法机关的控制之下接受审查和裁判的主观意愿,不属于自动投案,不具备自首的本质特征,不构成自首。

(二) 规则适用

行为人犯罪后主动报警表示投案,等待抓捕期间又继续实施犯罪的时常有之。例如,犯罪嫌疑人实施杀人行为后打电话报案,在等待抓捕过程中发现被害人未死,又继续加害被害人,或者实施毁尸灭迹等销毁证据行为,后被公安机关抓获的情形。对于这种情形能否认定成立自首,需要从关于自首的立法本意来进行分析。根据《刑法》第 67 条的规定,构成自首须同时具备自动投案和如实供述罪行两个条件。最高人民法院《关于自首和立功的意见》对"自动投案"作了适度从宽的解释,即自动投案除了典型的犯罪嫌疑人主动、直接向司法机关投案外,还包括"视为自动投案"的数种情形。而且,在此后面还规定了一条兜底条款:"其他符合立法本意,应当视为自动投案的情形。"那么,自动投案的立法本意究竟是什么呢?笔者认为,自动投案的立法本意主要体现为两点:一是从行为人认罪悔罪态度以及人身危险性来考虑,鼓励和引导行为人主动归案,减少人身危险性,从而实现刑法的教育改造目的。二是从司法经济与效率来考虑,鼓励行为人实施犯罪行为后主动将自己有效地置于司法机关的控制下,从而有效地减少破案的人力、物力消耗,降低办案成本,提高司法效率,还在一定程度上避免了其他无辜群众再次受到不法伤害的可能性。反之,如果犯罪嫌疑人报警后在等待抓捕期间,继续实施犯罪行为,表明犯罪嫌疑人没有彻底放弃犯罪或者防止危害后果扩大的意愿,其认罪悔罪态度无法体现,人身危险性未减反增,不符合自动投案主动性和自愿性的实质要求,不能认定为自动投案。

【指导案例】李国仁故意杀人案[①]——**杀人后主动报警表示投案,等待抓捕期间又实施犯罪的,能否认定为自首**

被告人李国仁与弟媳尹三妹(被害人,时年 37 岁)及同村村民李国玉(被害人,时年 50 岁)均在湖南省桂阳县流峰镇富社村居住,素来不和。2006 年 6 月 11 日,李国仁拔掉了尹三妹栽在两家共用田埂上的韭菜,尹三妹得知后多次叫骂,二人为此发生纠纷。6 月 13 日 8 时许,尹三妹又以此事为由对李国仁叫骂,李国仁追打尹三妹未果。当日 14 时许,尹三妹与李国仁夫妇在村子水井边再次发生口角,被人劝开后,李国仁从家中拿出一把柴刀,将尹三妹家的房门撞开后朝尹三妹的头部及右手连砍数刀,将尹三妹砍倒在地。之后,李国仁想起李国玉以前与自己发生过纠纷,遂又持刀冲进李国玉家,朝李国玉的头部、左肩部猛砍数刀,又朝前来阻拦的李国玉的妻子陈桂娥(被害人,殁年 50 岁)头部猛砍两刀(致陈桂娥当场死亡),并继续追砍李国玉。村民闻讯赶来后,李国仁逃回家中,并拨打电话向

---

① 参见司明灯、段凰:《李国仁故意杀人案——杀人后主动报警表示投案,等待抓捕期间又实施犯罪的,能否认定为自首》,载最高人民法院刑事审判一至五庭主办:《刑事审判参考》(总第 90 集),法律出版社 2013 年版,第 46—51 页。

派出所报案称自己杀了人。当日 15 时许,派出所民警董运新等人前来抓捕李国仁,李国仁误以为是被害人亲属,便朝第一个冲进其家的董运新的头部猛砍一刀,将董运新砍伤。随后,李国仁被当场抓获。

在本案中,被告人李国仁在打电话报警后躲在自家门后,实施了持刀砍民警的行为,尽管其主观上错误地将抓捕民警误以为是被害人的亲属,但即使来人是被害人的亲属,也存在两种可能:如果被害人的亲属是配合公安人员实施抓捕的,被告人的行为仍然属于抗拒抓捕,不构成自首;如果被害人的亲属前来是为了实施报复,被告人也只有在其权利遭受正在进行的不法侵害时才能实施防卫。而李国仁却是在还没有看清来人是谁的情况下,就实施了持刀砍击行为,表明其行为不具有防卫性质,主观上没有束手就擒的意愿,其电话报警后又实施与报警所涉之罪系同种罪行或者存在密切关联的罪行,表明其不具备自动投案的主动性和自愿性,不构成自首。

【指导案例】张纪星故意杀人案①——犯罪后电话报警但不停止犯罪行为的,不认定为自首

被告人张纪星、张纪广系兄弟,二人与被害人张纪中系堂兄弟。张纪星、张纪广的父亲张树芳与张纪中的父亲张树林同住在河南省开封县半坡店乡的同一胡同内,因张树芳家在胡同口垒大门一事,曾与张树林家产生矛盾并引起厮打。张纪星、张纪广因此事心生不满。2009 年 7 月 21 日 17 时许,张纪星酒后回到家与张纪广预谋报复张纪中。二人分别持菜刀、尖刀到张纪中家叫骂,张纪星将张纪中家窗户玻璃砸烂,后在张纪中家大门外与张纪中相遇,张纪星先踹张纪中一脚,张纪广持尖刀向张纪中腹部猛刺一刀,张纪中逃跑,张纪星、张纪中追上,持砖块将张纪中砸倒在地。两人回到家中,打 110 报警后,又分别持尖刀来到张纪中倒地处,向张纪中身上猛刺,致张纪中因心脏破裂大出血死亡。

本案两被告人将张纪中打倒后主动给公安机关打电话报警的行为,从表面上看似乎具有主动性,但是并非被告人在作案后主动将自己的犯罪行为报告给司法机关就可以构成自动投案,而是要求行为人在犯罪之后,自愿将自己置于司法机关的控制之下,并如实供述自己的罪行。在本案中,虽然两被告人将张纪中打倒后能主动打电话报警,而且也没有离开现场,但二人报警后又继续持凶器对张纪中进行二次加害,说明其前期的电话报案行为,并不是诚心接受司法机关的处理。此外,自首的本质还在于被告人人身危险性和主观恶性的减少。被告人主动将自

---

① 参见最高人民法院刑事审判第一庭编著:《最高人民法院自首、立功司法解释:案例指导与理解适用》,法律出版社 2012 年版,第 13—20 页。

己置于司法机关的控制之下,表明其认罪悔罪,人身危险性减少。因此,对自首制度的设计决不能仅仅出于功利目的,还必须要考察行为人的人身危险性,以体现刑罚的公正性。本案两被告人在打电话报警后,又持尖刀返回现场对被害人继续加害,可见,其对于先前实施的犯罪行为并没有悔罪表现,人身危险性和主观恶性并未因为报警行为而有所减少。对于这样的行为,不能认定为自首。

十、报案时未表明系作案人而在现场等待的,能否认定为"自动投案"

(一) 裁判规则

对于行为人在案发后以电话方式报警能否成立自首应当结合案情具体分析:第一,在电话中表明自己系作案人,并在到案后能如实供述犯罪事实的,成立自首;第二,在电话报警时未表明自己系作案人,但在公安人员到达犯罪现场或抢救现场时,未将其列为犯罪嫌疑人或采取强制措施之前,主动向公安人员表明自己系作案人的,也成立自首;第三,在电话报警时以及公安人员到达后均未明确其系作案人,直到公安机关通过调查已将其列为犯罪嫌疑人后才如实供述的,不成立自首。

(二) 规则适用

刑法设立自首制度的意旨在于:一方面,被告人在案发后主动向司法机关投案并如实供述自己犯罪事实的行为,减少了司法机关为侦破案件所需耗费的时间、精力和物力,节约了司法资源;另一方面,被告人向司法机关承认自己实施了犯罪,并将自己主动置于司法机关的控制之下,等待司法机关对其进行审查和裁判,由此反映出其认罪悔罪的态度。根据《关于自首和立功的解释》的规定,自动投案,一般是指犯罪人直接向司法机关或者其所在单位、城乡基层组织或者其他有关负责人员投案。但犯罪嫌疑人因病、伤或者为了减轻犯罪后果,委托他人先代为投案,或者先以信电投案的,符合刑法设置自首的意旨,应认定为主动投案。据此,在以电话方式投案的情况下,行为人不仅应当告知公安机关案件发生的事实,还应当表明案件系自己所实施,即以作案人的身份到案。如果行为人明知自己所实施的系犯罪行为,在电话报警时未表明自己系作案人,在公安人员到达犯罪现场或抢救现场后,仍未表明其系作案人,则其行为在性质上属于报案而非投案,其实质只是向司法机关报告案件的发生,与普通公民发现案发后的报案无异。警方虽然通过报警电话了解到可能发生了刑事案件,但并不能锁定犯罪嫌疑人是谁,故不符合自首所要求的主动向司法机关承认犯罪,自愿将自己置于司法机关控制之下并接受审判和制裁的实质特征;而且在这种情况下,由于司法机关并不知道谁是犯罪行为人,仍然难以有的放矢地展开工作,谈不上节约司法成本,故对这样的到案行为不能认定为自动投案。

【指导案例】王秋明故意伤害案①——被告人案发后电话报警但未表明自己系作案人的能否成立自首

被告人王秋明与女友孟令娣因感情问题于2007年9月23日凌晨发生争执,当日3时许,王秋明在北京市门头沟区三家店四局东排1号楼附近,采用拳打脚踢的方式对孟令娣的头面部、躯干部、四肢及会阴部进行殴打,造成孟令娣下腔静脉进入右心房入口处破裂,致心包填塞死亡。王秋明在案发后将被害人送至医院抢救,医生宣布被害人死亡后,其在医院打"110"报警,称在区医院急诊室有一女子死亡。当公安人员赶到医院以及在随后的询问中,王秋明未主动向公安机关交代被害人的伤情是其行为所致,在公安机关经过调查工作对王秋明采取强制措施后,王秋明交代了犯罪事实。

在本案中,被害人为被告人王秋明的故意伤害行为致死,王秋明送被害人到医院抢救,在确认被害人死亡后,虽在公安机关未发现犯罪事实之前拨打"110"电话报警,但其在报警时并未向公安机关主动交代是他实施的犯罪行为,而只是称"在区医院急诊室有一女子死亡",而且在公安机关到达后也未主动如实供述案件发生经过。被告人的这种行为属于报案而非投案,其行为实质只是向司法机关报告案件的发生,与普通公民发现案发后的报案无异。警方虽然通过报警电话了解到有人死亡、可能发生了刑事案件的事实,但并不能锁定犯罪嫌疑人是谁,故不符合自首所要求的主动向司法机关承认犯罪,自愿将自己置于司法机关控制之下并接受司法机关的审判和制裁的实质特征,不能认定其有自动投案的行为。此外,王秋明的行为也不属于"因形迹可疑被盘问主动交代罪行的自首"情形。因为"形迹可疑"指的是司法机关尚未掌握行为人犯罪的任何线索、证据,而仅凭行为人的神态、举止等不正常而认为行为人可疑,或者司法机关及有关组织虽已经掌握了据以推测其行为与某宗罪行有联系的一定线索与证据,但尚不足以据此合理地确定行为人就是实施某起犯罪的嫌疑人。在本案中,是在公安人员展开其他辅助性调查走访工作后,已经将王秋明确定为犯罪嫌疑人的情况下,王秋明才交代了犯罪事实。因此,其行为也不符合"因形迹可疑被盘问主动交代罪行的自首"的成立要件。

【指导案例】黄光故意杀人、诈骗案②——打电话报警但未承认自己实施犯罪行为的能否认定为自首

1. 诈骗事实。2009年9月至2011年12月间,黄光谎称能帮助龙利源承包电

---

① 参见刘俊燕、李忠勇:《王秋明故意伤害案——被告人在案发后电话报警的行为是否成立自首》,载最高人民法院刑事审判一至五庭主编:《刑事审判参考》(总第66集),法律出版社2009年版,第42—47页。

② 参见陆建红:《黄光故意杀人、诈骗案——打电话报警但未承认自己实施犯罪行为的是否认定为自首以及如何审查判断经鉴定属于被害人真实签名的保证书等书证的真实性》,载最高人民法院刑事审判一至五庭主办:《刑事审判参考》(总第101集),法律出版社2015年版,第72—79页。

站周边林木、向电站供应沙石和办理建筑企业资质证书,先后以需支付承包款、办事费、押金等名义骗取龙利源钱款共计人民币135.5万元。

2. 故意杀人事实。2011年12月23日,龙利源与生意伙伴黄文一起到阳春市八甲镇八甲火锅城食用猫肉火锅,等餐期间,黄光借故离开,到其轿车上取出事先准备的一包片状大茶药(钩吻,俗称"断肠草",有剧毒),然后将大茶药放入火锅内。龙利源、黄文和黄光开始食用。龙利源、黄文喝过汤说有苦味,黄光即谎称系猫胆破裂或者所配药材过多所致,还食用少量猫肉和火锅汤以遮掩真相。稍后,龙利源、黄文、黄光均出现中毒症状,被送到镇卫生院进行治疗和抢救。在医院期间,黄光打电话报警,但隐瞒了其投放大茶药的事实。龙利源因为食用过多大茶药而中毒太深经抢救无效当日下午死亡,黄文、黄光经抢救脱险。经鉴定,龙利源因钩吻中毒死亡。

在本案中,在被害人中毒之后,被告人打电话报警但未承认自己实施犯罪行为,对于这种情形不能认定为自首。理由是,自首中的自动投案要求犯罪嫌疑人具有投案的心理,即在尚未受到讯问或者被采取强制措施之前,主动将自己置于办案机关的控制下,接受审查与裁判。本案被害人龙利源、黄文及黄光本人食用有毒猫汤后均呈中毒状态,被送往医院抢救。在医院,黄光打电话报警称三人食物中毒,要求出警,但报警时并未称其投毒,故其报警并非出于投案心理,以犯罪嫌疑人的身份将自己置于公安机关的控制之下。黄光尽管作案后报警,但公安机关出警后并不知道谁是投毒行为实施人,而是在经过大量调查工作,取得了一定证据之后,才于同月30日对黄光刑事拘留,故黄光缺乏自动投案的要件,不构成自首。

十一、以被害人或证人身份报案,归案后隐瞒重大犯罪事实的,能否认定"自动投案"

(一)裁判规则

1. 成立自动投案通常要求犯罪嫌疑人具有投案心理,即以犯罪嫌疑人的身份报案或者前往司法机关投案,自愿主动将自己置于司法机关的控制之下;如果是以被害人或证人身份报案,且在司法机关询问时仍然拒绝交代自己主要犯罪事实的,不能认定为"自动投案"。

2. 自动投案并不要求犯罪嫌疑人报案时明确认识到自己的行为已构成犯罪,或者构成何种犯罪,只要求嫌疑人认识到自己的行为可能会产生某种法律上的后果,应当交由司法机关来处理,而自愿将自己置于司法机关的控制之下。如果行为人误认为其行为不构成犯罪或者系正当防卫,而以被害人或证人身份在现场等待司法机关的到来,后能够如实供述事实经过的,属于对行为性质的辩解,不影响自首的成立。

(二) 规则适用

1. 行为人明知自己系犯罪嫌疑人,却以被害人、证人或者其他身份报案,并否认或者未承认自己的犯罪行为,由于行为人未向司法机关承认自己实施了犯罪,故并不是典型意义上的"投案",而仅仅是"报案",说明其当时对于是否投案,是否将自己置于司法机关控制之下还处在犹豫当中。但如果其在主动报案时明知司法机关即将赶到现场展开调查,仍然留在原地等候或者能够如实告知司法机关自己所在位置,在司法机关对其进行询问时,特别是在第一次询问时,能够如实供述自己主要犯罪事实,对重要犯罪情节没有隐瞒或虚构的,说明其心态已经由报案时的不愿承认自己的罪行,转化为等候司法机关前来调查时的自愿承认自己的罪行,一定程度上体现了其投案的主动性和自愿性,可以视为主动投案。当然,如果其报案后在司法机关赶到前逃跑的,或者报案时未告知自己所处位置的,或者在司法机关询问时未如实供述自己主要犯罪事实的,均表明行为人不愿将自己置于司法机关的控制之下,不愿接受法律的制裁,均不能认定为自动投案。

2. 如果行为人是由于对案件起因或性质存在错误认识,误认为自己的行为不构成犯罪或者系正当防卫,在这种情况下并未以犯罪嫌疑人的身份,而是以被害人或证人身份到案的,则另当别论。如在案件起因上,实际上并不存在他人的不法侵害行为,但行为人误以为存在,进而实施所谓的"防卫行为"并致他人伤亡,后行为人以被害人身份前往司法机关,并能够如实供述主要事实经过的,根据最高人民法院《关于被告人对行为性质的辩解是否影响自首成立问题的批复》(以下简称《批复》),属于对行为性质的辩解,不影响自首的成立。此外,根据最高人民法院《关于自首和立功的意见》第1条规定,"犯罪后主动报案,虽未表明自己是作案人,但没有逃离现场,在司法机关询问时交代自己罪行的",也应当视为自动投案。可见,自动投案尽管通常要求行为人具有投案心理,系以犯罪嫌疑人的身份前往司法机关,但允许行为人存在错误认识,并不要求犯罪嫌疑人报案时明确认识到自己的行为已构成犯罪,或者构成何种犯罪,只要嫌疑人认识到自己的行为可能会产生某种法律上的后果,需要交由司法机关前来处理,而自愿将自己置于司法机关的控制之下,在司法机关询问时如实供述事实经过的,就应当认定为自动投案。

【指导案例】陶正根故意伤害案[①]——**犯罪后以被害人身份报案,归案后隐瞒重大犯罪情节,不属于自动投案**

2009年7月18日,被告人陶正根在某桥下卸土,被被害人陶小牙阻止,二人发生争执。次日,陶小牙因遭陶正根的朋友万春勇等人殴打,便怀疑是陶正根指

[①] 参见最高人民法院刑事审判第一庭编著:《最高人民法院自首、立功司法解释:案例指导与理解适用》,法律出版社2012年版,第76—82页。

使所致。同月20日6时许,陶小牙的父亲陶蝉头与陶小牙的妻子谢国香先后来到陶正根家中质问,陶正根否认。而后,陶小牙与其胞弟陶小红亦来到陶正根家,用拳头殴打陶正根,双方发生厮打,陶正根拿出一把砍刀,朝陶小牙身上乱砍,致陶小牙失血性休克死亡。陶正根作案后,因自己亦被打伤,遂去曙光医院治疗,并打电话给朋友王跃仁,请王跃仁转告杨正香(陶正根妻子)去派出所报案。杨正香接到转告后,遂去派出所报案。公安机关随即对陶正根进行了询问,在前三次询问时,陶正根均谎称系陶小牙从其家中拿来砍刀行凶,被其抢过来才砍伤陶小牙和陶小红,公安机关经侦查发现陶正根的供述不属实,陶正根才如实供述了自己的犯罪事实。

在本案中,被告人陶正根作案后到曙光医院治疗期间委托他人报案,告知司法机关自己所处位置,称自己被被害人打伤,但并未承认自己持刀砍伤被害人的罪行,表明此时陶正根尚不愿意将自己交付司法机关控制、等待法律制裁,没有投案的意图。对陶正根能否认定为自动投案,关键就要看其在司法机关询问时是否如实供述主要犯罪事实。然而,在公安机关对其前三次询问时,其尽管承认自己持刀砍伤两被害人,但均谎称系陶小牙先拿刀行凶,其抢过砍刀才砍伤被害人。这一情节直接关系到本案是否构成防卫过当甚至是正当防卫,而防卫过当是法定减轻、免除处罚情节,正当防卫更是法定正当化事由,对定罪量刑都有重大影响。因此,可以认定陶正根对主要犯罪事实未如实供述。陶正根作案后虽能主动报案并告知司法机关自己所处位置,但在司法机关询问时隐瞒重大犯罪情节,未能如实供述主要犯罪事实,依法不能认定为自动投案。

【指导案例】王洪斌故意杀人案[①]**——到公安机关报假案与自动投案的区别应如何把握**

被告人王洪斌于1998年7月19日晚7时许,因怀疑其妻与单位负责人范文刚有不正当两性关系,打电话将范叫到家中质问。当范文刚否认时,被告人便从其家阳台取出私藏的改制枪支和子弹,返回客厅向范开枪射击。范文刚被击中后,王洪斌与返回家中的妻子和闻讯赶来的被害人之妻等人一起将范送往医院抢救,后王洪斌与他人一同到公安机关报案,谎称范系来其家借枪,自己摆弄枪支走火致死。经法医鉴定,范文刚因开放性颅脑损伤而死亡(枪弹丸所致)。

根据《刑法》第67条规定,投案自首必须具备两个要件:一是自动投案,二是如实供述罪行。其中,所谓自动投案,是指行为人犯罪之后,出于本人意志而向有

---

① 参见闫燕:《王洪斌故意杀人案——到公安机关报假案与自动投案的区别应如何把握》,载最高人民法院刑一庭、刑二庭主编:《刑事审判参考》(总第12辑),法律出版社2001年版,第1—6页。

关机关承认自己实施了犯罪,并自愿置于有关机关或个人的控制之下,等待进一步交代犯罪事实,并最终接受国家的审查和裁判的行为。报假案,编造虚假情况,欺骗司法机关,则不同于自动投案。本案被告人随同他人到公安机关,谎称是被害人玩枪走火致死,其目的是开脱自己,以逃避法律制裁。这是假报案,不是自动投案。在公安机关作了枪痕、枪支鉴定,证实被害人的枪弹伤不能自己形成后,才在第三次供述之后开始承认枪杀被害人的犯罪事实,这亦不属于报案后如实供述自己罪行。鉴于其系报假案而不是自动投案,且到案后开始阶段不如实供述自己罪行,对其不能认定为自首。

【指导案例】翟永林故意伤害案①——**主动报案的性质与法院认定的性质虽不一致,但能如实供述犯罪事实的,可以认定为自首**

2008 年 10 月 16 日 14 时许,王青年、尹国中坐上被告人翟永林的出租车后,欲支付 6 元让翟将其二人送至某处,翟永林坚持支付起步价 7 元,双方为此发生争执扭打。随后,王青年与尹国中下车,翟永林发现车内的加油卡少了两张,认为系被王、尹二人偷走,便开车追上二人要回加油卡,与王青年发生争执扭打,翟永林将王青年拽倒后,又用拳头击打站起来的王青年头面部数下,王青年行走几步后倒地。随后,翟永林用手机向公安机关报案,称自己的加油卡被抢,并在原地等待公安人员的到来。翟永林向公安机关详细交代了其因怀疑加油卡被抢而与王青年厮打并致王倒地的事实。王青年经抢救无效,因颅内出血造成呼吸循环衰竭死亡。

在本案中,被告人翟永林在将王青年打倒在地,其自己并未受伤,也无他人阻拦其逃离,其在当时完全可以逃离现场的情况下并未逃离,而是打电话报警,在现场等待公安人员到来之前,其仍然可以逃离现场,但仍然留在现场等待公安人员的到来,体现了投案的主动性和自愿性。尽管翟永林报案时未意识到自己的行为已构成犯罪,其报案的目的并非将自己交由司法机关处置。但是,自动投案并不要求犯罪嫌疑人报案时明确认识到自己的行为已构成犯罪。只要犯罪嫌疑人认识到自己的行为可能会产生法律上的某种后果,需要交由司法机关前来处理,进而自愿将自己置于司法机关的控制之下,就可以认定为自动投案。在本案中,翟永林打电话报警,称自己被抢劫的同时也讲到其将王青年殴打在地,归案后称其报案是"为了让公安机关来处理该事情",说明其已经意识到自己的殴打行为可能会产生法律后果,并愿意将自己交由司法机关处理,应当认定其行为系自动投案。翟永林尽管在案件起因上可能存在错误认识,误认为被害人王青年拿走了

---

① 参见最高人民法院刑事审判第一庭编著:《最高人民法院自首、立功司法解释:案例指导与理解适用》,法律出版社 2012 年版,第 41—47 页。

其车内的加油卡,但翟永林并非故意歪曲该事实,该事实尽管没有证据证实,但同样也无法证明该事实不存在。翟永林对案件起因上的误解,导致其对行为性质也发生了错误认识。由于其交代了殴打王青年并致王倒地的基本事实,故属于对行为性质进行辩解的情况,根据《批复》的规定,不影响自首的成立。此外,根据最高人民法院《关于自首和立功的意见》第1条规定,"犯罪后主动报案,虽未表明自己是作案人,但没有逃离现场,在司法机关询问时交代自己罪行的",也应当视为自动投案,故法院最终认定其具有自首情节是适当的。

十二、在一般性排查中就如实交代罪行的,能否认定为"自动投案"

(一)裁判规则

"形迹可疑"与"犯罪嫌疑"的区别,在于公安机关对行为人的怀疑是否存在证据支持,可分为两种情形:

1. 如果公安机关并未掌握任何行为人作案的证据,或者所掌握的证据线索尚不足以确定犯罪嫌疑人,而主要是依据工作经验或其他情况对某些人员产生了主观上的怀疑,这样的怀疑并非犯罪嫌疑,此时被告人也并非犯罪嫌疑人,公安机关在对其进行一般性排查询问过程中,行为人如实供述自己罪行的,可以认定为自首。

2. 如果公安机关已经从行为人身边或者住处发现客观性证据,或者目击证人直接指认行为人作案,从而在行为人与具体案件之间建立起直接联系时,行为人就成为犯罪嫌疑人,而不再仅仅是形迹可疑了,此时再如实供述自己罪行的,就不能认定为自首。

(二)规则适用

关于经询问而交代犯罪事实的行为,《关于自首和立功的解释》明确区分了"形迹可疑"和"犯罪嫌疑"两种情形。如果行为人仅仅因为形迹可疑,被有关组织或者司法机关盘问、教育后,主动交代自己罪行的,应当认定为自动投案。所谓"形迹可疑",其实质是司法机关或有关组织尚未掌握行为人犯罪的任何线索、证据,或者所掌握的证据线索尚不足以确定犯罪嫌疑人,而主要是根据行为人当时不正常的衣着、言行、举止、神态等情况,判断行为人可能存在违法犯罪行为。这种情形的特点是,可疑是非具体的、泛化的、无客观根据的,无法将行为人与某一具体案件联系起来,而只是有关人员根据经验和直觉来作出判断。在公路、水路、铁路、民航等部分的日常检查中,常能发现这种形迹可疑的人,不少案件就是通过这种检查、盘问侦破的。除了在道路交通巡查中发现"形迹可疑"的犯罪分子之外,"形迹可疑"还经常发生在这样一些情形中,即案件发生后,公安机关在询问排查过程中,并未掌握行为人实施犯罪事实的任何证据,仅仅是因为行为人与被害人之间存在特定关系,或者最后接触过被害人,从而决定将行为人传唤到案进行一般性排查询问,公安机关拟传唤到案排查的还有其他人员,由于当时公安机关尚未将其确定为犯罪嫌疑人,如果行为人拒不交代的,公安机关不能对其采取强制措施,在这种情况下,行为人主动交代了犯罪事实,应当认定为自首。

反之,如果侦查人员从行为人身边或者住处发现客观性证据,如赃物、作案工具、带血迹的衣物等,或者目击证人直接指认行为人作案,从而在行为人与具体案件之间建立起直接、明确、紧密的联系时,由于当时已有一定的证据指向行为人,其具有较其他排查对象更高的作案嫌疑,则行为人就"升级"为犯罪嫌疑人,而不再仅仅是形迹可疑了。对于侦查机关来讲,案件侦查到这个程度,就可以对其采取一定强制措施或者进行传讯了。此后行为人再做交代的,其供述罪行的行为是在证据面前被迫作出的无奈之举,属于被迫交代,无从体现投案主动性,不能认定为自首。

【指导案例】赵渭明故意杀人案①——在一般性排查询问中就如实交代罪行的,可认定为自首

2005年下半年,被告人赵渭明结识被害人王丽华,后两人因感情纠纷多次发生争执。2008年12月4日下午,赵渭明在上海市闵行区王丽华住处与王丽华再次发生争执,用双手紧扼王丽华颈部,致王丽华窒息死亡。而后,赵渭明将被害人尸体抛入河中。群众发现后报警,公安机关确认死者系王丽华后,经调查发现王丽华与赵渭明有恋爱关系,在王丽华失踪前二人曾经发生过争吵,遂传唤赵渭明。赵渭明到公安机关后即如实供述了其杀人抛尸的犯罪事实。

在本案中,公安机关传唤被告人赵渭明时,并未掌握其任何杀害王丽华的证据,仅仅是因为赵渭明在已有妻儿的情况下仍然与被害人保持恋爱关系,而且在失踪前两人曾有过争执。根据工作经验,侦查机关怀疑赵渭明极有可能与被害人因感情纠葛产生矛盾,进而对赵渭明进行一般性的排查询问。《公安机关办理刑事案件程序规定》(2012年)第171条规定,"初查过程中,公安机关可以依照有关法律和规定采取询问、查询、勘验、鉴定和调取证据材料等不限制被调查对象人身、财产权利的措施"。第189条进一步强调:"公安机关侦查犯罪,应当严格依照法律规定的条件和程序采取强制措施和侦查措施,严禁在没有证据的情况下,仅凭怀疑就对犯罪嫌疑人采取强制措施和侦查措施。"可见,在初查过程中,侦查机关虽然可以接触被查对象,向其了解情况,但这种行为在性质上系询问而非讯问,且这是以被查对象自愿为前提的,侦查机关不能采取任何强制措施。故被查对象仍然是自由公民,可以根据自己的意愿留在侦查机关配合初查,也有权利根据自己的意愿离开侦查机关。犯罪嫌疑人在具有人身自由的状态下,接到电话通

---

① 参见最高人民法院刑事审判第一庭编著:《最高人民法院自首、立功司法解释:案例指导与理解适用》,法律出版社2012年版,第29—33页。

知后主动到案并如实陈述自己罪行,表明其主动将自己置于司法机关控制之下,愿意接受法律制裁,符合自动投案的本质精神,应当认定为自动投案。

【指导案例】闫光富故意杀人案①——犯罪嫌疑人在公安机关通知后到案,但在公安机关掌握部分证据后开始供述的,不能认定为自首

被告人闫光富在与被害人李国华的长期经济往来中欠下本息100余万元的债务,李国华多次要求闫光富归还未果。2007年5月中旬,闫光富伪造了一份李国华欠其126万元的承诺书。同月31日下午,李国华受闫光富邀约,携带由闫光富出具的债务凭据到重庆市忠县忠州镇白公路121号附1号闫家门面算账时,闫持钢管猛击李头部等处,致李死亡。之后,闫光富将李国华的指纹加盖在伪造的承诺书上,将李国华的尸体藏在自用轿车后备箱内。当晚,闫光富驾车将李国华的尸体抛于重庆市石柱县王场镇蚊鱼村水晶岩处,并在抛尸途中将其出具给李国华的债务凭据烧毁。

另查明,被害人李国华失踪次日晚,其妻阮光玉即向公安机关报案,并向公安机关提供了李国华失踪前,其办公室电话的最后打入者系闫光富,闫欠李100余万元债务,李失踪前曾向闫催收未果,李失踪后在家中没有找到闫的借款凭据等情况。公安机关随即对闫光富进行调查,经调取闫光富的手机通话记录并查看主要路口收费站监控视频,发现闫光富于李国华失踪当晚曾驾车前往黔江区石柱县境内,后又连夜赶往万州区,行为反常,据此分析李国华很可能被害,闫光富具有作案嫌疑,遂于6月6日打电话通知闫光富到公安机关接受调查。闫光富于当日15时左右驾车到达公安机关,但并未主动供述其杀害李国华的犯罪事实。在公安机关技术人员对闫光富驾驶的轿车进行勘查,发现后备箱残留部分痕迹,经检验系人血后,闫光富的犯罪嫌疑上升,即于17时许开始对闫光富进行讯问,但闫仍隐瞒案发当天驾车离开忠县的事实,后经思想教育,闫于18时左右供述了杀害李国华的犯罪事实。当晚,在闫光富的带领下,公安机关找到了李的尸体。

在本案中,被告人闫光富的行为是否属于因形迹可疑而投案的情形?其核心问题是如何区分形迹可疑与犯罪嫌疑,而区分二者的关键在于司法机关是否已经掌握了一定的具体证据,能够把行为人同发生的犯罪案件联系起来,认定行为人具有犯罪嫌疑。如果司法人员只是根据经验、直觉认为行为人可能是作案人,而没有切实、具体的证据作为判断基础,则仅属于形迹可疑;反之,如果司法人员掌握了指向行为人犯罪的具体证据,如在其身上或住处发现赃物、作案工具、被害人血迹等,则可以认为行为人具有犯罪嫌疑,而不仅仅再是形迹可疑。本案被告人

---

① 参见胡红军、李桂红:《闫光富故意杀人案——犯罪嫌疑人在公安机关通知后到案,但在公安机关掌握部分证据后开始供述的,不能认定为自首》,载最高人民法院刑事审判一至五庭主编:《刑事审判参考》(总第69集),法律出版社2009年版,第9—14页。

闫光富在供述犯罪事实前的行为可分为两个阶段,公安机关一开始怀疑李国华可能被害,且闫光富有作案嫌疑,但这种怀疑主要来自经验和直觉,并没有切实、具体的证据来支持,故闫光富的行为更多地符合形迹可疑的特征。在闫光富到达公安机关后,公安机关安排技术人员对其所驾驶轿车进行勘查。结果发现,闫光富的轿车后备箱被水冲洗过,并有浓烈的血腥气味,后备箱底部有暗红色斑迹,经提取作血迹预试验,确定系人血。在此情况下,公安人员遂开始对闫光富进行讯问,但闫仍试图隐瞒犯罪事实,后经思想教育,才供述了杀害李国华的犯罪事实。可见,在闫光富交代所犯罪行前,公安机关已经掌握了认定闫光富具有犯罪嫌疑的一定具体证据,虽然这时尚未通过DNA鉴定从其轿车内检出的血迹,以确认系李国华的血迹,但结合李国华不正常失踪、闫光富欠其巨额债务、发案时间段内行为反常等情况,足以认定闫光富具有重大作案嫌疑,而不再是单纯的形迹可疑。闫光富此时交代所犯罪行,显然不属于因形迹可疑而自动投案,不能认定为自首。

十三、对于犯罪后未逃离现场或者逃离后又返回的,如何认定"自动投案"

(一) 裁判规则

1. 犯罪后主动报案,即使未表明自己是作案人,或者在客观上因受伤不具有逃离现场的能力,只要其归案后能够如实供述的,仍然可以视为自动投案。

2. 明知他人报案而在现场等待,抓捕时无拒捕行为,构成自动投案。这一规定首先要求其主观上"明知他人已经报案",包括明确知道他人已经报案以及有合理依据相信会有人及时报案两种情形;其次还要求行为人在客观上必须是所谓"能逃而不逃",即"主动"选择留在现场,只有这样才能体现出其自愿将自己交付法律制裁的意图。

3. 犯罪后已经离开现场,但在报案时如实告知司法机关自己所在位置,也可以比照"没有逃离现场"的情形来处理。

(二) 规则适用

行为人犯罪后留在现场的原因和情形包括多种,以行为人作案后有没有主动报案为标准,可以分为两种情形:一种是作案后主动报案或要求他人代为报案,另一种是自己虽未报案或者未要求他人报案,但是明知他人报案而等候在现场。在第一种情形中,由于行为人在作案后主动报案或者让他人报案,此举已经足以表明其主动将自己置于司法机关控制之下的意愿,故即使其在报案当时未表明自己系作案人,或者在客观上因受伤不具有逃离现场的能力,只要其归案后能够如实供述,均应认定为自首。在第二种情形中,由于犯罪人在作案后并未报案,也未让他人代为报案,其主动投案的意愿无从体现,只能通过其他方面来进行认定。这种情形成立自动投案,首先要求行为人主观上必须"明知他人已经报案"。当然,对于这里的"明知"不能要求过高,只要犯罪嫌疑人有合理依据相信有人会及时报案,根据现有证据也能综合分析、合理推断其"应当知道"已经有人报案,即可认定为"明知他人已经报案"。其次,还要求行为人在客观上必须是所谓"能逃而不逃",即"主动"选择留在现场。只有这样,才能体现出其自愿将自己交付法律制裁的意图。而如果犯罪嫌疑人作案后因自杀、受伤、醉酒、被群众围堵等原因,无法逃离现场,只能被动留在现场,则不能认定为"自动投案"。

对于"没有逃离现场"不应僵化理解,认为必须是作案第一现场。笔者认为,犯罪嫌疑人作案后即使离开第一现场,但如果其等待抓捕的位置与现场连接在一起,或者犯罪行为从现场持续到等待抓捕之处,如在邻居家杀人后回到自己家里,或者与邻居亲属仍然处于打斗状态当中,等待公安人员前来处理,仍然可以认定为"没有逃离现场"。此外,即使犯罪嫌疑人作案后离开现场,且等待抓捕的位置与现场没有任何联系,犯罪行为也没有持续到等待抓捕之处,如果其在报案时如实告知司法机关自己所处位置,并未给司法机关的调查、抓捕工作造成障碍,也可以比照"没有逃离现场"的情形来处理。例如,犯罪嫌疑人犯罪后离开现场来到附近路口,主动报案并告知司法机关自己所在的位置,这与留在现场等待司法机关前来抓捕的情形并无实质差别,故仍然应当认定为"留在现场等待抓捕"。

【指导案例】林振祥故意伤害案[①]——**对于犯罪后未逃离现场的,如何认定为自动投案**

被害人陈文辉等人经常在烧烤店吃东西不付钱,2009年10月23日,陈文辉、谭兵华与被害人叶乙峰等10余人又去烧烤店吃夜宵。次日零时30分许,陈文辉、谭兵华等人吃完夜宵不付钱准备离开,林振高要求陈文辉等人付钱,双方发生争吵,林振高、林振祥即打电话要求市场管理处的许纯勇来处理,陈文辉等人打掉林振祥手中的手机,拿啤酒瓶砸伤林振高的头,并刺伤林振祥。林振祥拿起烧烤台上的刀与陈文辉等人打斗,致叶乙峰死亡、陈文辉重伤、谭兵华轻微伤。案发后,林振祥得知他人已经报案,遂留在现场等候民警前来处理,归案后如实供述了自己罪行。

在本案中,被告人林振祥在持刀捅刺三被害人之后,没有亲自前往或者以打电话等方式向公安机关报案,也没有委托他人代为投案,仅仅是滞留在犯罪现场,没有通过明显的实际行动来表明其将自己置于司法机关控制之下的意愿。但是,林振祥作案后,一方面因为明知已经有人报案,再报案已无必要;另一方面,明知自己留在现场必然会遭致被抓获的后果,在能够逃跑的情况下仍留在现场等候

[①] 参见最高人民法院刑事审判第一庭编著:《最高人民法院自首、立功司法解释:案例指导与理解适用》,法律出版社2012年版,第55—61页。

公安人员前来处理,无抗拒抓捕行为,实际上是以一种消极的不作为方式表明其出于本人意愿,将自己交付司法机关处理,是一种准自动投案行为。可见,以消极不作为方式投案的,由于其投案的主观意愿无从体现,故要求犯罪嫌疑人留在现场必须发生在"明知他人已经报案"的情况下,而且其作案后留在现场必须是主动选择,即所谓"能逃而不逃"。被告人林振祥作案后留在现场,通过询问身边的保安,得知其已经报案,属于"明知他人已经报案"的情形。同时,林振祥在当时有机会也有能力逃离现场,但其选择留在现场等候公安人员前来处理,因此符合"明知他人报案而在现场等待"的情形,应当认定为"自动投案"。尽管林振祥到案后一直辩称自己系正当防卫行为,不构成犯罪,但这属于对行为性质的辩解,只要其对砍伤他人的客观事实经过进行了如实供述,就不影响自首的成立。

【指导案例】刘加虎故意杀人案[①]——逃离现场后又返回,待警察来后表明身份的,能否认定自动投案

被告人刘加虎与被害人刘忠贤系邻居。2008年5月8日6时许,刘忠贤因刘加虎搭建围栏靠近自家一侧,即将围栏拆毁。刘加虎发现后与刘忠贤父子发生争执,三人继而相互厮打。其间,刘加虎持刀朝刘忠贤头、胸、腹部捅刺数刀,致刘忠贤心脏破裂失血性休克死亡,后又将刘忠贤之子刘俊左手捅伤,刘俊持铁凳将刘加虎头部砸伤。案发后,公安机关接报警赶赴现场,刘加虎逃离现场途中又返回现场,主动向民警表明身份并陈述持刀捅刺刘忠贤的经过,但辩称是在遭到对方暴力打击之后还击,属于正当防卫。

在本案中,由于案发现场紧邻公路,有往来的公共汽车通行,被告人刘加虎杀人后完全具有离开现场客观条件。事实上,刘加虎作案后确实上过一辆路过的公共汽车,但之后其又下车回到现场,未再离开,表明其具有投案的主动性。而且,由于刘加虎系当众犯罪,现场既有被害人本人和亲属,还有诸多目睹全案经过的村民,刘加虎有理由相信案发后必然会有人报警,也能够认识到公安人员很快就会赶赴现场,刘加虎返回现场后,没有毁灭证据、继续行凶或者准备逃跑等,反而是看到警察来后,主动迎上去,表明身份,陈述案件事实经过,明确表示不会逃跑,并等候公安机关的进一步处置。上述行为表明其返回现场之前明知他人已经报案,仍然回到现场将自己交由司法机关处置,具有投案的自愿性。尽管刘加虎一直辩称系对方先动手,其行为具有防卫性质。那么,该情节是否属于对"量刑有重大影响的事实和情节"呢?首先,本案既有证人证明是刘加虎首先持刀捅刺被害人,也有证人证明是被害人一方首先持铁凳砸刘加虎,双方究竟谁先使用暴力

[①] 参见最高人民法院刑事审判第一庭编著:《最高人民法院自首、立功司法解释:案例指导与理解适用》,法律出版社2012年版,第55—61页。

的事实无法认定。其次,由于在暴力冲突发生之前,双方就已经存在言语冲突和肢体冲突,从相互动口到相互动手是冲突的自然升级过程,任何一方相对于对方均不存在不法侵害的先行行为,故即使认定对方先使用暴力,也不能认定其行为属于防卫行为,故不属于影响法定刑档次的主要量刑情节,不影响如实供述的认定。为此,法院最终认定刘加虎具有自首情节是适当的。

【指导案例】孙立业、孙仁友故意杀人案[①]——明知同案被告人已经报警而在现场等待抓捕的,可以认定为自动投案

2010年3月28日6时许,被害人胡庆军因自家小羊走失一事至邻居被告人孙仁友家质问,双方发生争执,孙仁友遭到胡庆军的殴打,后经当地公安机关调处,双方回到各自住处。孙仁友将自己遭到胡庆军殴打一事告诉自己儿子即被告人孙立业。当日中午,当孙立业得知孙仁友再次遭到胡庆军家人殴打后,持尖刀与持菜刀的孙仁友冲至胡庆军住处,孙立业持尖刀捅刺胡庆军胸背部数刀,孙仁友按住胡庆军的双肩,胡庆军被刺后经抢救无效死亡。之后,孙仁友向公安机关报案,并与孙立业一起在现场等候公安人员。

在本案中,被告人孙立业和孙仁友在将被害人胡庆军刺伤后,一同回到孙仁友住处。孙仁友打电话报案,尽管其在电话中未明确自己系作案人,但是其提供了案发信息以及其与孙立业所在的位置信息,而且在等待抓捕的过程中没有抗拒抓捕行为,对其应当认定为"自动投案"。被告人孙立业目睹孙仁友打电话报警,之后出门等候警车前来,并在路上拦下报而来的警车后到案。孙立业虽未亲自拨打电话报警,但在明知同案犯拨打电话报警的情况下,仍未逃离,并且还主动在路上拦下警车,说明其具有主动将自己置于公安机关控制之下的意愿。需要指出的是,两被告人虽然作案后离开了刺伤胡庆军的场所,并回到自己家中,但由于两人系邻居,两被告人回到自己住处等待抓捕,可以认定为仍未脱离现场,而且两被告人与胡庆军家属仍有冲突发生,不法状态还在持续,相应的现场也处于持续的变动当中,故法院最终认定两被告人均属于自动投案,进而认定为具有自首情节是适当的。

十四、在抢救被害人过程中被抓获,后主动如实供述的,能否认定为自首

(一) 裁判规则

行为人因抢救被害人未来得及自动投案即被抓获,到案后主动如实供述犯罪事实的,能否认定为自首,关键看行为人是否有投案的准备行为或是否具有

[①] 参见最高人民法院刑事审判第一庭编著:《最高人民法院自首、立功司法解释:案例指导与理解适用》,法律出版社2012年版,第70—75页。

准备投案的意思表示。行为人在送被害人到医院抢救后,如果有足够的时间和条件先行电话投案或委托他人投案,但没有实施任何投案的准备行为,也没有向任何人表示过准备投案,无法证明其存在投案的意愿的,不能认定其准备投案。

(二) 规则适用

根据《刑法》第67条第1款规定,构成自首应当同时具备两个基本条件:一是自动投案,二是如实供述自己罪行。所谓自动投案,是指犯罪事实或者犯罪嫌疑人未被司法机关发觉,或者虽被发觉,但犯罪嫌疑人尚未受到讯问,未被采取强制措施时,主动、直接向公安机关、人民检察院或者人民法院投案。然而,在司法实践中,自动投案现象十分复杂,为鼓励自动投案,节约司法成本,根据最高人民法院《关于自首和立功的解释》第1条有关规定,对不具有自动投案上述特征的一些行为,也可视为自动投案。如虽未直接前往司法机关投案,但经查实确实已准备去投案,或者正在投案途中,就被公安机关捕获的;或者是因病、伤或为减轻犯罪后果,委托他人代为投案或先以信电投案,等等。在行为人因抢救被害人未来得及自动投案即被抓获的情形中,能否认定为自动投案,关键看行为人是否具有投案的准备行为。准备投案不能仅仅是行为人的一种纯粹的心理活动或者单纯的意思表示,还必须要外化为客观行为,否则就不具有法律意义,而且司法机关也无从查证。这就要求,行为人必须在投案意愿的支配下,为投案实施了一定的准备行为。反之,如果行为人在时间和条件允许的情况下,一直没有为投案做任何准备的行为,就不能认定为准备投案。行为人在送被害人到医院抢救期间,如果有足够的时间和条件先行电话投案或委托他人投案,但没有实施任何投案的准备行为,也没有向任何人表示过准备投案,则无法证明其存在投案的意愿,不能认定其准备投案。

【指导案例】李满英过失致人死亡案[①]——**因抢救被害人未来得及自动投案即被抓获,到案后主动如实供述犯罪事实的,能否认定为自首**

2001年11月9日18时许,被告人李满英无证驾驶一辆无牌号摩托车,在华北石油天津物资转运站大院内行驶时,将正在散步的张岳琴撞倒。李满英随即同他人将张岳琴送到医院,经抢救无效死亡。李满英在医院内被接到报警后前来的公安人员抓获。

本案被告人是在医院被公安人员抓获的,显然不属于自动投案。但被告人辩

[①] 参见李武清:《李满英过失致人死亡案——驾驶交通工具在非公共交通范围内撞人死亡的应如何定性》,载最高人民法院刑事审判第一庭、第二庭编:《刑事审判参考》(总第32辑),法律出版社2003年版,第29—33页。

称其本有准备投案的意愿,只不过因忙于抢救被害人而没来得及投案即被公安人员在医院抓获。对此能否视为准备投案呢?笔者认为,认定准备投案,应当具有可供查实的投案的准备行为,或者具有准备投案的意思表示。本案被告人在送被害人到医院抢救后,应该说是有时间和条件先行电话投案或委托他人投案的,但其没有实施任何投案的准备行为,也没有向任何人表示过准备投案。因此,仅凭其辩称有准备投案的内心意愿,尚不足以认定其准备投案。故本案不能认定被告人有自首情节。当然,由于本案被告人具有为减轻犯罪后果,积极抢救受害人以及到案后如实供述的行为,在量刑时应当酌情予以考虑。

十五、如何区分认定"自动投案"过程中的"形迹可疑"与"犯罪嫌疑"

(一)裁判规则

"形迹可疑"和"犯罪嫌疑"之间的区别主要在于:司法机关认定"形迹可疑"主要是根据行为人的衣着、言谈、举止或者表情,并依据工作经验和常识、常理甚至是直觉而产生的一般性怀疑或猜测。而"犯罪嫌疑"则是有针对性的怀疑,司法机关根据所掌握的证据线索,已经将行为人与某种具体犯罪联系起来。可见,行为人如实供述罪行之前司法机关是否已经掌握足以合理怀疑行为人实施某种犯罪的证据或者线索,从而在行为人与具体案件之间建立起直接、明确的联系,是区分"形迹可疑"与"犯罪嫌疑"的关键所在。

(二)规则适用

根据《关于自首和立功的解释》第1条规定,"罪行尚未被司法机关发觉,仅因形迹可疑,被有关组织或者司法机关盘问、教育后,主动交代自己的罪行的",应当视为自动投案。据此,行为人被传唤到案并如实供述自己罪行的,能否认定为自首,关键是要看行为人是因为"形迹可疑"还是因为"犯罪嫌疑"被盘问、询问。从司法实践来看,"形迹可疑"主要表现为两种情形:一是司法机关尚未掌握行为人犯罪的任何线索、证据,而是根据行为人当时不正常的衣着、言行举止、神态等情况,基于常理、常情或者工作经验甚至是诉诸直觉,判断行为人可能实施了犯罪行为。这种情形的特点是,"可疑"是非具体的、泛化的、无客观依据的,无法将行为人同某一具体犯罪案件联系起来,而只是有关人员根据经验和直觉来作出判断。在公路、铁路、水运、民航等部门的日常检查中,常能发现这种"形迹可疑"的人,不少案件也是通过这种检查、盘问而破获的。行为人若在接受这种检查时主动供述所犯罪行,当然构成自首。二是某一犯罪案件发生后,司法机关已经掌握了一定的证据或者线索,明确了侦查方向,圈定了排查范围,但尚不足以将行为人确定为案件的犯罪嫌疑人,并对其进一步采取强制措施。这种情形的特点是,"可疑"虽具有一定的针对性,能够将行为人同具体案件联系起来,但还不能达到将行为人锁定为犯罪嫌疑人进而采取强制措施的程度。这时,行为人主动供述所犯罪行,仍应认定为自首。

但是,如果有关侦查人员从行为人身边或者住处找到客观性证据,如赃物、作案工具、带血迹的衣物等,或者有目击证人直接指认行为人为作案人,从而在行为人与具体犯罪案件间建立起直接、明确、紧密的联系时,由于当时已有一定的证据指向行为人,其具有较其他排查对象更高的作案嫌疑,则行为人就"升级"为犯罪嫌疑人,而不再仅仅是"形迹可疑"了。案件侦查到这个程度,就已经不再是初查了,侦查机关可以对其采取一定强制措施或者进行传讯。可见,判断行为人是否属于"形迹可疑",关键就是看司法机关能否依凭现有证据特别是客观性证据,在行为人与具体案件之间建立起直接、明确、紧密的联系,达到了将行为人确定为"犯罪嫌疑人"的程度。能建立起这种联系的,行为人就属于犯罪嫌疑人;建立不起这种联系,主要是凭经验、直觉认为行为人有作案可能的,行为人就属于"形迹可疑"。当然,有些时候"形迹可疑"和"犯罪嫌疑"并非非此即彼关系,司法机关根据已经掌握的证据线索,尚不足以认定行为人系特定案件的犯罪嫌疑人,但又超出了认定"形迹可疑"的通常要求。在这种情况下,应当本着有利于被告人的原则,认定行为人属于"形迹可疑"情形。

需要指出的是,在区分"形迹可疑人"和"犯罪嫌疑人"时应当注意两点:一是不能认为,只要司法机关将某行为人与特定案件联系起来,就认为犯罪事实已经被司法机关所掌握,行为人就成了"犯罪嫌疑人"。因为成为怀疑对象很多时候仅仅是办案人员的一种经验直觉,或者虽有一定证据或线索,但并不足以合理怀疑他人就是犯罪嫌疑人。在这种情况下,侦查机关尽管可以针对所怀疑的对象展开初查,但并不能采取限制人身自由的强制措施或者进行讯问,故此时还仅仅是"形迹可疑",而并非"犯罪嫌疑"。二是不能认为,只要司法机关在尚不知道是否有案件发生的情况下,凡是在例行盘查中发现的犯罪人都一概属于"形迹可疑人"。因为在某些场合,即便司法机关对行为人只是进行例行盘查,但如果盘查出了某种线索或者证据,已足以合理怀疑行为人实施某种犯罪时,也应当认定是"犯罪嫌疑",而非"形迹可疑"。如公安人员在深夜巡逻过程中对一携带旅行箱的人员进行盘查时,在旅行箱搜出枪支弹药、毒品、大量假币等违禁物品。在这种情形下,就不能仅仅因公安人员尚不知道是否有案件(盗窃、抢劫等)发生而认定是"形迹可疑"而不是"犯罪嫌疑"。

【指导案例】张芳元故意杀人案[①]**——如何区分"形迹可疑人"与"犯罪嫌疑人"**

被告人张芳元与被害人朱勤芬(女,殁年40岁)有不正当男女关系。2011年11月15日,二人经电话联系,相约于当日19时30分许在贵州省安顺市西秀区大

[①] 参见孔德伦、陈攀:《张芳元故意杀人案——如何区分"形迹可疑人"与"犯罪嫌疑人"》,载最高人民法院刑事审判一至五庭主办:《刑事审判参考》(总第96集),法律出版社2014年版,第37—42页。

西桥镇小屯关贵黄公路旁见面。后双方因琐事争吵，继而发生撕扯。其间，张芳元用双手掐住朱勤芬的颈部，致其停止挣扎后，又从地上捡起一根摩托车用皮带缠绕其颈部，致其机械性窒息死亡。随后，张芳元将朱勤芬的尸体扛到附近的贾郭山，置放于两块岩石间的岩缝中，并用周围的土、树枝、树叶等物掩盖。同月21日上午，朱勤芬的亲属到公安机关报案称朱勤芬失踪。张芳元于同年12月19日晚被公安机关传唤，次日如实供述其杀害朱勤芬并将尸体藏匿的犯罪事实，并带领公安机关找到尸体。

在本案中，根据在案证据应当认定张芳元是"仅因形迹可疑"被司法机关盘问、教育后，主动交代自己罪行，属于自动投案。理由是：首先，被害人朱勤芬的亲属仅仅是报失踪，而并不知道朱勤芬已经被害；同样，公安机关在传唤张芳元时也不知道朱勤芬已经被害，更没有掌握张芳元杀害朱勤芬的任何证据，仅仅是因为二人之间存在不正当男女关系、近期通话频繁而对其产生了怀疑，在对其进行一般性排查询问时，张芳元即主动交代了罪行，并带领公安机关找到了被害人尸体、作案工具等客观性证据，进而确定本案系张芳元所为。上述情况表明张芳元系在公安机关尚未掌握相关证据的情况下，主动向公安机关交代杀害被害人的事实，具有投案的自愿性、主动性，应当视为自动投案。第二，张芳元在公安机关第一次询问时虽然没有供述杀人罪行，但在当晚第二次询问时即如实供述了整个作案经过、藏尸地点等主要犯罪事实，且带领公安人员找到了被害人的尸体。由于张芳元是在公安机关尚未掌握其犯罪证据之前即供述了主要犯罪事实，且之后供述一直稳定，根据最高人民法院《关于自首和立功的意见》第2条第3款的规定，"犯罪嫌疑人自动投案时虽然没有交代自己的主要犯罪事实，但是在公安机关掌握其主要犯罪事实之前主动交代的，应认定为如实供述自己罪行"，依法应当认定张芳元具有自首情节。

【指导案例】刘兵故意杀人案①——如何认定自动投案中的"形迹可疑"

2006年5月26日凌晨1时许，被告人刘兵在贵州省贵阳市花溪区贵筑办事处霞晖路自己经营的"1+1"面食店内与被害人韩某（14周岁）发生性关系。因韩某处女膜破裂，刘兵所穿白色横条T恤和裤子上均沾上韩某的血迹。之后，韩某提出要到贵筑办事处云上村二组杨家山其姐的住处，把刘兵与之发生性关系一事告知其姐，并报告派出所。刘兵担心事情败露，遂产生杀人灭口的念头。当刘兵送韩某走到云上村二组杨家山小路时，刘兵用双手将韩某扼掐致死，并将尸体藏匿于路边菜地刺蓬中后逃离现场。经鉴定，被害人韩某系被他人扼压颈部致窒息死

---

① 参见赵剑、余淼：《刘兵故意杀人案——如何认定自动投案中的"形迹可疑"》，载最高人民法院刑事审判一、二、三、四、五庭主编：《刑事审判参考》（总第59集），法律出版社2008年版，第13—18页。

亡。案发后,公安机关根据掌握的情况到刘兵家调查,从洗衣机中查获了带血迹的白色横条T恤,刘兵遂交代了所犯罪行。

在本案中,被告人刘兵在菜地藏匿尸体时已被村民陈华荣等人发现,其逃离后陈华荣等人即向公安机关报案。公安机关通过现场勘查、询问证人,获悉作案人抛尸时穿白色横条T恤上衣,抛尸后穿深色夹克外衣逃离;公安人员经进一步侦查得知,被害人在一个叫刘兵的人所经营的面食馆里打工,食宿均在刘兵家里。公安机关经分析认为刘兵有作案可能,决定到刘兵家里查看是否有证明作案的证据线索。公安人员到刘兵家后当场从洗衣机里找出了带血迹的白色横条T恤,并就此质问刘兵,刘兵供认了其作案的经过,并带领公安人员把作案所穿的鞋、裤子、夹克全部找出。从本案破案经过来看,公安机关在到刘兵家之前,通过现场勘查、尸体检验、询问证人等工作已经怀疑系刘兵作案,但尚无客观性证据将其确定为犯罪嫌疑人。当公安人员从刘兵家起获带血迹的白色横T条恤后,刘兵的犯罪嫌疑程度得以进一步强化。此时,即使刘兵不主动交代,公安机关也可通过血迹鉴定等工作将案件侦破。也就是说,刘兵是在有力的客观性证据面前被迫供认其罪行的,并非因形迹可疑受到盘问时主动交代所犯罪行,故不具备投案的自动性,不能认定为自首。

十六、如何理解和认定"如实供述主要犯罪事实"的内容与时间

(一) 裁判规则

1. 犯罪嫌疑人自动投案后,必须如实供述其主要犯罪事实,包括定罪事实和重大量刑事实两个方面,才能认定为自首。"主要犯罪事实",一般是指对认定行为人的行为性质有决定意义以及对量刑有重大影响的事实、情节等。在共同犯罪案件中,犯罪嫌疑人除如实供述自己的罪行,还应当供述所知的同案犯,主犯则应当供述所知其他同案犯的共同犯罪事实,才能认定为自首。

2. 犯罪嫌疑人自动投案后虽然没有如实供述,但是在司法机关掌握其主要犯罪事实之前如实供述的,应当认定为自首。对于司法机关已经掌握犯罪嫌疑人主要犯罪事实的,犯罪嫌疑人必须在投案时如实供述自己的主要犯罪事实,才能认定为自首。犯罪嫌疑人如实供述后又翻供的,如果在一审宣判前又能如实供述的,即使在二审期间又翻供的,仍然应当认定为自首;反之,如果在一审期间翻供,但是在二审期间如实供述的,不能认定为自首。

(二) 规则适用

1. 司法实践中,犯罪嫌疑人投案后,对于只供述部分犯罪事实的情形能否成立自首,取决于其所供部分犯罪事实是否为"主要犯罪事实"。"主要犯罪事实"既包括定罪事实,也包括量刑事实,一般是指能够决定犯罪嫌疑人行为性质的事实与情节以及对量刑有重大影响的事实与情节。其中,与定性相关的事实情节主要

是指犯罪构成要件事实,那么何为影响量刑的重要事实或情节呢?笔者认为,凡是足以影响对犯罪嫌疑人是否适用更高档次法定刑的事实或者情节,以及在总体危害程度上比其他部分事实、情节更高的事实、情节,均属于影响量刑的重要事实或情节。其中,在数额犯情形中认定起来比较简单,可以将犯罪嫌疑人如实供述的犯罪数额与其未供述的数额进行比较。如果其供述的数额超过其未供述的数额,可以认定为如实供述了主要犯罪事实,反之则不认定如实供述。而对于情节犯,则要根据情节的危害程度、对量刑的影响程度来综合加以判断。例如,行为人伙同他人共同殴打被害人致死,行为人本人持刀捅刺被害人数刀,系被害人死亡的直接致害人。行为人投案后,虽然供述了殴打被害人的事实,但是未供述其持刀捅刺被害人的事实,该量刑情节对行为人量刑幅度具有重大影响,其故意隐瞒该重要事实,不能认定为自首。

而在共同犯罪中,犯罪嫌疑人除如实供述自己的罪行,还应当供述所知的同案犯,主犯则应当供述所知其他同案的共同犯罪事实,才能认定为自首。根据最高人民法院《关于自首和立功的解释》的规定,在共同犯罪案件中,自首的成立有不同于单个自然人犯罪的特点。即在单个自然人犯罪案件中,只要行为人自动投案后如实供述了自己实施的某一犯罪的主要事实,就成立自首。而在共同犯罪案件中,行为人在共同犯罪中所处的地位、所起的作用和参与犯罪的程度不同,成立自首所要求的"如实供述自己的罪行"的范围也是不同的。如就实行犯而言,有单独实行犯和共同实行犯之分。其中,单独实行犯是指行为人一人实施《刑法》分则规定的某个行为。因此,其所知道的同案犯主要是教唆犯或者帮助犯,在其自动投案后,如实供述了自己直接实施的犯罪行为,并交代其所知道的教唆犯或者帮助犯的犯罪行为,就应当认定为自首。但对于共同实行《刑法》分则规定的某个犯罪行为的共同实行犯而言,在其自动投案后如实供述自己罪行时,必然要涉及与其一起实施犯罪的同案犯的犯罪行为。因此,共同实行犯成立自首,不仅要求其在自动投案后,如实供述自己直接实施的犯罪行为,还应如实供述与其共同实施犯罪的其他实行犯。否则,这种供述就是不彻底的、不如实的,因而不构成自首。

2. 关于犯罪嫌疑人自动投案后,在何时、何种情况下供述才能认定为"如实供述",笔者认为不能一概而论,而应当根据自首的精神实质来区分情况对待。自首制度的最大价值在于鼓励犯罪嫌疑人及时归案,从而节约司法资源,提高办案效率。因此,在司法机关已经掌握犯罪嫌疑人主要犯罪事实的情况下,被告人自动投案后是否如实供述对破获案件本身作用不大,只是因为考虑到犯罪嫌疑人能够主动投案,节约了司法机关对其进行抓捕所要耗费的司法资源,体现自愿接受法律处罚的悔罪态度,由此认定为自首情节。在这种情况下,就要求其在第一次接受讯问时如实供述,即只有在投案即供的情况下才能认定自首。反之,如果其投案后接受第一次讯问时,为逃避法律处罚而故意避重就轻,隐瞒或者虚构主要犯罪事实,以及重大从轻、减轻量刑情节,就表明其仍然抱着侥幸心理,不愿接受法律制裁，没有真诚悔罪，因而不能认定为自首。可见，在司法机关已经掌握犯罪嫌疑人主要犯罪事实的前提下，犯罪嫌疑人必须在投案之时即如实供述自己主要犯罪事实，才能认定为自首。当然，司法实践中仍然存在一些复杂情形，犯罪嫌疑人并非主观上故意虚假供述，而是因为客观原因，如在投案时情绪过于紧张，公安人员在讯问时也没有针对性的提问，使得其在第一次供述时未能供述主要犯罪事实；或者犯罪嫌疑人存在多次犯罪，第一次供述时未能将全部犯罪事实讲完整，如果是真心悔罪而不是试图抵赖，仍然可以认定为如实供述。

另一种情形是，司法机关当时并未掌握其主要犯罪事实，犯罪嫌疑人主动投案时没有供述但后来如实供述自己主要犯罪事实的，由于案件的最终侦破主要还是依靠犯罪嫌疑人的供述，故其供述为节约司法资源、侦破和证实案件起到了关键作用，而且也反映犯罪嫌疑人认罪悔罪的态度，人身危险性进一步减小，应当认定为自首。对此，《关于自首和立功的意见》第2条第3款规定："犯罪嫌疑人自动投案时虽然没有交代自己的主要犯罪事实，但在司法机关掌握其主要犯罪事实之前主动交代的，应当认定为如实供述自己的罪行。"

此外，从司法实践来看，犯罪嫌疑人自动投案并如实供述了自己犯罪事实之后，还存在思想反复后又翻供的情形。这种情况说明其不愿意接受法律制裁，不能认定为自首。但是，如果犯罪嫌疑人在一审宣判前又能如实供述的，说明其再一次悔过自新，法律对此采取宽容的态度，仍然可以认定为自首。此后，即使在二审期间又翻供的，由于一审期间如实供述，相关证据已经固定，定案证据也不容易受二审期间翻供的影响，而且二审法院受上诉不加刑原则的制约，不能加重对被告人的量刑，即使不认定自首也没有实际意义，故仍然应当认定为自首。反之，如果在一审期间翻供，到了二审期间才如实供述的，不能认定为自首，否则容易使犯罪嫌疑人产生侥幸心理，在诉讼前期极力推卸自己罪责，直到二审推卸不掉才被迫如实供述。

【指导案例】喻春等故意杀人案[①]**——在共同犯罪案件中如何认定"如实供述主要犯罪事实"**

2012年6月10日19时许，被告人喻春在上海市宝山区联谊路×号棋牌室内赌博时，与桑山因赌资赔付发生口角，继而发生互殴。喻春打电话纠集其子被告人喻威去现场。喻威接到电话后持铁锹赶到现场，欲用铁锹殴打被害人桑山时，铁锹头掉落。双方被围观群众劝开后，喻春、喻威离开现场。此后，喻威打电话纠集被告人余自兵去棋牌室。约10分钟后，喻春手持两把西瓜刀，喻威手持一把西瓜刀返回上述棋牌室门前。喻春双手执刀与桑山对砍。喻威见状与喻春共同追打桑山至棋牌室隔壁的江南风味小吃店的厨房内。其间，驱车赶到现场的余自兵在厨房内持刀砍击桑山。桑山

[①] 参见姜琳炜：《喻春等故意杀人案——在共同犯罪案件中如何认定"如实供述主要犯罪事实"》，载最高人民法院刑事审判一至五庭主办：《刑事审判参考》（总第95集），法律出版社2008年版，第59—65页。

身受多处创伤后被他人送往宝山区仁和医院抢救,因大失血于当日20时30分死亡。当晚,喻春在宝山中心医院被公安人员抓获。同年6月11日,喻威向公安机关投案,供称其持刀赶到现场后,刀即被被害人所夺,其转身逃跑,看到父亲喻春和被害人互殴之后转身帮助父亲,后又被被害人追到饭店的厨房内;其本人没有持刀砍到过被害人,也没有看到喻春持刀砍到过被害人。次日,余自兵向公安机关投案,如实供述了其与喻春、喻威将桑山砍死的犯罪事实。

本案审理过程中,对被告人喻春、喻威、余自兵的行为构成故意杀人罪以及余自兵具有自首情节没有争议,但对喻威的投案行为是否成立自首情节存在不同意见。笔者认为,要认定其是否有自首情节,关键在于其是否具备"如实供述主要犯罪事实"的要件。经查,余自兵自动投案后供述,其赶到现场后看到喻春和被害人对砍;喻春递给余自兵一把刀,让其砍击被害人;喻威在厨房内也持刀砍到过被害人,并且用双手抱住被害人的脖子让余自兵砍。本案鉴定意见证实,被害人桑山身上有多处刀伤,非一把刀所能形成,即不可能系余自兵一人砍击所致。本案能够排除三被告人以外其他人作案,且喻威自始参加行凶全过程,是积极组织、参与本次殴斗的成员,同时应当能够证明喻春是否行凶,即要么承认自己行凶,要么证明喻春亦行凶。而喻威既不供述自己对桑山实施过砍击行为,也不供述其父对桑山实施过砍击行为,只是一口咬定其没有看到,并把相关罪责都推到余自兵身上。虽然中国历来具有"亲亲相隐"的传统,2012年修改后的《刑事诉讼法》也明确规定父母、配偶、子女具有强制到庭的豁免权,但这仅表明不能因为犯罪嫌疑人、被告人不交代其亲属犯罪事实或者不到庭指证其亲属犯罪事实,就对其从重处罚,而并不意味着不交代上述事实还能具备法定从宽处罚的条件。据此,喻威没有供述同案犯的主要犯罪事实,不能认定具有自首情节。

【指导案例】杜祖斌、周起才抢劫案[①]**——自动投案后没有如实供述同案犯的,不能认定为自首**

2002年3月29日,被告人杜祖斌、周起才共谋到山东省潍坊市抢劫出租车司机。30日晚9时,二被告人携带购买的两把匕首,使用假名住进潍坊市白天鹅宾馆。31日晚8时许,二被告人搭乘潍坊市奎文区樱桃园梨园村刘建光驾驶的红色夏利出租车(车号鲁G—×××××),杜祖斌坐在副驾驶员的座位上,周起才坐在后排座位上,谎称去军埠口水库附近找个朋友。当车行至潍城区军埠口镇水库路南首"华莺酒店"门前时,司机刘建光借故将车停在路边,杜祖斌即掏出匕首威逼刘建光继续往前开。刘见状敞开车门欲脱身时,杜祖斌揪住刘的衣服,周起才抓住

---

① 参见杨金华:《杜祖斌、周起才抢劫案——自动投案后没有如实供述同案犯的,不能认定为自首》,载最高人民法院刑事审判第一庭、第二庭编:《刑事审判参考》(总第33集),法律出版社2003年版,第34—40页。

刘的头发,将其拽回到车座上,二被告人遂用匕首朝刘建光腹部、背部等处连捅数刀,抢走其爱立信T18手机一部,价值人民币458元。刘建光因多处创伤、开放性胸腹外伤、血气胸,导致失血性休克与血气胸窒息而死亡。案发后,二被告人逃离现场。2002年4月1日凌晨3时,被告人杜祖斌在潍坊市坊子老火车站附近一电话亭打"110"投案,并在此等候公安人员将其抓获归案。在公安机关接受讯问时,杜祖斌交代了犯罪经过,但谎称同案犯是一东北青年。

本案被告人杜祖斌、周起才共同策划并实施了抢劫犯罪,杜祖斌自动投案后要如实供述自己罪行,就必然要交代与其一起策划、实施抢劫犯罪的同案人周起才。然而,杜祖斌自动投案后,在供述主要犯罪事实过程中,对与其一起策划、实施抢劫犯罪的同案人予以包庇,谎称同案犯是一名东北青年,故意给公安机关抓获同案犯制造障碍,转移公安机关的侦查视线。其行为不属于"如实供述自己的罪行",不能认定为自首。当然,杜祖斌在作案后并没有隐匿或者逃跑,在公安机关并不掌握其犯罪事实的情况下,打电话报告公安机关,并等候公安机关将其抓获,该行为符合"自动投案"的要求,反映出杜祖斌具有一定的悔罪表现,也给公安机关侦破案件提供了帮助,在量刑时可以酌情予以考虑。

【指导案例】李吉林故意杀人案[①]——如实供述杀人罪行后,又翻供称被害人先实施严重伤害行为的,能否认定为对主要犯罪事实的翻供

被告人李吉林与被害人肖某系男女朋友关系。2007年3月初,肖某打电话向正在广东省韶关市打工的李吉林提出分手。李吉林怀恨在心,欲杀死肖某后自杀,遂于2007年3月6日从其打工地携带一把铁锤回到湖南省郴州市。当日下午3时许,李吉林入住乐仙大酒店×房,将铁锤藏于床下。后又到郴江商贸城等地购买了杀猪刀、红色纤维绳和透明胶并藏于×房电视柜内。当晚,肖某应李吉林之邀前来赴约。晚上9时许,肖某执意与李吉林分手并提出离开,李趁肖不备,用铁锤朝肖头部砸数下,致使肖颅骨骨折、脑组织外溢,后李又将肖抱到床上,持杀猪刀向肖心脏部位刺了一刀,并用双手掐肖的脖子。肖某因钝器致重度颅脑损伤及锐器损伤左肺动脉、静脉大失血而当场死亡。随后,李吉林先后以用刀剖腹、割腕、割喉等方法自杀未果,因疼痛难忍拨打"110"报警。公安人员接到报警后,赶到现场将李吉林控制并送入医院治疗。

在本案中,被告人如实供述杀人罪行后,又翻供称被害人先实施严重伤害行为。经查,李吉林的上述翻供不仅不合常理,而且与在案诸多证据证明的情况不

[①] 参见刘妙香、牛克乾、王玉琦:《李吉林故意杀人案——如实供述杀人罪行后,又翻供称被害人先实施严重伤害行为的,能否认定为对主要犯罪事实的翻供》,载最高人民法院刑事审判一至五庭主办:《刑事审判参考》(总第80集),法律出版社2011年版,第76—83页。

符,故其翻供理由不能成立。接下来的问题是,有关被害人先行实施严重伤害行为的供述是否属于主要犯罪事实内容,李吉林对此翻供是否属于对主要犯罪事实的翻供呢?司法实践中,成立自首所要求如实供述的"主要犯罪事实",一般是指对认定行为人的行为性质有决定意义以及对量刑有重大影响的事实、情节等。就本案而言,如果认可李吉林关于被害人先捅其两刀的供述,则意味着李吉林的行为性质由故意杀人转为带有防卫性质的行为,由有预谋的恶性杀人行为转为临时的应急行为,意味着刑法对李吉林行为性质及主观恶性的评价将发生重大变化。而且,李吉林的翻供如果成立,意味着必然认定本案被害人在案件发生过程中存在严重过错,如此必然会对李吉林刑事责任大小的评价产生重大影响。因此,李吉林关于被害人先捅其两刀的供述,是对影响其定罪量刑的重要情节的翻供,应当认定为对案件主要犯罪事实的翻供。由于李吉林在侦查阶段后期推翻了其之前已经供认的故意杀人行为的主要犯罪事实,且在一审判决前仍然坚持该翻供,故不能认定其如实交代了主要犯罪事实,从而不能认定其行为构成自首。

【指导案例】全光耀故意杀人案[①]**——犯罪嫌疑人虽然自动投案,但一直不如实供述司法机关已经掌握的主要犯罪事实,不能认定为自首**

2005年8月5日零时许,被告人申启朝(已判刑)与许秀栓在一起喝酒时发生争执,酒后申启朝打电话给张波、刘璐,让喊人去帮忙打架。张波、刘璐接电话后遂约韦新波、别江涛、彭西平(三人均已判刑)全光耀等十几人分乘三辆出租车到河南省淅川县矿产局路口,在确认被打对象许秀栓后,申启朝、张波、刘璐、全光耀等人即上前殴打许秀栓,张波用随身携带的匕首对许秀栓连刺数刀,许秀栓在受伤后被送到医院抢救无效死亡,后全光耀潜逃。2008年1月14日,全光耀回到淅川,在亲属的陪同下到淅川县公安局自动投案。案发后,全光耀亲属一次性赔偿受害人各项经济损失2.2万元。另,被告人全光耀自动投案后,一直不承认参与殴打被害人,直到一审庭审时才供述参与斗殴并被他人打伤,仍未供述殴打被害人的事实。

在本案中,被告人全光耀结伙殴打被害人并致人死亡,作案后潜逃近两年。在此期间,共同犯罪人均已经被定罪处刑,全光耀也已经因本案被批准逮捕,说明在当时公安机关已经掌握了其主要犯罪事实。后全光耀在家属陪同下到公安机关投案,此时应当如实供述其主要犯罪事实,即参与殴打被害人致死的事实,才能认定为自首。但是全光耀从投案后到一审宣判之前一直避重就轻,仅仅供述参与斗殴,自己在斗殴中被他人打伤,对自己殴打被害人的事实有意隐瞒,意图逃避法

[①] 参见最高人民法院刑事审判第一庭编著:《最高人民法院自首、立功司法解释:案例指导与理解适用》,法律出版社2012年版,第83—90页。

律处罚。其行为属于只投案不供述,并非真诚悔罪,不能认定为自首。

【指导案例】胡荷青故意杀人案[①]——犯罪嫌疑人自动投案后,一审翻供但二审又如实供述的,不能认定为自首

2008年5月11日下午,被告人胡荷青与前妻李萍因琐事发生矛盾。当晚20时许,被害人郑润华及朋友万德俊受李萍之托,劝说胡荷青不要再骚扰李萍。23时许,郑润华、万德俊得知胡荷青仍不停地打电话纠缠李萍,便再次前往胡荷青家劝说,双方发生语言和肢体冲突。郑润华、万德俊离开后,胡荷青驾驶面包车追赶二人,并驾车冲向二人,将郑润华撞倒在地并反复碾压,致郑润华当场死亡。胡荷青逃离现场后,打"110"报警,到案后如实供述了自己的主要犯罪事实。在一审期间,被告人胡荷青辩称被害人有过错,其没有看到被害人倒地,并非有意碾压被害人,二审期间,胡荷青推翻了上述辩解,再次如实供述了自己的犯罪事实。

在本案中,被告人胡荷青自动投案后,如实供述了自己的主要犯罪事实,但是到了一审庭审中,辩称被害人有过错,其没有看到被害人倒地,并非有意碾压被害人,其翻供内容明显涉及犯罪构成的主观和客观要件。《关于自首和立功的解释》第1条规定,"犯罪嫌疑人自动投案并如实供述自己的罪行后又翻供的,不能认定为自首,但在一审判决前又能如实供述的,应当认定为自首"。该规定涉及两个如实供述的时间点,其中,对于翻供前如实供述的时间,如果司法机关未掌握其犯罪事实的,应该在掌握之前作出;如果司法机关已经掌握其犯罪事实的,应该是在投案后第一次讯问中即作出,除非因时间所限,第一次讯问未能完成对所有犯罪事实的讯问。而对于翻供后又如实供述的时间,《关于自首和立功的解释》明确将其限制在一审判决之前,这是对于翻供的罪犯所给出的认罪悔过的最后机会。本案被告人在一审判决之前没有如实供述,尽管到了二审阶段如实供述,但错过了如实供述的时间点,故不能成立自首。

十七、在二审发回重审后的一审期间再作供述的,能否认定为"如实供述"

(一)裁判规则

如果犯罪嫌疑人主动投案后时供时翻,只要在一审判决之前又能如实供述的,还是在一定程度上体现了人身危险性的减少,也节约了司法资源。当然,由于认定自首的根据在于犯罪嫌疑人人身危险性的减少,以及对司法资源的节约,故

[①] 参见最高人民法院刑事审判第一庭编著:《最高人民法院自首、立功司法解释:案例指导与理解适用》,法律出版社2012年版,第108—114页。

这里的"一审"判决之前,仅仅是指一审法院第一次审理,而不能扩大到发回重审后的一审阶段。

(二) 规则适用

从许多国家①以及我国自首认定的立法精神来看,成立自首的依据主要在于两点:其一是表明犯罪嫌疑人主观恶性和人身危险性的减少;其二是从刑事政策的角度来看,提高了诉讼效率,节约了司法资源。据此,犯罪嫌疑人自动投案后如实供述自己罪行,后又翻供的,表明其不愿意接受司法机关的审查和裁判,试图推脱罪责,逃避惩罚,体现不出人身危险性的减少,同时也浪费了国家的司法资源,故不能认定为自首。为此,《关于自首和立功的解释》规定,犯罪嫌疑人自动投案并如实供述自己罪行,后又翻供的,不能认定为自首;但在一审判决前又能如实供述的,应当认定为自首。据此,被告人在一审阶段翻供,二审阶段又如实供述的,不能认定为自首。反之,一审认定为自首,在二审阶段翻供的,不影响自首的认定。可见,如实供述的最终时间点是在一审判决之前。这里所谓的"在一审判决之前",仅仅是指一审法院的第一次审理,而不能扩大解释为任何程序中的一审阶段,将二审发回重审后的一审阶段甚至是再审程序中的一审阶段也包括进去。理由是,既然在二审阶段再如实供述尚且不能认定为"如实供述",而在二审发回重审后的"一审"程序已经处于二审阶段之后的程序,按照当然解释原理,当然更加不能认定为如实供述。因此,对于二审发回重审或再审后的一审程序中再作交代的,尽管从形式上看仍然处于"一审"阶段,但此时的"一审"阶段处于"二审"阶段之后,既未体现出悔罪态度和人身危险性的减少,又极大地浪费了国家的司法资源,不符合认定自首的立法精神,理应不认定为自首。

【指导案例】张春伟故意伤害案②——**主动投案后一审前翻供,二审发回重审时才如实交代主要犯罪事实的,不认定为自首**

2008年1月16日9时许,被告人张春伟之妻何春勤与被害人焦国新之妻因债务问题发生争吵、厮打。张春伟得知此事后,邀请并教唆其弟张春会前去报复。二人赶到后,张春伟持一根撬棍击打焦国新头部,被焦国新用钢管挡住,张春会持一把单刃尖刀朝焦国新腹部及大腿各刺一刀,致焦国新肝脏被刺伤,下腔静脉大

---

① 如日本刑法学者大谷实先生认为,自首作为任意减轻事由,是考虑到使犯罪调查容易进行的政策性理由以及由于犯罪人悔改而减少了其责任的缘故。德国刑法学者汉斯·海因里希·耶赛克先生说,德国刑法学界和司法实践认为,通过坦白查明犯罪行为以缩短诉讼程序是可以理解的,同时,坦白表明,行为人认识到了其错误态度。因此,其再社会化不会有什么问题,故判例坚持,坦白具有从轻处罚的效果。参见〔日〕大谷实:《刑法总论》,黎宏译,法律出版社2003年版;〔德〕汉斯·海因里希·耶赛克、托马斯·魏根特:《德国刑法教科书》,徐久生译,中国法制出版社2001年版。

② 参见最高人民法院刑事审判第一庭编著:《最高人民法院自首、立功司法解释:案例指导与理解适用》,法律出版社2012年版,第121—127页。

失血死亡。2008年1月18日,张春伟到公安机关投案,并如实供述自己与张春会因琐事持刀扎伤焦国新致焦国新死亡的事实。一审庭审中,张春伟否认自己教唆指使张春会伤害焦国新的事实。一审法院以故意伤害罪判处被告人张春伟有期徒刑十年。一审宣判后,检察机关以原判量刑过轻为由提起抗诉。二审法院以原判事实不清为由,撤销原判,发回重审。在一审法院重审期间,被告人张春伟再次进行了如实供述。

在本案中,被告人张春伟主动到公安机关投案,并如实供述自己罪行,一审判决前翻供,发回重审中又如实供述自己的主要犯罪事实,对于其能否构成自首,需要根据相关司法解释关于自首的立法宗旨来进行分析。尽管我国《关于自首和立功的解释》规定,"犯罪嫌疑人自动投案并如实供述自己的罪行后又翻供的,不能认定为自首,但是在一审判决前又能如实供述的,应当认定为自首",但是自首的立法宗旨在于犯罪嫌疑人因为自动投案,并如实供述自己罪行,体现出其人身危险性减少,并节约了司法资源。为此,在对发回重审的"一审"能否认定为《关于自首和立功的解释》中的"一审"进行理解时,也应当从自首的立法宗旨来进行分析。从上述自首的立法宗旨来看,成立自首要求犯罪嫌疑人作案后及早归案,并及时供述自己的犯罪事实,只有这样,才能体现出行为人的悔罪态度,并节约司法资源。尽管允许犯罪嫌疑人的供述存在一定的反复,但最迟必须在一审判决之前又回到如实供述上来。因此,当行为人在第一次一审期间翻供,到了二审阶段仍然坚持翻供,直到发回重审阶段再作交代,极大地浪费了国家的司法资源,同时也体现不出认罪悔罪态度,故不能再认定为投案自首。

十八、行为人对其主观心态的辩解是否影响自首的成立

(一) 裁判规则

"如实供述自己的罪行"是指如实供述自己"主要(基本)犯罪构成事实"。犯罪构成事实是主客观方面的统一,不仅包括犯罪主体和客观方面的事实,也包括主观方面的事实。因此,"如实供述自己的罪行"不仅要求行为人如实供述客观行为,还要求如实供述其犯罪时的主观心态,否则就没有如实供述自己的罪行,不能认定为自首。

(二) 规则适用

构成自首要求行为人到案后如实供述自己的主要犯罪事实。如果行为人只交代自己次要的犯罪事实而回避主要犯罪事实,则不能认定为"如实供述"。那么,何为"主要犯罪事实"呢?笔者认为,主要犯罪事实首先是指犯罪构成事实,因为犯罪构成事实是认定犯罪所必须具备的事实。在犯罪构成事实中,尽管犯罪客观要件事实(危害行为、危害结果、行为的时间、地点、方法等)是定罪的基础,但犯罪主观要件事实(行为人对实施的危害行为及其危害结果所持的主观心理态

度)同样对区分罪与非罪、一罪与数罪、轻罪与重罪具有重要意义,故行为人主观心态当然也属于"主要犯罪事实"。因此,行为人自动投案后是否如实供述犯罪主观心态,直接关系到行为人能否认定为如实供述,进而会影响到自首的认定。有观点认为,"如实供述自己的罪行(主要犯罪事实)",是指如实供述自己犯罪的客观行为,并不要求如实供述作案时的主观心态(罪过),因为主观心态可以通过行为人的客观行为以及在案证据来进行认定。笔者认为,上述观点是不妥当的。不可否认,司法机关在很多时候确实可以通过客观行为来认定主观心态,但在另外一些情况下,行为人的供述是认定行为人主观心态的重要证据,甚至是唯一证据。此时行为人是否如实供述其主观心态必然会影响到对整个案件事实与性质的认定,故如实供述的内容应当包含主观心态在内。

需要指出的是,尽管根据最高人民法院2004年下发的《关于被告人对行为性质的辩解是否影响自首成立问题的批复》(以下简称《批复》)的规定,对行为性质的辩解不影响自首的成立。然而,《批复》所规定的对自己行为性质进行辩解,必须是在行为人已经"如实供述自己的罪行"(包括如实供述自己主观心态在内)的前提下,仅仅对法律适用方面进行辩解,而不是对犯罪事实本身予以否定。可见,对主观心态的辩解与对行为性质的辩解是两个不同层次的问题。前者是对犯罪主要事实进行辩解,而后者是在如实供述犯罪基本要件事实的基础上,对整个行为在法律上的性质进行辩解。法律只强调自首要求犯罪嫌疑人把自己的行为事实如实地交代,至于行为人对于自己的行为是否构成犯罪,是否对自己的行为有正确的法律认识,并不影响自首的认定。①

那么,如何来判断行为人对主观心态的辩解不是"如实供述"呢?对此,笔者认为,应当按照主客观相统一的原则来把握行为人是否"如实供述"犯罪主观心态,即以行为人对主观心态的辩解是否符合依照在案证据认定的案件事实为标准。如前所述,行为人的主观心态可以通过其客观行为以及其他相关证据反映出来。故如果行为人对主观心态的供述与通过客观行为反应出来的情况不符,那么就属于没有如实供述,因而不能成立自首。例如,行为人承认其罪过形式是故意,但辩称只是伤害故意,而没有杀人的故意。对这种将重罪故意辩解为轻罪故意的情形,是否认定为如实供述主要犯罪事实,可以通过上述标准来进行分析:根据行为人和被害人的关系(是否有矛盾,矛盾大小)、行为人作案时的行为表现(是否扬言杀人,是否追杀)、被害人的创口部位(要害部位还是非要害部位)、创口数量(多处创口还是一处创口)、行为人作案后的态度(是否有抢救被害人的行为)等在案证据证实的情节,若在案证据足以认定行为人实施的是重罪故意行为,则行

---

① 例如,行为人在自动投案后如实交代了采用暴力夺取被害人财物的犯罪事实,但辩解其行为不构成抢劫罪,而是抢夺罪,这属于行为人对行为法律性质的辩解,不影响对其如实供述犯罪事实的认定。反之,如果行为人辩称是抢回被害人对他的欠款,否认具有非法占有目的,则属于未如实供述主要犯罪事实,不能认定为自首。

为人的辩解不能成立,不能认定其构成自首;反之,在证据较差的案件当中,若在案证据不能认定行为人实施了重罪故意行为,或者不能排除其有实施轻罪故意行为可能的,在这种情况下由于根本无法证明行为人的主观心态到底是什么,那么也就无法判断行为人的辩解是否成立,就只能认定其辩解成立,构成自首。

【指导案例】冯维达、周峰故意杀人案[①]——行为人对其主观心态的辩解是否影响自首的成立

2011年6月17日凌晨2时许,被告人周峰驾驶牌号为"浙A7226P"的雪佛兰轿车至浙江省杭州市余杭区崇贤镇众望街"星期八烧烤店"吃夜宵时,遇到其熟悉的被害人祁亮(殁年27岁)等人。祁亮遂通知范玉民(另案处理)过来持刀挑衅。周峰驾车离开时打电话让被告人冯维达开车前来摆平此事。祁亮听到周峰打电话联系他人,遂打电话纠集被害人侯树伟(殁年19岁)、祈雷(另案处理)等人前来,并持砍刀、木棍围住周峰的轿车,祁亮还持械砍砸周峰的轿车。周峰驾车冲出并赶到崇贤镇农业银行附近与驾驶凯迪拉克轿车前来的冯维达会合。此时,寻找周峰的祁亮驾驶摩托车搭载侯树伟携带砍刀、木棍正好从周峰、冯维达汇合处经过,周峰即向冯维达指认祁亮、侯树伟系欺负他之人,并率先驾驶轿车顶上摩托车。祁亮、侯树伟驾乘摩托车转弯,冯维达即驾驶凯迪拉克轿车调头追赶,周峰驾车紧随其后。追逐过程中,冯维达加速行驶,在崇贤镇众望街94号路段撞上摩托车,致摩托车倒地滑行数米,祁亮、侯树伟被撞倒在人行道上,撞击后冯维达又驾车行驶数十米,后因轮胎严重破损无法行驶而弃车换乘周峰驾驶的轿车逃离现场。祁亮、侯树伟均因与地面撞击、摩擦致颅脑损伤死亡。

在本案中,被告人冯维达自动投案后供述的犯罪事实有以下变化:其首次供述不承认驾车转弯是为了追赶被害人,在整个侦查阶段否认两次撞击被害人的摩托车,且至二审庭审均否认有撞击被害人摩托车的主观故意,辩称撞击前踩了刹车但没刹住,是不小心撞到了摩托车。但同案被告人周峰的供述、多名目击证人的证言及监控录像均证实,冯维达在看到二被害人后即驾车追赶,两次撞击被害人驾乘的摩托车;交通事故勘查笔录亦证实,冯维达作案时所驾凯迪拉克轿车的制动痕迹开始于撞击点(说明撞击前没有刹车),而技术验证报告证实,该凯迪拉克轿车的制动性能正常,证明冯维达所提"撞击前踩了刹车但没刹住"的辩解不能成立。上述在案证据足以证明冯维达是故意撞击被害人的摩托车,其是精神和智力正常的成年人,对驾驶轿车高速撞击二轮摩托车可能造成被害人死亡这一结果是明知的,至少有放任被害人死亡的故意。因此,冯维达一直否认有故意杀人的

---

① 参见陈攀:《冯维达、周峰故意杀人案——行为人对其主观心态的辩解是否影响自首的成立》,载最高人民法院刑事审判一至五庭主办:《刑事审判参考》(总第96集),法律出版社2014年版,第28—36页。

主观心态与查明的案件事实不符,其对主观心态的辩解(将故意辩解为过失)已经达到了否定案件事实的程度,属于未如实供述自己的主要犯罪事实,二审认定其不能构成自首是正确的。

十九、自动投案但对影响量刑升格的次要事实翻供的,是否影响自首的认定

(一) 裁判规则

犯罪嫌疑人多次实施同种罪行的,应当通过比较已交代与未交代犯罪事实的危害程度,决定其是否如实供述了主要犯罪事实。其中,针对"情节犯",当行为人如实交代的犯罪情节重于未交代的犯罪情节,或者未作交代的不属于"决定着对犯罪嫌疑人应适用的法定刑档次是否升格的情节",一般应认定为如实供述自己的主要犯罪事实;而针对"数额犯",只要如实交代的犯罪数额多于未交代的犯罪数额,即使未交待的数额处于量刑档次的临界点上,会影响到法定刑档次的升格,一般也应认定为如实供述主要犯罪事实。

(二) 规则适用

《关于自首和立功的解释》第1条第(二)项规定:"如实供述自己的罪行,是指犯罪嫌疑人自动投案后,如实交代自己的主要犯罪事实。……犯罪嫌疑人自动投案并如实供述自己的罪行后又翻供的,不能认定为自首,但在一审判决前又能如实供述的,应当认定为自首。"《关于自首和立功的意见》进一步明确,"犯罪嫌疑人多次实施同种罪行的,应当综合考虑已交代的犯罪事实与未交代的犯罪事实的危害程度,决定是否认定为如实供述主要犯罪事实。虽然投案后没有交代全部犯罪事实,但如实交代的犯罪情节重于未交代的犯罪情节,或者如实交代的犯罪数额多于未交代的犯罪数额,一般应认定为如实供述自己的主要犯罪事实。无法区分已交代的与未交代的犯罪情节的严重程度,或者已交代的犯罪数额与未交代的犯罪数额相当,一般不认定为如实供述自己的主要犯罪事实"。据此,认定为"如实供述主要犯罪事实",应当采取以下标准:

1. 主要犯罪事实首先包括定罪事实。定罪事实容易理解,即关系到行为是否构成犯罪,构成何种犯罪的事实与情节。如果犯罪嫌疑人对上述定罪事实予以否认,或者避重就轻,不能认定为如实供述主要犯罪事实。例如,行为人虽然承认被害人的死与自己的行为有关,但否认是自己持木棍击打被害人头部致死,谎称是被害人在后退过程中绊倒摔死,由于该事实涉及认定故意杀人罪还是过失致人死亡罪,属于定罪事实,故不能认定为如实供述自己主要犯罪事实。再如,犯罪嫌疑人开枪将被害人打死后投案,谎称系枪支走火致死,由于其隐瞒了持枪杀人这一对定罪量刑具有决定性影响的犯罪情节,同样不能认定为如实供述主要犯罪事实。

2. 主要犯罪事实还包括重大量刑事实。在认定重大量刑事实时,需要比较如实供述部分与未如实供述部分的严重程度。其中,对于数额犯来说,判断的标准比较

简单,只要如实交代的犯罪数额多于未交代的犯罪数额,一般应认定为如实供述自己的主要犯罪事实。有观点认为,根据《关于自首和立功的解释》第 1 条第(二)项关于如实供述的规定,犯罪嫌疑人供述的身份等情况与真实情况虽有差别,但不影响定罪量刑的,应认定为如实供述自己的罪行。犯罪嫌疑人自动投案后隐瞒自己的真实身份等情况,影响对其定罪量刑的,不能认定为如实供述自己的罪行。为此,这种观点以是否会影响到"定罪量刑"为标准,认为所谓"对量刑有重大影响的事实、情节",是指"决定着对犯罪嫌疑人应适用的法定刑档次是否升格的情节",将影响法定刑升格的情节作为主要犯罪事实。笔者认为,上述观点主要适用于情节犯的情形。对于数额犯,《关于自首和立功的意见》已经明确,"如实交代的犯罪数额多于未交代的犯罪数额,一般应认定为如实供述自己的主要犯罪事实",故犯罪嫌疑人仅仅是对小部分数额翻供,即使最后可能会影响到法定刑的升格,也不影响如实供述主要犯罪事实的认定。

【指导案例】谢齐勇盗窃案①——自动投案但对影响量刑升格的次要事实翻供的,是否影响自首的认定

2010 年 2 月,被告人谢齐勇先后盗窃作案三起,窃得财物合计价值 1.05 万元。

(1)2010 年 2 月 5 日,被告人谢齐勇翻墙撬锁进入被害人李翠竹家中,窃得笔记本电脑一台等物,合计价值人民币 6500 元。

(2)2010 年 2 月 10 日,被告人谢齐勇撬锁进入被害人许民家中,窃得黄金项链一条,赃物价值人民币 3000 元。

(3)2010 年 2 月 11 日,被告人谢齐勇翻墙撬锁潜入被害人周志家中,窃得现金人民币 1000 元。

另查明,被告人谢齐勇于 2010 年 2 月 17 日主动到公安机关投案,并如实供述了上述三起盗窃犯罪事实。

一审庭审中,谢齐勇仅供述了第一、二起盗窃(窃得赃物合计价值人民币 9500 元),辩称未实施第三起盗窃(窃得现金人民币 1000 元,当地对盗窃罪确定的"数额巨大"标准为 1 万元以上。

在本案中,被告人谢齐勇盗窃三起,窃得财物价值人民币 1.05 万元,本案的法定刑幅度应在三年以上十年以下有期徒刑。但谢齐勇在一审庭审中对部分事实翻供,辩称未实施第三起盗窃,这就会影响到其中 1000 元数额的认定,进而影响到法定刑档次的选择。然而,由于盗窃罪属于典型的数额犯,根据《关于自首和立功的意

---

① 参见最高人民法院刑事审判第一庭编著:《最高人民法院自首、立功司法解释:案例指导与理解适用》,法律出版社 2012 年版,第 115—120 页。

见》的规定,应当以供述数额的多少来认定是否属于如实供述主要犯罪事实。谢齐勇在庭审中如实供述的数额为9500元,未供述的数额为1000元,两相比较,如实供述的数额远远超出了未供述的数额。虽然未供述的数额会影响到法定刑的升格,但是仍然应当认定为如实供述主要犯罪事实。此外,需要指出的是,被告人的供述是否如实,只能以法院最终认定的事实为依据。如果行为人对部分事实翻供之后,该部分事实因证据不足不能认定,就不能认定属于不如实供述,而应认定为如实供述了全部犯罪事实。

二十、余罪自首中如何认定"司法机关尚未掌握的不同种罪行"

(一) 裁判规则

1. 行为人如实供述的其他罪行与司法机关已经掌握的罪名虽然不同,但如果二者之间属选择性罪名或者在法律、事实上密切关联,应认为系同种罪行。其中,在法律上有密切关联的犯罪,是指不同犯罪的构成要件存在交叉或者不同犯罪之间存在对合关系、因果关系、手段目的关系、条件关系等,且易于结合发生的情形;事实上存在密切关系的犯罪,是指不同犯罪之间在犯罪的时间、地点、手段方法、对象、结果等客观事实特征方面有密切联系。

2. 行为人所供述的罪行,必须是司法机关尚未掌握的其他不同种罪行,才能成立余罪自首。这里的"尚未掌握",一般是指司法机关还未有一定的客观线索、证据合理怀疑被采取强制措施的犯罪嫌疑人、被告人和正在服刑的罪犯还犯有其他罪行。行为人犯前罪后使用化名潜逃并被上网追逃,后又因犯新罪而被采取强制措施,如果司法机关对其真实身份无法查证的,该前罪属于司法机关"尚未掌握"的罪行。行为人向司法机关主动交代真实身份及所犯前罪的,可以认定余罪自首;如果有明确的身份查证线索的,则不能认定为余罪自首。

(二) 规则适用

1. 最高人民法院《关于自首和立功的解释》规定,"被采取强制措施的犯罪嫌疑人、被告人和已宣判的罪犯,如实供述司法机关尚未掌握的罪行,与司法机关已掌握的或者判决确定的罪行属不同种罪行的,以自首论"。对于哪些罪行属于同种罪行,《关于自首和立功的意见》规定,"犯罪嫌疑人、被告人在被采取强制措施期间如实供述本人其他罪行,该罪行与司法机关已经掌握的罪行属于同种罪行还是不同种罪行,一般应当以罪名区分。虽然如实供述的其他罪行的罪名与司法机关已掌握犯罪的罪名不同,但如实供述的其他犯罪与司法机关已掌握的犯罪属选择性罪名或者在法律、事实上密切关联……应认定为同种罪行"。根据《关于自首和立功的意见》的上述规定,"同种罪行"包括三种情况:罪名相同的罪行、属于同一选择性罪名的罪行以及法律或者事实上密切关联的罪行。在这里,关键是如何来理解"法律或者事实上密切关联的罪行"。其中,在法律上有密切关联的犯罪,是指不同犯罪的构成要件有交叉或者不同犯罪之间存在对合(对向)关系、因果关系、目的关系、条件关系等。① 在事实上有密切关联的犯罪,是指不同犯罪之间在犯罪的时间、地点、方法(手段)、对象、结果等客观事实特征方面存在密切联系。②

法律或者事实上密切关联的罪行之所以属于应当如实供述的范围,是因为《刑事诉讼法》第120条规定,"犯罪嫌疑人对侦查人员的提问,应当如实回答。但是对与本案无关的问题,有拒绝回答的权利"。可见,侦查人员的提问,只要与其所实施的犯罪事实有关,如起因、动机、时间、地点、目的、方法(手段)、结果等均是犯罪自然发展过程中的要素,犯罪嫌疑人均有如实回答的义务。如果涉及其中任何一个要素的行为单独构成另一犯罪,就应当认定涉嫌的两个犯罪在法律、事实上有密切关联,作案人均有如实交代的义务。质言之,这几个不同的犯罪实质是同一犯罪过程中连续实施、衔接紧密的不同部分,犯罪嫌疑人、被告人在供述司法机关已经掌握的部分时,有义务供述同一犯罪过程中密切关联的其他部分。由于行为人供述与其所涉嫌犯罪在法律、事实上密切关联的其他犯罪是履行如实供述的义务,故不应认定为自首。③

2. 根据刑法、《关于自首和立功的解释》及《关于自首和立功的意见》的规定,成立"余罪自首"要求行为人所如实交代的其他不同种罪行,必须是司法机关尚未掌握的罪行。所谓"尚未掌握",一般是指司法机关还未有一定的客观线索、证据合理怀疑被采取强制措施的犯罪嫌疑人、被告人和正在服刑的罪犯还犯有其

---

① 例如,行贿罪和受贿罪,收买被拐卖的妇女、儿童罪与拐卖妇女、儿童罪,洗钱罪与毒品犯罪、黑社会性质组织犯罪等上游犯罪,掩饰、隐瞒犯罪所得、犯罪所得收益罪与为获得赃物而实施的抢劫罪、盗窃罪等犯罪,窝藏、包庇罪与被窝藏、包庇的行为人之前所犯的罪等。

② 如某人用炸药报复杀人,其因故意杀人被捕后,主动供述了其购买了较大数量硝酸铵等原料制造炸药的行为,其行为又构成非法制造爆炸物罪,与司法机关此前掌握的故意杀人罪不是同一罪名,但因其在供述故意杀人犯罪事实时,必须如实供述作为犯罪工具的爆炸物的来源,因而,其所触犯的两个罪名在事实上有紧密关联,其主动供述制造炸药的行为不能认定为自首。

③ 例如,被告人以伪造公司印章的手段进行合同诈骗,后因涉嫌合同诈骗罪被抓获后供述其使用伪造公司印章的犯罪事实,不应当认定为自首。从犯罪构成来看,被告人的行为分别构成伪造公司印章罪、合同诈骗罪,虽然合同诈骗罪与被告人归案时涉嫌的伪造公司印章罪罪名不同,且被告人归案时公安机关只掌握了其合同诈骗的罪行,但依照法律规定,被告人对其涉嫌的合同诈骗罪的全部犯罪事实都有如实供述的义务,包括其伪造公司印章的手段。又如,行为人持枪抢劫博物馆珍贵文物后销赃,公安机关根据现场遗留的指纹和被害人尸体上的弹孔确定是行为人持枪抢劫所为,便将其抓获并当场从其身上缴获作案所用枪支。行为人在交代枪支来源时交代非法购买枪支的行为不构成自首,因为枪支是其实施抢劫犯罪的作案工具,与抢劫犯罪密切相关,行为人有义务如实交代其来源,否则其持枪抢劫的犯罪事实就不完整。行为人在交代赃物去向时交代销售赃物的行为也不能构成自首。一方面,赃物是抢劫犯罪的犯罪对象和犯罪所得,行为人有义务如实交代其去向,行为人交代的销售赃物的罪行与公安机关已经掌握的抢劫罪行有密切关联;另一方面,销售赃物的罪行是其抢劫罪行的延续,销赃行为被抢劫行为所吸收,属于事后不可罚行为,故不再单独定罪。值得注意的是,行为人在交代赃物去向时交代他人购买赃物的行为,既不构成自首,也不构成立功。此中道理与共同犯罪案件中的犯罪分子到案后揭发司法机关尚未掌握的同案犯的共同犯罪事实不构成立功的是相同的,因为所供述的同案犯的共同犯罪事实与司法机关已经掌握的犯罪事实之间有密不可分的关系,犯罪分子有如实供述的义务。

他罪行。同时,作为尚未掌握主体的"司法机关"也不能简单理解,即不仅仅是指正在侦查、起诉、审判的司法机关,还完全可能包括其他司法机关。因此,这里"司法机关"的外延应当根据具体案情具体分析。具体而言,如果犯罪嫌疑人或被告人先行实施的犯罪行为虽已被其他司法机关掌握,但因地处偏僻、路途遥远或通讯不便等原因,客观上使正在对现行犯罪进行侦查、起诉和审判的司法机关,难以发现该先行发生的犯罪事实的,可以将该先行实施的犯罪视为司法机关尚未掌握的罪行,这时的司法机关其实是指直接办案的司法机关。但"如果该罪行已被通缉,一般应以该司法机关是否在通缉令发布范围内作出判断,不在通缉令发布范围内的,应当认定为还未掌握,在通缉令发布范围内的,应视为已掌握;如果该罪行已录入全国公安信息网络在逃人员信息数据库,应视为已掌握"。

需要指出的是,由于"余罪自首"缺乏主动投案要件,故对于"司法机关尚未掌握"这一要件应从严掌握,防止有些负案在逃的犯罪分子因现行犯罪被抓获时故意隐瞒身份,在讯问过程中再交代真实身份,从而获取"自首"从宽处罚。此外,上述规定针对的是行为人身份信息明确的情形。如果行为人身份不明确,即便已对其上网通缉,也无法将余罪与该行为人对应起来,此时就不能简单适用上述标准,而应当具体分析司法机关有无掌握其余罪的条件与可能。对于司法机关无任何线索查证行为人真实身份的,如果行为人因实施其他犯罪到案后如实交代真实身份信息及所犯余罪,可以认定余罪自首;如果司法机关有明确、清晰的身份查证线索,则不宜认定余罪自首。

【指导案例】汪某故意杀人、敲诈勒索案①——如实供述的罪行与司法机关已经掌握的罪行在事实上密切关联的,不构成自首

2009年6月左右,被告人汪某在某县某旅游用品厂打工期间认识被害人云某(男,殁年23岁)。同年7月至8月期间,汪某租房经营服装店,后因生意不景气等原因而将服装店转让给云某。同年9月21日晚,汪某到云某经营的服装店和云某聊天、吃饭。后二人在某县工业园区因琐事发生争吵、厮打。厮打过程中,汪某用云某身上的挎包带勒云某的颈部,致云某窒息死亡后,将云某的尸体抛入附近下水道内。同月23日,汪某持云某的身份证以云某的名义到银行办理一张储蓄卡。24日汪某用云某的手机号码通过打电话并发短信的方式要求云某家属向云某的账户汇入13万元,否则就会揭露云某的隐私,甚至对云某实施伤害行为。25日,因云某亲属向公安机关报案,汪某最终未得逞。

另查明:2009年10月2日,公安机关经调查得知,案发当晚云某和汪某一起喝酒、吃饭后失踪,通过调取云某账户的开户行监控录像并组织人员进行辨认确

---

① 参见余淼、仲佳:《汪某故意杀人、敲诈勒索案——如实供述的罪行与司法机关已经掌握的罪行在事实上密切关联的,不构成自首》,载最高人民法院刑事审判一至五庭主办:《刑事审判参考》(总第84集),法律出版社2012年版,第17—22页。

定开户人是汪某,从而确定汪某有重大作案嫌疑。次日中午,公安机关派员找汪某了解情况,汪某没有交代犯罪事实。当日晚上,公安机关围绕云某银行卡开户情况再次询问汪某时,汪某才交代故意杀人、敲诈勒索的犯罪事实,并带领公安人员找到被害人尸体。

本案在审理过程中,对被告人汪某因涉嫌犯敲诈勒索罪归案,主动供述其故意杀人罪行的行为是否构成自首,存在两种意见:一种意见认为,汪某主动供述故意杀人罪行的行为构成余罪自首;另一种意见认为,汪某故意杀人犯罪与其敲诈勒索犯罪在事实上有紧密关联,不构成自首。笔者赞同第二种意见。司法实践中,涉及人身、财产的犯罪,如在敲诈勒索、绑架、故意杀人、抢劫、故意伤害、交通肇事等案件中,被害人的人身,其随身携带财物的下落,作案工具的来源、去向等事实,均是与行为人实施的犯罪行为紧密关联的事实。在对供述司法机关已掌握的犯罪事实过程中,供述上述事实的,即使实施上述事实的行为单独构成另一犯罪,也不构成自首。本案被告人汪某供述的故意杀人罪行与公安机关已经掌握的敲诈勒索罪行,既不存在罪名交叉关系,也不存在对合(对向)、因果、目的、条件等密切的关系,因此,汪某的故意杀人罪与其所犯的敲诈勒索罪不具有法律上的关联。然而,汪某所犯的两个罪行在事实上存在密切关联。通常情况下,公民身份证往往与其本人人身紧密相随,汪某开立敲诈勒索账户的身份证如何得来、云某为何将自己的身份证交给汪某、云某本人身在何处等,这些事实都是汪某在交代敲诈勒索犯罪时必须交代的内容。如果其不交代在敲诈勒索前实施的故意杀人罪行,其后所实施的敲诈勒索事实就不完整、不清楚。由于汪某在特定的时空范围内,连续实施的两个犯罪行为前后衔接、紧密联系,构成一个完整的犯罪过程,故不成立余罪自首。

【指导案例】杜周兵强奸、强制猥亵妇女、猥亵儿童案①——行为人因涉嫌强制猥亵妇女到案后如实供述司法机关尚未掌握的猥亵儿童事实的,不构成自首

2009年至2013年期间,被告人杜周兵在浙江省宁波市鄞州区塘溪镇内,多次借故进入多名幼女或者妇女的家中,采用暴力、胁迫等手段对被害人实施奸淫或者强制猥亵。杜周兵被抓获后,除交代上述事实外,还主动供述其在2010年或者2011年的一天猥亵黎某某(女,1999年5月23日出生)的事实。

在本案中,强制猥亵妇女罪与猥亵儿童罪尽管罪名不同,也不属于选择性罪名,但是两种犯罪在法律上、事实上均具有密切关联,可以视为同种罪行。首

---

① 参见袁益波:《杜周兵强奸、强制猥亵妇女、猥亵儿童案——行为人因涉嫌强制猥亵妇女到案后如实供述司法机关尚未掌握的猥亵儿童事实的,不构成自首》,载最高人民法院刑事审判一至五庭主办:《刑事审判参考》(总第98集),法律出版社2014年版,第49—52页。

先,强制猥亵妇女罪与猥亵儿童罪在法律上关联密切,二者在犯罪主体、客体、客观方面的行为、结果、对象等犯罪构成要件上具有相近性与包容性。其次,强制猥亵妇女罪与猥亵儿童罪在事实上具有密切关联。认定数种罪行在事实上是否具有密切关联,一般应当结合日常生活经验与司法实践,考察该数种行为共同发生的概率大小。在猥亵犯罪中,对于行为人而言,针对成年或未成年女性实施猥亵,其犯罪手段以及犯罪目的是没有差别的,行为人在犯罪对象上往往也是随机选择的,即使因被害人不满或者超过14周岁而分别构成强制猥亵妇女罪、猥亵儿童罪,仍然是两起性质基本相同的事实。被告人杜周兵在近5年的时间里,在同一地区多次采取路边拦截、跟随被害人进入其住处等方式,使用暴力、胁迫手段对多名妇女、儿童强行抚摸胸部、阴部等部位实施猥亵。杜周兵选择的作案目标,基本都是年龄较小、反抗能力较弱的女性,至于被害人是否属于幼女,并不影响其实施犯罪计划。可见,杜周兵所犯强制猥亵妇女罪和猥亵儿童罪尽管罪名不同,也不属于选择性罪名,但在实施的时间、地点、对象及手段上具有连贯性和一致性,属于在法律、事实上有密切关联的同种罪行,故其交代猥亵儿童犯罪不构成自首。

【指导案例】何荣华强奸、盗窃案①——如何理解"如实供述司法机关还未掌握的本人其他罪行"

1. 强奸部分

1998年10月12日晚8时许,被告人何荣华伙同同村的童冬喜(已判刑),将童冬喜前一天刚结识的女青年胡某某从江山火车站旅社带出,到江山市城南经济开发区游玩,后在王天仙饭店吃夜宵并喝酒,使胡某某喝醉酒。当晚12时许,何荣华与童冬喜将胡强行挟持到童冬喜家中,趁胡某某因醉酒躺倒在童冬喜房内地毯上之机,先后对胡实施了数次奸淫。

2. 盗窃部分

2004年11月29日至2006年3月下旬,被告人何荣华单独或伙同他人在杭州市余杭区、江山市清湖镇盗窃作案5次,窃得财物价值共计人民币4万余元。

被告人何荣华1998年10月伙同童冬喜强奸作案后即化名"周华才""周红伟"潜逃在外。江山市公安局经侦查,查明何荣华涉嫌共同强奸犯罪,遂签发逮捕证对其进行网上通缉,网上通缉资料中附有何荣华的基本情况及照片等详细信息。被告人何荣华外逃期间并伙同其同乡徐以友等人共同盗窃作案,徐以友对何荣华的身份及涉嫌1998年的强奸犯罪等情况均知悉。2006年3月23日,杭州市公安局抓获涉嫌盗窃犯罪的徐以友等人,并通知掌握徐以友伙同"周华才"等盗窃

---

① 参见金朝文:《何荣华强奸、盗窃案——如何理解"如实供述司法机关还未掌握的本人其他罪行"》,载最高人民法院刑事审判一、二、三、四、五庭主编:《刑事审判参考》(总第52集),法律出版社2007年版,第16—21页。

犯罪事实的江山市公安局。江山市公安局在杭州又抓获了"周华才",在对涉嫌盗窃犯罪的"周华才"审讯时,发现"周华才"无法对其所述的身份情况自圆其说,后"周华才"主动交代其真名为何荣华及于1998年伙同童冬喜实施强奸犯罪的事实。同日,徐以友亦向江山市公安局交代了"周华才"系何荣华的化名及何荣华涉嫌强奸的相关情况。

在本案中,被告人何荣华系已被采取强制措施的犯罪嫌疑人,符合"余罪自首"的主体特征,其向公安机关主动交代的强奸罪行,对于其被抓获的盗窃犯罪而言,属于不同种罪行。接下来的问题是,其所犯的强奸罪行是否属于"司法机关尚未掌握"的罪行?笔者认为,根据本案事实,被告人何荣华的强奸犯罪事实,相对于抓获、讯问其的江山市公安局来说,不能认定为未被其所掌握。理由在于:一是江山市公安局早在1998年经审查,即已查明何荣华涉嫌共同强奸犯罪,并且对何荣华签发了逮捕证进行网上通缉,通缉资料中亦附有何荣华的基本情况及照片等详细信息;二是何荣华因涉嫌盗窃被抓获时用的虽然是化名"周华才",但与其共同盗窃作案的同案犯徐以友对何荣华的身份情况,及涉嫌强奸的犯罪事实等均知悉,并且徐以友也在盗窃归案后交代了何荣华的真实身份及其涉嫌强奸的事实;三是江山市公安局在何荣华因盗窃归案后,经审讯发现何荣华对其以化名"周华才"的身份难以自圆其说,已经引起注意并开始着手核实。在这种情况下,即使何荣华不主动交代,由于网上通缉资料齐全且同案人徐以友的如实交代,公安机关仍然能够很快查实何荣华尚有强奸的犯罪事实,故其所犯强奸罪不属于"司法机关尚未掌握"的罪行。

【指导案例】孟令廷故意杀人、故意伤害案[①]——在被采取强制措施期间,向司法机关主动如实供述本人真实身份及所犯不同种余罪的,对余罪能否认定为自首

被告人孟令廷因不能正确处理邻里纠纷,于1997年7月26日5时许,持菜刀等作案工具来到北京市房山区佛子庄乡北窑村安立东家,持菜刀猛砍安立东的长子安庆兵(殁年22岁)、次子安庆忠及女儿安庆红,致安庆兵死亡,安庆忠、安庆红轻伤。而后,孟令廷又因怀疑其弟媳刘某(殁年32岁)与他人有不正当男女关系而携带菜刀来到该村刘某家中,持刀猛砍刘某的头面部等处20余刀,致刘某死亡。孟令廷在逃期间,使用其弟"孟令敏"的身份信息,通过他人伪造居民身份证两张并使用。2010年6月11日1时许,孟令廷在河北省廊坊市广阳区南尖塔镇,因琐事与合租一个单元房的任某发生矛盾。孟令廷持菜刀砍击任某的朋友许振发,致许轻伤(偏重)。同月28日,孟令廷以"孟令敏"的身份被廊坊市公安机关刑事拘留。

---

① 参见王雪枫:《孟令廷故意杀人、故意伤害案——在被采取强制措施期间,向司法机关主动如实供述本人真实身份及所犯不同种余罪的,对余罪能否认定为自首》,载最高人民法院刑事审判一至五庭主办:《刑事审判参考》(总第97集),法律出版社2014年版,第52—56页。

同年7月4日,孟令廷主动交代了其真实身份及1997年7月26日故意杀人的犯罪事实。

本案的争议焦点是,被告人孟令廷以前所犯故意杀人罪已被公安机关在网上通缉,而孟令廷因犯故意伤害罪以"孟令敏"的化名被河北省廊坊市公安机关羁押,期间又主动交代其真实身份,供认冒用其弟"孟令敏"的身份信息,以及其于1997年故意杀人的犯罪事实。对于该行为能否认定为自首,关键是所交代的余罪是否为司法机关所掌握。就本案而言,首先,根据公安机关出具的《在逃人员登记/撤销表》及《协查通报》,孟令廷因故意杀人逃跑后,公安机关已经向各地发布了抓捕孟令廷的协查通报,后又在全国范围内对孟令廷上网追逃。虽然孟令廷使用"孟令敏"的化名已有数年,并以"孟令敏"的身份信息伪造了身份证,但是孟令廷所持有的第一、二代身份证,均系伪造且被公安机关缴获,其冒充他人身份信息的情况已露出破绽。同时,孟令廷冒充的是其弟"孟令敏"的身份信息,根据公安机关侦查惯例,公安人员按照正常的工作程序,在调取"孟令敏"的户籍材料,查证行为人与"孟令敏"身份关系的活动中,亦能了解孟令廷的真实身份。由此可见,孟令廷虽然使用的是"孟令敏"化名,但由于公安机关已经具备查清其身份及所犯余罪的客观条件,在这种情况下,孟令廷如实供述自己真实身份及杀人罪行的,不属于如实供述"司法机关还未掌握的本人其他罪行",不应认定为自首。

二十一、共犯以证人身份协助司法机关指认同案犯的,是否构成立功

(一)裁判规则

在立功的构成中,需要立功者以犯罪嫌疑人的身份揭发他人罪行或者提供重要线索,从而得以侦破其他案件。如果并非以犯罪嫌疑人身份,而是以证人身份实施上述行为的,由于缺乏立功心理,依法不构成立功。

(二)规则适用

《关于自首和立功的解释》第5条将"协助司法机关抓捕其他犯罪嫌疑人(包括同案犯)"情形作为立功加以规定,《关于自首和立功的意见》对何为"协助司法机关抓捕其他犯罪嫌疑人(包括同案犯)"做出了进一步明确规定,即将以下四种情形认定为立功:①按照司法机关的安排,以打电话、发信息等方式将其他犯罪嫌疑人(包括同案犯)约至指定地点的;②按照司法机关的安排,当场指认、辨认其他犯罪嫌疑人(包括同案犯)的;③带领侦查人员抓获其他犯罪嫌疑人(包括同案犯)的;④提供司法机关尚未掌握的其他案件犯罪嫌疑人的联络方式、藏匿地址的;等等。上述情形仅仅是从立功的客观价值来规定,行为人协助司法机关实施了上述行为,只是具备了构成立功的客观条件,仅此还不足以成立立功,还需要其具有将功赎罪的主观愿望。

具体来说,就是行为人需要以犯罪嫌疑人的身份来协助司法机关抓捕其他犯

罪嫌疑人,从而使得自己可以得到从宽处理的立功心理。反之,如果行为人并未向司法机关表明自己的犯罪嫌疑人身份,而是以其他身份例如"证人"身份,协助司法机关抓获其他犯罪嫌疑人的,则不能认定为立功。判断行为人是否具有立功心理,最主要的标准是时间标准。行为人如果是在"到案后"为司法机关提供协助的,毫无疑问是以"犯罪嫌疑人"的身份,而且"将功赎罪"的心理也表现得非常明显。为此,尽管《刑法》第68条并未针对立功时间做出规定,但是《关于自首和立功的解释》第5条规定"犯罪分子到案后有检举、揭发他人犯罪行为",如此规定就是为了凸显立功者的"犯罪嫌疑人"身份。当然,"到案后"仅仅是表明"犯罪嫌疑人"身份的一种,尽管是最主要的一种,但并非全部,司法实践中还存在其他方式。例如,犯罪行为人在准备投案之前,四处打听同案犯的下落,并将该信息提供给司法机关,对于这种"带功投案自首"的情形,行为人尽管是在到案之前或者是到案之时,为司法机关提供了协助,但是如果其向司法机关明确表明了自己犯罪嫌疑人的身份,仍然可以构成立功。

【指导案例】李虎、李善东等故意伤害案①——故意隐瞒自己参与共同犯罪的事实,按照司法机关安排以"证人"身份指认同案犯的

2014年8月22日凌晨1时许,被告人李虎、李善东、吴贵德、姜庭、杨华军、黄民赛在浙江省宁波市镇海区骆驼街道山外山酒店对面用餐后,李善东、姜庭、杨华军、黄民赛沿骆驼街道兴业路步行返回住处。李虎和吴贵德在山外山酒店门口因故同醉酒的被害人方裕(殁年44岁)发生争执。后李虎、吴贵德上车沿兴业路行驶至骆驼街道宜家商务宾馆门口遇见李善东等人。吴贵德停车后,李虎唆使李善东、姜庭、杨华军、黄民赛去教训方裕。该六人返回至兴业路180号东辉羽毛球馆门口附近时,吴贵德发现方裕即向李善东等人指认。李善东、姜庭、黄民赛、杨华军遂上前对方裕拳打脚踢。其间,李善东捡起路边的砖头猛击方裕头部致其重度颅脑损伤死亡。

另查明,公安机关于同日8时许抓获被告人姜庭、杨华军、黄民赛,根据调取的视频监控录像,初步确定共同殴打被害人方裕的有四人(另一人即被告人李善东),而案发前被告人李虎与李善东等人一起就餐,遂将李虎作为知情人员传唤至公安机关询问,李虎未供述指使他人殴打被害人的犯罪事实,但提供了李善东在曙光丽亭酒店附近的饭店工作的信息,后公安机关因证据不足让李虎离开公安机关。同日,公安机关通过调查发现曙光丽亭酒店附近粒粒香饭店内的一名厨师的体貌特征与监控视频中的一名嫌疑人相似,遂秘密对该饭店进行布控,并将李虎带至该饭店进行指认。李虎确认该嫌疑人即是李善东,公安机关将李抓获归案。

---

① 参见侯天柱:《李虎、李善东等故意伤害案——故意隐瞒自己参与共同犯罪的事实而以"证人"身份按照司法机关安排指认同案犯的行为是否构成立功》,载最高人民法院刑事审判第一、二、三、四、五庭主办:《刑事审判参考》(总第105集),法律出版社2016年版,第62—67页。

经审讯,李善东供述了受李虎指使殴打被害人的犯罪事实,公安机关遂于同日 13 时许将李虎抓获归案。

在本案中,公安机关经侦查发现被告人李善东涉嫌犯罪,但不了解李善东的具体身份情况。公安机关根据李虎提供的李善东工作单位等信息,进一步调查发现该单位一名厨师的体貌特征与监控视频中的一名嫌疑人相似,于是秘密对该饭店进行布控。但是公安机关尚未确认该厨师就是李善东,也没有控制李善东。在这种情况下,李虎按照公安机关安排,到该饭店进行指认。经李虎指认,公安机关得以确认李善东身份并将其抓获。应该说,李虎所实施的一系列协助行为,对公安机关顺利抓捕李善东具有一定实质作用,属于《关于自首和立功的意见》所列立功行为类型。然而,由于被告人李虎实施的协助抓捕行为并非发生在到案后,其并未向司法机关表明自己"犯罪嫌疑人"的身份,而是以"证人"身份协助司法机关对同案犯李善东进行指认,未体现任何"将功赎罪"的意愿,故即使其协助行为具有很大价值,也不能认定为构成立功。

二十二、抓获犯罪嫌疑人的线索来源违法或者不清的,能否认定为立功

(一) 裁判规则

犯罪分子在羁押期间,违反监管规定会见律师或亲友而获取立功线索,并提供给司法机关的,即使公安机关根据其线索抓获了其他犯罪嫌疑人,也因其线索来源不合法,不具有正当性,不能认定为立功。

(二) 规则适用

司法实践中,犯罪分子为了获得从宽处理,有时会不择手段地通过贿买、暴力、胁迫、引诱犯罪等非法手段,或者通过违反监管规定获取他人犯罪线索;而一些犯罪分子的亲友为了使犯罪分子获得从轻、减轻处罚的机会,也会千方百计地通过各种途径将所获得的立功线索,提供给在押的犯罪分子。对上述情况能否认定为立功,需要考察其是否符合立功制度的立法目的。立法设置立功制度的宗旨在于提高司法机关的办案效率、节约司法资源、分化瓦解犯罪势力,有效打击犯罪。从上述功利目的来看,无论犯罪分子的线索来源于哪里,只要是该线索帮助司法机关抓获了其他犯罪嫌疑人,即实现了上述立法目的。由此,有观点认为"立功不问来源",只要是通过犯罪分子提供的线索得以抓获其他犯罪嫌疑人,就是一种有利于社会,有利于节约司法资源,应予肯定的行为。从我国原来的法律和司法解释来看,所强调的均是立功的功利性,而对于立功线索的来源没有涉及。

然而,如果立功一律不问来源,犯罪分子就会不择手段地去获取立功线索,还可能会违反法律构成新的犯罪,甚至会引诱、教唆他人去犯罪,再向司法机关揭发其引诱教唆的犯罪以达到立功的目的,这样势必与立功分化瓦解犯罪,促使犯罪分子改过自新的立法目的相背离。而且,有能力、有机会获得他人犯罪线索的往

往又是首要分子、主犯、再犯和黑恶势力犯罪分子,如果对上述情形认定为立功,对其他犯罪嫌疑人来说也有失公平。为此,"两高"最先在《关于办理职务犯罪案件认定自首、立功等量刑情节若干问题的意见》第 2 条规定,据以立功的线索、材料来源有下列情形之一的,不能认定为立功:①本人通过非法手段或者非法途径获取的;②本人因原担任的查禁犯罪等职务获取的;③他人违反监管规定向犯罪分子提供的;④负有查禁犯罪活动职责的国家机关工作人员或者其他国家工作人员利用职务便利提供的。在此基础上,《关于自首和立功的意见》第 4 条第 1 款规定,犯罪分子通过贿买、暴力、胁迫等非法手段,或者被羁押后与律师、亲友会见过程中违反监管规定,获取他人犯罪线索并"检举揭发"的,不能认定为有立功表现。根据该规定,犯罪分子将通过非法手段或者违反监管规定获取的他人犯罪线索予以检举揭发的,即使查证属实,也不能认定为立功。

【指导案例】吴学超故意伤害案①——死刑犯在羁押期间通过违规会见亲友,获取在逃同案犯的线索,并提供给公安机关抓获同案犯的,不能认定为立功

2007 年 2 月 11 日 18 时许,同案被告人万成在湖北省应城市一酒店就餐时,看见被害人田三波也在此就餐,因田三波曾经殴打万成的手下人员,万成起意报复田三波,遂当众打了田三波一耳光。被他人劝止后,万成又指使被告人吴学超、同案被告人杨香伟等人围堵酒店门口,意欲继续殴打田三波。当田三波走出酒店大门时,杨香伟首先上前击打田三波头部一拳,吴学超等人也上前对田三波拳打脚踢。其间,吴学超先持随身携带的弹簧刀向田三波捅刺两刀,致田三波急性循环功能障碍死亡。一审宣判后,在上诉期间,吴学超被羁押在看守所,通过违规会见亲属获悉同案犯杨香伟的电话后,立即提供给公安机关,公安机关据此线索将杨香伟抓获。

在本案中,被告人吴学超在上诉期间,其亲属通过在看守所的熟人关系,私自会见吴学超,并向吴学超提供在逃同案犯的电话线索,吴学超将该线索提供给公安机关,公安机关据此将在逃的同案犯抓获。由于吴学超是通过违反监规私自会见亲属才获得的立功线索,其行为不具有正当性,故不能认定为立功。

【指导案例】陈磊磊故意杀人案②——检举线索来源不清的,不能认定为立功

2008 年 6 月 3 日下午,被告人陈磊磊回到安徽省利辛县其经营的杂货店,怀疑在其店中的被害人崔曼丽盗窃钱财,遂对崔进行殴打,并掐颈致崔曼丽机械性

---

① 参见最高人民法院刑事审判第一庭编著:《最高人民法院自首、立功司法解释:案例指导与理解适用》,法律出版社 2012 年版,第 227—233 页。

② 参见最高人民法院刑事审判第一庭编著:《最高人民法院自首、立功司法解释:案例指导与理解适用》,法律出版社 2012 年版,第 234—238 页。

窒息死亡。2009年2月,陈磊磊向利辛县看守所检举在他人帮助下取得故意伤害罪犯郑志军持刀杀人后畏罪潜逃藏匿地点线索,利辛县公安机关根据该线索将郑志军抓获归案。

在本案中,被告人陈磊磊曾经检举过一起杀人犯罪,但检举的内容非常笼统,仅能反映某年某地曾经发生过杀人案件,以及凶手的大致年龄,其他一概不知,故无法查证。但是时隔半年之后,身处看守所高墙之内的陈磊磊又检举了郑志军的藏匿地点,公安机关根据该线索将郑志军抓获。根据卷内材料,看守所接受检举笔录记载,陈磊磊仅仅知道郑志军所在大致范围,需要通过律师通知家人调查。在检举前一天,由律师告知其郑志军的情况已经清楚,足见该线索系通过律师传递给陈磊磊。另外,在提供的检举材料中,详细列举了郑志军的藏匿地点、联系方式,但是在庭审过程中,对其检举材料的大部分内容不能向法庭复述,也不能解释为何在第一次检举时不将郑志军犯罪线索向司法机关提供。由于检举线索系由其律师提供,又无法查明律师是通过何种手段得知郑志军的具体藏匿地点,无法排除陈磊磊在获悉此线索过程中存在违反法律及监管规定的可能性,加之陈磊磊对检举线索的来源也不能作出合理解释,可以推定检举线索来源不清,故一、二审、最高人民法院复核审均未认定其构成立功是适当的。

二十三、被窝藏人主动供述他人窝藏犯罪的能否认定为立功

(一) 裁判规则

在具体认定"犯罪分子到案后有检举、揭发他人犯罪行为"的过程中,应当把握以下两个方面:一是犯罪分子本人实施的犯罪行为与其揭发的他人犯罪行为之间不得存在关联性,二是犯罪分子揭发的他人犯罪行为与本人实施的犯罪行为之间不能存在因果关系。因此,对偶犯(对合犯)相互揭发相对方的犯罪行为,以及揭发具有因果关系的连累犯等,均不能认定为立功表现。

(二) 规则适用

我国《刑法》第68条第1款和《关于自首和立功的解释》第5条规定,犯罪分子到案后有检举、揭发他人犯罪行为,查证属实的,应当认定为有立功表现。上述《关于自首和立功的解释》规定的"揭发他人犯罪行为",应该理解为揭发与本人的违法犯罪行为无关的他人犯罪行为。司法实践中,具体应从以下两个方面来把握:

(1) 犯罪分子本人实施的犯罪行为与其揭发的他人犯罪行为之间不得存在关联性。因此,对合犯之间相互揭发相对方的犯罪行为不能认定为立功表现。所谓"对合型犯罪",又称对合犯、对向犯,是指某一犯罪行为的实施或完成必须基于行为双方之间的对应行为,双方互为实现特定犯罪构成的必要条件。对合型犯罪分为三种情形:一是双方的罪名与法定刑相同,如重婚罪;二是双方的罪名与法定刑

都不相同,如行贿罪和受贿罪、拐卖妇女罪与收买被拐卖的妇女罪;三是只处罚一方的行为(片面的对合犯),如贩卖淫秽物品牟利罪,只处罚贩卖者,不处罚购买者。上述对合型犯罪中的任何一方在供述自己的犯罪行为时,必然要涉及相对一方的犯罪行为,否则就不能完整地叙述整个犯罪事实,故其性质属于如实供述的范畴,而不属于揭发他人犯罪行为,不能认定为立功。

(2)犯罪分子揭发的他人犯罪行为与本人实施的犯罪行为之间,不能存在因果关系。否则,也不能认定为"揭发他人犯罪行为",故揭发连累犯不能认定为立功。所谓"连累犯",是指事先与他人无通谋,也未曾允诺事后会提供帮助,但在事后明知他人已经实施了犯罪,仍然帮助其逃避司法机关刑事追诉的行为,比如窝藏犯、包庇犯等。连累犯的犯罪行为总是基于被帮助的犯罪分子的先行犯罪行为而实施,没有先行的犯罪行为,也就不会发生为犯罪分子提供帮助的犯罪行为。由此,接受连累犯帮助的犯罪分子,与连累犯实施犯罪之间具有原因力,实际上是连累犯的制造者,双方的犯罪行为是相辅相成、缺一不可的,存在因果关系。接受帮助的犯罪分子客观上妨碍了司法机关对其犯罪的刑事追诉活动,并连累他人犯罪,该行为同样具有社会危害性。只是我国《刑法》未将这一行为规定为犯罪,故对接受帮助的犯罪分子才不认定为窝藏罪的共犯。尽管如此,但其确实是窝藏犯罪的制造者和参与者。所以,揭发连累犯的犯罪行为,不能认定为有立功表现。

【指导案例】蔡勇、李光等故意伤害、窝藏案①——被窝藏人主动供述他人窝藏犯罪的不能认定为立功

2000年1月4日凌晨,被害人彭某甲酒后与其弟被害人彭某乙及朋友三人,在上海市万航渡路一家美发厅洗头。清晨5时许,被告人蔡勇与朋友宋某某、张某某酒后亦来到该美发厅洗头。其间,彭某甲因嫌洗头工的服务不称心而大声喧嚷,并拿店内的凳子朝地上砸。张某某遂要求彭某甲保持安静,引起彭某甲一方的不满,双方因此发生争吵,继而引起互殴。蔡勇取出随身携带的折叠式尖刀,先后朝彭某甲、彭某乙的胸部、腹部等处刺戳,致彭某甲因左心室被刺破导致失血性休克而死亡、彭某乙因右心室被刺破导致急性心包填塞而死亡。

案发后,蔡勇逃往其女友的家乡安徽省庐江县藏匿。同年5月,蔡勇潜回上海市与被告人李光、卢峰在李家会面,向两人打听公安机关侦查此案的情况。李光、卢峰明知公安机关在追捕蔡勇,仍分别资助蔡人民币500元和200元,李光还接受蔡勇的委托将一封有关案情的书信递送给蔡的母亲和蔡的姨母被告人蔡学渊。同年10月,蔡勇再次潜回上海市,约见李光和卢峰。李光应蔡勇的要求,到被告人蔡学渊家向其转告蔡勇的女友即将分娩的消息,并带蔡学渊与蔡勇见面。蔡

---

① 参见蒋征宇、沈燕:《蔡勇、李光等故意伤害、窝藏案——被窝藏人主动供述他人窝藏犯罪的不能认定为立功》,载最高人民法院刑事审判第一庭、第二庭编:《刑事审判参考》(总第30辑),法律出版社2003年版,第26—32页。

学渊资助蔡勇1万元人民币,同时劝说蔡勇待安顿好女友产事后向公安机关投案自首。卢峰还送给蔡勇3条香烟。同年11月7日,被告人蔡勇在安徽省庐江县被公安机关抓获。蔡勇到案后,主动向公安机关供述了其逃匿期间曾得到李光、卢峰和蔡学渊的上述资助。公安机关据此先后将李光、卢峰和蔡学渊缉捕归案。

本案审理过程中,有观点认为,所谓揭发"他人"犯罪行为,是指与本人共同犯罪以外的其他犯罪人的犯罪事实。被告人蔡勇实施的系故意伤害犯罪,而被告人李光、卢峰等人实施的系窝藏犯罪,二者之间不是共同犯罪关系,故蔡勇到案后交代李光、卢峰等人的窝藏犯罪行为,符合法律规定的"揭发他人犯罪行为"。而且,本案也正是由于蔡勇的揭发,才使公安机关掌握了三名窝藏者的犯罪事实,将三名窝藏犯缉捕归案。因此,蔡勇的揭发行为是有利于社会的行为,应当被认定为立功。笔者认为,上述观点是机械地适用法律条文所致,持此种论点的人回避了蔡勇的逃匿行为与李光、卢峰等人的窝藏行为之间的关联性和因果关系。我国法律确立立功制度的本意是为了调动一切积极因素,鼓励犯罪分子作出有益于国家和社会的行为,从而减轻自己的罪责,并获得司法机关的从宽处罚。如果接受窝藏的犯罪分子制造窝藏犯罪后,再揭发该犯罪行为,可被认定为立功的话,那么就意味着犯罪分子逃避司法机关追诉的时间越长,制造的窝藏犯罪越多,其立功的机会也就越多,这与确立立功的立法本意完全相悖。为此,对《刑法》第68条第1款及《关于自首和立功的解释》第5条中规定的"揭发他人犯罪行为",应理解为与本人无关的他人犯罪行为。本案中,由于蔡勇揭发的李光、卢峰等人的窝藏犯罪行为,与其本人的犯罪行为及其逃匿行为之间具有必然关联性和因果关系,故不能认定为立功。

【指导案例】杨彦玲故意杀人案[①]——**如实供述自己所参与的对合型犯罪中对方的犯罪行为,不构成立功**

被告人杨彦玲通过互联网得知重金属铊可致人伤害、死亡,想到其经常因家庭琐事遭丈夫白建平殴打,遂产生用铊报复白建平之念。2007年3月,杨彦玲根据互联网上的信息,通过银行汇款方式邮购到硫酸铊。2007年6月,杨彦玲利用给白建平拿饮料之机,向饮料中放入硫酸铊,白建平饮用少许后,白建平前妻之子白航将剩余饮料喝完。7月17日,白航出现双足背痛、腹泻症状被送医院治疗,8月29日不治死亡。11月10日,杨彦玲又向白建平饮用的豆浆中放入硫酸铊,白建平饮用后二三日内未出现中毒症状,杨彦玲遂再次向白建平饮用的豆浆中放入硫酸铊,豆浆被白建平饮用。11月22日,白建平出现远足端麻木、剧痛症状被送

[①] 参见唐俊杰、王磊:《杨彦玲故意杀人案——如实供述自己所参与的对合型犯罪中对方的犯罪行为,不构成立功》,载最高人民法院刑事审判一至五庭主办:《刑事审判参考》(总第80集),法律出版社2011年版,第145—152页。

医院治疗,11月29日不治死亡。经鉴定,白建平、白航均系重金属铊中毒死亡。

在本案中,被告人杨彦玲交代了购买铊的经过以及汇款的银行,并辨认了汇款凭条的内容,这些供述确实揭发了卖家唐明才涉嫌犯非法买卖危险物质罪的事实和线索,司法机关根据杨彦玲的交代,抓获了涉嫌犯非法买卖危险物质罪的唐明才,初看起来似乎符合以下的立功规定。然而,依照《刑事诉讼法》第120条规定,犯罪嫌疑人对侦查人员的提问,应当如实回答。一方面,被告人杨彦玲交代了购买铊的经过等内容,属于其实施故意杀人犯罪预备过程中发生的事实,并非与自己无关的"他人犯罪行为";另一方面,买卖危险物质行为属于对合型犯罪,参与者双方的行为均系对方行为成立的必要条件,一方交代自己的犯罪事实必然包含了对方的犯罪事实。这种互相包含的必然性决定了犯罪分子的供述必然属于与自己实施的犯罪相关的问题,换言之,也就是交代的对方的行为不属于"他人犯罪行为"或"其他案件的重要线索"。综上可见,被告人购买铊的行为和他人通过互联网出售铊的行为属于对合型犯罪,且被告人购买铊的行为系其实施故意杀人的预备行为。被告人如实供述了犯罪预备阶段自己所参与的对合型犯罪中对方的犯罪行为,属于其法定义务,不构成立功。

二十四、被告人亲属协助抓获其他犯罪嫌疑人的,能否认定为立功

(一)裁判规则

犯罪分子亲友为帮助犯罪分子"立功",向司法机关提供他人犯罪线索,或者协助抓捕犯罪嫌疑人的,不能认定为犯罪分子本人有立功表现。当然,被告人亲属代为立功的,在具备如下条件时可以考虑对被告人从轻处罚:第一,被告人亲属的立功结果是基于被告人提供的线索或者相关信息,也就是说,被告人亲属是基于被告人所提供的信息,从而得以向司法机关提供其他案件的重要线索或者能协助抓获其他犯罪嫌疑人。第二,被告人获取线索来源及其亲属在代为立功过程中,不得通过非法手段或违法行为来进行。

(二)规则适用

司法实践中,为使被告人获得从轻或减轻处罚的机会,被告人亲属主动向司法机关提出或应司法机关的要求协助抓获其他犯罪嫌疑人的,这种情况能否认定为被告人立功?对此,刑法和《关于自首和立功的解释》均没有明确规定。最早涉及这方面内容的是在2009年最高人民法院、最高人民检察院联合出台的《关于办理职务犯罪案件认定自首、立功等量刑情节若干问题的意见》。根据其规定,立功必须是犯罪分子本人实施的行为。为使犯罪分子得到从轻处理,犯罪分子的亲友直接向有关机关揭发他人犯罪行为,提供侦破其他案件的重要线索,或者协助司法机关抓捕其他犯罪嫌疑人的,不应当认定为犯罪分子的立功表现。同时,该文件对立功线索来源也作出了限制性规定,即以非法手段或途径获取的以及因职务

获取的线索均不能认定为立功。2010年12月,最高人民法院在《关于自首和立功的意见》第4条第3款规定,"犯罪分子亲友为使犯罪分子'立功',向司法机关提供他人犯罪线索、协助抓捕犯罪嫌疑人的,不能认定为犯罪分子有立功表现",进一步明确了此类情形不能认定为被告人立功。

当然,被告人亲属代为立功后,在具备如下条件时可以考虑对被告人从轻处罚:第一,被告人亲属的立功结果是基于被告人提供的线索或者相关信息,也就是说,被告人亲属正是基于被告人所提供的信息,从而得以向司法机关提供其他案件的重要线索或者能协助抓获其他犯罪嫌疑人。第二,被告人及其亲属在获取线索来源及亲属在代为立功过程中,不能通过非法手段或有违法行为。在符合上述条件的亲属代为立功情形中,实际上就是要求被告人必须在某种程度上的参与,这是对其从轻处罚的前提,而代为立功的整个过程具备合法性是对被告人从轻处罚的法定条件。如果被告人亲属为使被告人获得从轻处罚,单方面地代为立功,因被告人并未参与,不能体现出被告人主观上是否有悔罪表现,故不能对被告人从轻处罚;或者被告人及其亲属的立功线索或机会系采取非法手段获得的,根据《关于自首和立功的意见》第4条规定,也不能认定被告人的行为系立功,因此不能据此对被告人从轻处罚。

【指导案例】冯绍龙等强奸案[①]**——被告人亲属协助公安机关抓获其他犯罪嫌疑人的,不能认定为立功**

2009年11月7日21时许,被告人冯绍龙、余乐峰、于明经预谋将被害人王某带至旅馆内,三人以暴力、威胁手段先后将王某强行奸淫。案发后,冯绍龙协助公安机关将于明抓获。另查明,被告人于明在被羁押期间,向看守所民警反映其同乡于君雄系网上在逃人员,于君雄经常在江西省九江市、景德镇的宾馆居住,有时也会回江西省都昌县狮山乡老屋村的家中住宿。于明的父亲于承春得知该情况后,与其他亲属经多方打听、跟踪,于2010年2月26日协助公安机关在江西省都昌县万户镇将于君雄抓获归案。

在本案中,被告人于明的父亲根据于明提供的在逃犯的藏匿地点,经过多方打听和跟踪,最终确定了在逃犯的确切地点,从而协助公安机关将其抓获归案。因于明只提供了在逃犯可能的藏匿地点,其提供的地点并不具体、明确,对公安机关直接抓捕在逃犯不具有实际意义,故其提供在逃犯的线索本身不能算是协助抓捕,无法构成立功。但其父亲根据该线索经过进一步努力,锁定了在逃犯的藏匿地点,并协助公安机关将在逃犯抓获,于明及其父亲的行为客观上节省了司法资

[①] 参见张眉:《冯绍龙等强奸案——被告人亲属协助公安机关抓获其他犯罪嫌疑人的,不认定为立功》,载最高人民法院刑事审判一至五庭主办:《刑事审判参考》(总第80集),法律出版社2011年版,第137—144页。

源,并且对国家、社会是有益的,故应该得到鼓励和支持。一、二审法院基于上述考虑,作出了虽然未认定于明立功,但可对其酌情从轻处罚的裁判结果。

【指导案例】曹显深、杨永旭、张剑等故意伤害案①——被告人投案后,委托家属动员同案人投案的,能否认定为立功

2015年6月11日凌晨,被告人曹显深看见与其有矛盾的卢德福(被害人,男,殁年34岁)在广西壮族自治区东兴市V12娱乐城玩耍,遂产生报复的念头,随后纠集被告人杨永旭、张剑等人守候。当日6时许,卢德福从V12娱乐城出来后,曹显深驾车搭乘同案被告人尾随其至东兴市安得花园六区大门附近。杨永旭、张剑分别从杨永旭带上车的纸箱内拿出砍刀并戴上头套后下车追打卢德福。杨永旭持砍刀砍卢德福的背部、腿部各一刀,张剑持砍刀砍卢德福右腿一刀,后逃离现场,卢德福受伤后被送往医院经抢救无效于当日死亡。2015年6月14日曹显深到公安机关投案,并让其哥哥曹显林寻找、劝说在逃人员张剑和杨永旭归案,张剑和杨永旭分别于同年6月14日和7月9日到公安机关投案自首。

从刑法、《关于自首和立功的解释》及《关于自首和立功的意见》关于立功的相关规定来看,立功的主体原则上应限定为犯罪嫌疑人、被告人本人,也就是说立功必须具有"亲为性"特征。为此,犯罪分子的亲属协助立功的,不符合立功的主体要件,不能认定为犯罪分子有立功表现。那么,对于犯罪分子委托家属动员同案人投案的,对于侦破案件确实起到了一定协助作用,那么能否认定为"协助抓捕其他犯罪嫌疑人"呢?笔者认为,并非凡是对侦破案件起到一定协助作用,节约了一定司法资源就能认定为立功。从《关于自首和立功的意见》对"协助抓捕其他犯罪嫌疑人"的规定来看:一种情形是,要求配合司法机关的安排作出相应行为,如"按照司法机关的安排,以打电话、发信息等方式将其他犯罪嫌疑人(包括同案犯)约至指定地点的"和"按照司法机关的安排,当场指认、辨认其他犯罪嫌疑人(包括同案犯)的"。另一种情形是,将重要信息向司法机关提供,如"带领侦查人员抓获其他犯罪嫌疑人(包括同案犯)的"和"提供司法机关尚未掌握的其他案件犯罪嫌疑人的联络方式、藏匿地址的"。

在本案中,被告人曹显深规劝同案犯投案,既非在司法机关的安排下进行,也非将杨永旭、张剑二人的藏匿信息告知司法机关,由司法机关前往抓获。曹显深是将该想法告诉其兄长曹显林,由曹显林与张剑、杨永旭的亲属共同寻找、动员,之后,张剑、杨永旭才先后投案的。曹显深供述,其不知道杨永旭在哪里,仅猜测张剑躲在附近的山上。张剑则供述,曹显林与其父亲张某某一起找到自己

---

① 参见唐玉迪:《曹显深、杨永旭、张剑等故意伤害案——被告人投案后,委托家属动员同案人投案的,能否认定为立功》,载最高人民法院刑事审判第一、二、三、四、五庭主办:《刑事审判参考》(总第108集),法律出版社2018年版,第39—45页。

后,共同做自己思想工作,之后其才自动投案的。杨永旭亦供述,其哥哥杨某某找到自己后,动员自己去自首。之后,其哥哥拨打曹显林先前留下的纸条上的电话号码,由曹显林陪同投案。曹显林则对上述动员经过进行了证实。可见,曹显深并不能提供杨永旭、张剑的详细、具体、准确的藏匿地址,其仅仅是有规劝杨、张二人投案的意愿。杨永旭、张剑的投案,系曹显林与杨、张的亲属共同寻找、动员的结果,并非曹显深直接动员所致,不能认定为曹显深具有立功表现。当然,考虑到曹显深在投案以后,委托亲属代为动员的行为,表明了其将功赎罪的意愿,应认定为具有悔罪表现,可以酌情从轻处罚。

第十四章　缓　刑

如何认定故意杀人当中的"情节较轻"并适用缓刑

(一) 裁判规则

1. "情节较轻"的故意杀人通常包括当场基于义愤杀人、基于被害人同意甚至请求而杀人、防卫过当的杀人、受被害人长期迫害或者虐待而激愤杀人、"大义灭亲"杀人、父母为掩饰羞耻或因家庭困难而溺婴等。

2. 故意杀人罪"情节较轻"的被告人判处有期徒刑3年的，可以同时适用缓刑。

(二) 规则适用

我国1979年《刑法》就规定了故意杀人罪中有"情节较轻"的情形，同样1997年《刑法》第232条规定："故意杀人的，处死刑、无期徒刑或者十年以上有期徒刑；情节较轻的，处三年以上十年以下有期徒刑。"然而，对于故意杀人罪"情节较轻"的认定，至今仍然没有相关司法解释或者其他法律文件进行过明确规定。"情节较轻"中的"情节"，是体现行为的客观危害性、行为人的主观恶性和人身危险性的主、客观事实总和。为此，故意杀人罪的"情节较轻"应为特定案件中体现行为的客观危害性、行为人的主观恶性和人身危险性较小的所有主、客观事实。在具体认定过程中，需要按照法律的规定，根据长期的司法实践经验，结合一般民众的道德伦理情感做决定。具体来说，可以从以下几个方面来进行认定：

1. 行为人通常具有法定减轻的情节。故意杀人罪首先与死刑相对应，最后才与3年到10年的有期徒刑相对应。可见，选择"情节较轻"需要跨越多个量刑幅度，没有法定情节的支撑，量刑会显得过于随意。因此，在故意杀人罪中认定为"情节较轻"，通常需要犯罪分子具有法定的减轻情节。值得注意的是，这些法定减轻情节只能是认定"情节较轻"的基础性或者说前提性条件，而不能直接将其作为认定"情节较轻"的依据。以防卫过当为例，行为人因防卫过当而杀人时，如果在适用《刑法》第20条第2款防卫过当的规定而"减轻或者免除处罚"的同时，又将其认定为"情节较轻"的故意杀人罪，就存在着违反重复评价原则的问题。因此,在认定"情节较轻"时,行为人除了具备法定减轻情节之外,往往还需要具备其他一些酌情从轻情节。

2. 行为人实施杀人的手段不是特别残忍。犯罪手段是指行为人实施犯罪时所采取的具体方法。犯罪手段作为犯罪客观方面的内容,一般不会影响行为的定罪,但是会对量刑造成一定的后果。根据《中华人民共和国刑法修正案(八)》的规定,对于老年人犯罪的,审判的时候已满75周岁的人,不适用死刑,但以特别残忍手段致人死亡的除外。由此可见,我国对于手段恶劣的犯罪行为采取的依然是从严处罚的方式,即使是对于年满75周岁的老年人免死的情况,对于手段特别残忍的也不能例外。因而,在故意杀人罪中认定"情节较轻"的情形时,也应当慎重考量杀人的手段是否特别恶劣。

3. 行为人是基于可宽恕的动机实施杀人行为。犯罪动机是指刺激、促使行为人实施犯罪行为的内心起因或思想活动。不同的犯罪动机,可以直接反映行为人的不同主观恶性和人身危险性程度。在杀人犯罪中,可宽恕的杀人动机是指根据社会公众的普遍观念和情感,当理性的个人身处行为人的处境选择合法行为的可能性较低(即所谓"期待可能性"较低)的情况下,法律应当降低对行为人的谴责,而在刑法上的评价也应当适当减轻。对于可宽恕的杀人动机,一般都是因为被害人存在重大过错或者行为人基于义愤而杀人的情形。从司法实践来看,发生得较多的主要是两类犯罪:第一,受虐妇女以暴制暴杀夫案。在以暴制暴案件中,受暴人实施的危害行为是在施暴人(被害人)过错的前提下产生的,在先的过错才是受暴人以暴制暴的诱因,其犯罪动机通常是阻止或者惩罚施暴人(被害人)的侵害行为,而不是主动地对其加害,更没有侵害被害人以外的其他人,其主观恶性显然较小。就再犯可能性而言,与被害人以外的其他人关系不大,犯罪人不会无缘无故地对被害人以外的其他人实施侵害行为,其再犯的可能性也非常小,这也说明犯罪人的人身危险较小。第二,当场基于义愤的杀人。当场基于义愤的杀人,是行为人在经历或者目睹被害人所实施的不义行为,基于义愤而产生的使自己或者他人脱离危险境地为目的而实施的杀人行为。虽然行为人在主观上不一定具有维护法律的正义或者社会伦理道德的目的,但是在客观上确实起到了维护正义或者维持社会伦理道德的效果,因而社会上一般将这些当场基于义愤的杀人认定为"大义灭亲"或"为民除害"行为。

综合上述标准,从司法实践来看,"情节较轻"的故意杀人通常包括当场基于义愤杀人、基于被害人同意甚至请求杀人、防卫过当杀人、受被害人长期迫害或者虐待而激愤杀人、"大义灭亲"杀人、父母为掩饰羞耻或因家庭困难而溺婴等。由于故意杀人罪"情节较轻"的,可以判处3年有期徒刑,而根据《刑法》第99条关于"本法所称以上、以下、以内,包括本数"的规定,对被告人判处有期徒刑3年,属于"被判处拘役、3年以下有期徒刑"的范畴,故可以同时适用缓刑。

【指导案例】姚国英故意杀人案①——对"情节较轻"的故意杀人案件能否适用缓刑

被告人姚国英与被害人徐树生系夫妻关系,结婚十余年间徐树生经常无故打骂、虐待姚国英。2010年以来,徐树生殴打姚国英更为频繁和严重。2010年5月10日晚,徐树生又寻机对姚国英进行长时间打骂;次日凌晨5时许,姚国英因长期遭受徐树生的殴打和虐待,心怀怨恨,遂起杀死徐树生之念。姚国英趁徐树生熟睡之际,从家中楼梯处拿出一把铁榔头,朝徐树生头、面部等处猛击数下,后用衣服堵住其口、鼻部,致徐树生当场死亡。当日8时30分许,姚国英到浙江省衢州市公安局衢江分局上方派出所投案。

在本案中,被告人姚国英与被害人徐树生结婚十多年,被害人经常无故打骂、虐待被告人,被告人也多次尝试向公安机关、村委会、妇联求助,也提出过离婚,但问题难以得到彻底解决。在一次长时间打骂后,姚国英长期的积怨爆发,将丈夫杀死,随后到公安机关自首。案发后,当地妇联递交了要求对被告人姚国英轻判的申请报告,当地政府出具了有600多位群众签名要求对姚国英从轻处罚的请愿书。可见,本案是一起非常典型的因长期受虐待和家庭暴力引发的杀夫案件,被害人在案发起因上有重大过错,被害人针对姚国英长期使用家庭暴力虐待,是案件发生的主要原因。长期的家庭暴力导致姚国英一直处于恐慌之中,这种恐慌压抑到一定程度,一旦爆发就容易走向极端,丧失理智而失控,对这种状态下的犯罪与蓄谋已久的杀人案件应当有所区别。而且,此类受虐杀夫案件具有特殊的发生背景,被害人死亡之后,案件发生的环境也就不复存在,被告人再犯的可能性甚微,因此,也没有必要科处重刑。此外,从刑事政策来看,被告人受到民众的同情,而且该案的发生对于家庭暴力也会起到一定的遏制效果。综合上述因素,针对被告人姚国英的杀夫行为应认定为《刑法》第232条规定的"情节较轻",在3年以上10年以下有期徒刑的幅度内量刑。如果对姚国英判处3年有期徒刑,还能否再对其适用缓刑呢?根据《刑法》第72条第1款规定,对于被判处拘役、3年以下有期徒刑的犯罪分子,根据犯罪分子的犯罪情节和悔罪表现,适用缓刑确实不致再危害社会的,可以宣告缓刑。可见,适用缓刑的条件与罪名没有直接关系,即使是故意杀人罪,只要符合缓刑适用条件的仍然可以适用缓刑。在本案中,首先,根据《刑法》第99条关于"本法所称以上、以下、以内,包括本数"的规定,对被告人判处有期徒刑3年,属于"被判处拘役、三年以下有期徒刑"的范畴。其次,考虑到被告人杀人的原因是无法忍受被害人长期以来的虐待和家庭暴力,其主观恶性较一般的杀人行为要小得多,且又具有自首情节,此外被告人受虐杀人的对象仅限

---

① 参见金玉棠、汪琳:《姚国英故意杀人案——因长期遭受虐待和家庭暴力而杀夫能否认定为故意杀人罪中的"情节较轻"对此类故意杀人犯能否适用缓刑》,载最高人民法院刑事审判一至五庭主办:《刑事审判参考》(总第76集),法律出版社2011年版,第30—36页。

于家庭暴力的施暴者,对其他人和社会并不存在潜在危害,故对其适用缓刑不致再危害社会。为此,法院最终对被告人适用缓刑是适当的。

【指导案例】薛某凤故意杀人案①——养女被养父长期性侵杀死养父如何量刑

被告人薛某凤自幼被薛某太(男,被害人,殁年54岁)收养。自1999年薛某凤11岁起,薛某太曾多次对薛某凤强行实施奸淫。2004年3月,薛某凤因被薛某太强奸导致怀孕,后引产。2005年1月,薛某凤与他人结婚。2007年11月11日晚,薛某太酒后将薛某凤叫至其房间内,持刀威胁薛某凤,要求发生性关系。薛某凤谎称同意,趁机用绳子将薛某太双手、双脚捆住,其后离开房间。次日3时许,薛某凤返回房间,采取用扳手击打薛某太头部等手段致薛某太颅脑损伤死亡。

法院经审理认为,被告人薛某凤故意非法剥夺他人生命的行为已构成故意杀人罪。薛某凤持械击打被害人薛某太头部致其死亡,后果严重,应依法惩处。鉴于薛某太利用其养父身份,在薛某凤还系幼女时即长期予以奸淫并导致薛某凤怀孕引产,对薛某凤的身心健康造成巨大伤害,且在薛某凤与他人结婚后,薛某太仍持刀欲强行奸淫薛某凤,具有重大过错,河北省临漳县人民检察院认为,因薛某凤自幼被薛某太长期奸淫,薛某凤为反抗而杀死薛某太,其故意杀人犯罪情节较轻,建议对薛某凤适用缓刑。当地村委会及数百名群众以薛某凤实施杀人行为实属忍无可忍,其家中又有两个年幼子女和一个呆傻养母需要照顾为由,联名请求对薛某凤从轻处罚。临漳县妇女联合会建议,为挽救薛某凤的家庭,减少社会不和谐因素,尽量从轻处罚。案发后,薛某凤认罪态度较好,有悔罪表现。综上,法院认为对被告人薛某凤可从轻处罚。据此,依法以故意杀人罪判处被告人薛某凤有期徒刑三年,缓刑五年。

本案被害人的行为属于具有重大过错,据此应当减轻被告人罪责的情形:首先,被害人薛某太对薛某凤的性侵行为从薛某凤年龄很小的时候就已经开始,薛某太的行为系针对未成年人这一弱势群体实施严重侵害行为;其次,薛某太对薛某凤的性侵行为一直持续到案发之前,贯穿薛某凤未成年和成年之后的很长时间,系多次、长期严重侵害犯罪人的合法权益;再次,薛某太持刀逼迫威胁薛某凤与其发生性行为,属于以恶劣手段侵害行为人的合法权益。因此,在薛某凤案中,被害人薛某太过错程度十分严重,对犯罪行为负重大责任,犯罪人薛某凤实属无奈、迫不得已的杀害行为可责性小,法院对该案的判决合理,体现了被害人的过错对犯罪人量刑的重大影响。

---

① 参见最高人民法院公布司法干预家庭暴力典型案例,http://www.chinacourt.org/article/detail/2014/02/id/1220890.shtml,访问日期:2019年7月18日。

【指导案例】储某等故意杀人案①——如何评价溺婴行为

2007年10月31日晚,被告人储某在家中产下一女婴,储某的母亲彭双分认为女儿未婚生育会使全家没脸见人,一时气愤,用双手掐该女婴脖子,欲将该女婴掐死。其子储伟松听见婴儿哭声,进屋见彭双分正在用手掐婴儿的脖子,便用手拉其胳膊,将其推倒在地。储伟松劝彭双分不要弄死婴儿,可将婴儿送人,并将婴儿移至另一房间。彭双分追过来吵闹,说"掐死她,你不掐死她我就不活了",迫使储伟松将婴儿掐死。储某在此过程中未反对。该村村委会及村民证明储伟松孝敬父母、尊敬师长、平时表现好,彭双分孝敬老人、文化程度低、头脑简单,请求法院从轻处罚。

在本案中,婴儿属于故意杀人罪保护的对象,溺婴行为构成故意杀人罪。两被告人均系被害婴儿的近亲属,属于与被害婴儿有特殊关系的人,对其溺婴行为能否从宽处罚?从案发原因来看,案件起源于家庭内部矛盾。彭双分作为一名近乎文盲的农村妇女,出于女儿未婚先孕使全家丢失脸面的狭隘观念,胁迫储伟松将婴儿杀害;储伟松受彭双分的胁迫,以及封建愚昧思想束缚,为成全其妹及全家的"名声"和"脸面"将婴儿杀死,系胁从犯。彭双分在女儿非婚生育而使全家无脸见人的巨大精神压力之下,产生失去理智的极端过激行为,其杀人动机与有预谋、有目的的故意杀婴、幼儿的动机相比,主观恶性相对较小。储伟松在彭双分的胁迫下实施了犯罪,相对于被告人彭双分,其主观恶性更小,犯罪情节更轻。二被告人的犯罪行为得到了婴儿母亲的默认、宽容和当地群众的同情,造成的社会影响和危害相对较小。故法院对作为胁从犯的储伟松以故意杀人罪,判处有期徒刑3年,缓刑5年是适当的。

---

① 案例来源:河北省石家庄中级人民法院刑事判决书(2008)砂刑初字第000019号。

第十五章 追诉时效

一、如何确定犯罪行为对应的法定最高刑及追诉期限

(一) 裁判规则

1. 追诉时效期限的长短是根据犯罪行为对应的法定最高刑来确定的,而不是根据犯罪行为对应的宣告刑确定的。

2. 司法机关对犯罪行为是否追诉应根据犯罪行为的性质、危害后果、情节对应的法定刑幅度进行判断,而不必考虑行为人是否具有从轻、减轻、免除处罚或者从重处罚情节。

(二) 规则适用

根据《刑法》的相关规定,追诉时效期限是根据犯罪行为对应的法定最高刑来确定的,而不是以犯罪行为对应的宣告刑为依据。理由在于,"或许以实际应当判处的刑罚为标准更具有合理性,但在没有追诉、没有审判的情况下,以应当判处的刑罚为标准不具有可操作性,会导致追诉与否的随意性,从而有损刑罚的公正性,故只能以法定最高刑为标准"①。对此,《刑法》第 87 条也明确规定了将法定最高刑作为确定追诉时效期限的根据。关于法定最高刑的含义,最高人民法院先后出台的一系列司法文件均做出过规定。早在 1985 年 8 月 21 日,《关于人民法院审判严重刑事犯罪案件中具体应用法律的若干问题的答复(三)》(法(研)发〔1985〕第 18 号)第 39 条明确指出,"刑法第七十六条按照罪与刑相适应的原则,将追诉期限分别规定为长短不同的四档,因此,根据所犯罪行的轻重,应当分别适用刑法规定的不同条款或相应的量刑幅度,按其法定最高刑来计算追诉期限。如果所犯罪行的刑罚,分别规定有几条或几款时,即按其罪行应当适用的条或款的法定最高刑计算;如果是同一条文中,有几个量刑幅度时,即按其罪行应当适用的量刑幅度的法定最高刑计算;如果只有单一的量刑幅度时,即按此条的法定最高刑计算"。此外,1990 年 4 月 27 日,最高人民法院研究室在《关于如何理解和掌握"在

---

① 参见张明楷:《刑法学》(第 2 版),法律出版社 2003 年版,第 493 页。

法定刑以下减轻"处罚问题的请示》中,答复如下:"减轻处罚是指'应当在法定刑以下判处刑罚'。这里所说的'法定刑',是指根据被告人所犯罪行的轻重,应当分别适用的刑法(包括全国人大常委会的有关'决定'和'补充规定')规定的不同条款或者相应量刑幅度。具体来说,如果所犯罪行的刑罚,分别规定有几条或几款时,即以某罪行应当适用的条或款作为'法定刑';如果是同一条文中,有几个量刑幅度时,即以其罪行应当适用的量刑幅度作为'法定刑';如果只有单一的量刑幅度,即以此为'法定刑'"。最高人民法院审判委员会于1998年1月13日公布起施行的《关于适用刑法第十二条几个问题的解释》第2条规定:"如果刑法规定的某一犯罪只有一个法定刑幅度,法定最高刑或者最低刑是指该法定刑幅度的最高刑或者最低刑;如果刑法规定的某一犯罪有两个以上的法定刑幅度,法定最高刑或者最低刑是指具体犯罪行为应当适用的法定刑幅度的最高刑或者最低刑。"

在确定法定刑轻重时,还需要注意区分定罪情节与量刑情节。刑法中的情节包括定罪情节和量刑情节。其中,定罪情节是指犯罪行为实施过程中,犯罪构成要件以外的,影响行为社会危害性和行为人人身危险性,定罪时作为区别罪与非罪、重罪与轻罪以及此罪与彼罪标志的一系列主客观事实情况。[①] 而量刑情节是指在某种行为已经构成犯罪的前提下,法院对犯罪人裁量刑罚时应当考虑的,据以决定量刑轻重或者免除刑罚处罚的各种情况。[②] 量刑情节包括从重、从轻、减轻或免除等情节。定罪情节与量刑情节之间的关系表现为:一是逻辑上定罪在先,量刑在后,因此,须先考虑定罪情节后考虑量刑情节,不能将量刑情节作为定罪情节考虑。二是功能不同。定罪情节具有区分罪与非罪、重罪与轻罪以及此罪与彼罪的功能,是与一定的法定刑幅度相对应的。定罪情节区分重罪与轻罪的功能在形式上表现为决定法定刑的升格或降格,它明确具体的法定刑。量刑情节的功能则是在已被确定的法定刑基础上,决定从宽、从严处罚或免除处罚。如前所述,量刑情节的功能是在既定法定刑下影响宣告刑,而定罪情节的功能是影响法定刑。因此,定罪情节是计算追诉时效期限的根据,量刑情节不能作为追诉时效期限的计算根据。[③] 为此,司法机关对犯罪行为是否追诉时,只需要根据犯罪性质、危害后果、情节对应的法定刑幅度来进行判断,具体来说可以分为以下几种情况:

第一,对于数额犯,应根据犯罪数额对应的刑罚幅度来确定法定最高刑。以盗窃罪为例,刑法对数额较大、数额巨大和数额特别巨大分别规定了三个量刑幅

---

① 参见张明楷:《刑法学》(第2版),法律出版社2003年版,第494页。
② 参见张明楷:《刑法学》(第2版),法律出版社2003年版,第442页。
③ 例如,行为人盗窃数额巨大的财物,在追诉时效期限内自首又有重大立功的,虽然其有减轻处罚情节,但仍应按照1997年修订后《刑法》规定的3年以上10年以下有期徒刑幅度确定法定最高刑。即以法定最高刑确定追诉时效,追诉期限为15年,不能因为行为人有应当减轻处罚的情节而按减轻处罚后实际可能判处的刑罚来确定追诉期限。

度。故针对具体盗窃行为确定法定最高刑时,先应根据具体涉案数额确定对应的量刑幅度,进而在该量刑幅度内确定法定最高刑。

第二,对于情节犯,应根据犯罪情节对应的刑罚幅度确定法定最高刑。以交通肇事罪为例,刑法对"交通肇事犯罪致人重伤、死亡的""交通运输肇事后逃逸"和"因逃逸致人死亡"三种情形,规定了三个量刑幅度。在对具体交通肇事行为确定法定最高刑时,先应根据具体犯罪情节确定对应的量刑幅度,再在该量刑幅度内确定法定最高刑。

第三,对于结果犯,应根据犯罪结果所对应的刑罚幅度确定法定最高刑。以故意伤害罪为例,刑法针对致人轻伤、重伤、死亡三种结果规定了三个量刑幅度,先应根据轻伤、重伤、死亡的犯罪结果确定对应的量刑幅度,进而在该量刑幅度内确定法定最高刑。

第四,对于共同犯罪,我国共同犯罪以作用为标准,分为主犯、从犯和胁从犯。由于主犯、从犯、胁从犯等分类,它主要是解决刑事责任的分配问题,即量刑问题,而不是共同犯罪的定罪问题。因此,在共同犯罪中不论主犯、从犯、胁从犯,不论犯罪人是否具有自首、立功等量刑情节,均不应导致共同犯罪人的追诉时效产生差异,即所有共同犯罪人的追诉时效期限都相同。

【指导案例】杨伟故意伤害案[①]**——如何确定犯罪行为对应的法定最高刑及追诉期限**

1992年7月6日,被告人杨伟与邓建学(均为河南省开封市公安局新门关派出所联防队员)在执勤过程中,为制止被害人皮海彬酒后滋事,杨伟、邓建学欲将皮海彬扭送至派出所,皮不听劝阻,双方发生扭打。邓用膝盖顶撞皮的阴部,用拳击打皮的胸部,并致皮倒地。皮倒地后,杨伟朝皮的躯干部分踢踹了一脚。皮被送往医院后死亡。经法医鉴定,皮海彬系在醉酒和轻度心肌炎的情况下,外力作用于胸腹部等敏感部位,导致迷走神经反射性抑制心跳骤停而死亡。本案在1992年发生后直至2008年4月11日期间,当地侦查机关未对杨伟进行立案处理,杨伟在案发后亦未有逃避侦查的行为。开封市公安局禹王台分局于2008年4月11日开始对杨伟故意伤害案立案调查。

本案发生于1992年,根据全国人大常委会发布的《关于严惩严重危害社会治安的犯罪分子的决定》(以下简称《关于严惩犯罪分子的决定》),对致人死亡的故意伤害行为规定了7年以上有期徒刑、无期徒刑、死刑的法定刑,而1997年修订后《刑法》对致人死亡的故意伤害行为规定了10年以上有期徒刑、无期徒刑、死刑的

---

① 参见李剑弢、江晓燕:《杨伟故意伤害案——如何确定犯罪行为对应的法定最高刑及追诉期限》,载最高人民法院刑事审判一至五庭主办:《刑事审判参考》(总第84集),法律出版社2012年版,第5—10页。

法定刑,两者规定的法定最高刑均为死刑;但从法定最低刑来看,1997年《刑法》的规定为 10 年,1979 年《刑法》与《关于严惩犯罪分子的决定》的规定为 7 年,按照"从旧兼从轻原则",应适用 1979 年《刑法》与《关于严惩犯罪分子的决定》。上述规定针对故意伤害致人死亡的情形,规定了 7 年以上有期徒刑、无期徒刑、死刑。那么,这三种法定刑是三个量刑幅度还是一个量刑幅度呢? 笔者认为,由于量刑幅度是与刑法规定的具体犯罪后果相对应的①,而量刑档次则是同一量刑幅度内高低不同的刑期②,因此,故意伤害致人死亡判处 7 年以上有期徒刑、无期徒刑、死刑,这只是同一量刑幅度内的三个量刑档次,而非三个量刑幅度,故本案中杨伟的故意伤害行为对应的法定最高刑是死刑。被告人杨伟所实施的故意伤害行为,虽然其系从犯,且情节较为轻微,但是这些量刑情节并不影响定罪,不影响法定刑选择,仅仅影响宣告刑,故应当按照致人死亡情形的故意伤害行为确定追诉期限,即应按照《关于严惩犯罪分子的决定》所规定的法定最高刑死刑确定 20 年的追诉期限。本案在 2008 年立案时未过追诉期限,故应对杨伟追究刑事责任。

二、被害人虽控告但公安机关不立案的案件是否受追诉时效限制

(一) 裁判规则

1. 对于"被害人提出控告",其中的"被害人"既包括本人,又包括法定代理人、近亲属;"提出控告"必须知道具体的犯罪嫌疑人是谁,否则就只是单纯的报案,不能适用《刑法》第 88 条第 2 款的规定。

2. 对于行为人 1997 年 9 月 30 日以前实施的犯罪行为,在立案侦查或者法院受理案件以后,行为人逃避侦查或审判,或者被害人在追诉期限内提出控告,应当立案而不予立案,超过追诉期限是否追究行为人的刑事责任,适用修订前的《刑法》第 77 条的规定。其中"超过追诉期限"应当理解为仅包括在 1997 年《刑法》颁布前已经超过的情形。如果尚未超过的则不适用上述解释,应当适用 1997 年《刑法》的规定。

(二) 规则适用

1. 从现行《刑事诉讼法》的规定来看,报案、举报、控告是刑事诉讼立案的重要材料来源。所谓"报案",是指自然人或者单位发现有犯罪事实的发生,而向专门机关揭露和报告的行为;"举报"是指自然人或者单位发现犯罪嫌疑人及其犯罪事实而向专门机关检举、揭发的行为;"控告"是指被害人向专门机关揭发犯罪嫌疑

---

① 例如,数额犯有数额较大、数额巨大以及数额特别巨大三种情形,刑法根据这三种危害后果一般均会规定三个对应的量刑幅度。

② 如《刑法》第 119 条规定:"破坏交通工具、交通设施、电力设备、燃气设备、易燃易爆设备,造成严重后果的,处十年以上有期徒刑、无期徒刑或者死刑。"其中,10 年以上有期徒刑、无期徒刑、死刑就是同一量刑幅度内的三个量刑档次,而非三个量刑幅度。

人及其犯罪事实,并要求依法处理的行为。对于控告,以前习惯于称告发,是指知悉犯罪人或犯罪事实的人向司法机关进行检举、揭发的行为。从控告的概念来看,控告具有如下三个特征:①控告的主体一般是被害人。当然需指出的是,在被害人死亡或者丧失行为能力时,被害人的法定代理人、近亲属可成为控告的主体。如果被害人因受强制、威吓无法告诉的,被害人的近亲属也可成为控告主体。②控告主体知晓犯罪嫌疑人及其犯罪事实,否则不能算作控告。③控告主体要求专门机关对犯罪嫌疑人及其犯罪事实依法进行处理。这是控告的目的特征。

2. 关于追诉时效的延长,1979年《刑法》第77条只规定了一种情形,即"在人民法院、人民检察院、公安机关采取强制措施以后,逃避侦查或者审判的,不受追诉期限的限制"。1997年《刑法》第88条第1款规定:"在人民检察院、公安机关、国家安全机关立案侦查或者在人民法院受理案件以后,逃避侦查或者审判的,不受追诉期限的限制。"同时第2款规定:"被害人在追诉期限内提出控告,人民法院、人民检察院、公安机关应当立案而不予立案的,不受追诉期限的限制。"对于第2款的适用,必须同时具备以下条件:第一,被害人在追诉时效内提出控告。这里的"被害人"不仅包括其本人,还包括其法定代理人、近亲属;这里的"控告"不同于报案,报案人在报案时不知道犯罪嫌疑人是谁,而"控告"的前提是必须知道具体的犯罪嫌疑人,如果被害人不知道犯罪嫌疑人是谁,而只是报案反映自己被侵害的事实的,则不能适用《刑法》第88条第2款的规定。第二,人民法院、人民检察院、公安机关应当立案而不予立案。

【指导案例】林捷波故意伤害案[①]——被害人在追诉期限内提出控告,公安机关应当立案而未立案的案件,是否受追诉时效的限制

1998年5月10日3时许,被告人林捷波在车站附近其经营的冷饮摊,与到其冷饮摊消费的黄国勇等人发生纠纷。被害人黄泽填闻讯来到冷饮摊,后因与林捷波言语不和,继而引发双方推搡打架。林捷波从其冷饮摊内拿起一把水果刀,持刀砍中黄泽填的右小腿,致其受伤,后被在场群众劝止。案发后,林捷波即潜逃。黄泽填向公安机关报案,要求追究林捷波的刑事责任,但公安机关一直未予立案,黄泽填为此多次向有关部门上访、控告。2012年年9月10日,公安机关对黄泽填进行司法鉴定后,构成十级伤残,遂立案。同年12月28日将林捷波抓获。

本案案发于1998年5月10日,案发后公安机关虽有对本案展开初查,但一直没有对被害人的伤情进行鉴定,也没有立案。2012年8月29日,公安机关对黄泽填的伤情进行了鉴定并确定为轻伤,同年9月10日,公安机关决定对本案进行立

[①] 参见江谨、高明黎:《林捷波故意伤害案——被害人在追诉期限内提出控告,公安机关应当立案而未立案的案件,是否受追诉时效的限制》,载最高人民法院刑事审判一至五庭办:《刑事审判参考》(总第96集),法律出版社2014年版,第43—50页。

案。此时距案发已逾 14 年之久,远远超过了故意伤害致人轻伤 5 年的追诉期限。因此,本案能否继续追诉取决于是否存在追诉时效延长事由。为了保证有罪必究、保障被害人的合法权益,1997 年《刑法》对追诉时效延长制度进行了修改,在第 88 条第 2 款增加规定了"被害人在追诉期限内提出控告……应当立案而不予立案的,不受追诉期限的限制"。在本案中,被害人及其亲属自案发后即向公安机关报案,之后在追诉期限内多次向司法部门提出控告、上访和信访,要求追究被告人的刑事责任,公安机关本应及时对被害人的伤情进行鉴定,并予以立案,由于种种原因未及时进行鉴定并予以立案,符合《刑法》第 88 条第 2 款规定的情形,故法院认为本案没有超过追诉期限是正确的。

三、新、旧刑法交替后追诉时效规定应当如何适用

(一) 裁判规则

1. 针对发生在 1997 年《刑法》实施之前的案件,在判断是否超过追诉时效时,首先需要根据 1997 年《刑法》总则第四章第八节的规定,判断是否已过追诉期限,已过追诉期限的是否存在时效延长事由。在已过追诉期限且不存在延长事由的情况下,依法不予追诉;如果未过追诉期限,或者虽过追诉期限但存在延长事由的,则需要根据 1979 年《刑法》的时效规定作进一步的判断。

2. 1979 年《刑法》第 77 条规定:"在人民法院、人民检察院、公安机关采取强制措施以后,逃避侦查或者审判的,不受追诉期限的限制。"其中,"采取强制措施",既包括实际执行阶段也包括批准、决定阶段;而针对"逃避侦查与审判",则需要从主、客观两个方面来进行理解。

(二) 规则适用

1. 针对发生在 1997 年《刑法》实施之前的案件,如果新、旧刑法均认为构成犯罪的,在判断是否超过追诉时效,尤其是在判断追诉时效延长事由时,可以分为两步来完成:

第一步:按照"从新原则",根据 1997 年《刑法》第四章第八节关于追诉时效的规定,判断从案发至行为人到案是否超过追诉期限。如果已经超过且不存在延长事由的,则不应当追究行为人的刑事责任。如果尚未超过,或者虽已超过但存在延长事由,即存在司法机关立案侦查或受理案件以后,行为人有逃避侦查或者审判的情况,或者存在被害人在追诉期限内提出控告,司法机关应当立案而不予立案的情况,则应当追诉。

第二步:在超过追诉期限的情况下,按照 1997 年《刑法》第四章第八节关于追诉时效延长事由的规定,存在司法机关立案侦查或受理案件以后,行为人逃避侦查或者审判的情况,或者存在被害人在追诉期限内提出控告,司法机关应当立案而不予立案的情况,此时是否需要追究行为人的刑事责任,按照《最高人民法院关于适用刑法时间效力规定若干问题的解释》(以下简称《关于刑法时效的解

释》)第 1 条规定,还需要适用 1979 年《刑法》第 77 条关于追诉时效的规定,判断自案发之日起至 1997 年《刑法》实施前(即截至 1997 年 9 月 30 日之前)是否已经超过追诉期限。① 如果已经超过追诉期限的,则需进一步根据 1979 年《刑法》第 77 条的规定,审查是否存在追诉时效延长事由,即审查司法机关对行为人是否采取过强制措施,以及行为人是否存在逃避侦查、审判的行为。若采取了强制措施,而行为人逃避侦查或审判的,则不受追诉期限的限制,应该追究行为人的刑事责任;若没有采取强制措施,或者虽采取了强制措施但行为人并未逃避侦查或者审判的,则不存在追诉时效延长事由,经过了追诉期限即不予追诉。

2. 1979 年《刑法》第 77 条规定:"在人民法院、人民检察院、公安机关采取强制措施以后,逃避侦查或者审判的,不受追诉期限的限制。"其中,追诉时效延长以公安机关"采取强制措施"为要件。采取强制措施不仅包括实际执行阶段,也包括批准或决定阶段。② 此外,新、旧刑法在对追诉时效延长事由的规定中,还要求犯罪分子存在积极逃避侦查的行为。对逃避侦查应从主、客观两个方面来分析:从客观上来看,一般必须实施了逃避行为,而且侦查机关实际上确实已经立案侦查或者法院已经受理案件。逃避侦查的行为有很多,常见的是远走他乡、隐姓埋名,或者虽然没有远走他乡,但是一直躲避侦查机关,拒不与侦查机关接触,不让侦查机关发现其藏身之地。故如果犯罪分子犯罪之后,没有逃跑、隐匿,而仍然在原居住地生活,而司法机关由于自身能力的限制或工作方法问题,在立案后长时间难以破案,直到追诉时效经过之后才侦查案件的,也不能按逃避侦查、审判论处,不能追究行为人的刑事责任。此外,如果犯罪分子犯罪之后,正常外出经商、务工,并不隐姓埋名,也未隐瞒新居住地地址的,不应以逃避侦查、审判论处。从主观上来看,行为人明知自己上述行为可能会妨碍司法机关对其刑事责任追究,却希望或放任这种结果的发生。明知包括确定明知和应当明知。"确定明知"是指犯罪嫌疑人在实施犯罪后,知悉公安机关已对其立案,为了逃避法律追究而实施了积极的逃避行为。因此,如果其不认为自己的行为构成犯罪,则即使其去往外地也不具有逃避的意识。例如,行为人认为自己的伤害行为是一种正当防卫,不会受到

---

① 需要说明的是,由于《关于刑法时效的解释》是从 1997 年《刑法》颁布之际的定位来论述的,对于其中"超过追诉时效的",应当理解为仅包括在 1997 年《刑法》颁布前已经超过追诉时效的情形。参见江谨、高明黎:《林捷波故意伤害案——被害人在追诉期限内提出控告,公安机关应当立案而未立案的案件,是否受追诉时效的限制》,载最高人民法院刑事审判一至五庭主办:《刑事审判参考》(总第 96 集),法律出版社 2014 年版,第 43—50 页。

② 对此,1992 年最高人民检察院《关于刑法》第七十七条有关采取强制措施的规定应如何适用的批复》指出:"刑法第七十七条有关在人民法院、人民检察院、公安机关采取强制措施以后,逃避侦查或者审判的,不受追诉期限的限制的规定,既适用于已经执行强制措施后逃避侦查或者审判的,也适用于人民法院、人民检察院、公安机关决定(批准)采取强制措施后,由于犯罪分子逃避而无法执行,以及犯罪分子在逃,经决定(批准)逮捕并发布通缉令后拒不到案的。人民检察院对符合上述情况的犯罪分子,应当依法追诉。"该《批复》虽然已于 2002 年 2 月 25 日失效,但由于本案发生在 1992 年,故在案发时是有效的,即使是在 2002 年失效之后,其精神仍然应当参照适用。

刑事追究,而去其他城市打工,这种行为不能认定为逃避,因为不具备逃避的意识。"应当明知"是指根据行为人作案的具体情况和案后情势,案发后侦查机关通常会在第一时间立案侦查。犯罪分子在实施了犯罪后,就即刻逃往外地,并不管侦查机关对其或者对其行为是否已经立案,反正先逃走再说。这种逃避侦查的行为,是没有以知悉立案为前提的,但可以推定其知道侦查机关对其采取了立案侦查措施。

【指导案例】叶永隆故意伤害案①——新旧刑法交替后追诉时效如何适用

1994年2月2日中午,被告人叶永隆在浙江省温州市鹿城区黄龙商贸城内和胡志珍打麻将时发生争吵。二人被劝停后,胡志珍打电话叫其丈夫夏武龙(被害人,殁年36岁)过来。当日12时50分许,夏武龙到达现场与叶永隆互殴,叶永隆持事先藏放在身上的尖刀捅刺夏武龙,致被害人夏武龙左肺及动脉破裂,导致失血性休克,呼吸循环系统衰竭经抢救无效而死亡。案发后,叶永隆潜逃外地,后于2016年11月22日在北京市被公安机关抓获归案,并被刑事拘留。叶永隆潜逃期间,被害人亲属在追诉期限内不断地向司法机关提出控告,要求尽快将叶永隆缉拿归案。另查明,温州市公安局于1996年2月15日对叶永隆签发了刑事拘留证,但由于本案年代久远,当年的立案材料已无法查找。

本案是一起普通刑事案件,叶永隆故意伤害他人身体并致人死亡,按照1979年《刑法》和1997年《刑法》均构成犯罪,且追诉期限均为20年。本案的特别之处在于,从案发至归案已经过去22年,期间经历了1997年刑法对追诉时效延长制度的重大修改,随后又通过了《关于刑法时间效力的解释》。对于此类案件,如何适用关于追诉时效的规定,尤其是如何来判断追诉时效延长事由,关系到能否进行追诉的问题。对此,我们可以分为两步来完成:首先,本案于1994年2月2日案发,虽然从案发之日起至行为人被抓获已超过追诉期限20年,但是至1997年《刑法》实施之前(即1997年9月30日之前)并未超过追诉期限。② 经过这一步判断之后,接下来是需要运用1997年《刑法》关于追诉时效的规定来进行判断,只有经过这一步判断仍未超出追诉时效的,才能追究其刑事责任。而根据1997年《刑法》第88条关于追诉时效的规定,该案从案发之日起20年追诉期限已经过去,此时需要查看是否存在追诉时效延长事由,即查看公安机关是否已经立案侦查。经

---

① 参见聂昭伟:《新旧刑法交替后追诉时效的司法适用》,载《人民司法(案例)》2018年第5期。

② 退一步来说,即使超过,一方面,公安机关早在1996年2月15日即对叶永隆签发了刑事拘留证,由于其潜逃多年,无法实际执行刑事拘留,但并不影响对其认定为"采取强制措施以后"。另一方面,叶永隆案发后即潜逃异地,从电视上看到通缉令后,改名换姓将自己的身份漂白,并中断与亲属的任何联系,客观上实施了逃避侦查的行为,主观上是为了逃避司法机关的追诉活动,故应当认定为"采取强制措施以后逃避侦查与审判",同样也不存在超过追诉时效的问题。

查,本案立案材料已经遗失,但温州市公安局于 1996 年 2 月 15 日对叶永隆签发了刑事拘留证,由于立案是采取强制措施的先决条件,故可以认定在此之前公安机关已经对本案进行了立案,存在追诉时效延长事由,应当予以追诉。而且,即使不以立案侦查为标准,本案还存在被害人家属四处控告,要求将叶永隆尽快缉拿归案的情形,依照 1997 年《刑法》第 88 条规定同样可以导致追诉时效的延长,故对叶永隆应当予以追诉。

四、已婚被告人与他人存在事实婚姻关系,后单方终止事实婚姻的,如何计算追诉时效

(一) 裁判规则

1. 重婚罪属于继续犯,根据《刑法》第 89 条第 1 款规定,"犯罪行为有连续或者继续状态的,从犯罪行为终了之日起计算",故对重婚罪的追诉期限应当从犯罪行为终了之日起计算。

2. 后婚系登记结婚的,重婚行为终了的时间节点以婚姻关系经法定程序解除为准;后婚系事实婚姻的,重婚行为是否终了,应当以一方作出解除事实婚姻关系的意思表示,且婚姻关系因该意思表示实质上得以解除为判断标准。

(二) 规则适用

1. 重婚罪属于继续犯,其追诉期限应当从犯罪行为终了之日起计算。继续犯(持续犯),是指行为从着手实行到终止以前,一直处于持续状态的犯罪。根据《刑法》第 89 条第 1 款规定:"犯罪行为有连续或者继续状态的,从犯罪行为终了之日起计算。"之所以存在这种规定,是因为在继续犯中,构成要件符合性在持续,或者说法益在持续性受到侵害,而非仅为不法状态的持续。例如,非法拘禁罪,只要不释放被害人,被害人的人身自由就持续性地遭受侵害,即行为人从着手非法剥夺他人人身自由到他人人身自由恢复时为止,其非法剥夺他人自由的行为一直处于持续状态当中。除此之外,刑法通说认为,持有型犯罪、遗弃罪、拐卖妇女、儿童罪、重婚罪均属于继续犯。[①] 可见,继续犯具有如下特征:

第一,继续犯的实行行为与不法状态必须同时持续,即犯罪行为的持续导致不法状态的持续,而不仅仅是不法状态的持续,这是继续犯与状态犯的主要区别。状态犯是指犯罪行为实施并发生法益侵害结果后,犯罪便同时终了,但法益被侵害的状态仍然在持续当中。典型的状态犯如盗窃罪,行为人窃取他人财物之后,盗窃行为便已经结束,但是行为人非法占有他人财物的状态仍然在持续。而继续犯是实行行为本身在持续,正是因为行为的持续才导致不法状态的持续。第二,继续犯的实行行为必须是在能够成立继续犯所需的时间内不间断的持续存在。第三,实行行为自始至终都针对同一对象、侵犯同一法益。

---

① 参见阮齐林:《刑法学》(第 3 版),中国政法大学出版社 2011 年版,第 215 页。

比较继续犯的上述三个特征,就重婚罪而言,重婚不法行为和不法状态自始至终同时存在,自始至终都针对同一对象、侵犯同一法益,持续侵害一夫一妻制的婚姻制度,完全符合继续犯的特征,属于继续犯。需要注意的是,有观点误认为,重婚登记或者事实婚姻关系的确立系实行行为,而之后以夫妻名义共同生活则属于不法状态,并据此认为重婚罪系状态犯。笔者认为,上述理解是错误的,重婚登记或者事实婚姻关系的确立,与之后以夫妻名义共同生活,二者是一个完整统一的重婚行为,不应将二者割裂开来。其中,前者意味着重婚行为的开始而不是终了,之后以夫妻名义共同生活仍然属于重婚不法行为和不法状态的持续。针对继续犯的追诉时效问题,《刑法》第89条规定,"追诉期限……犯罪行为有连续或者继续状态的,从犯罪行为终了之日起计算"。因此,重婚罪的追诉期限应当从重婚行为终了之日起计算。

2. 对于重婚犯罪行为的终了之日,在后婚系登记结婚的情况下,重婚行为终了的时间节点比较容易判断,一般以婚姻关系经法定程序解除为准。但对于后婚系事实婚姻的,认定该类重婚行为是否终了应当着重考虑两个因素:

其一,行为人是否作出解除事实婚姻的意思表示。事实重婚关系的解除一般要求行为人有解除事实婚姻关系的意思表示;既包括以明示方式通知对方解除婚姻关系,如行为人通过口头或者书面直接向对方表示不再以夫妻名义共同生活;又包括以实际行动表明解除婚姻关系,如行为人通过躲藏、更换联系方式和住址等方式拒绝与对方接触,对婚姻关系的继续持排斥态度的行为表现。

其二,该意思表示实质上是否起到解除婚姻关系的作用。无论是法律婚姻还是事实婚姻,由于婚姻关系由男女双方结成,一方作出解除婚姻关系的意思表示,并不必然导致婚姻关系自此解除,另一方是否愿意维持婚姻关系,双方是否解决财产分割、子女抚养等重大问题等因素,在认定婚姻关系是否解除时也要予以考虑。后婚系事实婚姻的,行为人单方作出解除婚姻关系的意思表示后,如另一方对此予以认可,二人不再以夫妻名义共同生活,此种情况下即可认定事实婚姻关系自此解除;如另一方对此不予认可,则说明双方对是否继续保持事实婚姻关系存在争议,从保护弱势群体、维护社会公序良俗的角度出发,应综合考虑夫妻双方的态度,财产分割、子女抚养等问题的解决情况等因素判断婚姻关系是否解除。

【指导案例】田某某重婚案[①]——已婚的被告人与他人建立事实婚姻关系后,又单方终止事实婚姻关系的,如何计算重婚犯罪行为的追诉期限

1988年1月18日被告人田某某与董某某登记结婚。2004年4月,田某某与杨某确定男女朋友关系并同居,同年8月,二人在天津市举办了婚礼。后二人在北京市

---

① 参见李铁、张济坤:《田某某重婚案——已婚的被告人与他人建立事实婚姻关系后,又单方终止事实婚姻关系的,如何计算重婚犯罪行为的追诉期限》,载最高人民法院刑事审判一至五庭主办:《刑事审判参考》(总第102集),法律出版社2016年版,第51—54页。

朝阳区购买了一套房产用于居住,并育有一子。2006年,田某某前往辽宁省大连市工作,且未告知杨某。2007年,杨某到大连市找到田某某,要求与田某某办理结婚登记,田某某表示不能与杨某结婚,并再次离开杨某。2008年年初,田某某回到董某某处生活;同年5月,在未通知杨某的情况下,田某某将登记在其名下的富东家园房产出售。2012年3月20日杨某找到田某某并报警,公安人员接报后将田某某抓获。

在本案中,被告人田某某先与董某某登记结婚,在婚姻关系存续期间,又与杨某以夫妻名义共同生活,属于前法律婚、后事实婚的情形。田某某的行为构成重婚罪,对此并无争议。但是,对田某某的重婚行为是否已过追诉时效,存在不同认识:一种意见认为,重婚罪的法定最高刑为2年有期徒刑,根据《刑法》的有关规定,该罪的追诉期限为5年。田某某2006年即离开杨某,到外地工作、定居,应当从此时开始计算追诉期限,至2012年杨某报案时已超过5年,对被告人不应再追究刑事责任。另一种意见认为,2006年田某某离开杨某独自到外地工作,不能认定事实婚姻关系自此终止。至案发时被告人的重婚行为未超过追诉期限。笔者同意第二种意见,具体分析如下:

本案被告人田某某在未告知杨某的情况下,即离开二人在北京的共同居住地,前往外地工作,被杨某找到后其又再次不告而别,并将自己购买的用于二人共同生活的房屋出售。虽然从田某某离京以后的一系列行为可以推断出,其自离京起即打算解除与杨某的婚姻关系,此后也一直持此态度,但是其离京时并未向杨某说明离京原因,当时其是否已决意解除事实婚姻关系没有有力证据证实。杨某到大连市找到田某某并要求办理结婚登记时,田某某表示不能与杨某结婚,并再次离开杨某,此时田某某不仅有了口头意思表示,还以实际行动表明了该意思。综合考虑本案具体情节,可认定2007年田某某在大连市拒绝与杨某办理结婚登记,并再次离开杨某时,向杨某表达了解除婚姻关系的意思。本案的特别之处在于,被告人田某某与杨某举行婚礼后同居2年,共同购买了住房并育有一子,双方形成了较为紧密的事实婚姻关系,这就对解除事实婚姻关系提出了更高的要求。杨某在大连市找到离京的田某某后要求登记结婚,说明杨某仍愿意与田某某保持婚姻关系,田某某再次离开杨某时并未妥善解决财产分割、子女抚养等问题,二人的婚姻关系何去何从具有一定的不确定性。在此情况下,不能轻易认定二人的事实婚姻关系自2007年田某某在大连市再次离开杨某起解除,否则既不利于保护婚姻关系中的弱者、打击犯罪,也不符合社会公众对婚姻关系的一般认知。田某某于2008年秘密将购买的二人共同居住的房屋出售,并回到其妻子董某某处生活,自此时起其与杨某的事实婚姻关系已不可能继续存在,故可认定二人的事实婚姻关系自此解除,田某某的重婚行为实施终了。因此,被告人所犯重婚罪的追诉期限应自2008年起计算,至杨某报案时尚在追诉时效之内,一、二审法院对被告人以重婚罪定罪量刑是正确的。

第十六章 故意杀人罪

一、帮助他人玩"危险游戏"致人死亡案件如何定性

(一) 裁判规则

玩"窒息游戏"致人死亡案件如何定性,关键是如何来认定帮助者的主观心态。笔者认为,在认识因素上,应当结合游戏本身的危险程度、行为人的日常生活经验等进行综合分析。在意志因素上,帮助游戏者通常不是为了追求死亡结果的发生,而是帮助被害人追求窒息带来的快感,故可以排除直接故意的犯罪心态。但是当参与游戏者处于窒息状态的情况下,如果帮助者仍然不停止游戏,则表明其对他人的死亡结果持放任态度;反之,如果帮助者立即停止游戏,且当游戏参与者出现昏迷等状态时,积极参与抢救,则表明其对死亡结果持反对态度,应当以过失犯罪论处。

(二) 规则适用

所谓"窒息游戏",也被称为"眩晕游戏""昏死游戏"等,游戏者在同伴的帮助下让自己处于窒息状态。这种游戏的原理就是通过各种人为的方法,如在他人的帮助下利用手、塑料袋、套索等工具阻碍呼吸,让此人达到几近窒息的状态,使一些人体器官的功能发生紊乱,主要是使心脏的血液不能流到大脑,导致大脑短暂性缺血,出现窒息,这种窒息后的晕厥就类似于人在死亡的边缘。在这个窒息过程中,人会有一些奇特的感受。这种感受因人而异,有些人会有轻飘飘的感觉,有的人则会产生幻觉。在快要达到极限时,松掉手或工具,让大量氧气涌入,便可以让大脑已经缺氧的游戏者产生刹那间的兴奋快感。这是一种极其危险的游戏方法,稍有不慎很容易导致脑部受损,甚至致人死亡。可见,此类"危险游戏"实际上已经脱离了游戏本身娱乐、放松的属性,具有相当的危险性,对参与者的生命安全构成现实威胁。更有甚者,利用参与者的游戏心态非法剥夺他人生命,看似游戏,实则暗藏"杀机"。

然而,因"危险游戏"的当事人多为自愿参与,参与游戏者对游戏所存在的危险是明知的,其仍然让他人帮助完成游戏,相当于存在被害人承诺,那么,此种承

诺是否会影响犯罪的成立呢？笔者认为，对生命权承诺放弃是无效的，因此，即使是出于游戏者自愿，也不能阻却帮助者承担故意杀人的责任。"危险游戏"案件中存在的另一个问题是，在危险后果发生后，如何来认定帮助者的主观心态。对此，可以从以下几个方面来进行判断：一方面，从认识因素来看，帮助他人玩"窒息游戏"者采用手、塑料袋、绳索、衣带等工具帮助他人处于窒息状态，作为一个正常人，其应当知道上述行为具有高度危险性，可能会发生致人死亡的结果。另一方面，从意志因素来看，帮助者往往是为了帮助被害人追求窒息带来的快感，而并非追求死亡结果的发生，故基本可以排除直接故意的犯罪心态。但是，当参与游戏者处于窒息状态并已经出现挣扎、呼救等激烈的异常反应时，如果帮助者仍然不停止游戏，继续使被害人处于窒息状态，并最终致被害人死亡的，则表明其对他人的死亡结果持放任态度，应当认定为放任型的故意杀人罪。反之，在游戏参与者刚出现窒息状态时，帮助游戏者立即停止游戏，并且在游戏参与者出现昏迷等状态时，积极参与抢救，则表明其对被害人的死亡持反对态度，不具有放任他人死亡的心理，对此属于过于自信的过失，应当以过失犯罪论处。

【指导案例】张静故意杀人案[①]——玩"危险游戏"致人死亡案件中行为人主观心态如何认定

被告人张静与被害人张丽敏均在浙江省慈溪市务工，二人共同租住在慈溪市周巷镇城中村傅家兴二弄×号×室。2012年8月13日1时许，张静用手机上网时发现一条"用绳子勒脖子会让人产生快感"的信息，决定与张丽敏尝试一下，并准备了裙带作为勒颈工具。随后，张静与张丽敏面对面躺在床上，张静将裙带缠系在张丽敏的颈部，用双手牵拉裙带的两端勒颈。其间，张丽敏挣扎、呼救。两人的亲友、邻居等人闻声而至，在外敲窗询问，张静答称张丽敏在说梦话。后张静发现张丽敏已窒息死亡，遂割腕自杀，未果。

本案就是一起因玩"危险游戏"致人死亡的案件，被告人张静对于自己的行为可能会造成被害人受伤或者发生其他结果是明知的，但对于其主观意志则存在争议。一种意见认为，从张静犯罪的动机、目的来看，张静是为了帮助被害人追求快感，并非追求死亡结果的发生，故可以排除直接故意的犯罪心态；张静在进行危险游戏时，虽然对自己行为的危险性是明知的，但是其轻信能够避免，符合过失致人死亡罪的构成特征。另一种意见认为，张静作为一个正常的成年人，对于用绳索、衣带勒颈具有高度危险性，可能会致人死亡是知道的。在游戏进行过程当中，两人事先约定好，如果被害人受不了的话就喊一下"救命"，张静就不再用力了。但

[①] 参见万仁赞、孔飞：《张静故意杀人案——玩"危险游戏"致人死亡案件中行为人主观心态的认定》，载最高人民法院刑事审判一至五庭主办：《刑事审判参考》（总第101集），法律出版社2015年版，第72—79页。

是当游戏进行了一分钟左右,被害人就喊了一声"救命",手脚也在乱抓乱踢。在被害人已经出现挣扎、呼救等激烈的异常反应的情况下,张静以所谓使被害人体验快感的时间更久些为由,不但没有松手解开缠在被害人颈部的裙带,而且持续用力使被害人较长时间处于呼吸不畅的状态,最终导致被害人机械性窒息死亡。由此可见,张静在追求让被害人产生"快感"的同时,放任了被害人死亡结果的发生,其主观上更符合间接故意犯罪的特征。尽管被告人张静在发现被害人死亡后,确实存在恐惧、后悔、愧疚等心理,并自杀未果,但这种犯罪后的心理变化与行为表现并不足以推翻之前的放任心理。笔者认为,鉴于本案的杀人情节与一般的严重暴力犯罪相比具有一定的特殊性,法院虽然对被告人以(间接)故意杀人罪认定,但是对其减轻处罚是适当的。

二、因长期遭受家庭暴力而"以暴制暴"杀人的,应当如何量刑

(一)裁判规则

被告人因本人或家人长期遭受被害人的家庭暴力而不堪忍受,受暴人在施暴者再次实施家庭暴力时或者趁施暴人醉酒、昏睡等情况下杀死施暴者的,应当将施暴者存在的过错作为酌定从轻处罚情节,对受暴人从轻处罚,甚至可以认定为故意杀人罪"情节较轻"的情形。值得注意的是,对于杀人未遂情形,作为刑法总则中一项法定从轻、减轻情节,不能再将其作为认定"情节较轻"的依据,否则就违背了"禁止重复评价"原则。

(二)规则适用

据统计,世界范围内至少有1/3的妇女在其一生中遭受过暴力、性虐待和虐待。家庭暴力和其他暴力一样,都是侵犯公民基本人权的违法行为,对于个人、家庭和社会都会产生严重的负面影响。预防和制止家庭暴力已经成为国际社会的共识,联合国为此通过了《消除对妇女一切形式歧视公约》《北京宣言》《北京行动纲领》等国际法律文件。同样,在当今中国,几乎没有人否认家庭暴力已经成为普遍存在的社会问题。家庭暴力犯罪不同于社会上一般的暴力犯罪,对家庭暴力犯罪案件施暴人和受暴人的量刑应遵循不同的原则。其中,施暴人的犯罪行为具有明显的故意和主观恶性,情节和动机恶劣,在侵害家庭成员人身权利的同时,还严重践踏了正常的家庭秩序和社会伦理,理应依法严惩。而受暴人一般在家庭中属于弱势群体,受暴人因无法忍受与其一起生活的施暴人长期的、恶劣的家庭暴力又无法通过合法手段维权时,采用将施暴人伤害乃至杀死的极端办法来摆脱家庭暴力,行为人自己虽然从先前的家庭暴力受害人转变成了犯罪人,但法律应予以合理的从宽处理。

为此,一些国家引入了"受虐妇女综合症"概念。"受虐妇女综合症"一开始只是一个社会心理学名词,但是到了20世纪70年代末至80年代初,上升为一个法律概念,用来指长期遭受丈夫或情人虐待的女性所表现出来的一种特殊的行为模式。目前,"受虐妇女综合症"以专家证词形式作为证据,在美国、加拿大等国家的

刑事诉讼中得以广泛采用。然而,"受虐妇女综合症"在我国目前并非一个法律概念,无法将其作为对受虐人从宽处罚的事由。① 从司法实践中发生的家庭暴力案件来看,受暴人与施暴人双方因生理状况不同而力量悬殊,家庭暴力下受暴人对施暴人所实施的反抗行为,大多都是在施暴人的侵害行为已经实行完毕之后,趁施暴人醉酒、昏睡等无法实施暴力侵害的情况下实施。而按照我国正当防卫的构成要件,正当防卫只能是针对正在进行的不法侵害行为实行防卫。因此,家庭暴力下受暴人的事后反抗行为不符合我国刑法中正当防卫"正在进行"的时间条件,显然无法认定为正当防卫。② 在这种情况下,笔者认为,针对长期家庭暴力以暴制暴案件,可以从被害人过错角度出发,以被告人主观恶性明显较小为由,作出从轻减轻处罚的判决。在以暴制暴的案件中,受暴人实施的危害行为是在被害人(施暴人)过错的前提下产生的,在先的过错才是受暴人以暴制暴的诱因,其犯罪动机多是阻止或者惩罚被害人(施暴人)的侵害行为,而不是主动地对其加害,更没有侵害被害人以外的其他人,其主观恶性显然较小。这与不存在被害人过错的其他同类犯罪行为是有很大差别的,犯罪人所受的道德谴责也要轻得多。就再犯可能性而言,以暴制暴案件中受暴人犯罪行为阻止惩罚被害人(施暴人)的目的是单一的、一次性的,与被害人以外的其他人关系不大。一旦其目的达到,犯罪人不会无缘无故地对被害人以外的其他人实施侵害行为,其再犯的可能性也非常小。这也说明犯罪人的人身危险性较小。综合考察影响量刑的犯罪事实根据,在以暴制暴的案件中,犯罪人主观恶性、再犯可能性、人身危险性都较小,犯罪人的刑事责任应相应较轻,法院量刑时应当从宽处罚。这符合罪责刑相适应的原则。

其中,如果被害人过错程度十分严重,对犯罪行为应负重大责任,则对犯罪人可责性就很小,应当对犯罪人减轻处罚,将其杀人行为认定为"情节较轻"。这种情形一般有以下几种表现形式:一是被害人暴力侵害行为人的人身权利,行为人忍无可忍实施犯罪行为;二是被害人以恶劣、残忍的手段侵害行为人的合法权益,激起行为人实施犯罪行为;三是被害人多次、长期严重侵害犯罪人的合法权益或针对多人实施严重侵害行为,激起行为人实施犯罪行为;四是被害人针对未成年人、老年人、残疾人等弱势群体实施严重侵害行为,激起行为人实施犯罪行为。当然,如果行为

---

① 尽管在2003年河北刘栓霞故意杀人案的审理中,律师及相关部门首次尝试着引入"受虐妇女综合症"理论,但是河北省邢台市中级人民法院仍以故意杀人罪作出终审裁定:判处刘栓霞有期徒刑12年,剥夺政治权利3年。可见,在我国当前的司法实践中,对受暴人行为的定性仍然需要以故意杀人罪定罪判刑。

② 当然,如果受暴人是在施暴人实施暴力行为的当时进行反抗,则符合我国《刑法》第20条的规定,即"为使国家、公共利益、本人或者他人的人身、财产和其他权利免受正在进行的不法侵害,而采取的制止不法侵害的行为,对不法侵害人造成损害的",则依法属于正当防卫行为,如果明显超过必要限度的,属于防卫过当行为,在量刑时应当依法予以减轻或免除处罚。最高人民法院于2014年2月27日公布了人民法院司法干预家庭暴力保护妇女儿童和老人权益的10个典型案件。参见《人民法院报》2014年2月28日第003版。

人的杀人手段特别残忍,或者犯罪后果特别严重,导致两人以上死亡的,或者被害方及当地群众对被告人杀人行为无法谅解的,也不能认定为"情节较轻"。

【指导案例】汤翠连故意杀人案①——经常遭受家暴致死丈夫如何量刑

被告人汤翠连(女)与被害人杨玉合(男,殁年39岁)系夫妻。杨玉合经常酗酒且酒后无故打骂汤翠连。2002年4月15日17时许,杨玉合醉酒后吵骂着进家,把几块木板放到同院居住的杨某洪、杨某春父子家的墙脚处。为此,杨某春和杨玉合发生争执、拉扯。汤翠连见状上前劝阻,杨玉合即用手中的木棍追打汤翠连。汤翠连随手从柴堆上拿起一块柴,击打杨玉合头部左侧,致杨玉合倒地。杨某洪劝阻汤翠连不要再打杨玉合。汤翠连因惧怕杨玉合站起来后殴打自己,仍继续用柴块击打杨玉合头部数下,致杨玉合因遭钝器打击头部颅脑损伤死亡。案发后,村民由于同情汤翠连,劝其不要投案,并帮助掩埋了杨玉合的尸体。

在本案中,被告人汤翠连故意非法剥夺他人生命的行为已构成故意杀人罪。被害人杨玉合因琐事与邻居发生争执和拉扯,因汤翠连上前劝阻,杨玉合即持木棍追打汤翠连。汤翠连持柴块将杨玉合打倒在地后,不顾邻居劝阻,继续击打杨玉合头部致其死亡,后果严重,应依法惩处。鉴于杨玉合经常酒后实施家庭暴力,无故殴打汤翠连,具有重大过错;汤翠连在案发后能如实供述犯罪事实,认罪态度好;当地群众亦请求对汤翠连从轻处罚。综上,对汤翠连可酌情从轻处罚。据此,法院依法以故意杀人罪判处被告人汤翠连有期徒刑十年。

【指导案例】薛某凤故意杀人案②——养女被养父长期性侵杀死养父如何量刑

被告人薛某凤自幼被薛某太(男,被害人,殁年54岁)收养。自1999年薛某凤11岁起,薛某太曾多次对薛某凤强行实施奸淫。2004年3月,薛某凤因被薛某太强奸导致怀孕,后引产。2005年1月,薛某凤与他人结婚。2007年11月11日晚,薛某太酒后将薛某凤叫至其房间内,持刀威胁薛某凤,要求发生性关系。薛某凤谎称同意,趁机用绳子将薛某太双手、双脚捆住,其后离开房间。次日3时许,薛某凤返回房间,采取用扳手击打薛某太头部等手段致薛某太颅脑损伤死亡。后薛某凤将薛某太的尸体浇油焚烧。

在本案中,被告人薛某凤故意非法剥夺他人生命的行为已构成故意杀人罪。薛某凤持械击打被害人薛某太头部致其死亡,后果严重,应依法惩处。鉴于薛某太利用其养父身份,在薛某凤还系幼女时即长期予以奸淫并导致薛某凤怀孕引

---

① 参见《人民法院报》2014年2月28日第003版。
② 参见《人民法院报》2014年2月28日第003版。

产,对薛某凤的身心健康造成巨大伤害,且在薛某凤与他人结婚后,薛某太仍持刀欲强行奸淫薛某凤,具有重大过错,河北省临漳县人民检察院认为,因薛某凤自幼被薛某太长期奸淫,薛某凤为反抗而杀死薛某太,其故意杀人犯罪情节较轻,建议对薛某凤适用缓刑。当地村委会及数百名群众以薛某凤实施杀人行为实属忍无可忍,其家中又有两个年幼子女和一个呆傻养母需要照顾为由,联名请求对薛某凤从轻处罚。临漳县妇女联合会建议,为挽救薛某凤的家庭,减少社会不和谐因素,尽量从轻处罚。案发后,薛某凤认罪态度较好,有悔罪表现。综上,法院认为对被告人薛某凤可从轻处罚。据此,临漳县人民法院依法以故意杀人罪判处被告人薛某凤有期徒刑3年,缓刑5年。

【指导案例】吴某某、郑某某故意杀人案①——被告人因本人及家人长期遭受被害人家庭暴力而不堪忍受,在被害人再次实施家庭暴力时杀害被害人,能否认定为故意杀人罪情节较轻的情形

被害人吴某军(男,殁年44岁)与被告人吴某某、郑某某分别系父子、夫妻关系。吴某军婚后经常酗酒闹事、欺负村邻,其父母、兄弟、妻儿均曾遭其辱骂或者殴打致伤。郑某某右眼被吴某军脚踢失明。吴某军之女吴某因不堪忍受虐打曾割腕自杀,后离家外出。2011年1月一天晚上,吴某军在家中酒后闹事,无故用农具砸打其子吴某某头部,致吴某某额部受伤出血。吴某某负气离家外出,后被郑某某劝回。吴某军见郑某某母子二人回家后,找茬辱骂、殴打郑某某。吴某某心生气愤,尾随吴某军至屋外将其推倒,并与吴某军厮打。因吴某军在厮打过程中声称报复,吴某某拾起地上一根废弃电线缠绕吴某军颈部进行勒拽,郑某某在拉拽吴某某时发现该情形,想到已不堪忍受吴某军打骂,便帮助吴某某一起勒拽电线,致吴某军机械性窒息当场死亡。2013年5月23日,吴某某在浙江省湖州市南浔镇被公安机关抓获归案。次日,郑某某到公安机关投案,如实供述了犯罪事实。吴某军的近亲属均对吴某某、郑某某的犯罪行为表示谅解。

就本案而言,被告人吴某某及其母郑某某、其妹吴某,均长期遭到其父吴某军虐待,郑某某一只眼睛被吴某军殴打失明,吴某因不堪忍受吴某军虐待曾割腕自杀,后离家外出,吴某军的其他家人亦曾遭到吴某军打骂。案发当日,吴某军又对二被告人打骂施虐。因此,从案发起因来看,被害人吴某军存在严重过错,二被告人并无过错。从吴某某的犯罪行为来看,可以认定其系因不堪忍受吴某军长期家庭暴力以及再次施暴报复的现实威胁,激愤之下而杀害吴某军,既无卑劣的犯罪

---

① 参见陈亚鸣、欧海鸥:《吴某某、郑某某故意杀人案——被告人因本人及家人长期遭受被害人家庭暴力而不堪忍受,在被害人再次实施家庭暴力时杀害被害人,能否认定为故意杀人罪情节较轻的情形》,载最高人民法院刑事审判第一、二、三、四、五庭主办:《刑事审判参考》(总第105集),法律出版社2016年版,第57—61页。

动机,犯罪情节也无特别恶劣之处。吴某某随手从地上捡起废弃的电线勒死吴某军,犯罪手段一般,犯罪后果也不属于特别严重。当地村民对二被告人均持同情态度,对吴某军的施虐言行均表示谴责,要求对二被告人从宽处罚,吴某军的父母兄弟也均对二被告人表示谅解。综合考量以上因素,对吴某某和郑某某的故意杀人犯罪行为均可认定为情节较轻。

三、教唆、帮助他人自杀行为能否认定为故意杀人罪

(一)裁判规则

1. 受嘱托杀人或者说"得承诺杀人",是指受已有自杀意图者的嘱托而直接将他人杀死的行为。受嘱托杀人不同于帮助自杀,前者是直接实施杀人行为,而后者中的杀人行为由自杀者本人完成。受嘱托杀人构成故意杀人罪,但由于是应已有自杀意图者的要求,故可考虑从轻处罚。司法实践中常见的受嘱托杀人是"安乐死"。

2. 自杀是行为人基于自己的真实意思,积极结束或者消极放弃自己生命的行为。尽管自杀行为本身并不构成犯罪,但是教唆、帮助自杀等关联行为完全符合故意杀人罪的构成要件,且在客观上与他人自杀死亡之间存在因果关系,在主观上亦存在希望或者放任死亡结果发生的故意,是对他人生命权利的侵犯,故应当以故意杀人罪论处。

3. 由于在教唆和帮助他人自杀行为中存在着被害人的自愿性、真实承诺等减轻责任的因素,故与普通故意杀人罪在社会危害性上又存在着区别,处刑一般应当比普通杀人罪轻。其中,对于不具有间接正犯性质的帮助自杀行为,尤其是为了使直系亲属从病痛中解脱而帮助自杀的行为,我国司法实践中一般作为"情节较轻"的故意杀人罪论处。

(二)规则适用

1. 经被害人承诺的行为,只有在符合下列条件时,才能阻却行为的违法性:

第一,承诺人对被侵害的法益具有处分权。一般来说,只有承诺他人侵害自己的个人法益时,才有可能阻却违法;而且,即使是承诺他人侵害自己的法益,也有一定程度的限制。例如,基于承诺的杀人在各国均作为犯罪来处理。这是因为从刑事政策的角度来看,如果允许行为人擅自处分他人的生命会带来极其危险的后果,故生命权不属于承诺的范围,他人经被害人承诺而杀害或者帮助被害人自杀的行为,仍然成立故意杀人罪。①

---

① 在涉及个人法益的犯罪中,被害人承诺一般可以阻却行为的违法性,但是这一原则能否适用于故意伤害罪,在刑法理论上存在较大争议。笔者认为,应当以是否违背公序良俗或是否造成重大伤害为标准,判断是否成立故意伤害罪。其中,在造成重大伤害的情况下,如果不是为了保护另一重大法益而承诺伤害的情况(如采取合法途径将器官移植给患者),则应当认定为故意伤害罪;反之,对于被害者承诺轻伤的场合,如果不违背公序良俗,一般不认定为故意伤害罪。如相互斗殴的场合虽意味着存在对伤害的推定承诺,但鉴于双方都具有攻击对方的意图,不能因为存在推定的承诺而肯定违法性阻却。

第二,承诺人必须对承诺的事项具有理解能力。没有辨认、控制能力的精神病人,缺乏承诺能力;对于未成年人而言,需要根据承诺的具体事项进行判断。例如,年满17岁的未成年人,对自己的少量财物具有承诺能力,而对于将自己器官出卖给他人不具承诺能力。

第三,承诺必须出于承诺人真实意志,基于他人强制、欺骗而作出的承诺,不能阻却违法。在这里,需要着重理解他人的欺骗行为与被害人承诺行为之间的关系。笔者认为:其一,当欺骗行为使被害人对于法益的有无、性质、范围产生错误认识而作出承诺的,承诺无效。例如,他人的欺骗行为使被害人误以为不会造成法益侵害、仅造成轻微的法益侵害或者仅造成此种法益侵害,进而作出承诺,但是却造成了法益侵害、重大法益侵害或者彼种法益侵害的,该承诺无效。其二,需要考察承诺人的动机与目的是否实现。承诺人处分某种法益时,通常是为了保护、救助另一种法益,如果其动机与目的未能实现,则可以认定其承诺无效。如甲欺骗乙将一个肾脏摘出后移植给乙的女儿,但事实上却移植给他人,该承诺无效。

2. 自杀是自愿结束自己生命的行为,不具有刑事违法性,不构成犯罪。司法实践中,应注意下列情形的处理:

第一,相约自杀,即二人以上相互约定自愿共同自杀。其一,如果约定人均自杀身亡,就无法再追究刑事责任;其二,如果约定人各自实施结束自己生命的行为,一方未对他方实施教唆或帮助行为,尽管相约自杀未死亡一方的行为对对方存在精神上的支持,但由于客观上没有教唆、帮助行为,故未死亡的约定人不应对他人的死亡承担刑事责任;其三,如果相约自杀,一方为双方的自杀提供帮助行为,例如购买安眠药等,对方服下之后死亡,帮助者自杀未遂。这种情形属于帮助他人自杀,帮助者构成故意杀人罪,量刑时可考虑从轻处罚。其四,双方相约自杀,由一方杀死对方然后再自杀。对方被杀死,自己自杀未遂或者放弃自杀行为的,行为人主观上有明知,客观行为与他人死亡结果之间具有因果关系,应认定为故意杀人罪,但可以考虑从轻处罚。其五,如果欺骗对方,谎称相约自杀,对方自杀后,自己逃离的,这种情况属于欺骗他人自杀,构成故意杀人罪的间接正犯。

第二,引起他人自杀,即行为人所实施的某种行为引起他人自杀身亡。此种行为既可以是正当行为,也可以是错误行为或者轻微违法行为,还可以是严重违法行为或者犯罪行为。其一,正当行为、错误行为或者轻微违法行为引起他人自杀的,不存在刑事责任的问题。其二,严重违法行为引起他人自杀的,将行为与后果结合起来,则有可能具有犯罪构成要件意义。例如,侮辱他人引起他人自杀身亡时,"引起他人自杀身亡"属于侮辱罪的综合要件,可综合评价为"情节严重",构成侮辱罪。其三,犯罪行为引起他人自杀后果,但行为人对他人自杀并不具有故意,应按照行为本身的性质定罪,他人自杀的后果可以作为加重或从重处罚情节。例如强奸妇女并引起被害妇女自杀的,仍只按强奸罪论处,而"引起他人自杀身亡"则属于强奸罪的结果加重情节。

第三,教唆或帮助自杀。所谓教唆自杀,是指行为人故意采取引诱、刺激、怂恿、欺骗等方法,使没有自杀意图的他人产生自杀意图,进而实施自杀行为。教唆他人自杀的行为,在多数情况下是为了帮助自杀者摆脱某种痛苦,而且在这种情况下被教唆者对于是否自杀,仍然具有选择自由,因此,其危害性通常较小。所谓帮助自杀,是指在他人已有自杀意图的情况下,行为人对其给予精神鼓励使其坚定自杀的念头,或者给予物质、条件上的帮助,使其实现自杀意图的行为。教唆或帮助自杀的,尽管均应以故意杀人罪论处,但由于自杀是自杀者本人的意思决定,对教唆、帮助者可以从轻或减轻处罚,甚至可以认定为"情节较轻"并适用缓刑。但如下几种具有间接正犯性质①(即利用他人之手而杀人)的情形,则不属于"情节较轻"的情形:其一,教唆不能理解死亡意义的儿童或者精神病患者等,使其自杀的,属于故意杀人罪的间接正犯。其二,以暴力、胁迫等手段,促使他人自杀身亡的,成立故意杀人罪的间接正犯。②其三,欺骗他人自杀的,如医生对可能治愈的病人说:"你得了癌症,活不过两周了,而且会死得很痛苦,还不如提早自杀算了。"病人信以为真便自杀了,医生构成故意杀人罪的间接正犯。而对于不具有间接正犯性质的教唆、帮助自杀行为,行为人的主观恶性和人身危险性相对较小,我国司法实践中通常作为"情节较轻"的故意杀人罪来处理。

【指导案例】刘祖枝故意杀人案③——提供农药由丈夫自行服下后未采取任何救助措施,导致丈夫中毒身亡的,如何定罪处罚

被告人刘祖枝系被害人秦继明(男,殁年49岁)之妻。秦继明因患重病长年卧床,一直由刘祖枝扶养和照料。2010年11月8日3时许,刘祖枝在其暂住地北京市朝阳区十八里店乡西直河孔家井村×号院出租房内,不满秦继明病痛叫喊,影响他人休息,与秦发生争吵。后刘祖枝将存放在暂住地的敌敌畏倒入杯中提供给秦继明,由秦继明自行服下,造成秦继明服毒死亡。

本案被害人秦继明多年患有遗传性小脑萎缩症,近年来病情恶化,因不堪病

---

① 教唆与间接正犯行为的区别在于,教唆者对他人的行为没有支配力,仅仅使他人产生一定意思活动,而间接正犯者对他人的行为具有支配力。

② 对此,1999年10月30日最高人民法院、最高人民检察院《关于办理组织和利用邪教组织犯罪案件具体应用法律若干问题的解释》第4条、2001年6月4日最高人民法院、最高人民检察院《关于办理组织和利用邪教组织犯罪案件具体应用法律若干问题的解释(二)》第9条规定,组织和利用邪教组织制造、散布迷信邪说,指使、胁迫其成员或者其他人实施自杀行为的,组织、策划、煽动、教唆、帮助邪教组织人员自杀的,应以故意杀人罪或故意伤害罪论处。

③ 参见罗灿、徐辉:《刘祖枝故意杀人案——提供农药由丈夫自行服下后未采取任何救助措施,导致丈夫中毒身亡的,如何定罪处罚》,载最高人民法院刑事审判一至五庭主办:《刑事审判参考》(总第84集),法律出版社2012年版,第11—16页。

痛折磨,常在夜间叫喊,并多次产生自杀念头。案发当日,秦继明因病痛再次在深夜叫喊,引发女儿秦丽华和刘祖枝的不满。秦继明赌气说想死,刘祖枝一气之下将家中的农药敌敌畏倒入杯子,并提供给秦继明,同时说了"你不是想死吗,倒点药,看你喝不喝"之类的对秦继明有精神刺激的言语,导致秦继明服下杯中的敌敌畏。可见,刘祖枝主观上明知秦继明有强烈的自杀倾向,并意识到将敌敌畏提供给秦继明会发生秦继明服毒身亡的后果,客观上仍向秦继明提供农药,并通过言语刺激进一步增强秦继明的自杀决意,最终导致秦继明服毒身亡。刘祖枝所实施的行为与秦继明的死亡后果之间具有刑法上的因果关系,应当认定其行为构成故意杀人罪。但综合本案案情,应认定刘祖枝的行为属于"情节较轻":第一,秦继明多年身患重病,其因不堪病痛折磨曾多次产生轻生念头,刘祖枝能够长年坚持扶养和照料,不离不弃,已尽到夫妻之间的扶养义务。第二,刘祖枝帮助自杀行为与直接将农药灌入被害人口中的行为,在主观恶性和行为的社会危害性上明显不同。第三,案发后刘祖枝原籍所在地数十名村民联名出具担保书,证实刘祖枝表现一贯良好;秦继明的4个兄弟姐妹也出具证明,证实秦继明现有亲属均对刘祖枝的行为表示谅解。综上,法院认定被告人刘祖枝的行为构成情节较轻的故意杀人罪,判处其有期徒刑七年是适当的。

【指导案例】邓明建故意杀人案①——对直系亲属间帮助自杀的行为如何定性处罚

被告人邓明建是被害人李术兰之子。李术兰于1991年前后身患脑中风致右半身不遂,后经治疗病情有所缓解,但1996年前后病情再次复发,并伴有类风湿等疾病导致手脚疼痛、抽筋。除了邓明建外,李术兰还生有3名子女,但一直是由邓明建照料李术兰的生活起居,并负责李术兰的求医诊疗。李术兰不堪忍受长期病痛折磨,曾产生轻生念头。2010年4月,邓明建父亲病故后,邓明建因家庭经济拮据需要依靠打工维持生计,遂将李术兰从四川老家带到广州市番禺区租住处加以照顾。其间,李术兰因病情拖累多次产生轻生的念头。2011年5月16日9时许,李术兰请求邓明建为其购买农药。邓明建顺从李术兰的请求,去农药店购得两瓶农药,并将农药勾兑后拧开瓶盖递给李术兰服食,李术兰喝下农药即中毒身亡。

在本案中,被告人邓明建明知农药有剧毒性,仍将勾兑好的农药递给李术兰,邓明建主观上对李术兰的死亡持放任态度,符合故意杀人罪的主观条件。同时,邓明建客观上也实施了非法剥夺他人生命的行为,符合故意杀人罪的客观条

---

① 参见黎晓婷:《邓明建故意杀人案——对直系亲属间帮助自杀的行为如何定性处罚》,载最高人民法院刑事审判一至五庭主办:《刑事审判参考》(总第89集),法律出版社2013年版,第19—23页。

件。而且,由于对生命权的承诺无效,因此,邓明建帮助自杀的行为虽然系在李术兰的请求下实施,但由于其侵害的生命权超过了被害人承诺可处分的范围,故不能排除其行为的刑事违法性,仍然构成犯罪。那么,邓明建的行为是否可以认定为故意杀人罪中的"情节较轻"呢?邓明建完全是根据李术兰的意愿前往购买农药并向其提供农药,作案时邓明建仅是将农药递给李术兰,由李术兰决定是否喝下,而没有采取强行灌药的方式。其行为虽然造成了李术兰死亡的结果,但也帮助李术兰实现了解除病痛折磨的愿望,故该杀人行为的社会危害较小。其次,邓明建的主观恶性和人身危险性较小。李术兰长期遭受病痛折磨,多次产生轻生念头并请求邓明建帮助其自杀。李术兰共生有4名子女,但其一直是与邓明建共同生活,并仅由邓明建照料和负责医治。特别是李术兰患有脑中风等疾病导致生活基本不能自理,二十多年来,邓明建始终悉心照料,其是在李术兰多次请求下,出于为李术兰解除疾病痛苦,才顺从了李术兰的请求,其情可悯。在众亲友和邻居眼中,邓明建是一名"孝子"。邓明建归案后如实供述了自己的罪行,认罪态度好。综合评价,邓明建主观恶性和人身危险性不大,可以认定邓明建的行为属于故意杀人罪中的"情节较轻"。

【指导案例】葛兵故意杀人案[①]——相约自杀行为如何定罪处罚

被告人葛兵与被害人王某系初中同学,打工期间确立恋爱关系。后因父母反对,王某欲另行择偶。2007年3月2日,葛兵从北京回到河北省万全县某村,把王某从家中叫出,得知事情没有回转余地后,两人决定一起死。葛兵用匕首刺向王某,致王颈动脉破裂,失血性休克死亡。随后,葛兵割颈、左腕等部位自杀未遂。一审法院以故意杀人罪判处葛兵死刑。宣判后葛兵上诉,二审裁定驳回上诉,维持原判。最高人民法院复核期间,复核法官两次到当地进行调查和调解,全面客观地了解了当地的社情民意,认为本案系恋爱纠纷引发,依法不核准死刑。

在本案中,被告人葛兵与被害人王某双方一起相约自杀,由葛兵杀死王某,然后再自杀。王某被杀死后,葛兵自杀未遂。这种情形属于得到对方承诺而杀人,在社会危害性上不同于普通杀人,对行为人可以考虑从宽处罚。理由在于:第一,被害人作为具有自由意志的主体,是能够理解杀人意义的,其承诺自愿放弃生命系其自由意志的结果,本身应当对死亡结果承担一定责任。第二,从预防的必要性来看,此类案件的案发原因具有特殊性,行为人几乎不具有再犯的可能性,也不会给社会一般人带来示范效应,因此,没有必要对此处以重刑。第三,从死刑政策来看,本案发生在特定主体之间,行为人与被害人之间具有恋爱关系,对于因婚恋纠纷引发的杀人案件,与严重破坏社会治安的杀人案件在适用死刑时应当有所

---

① 参见蒋安杰、徐伟:《如何保住一条命又不影响稳定》,载《法制日报》2009年8月4日第5版。

区别。考虑到上述因素,最高人民法院依法不核准死刑的做法是适当的。

四、以驾车、放火、爆炸、投毒等危险方法杀人应当如何定性

(一) 裁判规则

利用交通工具、放火、爆炸或者投毒方式杀人,既有可能构成以危险方法危害公共安全罪或者放火罪、爆炸罪、投放危险物质罪,也有可能构成故意杀人罪。二者的区别在于前者所侵害的法益是公共安全,具体来讲就是不特定多数人的生命、健康、财产安全。反之,如果行为人利用交通工具、放火、爆炸或者投毒方式,针对特定少数对象实施冲撞、放火、爆炸或毒杀行为的,则应当认定为故意杀人罪。

(二) 规则适用

1. 危害公共安全的客体(公共安全)与故意杀人罪的客体(人的生命权利)具有极为密切的关系,因为公共安全包括人的生命安全在内。这样,对于行为人以放火、爆炸、投放危险物质、驾车等危害公共安全的危险方法故意杀人的,上述行为通常会危及多数人的生命安全,此时应当如何来选择罪名呢?对此,有观点认为,这种行为既符合放火罪、爆炸罪等危害公共安全罪名,同时也符合故意杀人罪的构成要件。当一个行为同时触犯了数个罪名时,这种情形属于想象竞合犯,应当从一重罪论处。从法定刑上来看,虽然两罪的最高法定刑均为死刑,最低刑均为有期徒刑3年,但是二者量刑的排序不同,放火罪、爆炸罪等危害公共安全犯罪是从低到高排列,而故意杀人罪是从高到低排列,这种排列顺序的差异反映出故意杀人罪的刑罚重于放火罪、爆炸罪等危害公共安全犯罪的刑罚。因此,当两罪发生想象竞合需要择一重论处时,应当以故意杀人罪来认定。①

笔者认为,上述观点单纯从理论上来说是能够成立的,但并不符合立法本意以及司法实践中的做法。从立法规定来看,立法者将危害公共安全罪规定在《刑法》分则第二章当中,而且一旦出现危害公共安全的危险即成立既遂形态,并不要求实害结果的发生,表明立法者认为危害公共安全犯罪的危害性质较之故意杀人罪要更为严重。从司法实践来看,尽管危害公共安全罪与故意杀人罪的法定最高刑与最低刑完全相同,而故意杀人罪首选判处死刑,危害公共安全罪中死刑则并非判处的首选,简单来看似乎故意杀人罪更重。但由于故意杀人犯罪往往是事出有因,被告人杀人的原因(如被害人存在过错)往往会作为酌定从轻情节,加之被告人及其家属事后会积极赔偿等,使得故意杀人罪被最终判处死刑的可能性大大降低。而危害公共安全犯罪则不然,由于其所侵害的是不特定多数人的生命财产安全法益,伤及了无辜,即使是事出有因也不能成为从轻的理由,而且犯罪后的积

---

① 参见张明楷:《刑法学》(第5版),法律出版社2016年版,第849页。

极赔偿以及和解等情节通常也不会被司法机关所允许①,不能成为酌定从轻情节。在发生了致多人伤亡实害结果的情况下,行为人极有可能被判处死刑。可见,从两项罪名适用刑罚的实际效果来看,危害公共安全罪显然要更为严厉。

2. 危害公共安全罪保护的法益是公共安全,只有当行为具有公共危险时才可能危害公共安全。通说认为,公共安全是指不特定多数人的生命、健康、重大公私财物以及公共生产、生活的安全。当然,"不特定多数人"并不意味着将特定的多数人和不特定的少数人绝对排除在外。其中,对于三人及以上的"特定的多数人",除非行为人目标非常明确,如行为人非常确定就是要毒死被害人一家三口,而且投毒方式不可能伤及无辜的,那么就属于故意杀人行为;否则,如果行为人针对的目标只是范围相对固定的特定多数人(如针对校车实施爆炸杀人),仍然属于危害公共安全的范畴,应认定为爆炸罪。对于"不特定的少数人",是指尽管犯罪行为最终所侵害的对象只是少数人,但可能侵犯的对象和可能造成的侵害结果事先无法确定,行为人对此既无法预料也难以控制,行为造成的危险可能随时扩大,也就是说随时有向"多数"发展的现实可能性,会使多数人员遭受危险和侵害,这种"不特定的少数人"也属于危害公共安全的范畴。反之,如果能够确定犯罪行为只会侵犯一两个人的安全,即使无法确定具体是哪个人,侵害的对象带有不特定性,仍然不属于危害公共安全犯罪中的"不特定"。例如,楼下有很多行人,行为人抱着"砸着谁谁倒霉"的心态往楼下扔一块砖,砸中一个行人,使其身受重伤,不能认为该行为侵害了不特定多数人的生命、健康权。又如,餐厅服务员给客人们端上来一盘花生米,其中有一颗注射了毒药,有一位客人吃后中毒身亡,也同样不属于侵害了不特定多数人的生命、健康权。但是,如果服务员给一桌客人端上来一壶茶,其中投放了毒药,则属于危害公共安全的行为。

【指导案例】王征宇故意杀人案②——为逃避交警设卡检查而强行冲卡并致人死亡的行为如何定罪

1996年6月17日晚,上海市崇明县公安局组织部分干警及联防队员沿县内交通干道陈海公路设若干关卡检查过往车辆。18日0时50分许,被告人王征宇驾驶牌号为"沪A-2132"的桑塔纳轿车沿陈海公路自东向西高速驶向高石桥路段。站在该路段机动车道的执勤民警示意王征宇停车接受检查,王征宇急于赶路没有停车,以每小时100公里左右的速度继续向前行驶。由于二位民警躲闪,未造成人员伤亡。此后,王征宇又以同样的速度连续闯过大同路、侯家镇两个关卡,继

---

① 笔者在长期的司法实践中发现,一旦涉及严重危害社会治安(如黑恶势力犯罪)或者严重危害公共安全的犯罪,一方面司法机关不会主动促成当事人双方的赔偿与和解,另一方面即使当事人双方达成赔偿、和解协议,法院在判决时通常也不会将其作为酌定从轻情节。

② 参见裴显鼎:《王征宇故意杀人案——驾车致人死亡的行为如何定罪》,载最高人民法院刑一庭编:《刑事审判参考》(第2卷),法律出版社1999年版,第10—13页。

续向西行驶。在建设路口执行公务的公安干警得知此情况后,即用摩托车、长凳、椅子等物设置路障准备拦截王的车辆,执行公务的人员分别站在路障之间的空当处。其中,民警陆卫涛站在该路段北侧非机动车道接近人行道处。王征宇驶近并看到这一情况后,仍拒不接受公安人员的停车指令,驾车转向北侧非机动车道,致使汽车撞到陆卫涛并将陆铲上车盖,致其颅脑损伤抢救无效死亡。

本案审理过程中,检察院指控罪名是故意杀人罪,一审法院判决罪名是以危险方法危害公共安全罪,二审法院改判故意杀人罪。故本案涉及的争议是对被告人行为的定性问题。区分以危险方法危害公共安全罪与故意杀人罪,主要应从犯罪侵犯的客体及犯罪的主观方面来把握。前者侵犯的客体是不特定多数人的生命、健康或者公私财产的安全,而后者侵犯的客体是特定人员的生命权利。本案被告人王征宇明知建设路口机动车道设有路障,及站在路障中间的许多执行公务人员在拦截自己,却有意识地避开冲向有众多执行公务人员所站的机动车道上的路障,而是转向仅有一名民警所在的北侧非机动车道,说明其高速驾车冲闯关卡,针对的对象是特定的个人,并非不特定多数人,也表明其主观上不希望也未放任发生危害多数人人身安全的后果,不具有危害公共安全的故意,故不应以危害公共安全罪定罪。但是,王征宇明知公安人员陆卫涛站在北侧非机动车道拦截自己,如果继续驾车冲闯可能会造成陆伤亡结果的发生,仍为逃避检查,拒不停车,放任可能发生的后果,强行向陆所站的位置冲闯,致陆被撞击后死亡。对这种结果的发生,王征宇持放任态度。王征宇主观上具有间接杀人的故意,客观上造成陆死亡的结果。其行为符合间接故意杀人罪的特征,故应对其以故意杀人罪定罪。

【指导案例】杨政锋利用交通工具故意杀人案[①]**——驾车故意挤占车道致使追赶车辆车毁人亡的行为如何定性**

1997年6月30日中午12时许,被告人杨政锋驾驶"151"型解放牌货车在从陕西省礼泉县城返回的途中,绕县城西环路行驶。当行驶至北环路十字路口时,礼泉县交通局路政大队执勤人员示意停车,杨政锋驾车强行冲过。后执勤人员陈浩明、刘惊雷、刘劲松、邹兵建遂乘一辆三轮摩托车追赶。杨政锋为阻止摩托车超越自己驾驶的货车,沿路曲线行驶,当摩托车行至大货车左侧时,杨政锋左打方向盘,占道逼车,将三轮摩托车逼入路边的阴沟后继续逃跑。此时,礼泉县交警大队干警韩瑞勇驾驶一辆北方牌小汽车路过,刘惊雷、刘劲松二人上了韩瑞勇驾驶的小汽车继续追赶。在礼泉县赵镇索村路段追上杨政锋开的大

[①] 参见张军:《杨政锋利用交通工具故意杀人案——驾车故意挤占车道致使追赶车辆车毁人死亡的行为如何定性》,载最高人民法院刑事审判第一庭编:《刑事审判参考》(总第7辑),法律出版社2000年版,第20—25页。

货车后,韩瑞勇连续鸣笛,打左转向灯,示意超车。当韩瑞勇驾车处于大货车左侧时,杨政锋仍左打方向盘占道逼车,阻止追赶,将韩瑞勇驾驶的北方牌小汽车逼向路边与树木相撞,韩瑞勇当场死亡,刘惊雷、刘劲松受轻伤,北方牌小汽车严重损坏,损失价值29445元。

通常情况下,故意杀人罪与破坏交通工具罪是容易区分的。但当行为人利用非常见方法杀人,并同时造成其他重大物质损害的后果时,如何定罪容易产生分歧。在本案中,被告人杨政锋驾驶货车沿路曲线行驶,挤占车道,在韩瑞勇驾驶汽车处于货车左侧时左打方向盘,将汽车逼向路边,虽然发生了小汽车与路边树木相撞,小汽车严重损坏的结果,但是其实施上述行为时针对的只是追赶的小汽车,使之无法超车,以逃避处罚,因而不符合破坏交通工具罪侵害的客体必须是公共安全的要求。被告人杨政锋虽然没有追求韩瑞勇死亡的直接故意,但是当韩瑞勇驾驶的小汽车处于杨政锋驾驶的货车左侧时,杨政锋作为经过正规培训取得驾驶执照的合格司机,应当知道在驾车高速曲线行驶的情况下占道逼车可能发生车辆倾覆、人员伤亡的严重后果,但其仍然左打方向盘,挤占小汽车车道,放任危害后果的发生,终将小汽车逼向路边与树木相撞,造成1人死亡、2人轻伤、小汽车严重损坏的后果。被告人杨政锋放任被害人韩瑞勇所驾追赶车辆车毁人亡的后果发生,其主观上具有间接杀人的故意,其行为符合故意杀人罪的特征,故应对杨政锋以故意杀人罪定罪处刑。

【指导案例】方金青惠投毒案[①]——**针对特定被害人投放毒物致死致伤多人的行为应如何定性**

被告人方金青惠于1993年从越南到中国广西做工,1994年底与广东省罗定市金鸡镇大岗管理区官塘村村民周继华结婚。方金青惠与周继华共同生活一段时间后,周继华之母简梅芳对方金青惠没有生育不满。一天,周继华殴打方金青惠,简梅芳在一旁帮周,后方金青惠流产。方金青惠认为其流产是简梅芳殴打所致,遂产生用老鼠药毒杀简梅芳的恶念。1996年6月至8月间,方金青惠先后4次购买含有氟乙酰胺的毒鼠药,毒害简梅芳。1996年6月19日19时许,方金青惠乘周继华不备,将毒鼠药放入周继华为其父周木新、其母简梅芳煲的中药内。但简梅芳让周木新先喝。周木新喝时,方金青惠因怕事情败露未予制止。次日凌晨1时许,周木新因中毒死亡。1996年8月28日上午,方金青惠乘简梅芳不备进入简的住房,将一包毒鼠药放入简梅芳使用的一白色瓷茶壶中。当天到简家聊天、做客的邻居、亲戚等十人喝了壶内的水后中毒。其中,周金南经医院抢救无效死

---

① 参见蔡金芳:《方金青惠投毒案——针对特定的被害人投放毒物致死致伤多人的行为应如何定性及对犯罪的外国人能否附加剥夺政治权利》,载最高人民法院刑事审判第一庭、第二庭编:《刑事审判参考》(总第16辑),法律出版社2003年版,第1—5页。

亡,简梅芳、周家发、周锦昌、李兰花、周天社、何大呀、王世华受轻伤,何拾、黄锦受轻微伤。

在本案中,被告人方金青惠投毒致死三人、致伤九人的行为构成投毒罪还是故意杀人罪是本案争论的焦点。在对投毒罪与以投毒为手段故意杀人罪进行区分时,当某人投放毒物目的在于剥夺特定人的生命而不危及公共安全时,应认定为故意杀人罪。本案被告人方金青惠主观上是想致特定人——简梅芳——死亡;方金青惠数次投放毒鼠药均是在简梅芳家中,非公共场所;毒鼠药投在被害人简梅芳所用的食具、茶具、药煲内,非公共所用器具内。尽管实际上有多人误食、误饮了方金青惠投有鼠药的食物、饮品,但这些被害人并非是方金青惠追求杀害的不特定对象,故方金青惠采用投毒的手段非法剥夺他人生命的行为构成故意杀人罪。

五、如何认定交通肇事逃逸案件转化为故意杀人的情形

(一) 裁判规则

1. 交通肇事后为逃避法律追究,将被害人带离事故现场后隐藏或者遗弃,造成被害人无法得到救助死亡的,应认定为故意杀人罪;但如果受伤者伤势严重,即使立即送往医院抢救也无法挽救生命,则不能转化为故意杀人罪,而属于交通肇事后逃逸。

2. 交通肇事后致被害人倒在交通主干道上无法动弹,存在被后续车辆碾压致死的高度危险,肇事人未采取任何救助或防范措施而自行逃逸,致被害人被后续车辆碾压致死的,构成故意杀人罪。

3. 交通肇事后为逃避法律追究,明知被害人被拖拽于汽车上,仍然继续驾车逃逸,放任被害人死亡结果发生的,应认定为(间接故意)故意杀人罪;之前的交通肇事罪被吸收,无需数罪并罚。

(二) 规则适用

1. 司法实践中,对于行为人酒后驾驶发生交通事故的情形,定性上涉及交通肇事罪、以危险方法危害公共安全罪、故意杀人罪等罪名。其中,对于行为人过失发生交通事故后,为逃避法律追究,将被害人带离事故现场后隐藏或者遗弃,致使被害人无法得到救助而死亡的,因其先后实施了交通肇事行为和将被害人带离事故现场隐藏或者遗弃的行为,明显反映其主观罪过由过失发生交通事故转化到希望或者放任被害人死亡,因而构成故意杀人罪没有异议。由于死亡结果被纳入到故意杀人罪中进行评价,为避免违背禁止双重评价原则,死亡结果不应再置于交通肇事罪中进行评价。如此一来,交通肇事罪的构成要件中就缺少了危害结果,相应的也就不构成交通肇事罪,故只需认定为故意杀人罪即可。对此,2000 年最高人民法院《关于审理交通肇事刑事案件具体应用法律若干问题的解释》第 6

条规定:"行为人在交通肇事后为逃避法律追究,将被害人带离事故现场隐藏或者遗弃,致使被害人无法得到救助而死亡或者严重残疾的,应当分别依照刑法第二百三十二条、第二百三十四条第二款的规定,以故意杀人罪或者故意伤害罪定罪处罚。"但对于行为人将被害人撞倒后,为逃离现场,而驾车冲撞、碾压、拖拽被害人,致被害人死亡的,因其行为具有连续性,是在继续驾车前进过程中发生的,认定为交通肇事罪还是故意杀人罪有时候会比较困难。对此,需要从以下两个方面来考虑:一方面,需要对被害人死亡结果发生的原因进行具体认定,即被害人的死亡究竟是因为先前的交通肇事行为,还是之后的冲撞、拖拽行为;另一方面,需要考察被告人是否能够认识到发生交通事故以及继续驾车时冲撞、碾压、拖拽了被害人。对此,需要结合发生交通事故的具体情形、行为人的醉酒程度、现场的环境等因素综合分析行为人的主观心态。

2. 一般来说,只要行为人所实施的先行行为制造了法益侵害的危险,其就具有对自己先行行为造成的法益侵害危险的防止义务。由此,一般违法行为、犯罪行为(故意犯罪行为、过失犯罪行为),均能成为作为义务的发生根据。例如,行为人的过失行为造成了他人轻伤,此时不构成犯罪,但由于同时产生了生命危险,如果行为人有能力而故意不救助导致他人死亡的,此时成立不作为的故意杀人罪。在交通肇事情形中,由于肇事者先前的肇事行为使得被害人处于现实危险状态,故从行为人先行行为来看,肇事人负有防止死亡结果发生的义务。此外,根据《中华人民共和国道路交通安全法》(以下简称《道路交通安全法》)第70条明确规定,"在道路上发生交通事故,车辆驾驶人应当立即停车,保护现场;造成人身伤亡的,车辆驾驶人应当立即抢救受伤人员"。据此,肇事人同样负有救助受伤人员、防止死亡结果发生的义务。因此,交通肇事后致被害人倒在交通主干道上无法动弹,存在被后续车辆碾压致死的高度危险,由于被告人的先行行为(肇事行为)对他人的生命权法益创设了危险,行为人就负有消除危险的义务;如果肇事人未采取任何救助或防范措施而自行逃逸,致被害人被后续车辆碾压致死的,构成不作为的故意杀人罪。

【指导案例】韩正连故意杀人案①——如何认定交通肇事转化为故意杀人的主观故意

2005年10月26日晚上21时许,被告人韩正连酒后驾驶苏GJ9118"解放牌"货车,行使至江苏省连云港市连云区桃林社区岛山巷时,将在路边行走的妇女徐寿花撞倒。韩正连发现撞人后,为逃避法律追究,将徐寿花转移到岛山巷10号楼2单元道口藏匿,致使徐寿花无法得到救助而死亡。江苏省高级人民法院经审理认为,被

---

① 参见最高人民法院刑事审判第一、二、三、四、五庭主办:《中国刑事审判指导案例:侵犯公民人身权利、民主权利罪》,法律出版社2009年版,第146页。

告人韩正连酒后驾驶机动车辆,撞伤一人后为逃避法律制裁,将被害人拖离事故现场予以藏匿,导致被害人无法得到救助而死亡,其行为已构成故意杀人罪。

在本案中,被告人交通肇事将被害人撞伤,其主观罪过应当是过失。但是,其在撞人后本应积极施救,然而为了逃避法律追究,不但不抢救被害人,反而将被害人藏匿于隐蔽处,使被害人失去了被其他人救助的机会,增加了死亡的危险,该行为主观上不再是过失,而转变成了故意。对此,最高人民法院《关于审理交通肇事刑事案件具体应用法律若干问题的解释》第6条规定:"行为人在交通肇事后为逃避法律追究,将被害人带离事故现场后隐藏或者遗弃,致使被害人无法得到救助死亡或者严重残疾的,应当分别依照刑法第二百三十二条、第二百三十四条第二款的规定,以故意杀人罪或者故意伤害罪定罪处罚。"本案中存在的另一个问题是,如何来认定被害人在转移藏匿之前是否已经死亡。如果已经死亡,那么该结果与转移藏匿行为不具有因果关系,而系由交通肇事行为造成,故应当认定为交通肇事罪;反之,如果被害人在被转移藏匿之前尚未死亡的,由于死亡结果系由转移藏匿行为所造成,应当转化为故意杀人罪。而关于被害人当时是否已经死亡,需要从案件的客观情况来进行分析。从现场痕迹和鉴定结论来看,在撞人现场地面(第一现场)没有发现大量血迹,反而在藏匿地点(第二现场)楼道口发现大量血迹,结合被害人系腹腔多处脏器损伤后失血性休克,受出血速度和出血量的影响,不会在受伤后立即死亡的鉴定结论,可以证实被告人是在被害人尚未死亡的情况下将被害人转移藏匿的。据此,应当认定其成立故意杀人罪。那么,被告人主观上是积极追求被害人死亡结果的直接故意,还是放任该结果发生的间接故意呢?对此,笔者认为,被告人交通肇事后将被害人转移藏匿,其目的是为了逃避法律责任,而并非积极追求被害人死亡结果的发生。被告人正是在追求自己免受法律追究的同时,对被害人的死亡结果既非积极追求,也并没有尽力去避免,而是表现出一种漠视和放任的态度,故其主观上系间接故意而非直接故意。

【指导案例】李中海故意杀人案[①]**——如何认定交通肇事逃逸案件中的间接故意杀人犯罪**

2005年10月16日凌晨3时许,被告人李中海驾驶1辆牌号为豫PKC278的二轮摩托车于上海市共康路附近营运载客时搭载了被害人章诚,后当李中海沿上海市江杨南路由北向南骑行至江杨南路桥北堍处时,因操作不当造成二轮摩托车车头撞击到路边隔离带,导致章诚从摩托车后座甩出后倒地。李中海下车查看后,发现章诚躺在机动车道内因受伤而无法动弹,为逃避自身责任,李中海不顾章

---

① 参见叶琦、蔡恩璇:《李中海故意杀人案——如何认定交通肇事逃逸案件中的间接故意杀人犯罪》,载最高人民法院刑事审判一至五庭主办:《刑事审判参考》,法律出版社2014年版,第40—45页。

诚可能被后续过往车辆碾压身亡的危险,在未采取任何保护措施的情况下,自行驾车逃逸。后章诚被一辆途径该处的大货车碾压,当场致死。案发后,经现场勘查、调查取证、技术鉴定,交警部门认定李中海对本起事故负全部责任。同时,《尸体检验报告书》认定:"被害人章诚系因在交通事故中造成复合伤而死亡。"

本案在审理过程中,关于被告人李中海的行为是应当认定为交通肇事罪中"逃逸致人死亡"还是间接故意杀人,存在不同意见。一种意见认为,李中海对危害结果持放任的意志状态,且被害人的死亡结果系其先行行为所引发,因此,其行为构成不作为的间接故意杀人罪;另一种意见认为,李中海对危害结果持反对的意志状态,属于轻信可以避免的过失犯罪,且其实施的先行行为与被害人死亡这一危害结果之间不具有刑法上的因果关系,因此,属于交通肇事罪中"逃逸致人死亡"的情形。笔者同意前一种意见,认为本案被告人李中海的行为构成不作为的间接故意杀人罪。理由如下:第一,《道路交通安全法》第70条规定,"在道路上发生交通事故,车辆驾驶人应当立即停车,保护现场;造成人身伤亡的,车辆驾驶人应当立即抢救受伤人员,并迅速报告执勤的交通警察或者公安机关交通管理部门"。本案被告人李中海作为一名机动车辆驾驶人,理应遵守《道路交通安全法》的相关规定,当车辆发生交通事故后,其负有抢救受伤人员并迅速报告执勤交通警察或者交通管理部门的法定作为义务。第二,李中海因驾车时操作不当,引发交通事故后,自身并未受伤,其完全有能力对被害人加以救助、施以援手或者采取一定的防范措施,以避免危害结果的发生。第三,李中海在凌晨时分将被害人撞倒在交通干线的机动车道上无法动弹,存在被后续车辆碾压致死的高度危险,其本人对被害人的救助处于排他性支配地位,在这种情况下,其仍未采取任何救助措施或者防范措施,而是选择了自行逃逸,逃逸行为可能造成的危害结果与作为的杀人行为可能造成的危害结果具有等价性。综上,本案被告人李中海作为一名机动车辆驾驶人,在其发生交通肇事后,应当负有救助、报警的法定作为义务,但其有能力履行而不履行,并在明知不履行可能导致被害人死亡结果发生的情况下,仍然放任该危害结果的发生,最终导致被害人死亡,应当构成故意杀人罪。

【指导案例】陆华故意杀人案①——在醉酒驾驶致人死亡的案件中如何区分交通肇事罪和(间接)故意杀人罪

2010年4月17日20时40分许,被告人陆华醉酒驾驶车牌号为苏F36X68的别克汽车,撞击到同向骑自行车的被害人申某(女,殁年45岁),致申某跌坐于汽车前方。陆华停车后,因害怕酒后驾车被查处,不顾多名路人的呼叫和制止,又启

---

① 参见杨华:《陆华故意杀人案——在醉酒驾驶致人死亡的案件中如何区分交通肇事罪与(间接)故意杀人罪》,载最高人民法院刑事审判一至五庭主办:《刑事审判参考》(总第94集),法律出版社2014年版,第85—89页。

动汽车前行,将跌坐于车前的申某及其所骑自行车拖拽于汽车车身之下。陆华在明显感觉到车下有阻力并伴有金属摩擦声,意识到车下可能有人的情况下仍未停车,将申某及其自行车拖行150余米,直至汽车右轮冲上路边隔离带时,才将申某及自行车甩离车体。后陆华继续驾车逃离现场。被害人申某因严重颅脑损伤合并创伤性休克,经抢救无效于次日死亡。

司法实践中,对于行为人将被害人撞倒后,为逃离现场,而驾车冲撞、碾压、拖拽被害人,致被害人死亡的,因其行为具有连续性,是在继续驾车前进过程中发生的,认定为交通肇事罪还是故意杀人罪有时候会比较困难。对此,需要从以下两个方面来着手:一方面,要对被害人死亡结果发生的原因进行具体认定,即被害人的死亡究竟是因为先前的交通肇事行为,还是之后的冲撞、拖拽行为。就本案而言,现场多名目击证人证实,陆华驾车冲撞到同向骑自行车的被害人后,被害人因戴着头盔,受伤不严重,倒地后便坐了起来。陆华停驶片刻后突然发车,向被害人撞去,将被害人及其所骑的自行车拽在汽车下并拖行了150余米,直至汽车右轮冲上路边隔离带时,才将被害人及自行车甩离汽车体。尸体鉴定意见证实,被害人系严重颅脑损伤合并创伤性休克死亡,左侧头面部损伤系与路面摩擦过程中形成。上述情况说明,陆华醉酒后驾车撞倒被害人的行为,仅是一般的交通肇事,被害人并未严重受伤,被害人死亡结果发生的原因是后面的拖拽行为。另一方面,还要考察被告人是否能够认识到发生交通事故以及继续驾车时冲撞、碾压、拖拽了被害人。对于此种情形,需要结合交通事故发生的具体情形、行为人的醉酒程度、现场的环境等因素综合分析行为人的主观意志状态。在本案中,被告人陆华驾车时处于醉酒状态,但其辨认能力和控制能力并未受到严重影响,具体体现在:第一,陆华供述听到车外有人说撞了人,因害怕酒后开车撞人处罚严重而想驾车逃逸,说明其已经认识到发生了肇事后果。第二,陆华根据汽车的行驶状态和群众的呼喊声,能够认识到被拖拽于汽车底下的"东西"极有可能就是被害人及其自行车,但其为尽快逃离现场而放任危害后果的发生,这种不顾被害人死活的意志状态,符合间接故意的心理特征。综上,被告人陆华在实施交通肇事行为后,为逃避法律追究,在明知有异物被拖拽于汽车底下,继续驾车行驶可能会导致被害人死亡结果发生的情况下,而继续驾车逃逸,放任这种危害结果的发生,并最终导致被害人死亡,其后行为属于间接故意杀人,其行为构成故意杀人罪。同时,根据后行为吸收前行为、重行为吸收轻行为的刑法原理,可以对陆华以一罪论处,南通市中级人民法院对其判处故意杀人罪是正确的。

六、遗弃罪、虐待罪与故意杀人罪应当如何区分

(一)裁判规则

区分遗弃罪与以遗弃方式的故意杀人罪的关键点在于:行为人实施遗弃行为

时,其是否考虑并给予了被害人获得救助的机会。如果是,则可以遗弃罪定罪;否则,应当以故意杀人罪定罪。

(二) 规则适用

遗弃罪是指对于年老、年幼、患病或者其他没有独立生活能力的人,负有抚养义务而拒绝抚养,情节恶劣的行为;而故意杀人罪是非法剥夺他人生命的行为。遗弃罪侵犯的是没有独立生活能力的被害人依法受扶助、照顾的权利,故意杀人侵犯的是被害人的生命权;在被告人与被害人具有特定抚养、照顾义务的情况下,应当作为而不作为,如果使被害人陷入生命危险境地,则属于不作为型的故意杀人罪,反之则属于遗弃罪。对于这两类犯罪的区分,一般情况下不易混淆。但是,对于以遗弃手段来实施的故意杀人案件,是以遗弃罪还是以故意杀人罪定罪处罚,实践中容易混淆。从犯罪构成要件来看,可以从行为人的客观行为和主观故意两方面来分析。

具体来说,首先,在客观方面,两罪最重要的区别在于遗弃行为是否会使被遗弃者面临生命被剥夺的紧迫危险。因此,遗弃的时间以及地点就会影响到对行为性质的判断。例如,父母将新生婴儿弃于超市入口、车站站台、集市路边等地,这些地方人流量大,婴儿获得他人救助而存活下来的可能性较大,此种遗弃行为就构成遗弃罪而非故意杀人罪;反之,故意将无自主行为能力的被害人遗弃在不能获救或获救希望渺茫地点的,此种遗弃行为就属于故意杀人罪。其次,实施故意杀人的行为人主观上对自己的遗弃行为会导致被遗弃人死亡的危害后果有明确认识,并且对死亡结果的发生持希望或者放任态度。而遗弃的行为人可能认识到,也可能没有认识到自己的遗弃行为会给被害人的生命、健康带来危险,其主观上并不希望、不愿意、不放纵被害人死亡或者伤害的结果发生,即如果被害人死亡或者受伤,是违背被告人意愿的。可以通过考察行为人的案后表现来反映其主观意愿,具体而言,在发现遗弃行为导致被害人生命、健康受威胁后,行为人是置之不理,还是积极施救,抑或二次加害。例如,父母将婴幼儿遗弃路边后躲到附近角落观察,直至孩子被人抱走才离去;或者发现无人注意,又将孩子带到市政办事大厅内遗弃,虽属二次遗弃,但其变更遗弃地点,是希望幼儿能够得到他人关注、救助,关心幼儿性命安全。对于这样的行为,应当定性为遗弃。反之,父母将盲童带到河边后径直离去,导致盲童在摸索中掉入河内淹死,行为人主观上应当预见到盲童有掉入河中淹死的可能性,但其不管不顾,径直离去;或者发现盲童自己爬上岸后,又将盲童带至河边,最终导致盲童掉入河中被淹死的,可以认定其主观上有放任甚至追求盲童死亡的故意,应当以故意杀人罪论处。

【指导案例】乐燕故意杀人案①——具有抚养义务的人,因防止婴幼儿外出将婴幼儿留置在与外界完全隔绝的房间,为了满足其他欲求而放任婴幼儿死亡危险的,如何定罪处罚

被告人乐燕系非婚生子女,自幼由其祖父母抚养,16岁左右离家独自生活,有多年吸毒史,曾因吸毒被行政处罚。2011年1月乐燕生育一女李梦某(殁年2岁,生父不详)后,与李文某同居。2012年3月乐燕再生育一女李某(殁年1岁)。在李文某于2013年2月27日因犯罪被羁押后,乐燕依靠社区发放的救助和亲友、邻居的帮扶,抚养两个女儿。乐燕因沉溺于毒品,疏于照料女儿。2013年4月17日,乐燕离家数日,李梦某由于饥饿独自跑出家门,社区干部及邻居发现后将两幼女送往医院救治,后乐燕于当日将两女儿接回。2013年4月底的一天下午,乐燕将两幼女置于其住所的主卧室内,留下少量食物、饮水,用布条反复缠裹窗户锁扣并用尿不湿夹紧主卧室房门以防止小孩跑出,之后即离家不归。2013年6月21日,社区民警至乐燕家探望时,通过锁匠打开房门后发现李梦某、李某已死于主卧室内。经法医鉴定,两被害人无机械性损伤和常见毒物中毒致死的依据,不排除其因脱水、饥饿、疾病等因素衰竭死亡。

本案被告人乐燕既有抚养义务,也有抚养能力,其将两名幼儿置于封闭房间内,仅预留少量饮食,且排除了幼女得到其他救助而生存下去的可能,其对两幼女生命安危处于具有支配关系的保证人地位;主观上,乐燕为了外出吸毒、玩耍娱乐而离家长期不归,完全置子女生命安危于不顾,最终导致两名子女因缺少食物和饮水而死亡,即对死亡结果的发生持放任态度,故乐燕的行为符合故意杀人罪的构成要件。对不作为犯罪案件中被告人的量刑,应当结合被告人的动机、手段、侵害的对象、危害后果、被告人一贯表现及犯罪后的态度等因素综合考量。本案受害对象是不满3岁的儿童,两被害人均系幼年,在独立的封闭空间内,因缺少食物和饮水饥渴致死,其尸体被发现时已呈干尸状态,死状惨烈。虽然本案系不作为犯罪,被告人主观恶性程度相对直接故意剥夺他人生命的犯罪稍轻,但毕竟造成了两名幼童死亡结果的发生,其行为不仅违背了人类社会的基本伦理道德,同时也造成极其严重的犯罪后果,总体上情节及社会影响特别恶劣,后果特别严重,论罪应当严惩。鉴于乐燕系审判时怀孕的妇女,依照《刑法》相关规定,法院依法以故意杀人罪判处被告人乐燕无期徒刑,剥夺政治权利终身是适当的。

---

① 参见周侃、徐松松:《乐燕故意杀人案——具有抚养义务的人,因防止婴幼儿外出将婴幼儿留置在与外界完全隔绝的房间,为了满足其他欲求而放任婴幼儿死亡危险的,如何定罪处罚》,载最高人民法院刑事审判一至五庭主办:《刑事审判参考》(总第98集),法律出版社2014年版,第85—91页。

【指导案例】万道龙等故意杀人案①——拒不履行抚养义务,将出生不久的女婴遗弃在获救希望渺茫的深山野林的,如何定性

2010年7月16日,被告人万道龙、徐爱霞得知自己刚出生4天的女儿万某某被确诊为梅毒携带者且治愈后将留有残疾时,决定遗弃万某某。当日下午,万道龙将万某某弃于黑龙江省宝清县妇幼保健院北面路边菜园内。因担心过路行人发现后抱走万某某,万道龙与徐爱霞商定将万某某捡回扔到宝清县人烟稀少的龙头桥水库。当晚,万道龙驾驶摩托车载着万某某前往龙头桥水库,途经宝清县小城子镇东泉村小西山时,发现山中有片林地,便将万某某弃于林地后驾车回家。次日晨,一村民上山采蘑菇时发现尚存活的万某某,将其救回并报案。

本案审理过程中,对被告人万道龙、徐爱霞将出生仅4天的女婴遗弃深山野林的行为,究竟是应当认定为遗弃罪还是采取遗弃手段实施的故意杀人罪,关键在于对被告人主观故意的认定上。要准确判断行为人主观上是遗弃故意还是杀人故意,关键在于行为人实施遗弃行为时,是否会使被遗弃者面临生命被剥夺的紧迫危险,其是否考虑并给予了被害人获得救助的机会。如果是,则可以遗弃罪定罪;否则,应当以故意杀人罪来定罪。② 在本案中,被告人万道龙、徐爱霞获悉自己刚出生4天的女儿罹患重病,不仅不予救治,反而狠心抛弃,先是遗弃在医院附近的菜园里,因担心过路行人发现并施救,又将女婴载至深山野林中予以遗弃,二被告人不愿意让女婴获救、希望女婴死亡的主观故意十分明显。因此,本案以故意杀人罪定性是准确的。由于女婴被群众及时发现救回,二被告人系故意杀人未遂,可以比照既遂犯从轻或者减轻处罚。归案后,二被告人认罪态度好,具有悔罪表现。据此,法院对二被告人依法减轻处罚,以故意杀人罪(未遂)分别判处有期徒刑四年、二年,定罪准确,量刑适当。

七、因自己行为致被害人于生命危险境地,"见死不救"如何认定处理

(一)裁判规则

1. 一般来说,只要先行行为制造了法益侵害的危险,就会成为作为义务的来源,也就是说,先行行为不以违法性为前提。因此,正当防卫人对不法侵害人在一定情况下也具有救助义务。

---

① 参见冉容、何东青:《万道龙等故意杀人案——拒不履行抚养义务,将出生不久的女婴遗弃在获救希望渺茫的深山野林的,如何定性》,载最高人民法院刑事审判一至五庭主办:《刑事审判参考》(总第98集),法律出版社2014年版,第92—95页。

② 例如,父母将重病婴儿弃于医院或者民政局门口,附上婴儿病历或者介绍病情的字条,这明显是希望婴儿能够得到及时的关注和救治,此类行为应当认定为遗弃罪;反之,父母将重病婴儿扔到车辆穿行的高速公路或者荒郊野外,明显表明其主观上不期望婴儿获救并且希望或者放任婴儿死亡,因此,应当认定其主观上具有杀害婴儿的故意,其行为构成故意杀人罪。

2. 行为人实施犯罪行为置被害人于生命危险境地,尽管刑法明确将死亡后果作为犯罪加重情节,但其"见死不救"属于介入了另一个不作为行为,中断了先行犯罪行为的因果关系,应当对该不作为行为单独定罪。

(二)规则适用

1. 在正当防卫情形中,防卫行为与之后不作为所造成的结果之间具有因果关系。为此,正当防卫人对不法侵害人是否存在救助义务,需要区分情况对待:

(1)如果正当防卫人所实施的系无限防卫行为,即使造成不法侵害人死亡也不存在过当时,正当防卫人并无救助义务。

(2)如果正当防卫行为致不法侵害人伤害,但并未过当,而且该伤害不可能导致死亡的,防卫人没有救助义务。

(3)如果正当防卫行为造成了伤害,该伤害尽管并不过当,但如果该伤害存在致人死亡的紧迫危险,那么正当防卫人就具有救助义务。

2. 在刑法明确将死亡后果规定为该种犯罪加重情节的情况下,如果行为人所实施的犯罪行为置被害人于生命危险境地,其有能力救助而"见死不救",从而导致死亡结果发生的,属于在先前犯罪行为之后介入了另一个不作为行为,中断了先前犯罪行为与死亡结果之间的因果关系,由不作为行为引发的结果不能再作为先前犯罪的加重情节对待,而应当单独对该不作为行为定罪,并与之前的犯罪行为数罪并罚。

【指导案例】颜克于等故意杀人案——"见死不救"能否构成犯罪①

2007年5月25日11时许,被告人颜克于、廖红军、韩应龙与何洪林(另案处理),在浙江省湖州市南浔区南浔镇方丈港村发现周家龙有盗窃自行车的嫌疑,遂尾随追赶周家龙至南浔镇的安达码头,廖红军与何洪林对周用拳头打,颜克于、韩应龙分别手持石块、扳手击打周的头部等,致使周头皮裂创流血。周家龙挣脱后,被颜克于、廖红军分头继续追赶。周家龙从停在安达码头的长兴0009货船逃到鲁济宁0747货船,廖红军随颜克于紧跟周家龙追到鲁济宁0747货船,两人将周家龙围堵在鲁济宁07417货船船尾,周家龙被迫跳入河中。韩应龙听到廖红军喊"小偷跳河了",随即也赶到鲁济宁0747货船上。颜克于、廖红军、韩应龙在船上看着周家龙向前游了数米后又往回游,但因体力不支而逐渐沉入水中,颜克于、廖红军、韩应龙均未对周家龙实施任何救助行为,看着周家龙在河中挣扎后沉下水去,直到看不见周家龙的身影,三被告人才下船离开。

在本案中,被告人颜克于等人因怀疑周家龙偷窃自行车而殴打、追赶周家

---

① 参见陈克娥:《颜克于等故意杀人案——"见死不救"能否构成犯罪》,载最高人民法院刑一庭等编:《刑事审判参考》(总第60集),法律出版社2008年版,第34—40页。

龙,周家龙自己跳入河中溺水死亡,三被告人未采取救助措施即"见死不救",是否构成不作为犯罪? 对此,可以从如下几个方面来进行分析:首先,从不作为义务上来看,被告人颜克于等人抓捕、追赶偷窃自行车的被害人,导致周家龙跳入河中,在水中挣扎,后因体力不支渐渐沉入水中,周家龙的生命已经处于危险状态。由于被害人周家龙跳河而处于生命危险当中系各被告人的先行行为即追赶行为所致,故三人对周家龙具有救助义务。尽管被告人追赶、抓捕小偷属于正当合法行为,但仍然不能免除合法行为对他人所造成的生命危险予以救助的义务。其次,从因果关系来看,本案中虽然周家龙死亡的直接原因是溺水死亡,但是周家龙的死亡是一果多因的。没有颜克于等人的殴打、追赶行为,周家龙不会跳水,也不会溺水身亡;跳水后,如果颜克于等人履行了救助义务,周家龙也不会溺水死亡,故颜克于等被告人的不作为与周家龙死亡结果之间具有因果关系。最后,从颜克于等人的主观故意来看,颜克于等人事先并没有要将被害人赶落水中溺亡的意图,在周家龙跳水后也没有站在岸上实施阻拦周家龙上岸的行为,故其等人并不具有积极追求被害人死亡的直接故意。颜克于等人眼看着周家龙跳河后,因体力不支而在河中挣扎,并渐渐沉入水中,可能会发生溺水死亡的后果,却没有采取任何救助措施,既没有跳河救人或扔橡皮圈、绳子等物给周家龙自救,也没有打电话报警寻求帮助,而是目睹周家龙沉入水中后,才离开现场,各被告人对周家龙的死亡显然是持一种放任态度。综上,法院对本案认定为故意杀人罪(间接故意)是适当的。

【指导案例】韦风强奸、故意杀人案[①]——被害人因躲避强奸在逃离过程中失足落水,行为人未实施救助,导致被害人溺水死亡的事实是认定为强奸罪的加重情节还是单独认定为故意杀人罪

2011年6月26日晚,被告人韦风驾驶摩托车外出。当晚10时40分许,在江苏省无锡市崇安区广勤中学附近看到被害人李某(女,殁年17岁)独行,即上前搭讪,后将李某强行带至无锡市通江大道安福桥南岸桥洞下斜坡处,并采用语言威胁、拳打、卡喉咙等暴力手段欲对李某实施强奸,因遭到李某反抗而未果。李某在逃离过程中失足滑落河中。韦风看到李某在水中挣扎,明知李某处于危险状态而不履行救助义务,并逃离现场。后李某溺水死亡。

本案审理过程中存在的主要问题是,被害人因躲避强奸在逃离过程中失足落水,行为人未实施救助,导致被害人溺水死亡的事实是认定为强奸罪的加重情

[①] 参见王星光、庄绪龙:《韦风强奸、故意杀人案——被害人因躲避强奸在逃离过程中失足落水,行为人未实施救助,导致被害人溺水死亡的事实是认定为强奸罪的加重情节还是单独认定为故意杀人罪》,载最高人民法院刑事审判一至五庭主办:《刑事审判参考》(总第90集),法律出版社2013年版,第63—67页。

节,还是单独认定为故意杀人罪?笔者认为,对于被害人李某逃离过程中落水身亡这一事实,应该结合不作为犯罪理论进行评价。根据不作为犯罪理论,先行行为造成法益侵害现实危险的,行为人均应当承担避免危险实际发生的法定义务;如果行为人不积极履行救助义务,就构成刑法中的不作为犯罪。在本案中,韦风因为先置李某于危险境地,使其负有刑法意义上的"保证人"义务,即在李某落入水中时,韦风负有采取有效措施救助李某的特定义务。韦风不履行这一特定的"保证人"义务,未采取任何措施救助被害人,最终导致李某溺水身亡,其行为违反了刑法的命令性规范,应当受到刑法的否定性评价。而且,从主观罪过来看,本案发生在偏僻的河边,且系夜间,韦风应当知道在当时特定的环境下,如果其不及时救助被害人李某,就会发生李某溺水身亡的结果,但其在客观上并未对李某实施任何救助,主观上完全放任李某死亡结果的发生,故符合故意杀人罪的构成要件,构成不作为的故意杀人罪。

在《刑法》明文将某些后果的发生作为基本犯加重情节的情况下,该后果与行为之间通常具有直接的因果关系。但是对于部分犯罪,根据《刑法》的相关规定,作为加重情节的后果并不要求具有直接因果关系。如暴力干涉婚姻自由罪中,"致使被害人死亡的,处二年以上七年以下有期徒刑",这里的"致使被害人死亡"作为加重情节,并不要求必须是暴力直接致使被害人死亡,而极有可能是因为其他与婚姻紧密相关的因素所导致。同样,在强奸罪的加重情节当中,被害人因被强奸而投河自尽的行为,也属于强奸罪的加重情节。可见,基于《刑法》将被害人死亡后果直接规定为加重情节,故只要具有刑法上的因果关系,不区分直接和间接因果关系,都应纳入该罪评价当中。但如果具有其他行为介入到因果关系进程当中的,则发生因果关系的中断。在本案中,李某失足落水身亡的事实是否作为加重情节纳入强奸罪评价,关键在于发生李某失足落水身亡的结果之前是否具有其他行为等因素的介入。显然,韦风的先行行为导致其具有救助的作为义务,其不采取任何救助措施就离开现场,实质上是一种不作为。不作为也是一种行为,即韦风实施了一种行为,只不过这种行为是以不作为方式实施的。这种不作为行为的介入,使原有的因果关系发生中断,中断后发生的行为与后果应当被单独作为一个罪质来评价,这一点在实践中很容易被忽略。综上,对被告人韦风应当以强奸罪(未遂)和不作为的(间接)故意杀人罪数罪并罚,无锡市中级人民法院的判决是正确的。

八、因婚恋、家庭、邻里纠纷等民间矛盾引发的杀人案件如何定罪量刑

(一)裁判规则

1. 对民间矛盾激化引发的故意杀人案件,适用死刑要格外慎重,严格控制。只要有足以影响死刑适用的从轻量刑情节,就可以考虑不判处死刑;只要能够做好民事调解工作,被告人取得被害人谅解的,也可以考虑不判处死刑。

2. 有的民间矛盾激化引发的故意杀人案件,手段极为残忍,情节极为恶劣,后果极为严重,被告人的主观恶性和人身危险性也特别大,又没有其他从轻情节,仅因民间纠纷引起,不足以影响死刑的适用。此外,民间矛盾虽然属于民众之间的矛盾,但这类矛盾在性质上仍然存在着对错、善恶、道德与不道德之分。如欠钱不还债务人杀害债权人的,通奸者杀害本夫本妻的,贪图他人利益而杀人的,蛮横霸道不讲理杀人的,对于这些情形也可以适用死刑。

(二)规则适用

1. 为了正确贯彻我国严格控制和慎重适用死刑的刑事政策,把握好死刑适用标准,最高人民法院在《全国法院维护农村稳定刑事审判工作座谈会纪要》(以下简称《维护农村稳定纪要》)中指出,"对于因婚姻家庭、邻里纠纷等民间矛盾激化引发的故意杀人犯罪,适用死刑一定要十分慎重,应当与发生在社会上的严重危害社会治安的其他故意杀人犯罪案件有所区别。对于被害人一方有明显过错或对矛盾激化负有直接责任,或者被告人有法定从轻处罚情节的,一般不应判处死刑立即执行"。笔者认为,此处的"民间矛盾",是指公民个人之间在日常生产、生活中因生活琐事、债权债务、相邻关系等民事关系或民事交往中发生的纠纷处理不当,而引发的矛盾。因民间矛盾激化引发的犯罪,不论罪行轻重程度如何,从性质上看,均属于事出有因、针对特定对象实施的犯罪,这就决定了实施此类犯罪的被告人的主观恶性、人身危险性,明显要小于发生在社会上、针对不特定对象实施同类犯罪的被告人。同时,因民间矛盾激化引发的案件,被告人、被害人双方多存在邻里、婚恋等较为密切的关系,有的还是同一家庭成员。而且,对于矛盾的引发和积累,往往双方都有责任。对于此类案件,如果简单地一判了之、一杀了之,往往会使当事人双方结下更深的仇恨,甚至是世代冤仇。为此,在审理过程中应当大力促使当事人双方化解矛盾,在尽量做好被害人思想工作,敦促被告人认罪悔过、积极赔偿的基础上,酌情对被告人从宽处罚,使遭到破坏的邻里、家庭生活秩序得到修复。

第一,具有自首、立功等法定从轻、减轻量刑情节。民间矛盾激化引发的故意杀人案件,相对于严重危害社会治安的故意杀人案件,性质不同,社会危害性也相对小一些,对具有法定从轻量刑情节的,应该更加体现从轻。其中,对民间矛盾激化引发的故意杀人案件,如果没有特别从重的情节,只要被告人具有自首情节,一般都可考虑不判处死刑。立功也有大小之分,对罪行极其严重的被告人不判处死刑,一般需要有重大立功,比如检举的对象可能被判处无期徒刑以上刑罚。但是,如果被告人同时还具有其他一般的从轻处罚情节,结合案情综合考虑,对具有一般立功表现的被告人也可考虑不判处死刑。

第二,被害人有明显过错或者对矛盾激化负有直接责任。被害人一方的过错问题,在民间纠纷引发的故意杀人案件中广泛存在。对于被害人一方有明显过错的,一般不适用死刑;对于被害人一方有一般过错的,在适用死刑时也要根据案件中的具体犯罪事实,结合其他量刑情节,综合考虑,区别对待,能不适用死刑的,就不适用死刑。

第三,被告人犯罪后自动归案,没有如实交代罪行,或者如实交代后又翻供。这种情况尽管不构成自首,不是法定的从轻量刑情节,但是被告人故意杀人没有逃跑,而是主动归案,不管是出于什么目的,心理上都承受了巨大压力,客观上对及时破案,控制被告人,防止被告人继续危害社会,减少侦破成本,都具有积极的意义,应予鼓励。结合犯罪情节和其他量刑情节综合判断,能不判处死刑的,也应当不适用死刑。

第四,被告人杀人后,为了藏匿或逃跑往往会求助于家人,将自己的杀人行为告诉家人,这是出于对亲人的信任与依赖。而作为亲人尤其是父母,都会承受巨大的情感压力,进退两难。其中,有的父母、亲人会帮助被告人藏匿或资助被告人逃跑;但有的父母、亲人深明大义,带领公安人员直接抓捕被告人,或向公安机关提供被告人的藏匿地点,或协助打电话诱捕被告人等,如此做的目的也是寄希望于犯罪的亲人能够得到从宽处罚。对于这种深明大义之举,要在全社会倡导,在司法活动中给予积极评价。如果被告人归案后,能够如实交代犯罪事实,没有特别从重的情节,一般都要考虑不判处死刑。

第五,为了减轻被告人的罪责,被告人亲属花费大量的人力、物力、财力,甘愿冒着被打击报复的危险,协助公安机关,抓获被告人的同案犯或者其他案件的重大犯罪嫌疑人,对这一行为本身应予肯定。但不能因此而认定被告人具有立功情节,因为这主要是被告人亲属的行为,而不是被告人自己的立功表现。在具有这一情节的前提下,对被告人是否适用死刑,要结合被告人所犯的罪行和其他量刑情节,综合考虑。如果被告人犯罪情节一般,可以考虑不适用死刑。

第六,被告人坦白主要犯罪事实本身就是一个酌定从轻的量刑情节。如果案件还没有完全破获,侦查机关根据被告人坦白的事实线索,起获到重要的客观证据,抓获同案重要的犯罪嫌疑人,对破获、证实全案起到重要作用,这种情况尽管不构成立功,也可以根据案情从轻处罚,考虑不判处死刑。

第七,主观恶性和人身危险性要从被告人犯罪动机,犯罪预谋,犯罪情节,罪前、罪后表现等方面综合考虑。如果是临时起意杀人,激情杀人,杀人行为有所节制,犯罪动机、犯罪情节一般,或者作案后及时救助被害人,犯罪前表现较好,犯罪后认罪、悔罪态度较好的,可不判处死刑。

第八,民间矛盾激化引发的故意杀人案件,只要可以考虑不判处死刑的,都要积极进行调解,鼓励当事人双方自行和解,达成谅解协议,尽量减少死刑判决。其中,夫妻之间因情感、财产或其他家庭琐事发生矛盾,而激化引发的故意杀人案件,被害人一方的父母、兄弟姐妹往往反应强烈,要求判处被告人死刑。但是他们的子女在父母一方死亡的情况下,不想再失去亲人,强烈要求不要判处死刑。对犯罪情节不是特别恶劣的案件,要积极做好被害人父母一方的工作,充分尊重被害人子女的意见,不要判处死刑。

第九,我国刑法规定应当负完全刑事责任的年龄是16周岁,这也是适用死刑的最低年龄。尽管法律只能"一刀切",但一个人的成熟、成长是渐进的,需要一个过程,相差一天、几天,甚至几个月是没有多大区别的。所以,在适用死刑这种最严厉的刑罚时,对刚满16周岁的被告人,如果犯罪情节不是特别恶劣,就不应适用死刑,理由是他们涉世未深,对事物的认知度和行为的自控力都比较弱。同样,70周岁以上的老年人,他们对事物的反映比较迟钝,认识能力和控制能力都有所减弱,如果犯罪情节不是特别恶劣,一般也不要适用死刑。

第十,病理性醉酒,属于精神疾病的范畴,自然不涉及死刑的适用问题。关于普通醉酒后犯故意杀人罪的死刑适用问题,需要区分情况对待。如果被告人与被害人素有积怨,借酒闹事,故意挑起事端而行凶杀人的,没有从轻情节,可以考虑适用死刑。如果被告人一贯酗酒闹事打人,酒后与他人话不投机而故意杀人的,人身危险性很大,没有从轻情节,可以考虑判处死刑。如果被告人与被害人之间素无矛盾,甚至平时关系尚可,案发时因喝酒过量引起争执而杀人的,这种醉酒杀人与故意利用醉酒实施杀人,在主观方面有很大的区别。在这种情形中,被告人喝酒前并无犯罪故意,醉酒后因辨认和控制能力减弱而杀人,犯罪的主观恶性和人身危险性相对较小,酌情从轻处罚符合法律精神,也能为社会所接受,如果没有从重情节的,可以考虑不判处死刑。

2. 因民间矛盾激化引发的故意杀人案件,如果手段极为残忍,情节极为恶劣,后果极为严重,被告人的主观恶性和人身危险性也特别大,又没有其他从轻情节的,同样可以适用死刑。比如,因民间纠纷引发的"灭门"惨案,杀死多人,惨不忍睹,纵使有一些从轻情节,依法也应判处死刑。此外,民间矛盾虽然属于民众之间的矛盾,但这类矛盾在性质上仍然存在着对错、善恶、道德与不道德之分。如欠钱不还债务人杀害债权人的,通奸者杀害本夫本妻的,贪图他人利益而杀人的,蛮横霸道不讲理杀人的,对于这些情形也可以适用死刑。

第一,犯罪情节特别恶劣、手段特别残忍。在故意杀人案件中,同样是致人死亡,如果杀人的情节不一样,犯罪的社会危害性也会不同。比如邻里之间因琐事发生争吵后,被告人随手拿起棍棒,击打被害人,致被害人死亡。如果被告人认罪、悔罪态度较好,对这种因民间矛盾引发、犯罪手段、情节一般的案件,就是调解不成,也可以考虑不判处死刑。但是,对于那些犯罪情节特别恶劣,犯罪手段特别残忍,又没有从轻处罚情节的被告人,就可以依法判处死刑。例如,被害人被打后逃跑、求饶,被告人不顾他人的劝阻,穷追不舍,当被害人摔倒后,继续用棍棒朝被害人的头部猛击,致被害人当场死亡。如果被害人又没有明显过错,调解不成,可以考虑判处死刑。

第二,犯罪后果特别严重。对民间矛盾激化引发的故意杀人案件,犯罪后果同样是决定死刑适用的一个重要方面。如果后果特别严重,又没有其他从轻情节,也可以考虑判处死刑。对此,可以从这样几个方面来把握:一是致一人死亡,犯罪情节、手段一般的,如果没有什么从重情节,可以考虑不判处死刑;如果手段特别残忍,情节特别严重,或具有其他从重情节,可考虑判处死刑。致两人以上死亡,一般可考虑判处死刑;如果被害人一方具有重大过错,或具有其他重大从轻情节,可考虑不判处死刑,但要从严掌握,尤其是杀死多人的案件,不判处死刑更要有充足的从轻理由。二是既致人死亡,同时又致其他人重伤的,要看致人重伤的程度或重伤的人数,如果伤情特别严重,或重伤多人,又没有什么从轻情节,就可以考虑判处死刑。三是故意杀人未遂的,一般不判处被告人死刑。但如果杀人手段特别残忍,情节特别严重,伤情也特别严重的,可考虑判处死刑。

第三,被告人主观恶性和人身危险性极大,罪行极其严重。衡量罪行是否极其严重,其中主观恶性和人身危害性是一个重要的组成部分。主观恶性和人身危害性主要通过犯罪动机、犯罪预谋、犯罪过程中的具体情节以及罪前、罪后的表现来考察,如犯罪前是否有前科劣迹,犯罪后是否认罪、悔罪、赔偿等。如果犯罪动机卑劣,比如为了独吞遗产,杀害其他继承人;为了致被害人于死地,精心策划,制造条件,准备工具;实施杀人行为时犯意坚决,手段残忍,毫无节制;犯罪前有前科劣迹,且有暴力犯罪的记录;犯罪后拒不认罪,毫无悔改之意,有钱不赔等。这些情节就可以认定为主观恶性和人身危险性极大,如果没有从轻处罚情节,就可以考虑判处死刑。

第四,犯罪对象受特殊保护。少年儿童、怀孕妇女、年迈老人、残疾人都属于社会的弱势群体,受国家法律的特殊保护。有些故意杀人犯罪,尽管由民间纠纷引起,但杀害的对象却是这些弱势人员。这些人员反抗能力不强,有的甚至没有什么反抗能力,所以才需要特殊保护。杀害这些弱势人员,如果没有什么从轻情节,一般可考虑判处死刑。这些被害人当中,有的并没有什么过错,有的甚至是无辜者,往往是被迁怒而代亲人受过。比如,有的小孩父母与被告人产生矛盾,被告人考虑打不过对方,便迁怒无辜,将对方的小孩杀害。这种杀人案件如果没有什么从轻情节,一般可考虑判处死刑。被害人父母或其他亲人的过错不能转嫁在无辜的小孩身上,一般不能因被害人父母的过错而减轻被告人的罪责。还有一些案件是杀害尊亲属的,主要是父母。尊老爱幼是中华民族的传统美德,被告人不但不孝敬父母,反而将含辛茹苦养大自己的父母杀害,社会影响极为恶劣,如果没有从轻处罚情节,一般可考虑判处死刑。

第五,累犯。累犯是法定从重处罚情节,是否适用死刑,要从两个方面来把握:一是故意杀人犯罪情节的恶劣程度,是否同时具有其他从重处罚的情节;二是累犯中前罪的性质,释放后再犯新罪的时间。对于前罪是严重的暴力犯罪,刑满释放不久又犯故意杀人罪,罪行极其严重,没有从轻处罚情节的,可考虑判处死刑。对于前罪较轻,所犯故意杀人罪情节一般,或同时具有从轻量刑情节的,经综合考虑不是必须判处死刑的,可不判处死刑。

第六，雇凶杀人。这种故意杀人案件都是预谋犯罪，社会危害性很大，没有从轻处罚情节，一般可考虑判处死刑。

【指导案例】宋有福、许朝相故意杀人案①——农村邻里纠纷引发的故意不明确的侵犯人身权利案件应如何定性

被告人宋有福与被害人宋起锋系邻里。因道路纠纷等，两家素有积怨，宋有福便蓄意报复宋起锋。1997年7月31日，宋有福到其连襟被告人许朝相家帮助干农活，邀许找人教训宋起锋，许当即答应并商定于次日夜间动手。次日晚9时许，许朝相又邀约李艳坤(在逃)各带一把剑到达约定地点与宋有福会面。当晚11时许，三人蒙面持剑，翻墙跳入宋起锋家院内。此时，宋起锋女儿宋某某打开室门欲上厕所，被李艳坤捂住其嘴推回室内。宋某某挣扎、呼喊，惊动了宋起锋夫妇。宋起锋夫妇出屋察看动静时，许朝相朝宋起锋胸部猛刺一剑，后与宋有福、李艳坤越墙逃离现场。宋起锋被送往医院时已死亡。经法医鉴定，宋起锋系被刺破主动脉弓，引起大失血而死亡。

本案被告人宋有福、许朝相虽然构成故意杀人罪，造成被害人死亡的严重后果，但是还不能简单地依此判处二被告人死刑立即执行，还要综合考虑案件的全部情况：第一，本案系因邻里纠纷引起的杀人案件，与发生在社会上针对不特定对象实施同类犯罪的被告人相比，存在明显区别。第二，本案虽然造成被害人死亡的后果，但二被告人主观上对危害后果是持放任态度。被告人宋有福纠集被告人许朝相要教训被害人，其主观故意确实不十分明确，也就是说不能认定为预谋杀人。在作案过程中，被告人对被害人是死是活，并不积极追求，而是听之任之，采取放任态度，属于间接故意杀人情形。间接故意杀人的主观恶性和社会危害程度比直接故意杀人要小，处刑时应注意加以区别，判处死刑更应特别慎重。为此，最高人民法院在复核该案时，没有核准安徽省高级人民法院对二被告人判处死刑立即执行的判决，而是撤销了该院二审判决对二被告人的量刑部分，以故意杀人罪对二被告人分别判处死刑，缓期二年执行，剥夺政治权利终身。

【指导案例】吴江故意杀人案②——如何处理因恋爱矛盾激化引发的故意杀人犯罪

被告人吴江与其女友吴俊因经济等问题致感情上产生隔阂。2006年4月8

---

① 参见王玉琦：《宋有福、许朝相故意杀人案——农村邻里纠纷引发的故意不明确的侵犯人身权利案件应如何定性》，载最高人民法院刑一庭编：《刑事审判参考》(第5辑)，法律出版社1999年版，第23—28页。

② 参见冉容、曾琳、黄胜齐：《吴江故意杀人案——如何处理因恋爱矛盾激化引发的故意杀人犯罪》，载最高人民法院刑一庭等编：《刑事审判参考》(总第60集)，法律出版社2008年版，第26—33页。

日20时许,吴江将其驾驶的富康牌轿车(车牌号:京HV9076)停放在北京市朝阳区北京工业大学经济管理学院停车场内后,与车内的吴俊聊天。其间,二人再次发生争吵,吴江遂猛掐吴俊颈部,致吴俊机械性窒息死亡。后吴江将载有吴俊尸体的富康牌轿车弃至北京市东城区东方广场地下停车场内;同月13日,吴江被公安机关抓获归案。

本案被告人吴江与被害人吴俊均系在校大学生,二人确立恋爱关系后,吴江经常带吴俊购物、外出游玩,有时在外开房同居。为支付上述高额费用,吴江经常向家里要钱或向老师、同学借钱,还将其父为其购买的富康牌轿车卖掉,用于二人消费。尽管如此,吴江仍不能满足吴俊的物质需求,吴俊经常埋怨吴江没有钱,多次催促吴江向其父亲索要位于市中心的房产,并执意要搬进该房居住,让吴江感到很为难,压力很大。案发当天,二人为此事再次发生争吵,以致吴江认为吴俊是为了钱和房子才与其交往,在激怒之下将吴俊掐死。综上,二人的冲突系因经济问题引发的恋爱矛盾。吴俊过高的物质需求给吴江带来巨大的经济压力,系产生矛盾的根本原因;案发当日,吴俊再次让吴江向其父亲索要房产,系激化矛盾的直接原因。从民俗习惯上讲,女方在恋爱期间接受或要求男方给予财物比较普遍,然而,吴俊在度的把握上有失分寸,虽称不上有明显过错,但确有不妥之处,案发当日,她又在言语上刺激吴江,对矛盾的激化负有直接责任。被告人吴江系在校大学生,对恋爱矛盾的处理经验不足,案发时受到言语刺激,一时冲动激情杀人,并有殉情自杀的倾向,事后认罪悔罪,如实交代罪行,说明其主观恶性并非极深;其父在其罪行尚未被司法机关发觉时主动报警,并积极筹款赔偿,参与被害人的后事处理,取得了被害人亲属的谅解,应当作为酌定从轻处罚情节考虑。综上,法院综合全案情节,以故意杀人罪判处被告人吴江死刑,缓期二年执行,正确理解和准确适用了《全国法院维护农村稳定刑事审判工作座谈会纪要》体现了宽严相济的刑事政策要求。

【指导案例】张俊杰故意杀人案[①]——**同事间纠纷引发的杀人案件应慎用死刑**

2006年11月30日晚,被告人张俊杰因琐事与同事施玉军、蔡文仲发生口角进而厮打,致蔡文仲轻伤。次日,张俊杰被公安机关取保候审。12月8日,公安机关通知保证人李建方让张俊杰去一趟,张俊杰误认为施、蔡二人不放过自己,自己将被追究刑事责任,即产生如施玉军不同意斡旋调解就将其杀死之念。12月10日,张俊杰打听到施玉军正在乌苏火车站值班,即携带菜刀、匕首各一把,以及白酒、食品、饮料等物到乌苏火车站,在信号工区宿舍找到施玉军,拿出白酒和食品

---

① 参见张思敏、何春燕:《张俊杰故意杀人案——同事间纠纷引发的杀人案件应慎用死刑》,载最高人民法院刑事审判一至五庭主编:《刑事审判参考》(总第65集),法律出版社2009年版,第1—6页。

向施玉军道歉并请求施玉军在其和蔡文仲之间调解,张俊杰见施玉军拒绝其要求,即抽出匕首向施玉军连续捅刺,致其当场死亡。而后,张俊杰将房门反锁,用菜刀将自己双手腕划开,用毛巾蘸血在墙上书写"害人害己,罪有应得,同归于尽,十分公平"16个字,又用匕首在自己胸腹部扎了两刀。其间,张俊杰给李建方发短信告知其将施玉军杀死并准备自杀。李建方随后通知了张俊杰妻子兰素萍并报警,兰素萍赶到现场亦让同事打电话报警。公安人员到达现场后,张俊杰在房间内持匕首以自杀相威胁不让他人靠近,公安人员经劝诫无效,乘其不备冲入房内将其制服抓获。

根据《全国法院维护农村稳定刑事审判工作座谈会纪要》的规定,对于因婚姻家庭、邻里纠纷等民间纠纷矛盾激化引发的故意杀人犯罪,适用死刑一定要十分慎重,应当与发生在社会上的严重危害社会治安的其他故意杀人犯罪案件有所区别。这里的民间纠纷,包括但不限于邻里纠纷,还包括那些因为工作、生活等矛盾引起的纠纷;同时也不限于农村的民间纠纷,城市中发生的民间纠纷也可以适用该纪要规定的精神。虽然被害人施玉军在本案中无明显过错,但是本案毕竟是同事间因琐事纠纷引发的悲剧,发生在同事熟人之间,不属极端危害社会治安的犯罪。而且,证人李建方在张俊杰妻子兰素萍授意下报警,兰素萍到现场事后亦报警,使公安机关及时抓获了被告人,并迅速破案。被告人张俊杰家属的及时报案行为,使得公安机关及时破案,节省了司法资源,有利于社会,可作为对被告人酌定从轻的情节考虑。张俊杰在二审期间提出愿意赔偿被害方的经济损失,以减轻其罪责,其妻子兰素萍在生活极其困难的情况下用其妹的房子作抵押借款3万元,连同其母的2万元养老金,一共筹得5万元交至二审法院,也可作为对被告人酌定从轻的情节。综上,本案被告人因为生活琐事一时冲动而实施的杀人行为,与那些严重危害社会治安的行凶杀人案件的社会危害性不可等同,考虑到家属及时报案及积极赔偿被害方损失等因素,从慎用死刑的基本刑事政策出发,对其不宜判处死刑立即执行。

【指导案例】张某故意杀人案①——如何在近亲属之间的杀人犯罪案件中贯彻宽严相济刑事政策和体现罪责刑相适应原则

被害人张某甲、李某系被告人张某的父母。张某因李某曾经殴打其祖母并将其祖母居住的房子欺骗过户到李某名下,且对自己自幼经常打骂,管教方式粗暴,而对李某积怨很深。2007年9月,张某因朋友向其借款,遂隐瞒张某甲、李某,将家中房产证作抵押从银行贷款人民币6万元。张某甲、李某得知后,经常对

---

① 参见李萍、李剑弢:《张某故意杀人案——如何在近亲属之间的杀人犯罪案件中贯彻宽严相济刑事政策和体现罪责刑相适应》,载最高人民法院刑事审判第一、二、三、四、五庭主办:《刑事审判参考》(总第85集),法律出版社2012年版,第32—37页。

张某大加责骂。张某不堪忍受,遂计划杀害张某甲、李某。2008年10月12日,张某通过其同事找来一包"毒鼠强",并购买了紫菜蛋汤等三个菜带回家中,之后将"毒鼠强"放入紫菜蛋汤后离开。当晚8时许,张某返回家中看见张某甲、李某已呈中毒症状,便从房间找来一根背包带,勒张某甲颈部,后又在房间找来一把单刃尖刀,刺张某甲颈部一刀,刺、割李某颈部数刀,致张某甲、李某死亡。

本案被告人张某因家庭矛盾投毒杀害自己的亲生父母,严重违背基本人伦;面对奄奄一息的父母,仍残忍实施勒颈和刀刺行为。仅以此论,张某犯罪手段十分残忍,犯罪情节十分恶劣,应当判处张某死刑立即执行。然而,张某同时也存在诸多从轻处罚情节。例如,归案后坦白罪行,有认罪、悔罪表现;案件因家庭纠纷引发,被害人存在严重过错;被害人部分家属表示谅解和所在社区群众均希望留张某一命。尤为值得提出的是,张某犯罪时刚满19周岁,性格可塑性强,有较大改造空间。此外,本案被告人是二被害人的独生子,母系被害方不再坚决要求判处被告人死刑立即执行,父系亲属在案发后多次到法院为张某求情,希望能留张某一命。尤其是张某的祖母,因本案已经失去了儿子、儿媳,若对张某再判处死刑立即执行,意味着断子绝孙,为此张某的祖母多次不惜以死请求法院对张某从轻处罚。当地社区民众也均表示同情,希望法院不判处张某死刑立即执行。如果判处张某死刑立即执行,张某的祖母就无人赡养,从而必然留下一定的社会隐患。从这一角度考虑,判处张某死缓,更有利于社会矛盾化解,更能实现法律效果和社会效果的有机统一。

【指导案例】周某某故意杀人案①——邻里纠纷引发,被告人具有自首情节且年满75周岁的,能否判处死缓

被告人周某某(时年74岁)与被害人刘某某(男、殁年68岁)、赵某某(女,殁年65岁)夫妇系邻居,两家曾因栅栏占道及粪堆堆放等产生过矛盾。2010年3月3日晚8时许,周某某见其栽种在刘某某家粪堆附近的柳树被拔,遂与刘某某发生口角并扭打在一起。其间,周某某持木棒击打刘某某头部数下,致刘某某当场死亡。赵某某见状与周某某扭打在一起,周某某又持木棒击打赵某某头部数下,致赵某某死亡。周某某作案后向公安机关投案自首。

在本案中,被告人周某某仅因邻里纠纷,连续杀死二人,犯罪情节恶劣,后果和罪行严重,应依法惩处。鉴于周某某作案后投案自首,到案后能够如实供述自己罪行,有自首情节,且在法院审理期间已年满75周岁,依法可对其不判处死刑立即执行。

---

① 该指导案例系最高人民法院内部办案参考案例,未曾公开发表。

【指导案例】被告人周某故意杀人案①——**婚恋纠纷引发,且被告人具有自首情节的,能否判处死缓**

2010年3月,被告人周某与被害人刘某某相识并确立恋爱关系。同年12月,刘某某怀孕。2011年3月3日,周某到刘某某家过年时,提出要与刘某某结婚并生下孩子,但是遭到刘某某家人反对。刘某某家人要求刘某某堕胎,但周某想生下孩子。同月13日,周某陪同刘某某到医院做完术前检查后,二人再次因是否保留胎儿发生争执。周某遂用随身携带的水果刀朝刘某某颈部、胸背部等处连续捅刺20余刀,致其失血性休克死亡。被告人周某作案后向公安机关投案自首。

在本案中,被告人周某不能正确处理婚恋矛盾,持刀捅刺其女友刘某某,致刘某某死亡,犯罪手段残忍,情节恶劣,应依法惩处。但鉴于本案系民间矛盾引发,周某作案后投案自首,认罪态度较好,综合考虑本案的犯罪事实、性质、情节和对社会的危害程度,对周某依法可不判处死刑立即执行。

【指导案例】周某某故意杀人案②——**家庭矛盾引发,被害人有一定责任,且被告人具有自首情节的,能否判处死缓**

被告人周某某与被害人周某甲系同胞兄弟。1985年左右,因周某甲婚后想单独居住,其父以当时尚年幼的周某某的名义为周某甲申请了一块宅基地,原登记于周某甲名下的二间平房由周某某与父母一起居住。2008年9月,平房需要拆迁,周某某因不能再以自己名义申请宅基地,便欲让周某甲将名下的平房让出或给予一定的补偿,但两人多次协商未果。同年10月10日中午12时许,周某某在父亲等人的陪同下来到周某甲家中,再次与周某甲及被害人赵某某夫妇商谈未果,双方发生争执。周某某遂持事先准备的尖刀分别捅刺周某甲、赵某某颈部数刀,致该二人失血性休克死亡。二被害人的女儿周某乙(被害人,时年13岁)见状欲外出报警,周某某持刀追赶至邻居家,将周某乙捅刺致重伤。案发后,被告人周某某投案自首。

在本案中,被告人周某某故意非法剥夺他人生命的行为,已构成故意杀人罪。周某某因家庭房产纠纷协商未果后持刀行凶,致二人死亡,一人重伤,情节恶劣,手段残忍,后果特别严重,应依法惩处。但鉴于本案系因家庭矛盾引发,被害人周某甲、赵某某对案发的起因及矛盾的激化负有一定责任,且周某某具有自首情节,认罪态度较好,故对其判处死刑,可不立即执行。

---

① 该指导案例系最高人民法院内部办案参考案例,未曾公开发表。
② 同上。

【指导案例】周某某故意杀人案①——因琐事引发,积极赔偿,被害人亲属谅解的,能否判处死缓

2010年2月12日下午3时许,被告人周某某在路上行走时,与被害人刘某某相撞,遭到刘某某的指责。周某某顿起杀人之念,即用左手捂住刘某某嘴巴,右手持随身携带的水果刀切割刘某某颈部,并捅刺刘某某胸部数刀,致刘某某右颈静脉破裂、右肺破裂而大失血当场死亡。归案后,被告人周某某认罪、悔罪,其亲属多次表示愿意赔偿被害方经济损失。后双方达成调解协议,被害方接受了被告人周某某亲属的代为赔偿款,并对周某某表示谅解,请求对周某某从轻处罚。

在本案中,被告人周某某的行为已构成故意杀人罪。周某某持刀切割被害人刘某某颈部,并捅刺刘某某胸部数刀,杀人手段残忍,情节恶劣,罪行极其严重,应依法惩处。鉴于本案系因琐事引发,案发后周某某积极认罪、悔罪,其亲属也积极赔偿,并取得被害人亲属的谅解,对周某某判处死刑,可不立即执行。

【指导案例】周某某故意杀人案②——犯罪时属于限制刑事责任能力的,能否判处死缓

被告人周某某与被害人刘某某系同事,其中刘某某系周某某的领导。2010年5月6日,周某某因患神经症在医院住院治疗,后出院休病假。5月22日15时许,刘某某给周某某打电话询问病情,后周某某跑到办公室,与刘某某发生争执。周某某遂持刀捅刺刘某某头部,刘某某挣脱后跑到马路上,周某某追上持刀捅刺刘某某头部、颈部等处十余刀,致刘某某因颈部动脉离断大失血休克死亡。周某某被公安人员抓获,后经司法精神病鉴定,临床诊断周某某为复发性抑郁症,案发时对杀人行为的辨认能力完整,控制能力减弱,评定为限制刑事责任能力。

在本案中,被告人周某某经鉴定为限制刑事责任能力,依法可以从轻或者减轻处罚。周某某虽然辨认能力完整,但案发时患复发性抑郁症,有情感障碍,遇诱发因素控制能力减弱,在此情况下实施杀人犯罪,主观恶性相对较小。且其归案后认罪、悔罪态度较好,其亲属积极代为赔偿,对其可不判处死刑立即执行。

【指导案例】周某某故意杀人案③——被害人存在一定责任,被告人刚满18周岁的,能否判处死缓

2010年5月5日20时许,被告人周某某与其女友下班途经一小巷子时,因被害人刘某甲、刘某乙等人在前并排行走,挡住了去路,周某某便咳嗽提醒刘某甲等

---

① 该指导案例系最高人民法院内部办案参考案例,未曾公开发表。
② 同上。
③ 同上。

人让路。周某某与女友通过后,刘某甲等人出言不逊,周某某产生教训对方之念,遂持随身携带的水果刀捅刺刘某甲等人,致刘某甲因失血性休克当场死亡,刘某乙轻伤。

在本案中,被害人对引发本案有一定责任。案发当晚被害人刘某甲等人曾饮酒,仗着己方人多,在被告人周某某及其女友通过后,多次出言不逊,话语间有明显的挑衅、辱骂因素。被害人等人在意识到周某某可能要回来报复的情况下,不但未按原计划离开现场回家,反而守候在周某某要经过的巷口,准备打架。据此,可以认为被害方对矛盾激化和案件发生存在一定责任。而且周某某系临时起意"教训"对方,在黑暗中不计后果持刀乱捅,对死亡结果的发生持放任态度,主观恶性小于直接故意杀人。此外,周某某作案时刚满18周岁,量刑时也应当酌情予以考虑。加之被告人归案后认罪态度较好,其亲属多方筹措了10万元赔偿款,被害方虽然未明确表示谅解,但表示服从法院依法判决并愿意接受赔偿,故法院对其可不判处死刑立即执行。

【指导案例】张杰故意杀人案[①]——被告人投案后未如实供述罪行但有抢救被害人情节的,如何处理

1993年,被告人张杰与其邻居被害人张杰之妻方某勾搭成奸。1995年5月,被害人张杰与方某离婚。1996年10月,被告人张杰与方某结婚。1997年8月29日18时许,被害人张杰到被告人张杰居住的×市柯城区巨化文苑村4幢101室拿小孩衣服。被告人开门后,见是妻子的前夫,便将门关上。被害人见状继续敲门,并用力将门推开,欲进房内。被告人用力抵住门不让其进。二人发生争吵。被告人即用菜刀猛砍被害人左颈部一刀,并将被害人往外推。被害人因流血过多摔倒在公用走廊上。被告人见状即从家中拿出毛巾捂住被害人颈部,并请人叫救护车。被害人因左颈总动脉破裂大出血,经送医院抢救无效死亡。

本案被告人杀人后,当到达现场的民警问被告人张杰是谁干的时,被告人承认是他干的,并说"先救人,然后我到派出所投案自首"。根据最高人民法院《关于自首和立功的解释》第1条有关规定,被告人的行为应属自动投案。但被告人到案后否认故意杀人,辩称:"是被害人到其厨房拿菜刀砍我时,我才夺刀防卫将被害人杀死。"然而,根据现场目击证人汪某某、胡某某等人的证言,被害人未带凶器,且自始至终未进入被告人张杰家门内。被害人不可能到被告人家的厨房拿菜刀。因此,被告人张杰关于正当防卫的辩解实属为自己开脱罪责的狡辩,不能认

---

① 参见高憬宏:《张一某犯故意杀人案——被告人投案后未如实供述罪行但有抢救被害人情节的应如何处理》,载最高人民法院刑事审判第一庭编:《刑事审判参考》(总第6辑),法律出版社2000年版,第16—19页。

定其如实供述罪行。由于被告人张杰到案后未如实供述杀人过程中的重要事实,不能认定自首。被害人张杰受伤倒地后,被告人张杰从家中拿出毛巾捂住被害人颈部,并请人叫救护车,实施了一定的抢救行为。这说明被告人张杰有一定的悔罪表现。根据《刑法》第48条第1款规定,死刑只适用于罪行极其严重的犯罪分子。是否属于罪行极其严重,应根据全案情节综合考虑,不能简单地以犯罪造成的危害结果认定。本案被告人张杰持菜刀击砍被害人左颈部,致被害人死亡,后果严重,应予以严惩。但被告人张杰对到达现场的公安人员承认被害人受伤是其所为,可视为投案,且被告人杀人后有抢救被害人的表现,具有酌定从轻处罚的情节。一审以故意杀人罪判处被告人张杰死刑,缓期二年执行,剥夺政治权利终身并无不当,检察机关抗诉理由不能成立,二审法院改判被告人死刑立即执行,理由不足。据此,最高人民法院撤销了二审判决,并作出了改判被告人张杰死刑,缓期二年执行,剥夺政治权利终身的判决。

【指导案例】索和平故意伤害案[①]**——故意伤害致死尊亲属的如何量刑**

被告人索和平从小脾气不好,稍不顺心,便打骂父母及妹妹。索和平的母亲病逝,妹妹出嫁后,其对父亲索金秀的打骂逐步升级,索金秀不堪忍受,外出打工不归。2006年,索金秀因工伤左手食、中指被切断,手背皮骨被切碎,回到家中。为此,索和平嫌索金秀不能干活了,非打即骂,甚至有时不给饭吃。对此,村民敢怒而不敢言。2007年5月31日早上,被告人索和平嫌索金秀摇晃家中大门,便朝其背部踢了十余脚,并追打至村民索大平的小卖部附近,被邻居劝阻后方才停手。随即,索和平回家取来凉馒头给索金秀吃,因索金秀将嚼碎的馒头吐出来,索和平再次发火,又朝索金秀身上踢了几脚,致其当场死亡。之后,索和平用三轮车将索金秀的尸体拉到村外坟地,准备掩埋。经村民报案,公安人员将正在挖坑的索和平当场抓获。经鉴定,索金秀系钝性物致伤,腹部闭合性损伤致脾脏破裂引起失血性疼痛休克死亡。

一般而言,对于因婚姻家庭、邻里纠纷等民间矛盾激化引发的故意杀人案件,适用死刑应当十分慎重,与发生在社会上的严重危害社会治安的其他故意杀人案件应有所区别。但这并不意味着对所有因婚姻家庭、邻里纠纷等民间矛盾激化引发的案件,都要不分情况一律从宽处罚。在本案中,被告人索和平虐待毒打致死自己父亲的行为虽然属于"家事"范畴,发生在近亲属之间,但殴打长辈严重悖反人伦情理,已造成恶劣社会影响,加之其犯罪情节恶劣、后果严重,又无法定从轻或减轻处罚情节,并不同于一般的因家庭纠纷引发、案件双方均有一定过错、

[①] 杨永波、李娜:《索和平故意伤害案——故意伤害致死尊亲属的量刑》,参见最高人民法院刑事审判一至五庭主编:《刑事审判参考》(总第66集),法律出版社2012年版,第36—41页。

案发后双方均有悔错的暴力案件,不具备可以从宽处罚的条件。从被告人的手段来看,虽然只是用脚踢蹬,并没有使用其他工具,但是其多次连续踢蹬并追打,且踢蹬的力度极大,才导致被害人背部大面积皮下淤血,脾破裂,致使被害人死前经受了剧烈疼痛,最终因失血性疼痛休克死亡。因此,可以认定其犯罪手段特别残忍,情节特别恶劣,对其适用死刑并无法律上的障碍。本案虽系故意伤害致死,但现有证据能够证实被告人随意侮辱、伤害自己父亲的主观故意由来已久,且被害人被打倒后,被告人不仅不及时救助,反而径自将尸体拉到村外匆匆掩埋,说明其具有极深的主观恶性。此外,从法律效果与社会效果来看,被告人的行为已经严重违背了社会伦理道德,在当地造成恶劣影响。如果不加以严惩,难以令群众理解、接受,更不利于遏制此类犯罪的再度发生。

九、故意杀人案件中被害人过错是否影响死刑适用

(一) 裁判规则

1. 被害人过错是指被害人出于故意,实施违背社会伦理道德或者违反法律的行为,侵犯了被告人的合法权利,足以引起被告人实施强烈反击的过错行为。刑法意义上的被害人过错与被告人的犯罪行为之间需具有引起与被引起的因果关系,因而这种过错是一种明显且严重的过错,而不包括轻微过错。因为过错程度轻微,尚不足以对被告人犯罪行为的发生、行为方式、侵害程度产生较大影响,所以一般不考虑此类过错情节而对被告人予以从轻处罚。

2. 被害人存在严重过错,对犯罪的发生具有刺激作用,直接导致被告人故意杀人犯意的产生,被告人在激情之下实施犯罪,对其应当从轻或减轻处罚。如果被害人的行为属于正在进行的不法侵害,被告人的反击行为构成正当防卫或者防卫过当的,则被告人不负刑事责任或者应当减轻、免除处罚。

3. 被告人与被害人双方在案发起因上均存在过错,而且责任大小无法区分的,此种情况下被害人过错难以认定为刑法意义上的过错。如聚众斗殴,由于双方同时兼有加害者和被害者的双重身份,不宜适用过错责任原则。此外,对于"黑吃黑"或者因分赃不均而引起内讧杀人的案件,也不能认定为刑法意义上的被害人过错。

(二) 规则适用

在杀人案件中,被害人过错系判断犯罪人的主观恶性的重要依据。在很多国家都明确规定了被害人过错是刑罚裁量的减轻事由,其中故意杀人罪、故意伤害罪中都对应有被害人过错情节的相关规定。然而,我国刑法及相关解释并没有将被害人过错规定为法定量刑情节。尽管如此,在相关刑事司法政策文件以及会议纪要中还是有所体现。例如,1999年《维护农村稳定纪要》规定,对故意杀人犯罪是否判处死刑,不仅要看是否造成被害人死亡结果,还要综合考虑案件的全部情况。对于被害人一方有明显过错或对矛盾激化负有直接责任,或者被告人有法定从轻处罚情节的,一般不应判处死刑立即执行。《维护农村稳定纪要》第一次明确

将被害人过错引入刑事量刑体系。2007年最高人民法院《关于为构建社会主义和谐社会提供司法保障的若干意见》第18条强调,因被害方的过错行为引发的案件应当慎用死刑立即执行;2009年最高人民法院《人民法院量刑指导意见(试行)》将被害人过错作为故意伤害个罪中的常见量刑情节予以确定;2010年最高人民法院《关于贯彻宽严相济刑事政策的若干意见》第22条明确了因被害人过错原因引发犯罪的对犯罪人酌情从宽处罚;2010年最高人民法院《人民法院量刑指导意见》(试行)规定,犯故意伤害罪,如果是因被害人过错引发犯罪或对矛盾激化负有责任的,可以减少基准刑的20%以下。上述规定主要是考虑对于故意杀人、故意伤害等互动性非常明显的刑事案件,被害人对案件引发或矛盾激化具有明显过错的,被告人的主观恶性相对较小,从而影响量刑,尤其是在可能适用死刑的案件中直接影响死刑的适用。

那么,如何来认定刑法意义上的被害人过错?其认定标准又是什么?笔者认为,刑法意义上的被害人过错,是指被害人出于故意,实施违背社会伦理道德或者违反法律的行为,侵犯了被告人的合法权利或者正当利益,引发被告人实施犯罪或者激化加害行为危害程度的情形。可见,认定被害人过错需要具备以下条件:第一,过错方系被害人本人,而非被害人的亲友。被告人的犯罪行为针对的必须是有过错的被害人,而不能伤及无辜。第二,被害人必须出于故意,单纯的过失行为或者不可归咎于被害人的其他行为,不能认定为被害人过错。第三,被害人过错从性质上说就是违反法律或违背伦理道德的行为,但是《维护农村稳定纪要》明确规定被害人须有"明显过错",故并非所有的过错都能为刑法所评价,只有达到一定严重程度的才有可能被纳入刑法评价体系,才可能成为酌定量刑情节。第四,被害人的过错行为必须侵犯了被告人的合法权利或者正当利益。"合法权利"是法律明确规定予以保护的利益,"正当利益"一般是指法律虽未明文规定,但根据社会伦理为公众认可的利益。被害人的不法或不良行为如果侵犯了被告人的合法权利或正当利益,被告人因此对被害人实施犯罪行为的,被告人应受谴责的程度相对减轻。如果仅仅是侵犯了被告人的非法利益,如"黑吃黑"或者因分赃不均而引起内讧的案件,则不能认定为刑法意义上的被害人过错。再如,群殴事件中,双方均有不法行为,任何一方都存在成为加害人或被害人的可能,不能简单地以最终结果来认定被害人或加害人,也不能因此而认定被害人在案件起因上具有过错。① 第五,被害人的过错行为须引起被告人实施了犯罪行为或者激化了加害行为的危害程度。被害人的过错行为既可能引发刑事犯罪发生,也可能在犯罪中激化矛盾,导致被告人提升加害程度。被害人的过错行为与被告人的犯罪行为必须具备引起与被引起的因果联系,而诸如被害人疏于防范、误入被告人设置的犯

---

① 当然,如果加害人的先行不法或不良行为已经中止,如群殴的一方已放弃继续斗殴,准备离开或被迫离开时,另一方仍无理纠缠,继续实施侵害行为的,离开者在无奈情况下实施了加害行为,此时可以考虑认定被害人存在过错。

罪圈套等行为,不能认定为刑法意义上的被害人过错。

【指导案例】刘宝利故意杀人案①——如何认定被害人过错

被告人刘宝利与被害人张团(殁年16岁)几年前曾共同盗窃,后张团因未获分赃多次带人向刘宝利索要,威胁刘宝利不给钱就将其杀害,并数次拿走刘宝利钱物。为摆脱纠缠,刘宝利产生杀害张团之念。2007年4月21日晚,刘宝利与张团一同回到陕西省西安市灞桥区刘宝利的住处。趁张团熟睡之机,刘宝利先后持菜刀、铁棍及单刃尖刀砍刺、击打张团头面部、颈部、腹部及左手腕部,致张团重度颅脑损伤死亡。

本案审理中,对于被害人张团因盗窃分赃不均,数次带人纠缠刘宝利索要赃款,实施暴力威胁并拿走钱物的行为,能否认定为过错行为?对此,有意见认为,刘宝利是在人身和财产受到双重威胁的情况才被迫将张团杀害,故被害人张团的行为属于过错行为,刘宝利犯罪情有可原。笔者认为,被害人的过错行为须侵犯了被告人的合法权利或者正当利益。如果仅仅是侵犯了被告人的非法利益,如"黑吃黑"或者因分赃不均而引起内讧的案件,不能认定为刑法意义上的被害人过错。本案被告人刘宝利因受到被害人张团的数次纠缠,其人身安全受到威胁,财产权也多次被侵犯,刘宝利因此实施了杀害张团的行为。虽然张团之前的行为属于案件的起因之一,对引发本案存在一定责任,但是不属于刑法意义上的过错。理由是,张团虽对刘宝利的人身和财产实施侵犯,但前因是二人曾共同盗窃分赃不均,属于共同犯罪人为分赃引起的内讧。张团为索要盗窃赃款而威胁、强拿财物的行为,源于刘宝利占有二人共同盗窃的赃款,这种事态属于犯罪团伙的内部矛盾,很难说哪一方有过错,哪一方没有过错。而且,对赃款的占有不是合法权益或正当利益,张团的行为因缺乏侵犯利益的正当性而不能被认定为被害人过错。若将张团的威胁、强拿行为认定为过错,就等于承认刘宝利对窃取的财物拥有合法占有的权利,这显然与法律精神相悖。当然,这并不是说张团的行为对案件的引发没有责任,只是该行为不能被认定为被害人过错从而减轻被告人刘宝利的责任。

【指导案例】贾淑芳故意杀人案②——在被害方有明显过错的杀人案件中对被告人一般不应判处死刑立即执行

被告人贾淑芳经常无故受到其丈夫高永亮的殴打、虐待。2000年10月17日凌

---

① 参见杜军燕:《刘宝利故意杀人案——如何认定被害人过错》,载最高人民法院刑事审判第一至第五庭主编:《刑事审判参考》(总第68集),法律出版社2010年版,第13页。

② 参见梁国裕、张春艳、崔嵘:《贾淑芳故意杀人案——在被害方有明显过错的杀人案件中对被告人一般不应判处死刑立即执行》,载最高人民法院刑事审判第一庭、第二庭编:《刑事审判参考》(总第46集),法律出版社2006年版,第26—29页。

晨 2 时许,贾淑芳在自家开的婚纱店内歇宿时,高永亮带女青年陈小红来到店中,要求贾淑芳到别处去睡,为此夫妻二人发生激烈争吵。后高永亮和陈小红到里屋,贾淑芳被迫躺在外屋沙发上休息。当贾淑芳进里屋取棉被时,见高与陈正在炕上睡在一起,遂持菜刀在高永亮的头颈部连砍数刀,致高永亮当即死亡。陈小红见状起身与贾淑芳夺刀,贾淑芳又持刀向陈小红的头部等连砍数刀,致陈死亡。

在本案中,被害人高永亮生前曾经常无故殴打、虐待被告人贾淑芳。同时作为有妇之夫的高永亮还经常与一些社会女青年鬼混、发生不正当的两性关系。更为恶劣的是,案发当时高永亮竟然当着被告人的面,将女青年陈小红带回家中发生关系,并逼迫被告人在三更半夜去别处睡觉。这就使得本已紧张的夫妻关系更为恶化,夫妻矛盾进一步激化。本案另一被害人陈小红,明知高永亮系有妇之夫,仍公然与高永亮非法同居。在高永亮夫妇为此发生激烈争吵时,仍与高永亮不离不弃,根本无视被告人的感受。可见,二被害人在本案起因上均具有明显的过错,这也是引发被告人在激愤状态下起意杀人的主要原因所在。本案案发后,引起了当地妇联、媒体、公众的广泛关注。被告人贾淑芳的公公、婆婆以及其同事、邻居、朋友等也曾联名上书法院要求对贾淑芳从轻处理。综上,法院最终判处被告人死刑、缓期二年执行是恰当的。

【指导案例】王勇故意杀人案[①]**——被害人有严重过错的杀人案件如何处理**
1996 年 1 月 12 日晚 8 时 30 分许,兵器工业部 213 所职工董德伟酒后在该所俱乐部舞厅跳舞时,无故拦住被告人王勇之父王钢成,让王给其买酒喝,被王拒绝。董继续纠缠,并强行在王的衣服口袋里掏钱,致使二人推拉、撕打。撕打中,董致王头皮血肿、胸壁软组织损伤。后王钢成被送医院住院治疗。晚 10 许,王勇得知其父出事赶回家中,适逢董德伟上楼来到其家,即与董德伟发生争吵、撕打。撕打中王勇在其家厨房持菜刀一把,向董德伟头、面部连砍八刀,将董德伟当场杀死。王勇作案后,乘车连夜逃往咸阳。次日下午,王勇在其亲属陪同下到公安机关投案自首。

在本案中,被害人董德伟无理纠缠并打伤被告人王勇的父亲,引起被告人与被害人争吵、撕打,并用刀当场杀死被害人。被害人董德伟打伤被告人王勇父亲,与被告人王勇杀死董德伟的行为是紧密联系的。所谓"杀父之仇,不共戴天",被害人无故纠缠被告人王勇的父亲,并致其父头皮血肿、胸壁软组织损伤。在无故打伤被告人父亲之后,再次找到王勇家寻衅滋事,属于具有严重过错。因此,虽然王勇用菜刀对被害人头、面部等要害部位连砍数刀,致其死亡,手段残忍,后果严重,亦可以酌予从轻处罚。

---

① 参见高憬宏:《王勇故意杀人案——被害人有严重过错的杀人案件应如何处理》,载最高人民法院刑一庭编:《刑事审判参考》(总第 3 卷),法律出版社 1999 年版,第 17—22 页。

【指导案例】被告人刘加奎故意杀人案①——因民间矛盾激化引发且被害人有一定过错的案件如何适用死刑

被告人和被害人马立未同在农贸市场相邻摊位卖肉,1997年10月22日上午11时许,被告人之妻在摊位上卖肉时,与被害人之妻发生争执,继而发生争执厮打,二人均受轻微伤,被群众拉开后,被害人之妻又把被告摊位上的猪肉甩到地上。市场治安科明确各自看各自的伤,最后凭法医鉴定结果再行处理。但是被害人夫妇拒绝市场治安管理人员的调解,在事发当日和次日多次强迫被告人拿出360元钱看病,并殴打了被告人夫妇。被告人在矛盾发生后,多次找市场治安科和随州市公安巡警大队等要求组织解决,并反映被害方人多势众纠缠不休,请有关组织对自己给予保护。被害人以被告人要向其妻赔礼道歉、承认错误为条件,托人给刘捎话要求私了,被告人拒绝并托亲属找公安机关要求解决。被害人马立未知道后威胁说:"黑道白道都不怕,不给我媳妇看好病绝不罢休!"11月24日下午3时许,被告人被迫雇车同被害人一起到随州市第一医院放射科给徐翠萍拍片检查,结果无异常。被害人仍继续纠缠,被告人十分恼怒,掏出随身携带的剔骨刀朝被害人马立未背部刺一刀,马立未、徐翠萍见状迅速跑开,徐翠萍跑动时摔倒在地,刘加奎朝徐翠萍的胸、背、腹部连刺数刀,又追上马立未,朝其胸、腹、背部等处猛刺十余刀,然后持刀自杀(致肝破裂)未遂,被群众当场抓获。马立未因被刺破肺脏致大出血而死亡;徐翠萍的损伤属重伤。

最高人民法院1999年10月27日《维护农村稳定纪要》中,对故意杀人的处刑问题明确规定,对于被害人一方有明显过错或者对矛盾激化负有直接责任的,一般不应当判处死刑立即执行。本案被告人尽管杀人手段残忍、后果极其严重,但是考虑到该案的被害人一方有一定过错,被告人行凶杀人与被害人一方私下无理逼迫对方看病赔钱,促使矛盾激化有密切关联,故对其判处死刑、缓期二年执行,剥夺政治权利终身,是正确的。

【指导案例】被告人周某某、周某甲故意杀人案——被害人对矛盾激化负有责任,被告人具有重大立功情节的如何量刑

2010年12月10日,被告人周某某与周某甲酒后到一家网吧上网。当日晚上22时许,公安机关组织对网吧进行清查,派出所协警刘某(被害人,殁年24岁)随队清查至该网吧时,因制止周某某吸烟并拍照取证,与周某甲发生言语冲突。刘某等人遂将周某甲带上警车,期间刘某踢打了周某甲。民警见周某甲醉酒,即让其回家。后周某甲将被打之事告诉周某某,周某某提议报复刘某,二人为此各持

---

① 参见王玉琦:《刘加奎故意杀人案——因民间矛盾激化引发且被害人有一定过错的案件如何适用死刑》,载最高人民法院刑事审判第一庭编:《刑事审判参考》(总第6辑),法律出版社2000年版,第26—29页。

一把尖刀在派出所外守候刘某。当日,23时许,周某某、周某甲尾随下班从派出所出来的刘某,周某某上前质问刘某为何殴打周某甲,并辱骂刘某,刘某打了周某某一耳光,周某某即掏出尖刀捅刺刘某胸背部数刀,致刘某心脏及主动脉破裂失血性休克当场死亡。

在本案中,被告人周某某、周某甲的行为均构成故意杀人罪,二人均系主犯。被害人刘某在执法过程中踢打被告人周某甲,执法不当,在案发起因上有一定过错,后又先动手打了被告人周某某一耳光,对激化矛盾负有责任;且周某某归案后协助公安机关抓捕同案犯,具有重大立功表现,故判处周某某死缓刑,周某甲死刑立即执行。

【指导案例】周某某故意杀人案①——被害人对引发案件负有直接责任,且存在自首情节的如何量刑

2010年3月,被告人周某某的女儿周某甲刚满14周岁,与被害人刘某某(殁年23岁)相识并同居在一起。因周某甲年龄太小,其父母亲坚决反对周某甲与刘某某继续交往。但刘某某仍带着周某甲,躲避周某某等人在外继续同居,并在知道周某甲怀孕数月的情况下,仍继续与周某甲同居在一起。同年12月29日15时许,周某某找到女儿周某甲,得知周某甲已怀孕数月,遂在与刘某某、刘某某父亲刘某甲(被害人)商议解决周某甲怀孕一事时,与刘某甲发生口角扭打。其间,周某某持刀捅刺刘某甲、刘某某,致二人死亡,后周某某投案自首。

在本案中,尽管周某甲与刘某某同居系出于自愿,但是周某甲当时年仅14岁,身心发育尚未成熟,对同居的后果缺乏充分的认知能力。而刘某某已经年满23岁,作为成年人,应该清楚其与14岁少女同居的行为,不仅为一般社会观念所不能接受,更是不利于周某甲的身心健康成长。刘某某在明知周某甲父母强烈反对的情况下,不但没有及时结束同居关系,反而带着周某甲躲避周某某等人,致使周某甲怀孕,其在案件的起因上负有直接责任。刘某某父亲刘某甲在与周某某协商解决周某甲怀孕一事过程中,对周某某存在言语刺激,对周某甲存在言语侮辱,否认周某甲怀孕系其儿子所为,对矛盾激化负有直接责任。而且,周某某作案后能够自动投案,如实供述自己罪行,具有自首情节,认罪、悔罪态度较好,故对其判处死刑,可不立即执行。

---

① 该指导案例系最高人民法院内部办案参考案例,未曾公开发表。

【指导案例】周某某故意杀人案①——被害人有过错，被告人作案后自首并有抢救被害人情节的如何量刑

2010年3月3日20时22分许，被告人周某某与钱某某共进晚餐后，钱某某约同住的孙某某回家。孙某某让被害人刘某甲、刘某乙驾车送其去与钱某某会合，后孙某某改乘周某某驾驶的轿车与钱某某一同回家。刘某甲、刘某乙驾车尾随。当行至钱某某家附近停车时，刘某乙强行拉开周某某驾驶室的车门，引起周某某不满，进而引发争执和扭打。刘某甲从后备箱里取出木棒上前参与，周某某见状从所驾驶车内取出一把尖刀。扭打中，刘某甲、刘某乙被周某某各捅一刀，后周某某驾车送二被害人去医院抢救，但均抢救无效死亡。后周某某在医院向公安人员投案。

在本案中，被害人驾车尾随，挑起事端，引发争执扭打，并率先动手，从而引发本案，在案件起因上存在过错。被告人作案时捅刺二被害人各一刀，在行为上有所节制。案发后，在明知他人报警的情况下，并未逃走，而是驾车将二被害人送至医院抢救，公安人员接警后赶到医院时，尚不知系何人行凶，周某某主动称自己捅伤两被害人，并表示是想先抢救被害人，可视为在现场等待，且比消极在现场等待抓捕的意义更大，应认定为具有自首情节；被告人归案后认罪悔罪，其家属经多方筹措，筹集了15万元交至法院，虽未能达成谅解协议，但仍然表现出了积极赔偿的态度。本案尽管后果特别严重，但是鉴于被害方挑起事端，在案件起因上存在过错，被告人作案时行为有所节制，案发后有抢救及自首情节，并积极进行赔偿，故对其判处死刑，可不立即执行。

【指导案例】周某某故意伤害案②——因琐事引发，被害人存在一定过错的如何量刑

2010年5月5日零时40分许，被害人刘某某酒后在饭店门口撞上前来吃饭的被告人周某某，刘某某即辱骂周某某，二人发生口角，后两人发生互殴。其间，周某某持刀捅刺刘某某腹部、臀部、腿部等处数刀，致刘某某急性失血性休克死亡。

本案系因琐事引发的激情犯罪，被害人刘某某酒后滋事，对引发本案存在一定过错，量刑时应予考虑。与预谋犯罪相比，被告人周某某主观恶性相对要小。且本案属故意伤害案件，在适用死刑时应当更加慎重，掌握的标准应当更加严格。被告人周某某归案后认罪态度较好，有悔罪表现，其亲属在经济非常困难的情况

---

① 该指导案例系最高人民法院内部办案参考案例，未曾公开发表。
② 同上。

下,已尽力筹集了 30 万元代赔款。虽然被害人家境富裕,拒绝接受赔偿,强烈要求判处被告人死刑,但对被告人周某某及其亲属积极赔偿的行为可酌情考虑。为此,可不判处被告人死刑立即执行。

【指导案例】周某某故意杀人案①——**被害人存在过错,被告人作案时刚满 18 周岁的如何量刑**

2010 年 5 月,被告人周某某到某公司打工。同年 6 月,被害人刘某某亦到该公司打工,且未带生活用品。被告人周某某借给刘某某 200 元和一套被褥,之后周某某多次找刘某某催还借款未果。6 月 20 日,周某某再次向刘某某催要借款遭拒绝后,遂产生杀害刘某某之念。当日晚上 22 时许,周某某以请喝酒为名将刘某某约出来,趁其不备用绳子勒住刘某某脖子致其窒息死亡。

本案系因民间矛盾引发,被害人刘某某借钱不还,在案发起因上有一定过错,量刑时应予考虑。刘某某处于困境时得到被告人的帮助,不仅不知恩图报,反而出言不逊,多次拒还欠款,导致本案的发生,在案发起因上存在一定过错。被告人归案后如实供述自己罪行,认罪态度较好,且作案时刚满 18 周岁,可酌情从轻处罚。为此,对其可不判处死刑立即执行。

十、多名被告人致一人死亡的共同犯罪案件如何区别量刑

(一)裁判规则

对于多名被告人共同致死一名被害人的案件,要进一步区分各被告人的作用,不能以分不清主次或者难以分清主次为由,简单地一律判处死刑。对于其中作用较为次要,或者并非直接致死者,可考虑不判处死刑立即执行。特殊情况下,认为确实需要判处两名以上被告人死刑的,必须要有十分充分的理由和把握。

(二)规则适用

在共同犯罪中,应当认真区分各被告人在犯罪中的地位、作用,注意各共犯之间的量刑平衡。具体来说,要注意如下几项原则:

1. 在多名主犯中,罪行最为严重的主犯因为具有自首、立功或者年龄未满 18 周岁等法定从轻情节而未被判处死刑立即执行的,对作用地位略次于该主犯的其他主犯,不应再判处死刑立即执行。

2. 共同行凶致人死亡,多数案犯或者关键案犯已归案,各被告人的罪责可以区分的,对其中罪责最严重的被告人,可依法适用死刑立即执行。对多数案犯或者关键案犯在逃,根据现有证据虽可以定案,但不排除在逃被告人负有主要责

---

① 该指导案例系最高人民法院内部办案参考案例,未曾公开发表。

任,或者被告人辩解其系从犯,而公诉机关指控其为主犯的证据不确实、充分的,应当留有余地,不宜对在案被告人判处死刑立即执行。

3. 共同行凶致人死亡,罪行极其严重,应当判处死刑立即执行的,但是各被告人地位、作用相当,罪责相对分散,或者罪责确实难以分清的,要充分考虑犯罪的前因后果,各被告人在共同犯罪中的具体行为(例如,犯意的提起和策划、犯罪工具的准备、犯罪过程中的积极程度、犯罪后分赃等),以及前科劣迹,主观恶性和人身危险性,被害人亲属和群众的反映等多方面的差异,综合考虑审慎决定。

4. 对于亲属共同犯罪案件,适用死刑要更加慎重,应当尽量避免对同案中某一全部家庭成员判处死刑。

5. 对于雇凶杀人、伤害案件,不能机械地规定判处雇凶者或者行凶者死刑立即执行。而要根据案件的具体情况,区分二者在共同犯罪中的地位作用,以及主观恶性、人身危险性大小。其中,对于雇凶者一同参与实施具体杀人行为的,通常应当选择判处雇凶者死刑立即执行。如果雇凶者未参与实施杀人实行行为,其地位作用与行凶者确实无法区分的,对雇凶者和行凶者均应加以严惩。

【指导案例】王建辉、王小强等故意杀人、抢劫案[①]——对共同故意杀人致人死亡的多名主犯如何区别量刑

2001年1月,被告人王建辉因对迪厅员工张游不满。次日凌晨1时许,王建辉、祁明假意邀请张游去吃饭,后伙同牛晓龙、尹锟、王小强、王宝松一同来到梦圆饭店。在王建辉授意下,牛晓龙拿走张游的背包,后由尹锟将背包交给王建辉,迫使张游一同与其离开梦圆饭店。上述各被告人将张游带至迪厅附近对其进行殴打,致张游昏迷。张游醒后,王建辉又令牛晓龙、王小强、赵宝龙等继续殴打张游,并让牛晓龙、尹锟用绳子将张游手脚捆住。王建辉等人唯恐罪行败露,商议如何处置张游,祁明、王宝松、王小强等人提议将张游烧掉或埋掉或扔到河里。后王建辉决定将张游抬到迪厅后院的小屋里,并指挥其余六被告人将小屋内20余袋各重约50公斤的盐袋全部压在张游身上,致张游窒息死亡。

从本案事实来看,被害人的死亡是由混合行为造成的,是指挥者、抬人者和压盐包者的不同行为的共同结果,在导致被害人死亡结果方面,上述三者的行为缺一不可。所以凡是积极实施上述三种行为的参与者均属共同犯罪中的主犯,应对被害人的死亡结果承担全部刑事责任,但这并不意味着对所有主犯都要处以极刑,而需要从中确定作用地位最为突出者,并对其适用死刑立即执行。就本案而言,被告人王建辉组织、指挥多人,以残忍手段杀人灭口,抛尸灭迹,作案动机十分卑劣、手段极其

[①] 参见简建设:《王建辉、王小强等故意杀人、抢劫案——对共同故意杀人致人死亡的多名主犯如何区别量刑》,载最高人民法院刑事审判第一、二、三、四、五庭主编:《刑事审判参考》(总第48集),法律出版社2006年版,第15—22页。

残忍、情节特别恶劣、造成的后果极其严重,且主观恶性极深,同时在故意杀人犯罪前后聚众殴打他人,并抢劫财物,人身危险性极大,实属罪行极其严重者。作为决策者、组织指挥者,王某辉应当对故意杀人犯罪负全部责任,一、二审法院以故意杀人罪判处其死刑立即执行,可谓罚当其罪。被告人祁明、王小强、牛晓龙、尹锟积极参与殴打被害人,之后又共同预谋杀人灭口,且共同将数袋各重达50公斤的盐包压在被害人身上,是杀人犯罪的积极参与者和主要实施者,地位和作用相当,但相对于王建辉要小一些,应负的责任也相应分散。虽然罪行极其严重,但是尚不属非杀不可者。

【指导案例】周某甲故意杀人案[①]**——被告人地位、作用次于同案犯的情形如何量刑**

2010年5月5日15时许,被告人周某甲随同案被告人周某乙(已判死缓刑)等人到休闲会馆洗浴,因在停车场见到以前有矛盾的被害人刘某某的汽车,周某乙遂授意周某甲携带一把尖刀防身。洗浴期间,刘某某用毛巾先后勒周某乙等人的颈部,并用毛巾抽打周某甲,周某甲遂持刀捅刺刘某某腿部数下,周某乙夺过尖刀朝刘某某头部、身体捅刺,刘某某因被锐器作用致失血性休克死亡。

在本案中,被告人周某甲在共同犯罪中的作用、地位次于同案被告人周某乙。周某甲听命于周某乙,系周某乙的跟班、打手,案发前准备尖刀也是周某乙授意而为,在与周某乙抓住被害人刘某某之后,周某甲持刀捅刺,周某乙称"往死里捅",并从周某甲手中夺过尖刀对刘某某进行捅刺,致刘某某因多处创伤致大出血死亡。由于周某甲听命于周某乙,地位、作用次于周某乙,在已判处周某乙死缓刑的情况下,对周某甲可不判处死刑立即执行。而且,本案被害人在案件起因上存在过错,周某甲与周某乙共同致死被害人,责任相对分散,故对其可不判处死刑立即执行。

【指导案例】周某甲故意杀人案[②]**——被告人在共同犯罪中地位、作用明显较次的情形如何量刑**

2010年5月,周某乙(作案后自杀身亡)因与其同居的被害人刘某甲提出分手,遂心生报复之念,扬言要杀死刘某甲全家。同年6月19日,周某甲陪同周某乙购买了一把杀猪刀等作案工具,前往刘某甲父母家,途中周某乙向周某甲详细描述了刘家房间的情况。当日晚上22时许,周某乙打开刘某甲父母家门,与周某甲一起进入室内。周某乙安排周某甲在二楼看守,并吩咐如果住在二楼的刘某甲父亲刘某乙察觉,就将刘某乙杀掉,周某甲同意。之后周某乙进入一楼卧室,对刘某甲及其母亲刘某丙分别捅刺数刀,致二人失血性休克死亡。周某甲与闻声出来查

---

① 该指导案例系最高人民法院内部办案参考案例,未曾公开发表。
② 同上。

看的刘某乙相遇,即持刀与刘某乙扭打,周某乙赶至二楼持刀捅刺刘某乙数刀,致刘某乙失血性休克死亡。

在本案中,被告人周某乙提起犯意,纠集周某甲参与,准备作案工具,分工指挥,且持刀直接致死三名被害人,地位、作用突出。周某甲对周某乙的杀人邀约积极响应,与周某乙共同准备作案工具后潜入被害人家中,在周某乙杀害刘某甲、刘某丙时看守现场,并协助周某乙杀害刘某乙。因此,本案虽然造成三人死亡的严重后果,但周某甲在共同犯罪中地位、作用明显小于作案后自杀身亡的周某乙,量刑时应当有所区别,对周某甲可不判处死刑立即执行。

【指导案例】杜益忠故意伤害致人死亡案①——共同故意伤害致人死亡案件中,被告人如实供认公安机关没有掌握的其致人死亡的关键情节,是否可以酌情从轻处罚

2000年11月12日零时许,叶建敏(在逃)在"阿武大排档"吃夜宵过程中,与顾胜连因琐事发生口角。叶建敏因此怀恨在心而离开,继而纠集了杜益忠等人,并分发凶器准备报复顾胜连。当日凌晨1时许,叶建敏伙同杜益忠及洪波、李曙荣分别携带凶器,到达"阿武大排档"。由李曙荣等人持尖刀守住排档门口,叶建敏伙同杜益忠及洪波分别持凶器冲入大排档内,洪波持土制火药枪威胁在场的徐驰、朱一成等人不许帮忙,叶建敏即持西瓜刀砍击顾胜连的手臂、手掌各一刀,杜益忠持尖刀朝顾胜连左大腿猛刺一刀,逃离现场,致被害人顾胜连全身多处刀伤,最终因左下肢股动脉、静脉断裂、失血性休克而死亡。

本案案发后,杜益忠逃匿多年。在杜归案前,公安机关只知道杜参与了此案,并不知道致命伤是杜形成的。据现有证据,参与本案的有四人,即杜益忠、叶建敏、洪波、李曙荣,而叶建敏没有归案。根据法医尸检报告,被害人大腿上的致命伤为一刺创,系被锐器捅伤。叶建敏所持的西瓜刀难以形成,而另一持尖刀的李曙荣没有进入现场,故可排除本案致命伤由此二人所形成。但是由于案发突然又是深夜,现场目击证人无人指证杜捅人,更没人指证杜捅刺了被害人的大腿,故杜的供认对认定致命伤系谁形成的这一关键事实具有重要价值,应属于坦白认罪态度好,根据《刑法》第67条第3款规定,可以从轻处罚。此外,在二审期间,杜的亲属积极代为赔偿损失,被告人家属愿意接受并对杜益忠表示了一定的谅解,该情节也可作为酌定量刑情节予以考虑。故法院综合考虑全案情节,最终判处其死刑缓期二年执行是适当的。

---

① 参见丁卫强:《杜益忠故意伤害致人死亡案——共同故意伤害致人死亡案件中,被告人如实供认公安机关没有掌握的其致人死亡的关键情节,是否可以酌情从轻处罚》,载最高人民法院刑一庭至刑五庭主编:《刑事审判参考》(总第58集),法律出版社2008年版,第35—39页。

第十七章 过失致人死亡罪

一、如何区分间接故意杀人罪与过失致人死亡罪

(一) 裁判规则

过于自信的过失与间接故意的区别在于:在间接故意中,行为人认识到会发生某种危害结果,但对该危害结果的发生持一种放任态度,其虽然不直接希望危害结果的发生,但也并不反对、不排斥,只是听之任之,顺其自然地放任危害结果的发生。而在过于自信的过失中,行为人不仅不希望发生这种危害结果,而且希望能够避免危害结果的发生,是排斥、反对危害结果发生的。在预见到自己的行为可能发生危害结果的情况下,持过于自信过失的行为人根据自己的认识和判断,凭借一定的自认为能够避免危害结果发生的有利因素(例如,智力、技术、经验、知识、客观条件等),相信能够避免危害结果的发生。

(二) 规则适用

在司法实践中,过于自信的过失致人死亡与间接故意杀人具有相似性,二者的行为人对其行为可能发生致人死亡的结果均有一定的认识,而且均不追求死亡结果的发生,但是间接故意的行为人为了实现其他目的,在明知死亡结果可能发生的情况下仍然实施其行为。间接故意的行为人虽然不希望危害结果的发生,但也不反对该危害结果的发生,而是听之任之,并不去考虑能否凭借一定的主、客观条件避免他人死亡结果的发生,体现的是对合法权益的一种蔑视态度。而过于自信过失的行为人在预见到他人死亡结果可能发生的情况下,之所以仍然实施其行为,是因为他相信凭借一定的主、客观条件可以避免死亡结果的发生,体现的是反对、否定危害结果发生的态度。可见,区分过于自信的过失致人死亡与间接故意杀人,关键在于行为人主观上对于造成他人死亡结果的心理态度,是希望避免还是持无所谓的放任态度。由于行为人的罪过不像客观行为那样容易证明,为此,在这类案件中,被告人的口供往往会避重就轻,辩称自己系过失绝非故意。然而,刑法中的罪过毕竟不是单纯的思想,其必然支配一定的危害社会行为,并且反映在这一系列危害行为上,这就为认识行为人的主观罪过提供了一条途径。在这

类案件中,可以对案件的起因、行为的对象和条件、行为的方式、行为的结果以及行为人对结果的事后态度进行全面考察:

1. 从案件的起因来考察,从被告人与被害人的关系,双方之间冲突的程度,是否存在足以使被告人放任危害后果发生的心理因素等方面进行判断。

2. 从行为条件和行为方式来考察,被告人是否具有"轻信"危害后果不会发生的现实条件。间接故意行为人不反对、不排斥危害结果的发生,是因为如果阻止其发生,将直接影响行为人所追求的其他目的结果的实现,所以,间接故意行为人不会凭借有利条件或采取措施避免危害结果的发生。而过于自信过失的核心在于避免危害结果的发生,行为人综合考虑了能够避免危害结果发生的有利因素,甚至往往能采取一定措施,设法避免危害结果的发生。也就是说,行为人在已经预见到危害结果可能发生的情况下,还要坚持实施既定行为,是因为行为人根据一定条件相信自己可以避免危害结果的发生。行为人的这种自信不是毫无根据的,而是具有一定现实有利条件的,如果行为当时根本就不具备避免危害结果的客观条件,或者行为人没有认识到这些条件,或者行为人不想利用这些条件避免危害结果,则说明行为人对危害结果的发生持放任的态度,即间接故意。为此,需要通过对行为当时的条件和特点进行分析,判断行为人是否认识到那些能够避免危害结果发生的客观条件,以及这些条件是否确实客观存在从而足以使行为人产生"轻信"。

3. 从对行为结果的事后态度来考察,间接故意不反对、不排斥危害结果的发生,不会凭借条件或采取措施避免危害结果的发生,而过于自信过失的核心在于避免危害结果的发生,行为人综合考虑到了能够避免危害结果发生的有利因素,甚至会采取一定的预防措施,设法避免危害结果发生。且在危害结果发生后,行为人的事后态度也能够在一定程度上反映出行为时的心理态度,过于自信过失的行为人不希望危害结果发生,所以一旦发生危害结果,行为人非常懊悔,往往采取各种补救措施,防止危害的扩大、尽量减少损害等,而间接故意的行为人对危害结果的发生往往无动于衷,一般不采取任何补救措施。

【指导案例】李宁、王昌兵过失致人死亡案[①]——如何区分间接故意杀人与过失致人死亡之间的界限

1999年3月26日晚,被告人李宁、王昌兵在新疆阿克苏市一歌舞厅内饮酒时,被害人阎世平进入李、王的包间与之攀谈,其间阎提出绑架他人与李、王合伙挣钱。后李宁、王昌兵追问绑架何人,阎世平不说,李宁、王昌兵遂对阎拳打脚踢,并将其强行拉上车带至西湖后湖堤处。李宁、王昌兵等人将阎拉下车,拳打脚

[①] 参见最高人民法院刑事审判第一庭、第二庭编:《刑事审判参考》(总第47集),法律出版社2006年版,第12—18页。

踢逼问其欲绑架的具体对象,并以此敲诈其钱财。后阎世平为摆脱李宁、王昌兵等人的殴打,趁其不注意跳入西湖中。李宁、王昌兵等劝其上岸,并调转车头用车灯照射水面,见阎仍趟水前行不肯返回,王昌兵让李宁下水拉阎一把,李称其水性也不好,两人为消除阎之顾虑促其上岸,遂开车离开湖堤。后阎世平的尸体在西湖后湖堤附近被发现,法医尸体检验报告证实,阎世平肺气肿、肺水肿,全身体表无明显损伤,结论为溺水死亡,排除暴力致死。

从本案来看,被害人跳水虽然是二被告人的侵害行为所致,但本案现有的证据反映,二被告人并不具备对被害人施救的能力,故二被告人不符合行为人负有某种特定义务并能够履行的不作为犯罪的前提,不属于不作为的间接故意犯罪。因此,本案不构成(间接)故意杀人罪。同时,两被告人在阎世平跳水之后,未进一步实施加害行为,而是调转车头用车灯照射水面,劝被害人上岸。见被害人仍趟水前行不肯返回时,被告人王昌兵还曾让李宁下水拉阎一把,因李水性也不好,不敢下水。后二人为消除阎世平的顾虑促使其上岸,遂开车离开湖堤。由此可见,二被告人既不希望、也不放任被害人死亡结果的发生。二被告人离开现场的目的是让被害人消除顾虑,尽快脱离危险之地,并非置被害人于水中而不顾。二被告人对于被害人可能会出现的后果是有所预见的,但轻信被害人在其离开后会返回岸上。因此,二被告人对被害人可能出现的死亡后果是持一种过于自信的过失心态,故对二被告人应当以过失致人死亡罪来认定。

【指导案例】蒋勇、李刚过失致人死亡案[①]**——如何区分共同间接故意杀人与过失致人死亡**

被告人蒋勇、李刚受人雇佣驾驶农用车,于2005年8月13日上午9时许在戴巷桥村道上行驶时,与当地的徐维勤驾驶的农用车对向相遇,双方为了让道问题发生争执并扭打。尔后,徐维勤持手机打电话,蒋勇、李刚以为徐维勤纠集人员,即上车调转车头欲驾车离开现场。徐维勤见状,即冲上前拦在苏B-A2629的农用车前方并抓住右侧反光镜,意图阻止蒋勇、李刚离开。蒋勇、李刚将徐维勤拉至车后,由李刚拉住徐维勤,蒋勇上车驾驶该车以约20公里/小时的时速缓慢行驶。后李刚放开徐跳上该车的后车厢。徐维勤见状迅速追赶,双手抓住该车的右侧护栏欲爬上该车。蒋勇在驾车过程中,从驾驶室的后视窗看到徐维勤的一只手抓在右侧护栏上,但未停车。李刚为了阻止徐维勤爬进车厢,将徐维勤的双手沿护栏扳开。徐维勤因双手被扳开而右倾跌地且面朝下,被该车的右后轮当场碾轧致死。

---

① 参见徐振华、朱杰焰:《蒋勇、李刚过失致人死亡案——如何区分共同间接故意杀人与过失致人死亡》,载最高人民法院刑事审判第一、二、三、四、五庭编:《刑事审判参考》(总第57集),法律出版社2007年版,第27—32页。

在本案中,蒋勇、李刚与被害人徐维勤事前虽有一定的争执,但并无杀人故意。当蒋勇、李刚意识到徐维勤持手机打电话可能纠集人员准备互殴,随即驾车离开现场,目的仅是为了防止与徐维勤再次发生冲突,避免事态的扩大。当蒋勇看到徐维勤的手抓住护栏而继续驾车行驶,且在有意识的状态下保持低速缓慢行驶,可以判定其已经预见到可能会造成徐维勤人身伤害,但轻信在低速行驶下能够避免危害结果的发生。李刚在车厢内采取扳开徐维勤抓住护栏的双手的行为以摆脱纠缠时,应当说也已经预见到这一行为可能会造成徐维勤身体伤害,但基于蒋勇驾车行驶的速度缓慢,轻信低速行驶过程中扳开徐维勤双手的行为一般能够避免危害结果的发生。他们在主观上并不希望死亡结果的发生,客观上过于轻信缓慢开车可以避免该结果的发生,但最终还是发生了致人死亡的结果,属于过于自信的过失。可见,蒋勇、李刚主观上并无共同杀死被害人徐维勤的意思沟通和主观故意,客观上亦根据其一般的认识和判断采取了相应的避免措施,并轻信这些措施可以避免徐维勤伤亡结果的发生,最终造成徐维勤死亡结果的发生是完全出乎两被告人意料的。因此,蒋勇、李刚的行为不构成共同间接故意杀人罪。我国《刑法》第25条第2款规定,"二人以上共同过失犯罪,不以共同犯罪论处;应当负刑事责任的,按照他们所犯的罪分别处罚。"该条规定实际上承认了共同过失犯罪的合理存在,只不过不以共同犯罪处理而已。本案实际上是一起比较典型的共同过失犯罪案件,按照我国现行《刑法》规定,不能以共同犯罪论处,只能对他们分别定罪处罚。

【指导案例】杨春过失致人死亡案[①]——如何区分过失致人死亡罪与故意伤害罪(致死)

2008年12月4日14时许,被告人杨春驾驶牌号为苏B30687的轻型货车至吴雪琴经营的杂货店送桶装纯净水,杨春将水卸在吴雪琴店门口,吴要求杨将桶装水搬入店内,遭杨拒绝。随后杨春驾驶车辆欲离开,吴雪琴遂用右手抓住汽车的副驾驶室车门、左手抓住车厢挡板,阻止杨离开。杨春见状仍驾车向前低速行驶数米并右转弯,致吴跌地后遭汽车右后轮碾轧。吴因腹部遭重力碾轧造成左肾破裂、多发骨折致失血性休克,经送医院抢救无效于当日死亡。

在本案中,被告人杨春驾驶车辆欲离开,吴雪琴遂用右手抓住汽车的驾驶室车门,阻止杨离开。杨春见状仍驾车向前低速行驶,表明其已经预见到自己的行为对他人的生命具有危险性。在此前提下,需要进一步判断杨春对被害人死亡结

---

① 参见徐振华、徐竹梵:《杨春过失致人死亡案——如何区分过失致人死亡罪与故意伤害罪(致死)》,载最高人民法院刑事审判一至五庭主办:《刑事审判参考》(总第75集),法律出版社2010年版,第31—36页。

果持放任态度还是反对态度,由此决定其属于间接故意还是过于自信过失。首先,从案件的起因来看,被告人杨春与被害人吴雪琴初次相见,二人不存在积怨,杨春没有放任被害人死亡的现实动机。其次,杨春采取了一定的避免措施,表明死亡结果的发生违背杨春的意愿。从行为条件和方式来看,杨春刚刚发车,车速较慢,加上车身不高,被害人完全能够双脚着地,这些情况充分表明杨春是在试图摆脱被害人的纠缠,希望在自己稳速慢行的过程中被害人能自动放手。基于社会一般人的认识标准,被害人应该能够认识到攀爬行驶中的车辆的后果,这是被告人认为在车辆稳速慢行过程中被害人能够自动放手,从而能够避免危害结果发生的客观条件。可见,杨春认识到了行为时能够避免危害结果发生的一些条件,这些条件也确实客观存在,因此杨春在主观上不具备间接故意的特征,其主观罪过应是过于自信的过失。最后,从对行为结果的事后态度来看,被害人被碾轧时汽车仅驶出数米,杨春发现后车轮有不正常跳动后随即下车查看,事发后留在现场积极协助抢救被害人直至被抓获,并支付了即时发生的抢救费用。其采取的上述补救措施表明其内心懊悔,被害人死亡的结果完全违背其主观愿望,而非放任危害后果的发生。

【指导案例】季忠兵过失致人死亡案①——如何评价特殊环境下被告人致人死亡的主观罪过

2007年6月30日17时20分许,被告人季忠兵到上海市宝山区塘祁路101号上海汇津装饰工程有限公司锅炉房门口打开水,因故与被害人汪亚龙发生争执,继而相互推搡扭打。其间,季忠兵拎起放于锅炉房边上的一个油漆桶甩向汪亚龙,致盛放桶内的香蕉水泼洒在汪亚龙身上,香蕉水随即起火燃烧,汪亚龙和季忠兵均被烧着。嗣后,两人被送往医院救治,汪亚龙因高温热作用致休克而死亡。

本案的关键是如何认定被告人的主观罪过,系间接故意的伤害行为、疏忽大意的过失还是属于意外事件?笔者认为,被告人的行为不属于间接故意的伤害行为,也不属于意外事件,而应认定为过失致人死亡罪。理由如下:第一,被告人的行为不构成故意伤害(致人死亡)罪。在本案中,香蕉水从桶中溢出,系季忠兵用桶扔向被害人时发生的结果,而在扔出该桶时,桶的盖子是密封的;季忠兵明知该桶内有香蕉水,也并没有将桶盖掀开,直接用香蕉水泼洒被害人,因此,对香蕉水烧伤被害人的后果应该没有持希望的态度。季忠兵对烧伤的后果也不能认定为放任。季忠兵虽明知桶内是香蕉水,但当时桶盖密封,扔出去未必就能导致桶内液体流出,其抄起该桶即向被害人扔去,认定其具有用该桶本身伤害被害人的故

---

① 参见姜琳炜:《季忠兵过失致人死亡案——特殊环境下被告人致人死亡,如何评价被告人的主观罪过》,载最高人民法院刑事审判一至五庭主办:《刑事审判参考》(总第89集),法律出版社2013年版,第29—33页。

意更符合其主观心态。对此,根据主客观相统一的原则,也只能要求季忠兵对其用油漆桶攻击被害人所造成的直接后果承担责任。即如果油漆桶的撞击导致被害人构成轻伤以上结果,被告人对此承担故意责任,如果超出该范围,被告人不具有故意犯罪的主观罪过。第二,该案不是意外事件。本案中的被告人是油漆工,熟知香蕉水遇高温易燃的特性。被告人在锅炉房内持装有香蕉水的桶殴打他人,客观上对可能导致的危害后果也是能够预见的。所以,本案不属于意外事件。第三,本案中,被告人主观上系疏忽大意的过失。被告人作为一名油漆工,应该明知香蕉水是易燃物品,极易挥发,泼洒后将会造成大量的油气挥发,一旦遇到高温或者火种,即可着火燃烧。被告人明知桶内有香蕉水,虽然见桶盖密封,但应当预见到用该桶殴打他人,可能导致桶内香蕉水溢出,从而在锅炉房这一特定的高温环境下会发生燃烧的后果,因其没有预见,在主观上应属于疏忽大意的过失。

二、一般日常生活殴打行为致特异体质被害人死亡的案件如何定性

(一)裁判规则

1. 被告人针对被害人实施一般殴打行为,导致具有特异体质的被害人死亡,由于被害人的特异体质在行为人实施殴打行为之前就已经存在,并非介入因素,而仅仅是危害结果发生的条件,不能中断被告人的行为与死亡结果之间所具有的因果关系。

2. 构成故意伤害(致人死亡)罪的行为,应当是具有高度危险性的暴力行为,且行为人具有伤害的故意;如果行为人仅仅实施了一般生活意义的轻微暴力殴打行为,仅具有一般性致人疼痛的殴打意图,由于某种原因或条件引起了被害人死亡的,不能认定为故意伤害(致人死亡)罪;如果行为人对死亡结果存在过失的,可以认定为过失致人死亡罪。

(二)规则适用

1. 因果关系的发生总是存在于特定条件之下,只有在一定的具体条件下,才可能产生出某种结果,原因不能离开其所处的具体条件而发生作用,因此,我们不能离开特定条件来认定因果关系,更不能将结果发生的条件认定为刑法意义上因果关系中的原因。在现实生活中完全可能存在这样一种情形:同一行为在一般场合下实施,通常不会引起某种危害结果的发生,但在特殊条件下就会合乎规律地导致某种危害结果的发生。这种特殊条件,既可能是当时当地的具体环境,也可能存在于被害人自身特殊体质之中,或者兼而有之。因此,在考察行为与危害结果之间的因果关系时,要进行具体分析。例如,行为人在医院门口实施暴力行为,造成被害人濒临死亡结果的发生,但是由于抢救及时,被害人幸免于难。另一种情况是,行为人在荒山野岭实施暴力行为,造成被害人一般伤害,但是由于抢救不及时失血过多死亡。在上述两种情形中,医院门口和荒郊野外均系因果关系发生的条件,而并非伤亡结果发生的原因,故不能被认定为因果关系发生过程中

的介入因素。同样,在致特异体质被害人死亡的案件中,被害人的特异体质本身就属于被害人身体的一部分,当行为人针对被害人实施一般生活意义的轻微暴力殴打行为之后,尽管在通常情况下不会致人死亡,但是由于被害人特异体质的存在,死亡结果顺其自然地发生了。在这里,虽然从自然意义上来看被害人的特异体质是其死亡的直接内在原因,但从刑法评价意义来看,这种特殊体质并非刑法意义上的危害行为,也不是中途介入的其他可罚因素,它是先于被告人行为而存在的静态的条件,即仅仅是死亡结果发生的条件,故不能中断行为人的暴力行为与死亡结果之间的因果关系。

2. 在殴打场合,如果仅具有生活中一般性致人疼痛的殴打意图,实施殴打行为致人死亡的,该行为与故意伤害(致人死亡)行为之间,在行为的主、客观方面均存在重大差异。其中,从主观上来看,实施故意伤害(致人死亡)行为的行为人,具有对他人人体组织的完整性以及人体器官的正常机能造成实质性损害的意图;而过失致人死亡行为则仅具有一般性致人疼痛的殴打意图,也就是通过殴打让被害人遭受皮肉之苦,而并没有严重伤害他人生理机能的故意。需要注意的是,在司法实践中存在这样一种错误倾向:一旦出现死亡结果,就反过来看行为人是否是"有意"实施该行为,如果是"有意"实施,就认为存在伤害故意。这种观点无视故意的具体内容,仅仅从形式上考察行为的"有意性",混淆了故意伤害与过失致人死亡罪的界限。因为过失致人死亡行为也具有"有意性",其与伤害故意的区别在于内容不同,伤害行为系在伤害他人生理机能的故意支配下实施,而非致人疼痛的殴打意图。从行为客观方面来看,故意伤害行为必须具有对他人生理机能健康造成实质性损害的、类型化的危险性,即应当是具有高度危险性的暴力行为;而日常生活中的轻微殴打行为对他人的生理机能健康不具有实质的、类型化的危险性,不属于故意伤害罪的实行行为。如果行为人仅仅实施了一般生活意义的轻微殴打行为,仅具有一般性致人疼痛的殴打意图,由于某种原因或条件引起了被害人死亡的,不能认定为故意伤害(致人死亡)罪。例如推搡、抓挠或者一般性殴打行为等而致人死亡的,由于只具有一般殴打意图,并不具有伤害故意,故只能认定为过失致人死亡罪或者意外事件,而不构成故意伤害罪。

【指导案例】都某过失致人死亡案[①]——实施一般殴打导致特异体质被害人死亡的行为如何定性

2011年9月30日19时许,被告人都某及其子都某乙在高校宿舍区亲属家中吃过晚饭后,都某准备驾驶轿车回家。其间,适逢住在该宿舍区另一幢楼房的该高校教授陈某(被害人,殁年48岁)驾车回家取物。陈某将其驾驶的车辆停在宿

---

① 参见叶巍、陈亚鸣:《都某过失致人死亡案——实施一般殴打导致特异体质被害人死亡的行为如何定性》,载最高人民法院刑事审判一至五庭主办:《刑事审判参考》(总第103集),法律出版社2016年版,第43—47页。

舍区两幢楼房前方路口,堵住了车辆行进通道,致都某所驾车辆无法驶出。双方遂发生口角,继而打斗在一起。在打斗过程中,都某拳击、脚踹陈某头部、腹部,致其鼻腔出血。后陈某报警。在此过程中,都某乙与陈某的妻子邵某发生拉扯,并将邵某推倒在地。民警赶到现场后将都某父子带上警车,由陈某驾车与其妻跟随警车一起到派出所接受处理。双方在派出所大厅等候处理期间,陈某突然倒地,后经送医院抢救无效于当日死亡。经鉴定,陈某有高血压并冠状动脉粥样硬化性心脏病,因纠纷后情绪激动、头面部(鼻根部)受外力作用等,其机体应激反应,促发有病变的心脏骤停而死亡。

在本案审理过程中,存在以下三种意见:第一种意见认为,导致被害人死亡的直接原因系其有高血压并冠状动脉粥样硬化性心脏病,被告人的行为仅仅是死亡结果发生的条件,并非刑法意义上的原因,而且被告人因不知道被害人的特异体质进而无法预见到危害结果的发生,因此,对本案应当作为意外事件处理。第二种意见认为,被告人对被害人实施了故意伤害的行为,并产生了致人死亡的后果,行为与后果之间存在刑法上的因果关系,对其应当以故意伤害(致人死亡)罪来认定。第三种意见认为,被告人系正常的成年人,应当能够预见殴打他人头部可能导致他人死亡的危害后果,但因为疏忽大意而没有预见到,故应当以过失致人死亡罪定罪处罚。笔者同意第三种意见,理由如下:

首先,被告人的行为与被害人死亡结果之间具有刑法意义上的因果关系。在刑法理论中,因果关系是指危害行为与危害结果之间具有"引起与被引起"的关系。一般来说,只要涉案行为对危害结果的发生具有原因作用力,就可以认定二者存在刑法上的因果关系。从本案的尸体鉴定意见来看,被害人死亡的原因是其有高血压性并冠状动脉粥样硬化性心脏病,纠纷后情绪激动、头面部受外力作用等导致机体应激反应,促发有病变的心脏骤停而死亡。可见,被害人的死亡属于多因一果情形。其中,死亡的直接原因是心脏病,而引发心脏病的原因是被告人与被害人发生口角并实施殴打的行为。由于被害人的特异体质并非行为,不具有刑法上的评价意义,因此,虽然被害人的特异体质从自然意义上来看是其死亡的直接内在原因,但从刑法评价意义来看,仅仅是死亡结果发生的条件,并非可以中断因果关系的介入因素,而被告人的行为本身才是死亡结果发生的原因,与被害人死亡结果之间具有刑法上的因果关系。

其次,构成故意伤害罪的行为应当是具有高度危险性的暴力行为,如果行为人仅仅实施了一般生活意义的轻微暴力殴打行为,即使引起了被害人的死亡,通常也不能认定为故意伤害(致人死亡)罪。司法实践中,通常可以将常见的暴力殴打行为区分为两种类型:一种是在日常生活发生争执过程中,旨在造成他人身体一时疼痛的一般生活意义上的殴打行为;另一种是意图造成他人身体器官损伤的故意伤害行为。关于二者的区分,正如张明楷教授所指出:"一般生活意义上的

'故意'不等同于刑法上的故意。行为人只具有一般殴打的意图,并无伤害的故意,由于某种原因或者条件引起了被害人死亡的,不能认定为故意伤害致死。"本案被告人在与被害人发生争执后互相殴打,鉴定意见显示,被害人尽管存在一些软组织损伤,但只是一般的损伤,殴打并未造成严重的伤害结果。可见,从被告人打击被害人的部位、力度和造成的后果来看,被告人实施的尚属一般殴打行为,这表明其并不存在意图造成被害人身体器官损伤的刑法上的伤害故意,故不能认定其行为构成故意伤害罪。

最后,构成故意伤害罪在主观上要求行为人具有致人轻伤以上伤害的故意,如果行为人仅有日常生活中一般性的致人暂时疼痛的殴打意图,即使是致人死亡,也不构成故意伤害(致人死亡)罪。行为人针对死亡结果存在过失的,应认定为过失致人死亡罪;不存在过失的,则属于意外事件。在一般争执过程中,行为人所实施的系一般生活意义的轻微暴力殴打行为,主观上仅仅是想让他人遭受一点暂时疼痛的皮肉之苦,并不具有致他人轻伤甚至重伤的故意。当然,一般生活意义的轻微暴力殴打行为仍然属于带有加害风险的行为,存在导致他人受伤或死亡结果发生的可能。一旦发生上述结果,行为人就可能因未履行注意义务而构成过失犯罪。从本案情况来看,被告人作为一个精神健全、身体健硕的成年人,应当预见到用拳头击打他人头部可能造成他人受伤或者死亡的风险,但由于疏忽大意没有预见,最终导致被害人因纠纷情绪激动、头面部(鼻根部)受外力作用等而导致的机体应激反应,促发有病变的心脏骤停而死亡,故被告人应当承担过失致人死亡的责任。

【指导案例】罗某故意伤害案[①]——**如何区分日常生活中的殴打行为与故意伤害行为**

2002年2月12日下午7时许,被告人罗某与他人在某市某镇某地聚会饮酒。晚9时许,罗某又与他人一同在该处打麻将,莫某站在旁边观看。由于罗某在打麻将过程中讲粗话,莫某对罗某进行劝止,二人为此发生争吵。争吵过程中,莫某推了一下罗某,罗某即用右手朝莫某左面部打了一拳,接着又用左手掌推莫某右肩,致使莫某在踉跄后退中后脑部碰撞门框。在场的其他人见状,分别将莫某和罗某抱住。莫某被抱住后挣脱出来,前行两步后突然向前跌倒,约两分钟后死亡。经法医鉴定,莫某后枕部头皮下血肿属钝器伤,系后枕部与钝性物体碰撞所致,血肿位置为受力部位。

本案被告人所实施的并非故意伤害行为。故意伤害罪保护的法益是生理机

---

① 参见最高人民法院刑事审判第一、二、三、四、五庭主办:《中国刑事审判指导案例:侵犯公民人身权利、民主权利罪》,法律出版社2009年版,第285—288页。

能的健康,只有对人的生理机能健康造成实质损害,才属于伤害行为,为此故意伤害的实行行为并不包括日常生活中的轻微殴打行为。在本案中,莫某与罗某发生争吵,莫某推了罗某一下,罗某朝莫某的左面部打了一拳,又用左手掌推了一下莫某右肩,致使莫某在踉跄后退中后脑部碰撞到门框。这种行为本身仅属于日常生活中的轻微伤害行为,对对方的生理机能健康并不具有实质的危险性,因此不属于故意伤害罪的实行行为。那么,罗某的行为是否属于过失致人死亡罪的实行行为呢?如果构成过失致人死亡罪,就需要确定其过失行为与被害人死亡结果之间存在因果关系。对此,在没有介入因素的情况下,应当以"条件说"为标准来进行分析,即判断罗某的行为与被害人死亡结果之间是否存在"没有前者就没有后者"的条件关系,如果存在,就具有因果关系,反之,就不具有因果关系。在本案中,如果没有罗某的掌推行为,则莫某头部的后枕部就不会与钝性物体发生碰撞,也就不会出现莫某脑挫伤的结果,符合"没有前者就没有后者"的条件关系。因此,罗某的行为与莫某的死亡结果之间存在刑法意义上的因果关系,故对其行为应当认定为过失致人死亡罪。

【指导案例】韩宜过失致人死亡案①**——无充分证据证实伤害行为与伤害后果有因果关系的如何定性**

2003年5月24日晚10时许,被害人余峰在外饮酒后,由朋友送至其住处楼下,下车后,余峰因酒后行为失常,无故殴打其妻,随即又与路过的数人拉扯、追赶并寻找刀具。之后,余峰闯进路边的发廊内拿走一把理发剪,又与多人发生拉扯、抓打。被告人韩宜见状上前看热闹时,余峰用理发剪朝韩宜挥去,将韩的手指刺伤。韩宜躲开后跑到一水果摊旁拿起一个方木凳,余峰见状即跑开,韩宜随后追赶,并用木凳向前肩、背部砸了二三下,余被砸后继续往前跑,随后倒在公路中心线附近,韩宜上前从余峰手中夺过理发剪。后余峰经医院抢救无效死亡。

2003年5月28日,湖北同济法医学司法鉴定中心对送检的余峰脏器进行了法医病理学检查,该报告分析认为死者余峰的病理变化主要为心脏肥大、灶性肺出血及陈旧性肺结核,尸检未见颅骨骨折、硬膜外和硬膜下血肿及其他明显损伤,病理学检查亦未见脏器损伤病理学改变,可以排除暴力作用直接导致死亡的可能。综合分析认为,死者余峰比较符合在心脏肥大的基础上,因身体多处损伤、饮酒及纠纷中情绪激动等多因素作用,致急性心功能衰竭而死亡。2005年7月12日,湖北同济法医学司法鉴定中心作出了法医病理补充鉴定书,该补充鉴定书分析说明:根据本次尸检结果,未发现颅盖和颅底骨折,综合分析认为,死者余峰符合在左心脏肥大的基础上,因身体多处遭受钝性损伤,特别是头部皮肤挫裂创,加

---

① 参见吴如玉、杜晓红、张婵:《韩宜过失致人死亡案——无充分证据证实伤害行为与伤害后果有因果关系的,不能认定成立故意伤害罪》,载最高人民法院刑事审判第一、二、三、四、五庭编:《刑事审判参考》(总第56集),法律出版社2007年版,第6—14页。

上饮酒及纠纷中剧烈奔跑等多种因素作用,致急性心功能衰竭而死亡,综合分析其头部损伤在其死亡过程中的参与度为25%~30%。2005年4月1日,湖北省宜昌市公安局西陵区分局法医鉴定所鉴定:死者余峰损伤集中在头面部,身体其他部位未见损伤痕,根据《人体轻微伤鉴定标准》之第3.2和3.6条之规定,余峰头面部所受之伤为轻微伤。

本案被告人韩宜在被害人余峰实施了伤害韩宜等人的行为后,躲开跑到水果摊旁拿起木凳欲攻击余峰,余峰见状立即跑开,此时,余峰已停止了不法侵害行为,但韩宜仍继续追赶,并用木凳砸向余肩、背部,如果该行为造成轻伤以上后果,那么就应当构成故意伤害罪。本案尽管发生了被害人死亡的结果,但是造成该结果的原因是多种多样的。按照刑法罪责自负原则,一个人只能对自己的危害行为所造成的危害结果负刑事责任。因此,当某种危害结果已经发生,如果要行为人对该结果承担刑事责任,就必须确认其行为与该结果之间存在因果关系。本案被告人韩宜是否应对被害人的死亡承担刑事责任,关键取决于韩宜的故意伤害行为与被害人的死亡后果间是否存在因果关系。由于因果关系存在客观性、条件性、多样性和复杂性等性质,因此,应该从上述性质来分析本案的因果关系。本案几份鉴定结论均表明,被害人的死亡原因是由于其自身体质因素和外界刺激、伤害等多种因素综合作用导致。因此可以认定,伤害也是被害人死亡原因中的一种。由于被害人生前与多人发生抓扯,其身体遭受多处伤害,这些伤害是否都在被害人死亡中起了作用。湖北同济法医学司法鉴定中心的病理补充鉴定书对此作了进一步分析说明,明确了在被害人遭受的多处伤害中,其中头部损伤在死亡过程中的参与度为25%~30%,因此可以确定对其死亡起直接作用的伤害是头部伤害,而其他部位所受的伤害在被害人的死亡原因中的参与度没有被确认。因此,应当认定造成被害人死亡的外界直接原因是头部伤害行为,也就是说,实施头部伤害行为的行为人应当对被害人的死亡承担刑事责任。然而,根据现有证据,只能认定被告人韩宜有伤害被害人肩、背部的行为,不能认定韩宜实施了伤害被害人头部的行为;而韩宜用凳子砸打被害人肩、背部的行为,与被害人的死亡后果间无直接的因果关系。因此,本案应当依法宣告被告人韩宜无罪,法院据此作出的无罪判决是正确的。

三、驾驶交通工具在非公共交通范围内撞人死亡的应如何定罪

(一)裁判规则

在实行公共交通管理范围内违章驾车,发生重大交通事故的,以交通肇事罪论处;在公共交通管理范围外,驾驶机动车辆或者使用其他交通工具致人伤亡或者致使公共财产或他人财产遭受重大损失,构成犯罪的,分别依照《刑法》第134条重大责任事故罪、第135条重大劳动安全事故罪和第233条过失致人死亡罪的

规定定罪处罚。

(二) 规则适用

依照最高人民法院《关于审理交通肇事刑事案件具体应用法律若干问题的解释》第8条的规定,"在实行公共交通管理范围内发生的重大交通事故的,以交通肇事罪论处;在公共交通管理范围外,驾驶机动车辆或者使用其他交通工具致人伤亡或者致使公共财产或者他人财产遭受重大损失,选择重大责任事故罪、重大劳动安全事故罪或者过失致人死亡罪定罪处罚"。可见,驾驶交通工具致人死亡的,是否认定为过失致人死亡罪,关键在于该行为是否发生在"公共交通范围"内。如果发生在"公共交通范围"之内,则认定为交通肇事罪;反之,如果并非发生在生产作业过程中,则认定为过失致人死亡罪。所谓"公共交通管理范围"内,应当是指纳入公共交通管理机关管理范围内的道路。一般而言,机关、企事业单位、厂矿、学校、封闭的住宅小区等内部道路均不属于公共交通管理范围。在上述区域道路上因使用交通工具致人伤亡,在排除行为人出于主观故意以及该行为不能构成过失以危险方法危害公共安全罪的情况下,如构成过失犯罪,需要定罪处罚的,不能按交通肇事罪处理。原则上讲,一般应首先考虑以过失致人死亡罪追究刑事责任,如该行为同时又符合重大责任事故罪或重大劳动安全事故罪的构成要件,则应按特别法条优于普通法条的适用原则,以重大责任事故罪或重大劳动安全事故罪等罪名追究刑事责任。具体来说:首先,在工厂、矿山、林场、建筑企业或者其他企业、事业单位内部交通范围内,该单位职工使用交通工具违章生产作业,因而发生重大伤亡事故或者造成其他严重后果的,应以重大责任事故罪追究刑事责任;如该职工虽使用交通工具但并非是从事单位的生产作业,造成重大伤亡事故或者造成其他严重后果的,仍应以过失致人死亡罪追究刑事责任。其次,在工厂、矿山、林场、建筑企业或者其他企业、事业单位内部交通范围内,该单位用于生产、运输的交通工具不符合国家劳动安全规定,经有关部门或人员提出后,仍不采取措施,因而发生重大伤亡事故或者造成其他严重后果的,应以重大劳动安全事故罪追究相关责任人的刑事责任;如不符合上述情况,虽因使用交通工具造成重大伤亡事故或者造成其他严重后果的,仍应以过失致人死亡罪追究行为人的刑事责任。

【指导案例】李满英过失致人死亡案①——驾驶交通工具在非公共交通范围内撞人死亡的应如何定罪

2001年11月9日18时许,被告人李满英无证驾驶一辆无牌号摩托车,在天津

---

① 参见李武清:《李满英过失致人死亡案——驾驶交通工具在非公共交通范围内撞人死亡的应如何定罪》,载最高人民法院刑事审判第一庭、第二庭编:《刑事审判参考》(总第32辑),法律出版社2003年版,第29—33页。

市华北石油天津物资转运站大院内行驶时,将正在散步的张岳琴撞倒。李满英随即同他人将张岳琴送到医院,但张岳琴经抢救无效死亡。李满英在医院内被接到报警后前来的公安人员抓获。

本案被告人李满英无证驾驶一辆无牌号摩托车,在华北石油天津物资转运站大院内这一非公共交通管理范围内行驶时,将正在散步的张岳琴撞死,其性质不属于交通肇事罪,但符合过失致人死亡罪的构成要件,应当以过失致人死亡罪追究其刑事责任。

四、针对发生在具体领域的过失致人死亡行为应当如何定罪

(一) 裁判规则

《刑法》第 233 条规定过失致人死亡罪的同时,也作出"本法另有规定的,依照规定"。当本罪与具体领域内发生的过失致人死亡行为之间存在法条竞合时,应当优先适用特别法条定罪量刑。

(二) 规则适用

刑法分则某些条款规定的过失犯罪,如失火罪、过失爆炸罪、交通肇事罪等,也往往会发生过失致人死亡的结果。对于这些因危害公共安全的行为或者业务过失而导致他人死亡的情形,有观点认为,只要其所保护的法益不同于过失致人死亡罪的保护法益,就应当认为二者属于想象竞合,而不宜认定为法条竞合关系。[①] 笔者认为,这种观点是不正确的。法条竞合并不要求发生竞合关系的法条保护的法益相同,且在刑法分则中处于同一章节,而只要两个法条之间具有从属或者交叉的逻辑关系即可。例如,过失致人死亡罪与交通肇事罪,二者所保护的法益完全不同,前者是他人的生命权,后者是交通运输安全,但是并不妨碍二者之间属于法条竞合关系。

关于法条竞合与想象竞合,二者之间具有如下两点区别:其一,法条竞合与立法者的价值判断有关,针对普通法条之外的某种特殊行为,刑法为了给予其特别保护,而将其从外延较大的普通法中剥离出来单独加以规定。法条竞合系一种静态的竞合,两个条文之间的竞合关系完全可以脱离具体的案件行为而存在,即不需要借助具体案件事实的连接,通过对构成要件的解释就可以发现一个构成要件包容了另一个构成要件的全部内容。例如,通过对滥用职权罪与私放在押人员罪的构成要件进行解释便可以知道,私放在押人员是一种特殊的滥用职权行为,不管私放在押人员的行为表现为何种样态,都不影响两个法条之间的包容关系。而想象竞合犯是行为人的一个行为偶然地符合多个罪名,它与法条如何规定本身无关,而与犯罪行为人实施犯罪时的选择有关,系一种动态竞合。由于两个法条之

---

① 参见张明楷:《刑法学》(第 5 版),法律出版社 2016 年版,第 852 页。

间并不存在交叉或重叠关系,故只有借助于特定的案件事实,才能使两个本来不相关的法条之间产生关联,一旦离开了具体的案件事实,两个法条之间就会形成中立关系甚至是对立关系。例如,破坏电力设备罪与盗窃罪,二者之间本来不存在任何关系,因为前者表现为破坏,而后者表现为占有,二者之间本来互不相干,但是当行为人将电力设备转移给自己或者第三人占有时,同时触犯上述两个罪名,二者之间随即产生了关联。其二,在适用法律时二者并不相同。在法条竞合关系中,当减轻法条属于特别法时,根据特别法优于普通法的原则,不能从一重罪论处,必须适用减轻法条。与之不同的是,想象竞合采取从一重罪处罚原则。此外,法条竞合时只能适用一个法条,其他法条被排斥适用;而在想象竞合中,并不是只适用一个法条,而是同时适用行为所触犯的数个法条,在判决中需要明示被告人行为所触犯的数个罪名,只是按其中最重的罪名定罪量刑而已。

在发生法条竞合的情况下,有观点认为,特别法条的存在,意味着某种行为类型,从外观、形式上看,只要是属于立法预设的特别法条所规范的,就应该排斥普通法条的适用可能。由于特别法条既是"犯罪"的类型,同时也是"非罪"的类型,如果某一行为按照特别法条不能定罪时,对其也不能适用普通法条予以定罪。① 笔者认为,上述观点是不正确的。因为特别法条所规定的犯罪从整体上来说,通常属于更严重的犯罪;当行为人的行为不符合特别法条所规定的更重的犯罪时,完全有可能符合普通法条所规定的较轻的犯罪,故此时应当以普通法规定的犯罪定罪处罚。

【指导案例】高知先、乔永杰过失致人死亡案②——如何理解《刑法》第233条的"本法另有规定的,依照规定"

2002年6月2日,被告人高知先接管河南省郑州市中原区大岗刘乡石羊寺村月亮船幼儿园,并任园长,负责全面工作;被告人乔永杰是该幼儿园雇用的司机。高知先明知该园用于接送幼儿的豫A55345号松花江牌面包车车况差,油路不畅,急需检修,仍要求乔永杰驾驶该车接送幼儿。6月14日19时许,乔永杰驾驶该车送第一批幼儿回家途中,车辆出现故障,打不着火,无法将车上儿童送回家,遂打电话将此事通知给高知先。高知先与孟辉军骑摩托车赶到现场后,见车辆仍未修好,由于时间较晚,高知先就到附近租了一辆车,将留置在故障车内的儿童全部送走,要求乔永杰和孟辉军继续修车,修好后送园内其他幼儿。乔永杰和孟辉军对豫A55345号车进行简单维修后,又开车回到幼儿园接上第二批幼儿送回家。途中因油路不畅,乔永杰让孟辉军用手扶着一塑料油壶,采取用油壶直接向该车汽化器供油的违规操作方法继续行驶。豫A55345号车行至中原区须水镇

---

① 参见周光权:《法条竞合的特别关系研究兼与张明楷教授商榷》,载《中国法学》2010年第3期。
② 参见《郑州市中原区人民检察院诉高知先、乔永杰过失致人死亡案》,载《中华人民共和国最高人民法院公报》2005年第1期。

宋庄五队时,由于汽化器回火,引起汽车着火,将车上的王奥迪、杨姗姗、赵龚杰等三名儿童当场烧死,孟辉军严重烧伤后经医治无效死亡,王杰、谷世兴等两名儿童被烧成重伤,面包车被烧毁。

在本案中,被告人高知先、乔永杰对豫 A55345 号面包车起火后烧死 4 人、烧伤 2 人这一严重危害后果虽然都有过失,但刑法对二被告人的过失都另有规定,因此二被告人的行为不构成《刑法》第 233 条规定的过失致人死亡罪。乔永杰违反交通运输法规,驾驶机动车发生重大交通事故,致 4 人死亡、2 人重伤、车辆烧毁的严重后果,情节特别恶劣,应当以交通肇事罪定罪处罚。作为主管人员、肇事车辆的管理所有人的高知先,只有在指使、强令他人违章驾驶而造成重大交通事故的情况下,才能以交通肇事罪定罪处罚。本案证据不能证明高知先指使、强令乔永杰违规操作,却能证明在得知车辆出现故障后,高知先租用其他车辆将故障车上的幼儿送走,并告知乔永杰修理故障车。《刑法》第 138 条规定:"明知校舍或者教育教学设施有危险,而不采取措施或者不及时报告,致使发生重大伤亡事故的,对直接责任人员,处三年以下有期徒刑或者拘役;后果特别严重的,处三年以上七年以下有期徒刑。"这是刑法规定的教育设施重大安全事故罪。本案事故车辆,是月亮船幼儿园专用于接送幼儿的工具,是教育教学设施。高知先明知该车油路堵塞急需检修,不履行职责将该车交给专业人员检修以便排除危险,却让乔永杰使用这个已确定存在安全隐患的教育教学设施接送幼儿。本案车毁人伤亡的危害后果,固然是乔永杰违反交通运输法规的行为直接造成的,但其中 3 名幼儿被烧死、2 名幼儿被烧伤,却与高知先明知教育教学设施有危险而将其继续投入使用的行为有因果关系,应当以教育设施重大安全事故罪追究其刑事责任。据此,以交通肇事罪判处被告人乔永杰有期徒刑 5 年;以教育设施重大安全事故罪,判处被告人高知先有期徒刑 4 年。

【指导案例】王之兰过失致人死亡案[①]——**在未领取《医疗机构执业许可证》的乡村卫生室工作的乡村医生行医致人死亡的如何定性**

江苏省扬州市邗江区杭集村卫生室成立于 20 世纪 70 年代,王之兰自 1973 年起即在村卫生室工作,曾取得卫生行政部门所发的《乡村保健医生证书》。2000 年,邗江区卫生局开始开展对乡村卫生室发放《医疗机构执业许可证》工作。2001 年 8 月,杭集村委会向邗江区卫生局提出设置杭集村卫生室为医疗机构的申请,经主管部门验收,因故未合格,至本案案发时尚未领取到《医疗机构执业许可证》。2001 年 11 月 22 日下午 3 时许,被害人林奇(男,16 岁)因上呼吸道感染到邗

[①] 参见张澎:《王之兰过失致人死亡案——在未领取〈医疗机构执业许可证〉的乡村卫生室工作的乡村医生行医致人死亡的应如何定性》,载最高人民法院刑事审判第一庭、第二庭编:《刑事审判参考》(总第 34 辑),法律出版社 2004 年版,第 20—23 页。

江区杭集镇卫生院就诊,该院开出青霉素皮试单及青霉素注射处方。林奇在该卫生院做了青霉素皮试,其结果为阴性;但林奇未在该院输液。随后林奇来到王之兰所在的杭集村卫生室,王之兰看过林奇在杭集镇卫生院的病历、处方和皮试单后,要林奇做皮试,林奇称刚做过,王之兰即未坚持,遂对林奇进行青霉素输液。林奇输液后不久即感不适,自行拔出针头后出门,随即倒地,经抢救无效死亡。经区、市两级医疗事故鉴定委员会鉴定,王之兰在未对林奇重新做青霉素皮试的情况下给林奇注射了与杭集镇卫生院皮试试液不同生产厂家的青霉素,以致林奇发生青霉素过敏性休克而死亡,属一级医疗事故(含责任和技术因素)。

另查明,邗江区卫生局于1998年2月曾就青霉素使用专门作出规定,要求实施青霉素注射前,一定要验核注射卡,做到人、卡、皮试结果、药物批号"四符合"后方能进行注射。王之兰亦供述"青霉素更换生产厂家后,应当重新做皮试,这是其行医30多年的常识"。

在本案审理过程中,存在不同意见:一种意见认为,被告人王之兰本人无执业医师资格,其所在的本村卫生室亦无《医疗机构执业许可证》,其行医致人死亡应定非法行医罪,另一种意见认为,王之兰曾取得《乡村保健医生资格证书》,具有在乡村行医的资格,其所在的村卫生室长期从事诊疗活动,未领取《医疗机构执业许可证》的主要原因是主管部门管理不到位;故王之兰应被视为医务人员,其在工作中严重不负责任,违反青霉素注射的规定,造成就诊人死亡的后果,应定医疗事故罪。笔者认为,由于其行为无法成立特殊条款所规定的非法行医罪和医疗事故罪,故只能适用普通条款以过失致人死亡罪来认定。原因如下:

(1)被告人王之兰主观上不具有非法行医的故意。非法行医罪是指未取得医生执业资格的人非法行医,情节严重的行为。行为人对非法行医行为的心理态度是直接故意,即明知自己未取得医生执业资格,而仍实施非法行医行为。王之兰所在的杭集村卫生室成立于20世纪70年代,王之兰本人也在村卫生室工作了近30年,期间一直从事医疗、保健、预防等工作。王之兰曾取得《乡村保健医生资格证书》,一直作为乡村医生行医。1999年5月1日实施的《中华人民共和国执业医师法》(以下简称《执业医师法》)第14条第2款规定:"未经医师注册取得执业证书,不得从事医师执业活动。"同时其第45条规定:"……不具备本法规定的执业医师资格或者执业助理医师资格的乡村医生,由国务院另行制定管理办法。"可至本案案发时,国务院尚未制定相关管理办法以规范乡村医生的行医资格。综上,考虑到乡村卫生室从事诊疗服务的历史延续性以及乡村医生行医资格无法律明文规定的特殊性,可以认定被告人王之兰主观上不具备非法行医的故意,对其行为不定非法行医罪为宜。

(2)被告人王之兰不符合医疗事故罪的主体身份。医疗事故罪的主体是特殊主体,即医务人员。所谓医务人员是指有合法执业资格的医疗工作者,即其行医具有合法性。医务工作是一项专业性、技术性极强的工作。为确保人民的生命、健康安全,国家对医务人员的任职资格作了严格规定。根据1999年《执业医师法》的规定,在我国从事医师执业工作,必须具备两个基本条件:第一是取得医师资格;第二是进行注册,领取医师执业证书。被告人王之兰未取得医师资格,亦未进行注册,取得医师执业证书,其虽取得《乡村保健医生资格证书》,但该证书载明"本证书是医疗技术水平的证明,不得凭此证流动行医和个体开业"。因此,王之兰行医不具有合法性,不符合医疗事故罪的主体特征,不应以医疗事故罪追究其刑事责任。

(3)被告人王之兰的行为符合过失致人死亡罪的主、客观构成要件,应定过失致人死亡罪。过失致人死亡罪,是指行为人由于过失而致人死亡的行为。其主观方面只能由过失构成,包括疏忽大意的过失和过于自信的过失。被告人王之兰作为行医近30年的乡村医生,已经预见到不对林奇重复做皮试可能发生死亡的后果,却轻信林奇刚在镇卫生院做过皮试能够避免,以致于发生了林奇青霉素过敏性休克死亡的后果,符合过失致人死亡罪的主观特征。过失致人死亡罪的客观方面是行为人的过失行为与死亡结果存在着刑法上的因果关系。本案中,医疗鉴定报告表明:王之兰在未对林奇重新做青霉素皮试的情况下,注射了与杭集镇卫生院皮试试液不同生产厂家的青霉素,造成林奇青霉素过敏性休克死亡,其行为与林奇的死亡具有刑法上的因果关系。

第十八章 故意伤害罪

一、故意伤害罪与故意杀人罪如何界分

(一) 裁判规则

在区分故意伤害罪与故意杀人罪时,不仅需要考察行为人的主观内容,还需要从客观上来考察其所实施的行为是否具有致人死亡的现实危险;当该行为已经致人死亡或者至少具有致人死亡的现实危险时,应当优先考虑是否构成故意杀人罪。

(二) 规则适用

认定故意杀人罪与故意伤害罪,应当采取从客观到主观,从不法到责任的判断顺序。当犯罪行为已经造成他人死亡,或者虽未造成他人死亡但具有致人死亡的现实紧迫危险时,应当肯定该行为的性质是杀人行为,进而再从主观责任上判断行为人是否具有杀人故意。在判断行为人是否具有杀人故意时,仍然需要从客观事实来进行分析认定。例如,行为人使用枪支瞄准他人要害部位开枪,无论他人是否死亡,也无论行为人如何辩解没有杀人故意,均应当将其行为认定故意杀人罪。反之,如果行为人使用木棒有选择地击打他人腿部等非要害部位,即使其供认具有杀人故意,应当将其行为认定为故意伤害罪。从司法实践来看,在判断行为性质及行为人的主观故意是伤害还是杀人,可以从以下几个因素来进行:

(1)事件的起因、行为动机以及是否有预谋:行为人与被害人平时的关系是素不相识还是互相认识?是关系较好还是结怨已久?案发起因是生活琐事还是陈年积怨?是一时冲动还是蓄谋已久?

(2)从犯罪工具来看:是事先准备还是随手取得?行为人选择作案工具的杀伤力如何?一般来说,如果事先准备杀伤力极强的工具,则更可能是杀人的故意。

(3)打击的部位与强度:行为人打击的是要害部位还是非要害部位?是有意选择打击要害部位还是偶尔击中要害部位?是使用最大力量进行打击还是有控制地实施打击?

(4)行为是否具有节制:是连续不停地实施打击还是瞬间完成打击?在被害

人已经丧失反抗能力或者在他人劝阻之下,行为人继续打击还是停止打击?

(5)犯罪行为发生的时间与地点:行为人特意选择作案的时间与地点还是随机选择作案时间和地点?

(6)犯罪之后的表现:对死亡结果表现出何种态度?是积极参与抢救还是扬长而去?当然,对于那些动辄行凶,不顾他人死活,不计后果的行凶案件,由于他人的死亡与伤害结果都在行为人的犯意之中,故可以直接按照实际造成的结果来确定犯罪行为的性质。

【指导案例】杨叙兴故意杀人案①**——行为具有致人死亡的高度危险的主观状态如何认定**

1994年7月14日晚11时许,被告人杨叙兴酒后驾驶汽车在新疆维吾尔自治区乌市阿勒泰路由北向南行驶,途中在超越与其同方向行驶的中巴公共汽车后,向左猛打方向盘,引起乘坐在中巴公共汽车上的董良晨不满。当两辆车行至十字路口遇红色信号灯停车时,董良晨便下车到杨叙兴驾驶室的左侧抓住车上倒车镜与其理论。杨叙兴见状在红灯未转换的情况下,为了将被害人甩掉,即发动车辆以时速40~50公里的速度向前行驶。车行出约300米处,被害人被摔下来,导致重度颅脑损伤死亡,杨叙兴开车扬长而去。

本案被告人杨叙兴与被害人之间素不相识,只是因为偶然的琐事引发纠纷,应当说被告人并无积极追求被害人死亡的主观意图。但是,这仅仅能够说明其主观上没有杀人的直接故意,而并不意味着对间接故意的否定。具体来说,被告人的行为并非仅仅是侵害他人的身体健康权,而本身即具有致人死亡的高度危险。本案发生在城区街道十字路口,案发时间又是晚上11点多,被告人在被害人扒在汽车左侧前门(即驾驶员坐侧车窗)的情况下,为了将被害人甩掉,而以时速40—50公里的速度向前行驶,并进行超车。从当时的车速来看,被害人被甩下车是必然的,而被害人一旦被高速行驶的车辆甩下,即具有生命危险:要么因头面部等要害部位与地面发生严重撞击致死,要么因身体倒地而被其他过往车辆碾压致死。被告人作为专业的驾驶人员,对这样的危险不可能意识不到,但是其为了将被害人甩下而放任死亡结果的发生,最终导致被害人因重度颅脑损伤死亡,完全符合间接故意杀人的构成特征。而且,从被告人事后的态度来看,在被害人被甩下车之后,被告人不顾其死活一走了之,也说明其对他人的生命持漠不关心的态度,符合间接故意杀人的构成特征,应当以故意杀人罪来认定。

---

① 参见中国高级法官培训中心、中国人民大学法学院编:《中国审判案件要览:1997年刑事审判案例卷》,中国人民大学出版社1998年版,第273—276页。

二、雇佣他人犯罪的案件中,对于雇佣人与被雇佣人应当如何处理

(一) 裁判规则

在刑法意义上,雇佣犯罪的本质就是教唆他人实施犯罪,是教唆犯罪的一种特殊形式。因此,对雇佣犯罪的处理,应当遵循刑法有关教唆犯罪的一般规定。对雇佣犯罪中的雇佣者而言,只要其具备了雇佣犯罪的意图,而且实施了雇佣犯罪的行为,不论被雇佣的人有无按雇佣要求实行了雇佣犯罪行为,或实行到何种程度,均应按其所雇佣的犯罪罪名,追究教唆犯罪(未遂)的刑事责任。当然,对于被雇佣人超出雇佣范围实施的他种罪行,雇佣人不承担刑事责任。

(二) 规则适用

从司法实践来看,雇佣犯罪的结果无外乎以下几种情形:一是被雇佣人按雇佣要求完成了某种犯罪行为;二是被雇佣人未按雇佣要求去实施犯罪或者实施的行为没有达到雇佣人所要求的程度,如雇佣人要求重伤他人而被雇佣人仅轻伤或轻微伤他人等;三是被雇佣人超出了雇佣人所要求的范围或程度,又实施了另一种犯罪或者实施的犯罪行为超出了雇佣要求的程度,如雇佣人要求伤害而被雇佣人却实施了强奸,或雇佣人要求重伤他人而被雇佣人却杀死他人等。在刑法意义上,雇佣犯罪的本质就是教唆他人实施犯罪。因此,对雇佣犯罪的处理,应遵循刑法有关教唆犯罪的一般规定。从刑法规定上看,教唆犯的成立只要教唆人基于教唆的故意实施了教唆行为即可,不以被教唆人实际产生犯罪意图或者实行被教唆之罪为必要。如果被教唆者接受了教唆,实施了被教唆之罪,则教唆者与被教唆者之间,成立共同犯罪关系。反之,二者之间不存在共犯关系,对教唆犯应以单独犯罪(教唆未遂)论处。对此,《刑法》第29条第2款作了规定,"如果被教唆的人没有犯被教唆的罪,对于教唆犯,可以从轻或者减轻处罚",即关于教唆未遂的处罚规定。

从司法实践来看,教唆未遂包括多种情形,既可表现为被教唆人没有实施被教唆之罪,也可以表现为被教唆人虽实施了被教唆的犯罪行为但未达到犯罪程度,还包括教唆人教唆 A 罪,而被教唆人却实施了 B 罪等情形。根据前述教唆犯罪的构成要件,对雇佣犯罪中的雇佣者而言,只要其具备了雇佣犯罪的意图,而且实施了雇佣犯罪的行为,不论被雇佣的人有无按其雇佣要求实行了雇佣犯罪行为,或实行到何种程度,一般都应按其所雇佣的犯罪罪名,追究其雇佣犯罪未遂的刑事责任。当然,如果被雇佣人又另行实施了雇佣之罪以外的他种犯罪,该行为超出了雇佣人的雇佣要求,应当认定为被雇佣人的"过限的行为",由被雇佣人个人负责。除此之外,实践中还存在如下一些情况:教唆人教唆 A 罪的加重形态,而被教唆人仅实施了 A 罪的基本形态,或者教唆人教唆 A 罪的基本形态,而被教唆人却实施了 A 罪的加重形态。前种情况,由于被教唆人没有达到教唆的要求,教唆人仅对已发生的实际后果负责,不按加重形态论处。后种情况被教唆人虽然超出了教唆授意的程度,但被教唆人又确系按教唆人授意所为,故教唆人仍应对被

教唆人所造成的实际后果承担责任。

【指导案例】吴学友故意伤害案[①]——被雇佣人实施的行为未达到犯罪程度又超出授意范围,对雇佣人应如何定罪处罚

2001年元月上旬,被告人吴学友应朋友李洪良(另案处理)的要求,雇请无业青年胡围围、方彬(均不满18周岁)欲重伤李汉德,并带领胡围围、方彬指认李汉德并告之李汉德回家的必经路线。当月12日晚,胡围围、方彬等人携带钢管在李汉德回家的路上守候。晚10时许,李汉德骑自行车路过,胡、方等人即持凶器上前殴打李汉德,把李汉德连人带车打翻在路边田地里,并从李身上劫走人民币580元。事后,吴学友给付胡围围等人"酬金"人民币600元。经法医鉴定,李汉德的伤情仅为轻微伤。

就本案而言,被告人吴学友雇佣胡围围等重伤他人,但胡围围等实施雇佣犯罪的结果却出现了既"过"又"不及"的情形。其中,所谓"不及",即吴学友意图雇佣胡围围等重伤他人,而胡围围等实际上仅轻微伤了他人,且该轻伤行为未达到犯罪的程度;所谓"过",即吴学友仅有雇佣胡围围等重伤他人要求,而胡围围等在暴力伤害他人的同时又顺带实施了劫财的行为。对此该如何处理呢?如前所述,雇佣犯罪的本质无异于教唆犯罪,是教唆犯罪的一种特别形式,因此,应当按照教唆犯罪的规定来处理。从刑法规定看,教唆犯的成立只要教唆人基于教唆的故意实施了教唆行为即可,不以被教唆人实际产生犯罪意图或者实行被教唆之罪为必要。如果被教唆者接受了教唆,实施了被教唆之罪,则教唆者与被教唆者之间,成立共同犯罪关系。反之,二者之间不存在共犯关系,对教唆犯应以单独犯罪(教唆未遂)论处。具体到本案中,尽管在雇佣犯罪结果上,胡围围等人未能按吴的雇佣要求完成重伤行为,尚未达到构成故意伤害罪的程度,但吴学友雇佣他人犯罪的行为已经成立,应单独以故意伤害罪(未遂)追究其刑事责任。当然,对于胡围围等人所实施的抢劫行为,则超出了教唆的范围,属于过限行为,应当由受雇佣者胡围围等人来承担责任,雇佣者吴学友对此不应承担责任。

三、数人寻衅滋事殴打他人致人重伤、死亡的如何定罪

(一)裁判规则

1. 作为寻衅滋事罪客观表现之一的"随意殴打他人",本质上也是一种伤害行为,与故意伤害罪的区别在于,行为人在殴打他人的起因、对象、手段上均具有

[①] 参见张岚:《吴学友故意伤害案——被雇佣人实施的行为未达到犯罪的程度又超出授意范围,对雇佣人应如何定罪处罚》,载最高人民法院刑事审判第一庭、第二庭编:《刑事审判参考》(总第28辑),法律出版社2003年版,第25—26页。

相当的"随意"性。

2. 在暴力行为的程度上,寻衅滋事"随意殴打他人"应当限定在致人轻伤的轻度暴力范围内;如果在"随意殴打他人"过程中,升级到重度暴力程度并致人重伤或死亡的,已超出寻衅滋事罪的涵盖范围,应当以故意伤害罪或者故意杀人罪论处。

3. 在寻衅滋事致人重伤或死亡的情况下,由于行为人仅实施了一个行为,同时触犯了寻衅滋事罪与故意伤害罪或故意杀人罪罪名,应按照想象竞合犯择一重罪论处,不应数罪并罚。

4. 数行为人寻衅滋事过程中,随意殴打他人致人重伤、死亡的,对于直接致人重伤或死亡的行为人,应当以故意伤害罪或故意杀人罪论处;但对其他参与共同殴打的人,是否一律以该罪的共犯论处,则不宜一概而论。

(二) 规则适用

根据《刑法》第 293 条规定,"随意殴打他人"系寻衅滋事罪的客观表现之一。虽然殴打他人本质上也是一种伤害行为,但这里的"随意殴打他人"与故意伤害罪中的伤害行为还是有区别的。故意伤害罪在起因、对象上一般都具有特定性,行为人一般具有直接明确的伤害故意和目的。与之不同,行为人出于流氓动机而随意殴打他人的,在殴打他人的起因、对象、手段以及场合上均具有相当的"随意"性。具体表现为:第一,在场合上,由于公共场所与社会秩序的联系非常紧密,实践中绝大多数的寻衅滋事行为均发生在公共场所。第二,在起因上,根据最高人民法院、最高人民检察院 2013 年 7 月《关于办理寻衅滋事刑事案件适用法律若干问题的解释》第 1 条规定,随意殴打型寻衅滋事罪主要有两种类型:无事生非和小题大做。其中,前者是行为人为寻求刺激、发泄情绪、逞强耍横等,事出无因、无缘无故殴打他人;后者是行为人因一些偶发矛盾等借题发挥、小题大做殴打他人。尽管任何故意犯罪行为都是有原因的,但小题大做是指被害人此前的举动不足以引起一般人如此强烈的反应,故如果殴打他人并非基于一般人认为合理的理由,就可以认为是"随意"殴打。此外,对于行为人因婚恋、家庭、邻里、债务等纠纷,实施殴打、辱骂、恐吓他人或者损毁、占用他人财物等行为的,一般不认定为寻衅滋事,但经有关部门批评制止或者处理处罚后,仍然继续实施上述行为,破坏社会秩序的,也可以纳入"借故生非"的范畴。第三,在殴打手段、方式上,寻衅滋事行为多数情况下是随机的、偶发的,所使用的犯罪工具有时候是随手选取,现场找到什么工具就使用什么工具,也可以是徒手攻击。

行为人在寻衅滋事的过程中,因随意殴打他人致人重伤甚至死亡的严重情形,是认定故意伤害罪还是寻衅滋事罪?是择一重罪论处还是实行数罪并罚?对于上述问题在实践中存在争议。笔者认为,根据罪刑相适应原则的要求,从刑法对这两种犯罪的法定刑配置角度来看,寻衅滋事罪的法定刑为 5 年以下有期徒刑、拘役或者管制;故意伤害罪的法定刑则因伤害结果的不同而不同,如致人轻伤,处 3 年以下有期徒刑、拘役或管制;致人重伤,处 3 年以上 10 年以下有期徒刑;致人死亡或者以特别残忍手段致人重伤造成严重残疾的,处 10 年以上有期徒刑、无期徒刑或者死刑。通过刑罚的这一配置可以看出,对寻衅滋事"随意殴打他人"的暴力程度,应当限定在致人轻伤的暴力范围内。如果在寻衅滋事"随意殴打他人"过程中,升级到重度暴力程度并致人重伤或死亡的,由于寻衅滋事罪本身不包含致人重伤或死亡的结果,或者说致人重伤或死亡的结果已超出寻衅滋事罪的涵盖范围,对此,一般应直接以故意伤害罪或者故意杀人罪论处。在这种情况下,也不应以寻衅滋事罪与故意伤害罪或者故意杀人罪进行并罚。此外,寻衅滋事"随意殴打他人"致人重伤或死亡的,与故意伤害致人重伤或死亡的,在伤害的性质和后果上并无区别。而且,如果认定为两罪,势必是对"随意殴打他人"这一行为作两次评价,既将其评价为寻衅滋事,又将其评价为故意伤害,有违刑法禁止对同一行为重复评价的原则。

数行为人在寻衅滋事的共同故意支配下,共同实施了随意殴打他人的行为,因此致人重伤或死亡的,对于直接造成被害人重伤或死亡的行为人,以故意伤害罪或故意杀人罪论处,这是没有任何疑问的。但对其他参与共同殴打的人,是否一律作为共犯,以故意伤害罪或故意杀人罪来论处,不宜一概而论。因为对各共同参与随意殴打他人的人而言,参与共同殴打行为本身,仅表明他们具有明确的共同寻衅滋事的故意,尚不能充分肯定他们就一定具有共同伤害的故意。但如果在随意殴打他人过程中,其中一人直接拿出刀具或者其他凶器,或者所实施的暴力程度突然升级,则表明其主观故意由寻衅滋事转变为故意伤害或者故意杀人。在这种情况下,其他参与殴打的人明明知道这种转变却不仅不予制止,或者停止自己的殴打行为,而是继续参与殴打的,则表明这部分人与实施故意伤害或者杀人的行为人之间形成了新的共同故意,就应当以故意伤害罪或故意杀人罪的共犯论处,反之,就只应以寻衅滋事罪论处。

【指导案例】杨安等故意伤害案[①]——寻衅滋事随意殴打他人致人重伤、死亡的应如何定罪

2002 年 3 月 25 日中午,被告人杨安、刘波、毛永刚、任建武在湖南省安乡县城关镇文化站"乡巴佬"餐馆喝酒吃饭。下午 2 时许,杨安、刘波欲无票进入文化站"火箭炮影院",与该影院的工作人员发生纠纷。后经他人出面协调,杨安、刘波、毛永刚、任建武等人进入影院。在观看歌舞演出过程中,杨安走上舞台调戏女演员,刘波则要某女演员跳脱衣舞。身为文化站副站长的李耀平见状劝杨安等从舞

---

① 参见于前军、孙孝明:《杨安等故意伤害案——寻衅滋事随意殴打他人致人重伤、死亡的应如何定罪》载最高人民法院刑事审判第一庭、第二庭编:《刑事审判参考》(总第 30 辑),法律出版社 2003 年版,第 39—48 页。

台下来遭拒绝,双方发生争吵。杨安即冲下舞台双手抓住李耀平,用膝盖顶击李的身体下部。刘波、毛永刚、任建武见状也冲上前去,共同围住李耀平殴打,其中刘波挥拳对李乱打,毛永刚则扯着李的头发进行殴打,任建武在李的左后侧殴打。杨安在殴打后还朝李耀平腰部猛踹一脚,致李跌倒在地。尔后,杨安、刘波、毛永刚、任建武一同离开现场。次日下午5时,李耀平在被送往医院途中死亡。经法医鉴定,李耀平因系头部损伤引起硬膜下血肿,脑组织挫裂伤而死亡。

在本案中,杨安等四被告人酒后强行闯入歌舞厅,继而杨安窜至舞台调戏女演员,而刘波则强要女演员跳脱衣舞,其无事生非、肆意挑起事端,寻求精神刺激的流氓动机显而易见,是对国家法律和社会公德的公然蔑视。此后,由于被害人李耀平的制止,杨安进而对李耀平进行挑衅并冲下台殴打被害人,刘波等人见状也挥拳上阵。此时,各被告人的行为表现为恃强争狠,肆意殴打他人,结果导致了被害人的死亡。各被告人在公共场所寻求刺激,滋事生非,随意殴打他人,严重危害社会管理秩序,情节恶劣,已构成寻衅滋事罪。同时,各被告人随意殴打他人,致人死亡,严重侵犯了公民的生命健康权利,其行为亦符合故意伤害罪的犯罪构成。各被告人只是基于一个犯意,实施了一个犯罪行为,结果侵犯了刑法所保护的两个客体,触犯了两个罪名,这种情形属于想象竞合犯,应按从一重处断的原则处理,即按其中法定刑之重者处理。在故意伤害致人死亡的情形中,其法定刑幅度为10年以上有期徒刑、无期徒刑、死刑,寻衅滋事罪的法定刑最高刑只有5年有期徒刑,前者比后者重。按照从一重处断原则,对本案应以故意伤害罪来定罪量刑。

四、聚众斗殴过程中致人重伤、死亡的应当如何定罪

(一)裁判规则

1. 聚众斗殴中出现死亡后果的,不再成立聚众斗殴罪,而应转化定罪,但不能简单以结果论,应当具体分析行为人的主观故意,按照主、客观相一致的原则来分别认定故意伤害罪或故意杀人罪。

2. 聚众斗殴中出现重伤、死亡结果的,转化主体范围应当限定在致人重伤、死亡的实行犯和未对斗殴后果予以明确限制的斗殴纠集者以及其他在案件中起决策、组织、指挥的主犯,而不应对全案人员无条件一律转化。

(二)规则适用

1.《刑法》第292条第2款规定:"聚众斗殴,致人重伤、死亡的,依照本法第二百三十四条、第二百三十二条的规定定罪处罚。"从字面上理解,本条款对"致人重伤、死亡"与"依照本法第二百三十四条、第二百三十二条的规定定罪处罚"之间并没有一个严格的一一对应关系,即不能理解为聚众斗殴"致人重伤的,依照本法第二百三十四条的规定定罪处罚;致人死亡的,依照本法第二百三十二条的规定

定罪处罚"。从立法本意上讲,《刑法》第 292 条第 2 款的规定只是表明聚众斗殴中出现重伤或者死亡后果的,不再成立聚众斗殴罪,而应转化定罪,即认定为故意伤害罪或者故意杀人罪,但具体以何罪论处则取决于是将上述条款理解为注意规定还是拟制规定。从最高人民法院相关业务庭在裁判理由中的论述来看,是将上述条款理解为注意规定,这就表明在转化为故意伤害罪、故意杀人罪的过程中,要求行为人主观上具有相应的伤害故意与杀人故意。也就是说,并非只要出现伤害结果就构成故意伤害罪,出现死亡结果就构成故意杀人罪,而是要求行为人主观上必须具有相应的伤害故意与杀人故意。如果行为人只有伤害故意,即使最终导致他人死亡,也只能认定为故意伤害罪。具体到聚众斗殴犯罪中,当发生致人死亡结果时,应当在判断死亡结果是否行为人实施的犯罪行为所致的基础上,判断行为人对死亡结果所持的主观心态。行为人只能对有杀人故意(包括直接故意杀人和间接故意杀人)的行为承担故意杀人的罪责;行为人仅有伤害故意时,虽致被害人死亡,也只能承担故意伤害(致死)的罪责。据此,死亡结果虽是行为人所致,但不能仅凭结果发生来认定行为人的犯罪故意内容,也即不能说致人死亡就有杀人故意,没有致人死亡的就没有杀人故意。

2.《刑法》第 292 条第 1 款的聚众斗殴罪只处罚首要分子和积极参加者,对其他一般参加者则不予刑罚处罚。该条第 2 款又规定:"聚众斗殴,致人重伤、死亡的,依照本法第二百三十四条、第二百三十二条的规定定罪处罚。"这是聚众斗殴罪转化犯的规定。应当说,该条文关于聚众斗殴行为的转化之规定较为原则,因而也引起理论上的诸多争议:如"全案转化说""部分转化说""首要分子和实施者转化说"。笔者认为,聚众斗殴中致人重伤、死亡的,转化主体范围应当限定在直接致人重伤、死亡的实行犯,未对斗殴后果予以明确限制的斗殴纠集者以及其他在案件中起决策、组织、指挥的主犯,而不应对全案人员一律转化。具体来说:第一,首要分子明确反对其他参与人造成对方人员重伤、死亡结果的,对直接致人重伤或者死亡的实施者按照聚众斗殴罪的转化犯处理,以故意伤害罪或者故意杀人罪定罪处罚;对首要分子和其他积极参加者,按照聚众斗殴罪定罪处罚。第二,首要分子在组织犯罪过程中重伤、杀人的故意不明显,其他积极参加者致人重伤或者死亡的,对直接致人重伤或者死亡的实施者和首要分子,按聚众斗殴罪的转化犯处理,以故意伤害罪或故意杀人罪定罪处罚,其他积极参加者则按聚众斗殴罪定罪量刑。第三,双方都构成聚众斗殴罪,一方致对方人员重伤、死亡的,对方的首要分子不应按转化犯处理。因为首要分子的行为与本方人员的重伤、死亡结果之间没有相当因果关系,因而不应对他方人员造成本方人员的重伤死亡结果承担刑事责任。

【指导案例】张化故意伤害案①——聚众斗殴致人死亡的应如何定罪

2006年9月20日22时许,莫仁到程遗忠开的发廊做保健时,因琐事与服务员发生争执,遭程遗忠、祝龙、丁明杰殴打后离开。程遗忠邀李志成等三人携带三把砍刀前来,并与被告人张化和祝龙、丁明杰及张天福守候在发廊以防对方报复。次日凌晨2时许,程遗忠让李志成等三人回去休息。与此同时,莫仁将被打之事告知被害人王飞并请王出面为其讨要医药费。凌晨4时许,王飞纠集十余人和莫仁来到该发廊,程遗忠见状再次打李志成电话,李便将该情况告知高勇强,同时带领三人携砍刀一同赶到发廊。见到王飞等人后,李志成等三人持砍刀追砍,程遗忠、张化、祝龙、丁明杰及张天福等人也上前追打,在此过程中,张化持匕首捅刺王飞的左腿腘等处,致王飞因腘动脉、腘静脉破裂,急性失血性休克而死亡。

在本案中,在认定各被告人主观上系伤害故意还是杀人故意时,应当从对犯罪工具的选择(是事先准备还是随手取得)、凶器的杀伤力度(杀伤力度较大的枪支、砍刀等还是日常生活所用的棍棒、小刀等)、打击部位(头、胸等要害部位还是四肢等非要害部位)、打击力度(创口大小及深度等)、打击次数(反复多次攻击还是殴打一次立即停止)、案件起因(蓄意报复还是只为逞强好胜)等情况来进行具体分析。需要注意的是,聚众斗殴系相互殴斗,斗殴一方除了有攻击意图外,防备对方也是重要因素,因此不能仅凭凶器或者打击力度等部分客观事实就认定行为人有杀人故意。本案被告人莫仁纠集了被害人王飞等十余人携带钢管前来报复挑衅,表明张化携带匕首有防备对方前来报复的因素,故不能简单地以张化携带了匕首就认定其具有杀人故意。在聚众斗殴的整个过程中,张化捅刺次数少(不超过两下)、捅刺部位为非要害部位(左腿腘,通常认为腿部并不属于人的致命部位)、捅刺力量不大(创道仅深及腘窝内侧皮下),均反映出张化只有伤害他人身体健康的主观故意,故对其应当以故意伤害罪认定。

五、转化犯中"致人伤残、死亡"应当如何理解

(一)裁判规则

1. 非法拘禁、刑讯逼供、暴力取证、非法组织卖血、强迫卖血罪中所规定的"致人伤残、死亡""造成重伤、死亡""造成伤害"等,这里的"伤残""伤害"等概念均不包括轻伤,而只限于重伤。

2. 行为人在实施非法拘禁、刑讯逼供、暴力取证等行为致人重伤、死亡的,认定一罪的前提是非法拘禁、刑讯逼供、暴力取证等行为本身致人重伤、死亡,如果行为人在实施上述行为过程中另起犯意实施暴力行为,并致人重伤(伤残)或死亡

---

① 参见薛美琴:《张化故意伤害罪——聚众斗殴致人死亡的应如何定罪》,载最高人民法院刑事审判第一至第五庭主编:《刑事审判参考》(总第69集),法律出版社2009年版,第32—39页。

的,应当分别认定为上述罪名和故意伤害罪或者故意杀人罪,予以并罚。

(二) 规则适用

1. 非法拘禁、刑讯逼供、暴力取证、非法组织卖血、强迫卖血罪过程中"致人伤残"仅限于重伤结果,不包括轻伤在内。所谓"转化犯",是指实施某一较轻犯罪,由于附加某一行为或者出现超出较轻犯罪的严重后果,刑法规定按照另一较重之罪论处的情形。我国《刑法》中的转化犯包括:第 238 条第 2 款规定的在非法拘禁过程中,使用暴力致人伤残、死亡的(按照故意伤害罪、故意杀人罪论处);第 247 条规定的刑讯逼供或暴力取证致人伤残、死亡的(按照故意伤害罪、故意杀人罪论处);第 248 条第 1 款规定的虐待被监管人造成重伤、死亡的(按照故意伤害罪、故意杀人罪论处);第 292 条第 2 款规定的聚众斗殴致人重伤、死亡的(按照故意伤害罪、故意杀人罪论处);第 333 条第 2 款规定的非法组织卖血、强迫卖血对他人造成伤害的(按照故意伤害罪论处)。前述转化犯条款,其中的"致人伤残、死亡""造成重伤、死亡""致人重伤、死亡""造成伤害"等规定,是否包括"轻伤"在内?

笔者认为,从罪刑相适应原则的角度来看,应当认定"伤残""伤害"用语不包括轻伤在内,只限于重伤。以《刑法》第 333 条非法组织卖血罪与强迫卖血罪中的"对他人造成伤害"为例,如果认为这里的伤害既包括重伤,也包括轻伤,则明显导致不合理的量刑:非法组织或者强迫卖血造成轻伤结果的,转化为故意伤害罪,在三年以下有期徒刑、拘役或者管制范围内判处刑罚;反之,非法组织或者强迫他人出卖血液,或以暴力、威胁手段强迫他人出卖血液,但没有造成伤害结果的,却需要分别处 5 年以下有期徒刑(并处罚金)和处 5 年以上 10 年以下有期徒刑(并处罚金),明显不合理。为此,这里的"对他人造成伤害"应当不包括轻伤,只限于重伤。而且,按照罪刑相适应原则,以暴力、威胁方法强迫他人卖血,由此造成他人重伤或者严重残疾的,在转化为故意伤害罪的同时,应当以轻罪(强迫卖血罪)的最低法定刑(即 5 年有期徒刑)为最低刑,以法定最高刑为上限,在该法定刑幅度内选择量刑。基于同样的道理,对非法拘禁、刑讯逼供、暴力取证等犯罪行为,其本身通常会导致被害人某种程度的身体伤害,对上述行为导致轻伤的处罚,已经涵盖在这些罪名的刑罚当中。而且在造成轻伤的情况下,这些罪名法定刑并不低于甚至还要高于故意伤害罪,此时如果转化按故意伤害罪论处,无法体现转化犯系由轻罪转向重罪的本质特征。综上,这些罪名中的"致人伤残、死亡""造成重伤、死亡""造成伤害"中的"伤残""伤害"等概念也均不包括轻伤,而仅限于重伤。

2. 行为人在实施非法拘禁、刑讯逼供、暴力取证等行为过程中另起犯意实施暴力行为,并致人重伤(伤残)或死亡的,应当分别认定为上述罪名和故意伤害(杀人)罪,予以并罚。由于非法拘禁、刑讯逼供、暴力取证等行为均包含暴力手段在内,本身即包含有致人伤亡的风险。为避免上述风险转化为现实,更好地保护被害人的生命健康权益,刑法将致人伤亡的情形转化为故意伤害罪与故意杀人罪,其本意是提醒行为人在实施上述行为时在手段上要有所节制,避免伤亡结果的发生。而且对于这种伤亡风险,行为人主观上是能够认识到的,如果其在实施上述行为时毫无节制,则表明其主观上至少具有放任的故意,一旦发生伤亡结果,本身即符合故意伤害罪或故意杀人罪的构成要件,故按照故意伤害罪或者故意杀人罪来认定也是合理的。当然,按照上述罪名或者转化后的故意伤害罪或故意杀人罪来认定,其前提是行为人实施暴力行为是基于非法拘禁、刑讯逼供、暴力取证的目的,是服务于上述行为的需要,只能认定为一罪。反之,如果行为人在上述行为的故意之外另起犯意,对被拘禁人、被逼供人、被取证人实施了暴力伤害或杀害行为的,由于该暴力行为侵犯了被害人另一法益,则理应认定为独立的新罪。因为这种情形实际上构成两个罪,即非法拘禁罪、刑讯逼供罪、暴力取证罪和故意伤害罪或故意杀人罪。由于这种暴力行为并非为了非法拘禁、刑讯逼供、暴力取证的需要,故两者之间也并不存在包容、吸收的关系,应当以非法拘禁罪、刑讯逼供罪、暴力取证罪与故意伤害罪或故意杀人罪实行并罚。

【指导案例】周建忠暴力取证案①——暴力迫使证人在询问笔录上签名按手印并致人轻伤的行为如何定性

1998年12月11日晚10时许,被告人周建忠等人在河南省淅川县公安局滔河镇派出所副所长贾晓东的带领下,前往滔河乡孔家峪村传讯抢劫嫌疑人许国亭。许不在家,周建忠等人即传唤许的妻子鲁楠到滔河镇派出所进行询问。在询问结束时,鲁楠以制作的询问笔录中有句话与其所述内容不一致为由,要求更正,否则拒绝签字按指印。周建忠经解释无效后,即恼怒地朝鲁楠的腹部踢了一脚,并辱骂鲁楠,迫使鲁楠在询问笔录上签名按手印。当时鲁楠已怀孕近两个月,被踢后称下腹疼痛,周建忠即让同所的工作人员将鲁楠带到其他房间。次日上午8时许,鲁楠被允许回家,出派出所大门,即遇到其婆母范条芝,鲁向她诉说自己被踢后引起腹疼。当日下午,鲁楠因腹部疼痛不止,即请邻居帮忙雇车将其拉到滔河镇派出所,又转到滔河乡卫生院治疗。后鲁楠经保胎治疗无效,引起流产,于1998年12月23日做了清宫手术。经南阳市中心医院鉴定,鲁楠系早孕期,外伤后致先兆流产,治疗无效发展为流产。又经淅川县人民检察院检察技术鉴定,鲁楠的伤构成轻伤。

根据《刑法》第247条规定,暴力逼取证人证言"致人伤残、死亡的,依照本法第二百三十四条、第二百三十二条规定定罪从重处罚",即当暴力取证导致证人伤残或死亡的,对行为人应当依法按故意伤害罪或故意杀人罪定罪处罚。在本案

---

① 参见洪冰:《周建忠暴力取证案——暴力迫使证人在询问笔录上签名按手印并致人轻伤的行为如何定性》,载最高人民法院刑一庭编:《刑事审判参考》(总第24辑),法律出版社2002年版,第57—61页。

中,被告人暴力取证仅致人轻伤的,能否按故意伤害罪(轻伤)论处呢? 笔者认为,这里的"致人伤残",仅包括致人重伤而不包括致人轻伤。理由是:第一,从暴力取证罪与故意伤害致人轻伤的法定刑来看,二者的最高法定刑相同,但前者的法定最低刑(拘役)要高于后者(管制)。因此,暴力取证行为导致轻伤的处罚,已涵盖在暴力取证罪中,如再转化按故意伤害罪论处,不能体现转化犯由轻罪(刑)转向重罪(刑)的本质特征。第二,参照刑法其他条款规定。如《刑法》第292条规定"聚众斗殴致人重伤、死亡的,依照本法第二百三十四条、第二百三十二条的规定定罪处罚"等,也是基于类似的情形而作出的类似规定。根据立法精神的一致性,对暴力取证罪的转化条件,也应理解为"致人重伤或者死亡"。第三,从想象竞合的关系来看,在暴力取证致他人轻伤的情况下,行为人的行为同时符合暴力取证罪与故意伤害罪的犯罪构成,符合想象竞合犯的特征。根据想象竞合犯从一重罪论处的原则,也应当按照暴力取证罪来认定。综上,对本案被告人认定为暴力取证罪是适当的。

六、行为人在见义勇为过程中致犯罪分子伤亡的如何定罪

(一) 裁判规则

1. 见义勇为行为人在抓捕犯罪分子过程中,与刑法所规定的正当防卫时间要件不符,致人伤亡的,不能根据正当防卫制度来免除其责任。

2. 对正在实行犯罪或者在犯罪后即时被发觉的犯罪分子,任何公民都可以立即将其扭送公安机关、人民检察院或者人民法院处理。在追捕犯罪分子过程中,犯罪分子为摆脱追赶而驾车高速行驶,因车速过快操作失误发生事故伤亡,不应由见义勇为行为人承担责任。但如果见义勇为行为人实施了主动撞击行为,致犯罪分子伤亡的,则应当承担相应责任。

3. 见义勇为行为人驾车直接撞击逃跑的犯罪分子,或者将正在实施盗窃的犯罪分子追打致死的,应当承担故意伤害(致人死亡)罪的刑事责任。但对于此类案件在量刑上应当充分考虑,可以根据不同情况从轻、减轻处罚,并考虑适用缓刑;如果在法定最低刑以下判刑仍然过重的,还可以在法定刑以下判处刑罚并报最高人民法院核准。

(二) 规则适用

见义勇为行为人在抓捕犯罪分子的过程中,与刑法所规定的正当防卫时间要件不符,致人伤亡的,不能根据正当防卫制度免除其责任。根据《刑事诉讼法》第84条的规定,对正在实行犯罪或者在犯罪后即时被发觉的,任何公民都可以立即扭送公安机关、人民检察院或者人民法院处理。公民扭送是人民群众自觉同犯罪分子作斗争的一种形式,这是我国刑事诉讼法依靠群众、实行专门机关与群众相结合原则的具体体现。人民群众对于正在实行犯罪或者在犯罪后逃跑的罪犯,主动将其抓获,并扭送公安机关、人民检察院或者人民法院处理,这是法律赋予公民

的权利。在见义勇为者驾车抓捕犯罪分子致使嫌犯死亡的案件中,见义勇为者是否需要承担责任需要区分情况对待:

1. 由犯罪嫌疑人自身原因或第三者因素介入导致死亡的,见义勇为抓捕者不承担刑事责任。实践中,见义勇为者驾车抓捕犯罪过程中,由于嫌犯自身驾驶操作不当往往可能发生意外致死,或者由于犯罪嫌疑人逃逸慌不择路导致与其他车辆发生碰撞致死。在这种情况下,由于驾车抓捕行为系合法行为,且驾车抓捕者对犯罪嫌疑人的死亡并无过错及主观故意,犯罪嫌疑人应当预见到自己的危险驾驶(或逃逸)行为可能发生人身伤亡的后果,却仍执意为之,应由其自身承担由此产生的后果,驾车抓捕者不应对其死亡承担刑事责任。

2. 由于驾车抓捕者的撞击行为导致嫌犯死亡的,驾车抓捕者应当承担刑事责任。如何定性则应综合个案案情和证据具体分析,包括双方的力量对比(如抓捕者驾驶轿车而犯罪嫌疑人赤手空拳逃跑)、撞击的部位、力度等,如果有足够的证据证实驾车抓捕者撞击犯罪嫌疑人的行为系出于伤害故意(包括积极追求或间接放任)的,则宜以故意伤害罪追究驾车抓捕者的刑事责任;如果驾车抓捕者系过失撞击犯罪嫌疑人或者仅出于逼停目的而碰撞犯罪嫌疑人,则宜以过失致人死亡罪追究其刑事责任。当然,对于此类案件,在依法定罪的同时,在量刑上应充分考虑,可以根据不同情况从轻、减轻处罚,同时考虑适用缓刑;如果在法定最低刑以下判刑仍然过重的,还可以在法定刑以下判处刑罚并报最高人民法院核准。

【指导案例】张德军故意伤害案[①]**——见义勇为引发他人伤亡的如何处理**

2004年8月14日18时许,死者胡远辉驾驶两轮摩托车搭乘自诉人罗军在四川省成都市成华区圣灯乡人民塘村11组处,趁一李姓妇女不备抢夺其佩戴的金项链后驾车逃逸。被告人张德军和现场群众刘某某、张某某等人闻讯后,立即乘坐由张德军驾驶的轿车追赶,并多次电话报警。当追至成都市三环路龙潭立交桥上时,刘某某、张某某等人责令胡远辉、罗军二人停车,但胡远辉为摆脱追赶驾驶摩托车高速蛇形行驶。当张德军驾驶的轿车与胡远辉驾驶的摩托车并行时,摩托车与右侧立交桥护栏和张德军驾驶的轿车发生碰撞后侧翻,致使罗军从摩托车上摔落桥面造成左小腿骨折等多处损伤,胡远辉摔落桥下死亡。罗军在治疗期间左小腿截肢,经法医鉴定为二级伤残。

此案被法院受理后就受到社会各界的广泛关注,应如何定性一时间被炒得沸沸扬扬,案件公开开庭后,有上千名群众通过各种形式向法院表达自己的意见和看法。无疑,法院对该案的定性十分关键,这有可能会影响人们是否敢于见义勇

---

① 参见周峰:《张德军故意伤害案——见义勇为引发他人伤亡的如何处理》,载最高人民法院刑事审判第一、二、三、四、五庭主编:《刑事审判参考》(总第51集),法律出版社2006年版,第2页。

为的价值取向。在本案中,被告人张德军等人在获悉胡远辉、罗军抢夺他人财物骑乘摩托车逃逸后,驾驶汽车追赶实施抢夺的犯罪嫌疑人的行为,无疑是见义勇为行为。但是因时间等要件不符,张德军的行为不属于正当防卫行为。那么能否据此认为张德军的行为实施不当,进而认定其构成故意伤害罪呢?答案是否定的。理由在于:第一,《刑事诉讼法》第 84 条明确规定,对正在实行犯罪或者在犯罪后即时被发觉的,任何公民都可以立即将其扭送公安机关、人民检察院或者人民法院处理。可见,公民对于正在实行犯罪或者在犯罪后逃跑的罪犯,主动将其抓获,并扭送司法机关处理,这是法律赋予公民的权利。张德军驾车追赶胡远辉和自诉人罗军的目的,意图将实施飞车抢夺的犯罪分子扭送至公安机关,是符合法律规定和道德规范的行为。第二,从客观上来看,死者胡远辉与自诉人罗军为摆脱现场群众的追赶,而驾驶摩托车以危险状态高速行驶,是造成摩托车侧翻的直接原因,这一危险状态完全是该案死者胡远辉和自诉人罗军自我选择的结果。张德军为了阻止犯罪嫌疑人逃逸而被动采取的高速追赶行为,与本案损害结果的发生没有必然因果关系。从主观上来看,张德军为制止实施抢夺行为的胡远辉和罗军,与现场群众一道打电话报警并驾车追赶,其目的是为了将犯罪嫌疑人扭送至公安机关;而且现有证据也不能证实张德军实施了主动撞击或者放任汽车碰撞摩托车的行为,故被告人并不存在非法损害他人身体的主观故意。故一、二审法院认定其无罪是适当的。

【指导案例】闫子洲故意伤害案[①]**——将正在实施盗窃的犯罪分子追打致死的行为如何量刑**

2008 年 1 月 7 日夜 23 时许,安徽省临泉县陶老乡枣里店村村民钟新付(被害人),伙同他人在临近的新蔡县杨庄户乡钟庄村腰东村民组盗偷耕牛时被腰东村村民发现。被告人闫子洲在追撵、堵截钟新付时,持柴麦刀夯击钟新付右侧肋部,致使钟新付跌入水沟内。闫子洲又与同村村民持砖块砸击钟新付,致使钟新付死于沟内。经鉴定,钟新付系因钝性外力作用致重型闭合性颅脑损伤、失血性休克致溺水窒息而死亡。

《刑法》第 20 条第 1 款规定:"为了使国家、公共利益、本人或者他人的人身、财产和其他权利免受正在进行的不法侵害,而采取的制止不法侵害的行为,对不法侵害人造成损害的,属于正当防卫,不负刑事责任。"同时第 2 款规定:"正当防卫明显超过必要限度造成重大损害的,应当负刑事责任,但是应当减轻或者免除处罚。"本案被告人闫子洲是在被害人钟新付盗窃被发现后的逃跑途中,对其进行

---

① 参见尚学文、王永贞:《闫子洲故意伤害案——将正在实施盗窃的犯罪分子追打致死的行为如何量刑》,载最高人民法院刑事审判第一至五庭主办:《刑事审判参考》(总第 72 集),法律出版社 2010 年版,第 27—31 页。

"追撵、堵截"时,持柴麦刀夯击钟新付右侧肋部,致使钟跌入水沟内,此后,又与同村村民持砖块砸击钟新付,致使钟新付死于沟内。由于此时被害人已停止盗窃,如果为有效阻止其逃跑,对其进行抓捕而实施了适当、必要且有限的轻微伤害行为是法律允许的,但被告人闫子洲不仅用刀将被害人打入水沟,还与他人共同用砖块将被害人砸死,其行为显然已不属于为使他人的财产权利"免受正在进行的不法侵害,而采取的制止不法侵害的行为",故不能适用刑法关于"防卫过当"的规定对其减轻或者免除处罚。对于没有法定减轻处罚情节的案件,要超出刑法规定的法定刑幅度进行减轻处罚,只能通过刑法规定的法定刑以下减轻处罚的特殊程序来处理。对此,《刑法》第63条第2款规定:"犯罪分子虽然不具有本法规定的减轻处罚情节,但是根据案件的特殊情况,经最高人民法院核准,也可以在法定刑以下判处刑罚。"此处的"特殊情况",除了涉及国家利益的情况外,还应包括一些个案的情节特殊的情况,主要是反映被告人主观恶性、人身危害性、社会效果等方面的因素。

本案在量刑时,需要考虑如下因素:第一,被害人钟新付当天夜晚是与他人进入被告人闫子洲所在村庄意图偷窃,并已经进入村民熊某某家中,具有严重过错。第二,案发前,当地发生多起村民被盗事件,当地群众对偷盗行为极为愤恨。案发时该县正在开展平安建设,鼓励群众自觉参加巡逻打更,积极同违法犯罪行为作斗争。案发后,该村村民对被告人很是同情,多次上访请愿,要求对闫子洲从轻处罚。第三,被害人死亡是村民多人致伤、多种原因造成的。被告人闫子洲发现被害人钟新付后用柴麦刀的刀把朝钟右侧肋部夯了一下,致使其倒在水沟里,随后赶来的二三十名群众都拿砖头、土块砸水沟里的钟新付。根据尸体检验报告显示,死者头面部、躯干部、四肢部有多处创伤,气管、支气管及食管内有大量污泥,经检验认为死者系重型颅脑损伤合并失血性休克、溺水窒息而死亡。由此可见,致使被害人死亡的行为并非仅闫子洲一人所为。第四,闫子洲认罪态度较好,且系初犯、偶犯,其人身危险性较小。在考虑本案案发前因、被告人的伤害手段、犯罪时的主观故意、危害结果的成因及社会效果等因素的基础上,法院对闫子洲在法定刑幅度下减轻判处有期徒刑5年,最高人民法院予以核准是正确的,实现了法律效果与社会效果的有机统一。

七、故意殴打行为导致特殊体质被害人死亡的如何定罪量刑

(一) 裁判规则

1. 构成故意伤害(致人死亡)罪的伤害行为,必须具有引起或可能引起轻伤或轻伤以上程度伤害结果的性质,即必须是具有使他人生理机能遭受实质损害的行为;如果行为人仅仅实施了一般生活意义的殴打行为,如拍打、推搡等单纯对他人使用有形力的,或者在使用有形力的同时可能造成轻微伤害的,如青肿、淤痕、微量流血等,不属于故意伤害行为。由于某种原因或条件引起了被害人死亡

的,不能认定为故意伤害(致人死亡)罪;如果行为人对死亡结果存在过失的,可以认定为过失致人死亡罪。

2. 被害人的特殊体质仅属于结果发生的条件而非原因,通常情况下不能中断之前的因果关系。被告人针对被害人实施一般殴打行为,导致具有特异体质的被害人死亡,两者之间具有因果关系。被害人特殊体质的介入,尽管不能中断因果关系,但属于被告人不可预见的因素,故在最终量刑时应适当减轻被告人的刑事责任。如果被告人的行为属于一般生活意义的轻微暴力殴打、推搡行为,则应当认定为过失致人死亡罪或者意外事件;如果被告人的行为本身具有发生伤害结果的可能性,在认定故意伤害(致人死亡)罪的情况下,应适当从轻处罚;如果在10年以上判处有期徒刑过重的,可以在法定刑以下判处刑罚,并报最高人民法院核准。

(二) 规则适用

刑法学视野里所谓"特异体质者",是指具有潜在致命性疾病或者具有其他足以致命的个体条件的人。体质特异者具有特定的敏感性、易感性体质,对外来刺激的反应异常剧烈,并往往会由此产生一般人身上不会发生的病理反应,该病理反应常常会迅速引起死亡。致特异体质者死亡问题的实质是,同样的行为不会导致非特异体质者死亡,却导致特异体质者死亡,能否按照正常对象处理而认定为故意伤害(致死)罪甚至故意杀人罪?我们认为,在被告人实施殴打行为后介入了被害人的特殊体质,共同导致被害人死亡结果发生的情况下,对被告人定罪量刑时需要考虑如下两个方面因素:

1. 行为人所实施的是一般生活意义的殴打行为,还是属于故意伤害行为,即行为本身是否具有导致伤害结果发生的较大可能性?故意伤害中的"伤害"是指对他人生理机能造成实质性侵害的行为,包括两部分内容:一是破坏他人身体组织的完整性,进而使得他人生理机能受损;二是虽然不破坏他人身体组织的完整性,但是使身体某一器官机能受到损害或者丧失。因此,构成故意伤害罪的伤害行为,必须具有使他人的生理机能遭受实质损害,能够引起或可能引起轻伤或轻伤以上程度伤害结果的行为。如果行为人所实施的仅仅是日常生活行为,如推搡、抓挠或者轻微的殴打行为,此种程度的暴力行为本身并不具有导致结果发生的较大可能性,故并非故意伤害罪当中的暴力行为,即使因为种种原因而发生了伤亡结果,一般也不能认定为故意伤害(致人死亡)罪。除此之外,故意伤害罪当中的伤害故意,是指行为人对造成他人生理机能损伤结果持希望或者放任态度。为此,在司法实践中需要克服如下这样一种错误倾向:即某个日常轻微殴打行为一旦有死亡结果发生,就反过来看行为人是否"有意"实施该殴打行为,如果是有意实施的,就认为被告人具有伤害故意,最终以故意伤害(致人死亡)罪来认定。这种观点实际上是错误的,因为即使殴打、推搡行为是有意实施的,但这种有意性仅仅是通过殴打使得被害人遭受暂时的皮肉之苦或轻微的神经刺激的意思,而并非故意伤害罪中要损害他人身体机能的故意,故不能认定为故意伤害罪。

2. 当行为人的暴力行为本身具有导致被害人受伤的较大可能性时,由于被害人特殊体质的介入,导致被害人死亡结果的发生,尽管不能中断因果关系,但该死亡结果系多因造成,行为人的行为仅仅是其中之一。根据刑法的一般原理,被告人只对自己的行为负责,当其行为与一定外在原因(如被害人特殊体质)竞合时,由外在原因造成的结果就不能全部归责于行为人。在故意伤害致人死亡的情况下,根据《刑法》规定应当被判处 10 年以上有期徒刑,但该法定刑是以故意伤害行为系被害人死亡的直接原因,甚至唯一原因作为标准配置的。由于故意伤害(致人死亡)罪应当被判处 10 年以上刑罚,当存在"多因一果"情形时,对行为人的量刑应当适当从轻处罚;如果综合全案情况量刑明显过重而与其罪责不相适应的,可以依据《刑法》第 63 条第 2 款之规定,在法定刑以下判处刑罚,并报最高人民法院核准。

【指导案例】洪志宁故意伤害案①——故意伤害行为导致被害人心脏病发作猝死的如何量刑

被告人洪志宁与曾银好均在福建省厦门市轮渡海滨公园内经营茶摊,二人因争地界曾发生过矛盾。2004 年 7 月 18 日 17 时许,与洪志宁同居的女友刘海霞酒后故意将曾银好茶摊上的茶壶摔破,并为此与曾银好同居女友方凤萍发生争执。正在曾银好茶摊上喝茶的陈碰狮(男,48 岁)上前劝阻,刘海霞认为陈碰狮有意偏袒方凤萍,遂辱骂陈碰狮,并与陈扭打起来。洪志宁闻讯赶到现场,挥拳连击陈碰狮的胸部和头部,陈碰狮被打后追撵洪志宁,追出二三步后倒地死亡。经鉴定,陈碰狮系在原有冠心病的基础上因吵架时情绪激动、胸部被打、剧烈运动及饮酒等多种因素影响,诱发冠心病发作,管状动脉痉挛致心跳骤停而猝死。

本案发生了被害人死亡的结果,该结果欲归因于被告人洪志宁,就需要确认其拳击行为与被害人死亡结果之间具有刑法上的因果关系。本案被告人连续拳击他人要害部位胸部和头部,具有给被害人造成一定伤害的高度危险,其本质上是一种故意伤害行为。尽管从鉴定结论来看,本案由于被告人的加害行为等原因,共同诱发被害人冠心病发作,管状动脉痉挛致心跳骤停而猝死,被害人的特殊体质同样系导致其死亡结果发生的因素之一,但如果没有被告人的拳击行为,也不会发生被害人死亡结果,二者符合"无前者则无后者"的条件关系,而在此过程中并未介入其他人的行为,因此可以认定被告人洪志宁的拳击行为与被害人的死亡结果之间具有刑法意义上的因果关系。针对该死亡结果,尽管被告人既不希望也不放任,而是持反对态度,但其应当意识到自己的行为有可能造成他人死亡结

---

① 参见张思敏:《洪志宁故意伤害案——故意伤害行为导致被害人心脏病发作猝死的如何量刑》,载最高人民法院刑事审判第一、二、三、四、五庭主编:《刑事审判参考》(总第 49 集),法律出版社 2006 年版,第 26—31 页。

果的发生,却由于疏忽大意没有意识到,故其对死亡结果持过失的心态。由于该死亡结果系行为人故意伤害行为所致,故全案应认定为故意伤害(致人死亡)罪。

根据《刑法》第 234 条第 2 款规定,故意伤害致人死亡的,应在 10 年以上有期徒刑、无期徒刑或者死刑的法定幅度内量刑。本案被告人洪志宁故意伤害致他人死亡,虽然不具有法定减轻处罚的情节,但是被害人的死亡,系一果多因,其死亡的直接原因是冠心病发作,管状动脉痉挛致心跳骤停自猝死,被告人的伤害行为只是导致被害人心脏病发作的诱因之一。根据刑法的一般原理,被告人只对自己的行为负责,当其行为与一定自然现象竞合时,由自然现象造成的结果就不能归责于被告人。如前所述,被害人心脏病发作的诱因众多,若这些诱因共同产生的被害人心脏病发作而死亡这一后果之责任,全部由被告人承担,显然与其罪责不相适应。由于刑法对故意伤害致人死亡的法定刑,是以故意伤害行为系被害人死亡的直接原因甚至唯一原因作为标准配置的。一审对被告人洪志宁判处 10 年零 6 个月的量刑明显过重,与其罪责不相适应。二审考虑即使在法定最低刑量刑仍属过重,遂依据《刑法》第 63 条第 2 款之规定,在法定刑以下对被告人洪志宁判处 5 年有期徒刑,并报最高人民法院核准,这是符合罪刑相适应原则的。

【指导案例】罗靖故意伤害案①——掌推他人致其头部碰撞造成死亡的如何定罪量刑

2002 年 2 月 12 日(正月初一)下午 7 时许,被告人罗靖与他人在广东省恩平市圣堂镇马山果场同乡莫庭友家聚会饮酒。晚 9 时许,罗靖又与他人一同到果场办公楼顶层客厅内打麻将,莫庭友站在旁边观看。由于罗靖在打麻将过程中讲粗话,莫庭友对罗靖进行劝止,二人为此发生争吵。争吵过程中莫庭友推了一下罗靖,罗靖即用右手朝莫庭友的左面部打了一拳,接着又用左手掌推莫庭友右肩,致使莫庭友在踉跄后退中后脑部碰撞到门框。在场的他人见状,分别将莫庭友和罗靖抱住。莫庭友被抱住后挣脱出来,前行两步后突然向前跌倒,约两三分钟后即死亡。经法医鉴定,莫庭友后枕部头皮下血肿属钝器伤,系后枕部与钝性物体碰撞所致,血肿位置为受力部位。莫庭友的死因是生前后枕部与钝性物体碰撞及撞后倒地导致脑挫伤、蛛网膜下腔出血所致,其口唇、下颌部及颌下损伤系伤后倒地形成。

任何刑事案件的因果关系都是具体的、有条件的,因此,在审查危害行为与危害结果之间的因果关系时,要从危害行为实施时的时间、地点、条件等具体情况考虑,而不能脱离这些具体条件进行抽象分析。在本案中,被告人对被害人的掌推

---

① 参见谢建华:《罗靖故意伤害案——掌推他人致其头部碰撞造成死亡应如何定罪量刑》,载最高人民法院刑事审判第一庭、第二庭编:《刑事审判参考》(总第 30 辑),法律出版社 2003 年版,第 49—55 页。

行为尽管一般情况下不会产生被害人死亡的结果,但其掌推行为直接导致被害人头部与门边碰撞及撞后倒地,最终导致死亡结果的发生。由于门边碰撞及撞后倒地系被告人的推打行为所致,并非介入了第三者或者被害人的行为,故不应中断推打行为与死亡结果之间的因果关系。而且,从性质上来说,门边碰撞及撞后倒地只是因果关系发生的条件,并非刑法意义上的原因,真正的原因是被告人的掌推行为。

当然,因果关系仅仅是为犯罪行为的归责提供了客观依据,还需要进一步分析行为人对危害结果的主观心态。这就要从被告人和被害人的平日关系、犯罪的起因、打击的手段与部位等因素入手进行分析和判断。本案被告人和被害人平时关系非常好,又是在过年同乡欢聚一起饮酒打麻将的时候,因酒后小事争吵才打了被害人左面部一拳,又推了被害人的右肩部一掌。因此,被告人在实施拳打掌推行为时不可能希望或放任被害人死亡结果的发生。但在当时的特定条件下,其应当预见这种结果可能发生而没有预见,因此对被害人的死亡结果的发生是有过失的。那么,被告人是否具有伤害故意呢?故意伤害行为以破坏他人的身体组织或生理机能为目的,因而应当是具有高度危险性(即具有一定强度)的暴力行为。如果行为人所实施的仅仅是日常生活行为,如推搡、抓挠或者轻微的殴打行为,此种程度的暴力行为本身通常不具有导致结果发生的较大可能性,即使发生了伤亡结果,一般也不能认定为故意伤害(致人死亡)罪。本案即是如此,行为人在推打被害人时并不具有伤害的故意,但对因此导致被害人头撞门框,进而跌倒死亡却是有过失的,对其应以过失致人死亡罪定罪量刑。

【指导案例】邱玉林故意伤害案①——推搡致特殊体质者死亡的如何定罪处刑

1999年1月4日8时许,被告人邱玉林驾驶本单位车辆在北京市宣武区宣西大街,因交通堵塞与司机李冬来发生口角,随后双方多人参与互殴。互殴中,邱玉林用铁棍将李冬来方的杨志强头部打伤。此时,路经此地的被害人富永立上前指认邱玉林持械伤人,引起邱玉林的不满,邱玉林随即用手将富永立推倒在地,导致富永立冠心病发作死亡。经鉴定,被害人富永立枕骨右侧骨折,损伤程度符合轻伤标准,但此损伤不构成死因,富永立的死因符合冠心病急性发作心脏功能衰竭死亡,外伤、情绪激动等因素可诱发其冠心病发作致心脏功能衰竭死亡。

一审法院认为,被告人对富永立不满并用手将富推倒在地,导致富永立冠心病急性发作经抢救无效死亡。邱玉林主观上有推搡富永立的故意,客观上实施了推倒富永立的行为,其行为已构成故意伤害罪,应予惩处。二审法院认为,邱玉林的行为已构成故意伤害罪,原判对邱玉林的定罪正确,但认定邱玉林故意伤害致

---

① 参见国家法官学院、中国人民大学法学院编:《中国审判案例要览:2002年刑事审判案例卷》,中国人民大学出版社2003年版,第14—18页。

人死亡不当。因为被害人富永立死于冠心病急性发作而非邱玉林伤害行为所导致的颅骨骨折,该死亡原因虽然存在外伤、情绪激动等因素诱发的可能性,但无证据证明伤害行为与死亡结果之间存在必然的因果关系,且邱玉林对被害人冠心病急性发作导致心脏功能衰竭死亡结果的发生,在主观方面缺乏认识因素及意志因素,邱玉林不应对此结果承担法律责任,据此以故意伤害罪改判其有期徒刑三年。

就本案而言,一、二审判决对因果关系的认定、推搡行为的定性等均存在问题。首先,根据鉴定结论,外伤、情绪激动等因素可诱发被害人冠心病发作,被告人的行为与被害人死亡结果之间存在"无 A 则无 B"的条件关系,故认定其推搡行为与被害人死亡结果之间存在因果关系并无问题。其次,关于被告人推搡被害人致其倒地行为的性质,只有可能对他人的生理机能造成实质损害的行为才属于伤害行为,而普通的推搡行为往往并不具有这样的性质,故通常不属于故意伤害罪当中的伤害行为。由于邱玉林与被害人富永立素不相识,对富的冠心病史并不知情,故对富永立因冠心病急性发作而死亡的结果缺乏预见可能性。综上可见,本案被告人的行为既不成立故意伤害(致死)罪,也不成立过失致人死亡罪,还不成立故意伤害(轻伤)罪,仅属于过失致人轻伤(无罪),故本案属于意外事件,应宣告被告人无罪。

八、家长体罚教育子女致子女死亡的如何定罪处罚

(一) 裁判规则

对家长体罚惩戒致孩子死亡的行为,应当主要从客观行为来分析其主观意图:

1. 出于恶意动机,以较大强度暴力殴打致子女伤亡的,应认定为故意犯罪;

2. 出于管教目的,但体罚手段足以造成重伤或死亡后果的,可以认定行为人主观上具有间接故意;

3. 出于管教目的,如果只是轻微殴打行为,但由于某种偶然因素的介入导致伤亡后果的,一般应认定为过失致人死亡罪或者意外事件。

(二) 规则适用

对于家长殴打体罚子女等家庭成员造成其死亡的案件,如何定罪处罚,实践中存在一定争议,这里主要涉及虐待罪、故意伤害罪、过失致人死亡罪的区分。

1. 家长体罚子女致子女死亡的行为不构成虐待罪。虐待罪是指经常以打骂、冻饿、禁闭、有病不予治疗、强迫过度劳动或限制人身自由、凌辱人格等方法,对共同生活的家庭成员进行肉体上、精神上的摧残和折磨,情节恶劣的行为。由于虐待罪可以表现为直接的暴力行为,在发生伤亡后果的情况下,使得其与故意伤害(致人死亡)、过失致人死亡罪之间容易产生混淆。笔者认为,三者之间最本质的区别在于,虐待行为表现为在一定时期内行为人持续不断地实施虐待行为,虐待

致人死伤的结果也是由于长期累积而逐渐导致的,如果把这些连续的行为割裂看,单次行为很难达到犯罪的程度,不具备独立评价的意义。而故意伤害(致人死亡)、过失致人死亡,都是因果关系明确的某一次或几次行为直接导致伤亡结果的发生。因此,对于并非持续性而只是偶尔的殴打、体罚行为,不能认定为虐待行为。

2. 故意伤害罪与过失致人死亡罪的区分。司法实践中,对于家长体罚子女致死的案件如何定罪,需要结合动机、案发后的表现,尤其是客观行为特征,分析被告人的主观意图。首先,需要查明行为人与被害人的身份关系、生活中的相处关系,是否存在经常性打骂、虐待;在此基础上再考察行为人出于何种动机,是为了管教,基于"棍棒之下出孝子""不打不成器"等简单粗暴的教育观念,还是肆意打骂或出于个人泄愤等原因,以确定案发起因。其次,考察行为人在发现被害人生命健康受损害后,是置之不理还是马上积极施救。最后也是最重要的是,由于客观行为是犯罪主观意图的外在表现,在体罚致子女重伤、死亡的案件中,要着重审查行为的打击强度、持续时间、使用工具、打击方式、击打部位等,即考察行为本身的危险性和强度,是否足以造成致人伤亡的后果。

具体而言,第一,对出于恶意动机而以较大强度的暴力殴打子女,导致子女伤亡的,应认定为故意伤害罪或故意杀人罪。第二,行为人尽管系出于管教目的,且案发后悔恨抢救的,如果体罚子女的手段毫无节制,大大超出了年幼子女所能承受的程度,足以造成重伤或死亡后果的,可以认定行为人主观上对伤害结果具有间接故意,应认定为故意伤害罪。第三,出于管教目的且案后悔罪抢救的,如果只是一般轻微殴打行为,本不足以导致轻伤后果,但由于被害人自身隐性体质或者其他偶然因素(如被害人患有心脏疾病,受激下致心功能衰竭,或掌推被害人跌倒后磕碰石块)介入导致重伤或死亡的,若行为人对此并不明知,则一般应认定为过失致人死亡;即使行为人知道被害人患有疾病,但若之前曾有过轻微的打骂行为并未造成被害人身体伤害,而案发时类似的行为却发生了伤亡后果,则不能认定行为人具有追求和放任危害结果发生的故意,通常也只认定为过失致人死亡。

【指导案例】陈玲、程刚故意伤害案[①]——父母为教育孩子而将孩子殴打致死的如何定罪量刑

被告人程刚、陈玲于2003年开始同居,女儿程泉自2004年7月出生后一直被寄养在陈玲的父母家。2007年3月底,陈玲、程刚认为程泉需要接受良好教育,便将程泉接回,并送入幼儿园接受学前教育。其间,陈玲、程刚曾对程泉有打骂行为。2007年5月27日下午,在陈玲的催促下,程刚用电子拼图教程泉识字,因程

---

① 参见蒋艳春、庞景波:《陈玲、程刚故意伤害案——父母为教育孩子而将孩子殴打致死的如何定罪量刑》,载最高人民法院刑事审判第一至第五庭主办:《刑事审判参考》(总第69集),法律出版社2009年版,第24—30页。

泉发音不准,激怒程刚、陈玲,程刚持拖鞋、鞋刷连续多次击打程泉的臀部、后背及下肢,又用巴掌击打程泉的面部;陈玲用巴掌连续多次击打程泉的臀部、面部,致程泉皮下淤血。次日下午在教程泉识字过程中,因被同样问题激怒,陈玲便持鞋刷、马桶刷子殴打程泉的脚面、胳膊、手背和臀部,使泉的手背、脚面当即肿胀,在陈玲用热水为程泉洗浴后,程泉出现乏力、嗜睡症状。晚9时许,陈玲、程刚发现程泉有呕吐、发烧症状后,陈玲曾提议将程泉送医院救治,程刚认为尚需观察。次日凌晨4时许,陈玲发现程泉呼吸急促、双眼瞪视,便和程刚一起进行抢救,并拨打"120"求救,待急救医生赶到时,程泉已停止呼吸,送至医院即被确认已死亡。经法医学鉴定,确认程泉系被他人用钝性物体多次打击身体多部位造成广泛性皮下出血致创伤性休克而死。

虐待罪是指对共同生活的家庭成员,经常以打骂、冻饿、强迫过度劳动、有病不给治疗、限制自由、凌辱人格等手段,从肉体上进行摧残,精神上进行折磨,情节恶劣的行为。在本案中,二被告人客观上,虽有证据证明案发之前,陈玲、程刚对程泉曾有其他责罚行为,但并不符合成立虐待罪所要求的实施经常性、持续性的虐待行为的客观表现。而且,虐待罪造成伤亡结果也是长期以来逐渐形成的,而本案造成被害人死亡的原因是案发当天的时段内二被告人的殴打行为所致,死亡结果并非因长期的虐待行为而逐渐形成。二被告人主观上是出于关爱而非嫌弃被害人,不具有为使被害人肉体上、精神上受到摧残和折磨而虐待被害人的故意。综上,从主、客观两方面分析,本案被告人系教子过程中一时冲动,当场使用暴力,失手将孩子打死,不符合虐待罪的特征。那么,两被告人的行为是否构成故意伤害罪呢?笔者认为,父母基于训诫权对子女实施社会观念所允许的暴力,一般不认为具有刑事违法性;但如果严重超出了社会观念认为合理的范围,则不能阻却行为的刑事违法性。从本案的客观行为来看,两被告人明知幼儿抗击打能力弱仍然使用拖鞋、鞋刷等工具多次打击幼儿,其行为已经超出了正常教育、惩戒子女的一般体罚、打骂行为的限度,应认定其具有伤害的故意,故应以故意伤害罪追究二被告人的刑事责任。当然,尽管二被告人对殴打致伤程泉存在一定的伤害故意(至少是放任),但是对造成程泉死亡的后果则是应当预见而疏忽大意没有预见的过失,符合故意伤害(致死)罪主观方面的要求。

【指导案例】肖某过失致人死亡案[①]——对家长体罚子女致子女死亡的行为如何定罪处罚

被告人肖某与被害人庄某某(殁年3岁)系母子关系。2011年年底,肖某和丈

[①] 参见渠帆:《肖某过失致人死亡案——对家长体罚子女致子女死亡的行为如何定罪处罚》,载最高人民法院刑事审判一至五庭主办:《刑事审判参考》(总第98集),法律出版社2014年版,第110—117页。

夫将儿子庄某某从老家接到H市的家中抚养。2012年5月30日21时许,因庄某某说谎不听话,肖某用衣架殴打庄某某大腿内侧位置并罚跪约一个小时。次日1时许,因庄某某在床上小便,肖某又用衣架殴打庄某某的大腿内侧,用脚踢其臀部。当日5时许,肖某和丈夫发现庄某某呼吸困难,即将庄某某送到H市人民医院抢救,庄某某经抢救无效于当日死亡,医院警务室报案后,公安人员赶到医院将肖某带回公安机关处理。经鉴定,庄某某符合被巨大钝性暴力打击致胰腺挫碎、睾丸挫碎、双侧后腹膜积血、全身多处皮下组织出血引起失血性休克合并创伤性休克死亡。案发后,被害人的父亲、祖父母对肖某的行为表示谅解,请求对肖某从轻处罚。

从法医学尸体检验报告来看,被害人"系被巨大钝性暴力打击致胰腺挫碎、睾丸挫碎、双侧后腹膜积血、全身多处皮下组织出血,引起失血性休克合并创伤性休克死亡"。这表明被告人采用了较高强度的暴力手段,而非一般的轻微殴打行为。此外,体罚程度的轻重不仅需要考虑工具危险性和击打部位,还需考量犯罪对象、行为的持续时间等。在本案中,被害人年仅3岁,即使一般不具有致死危险性的衣架,在持续长时间的击打下,亦足以对其造成伤亡危险,何况其遭受的是较长时间、较大强度的体罚殴打,已大大超出了一个3岁幼童所能承受的限度。当然,从案发起因和家庭情况来看,被害人是被告人肖某亲生子,肖某平时对其并无虐待行为,但因孩子长期未与其共同生活,沟通较少,故其对孩子管教较严,而本案的诱因也是因为小孩撒谎和尿床,因此本案的动机是为了管教子女,从侧面证实被告人并不希望出现被害人伤亡的结果。而且,从案发后表现来看,被告人肖某发现被害人呼吸困难,立即送到医院抢救,故不具有致被害人死亡的故意。综上,本案应认定肖某构成故意伤害罪。对于此类体罚构成故意伤害致人死亡的案件,如果根据具体案情,即使从轻判处10年有期徒刑仍明显过重,导致罪责刑不相适应的,宜依据《刑法》第63条的规定,在法定刑以下判处刑罚并报最高人民法院核准。

九、虐待过程中实施暴力殴打直接致人伤亡的如何定罪处罚

(一) 裁判规则

1. 虐待行为表现为在一定时期内行为人持续不断地实施虐待行为,致人死伤的结果也是由于长期累积而逐渐导致的。而故意伤害致死、过失致人死亡,都是因果关系明确的某一次或几次行为直接导致死亡。因此,并非持续性的,只是偶尔的殴打、体罚致人死亡的,不能认定为虐待行为。

2. 虐待罪与故意伤害罪之间不存在法条竞合关系,因为两个犯罪的构成要件完全不同,而且法条竞合关系只能在对"同一行为"进行评价时产生,而在虐待过程中实施暴力殴打直接致人伤亡的,行为人实施了两个犯罪行为,一个是长期的

虐待行为,一个是最后一次的故意伤害行为,应当认定为两罪。

3. 虐待罪尚未致被害人重伤或者死亡的,告诉才处理,未告诉的不能对行为人的虐待行为追究刑事责任。

(二) 规则适用

1. 对成立虐待罪而言,除了以辱骂、冻饿、限制自由、有病不予医治之外,还可能以殴打的方式实施。以殴打的方式对被害人进行加害时,便会产生如何与故意伤害罪进行区分的问题。笔者认为,二者之间最本质的区别在于,虐待罪实际上属于刑法理论上所谓的"集合犯"。集合犯是指立法者所预设的构成要件行为,本身具有不断反复实施的特征。构成虐待罪的行为就是如此,它是一个长期的、相对连续的、反复实施的过程,而不是偶然一次实施殴打、冻饿等虐待行为。与之相应,虐待致人死伤的结果也并非由某次或某几次虐待行为单独、直接造成,而是因被害人长期受到虐待,逐步导致身体状况不佳、营养不良、病情恶化、精神受到严重刺激等情况而致重伤、死亡,或者被害人因不堪忍受虐待而自杀,重伤、死亡结果的发生与某次具体虐待行为之间并不存在紧密而明确的因果关系,只能将长期以来的虐待行为作为一个整体,并将其作为伤亡结果的原因来对待。而故意伤害罪并不具有集合犯的上述特征,重伤或者死亡结果是一次或者连续几次故意伤害行为直接造成的后果,伤害行为与重伤、死亡结果之间存在十分紧密的客观联系,存在必然的因果关系。因此,如果行为人在长期虐待过程中,在某一次或者某几次使用了足以导致轻伤以上伤害结果的暴力,则应当认为相关行为已经超越了虐待罪的构成要件范围,而成立独立的故意伤害罪。如果虐待行为本身情节恶劣,对行为人可以虐待罪与故意伤害罪实行数罪并罚。

2. 虐待罪与故意伤害罪之间不存在法条竞合关系。首先,根据《刑法》第234条和第260条的规定,虐待罪与故意伤害罪的犯罪构成要件完全不同,并不存在交叉或包容关系:一是行为特点不同。虐待罪中的虐待行为具有连续性、经常性和一贯性,这是引起被害人受伤、死亡的原因,一次的虐待行为不足以造成被害人伤亡结果的发生;而故意伤害罪对被害人身体的伤害一般情况下为一次形成。二是故意内容不同。虐待罪的主观故意是使被虐待者在肉体上、精神上受摧残、折磨,行为人并不想直接造成被害人伤害、死亡的结果,被害人受伤、死亡是由于长期虐待的结果;故意伤害罪的行为人则积极追求或放任伤害后果的发生。三是犯罪主体不同。虐待罪的犯罪主体为特殊主体,而故意伤害罪为一般主体。此外,从两罪的法定刑来看,虐待罪基本犯的法定刑为2年以下有期徒刑、拘役或者管制,而故意伤害罪基本犯(致人轻伤)的法定刑为3年以下有期徒刑、拘役或者管制,基于罪刑相适应原则的要求以及体系解释原理,对虐待罪的构成要件进行解释时,显然无法将故意伤害行为解释为虐待行为。也就是说,一个行为不可能既成立故意伤害行为又构成虐待行为。如果行为人的暴力行为属于故意伤害行为,便超出了虐待行为的范围;反之,如果仅仅属于日常生活中的一般殴打行为,则不属于故意伤害行为。由于法条竞合关系只能在对"同一行为"进行评价时产生,而虐待行为与故意伤害行为实际上是互相排斥的对立关系,在虐待过程中实施暴力殴打直接致人伤亡的情形中,行为人实际上实施了两个犯罪行为,一个是长期的虐待行为,一个是最后一次的故意伤害行为,二者并非刑法意义上的"同一行为",相互之间不存在法条竞合关系,应当认定为两罪。

【指导案例】李艳勤故意伤害案[①]——对家庭成员长期实施虐待,虐待过程中又实施暴力殴打直接造成家庭成员重伤、死亡的,如何定罪处罚

被告人李艳勤与申某某于2010年9月开始同居。2011年2月申某某的女儿申某然(被害人,殁年5岁)开始与李艳勤、申某某一起生活。李艳勤常以申某然不写作业、不听话为借口,采用掐、拧、踢、烫、殴打或者使其挨冻等方式虐待申某然,致申某然头面部、颈部、胸腹部、四肢经常受伤。2012年3月27日申某某到外地打工,李艳勤与申某然到山西省平顺县租房共同生活。同年4月29日晚,李艳勤在其租住处,因琐事殴打申某然,致其腹部受伤。申某然告知李艳勤腹部疼痛,李艳勤看到申某然腹部有擦伤,且有血液渗出,但置之不理,并于次日中午再次用拳头朝申某然的腹部使劲击打,致申某然腹部伤情加重。同年5月3日下午,李艳勤又殴打申某然背部,脚踢申某然臀部,致使申某然跪倒在地。同月4日晚,申某然开始出现呕吐症状。5日,在申某然病情加重体力不支的情况下,李艳勤仍让双手有伤的申某然洗衣服、倒脏水。6日19时许,李艳勤发现申某然躺在床下,身体发凉,遂拨打了"120"急救电话,但申某然因身体遭到钝性暴力作用导致肠管破裂,继发腹腔感染,致感染性休克死亡。

在本案中,被告人李艳勤于2011年2月开始与被害人申某然共同生活后,长期对被害人实施打骂、冻饿等虐待行为,情节恶劣,已经符合虐待罪的客观要件。从2012年4月29日晚开始至5月3日,李艳勤对被害人申某然连续进行暴力殴打,并且殴打部位都在腹部,直接造成被害人肠管破裂,继发腹腔感染,造成被害人死亡的结果,该行为明显超出了虐待的范畴。由此可见,尽管被害人申某然长期遭受李艳勤的虐待,但被害人最终死亡是由李艳勤的殴打行为直接造成的,其若没有实施该行为,申某然此前遭受的虐待行为即便累加也不会致其死亡。因此,李艳勤之前实施的虐待行为,已经符合虐待罪的构成要件,但致被害人死亡这一行为应当被割裂出来单独评价,已符合故意伤害罪的要件。李艳勤的行为触犯了虐待罪与故意伤害罪,且两罪在构成要件之间不存在交叉、包容或者吸收关系,不属于法条竞合、想象竞合或者吸收关系,故对李艳勤本应当以虐待罪和故意

[①] 参见张眉:《李艳勤故意伤害案——对家庭成员长期实施虐待,虐待过程中又实施暴力殴打直接造成家庭成员重伤、死亡的,如何定罪处罚》,载最高人民法院刑事审判一至五庭主办:《刑事审判参考》(总第98集),法律出版社2014年版,第104—109页。

伤害罪数罪并罚,但根据《刑法》第260条的规定,虐待罪尚未致被害人重伤或死亡的,必须要告诉后才处理;但被害人没有能力告诉,或者因受到强制、威吓无法告诉的除外。本案被害人死亡是因最后一次故意伤害行为所致,无证据表明此前的虐待行为有致被害人重伤的严重后果,被害人、其法定代理人以及其近亲属在本案中未就虐待罪提起告诉,故根据"不告不理"的原则,不能对被告人之前的虐待行为追究刑事责任。因此,法院仅以故意伤害罪对被告人李艳勤定罪量刑是正确的。

【指导案例】蔡世祥故意伤害案[①]——**虐待过程中又实施故意伤害行为致人死亡的如何定罪**

被告人蔡世祥与其子蔡木易(本案被害人,死亡时14岁)一起生活。因蔡木易患有先天性病毒性心抽,蔡世祥酒后经常对其进行殴打,并用烟头烫、火钩子烙身体,用钳子夹手指,冬季泼凉水等方法对其进行虐待。2004年3月8日夜,蔡世祥发现蔡木易从家中往外走,遂拳击其面部,用木棒殴打其身体。次日晨,蔡木易称腹痛不能行走,被其姑母蔡亚琴发现后送医院治疗无效,于2004年3月17日21时许死亡。经鉴定,蔡木易生前被他人以钝性致伤物(如拳脚等)伤及腹部,致十二指肠破裂,因弥漫性胸、腹膜炎及感染性中毒休克死亡;蔡木易生前十二指肠破裂的伤情程度属重伤。

在本案中,被告人蔡世祥在家庭生活中,长期以实施暴力行为的方式对其抚养的被害人进行虐待,情节恶劣,即使没有本次行为,其之前实施的一系列虐待行为也足以构成虐待罪。蔡世祥本次行为是因发现被害人外出后,而采取激烈的暴力手段殴打被害人,暴力程度远远超过家庭虐待中的一般殴打行为,且造成被害人死亡的严重结果,其主观故意已经不再是虐待,而是明确、直接伤害被害人身体健康。因此,应当以虐待罪与故意伤害罪两个独立的罪名评价本案行为人的行为,实行数罪并罚。但根据《刑法》第260条的规定,犯虐待罪尚未致被害人重伤或死亡,告诉的才处理。本案行为人在最后一次殴打被害人前所实施的虐待行为,尚未造成被害人重伤或死亡的结果,被害人生前也未对此提起告诉,不能对行为人的虐待行为追究刑事责任。因此,法院以故意伤害罪对行为人定罪是正确的。

---

① 参见李晓智、任厚强、冉容:《蔡世祥故意伤害案——虐待过程中又实施故意伤害行为致人死亡的如何定罪》,载最高人民法院刑一、二、三、四、五庭主编:《刑事审判参考》(总第52集),法律出版社2007年版,第16—21页。

十、如何理解故意伤害犯罪"以特别残忍手段致人重伤造成严重残疾"

(一) 裁判规则

1. "特别残忍手段"要与"情节特别恶劣"区别开来,前者仅仅是后者的部分内容之一,不应以"情节特别恶劣"来取代"特别残忍手段"。

2. 致人重伤造成严重残疾包括两个部分的内容:一是被害人的伤情是否构成重伤,所适用的标准是《人体损伤程度鉴定标准》;二是是否达到严重残疾,所适用的标准是《职工工伤与职业病致残程度鉴定标准》(GB/T 16180—2006),六级以上为严重残疾。

(二) 规则适用

1. 对于"特别残忍手段"的具体含义,全国人大常委会法制工作委员会刑法室编著的《中华人民共和国刑法释义》作了一个相对权威的解释,认为这里所说的"特别残忍手段",是指故意要造成他人严重残疾而采用毁容、挖眼睛、砍掉双脚等特别残忍的手段伤害他人的行为。① 当然,上述解释还是粗线条的,在解释相关概念时亦存在循环定义的逻辑问题,对于解决司法实践中的具体问题帮助有限。笔者认为,"手段特别残忍"侧重的不是对法益侵害程度和后果的判断,而在于其严重违反人道,严重伤害正常人类感情,严重践踏人性尊严。"手段特别残忍"未必造成更大的危害后果,但是足以表现出一种较之普通伤害手段更加泯灭人性和沦丧道德的反伦理性。这就是立法者对于以特别残忍手段致人重伤者提升法定刑,同时对于以特别残忍手段致人死亡的老年人亦不免死的理由。为此,在对"特别残忍手段"进行解释时,可以从以下几个方面着手:第一,从手段的种类来看,使用焚烧、冷冻、油煎、毒蛇猛兽撕咬等非常规的凶残狠毒方法伤害他人的。第二,从行为持续的时间和次数来看,故意延长被害人的痛苦时间或者不必要地增加痛苦程度,如用钢锯将被害人的四肢逐个锯断致人重伤的;或者存在多次反复性的动作,如使用凶器数十次捅刺或击打受害人。第三,从伤害的部位来看,故意毁伤人体主要器官,使人体基本机能毁损或完全丧失,并带来巨大的精神痛苦,如挖眼睛、割耳鼻、砍双腿、严重毁容等。第四,从伤害的对象来看,未成年人、残疾人等系弱势群体,承受伤害的程度较之正常成年人要低,可适当降低"手段特别残忍"情节的适用门槛。如因与他人发生纠纷而将婴幼儿摔成重伤,对这种泯灭人性的行为可以认定为"手段特别残忍"。第五,其他给被害人的肉体带来极大痛苦,让社会公众在心理上难以接受的手段。

2. 关于重伤鉴定。最高人民法院、最高人民检察院、公安部、国家安全部、司法部 2014 年联合制定的《人体损伤程度鉴定标准》(2014 年 1 月 1 日生效)是重伤鉴定的标准。关于伤残等级评定,最高人民法院、最高人民检察院及公安部、司法

---

① 参见胡康生、李福成主编:《中华人民共和国刑法释义》,法律出版社 2006 年版,第 328 页。

部都没有制定专门的伤残等级评定标准。1999年最高人民法院下发的《维护农村稳定纪要》，认为认定"严重残疾"的标准，可参照1996年国家技术监督局颁布的《职工工伤与职业病致残程度鉴定标准》（GB/T 16180—1996），并参照该标准将残疾分为一般残疾（十至七级）、严重残疾（六至三级）、特别严重残疾（二至一级），其中六级以上为严重残疾。在审判实践中一直是参照这个标准和《维护农村稳定纪要》评定伤残等级。2006年劳动和社会保障部、卫生部又发布了《职工工伤与职业病致残程度鉴定标准》（GB/T 16180—2006），并于2007年5月1日起实施，该标准明确规定取代1996年的标准。最高人民法院对伤残等级评定是否适用新的标准没有明确的规定和解释，新的标准对原来的标准作了进一步的细化，但基本的框架没有大的变更。在最高人民法院作出新的规定之前，我们仍可按照《维护农村稳定纪要》的精神，参照1996年的标准进行伤残等级评定。评定为六级以上残疾，即构成严重残疾，但这只是判处被告人10年以上有期徒刑、无期徒刑或死刑的起点标准，适用死刑的残疾标准肯定要更高。为了严格执行我国的死刑政策，对伤残等级达到二级以上，才可考虑适用死刑。鉴于有些故意伤害犯罪，虽然被害人的残疾程度达不到二级以上特别严重残疾，但社会危害特别严重，比如使用硫酸等化学物质严重毁容，采取砍掉手脚等极其残忍手段致使被害人承受极度的肉体、精神痛苦，虽未达到特别严重残疾的程度，但犯罪情节特别恶劣，造成被害人四级以上严重残疾程度的，也可以适用死刑。

【指导案例】黄靓雅故意伤害案[①]——**如何理解"以特别残忍手段致人重伤造成严重残疾"**

被告人黄靓雅与被害人王波涛系夫妻，两人于2013年结婚并于同年11月23日产下一女。黄靓雅因认为丈夫王波涛对自己及女儿关心、照顾不够，并怀疑王波涛与其他女孩有过密交往等原因而患上产后抑郁症，曾于2014年3月至5月就医治疗。同年5月14日晚，黄靓雅与王波涛在浙江省杭州市余杭区星桥街道天都城天月苑×幢×单元×室因抱孩子等琐事意见不合。次日早上6时许，黄靓雅在厨房用平底蒸锅将食用油烧热冒泡后，拿到卧室泼向熟睡之中的被害人王波涛的头面部及上半身，逃离家中后借用他人手机先后打电话给其母亲及"120"急救中心，告知其用油烫伤王波涛的事实，后黄靓雅向公安机关投案。经鉴定，被害人王波涛头面部、颈项部、上胸部及背腰部、右臀部、双上肢约45%浅Ⅱ~Ⅳ度烫伤，皮肤瘢痕增生，面部重度容貌毁损，双肩关节、右手指关节活动受限，右耳鼓膜穿孔、右耳听力下降，损伤程度评定为重伤一级，伤残综合评定为职工工伤二级。

[①] 案例来源：浙江省杭州市中级人民法院刑事判决书（2014）浙杭刑初字第212号；浙江省高级人民法院刑事裁定书（2015）浙刑三终字第（65）号。

在本案中,被告人黄靓雅因婚姻感情纠纷,以热油泼头面部的方式故意伤害丈夫身体并致人重伤,其行为已构成故意伤害罪。从作案手段的种类来看,黄靓雅使用热油泼面这种非常规的凶残狠毒方法伤害他人,可以认定为犯罪手段特别残忍;从犯罪后果来看,被害人王波涛头面部、颈项部、上胸部及背腰部、右臀部、双上肢约45%浅Ⅱ～Ⅳ度烫伤,皮肤瘢痕增生,面部重度容貌毁损,双肩关节、右手指关节活动受限,右耳鼓膜穿孔、右耳听力下降,损伤程度评定为重伤一级,伤残综合评定为职工工伤二级,属于致人重伤造成严重残疾,依法应当在10年以上直至死刑刑档选择量刑。鉴于其作案时系限制刑事责任能力人,作案后能投案自首,其家属代为赔偿部分经济损失,对其予以从轻处罚,故最终以故意伤害罪,判处被告人黄靓雅无期徒刑,剥夺政治权利终身。

十一、组织出卖人体器官罪是否以人体器官的实际摘取作为既遂标准

(一)裁判规则

组织出卖人体器官罪侵犯的是复杂客体,既侵犯了公民人身权利,也侵犯了国家医疗秩序,行为人只要侵犯其一即可认定既遂,故即使出卖者未被实际摘取器官,但只要组织者的组织出卖人体器官行为实施完毕,国家器官移植医疗管理秩序受到严重侵害,该组织行为即构成既遂。而且,组织出卖人体器官罪是行为犯,不以人体器官的实际摘取作为认定既、未遂的标准,而是以行为人的组织、策划或指挥行为是否实施完成来作为界定标准。

(二)规则适用

组织他人出卖人体器官,是指以招募、雇佣(供养器官提供者)、介绍、引诱等手段使他人出卖人体器官的行为。关于其既、未遂标准问题:其一,从犯罪类型来看,组织出卖人体器官罪属于典型的行为犯。我国刑法分则规定了不少"组织型"犯罪,如组织领导传销活动罪、非法组织卖血罪、组织卖淫罪等。根据刑法通说的观点,组织型犯罪是行为犯,行为犯是指只要实施了符合刑法分则规定的某种基本构成要件行为就为既遂,而无须发生特定的犯罪结果或由该犯罪结果发生的法定危险的犯罪类型。由于行为犯不以犯罪结果的发生作为既遂的认定要件,故在组织他人出卖人体器官犯罪中,只要行为人基于出卖人体器官的目的,实施了指挥、策划、招揽、控制自愿出卖自身器官的人的行为,即构成本罪的既遂,而不需要出现器官被实际摘取等特定的后果。其二,从该罪所侵犯的客体来看,本罪系复杂客体,既侵犯了公民人身权利,也侵犯了国家医疗秩序。一方面,组织出卖人体器官行为侵犯了公民的人身权利,容易诱使、鼓励处于经济困境的人为摆脱困境而出卖器官,严重损害出卖人的身体健康和生命安全;而且这种非法人体器官交易因缺乏监管,无法保证所出卖器官的安全性,这也可能危及器官受移植者的身体健康和生命安全。另一方面,组织出卖人体器官行为也侵犯了国家医疗秩序。《人体器官移植条例》第3条明确规定,"任何组织或者个人不得以任何形式买卖

人体器官",而组织出卖人体器官行为使原本分散的、零星的出卖人体器官行为,由于组织行为的存在而变得更具群体性、规模化,导致器官移植活动脱离国家监管,严重破坏国家器官移植医疗管理秩序。由于组织出卖人体器官罪所侵犯的是复杂客体,因此,只要侵犯其一即可认定既遂,故即使出卖者未被实际摘取器官,但只要组织者的组织出卖人体器官行为实施完毕,国家器官移植医疗管理秩序即受到严重侵害,组织行为即构成既遂。

【指导案例】王海涛等组织出卖人体器官案[①]——组织出卖人体器官罪既、未遂以及情节严重如何认定

2011年9月至2012年2月期间,被告人王海涛纠集被告人刘超、孙友玉、李明伟至江苏省泰兴市黄桥镇等地,组织他人出卖活体肾脏。刘超、孙友玉主要利用互联网发布收购肾源广告以招揽供体,李明伟主要负责收取供体的手机和身份证、管理供体、为供体提供食宿、安排供体体检及抽取配型血样等,王海涛主要负责联系受体中介将活体肾脏卖出。四名被告人先后组织徐欣、钟明志、杨维东等多名供体出卖活体肾脏。徐欣在孙友玉招揽及王海涛安排下,于2011年12月在印度尼西亚雅加达一医院实施了肾脏移植手术,徐欣得款37万日元及1000元人民币,王海涛从中得款3.8万元人民币,此款用于"圈养"供体等;钟明志、杨维东被"圈养"直至案发。经鉴定,朱某某左侧肾脏缺失,构成重伤。

本案审理过程中,对四被告人构成组织出卖人体器官罪没有问题,但对于具体犯罪形态存在争议:一种观点认为,本罪应当以损害结果的发生,即以实际摘除出卖者的身体器官作为认定既遂的标准。理由是,该罪侵害的主要客体是公民的人身健康权,只有当器官出卖者的身体器官被摘除,其人身健康权才会受到实际侵害,才能成立犯罪既遂。本案有部分供体尚在血型配对当中,或者因为配对不成功而离开,对该部分犯罪应当认定为犯罪未遂。另一种观点认为,组织出卖人体器官犯罪是行为犯,行为人只要实施了组织他人出卖人体器官的行为,就可以构成该罪,而不以损害结果的发生作为认定既遂的标准。法院最终采纳了第二种意见,认为在组织出卖人体器官犯罪中,只要行为人基于出卖人体器官的目的,实施了指挥、策划、招揽、控制自愿出卖自身器官的人的行为,即构成本罪的既遂,而不需要出现器官被实际摘取等特定的后果。因此,即使存在有部分供体尚在血型配对当中,或者因为配对不成功而离开,对该部分犯罪也应当认定为犯罪既遂。

[①] 参见陈亚鸣、周军生、周军:《王海涛等组织出卖人体器官案——组织出卖人体器官罪既、未遂以及情节严重如何认定》,载最高人民法院刑事审判一至五庭主办:《刑事审判参考》(总第95集),法律出版社2014年版,第80—85页。

第十九章 强奸罪

一、被害人无明显反抗行为或意思表示时,如何认定有无违背妇女意志

(一)裁判规则

对被告人的行为是否"违背妇女意志"①的判断一般要以该妇女反抗为依据,对于被害妇女未作反抗或者反抗不明显的,需要从以下三个方面来判断:(1)案发时被害妇女的认知能力;(2)案发时被害妇女的反抗能力;(3)被害人未作明确意思表示的客观原因。

(二)规则适用

强奸罪,是指违背妇女意志,使用暴力、胁迫或者其他手段,强行与妇女发生性关系的行为。从侵害法益来看,强奸罪的法益是妇女(包括幼女)对性的自由决定权,其基本内容是妇女按照自己的意志决定性行为的权利。为此,被害妇女性的自由决定权是否受到侵害或者威胁,是认定构成强奸罪的关键所在。只有当行为人的行为实际上违背了妇女意志,才意味着她的性的自由决定权受到了侵犯。当行为人误认为自己的行为违背了妇女意志,但实际上该妇女完全自愿的,不应认定为强奸罪。从具体手段方式来看,强奸犯罪所采用的手段包括暴力、胁迫或者其他手段。关于暴力、胁迫或者其他手段应该达到何种程度的问题,最高人民法院、最高人民检察院、公安部发布的《关于当前办理强奸案件中具体应用法律的若干问题的解答》(以下简称《办理强奸案件的解答》)中规定,所谓"暴力手段",是指犯罪分子直接对被害妇女采用殴打、捆绑、卡脖子、按倒等手段危害人身安全或者人身自由,使妇女不能抗拒。"胁迫手段",是指

---

① 《刑法》第236条第1款规定:"以暴力、胁迫或者其他手段强奸妇女的,处三年以上十年以下有期徒刑。"尽管在该条规定中并没有"违背妇女意志"的用语,但是我国刑法通说认为,"违背妇女意志"系强奸罪不可或缺的要素,甚至被认为是该罪的本质特征所在。此外,1984年最高人民法院、最高人民检察院、公安部发布的《关于当前办理强奸案件中具体应用法律若干问题的解答》中亦规定,"强奸罪是指以暴力、胁迫或者其他手段,违背妇女的意志,强行与其发生性交的行为"。

犯罪分子对被害妇女威胁、恫吓,达到精神上的强制的手段,迫使妇女忍辱屈从,不敢抗拒。"其他手段",是指犯罪分子用暴力、胁迫以外的手段,使被害妇女无法或者不知道抗拒。例如,利用妇女患重病、熟睡之机,进行奸淫;以醉酒、药物麻醉,以及利用假冒治病等方法对妇女进行奸淫。可见,在具体案件中,"违背妇女意志"包括被害妇女不能反抗、不敢反抗以及不知反抗等三种情形,可以从以下方面来进行判断:

1. 案发时被害妇女的反抗能力:是否能够或敢于反抗。被害妇女是否能够或敢于反抗,违背妇女意志需要达到什么程度才能构成强奸罪,我国刑法尚未作明确规定。对此,要坚持主客观相统一的原则,结合案发当时的具体时间、地点、环境以及被害妇女个人情况等因素具体分析。在司法实践中,不同被害人由于生理、心理以及性格等个人特征的不同,对暴力、胁迫等手段的反应是不一样的。有的妇女生性懦弱,遇到暴徒根本不敢反抗;有的妇女适应能力弱,遇到突发情况不知所措,不知如何反抗;有的妇女性格刚强,面对凶恶的暴徒,敢于以死相拼,坚决反抗。因此,判断被害妇女是否能够反抗,是否具有反抗能力并不存在统一的标准。一方面要从行为人使用暴力、胁迫手段的客观程度来进行考察,如果行为人所使用暴力、胁迫手段的强度,让一般人都不敢反抗,那么基本上可以认定属于"违背妇女意志"的情形;另一方面,即使行为人所使用的暴力、胁迫手段,未达到让一般人不敢反抗的程度,但是该被害妇女由于性格、心理等个人原因,认为在当时的环境下,如果反抗将可能遭受更大的伤害,由此而放弃反抗的,也可以认定为"违背妇女意志"。

2. 案发时该被害妇女是否具有正常的认知能力:是否知道反抗。在强奸犯罪中,被害人的认知能力是被害人意志能力的前提,被害人如果没有认知能力或者认知能力明显不足的,即使其"同意"也应视为"违背妇女意志"。对此,我国刑法理论与实务通说认为,不满14周岁的幼女由于心智不成熟,其所做出的"同意"均为无效承诺,行为人只要明知或应当知道对方是不满14周岁幼女,仍然与其发生关系的,应当认定"违背妇女意志",以强奸罪论处。对此,最高人民法院2003年1月17日《关于行为人不明知是不满14周岁的幼女,双方自愿发生性关系是否构成强奸罪的问题的批复》指出,"行为人明知是不满十四周岁的幼女而与其发生性关系,不论幼女是否自愿,均应依照刑法第二百三十六条第二款的规定,以强奸罪定罪处罚;行为人确实不知对方是不满十四周岁的幼女,双方自愿发生性关系,未造成严重后果,情节显著轻微的,不认为是犯罪"。此外,最高人民法院、最高人民检察院、公安部、司法部2013年10月23日发布的《关于依法惩治性侵害未成年人犯罪的意见》指出,"知道或者应当知道对方是不满十四周岁的幼女,而实施奸淫等性侵害行为的,应当认定行为人'明知'对方是幼女。对于不满十二周岁的被害人实施奸淫等性侵害行为的,应当认定行为人'明知'对方是幼女。对于已满十二周岁不满十四周岁的被害人,从其身体发育状况、言谈举止、衣着特征、生活作息规律等观察可能是幼女,而实施奸淫等性侵害行为的,应当认定行为人'明知'对方是幼女"。此外,对于患有精神病或者先天痴呆症的妇女,由于缺乏正常的认识能力和意志能力,其所作出的"同意"承诺同样无效。如果行为人明知妇女是精神病患者或痴呆者而与之性交的,即使征得其"同意",也属于违背妇女意志,应认定为强奸罪。①

当然,即使被害妇女并非未成年人,或者并非患有精神病或先天痴呆症,也并不意味着其就必然具有认知能力。在某些情况下,如被害妇女因为醉酒或者吸毒,也会丧失认知能力,在这种情况下行为人与其发生性关系的,也应认定为"违背妇女意志"。此外,司法实践中还经常发生行为人趁被害妇女睡熟,或利用特殊环境(如利用当时环境的黑暗)等条件而冒充其丈夫、情人或男友实施奸淫的案例。在这种场合下,被害妇女之所以同意甚至积极主动地与行为人发生性关系,是因为其存在错误认识,误把行为人当作自己的丈夫、情人或男友。因此,所谓的"同意"并非被害妇女真实意思的表示,应认为是无效的。也就是说,在这种场合下,性交行为仍然是在违背妇女意志的前提下发生的,对行为人仍然应当以强奸罪论处。

需要指出的是,作为强奸罪手段行为的"暴力、胁迫或者其他手段",主要是为了说明性交行为是在违背妇女(包括幼女,下同)意志,即在被害妇女不同意的情况下实施的。在这一点上,与抢劫罪是完全不同的。抢劫罪是指以非法占有(不法所有)为目的,使用暴力、胁迫或者其他方法,强行劫取公私财物的行为。抢劫罪中行为人为当场强取财物而采取的暴力、胁迫或者其他方法,必须与被害人不能或不知反抗之间存在直接的因果关系。如果不是行为人以某种行为使得被害人处于不能或不知反抗的状态,而只是单纯利用由于被害人自己的原因(如熟睡、醉酒、因病昏迷等)或者其他原因(如被他人打昏、撞伤、捆绑)处于不知或不能反抗的状态而取走其财物,则仅成立盗窃罪。但强奸罪的场合并非如此,即使行为人利用他人处于心神丧失、抗拒不能的现存状态实施奸淫的,由于违背了被害妇女的意志,侵害了被害妇女的性的自由决定权,仍然可以认定为强奸罪。为此,如果行为人利用由于被害妇女自己的原因(如熟睡、醉酒、因病昏迷等)或者其他原因(如被他人打昏、撞伤、捆绑等)陷于不知或不能反抗的状态而实施奸淫的,当然构成强奸罪。

---

① 对此,1984年4月26日,最高人民法院、最高人民检察院、公安部发布的《办理强奸案件的解答》明确指出,明知妇女是精神病患者或者痴呆者(程度严重的)而与其发生性行为的,不管犯罪分子采取什么手段,都应以强奸罪论处。当然,如果在间歇性精神病妇女精神正常期间,经该妇女同意与之发生性关系的,不成立强奸罪。此外,即使是精神病妇女,如果行为人与其系合法的夫妻关系或者存在事实婚姻的,不应以强奸罪论处。

【指导案例】孟某等强奸案①——被害人无明显反抗行为或意思表示时,如何认定强奸罪中的"违背妇女意志"

2014年3月16日凌晨3时许,被告人孟某在湖北省武汉市洪山区鲁磨路的VOX酒吧内与被害人朗某(美国籍)跳舞相识,后孟某趁朗某醉酒不省人事之际,骗取酒吧管理人员和服务员的信任,将朗某带出酒吧。随后,孟某伙同被告人次某、索某、多某、拉某将朗某带至武汉东湖新技术开发区政苑小区"星光大道KTV"的202包房。接着,多某购买避孕套,并向次某、索某和拉某分发。次某、索某和拉某趁朗某神志不清,先后在包房内与其发生性关系。孟某和多某欲与朗某发生性关系,但因故未得逞。当日,朗某回到任教学校后,即向公安机关报警。经鉴定,被害人朗某双上臂及臀部多处软组织挫伤。

是否违背妇女意志为强奸罪犯罪构成的关键要素,也是司法实务中较难判断和把握的情节。由于犯罪分子在实施强奸时的客观条件和采用的手段不同,对被害妇女的强制程度也会有所不同,有的妇女因害怕或精神受到强制而不能反抗、不敢反抗或不知反抗。因此,笔者认为,对妇女是否同意不能以其有无反抗为标准,而应对妇女未作反抗的原因进行具体分析,要对双方平时的关系如何,性行为在什么环境和情况下发生的,事情发生后女方的态度怎样,又在什么情况下告发等事实和情节,进行全面的分析。具体可以从以下两个方面来分析判断:

首先,需要考察案发时该被害妇女是否具有正常的认知能力。在本案中,从被害人的年龄、智力和精神状况来看,其并不属于未成年人,也不属于精神病患者或者先天痴呆症患者,故其并不存在心智认知能力方面的不足。然而在案发当晚,多名证人证实被害人在酒吧中由于饮酒过量而呕吐不止,被害人被五名被告人带到案发现场时,需要由两名被告人搀扶才能行走,这说明其已明显处于醉酒状态。被告人孟某寻找各种理由,欺骗酒吧管理、服务人员,伙同其他被告人将被害人带出酒吧,并轮流与其发生性关系,由于被害人因醉酒已失去了正常的分辨能力和认知能力,不能正确认知自身处境,不能正确表达内心真实意愿,期间即使对被告人与其发生性关系的行为无明示反抗行为和反抗意思,也不能认定被害人默示同意,而应认定为"违背妇女意志"。其次,需要考察案发时被害妇女是否能够或敢于反抗。本案被害人系外籍妇女,在受到性侵的前半阶段,由于其处于醉酒状态,失去反抗能力而不能反抗。即便在后阶段其酒醒后慢慢恢复意识,但是面对多名陌生异性青年,产生了不敢反抗的心理,同样表明是"违背妇女意志"。对此,根据各被告人的供述,被害人在发生性关系的过程中一直在哭泣,事后乘坐出租车返校途中仍在哭泣,而据被害人陈述:"我当时很害怕,而且很醉,感觉没有

---

① 参见郑娟、李济森:《孟某等强奸案——被害人无明显反抗行为或意思表示时,如何认定强奸罪中的"违背妇女意志"》,载最高人民法院刑事审判一至五庭主办:《刑事审判参考》(总第102集),法律出版社2016年版,第46—50页。

力气,我怕反抗了之后他们会伤害我,我只希望这个过程快点结束"等,这些情况足以印证各被告人的行为是"违背妇女意志"的。

综上,本案五被告人明知被害人处于认知能力减弱的醉酒状态,利用被害人不知反抗、不能亦不敢反抗的状态,与被害人发生性关系,其行为已违背被害妇女意志。法院依法以强奸罪追究五被告人的刑事责任,定性是准确的。

二、妇女对性的自主决定权具体包括哪些内容

(一)裁判规则

女性自主选择性活动的方式至少包括以下四方面的因素:妇女对性交对象的自由选择,对性交时间的自由选择,对性交地点或者场合的自由选择,以及对性交行为的方式方法及粗暴程度的自由选择。

(二)规则适用

强奸罪的法益是妇女(包括幼女)的性的自由决定权,其基本内容是妇女按照自己的意志自由决定性行为的权利。关于妇女对性的自由决定权的具体内容,至少包括以下四方面的因素:(1)妇女对性交对象具有自由选择的权利。这是女性自由决定权的最主要的体现所在,要求妇女对具体的性交对象有明确认识,并愿意与之性交。(2)妇女对性交时间具有自由选择的权利。尽管妇女愿意与行为人发生关系,而且在此之前甚至已经或者曾自愿与行为人发生过关系,但是并不意味着行为人可以在任何时候与该妇女发生关系,该妇女对再次发生性关系的时间仍然具有自由选择的权利。行为人在被害妇女不愿意的时间内与之发生关系的,仍然应当认定为"违背妇女意志"。(3)妇女有对性交地点或者场合进行自由选择的权利。如果妇女同意与他人发生性关系,但却要求在特定地点或场所进行,而不同意在某地、某处发生,他人强行与该妇女在该地点发生关系的,仍然应当认定为"违背妇女意志"。(4)妇女对性交行为的方式方法及粗暴程度有自由选择的权利。例如,女子同意与某男子发生性关系,但是必须以该男子使用安全套为前提。如果该男子在发生性关系时不想使用安全套,因而被该女子拒绝而采用暴力、胁迫或其他手段,违背该女子意志发生性关系的,同样违背了女性自主选择性活动的权利,构成强奸罪。

【指导案例】盛柯强奸案[①]——如何理解强奸罪中妇女性的自由选择权利

2006年10月14日下午,被告人盛柯通过网上聊天认识被害人曹某某,盛柯提出愿意支付人民币1500元与曹某某开房间发生性关系,曹应允。当日下午5时30分许,二人在江苏省无锡市第二人民医院对面的证券公司门口见面。盛柯为达到少付钱款的目的,先将曹某某骗至无锡市南禅寺商业区。当二人走至二楼一无

---

① 参见陈利:《强奸罪违反妇女意志的细化分析》,载《人民司法(案例)》2008年22期。

人的楼道内时,盛柯提出要与曹就地发生性关系,曹不允,盛柯即打了曹某某一耳光,见其未反抗,就与曹某某发生了性关系,期间因听见楼道内有声响而停止。盛柯即以只要曹某某好好地陪其一晚便可将钱还她为由,强行从曹某某的包内取出人民币160元放入自身口袋。之后,盛柯带曹某某去开房间,曹某某乘盛柯向其朋友陈某借身份证开房间谈话时,乘隙逃脱,并立即向公安机关报案。

在性交易关系中,被告人提出发生性关系的要求,被害人表示同意,相当于是一个要约与承诺的关系,尽管这种关系因为违法而在法律上得不到支持,但从客观上来说就是一个性交易"合同"关系。如果在"合同"履行过程中,被告人与被害人双方均遵守事先达成的合意,那么就可以认定没有违背妇女意志。在本案中,被告人与被害人事前在网上达成了进行性交易的合意,曹某某对与其发生性行为的对象即被告人盛柯并无异议。从合意的内容来看,盛柯提出的要约内容是出价1500元,履行合同的地点是开房间发生性关系,曹某某接受了此条件,即予以承诺,那么双方的合意就已经达成了。可是双方见面之后,情况发生了变化,被告人盛柯为了达到少出钱的目的,提出要在一个公共场所发生性关系。由于性行为的私密性决定了其交易地点的私密性,盛柯的这一变化等于是又提出了一个新的要约,这是对合同内容的实质性变更。对于这一新要约,曹某某并没有承诺,其明确作出了不同意的意思表示。虽然这种表示没有达到极力反抗的程度,但意思的表达是明显的,被告人也是明知的。由于女性对自己性的自主选择权不仅包括对性交对象的选择权,同时也包括对性交时间、地点场所以及方式方法的选择权利,行为人侵害女性上述任何一项权利,均被认为是侵犯了妇女对性的自主选择权,应以强奸罪论处。

三、丈夫强行与妻子发生性关系如何处理

(一) 裁判规则

1. 根据《中华人民共和国婚姻法》(以下简称《婚姻法》)的规定,合法的婚姻,产生夫妻之间特定的人身和财产关系。同居和性生活是夫妻之间对等人身权利和义务的基本内容,双方自愿登记结婚,就推定是对同居和性生活的法律承诺。因此,合法的夫妻之间通常不存在丈夫对妻子性权利自由的侵犯。

2. 如果在婚姻关系非正常存续期间,如离婚诉讼期间,婚姻关系已进入法定的解除程序,虽然婚姻关系仍然存在,但已不能再推定女方对性行为是一种同意的承诺,也就没有理由从婚姻关系出发否定强奸罪的成立。

(二) 规则适用

强奸罪是指以暴力、胁迫、或者其他手段,违背妇女的意志,强行与其发生性交的行为。在婚姻关系存续期间,丈夫以暴力、胁迫或者其他手段,强行与妻子性交的行为,在理论上被称之为"婚内强奸"。关于丈夫能否成为强奸罪的主体,妻

子能否成为强奸罪的犯罪对象问题,理论上存在争议。

1. "肯定说"认为,我国《婚姻法》明确规定,夫妻在家庭中地位平等。夫妻之间平等应当包括夫妻之间性权利的平等,即任何一方均无权支配和强迫另一方过性生活;而且从我国刑法对强奸罪的犯罪主体和犯罪对象的规定来看,并未排除丈夫成为适格主体,同样也未排除妻子可以成为强奸罪的犯罪对象,因此婚内强奸不阻却违法性。

2. "否定说"认为,虽然婚内夫妻两人性行为未必都是妻子同意,但这与构成强奸罪的违背妇女意志强行性交却有本质的不同。根据《婚姻法》的规定,合法的婚姻,产生夫妻之间特定的人身和财产关系。其中,共同生活与同居的义务是夫妻之间对等人身权利和义务的内容之一,双方自愿登记结婚,就是对同居和性生活的承诺,而且这种承诺和夫妻关系的确立一样,只要有一次概括性承诺便会在婚姻关系存续期间一直有效,非经法定程序不会自动解除。因此,合法的夫妻之间不存在丈夫对妻子性权利自由的侵犯,这已深深根植于人们的伦理观念当中。所以,如果在合法婚姻关系存续期间,丈夫不顾妻子反对,甚至采用暴力与妻子强行发生性关系的行为,不属刑法意义上的违背妇女意志与妇女进行性行为,不构成强奸罪。这就意味着,只要夫妻婚姻关系正常存续,就可以阻却婚内强奸行为成立犯罪,这也是司法实践中一般不将婚内强奸行为作为强奸罪处理的原因所在。

3. "区别说"则认为,双方自愿登记结婚,就是对同居和性生活的承诺,故婚内强奸原则上阻却违法性。当然,由于夫妻同居义务是从自愿结婚行为推定出来的伦理义务,不是法律规定的强制性义务。因此,不区别具体情况,对于所有的婚内强奸行为一概不以犯罪论处也是不科学的。如果在婚姻关系非正常存续期间,如离婚诉讼期间,或者基于协议而分居期间,虽然婚姻关系仍然存在,但是已进入法定的解除程序或者名存实亡,此时已不能再推定女方对性行为是一种同意的承诺,也就没有理由从婚姻关系出发否定强奸罪的成立。在这种情形中,丈夫违背妻子的意志,采用暴力手段,强行与其发生性关系,是能够成立强奸罪的。当然认定此类强奸罪,与普通强奸案件有很大不同,应当特别慎重。

笔者同意"区别说"观点,从形式要件来看,刑法在强奸罪对犯罪主体与犯罪对象的规定中并未将丈夫与妻子排除在外,因此婚内强奸符合强奸罪的形式要件。然而,在婚姻关系正常存续期间,丈夫强行与妻子发生性关系,无论是从行为的社会危害性还是行为人的主观恶性来看,均明显要小于其他人强行与妻子发生性关系的情形。一方面,从行为的社会危害性实质来看,丈夫与自己合法妻子发生性行为,即使违背妻子的意愿,也能够在一定程度上为社会公众所接受和容忍,而且对妻子本人贞操观的破坏也远远小于来自于其他男子的性侵害。另一方面,从行为人的主观恶性来看,合法的婚姻关系本身就意味着妻子对性行为的一种承诺,作为丈夫的行为人基于这种承诺而与妻子发生性关系,主观恶性明显要小于其他未获承诺的男子违背妇女意志的情形。对于这样一种行为,根据刑法的谦抑性原则,完全没有必要动用刑罚措施来予以惩罚。当然,在婚姻关系非正常存续期间,如基于协议分居期间或者离婚诉讼期间,虽然婚姻关系仍然存在,但是双方已经分居甚至诉讼离婚,这足以表明其明确推翻了对之前结婚时对性行为的一种承诺。在这种情形中,丈夫违背妻子的意志,采用暴力手段,强行与其发生性关系,行为人体现了更大的主观恶性,对妻子贞操观的破坏也更大,而且也难以为社会公众所接受和容忍,故此时应当作为强奸罪来对待。

【指导案例】白俊峰强奸案[①]——**丈夫强奸妻子的行为应如何处理**

被告人白俊峰与被害人姚某于1994年10月1日结婚,婚后夫妻感情不好,多次发生口角。姚某于1995年2月27日回娘家居住,并向白俊峰提出离婚要求。经村委会调解,双方因退还彩礼数额发生争执,未达成协议。1995年5月2日晚8时许,被告人到姚家找姚某索要彩礼,双方约定,次日找中间人解决,后白俊峰回家。晚9时许,白俊峰再次到姚家。姚对白俊峰说:"不是已经说好了吗,明天我找中间人解决吗?"并边说边脱衣服上炕睡觉。白俊峰见状,亦脱衣服要住姚家。姚父说:"姚某,你回老白家去。"白俊峰说:"不行,现在晚了。"此时,姚某从被窝里坐起来,想穿衣服。白俊峰将姚按倒,欲与其发生性关系。姚某不允,与白撕扯。白俊峰骑在姚某身上,扒姚某的衬裤,姚抓白俊峰的头发。白俊峰拿起剪刀,将姚某的内裤剪断。姚某拿起剪刀想扎白俊峰,被白俊峰抢下扔掉,后强行与姚某发生了性关系。姚某与白俊峰继续厮打,薅住白俊峰的头发,将白俊峰的背心撕破。白俊峰将姚某捺倒,用裤带将姚某的手绑住。村治保主任陈某接到姚父报案后,来到姚家,在窗外看见白俊峰正趴在姚某身上,咳嗽一声。白俊峰在屋内听见便喊:"我们两口子正办事呢!谁愿看就进屋来看!"陈某进屋说:"你们两口子办事快点,完了到村委会去。"陈给姚某松绑后,回到村委会用广播喊白俊峰和姚某二人上村委会。此间,白俊峰又第二次强行与姚某发生了性关系。

在本案中,被告人白俊峰与姚某之间的婚姻关系是合法有效的,在案发前,虽然女方提出离婚,并经过村里调解,但并没有向人民法院或婚姻登记机关提出离婚,没有进入离婚诉讼程序,夫妻之间相互对性生活的法律承诺仍然有效,因此白俊峰的行为不构成强奸罪。

[①] 参见陈志远:《白俊峰强奸案——丈夫强奸妻子的行为应如何定罪》,载最高人民法院刑事审判第一庭编:《刑事审判参考》(合订本·第1卷),法律出版社2000年版,第23—26页。

【指导案例】王卫明强奸案①——丈夫可否成为强奸罪的主体

1992年11月,被告人王卫明经人介绍与被害人钱某相识,1993年1月登记结婚,1994年4月生育一子。1996年6月,王卫明与钱某分居,同时向上海市青浦县人民法院起诉离婚。此后双方未曾同居。1997年3月25日,王卫明再次提起离婚诉讼。同年10月8日,青浦县人民法院判决准予离婚,并将判决书送达双方当事人。双方当事人对判决离婚无争议,同月13日晚7时许(离婚判决尚未生效),王卫明到原告居住的桂花园公寓×号楼×室,见钱某在房内整理衣物,即从背后抱住钱某,欲与之发生性关系,遭钱某拒绝。被告人王卫明说:"住在这里,就不让你太平。"钱挣脱欲离去。王卫明将钱的双手反扭并将钱按倒在床上,不顾钱的反抗,采用抓、咬等暴力手段,强行与钱发生了性行为。致钱多处软组织挫伤、胸部被抓伤、咬伤。当晚,被害人即向公安机关报案。

在本案中,被告人王卫明两次主动向法院诉请离婚,希望解除婚姻关系,一审法院已判决准予王卫明与钱某离婚,且双方当事人对离婚均无争议,只是离婚判决书尚未生效。在此期间,在王卫明主观意识中,其与钱某之间的婚姻关系实质已经消失。因为是王卫明主动提出离婚,法院判决离婚后其也未反悔提出上诉,其与钱某已属非正常的婚姻关系。也就是说,因王卫明的行为,双方已不再承诺履行夫妻间同居的义务。在这种情况下,王卫明在这一特殊时期内,违背钱某的意志,采用扭、抓、咬等暴力手段,强行与钱某发生性行为,严重侵犯了钱某的人身权利和性权利,其行为符合强奸罪的主、客观特征,构成强奸罪。

四、强迫他人性交、猥亵供行为人观看的行为如何定性

(一)裁判规则

1. 行为人虽然没有亲自实施强奸、猥亵妇女的行为,但其强迫他人实施上述行为的,属于间接实行犯,应当按照实行正犯来处理;该他人在生命受到现实威胁的情况下,被迫与妇女性交的行为,系紧急避险行为,不构成犯罪。

2. 为寻求精神刺激,在同一时间内对同一犯罪对象实施性交和猥亵行为的,应当依照吸收犯的处理原则,在强奸罪和强制猥亵妇女罪中择一重处罚。

(二)规则适用

1. 共同犯罪的实行犯有两种,一种是直接实行犯,即行为人自己直接实施犯罪行为;另一种是间接实行犯,即利用他人作为犯罪工具实行犯罪行为。由于强奸罪或强制猥亵妇女罪系所谓的"亲手犯",故行为人为满足性欲、追求性刺激,通常都亲自直接实施强奸或猥亵行为;但在特殊情况下,行为人不必直接实施实行

---

① 参见张军:《王卫明强奸案——丈夫可否成为强奸罪的主体》,载最高人民法院刑事审判第一庭编:《刑事审判参考》(总第7辑),法律出版社2000年版,第27页。

行为,而让其他人代为实施强奸或猥亵行为,亦能达到宣泄性欲,或者追求其他目的的效果。这种情况下,未直接实施实行行为的行为人实际上是利用其他人作为犯罪工具,其虽然没有亲自直接实施强奸、猥亵行为,但行为人本人仍然构成间接实行犯,应当按照实行正犯来处理。

2. 吸收犯是指数个不同的犯罪行为,依据日常一般观念,其中一个犯罪行为当然为另一犯罪行为所吸收,只成立吸收行为一个罪名的犯罪。可见,成立吸收犯首先须有事实上的数个不同的犯罪行为,每个行为都能独立构成不同的罪名,更重要的是数个犯罪行为间须有吸收关系。所谓"吸收关系"是基于一般观念,一罪为他罪当然实行的方法或当然发生的结果,即前行为是后行为发展阶段,或者后行为是前行为发展的当然结果。例如,为越狱而破坏监狱门窗、盗窃枪支后予以私藏等,依据一般观念,上述行为间的其中一行为理所当然是另一行为的发展过程或必然结果而应予吸收。一般情况下,行为人出于强奸的目的,先行猥亵被害人再实施强奸行为,或者在实施强奸行为过程中实施猥亵行为,或者强奸行为由于意志以外的原因而未得逞时,心有不甘继续实施猥亵行为,或者其强奸既遂后又继续对同一行为对象实施猥亵行为的,此时的猥亵行为是强奸行为前奏行为或者自然延续,当然地被强奸行为吸收,不再单独评价。

【指导案例】谭荣财、罗进东强奸、抢劫案①——强迫他人性交、猥亵供其观看的行为如何定性

2003年5月23日20时许,被告人谭荣财、罗进东与赖洪鹏(另案处理)在广东省阳春市春城镇东湖烈士碑水库边,持刀对在此谈恋爱的蒙某某、瞿某某(女)实施抢劫,抢得蒙某某230元,瞿某某60元,谭荣财、罗进东各分得80元。抢劫后,谭荣财、罗进东、赖洪鹏用皮带反绑蒙某某双手,用黏胶粘住蒙的手腕,将蒙的上衣脱至手腕处,然后威逼瞿某某脱光衣服、脱去蒙的内裤,强迫二人进行性交给其观看。蒙因害怕,无法进行。谭荣财等人又令瞿某某用口含住蒙的生殖器进行口交。在口交过程中,蒙某某趁谭荣财等人不备,挣脱皮带跳进水库并呼叫救命,方才逃脱。

本案被告人谭荣财、罗进东为追求精神刺激,用暴力胁迫的方式,利用蒙某某作为犯罪工具,强迫蒙某某与瞿某某先后发生性交行为和猥亵行为供其观看,其虽然没有亲自实施强奸、猥亵瞿某某的行为,但其强迫蒙某某实施上述犯罪行为,实际是将无犯罪意图的蒙某某作为犯罪工具实施了其本人意欲实施的犯罪行为,因此,对二人应当按实行正犯来处理。而蒙某某被他人持刀威胁,要求其和瞿

---

① 参见曾昭光、川彦:《谭荣财、罗进东强奸、抢劫、盗窃案——强迫他人性交、猥亵供其观看的行为如何定性》,载最高人民法院刑事审判一至五庭主编:《刑事审判参考》(总第63集),法律出版社2008年版,第1—9页。

某某性交,否则蒙某某、瞿某某会遭受生命危险。蒙某某在二人生命受到紧迫威胁、没有其他方法避险的情况下,不得已侵犯了瞿某某的性权利,属于为了避免造成较大合法权益的损害而侵犯他人较小合法权益的行为,系紧急避险行为,不构成犯罪。被告人谭荣财、罗进东为追求精神刺激,强迫瞿某某、蒙某某性交供其观看未遂,再考虑到瞿某某、蒙某某本系恋人,在危害后果上与一般强奸犯罪中行为人亲自实施强奸行为有所区别,因此,在强奸未遂的情况下,对二被告人可以从轻或减轻处罚,对其适用的刑罚幅度应在3年以下有期徒刑。然而二被告人强迫瞿某某选择一般女性难以接受的口交方式予以猥亵,属于强制猥亵妇女行为中非常恶劣的一种方式,且其强制猥亵妇女行为已既遂,因此,对其可能适用的刑罚幅度为5年以下有期徒刑。两相比较,对其适用强制猥亵妇女(既遂)的刑罚比对其适用强奸罪(未遂)的刑罚重。因此,应以强制猥亵妇女(既遂)行为吸收较轻的强奸(未遂)行为,法院据此认定二被告人犯强制猥亵妇女罪的定罪是准确的。

五、行为人先后实施了奸淫和猥亵行为的,认定为一罪还是数罪

(一)裁判规则

1. 如果行为人同时实施了强奸与猥亵行为,通常情况下不认定为数罪,应认定强奸行为吸收了猥亵行为;但如果实施强奸行为间隔一定时间后,出于猥亵的故意又对被害人实施猥亵行为的,应以强奸罪和强制猥亵妇女罪数罪并罚;

2. 共同犯罪的中止要求在放弃本人的犯罪行为时,还必须有效制止其他共同犯罪人的犯罪行为,防止犯罪结果的发生。因此,强奸的帮助犯在实行犯实施强奸行为后,放弃对被害人实施奸淫的,不构成犯罪中止。

(二)规则适用

1. 在强奸案件中,经常会涉及强奸与强制猥亵之间的区分问题。强制猥亵罪与强奸罪侵害对象均为妇女,行为人也都采用了暴力、胁迫或者其他手段,行为人主观上均具有发泄性欲的目的,区分二者的关键在于行为人主观上是否具有强行奸淫的目的,如果行为人主观上具有强行奸淫目的,在客观上同时实施了强制猥亵行为与强奸行为,则对行为人应认定为强奸罪,强制猥亵行为被强奸行为所包含,不再独立评价。因此,行为人出于强奸的目的,先行猥亵被害人再实施强奸行为,或者在实施强奸行为过程中实施猥亵行为,或者强奸行为由于意志以外的原因而未得逞,心有不甘继续实施猥亵行为,或者其强奸既遂后意犹未尽,又不间断地继续对同一行为对象实施猥亵行为的,此时的猥亵行为是强奸行为的前奏行为或者自然延续,根据"吸收犯"的原则被强奸行为吸收,不再单独评价。当然,如果行为人采取的猥亵手段残忍、性质恶劣,或者行为人强奸未遂、中止而猥亵行为既遂,相较之下,对其猥亵行为可能判处的刑罚比对其强奸行为可能判处的刑罚更重时,那么强奸行为就可能被猥亵行为所吸收。此外,如果行为人实施强制猥亵妇女行为与强奸行为的时间间隔较长,已经超过生理上二行为自然延续过程

的,或者强奸对象与强制猥亵对象不是同一人的,则强奸行为与强制猥亵行为之间就不再具备吸收关系,不符合吸收犯的成立要件,不能再按照吸收犯的处理原则择一重处罚,而应当依照强奸罪和强制猥亵妇女罪对其实行数罪并罚。

2. 犯罪中止必须是主、客观两方面的统一,主观上行为人必须自动彻底地放弃了犯罪意图,客观上行为人必须放弃了犯罪行为或有效地防止了结果的发生。司法实践中,根据上述规则认定个人单独犯罪的中止,一般是不存在问题的。但是共同犯罪不同于单独犯罪,共同犯罪的中止较单独犯罪的中止更为复杂。由于共同犯罪的各个行为之间相互联结,相互补充、利用,形成有机整体,与犯罪结果之间存在整体上的因果关系,因此,各犯罪人不仅要对本人行为负责,还要对其他共同犯罪人的行为负责。故在一般情况下,共同犯罪的中止要求在放弃本人的犯罪行为时,还必须有效地制止其他共同犯罪人的犯罪行为,防止犯罪结果的发生。易言之,在共同犯罪的场合,犯罪一经着手,单个的共同犯罪人,仅是消极地自动放弃个人的实行行为,但没有积极阻止其他共同犯罪人的犯罪行为,并有效地防止共同犯罪结果的发生,对共同犯罪结果并不中断因果关系,就不能构成中止犯,也不能免除其对共同犯罪结果的责任。

【指导案例】张烨等强奸、强制猥亵妇女案[①]——如何认定共同犯罪的中止

2000年5月16日下午,冯某(在逃)纠集被告人张烨、施嘉卫等人强行将被害人曹某(女,21岁)带至某宾馆,进入以施嘉卫名义租用的客房。冯某、张烨、施嘉卫等人使用暴力、威胁等手段,强迫曹某脱衣服站在床铺上,并令其当众小便和洗澡。嗣后,张烨对曹某实施了奸淫行为,在发现曹某有月经后停止奸淫;施嘉卫见曹某有月经在身,未实施奸淫,而强迫曹某采用其他方式使其发泄性欲之后,冯某接到一电话即带施嘉卫外出,由张烨继续看管曹某。约1小时后,冯某及施嘉卫返回客房,张烨和施嘉卫等人又对曹某进行猥亵,直至发泄完性欲。

本案可以区分为两个阶段:第一个阶段是冯某等人外出之前实施的猥亵与奸淫行为,第二个阶段是1个小时之后冯某等人返回现场后再次对被害人实施了猥亵行为。关于本案第一个阶段:被告人张烨和施嘉卫等人先后两次对被害人曹某实施了猥亵行为,其中第一次是在实施强奸行为之前,张烨、施嘉卫等人使用暴力、威胁等手段,强迫曹某脱衣服站在床铺上,并令其当众小便和洗澡。由于该猥亵行为发生在强奸行为之前,与实行强奸过程中发生的强制猥亵行为一样应当为强奸所包容、吸收,因为这种强制猥亵可以作为强奸罪的预备行为或实行行为中自然可能具有的附随行为来理解。张烨在对被害人实施奸淫过程中,发现自己下

---

① 参见金泽刚:《张烨等强奸、强制猥亵妇女案——如何认定共同犯罪的中止》,载最高人民法院刑事审判第一庭、第二庭编:《刑事审判参考》(总第20辑),法律出版社2001年版,第14—21页。

身沾有被害人的经血,遂停止奸淫。至此,张烨的奸淫行为结束并属于既遂形态。施嘉卫先前出于共同强奸意图与其他被告人共同实施了强迫被害人脱衣服等行为,表明其参与了张烨共同强奸被害人的犯罪活动,在张烨完成强奸行为后,施嘉卫见曹某身体不适才放弃了继续对曹某实施奸淫的行为。这时,张烨实行强奸、施嘉卫帮助强奸的共同犯罪行为已然完成,共同犯罪结果已经产生,因而也就不存在共同犯罪的中止。可见,在共同强奸犯罪过程中,随着主犯张烨完成强奸行为,已经成立犯罪既遂,作为从犯的施嘉卫也应随之承担既遂犯的责任。当然,尽管各被告人在事先预谋时具有共同奸淫的故意,但在实施过程中仅被告人张烨一人实施了奸淫行为,故对各被告人均不能认定为轮奸情节,而仅仅以普通强奸犯罪来认定。关于本案的第二个阶段:1个小时后,冯某和施嘉卫重新返回案发现场的客房,张烨与施嘉卫跟被害人同睡一床,再次猥亵被害人,由于该行为与之前的强奸行为在时间上有明显的间隔,并非强奸行为的自然延伸,不能被先前的强奸行为所包容吸纳,故对各被告人应当以强制猥亵妇女罪并与之前实施的强奸罪进行并罚。

【指导案例】刘强强奸妇女、冯志平强制猥亵妇女案①——如何把握强奸罪与强制猥亵罪的界限

1999年11月12日凌晨6时许,被告人刘强、冯志平伙同唐清(在逃)来到海南省海口市机场东路"花之俏"发廊二楼,冯、唐强行踢开被害人符某(女)、杨某(女)的房门,对正在睡觉的二被害人进行恐吓。冯志平当场对杨某进行殴打后,将她带到隔壁一房间。接着,唐清强迫被害人符某与其发生性关系,并叫隔壁的刘强给他送来了两个避孕套。因符称她有性病,唐即要符与其口淫。之后,唐清出来告诉被告人刘强,符有性病,要同她"口交",不要性交。刘强进入该房间,先让符某与其口淫,后又将避孕套套上,要符与其发生性关系。随后,被告人冯忠平又进入房间,让符某与其口淫,接着又要杨某与其口淫。

本案在诉讼过程中,对被告人刘强的行为如何定性,受理案件的检察院和法院有不同看法。公诉机关认为刘强犯强制猥亵妇女、强奸两罪;法院则认为对于刘强短时间内针对同一被害人符某连续实施的强制猥亵、强奸两个行为,应以强奸一罪论处。笔者认为,被告人刘强先是强迫被害人符某与其"口交",后又强迫符某与其发生性关系,既实施了强制猥亵妇女的行为,又实施了强奸的行为,看上去似乎是构成了强制猥亵妇女和强奸两个罪。但这两个行为在犯罪构成之间应具有特定的依附与被依附关系,即行为人刘强的猥亵行为只是其强奸的手段,不

---

① 参见最高人民法院中国应用法学研究所编:《人民法院案例选》(总第43辑),人民法院出版社2003年版,第28—29页。

具有独立性,应被具有独立性犯罪的强奸罪所吸收。这种情形就如同抢劫罪一样,犯罪行为人采用伤害、捆绑、拘禁等手段来达到劫财目的,伤害、拘禁等行为虽然就形式而言符合刑法规定的伤害罪(如果造成轻伤或重伤的结果)和非法拘禁罪的构成要件,但在抢劫罪这一特定的犯罪中,这些行为是作为抢劫罪客观方面的复合构成要素而存在的,并不具有独立性,不能独立构成犯罪,而是复合构成抢劫罪。因此,法院对被告人刘强以强奸罪一罪定罪量刑是正确的。

六、如何认定强奸"致被害人重伤、死亡"或者"造成其他严重后果"

(一) 裁判规则

1. 强奸"致被害人重伤、死亡"要求被害人的伤亡结果,必须由行为人在强奸过程中使用的方法行为或目的行为直接造成,具体包含两种情形:一是指行为人为了排除被害人的反抗而采取暴力、胁迫等手段行为,直接导致被害人重伤或死亡;二是指行为人的目的行为,即性交行为致被害人性器官严重损伤或者致其死亡。

2. 如果被害人的重伤、死亡结果系强奸行为间接导致或者有其他因素的介入,如被害人被强奸后因无法释怀而精神失常或因不能承受他人误解、嘲笑等原因而自残、自杀,与行为人的强奸行为间不具有直接因果关系,不能认定为强奸致被害人重伤、死亡。

3. 在强奸犯罪的加重情节中,还有"造成其他严重后果"的规定,这种情形并不要求强奸行为与结果之间具有直接的因果关系,只要具有一定的原因力,存在间接因果关系即可。如被害人因为遭到强奸而自杀的,就属于"造成严重后果"的情形。再如,由于被告人的捆绑行为,致使被害人在呼救时行动不便而坠楼身亡,二者之间具有间接的因果关系,同样可以认定为"造成严重后果"这一加重处罚情节。

4. 对于强奸犯出于报复、灭口等动机,在实施强奸的过程中或强奸后,杀死或者伤害被害人的,应分别按照故意杀人罪或者故意伤害罪定罪,并与强奸罪进行并罚。同样,对于因实施强奸行为导致被害人落水,被告人不实施救助,致使被害人溺水身亡的情形,对被告人也应认定为强奸罪与故意杀人罪,依法予以并罚。

(二) 规则适用

1979年《刑法》第139条曾规定强奸、奸淫幼女"情节特别严重的或者致人重伤、死亡的"处10以上有期徒刑、无期徒刑或者死刑。那么何为"致人重伤、死亡",何为"情节特别严重"呢? 对此,根据1984年最高人民法院、最高人民检察院、公安部《办理强奸案件的解答》第4条,强奸致人重伤、死亡是指强奸、奸淫幼女导致被害人性器官严重损伤或者造成其他严重伤害,甚至当场死亡或者经治疗无效死亡的;因强奸妇女或者奸淫幼女引起被害人自杀、精神失常以及其他严重后果的,属于情节特别严重之一。1997年《刑法》第236条第3款对此细化规定为:"强奸妇女、奸淫幼女,有下列情形之一的,处十年以上有期徒刑、无期徒刑或者死刑:(一)强奸妇女、奸淫幼女情节恶劣的;(二)强奸妇女、奸淫幼女多人的;(三)在公共场所当众强奸妇女的;(四)二人以上轮奸的;(五)致被害人重伤、死亡或者造成其他严重后果的。"① 可见,现行刑法关于强奸罪的修改,吸收、采纳了《办理强奸案件的解答》的有关规定。

据此,"强奸致被害人重伤、死亡"中的"致",尽管在汉语词典中可以解释为"由于某种原因而使得",但在此应当表述为"由于某种原因而直接导致"的意思,即某种原因是某种特定后果发生的直接原因。一般说来,强奸行为包含两个行为要素:一是强奸中的方法行为,即行为人为强奸而实施的暴力、胁迫或者其他使妇女不能或不敢抗拒的行为;二是强奸中的目的行为,即违背妇女意志与妇女性交的行为。因此,"强奸致被害人重伤、死亡"只包含两种情形:一种是指行为人采取的暴力、胁迫等方法行为,直接导致了被害人重伤或死亡,如通过扼颈、捂压口鼻等制止被害人反抗而造成被害人机械性窒息死亡,或者以暴力殴打的方法强奸,致使被害人身体严重受损而死亡等;另一种是指行为人的目的行为即性交行为直接导致被害人重伤或死亡,如强奸直接导致被害人性器官受损、死亡等。也就是说,被害人的伤亡结果必须由行为人在强奸过程中使用的方法行为或目的行为直接造成。如果被害人的重伤、死亡结果系强奸行为间接导致或者有其他因素的介入,一般不能认定为"强奸致被害人重伤、死亡",如被害人被强奸后因羞愧难当、无法释怀而精神失常或因不能承受他人误解、嘲笑等原因而自残、自杀,与行为人的强奸行为间不具有直接因果关系,故不能认定为强奸致被害人重伤、死亡。但对于这种情形,可以认定为"造成其他严重后果"。也就是说,认定"造成其他严重后果"不需要行为人的强奸行为与该严重后果之间具有直接的因果关系,只要具有间接因果关系,就应当以上述加重处罚情节来认定。

【指导案例】曹占宝强奸案②——如何理解强奸"致使被害人重伤、死亡或者造成其他严重后果"

2000年3月10日,被告人曹占宝在天津市蓟县旅游局招待所永昌信息部内遇到前来找工作的河北某县农村女青年赵某某,遂以自己的饲料厂正需雇佣职工推销饲料为名,答应雇佣赵。3月12日曹占宝以带赵某某回自己的饲料厂为由,将赵骗至宝坻区。当晚,曹占宝将赵某某带至宝坻区城关二镇南苑庄的一旅店内,租住了一间房,使用暴力两次强行奸淫了赵某某。赵某某在遭强奸后,一直

---

① 为了进一步加大对低年龄段幼女的保护力度,《刑法修正案(十一)》在《刑法》第二百三十六条强奸罪中,将"奸淫不满十周岁的幼女或者造成幼女伤害的"增加为一种加重犯情节。

② 参见方兴:《曹占宝强奸案——如何理解强奸"致使被害人重伤、死亡或者造成其他严重后果"以及能否对此提起附带民事诉讼》,载最高人民法院刑事审判第一庭、第二庭编:《刑事审判参考》(总第30辑),法律出版社2003年版,第65—68页。

精神抑郁,经医院诊断为神经反应症,于 2001 年 5 月 21 日服毒自杀身亡。

在本案中,被告人的强奸行为与被害人的死亡结果之间存在条件关系,但是在二者之间介入了被害人的自杀行为,此时能否将死亡结果直接归责于被告人的强奸行为,从而成立强奸"致使被害人死亡"? 笔者认为,如果自杀行为发生在犯罪进行过程当中,由于自杀系被害人对犯罪侵害的直接反应,死亡结果可以归责于行为人;但是如果自杀行为是在犯罪侵害结束后一段时间才发生,则死亡结果需要由被害人自己来承担。本案被害人虽遭受暴力强奸,但是并不存在危及生命的危险。被害人系在犯罪结束后一年多以后,因精神抑郁而自杀,其自杀行为中断了被告人强奸行为与被害人死亡结果之间的因果关系,该结果不能认定为系被告人强奸行为内在危险的实现,不成立强奸"致使被害人死亡"。当然,被告人曹占宝的强奸行为所导致的被害人服毒自杀身亡的后果,虽不属于"强奸致被害人死亡",但却属于因强奸"造成其他严重后果",因此,本案应适用《刑法》第 236 条第 3 款第(五)项的规定,对被告人曹占宝在 10 年以上有期徒刑的幅度内量刑。综上可见,强奸致人死亡是指强奸行为本身直接导致被害人当场死亡或者经治疗无效死亡的,强奸行为与被害人死亡结果之间存在直接因果关系;对于强奸行为与被害人死亡结果之间仅存在间接因果关系的情形,例如,因强奸妇女或者奸淫幼女引起被害人自杀或者精神失常的,以及因强奸妇女或者奸淫幼女造成被害人怀孕分娩或堕胎等其他严重危害被害妇女或幼女身心健康的严重后果的情形,应认定为"因强奸造成其他严重后果"。

【指导案例】王照双强奸案[①]——如何认定强奸致使被害人死亡情节

2005 年 5 月 13 日凌晨 3 时许,被告人王照双钻窗潜入北京市西城区某胡同某号楼被害人李某(女,时年 39 岁)家中,从客厅窃走李某的人民币 100 余元及手机 1 部。后王照双又进入大卧室,见到熟睡的李某,遂起意奸淫。王照双对李某进行威胁、捆绑,强行将其奸淫,后即钻窗逃离现场。李某到阳台呼救时因双手被捆,坠楼身亡。

在本案中,被告人在强奸过程中捆绑被害人双手,实施奸淫行为后逃离现场,被害人在惊慌之中跑到阳台呼救而不慎坠楼身亡,能否认定为强奸致人死亡? 笔者认为,捆绑被害人双手的行为,作为强奸罪的暴力行为,尽管也具有一定的危险性,例如因为捆绑而造成血液无法流通死亡等,但是本案中这种危险并没有按照通常的因果发展而实现结果;相反,是通过介入被害人的行为,通过罕见而稀少

---

① 案例来源:北京市第一中级人民法院刑事裁决书(2006)一中刑初字第 00754 号;北京市高级人民法院刑事裁定书(2006)京高刑终字第 451 号。

的因果发展实现了结果,应当否认具有刑法意义上的因果关系。捆绑行为本身的致命危险并没有实现,被害人是因为呼救时坠楼身亡,与被告人的捆绑行为之间缺乏相当的因果性,更不符合直接性要件;而且,在主观构成上,认定"强制致人死亡"要求行为人对加重结果"至少有过失",即主观上对结果具有预见可能性。在本案中,如果被害人是因为被告人的捆绑行为不能吃喝、血液不能流畅而死亡,则被告人当然具有预见可能性。然而本案中,被害人是因为手脚被绳子捆绑,呼救时坠楼身亡,行为人对于这一结果并不具有预见可能性。因此,不宜认定被告人的行为构成强奸致人死亡。当然,在强奸犯罪的加重情节中,还有"造成其他严重后果"的规定,这种情形并不要求强奸行为与结果之间具有直接的因果关系,只要具有一定的原因力,存在间接因果关系即可。如被害人因为遭到强奸而自杀的,就属于"造成严重后果"的情形。就本案而言,由于被告人的捆绑行为,致使被害人在呼救时行动不便而坠楼身亡,二者之间具有间接的因果关系,故可以认定为"造成严重后果"这一加重处罚情节。

【指导案例】陆振泉强奸案[①]**——如何认定强奸致被害人重伤、死亡或者造成其他严重后果**

被告人陆振泉要求林志勇(同案被告人,已判刑)介绍女子跟他发生性关系。2005年3月19日晚,林锦升(同案被告人,已判刑)和林志勇经密谋将袁某某(被害人,16岁,初一学生)骗至四会市大沙镇林锦升家中,用玩"扑克牌"赌喝酒,企图将袁灌醉后让陆振泉与其发生性关系。至晚上11时许,二人见不能得逞,又以送袁回市区为由,驾驶摩托车将袁骗至大沙镇大旺桥底。途中,林锦升用电话通知了陆振泉。陆振泉驾驶摩托车到达大旺桥底后,上前搂抱袁,将袁按倒在地,袁反抗并呼救,陆振泉即对袁进行殴打,林锦升帮忙按住袁的双手,陆脱去袁的裤子,强行将袁奸污。其间,袁挣扎反抗,将陆的面部抓伤、手指咬伤。后三被告人驾驶摩托车逃离现场,袁被强奸后溺水死亡。

在实施强奸的过程中,出于报复、灭口等动机,杀死被害人的,应以强奸罪和故意杀人罪并罚。在本案中,从证据角度看,认定被告人陆振泉在强奸后为报复,将被害人踢入水中的证据,只有陆振泉在公安侦查阶段的三次供述,但其在第四次讯问时对此翻供否认。因此,尽管具有陆振泉为报复而将被害人踢下水的较大可能,但不能排除被害人在被强奸后自杀或因醉酒失足入水的可能,未能达到刑事案件"排除其他可能性,得出唯一结论"的证明标准,故认定本案陆振泉故意杀人的证据不足。同样,本案现有证据只能证明,被害人是在被陆振泉强奸结束

---

① 参见杨志华、冉容:《陆振泉强奸案——如何认定强奸致被害人重伤、死亡或者造成其他严重后果》,载最高人民法院刑事审判第一至五庭主编:《刑事审判参考》(总第65集),法律出版社2009年版,第24—30页。

后,落入水中溺水而死,至于其是在被强奸后由被告人故意踢入河中致死还是在强奸行为中直接因被告人的方法行为或目的行为死亡,缺乏足够证据,因此,不能认定为属于"强奸致被害人重伤、死亡"的情形。尽管本案被害人的死亡既不能认定为陆振泉故意杀害所致,又不能认定为系其强奸行为直接所致,但根据《刑法》第236条第3款第(五)项后半部分规定,只要因强奸"造成其他严重后果"的,即便是被害人亲属因知道被害人被强奸而诱发心脏病等死亡、重伤等,也均属于上述强奸罪的加重处罚情形。就本案而言,无论被害人溺水死亡的原因为何,不可否认的是,被害人的死亡结果与被告人的强奸行为之间存在着因果关系,因此,本案符合《刑法》第236条第3款第(五)项后半部分规定的"强奸造成其他严重后果的"情形,应认定为强奸罪的加重处罚情节。

【指导案例】被告人王某强奸案[①]——**因欲实施强奸导致被害人落水,被告人不实施救助,致使被害人溺水死亡的,被告人是构成故意杀人罪还是以"强奸致使被害人死亡"论处**

2010年12月28日19时许,黄某(同案被告人,已判刑)邀约袁某(同案被告人,已判刑)骑摩托车到某市×路附近,将被害人熊某(女,殁年19岁)、陈某(女,15岁)接到黄某家二楼卧室内。黄某、袁某共谋诱骗熊某、陈某喝酒,企图将其灌醉后实施奸淫。当晚9时许,被告人王某在外饮酒后回到家中,黄某将与袁某的犯意告诉王某,王某、黄某、袁某与熊某、陈某一起继续喝酒。当饮至第四瓶酒时,陈某因酒醉要求休息,黄某即将陈某带到隔壁卧室,王某亦示意袁某离开黄某的卧室。王某趁熊某酒醉昏睡无力反抗之机脱去其衣裤,将熊某强奸。深夜,熊某清醒后即穿上衣服哭着跑出该房屋,王某遂追赶熊某至屋后的河边,将熊某抱住摸其胸部欲再施奸淫,熊某反抗并称要告发王某。慌忙逃跑中,熊某掉入2米左右深的河里,王某等待其沉水后离开。经鉴定,熊某系溺水死亡。

本案的特殊之处在于,被害人熊某因逃避强奸落水后,被告人王某未实施救助,坐视熊某溺亡方才离去。王某的这种"见死不救"的不作为行为是否属于强奸致使被害人死亡,是按照故意杀人罪论处还是按照强奸罪的结果加重犯论处?笔者认为,王某的不作为行为可以单独构成故意杀人罪。理由如下:第一,王某在河岸第二次着手实施的强奸行为,产生了熊某因抗拒性侵而落水的危险。正是由于王某制造出熊某落水的危险,故王某理应承担随之产生的救助义务。第二,王某对被害人的死亡持放任态度,符合间接故意杀人的主观特征。在本案中,熊某落水时正值深夜,河边行人罕至,王某应当知道不及时救助熊某,就会产生熊某溺水

[①] 参见周军:《王某强奸案——因欲实施强奸导致被害人落水,被告人不实施救助,致使被害人溺水死亡的,被告人是构成故意杀人罪还是以"强奸致使被害人死亡"论处》,载最高人民法院刑事审判一至五庭主办:《刑事审判参考》(总第98集),法律出版社2014年版,第25—30页。

死亡的后果。在此情况下,王某既不亲自实施救助,也不寻求他人帮助,而是坐视熊某溺亡后转身离去,属于刑法上典型的不作为行为。这种不作为的行为表明,王某对熊某死亡的结果持无所谓的态度,熊某死亡并不违背王某的本意,故王某在主观上符合故意杀人(间接故意)的主观特征。

【指导案例】王孝友强奸案[①]——被害人遭强奸后自杀的能否认定为"造成其他严重后果"

被告人王孝友,年仅19岁。王孝友从云南到重庆市垫江县高安镇打工,是一名水泥匠,从事建筑物的外墙装饰。2010年9月21日中午,其表哥的前女友刘依娜找到王孝友,和刘依娜一起的还有一名初中生李青青。王孝友邀请两名女孩到他家里玩耍,并买了瓶白酒,提出玩扑克牌,输家喝酒。之后,李青青和刘依娜喝多了,便躺在王孝友的床上休息。后来,王孝友的工友找刘依娜玩耍,刘依娜便出门了。王孝友在刘依娜走后,锁上卧室房门,强行与李青青发生了性关系。次日,李青青回到家中后,认为自己清白被毁,产生轻生念头,遂留下遗书,服农药百草枯及樟脑球自杀。后被家人送到医院抢救,但同月26日,李青青因病情恶化经医院抢救无效死亡。

在本案中,被告人王孝友的行为构成强奸罪没有问题,问题在于能否认定为"致被害人重伤、死亡"或者"造成其他严重后果",从而适用加重法定刑?笔者认为,强奸"致被害人重伤、死亡"的伤亡结果,必须由行为人在强奸过程中使用的方法行为或目的行为直接造成。其包含两种情形:一是指行为人为了排除被害人的反抗而采取暴力、胁迫等手段行为,直接导致被害人重伤或死亡;二是指行为人的目的行为,即性交行为致被害人性器官严重损伤或者死亡的。如果被害人的重伤、死亡结果系强奸行为间接导致或者有其他因素的介入,如被害人被强奸后因无法释怀而精神失常或因不能承受他人误解、嘲笑等原因而自残、自杀,与行为人的强奸行为之间不具有直接因果关系,就不能认定为强奸致被害人重伤、死亡。那么,对被告人能否认定为"造成其他严重后果"呢?笔者认为,答案是肯定的。因为这种情形并不要求强奸行为与结果之间具有直接的因果关系,只要具有一定的原因力,存在间接因果关系即可。如被害人因为遭到强奸而自杀的,就属于"造成严重后果"的情形。

七、轮奸的成立是否要求各行为人均达到法定年龄和具有刑事责任能力

(一)裁判规则

从轮奸情节的主体要件来看,由于共同犯罪是一种不法类型,而非责任类

[①] 案例来源:重庆市第三中级人民法院刑事附带民事判决书(2011)渝三中法刑初字第11号。

型,故针对行为主体的责任年龄与责任能力并无要求,有责任能力人与无责任能力人共同故意实施符合客观构成要件的违法行为,虽然无责任能力人具有责任阻却事由,无需对自己和他人的共同犯罪行为承担责任,但仍应认定其与具有责任能力人所实施的犯罪为共同犯罪,有责任能力人需要对无责任能力者所实施的行为承担责任。

(二) 规则适用

从历史解释的角度来看,《刑法》第 236 条第 3 款第(四)项规定的"二人以上轮奸的"情节,性质上属于强奸罪的共同正犯,即两名以上男子在较短时间内先后连续、轮流对同一妇女先后实施强奸行为。① 作为强奸罪的共同正犯,从客观行为来看,首先要求各行为人所实施的行为均系正犯行为,即针对同一被害人均实施了强奸行为,而不能是部分行为人实施了正犯行为,而另一部分行为人仅实施帮助行为或教唆行为。故即使是两人预谋轮奸他人,但如果仅其中一人实施了奸淫行为,而另一人未完成奸淫行为或者所实施的系帮助行为,由于被害人并未遭受到连续的性侵犯,故对两行为人均不能认定为轮奸情节。② 其次,从轮奸情节的主观特征来看,《刑法》之所以对轮奸情节加重处罚,不仅仅是因为被害人连续遭受了强奸,而且还因为轮奸的行为人之间成立共同犯罪。依照共同犯罪原理,各行为人既要对自己的奸淫行为承担责任,同时也要对其他轮奸共犯的奸淫行为承担责任,这就要求两个以上的行为人必须具有共同的故意。具体来说,在认识因素上,轮奸情节要求各行为人不仅自己具有强奸被害人的犯罪故意,而且明知在较近的同一段时间内,其他被告人亦有对被害人实施强奸行为的故意。在意志因素上,轮奸情节的构成还要求各行为人之间存在犯意联络,即存在相互协同实施强奸行为的意思沟通。最后,从轮奸情节的主体要件来看,由于共同犯罪系一种不法类型,而非责任类型,故针对行为主体的责任年龄与责任能力并无要求,有责任能力人与无责任能力人共同故意实施符合客观构成要件的违法行为,虽然无责任能力人具有责任阻却事由,无需对自己和他人的共同犯罪行为承担责任,但仍应

---

① 从历史沿革来看,我国《刑法》第 236 条第 3 款第(四)项关于"二人以上轮奸"情节的规定,源自于 1979 年《刑法》第 139 条"二人以上犯强奸罪而共同轮奸"的规定。尽管现行《刑法》在第 236 条中去掉了"共同"二字,仅用"二人以上轮奸的"的用语来规定轮奸情节,但这并非对共同犯罪的否定,而是因为共同犯罪系"二人以上轮奸"之题中应有之义,基于立法用语简练的需要,故将"共同"二字予以删除。

② 从轮奸加重情节的立法本意来看,刑法之所以要对轮奸行为加重处罚,其中一个重要原因是因为与普通强奸犯罪相比,轮奸犯罪中的被害人连续遭受性侵害,身心会受到更大的创伤,社会危害性更大,为此需要将其设置为法定刑升格要件,从而体现对行为人的从重处罚。据此,如果两名正犯中有一人未完成奸淫行为,那么被害人所遭受的伤害与普通强奸相比,并没有本质差别,故不能认定为轮奸情节。但如果有 3 名或以上正犯,其中有两名完成了奸淫行为,那么被害人就已经遭受了连续的性侵害,由于各正犯需要对自己与其他共犯的行为承担责任,故对于没有完成奸淫行为的也应认定为轮奸情节,只是在量刑时与其他实施奸淫行为的正犯有所区别。

认定其与具有责任能力人所实施的犯罪为共同犯罪,有责任能力人需要对无责任能力者所实施的行为承担责任。

【指导案例】李尧强奸案①——与未满刑事责任年龄的人轮流奸淫同一幼女的是否成立轮奸

2000年7月某日中午,被告人李尧伙同未成年人申某某(1986年11月9日出生,时龄13周岁)将幼女王某(1992年5月21日出生)领到黑龙江省哈尔滨市香坊区幸福乡东柞村村民张松岭家的玉米地里,先后对王某实施轮流奸淫。2000年11月2日,因被害人亲属报案,李尧被抓获。

在本案中,虽然另一参与轮奸人因不满14周岁被排除在犯罪主体之外,二人之间不构成强奸共同犯罪(共同实行犯),但是如前所述,在轮奸情节的认定上,我们应当采取"行为共同说"而非"犯罪共同说"标准,只要两人以上男子在较短时间内先后连续、轮流强奸同一妇女即可成立轮奸情节,而无需行为人之间构成共同犯罪。因此,有责任能力者与无责任能力者共同轮奸同一妇女的,在不法层面上就是共同正犯,对有责任能力者应当认定为具有轮奸情节。就本案而言,两被告人均具有伙同他人在同一段时间内,对同一幼女,先后连续、轮流地实施奸淫行为的认识和共同行为,因此,应认定两人均具备了轮奸这一事实情节。其中,对已满14周岁的被告人李尧而言,其具有刑事责任能力,应当依法认定为强奸罪,并以轮奸情节来适用法定刑。而对于不满14周岁的申某某来说,其与已满14周岁的李尧共同对王某实施奸淫行为,只是因为其未满14周岁而不负刑事责任,但不能因此否认其轮奸行为的存在。为此,即使申某某因未达刑事责任年龄而未予追究刑事责任,但仍然应认定另一被告人即李尧的行为构成强奸罪,且属于"轮奸"情节。

八、轮奸案件中是否存在未遂形态

(一)裁判规则

1. 轮奸系情节加重犯,而非结果加重犯。二名以上行为人只要基于共同的强奸故意,在同一段时间先后对同一被害人实施强奸行为的,就应当认定为具有轮奸情节。各行为人的强奸行为是否得逞,并不影响对各行为人具有轮奸情节的认定。

2. 轮奸并非独立的罪名,而是强奸罪的情节加重犯。该情节本身只有具备与不具备的问题,而不涉及犯罪既遂与未遂的停止形态问题。但强奸罪存在既未遂问题,部分奸淫得逞、部分奸淫未得逞的,按照强奸共同犯罪"一人既遂、全体既

---

① 参见张杰:《李尧强奸案——与未满刑事责任年龄的人轮流奸淫同一幼女的是否成立轮奸》,载最高人民法院刑事审判第一庭、第二庭编:《刑事审判参考》(总第36集),法律出版社2004年版,第27—31页。

遂"的认定标准,对全案应以既遂来认定;如果所有共犯均未得逞的,则应当认定为轮奸情节,并适用未遂犯的从宽处罚规定。

(二) 规则适用

二人以上连续奸淫被害人,如果其中一人奸淫未成或者自动放弃奸淫,那么犯罪形态如何认定? 对此,有观点认为,强奸罪属于亲手犯,不宜按照"一人既遂、全体既遂"的原则处理。这种观点认为,对于绝大多数犯罪来说,共同正犯中有部分人的行为虽然未能得逞,但如果其他正犯的行为得逞,全体共同正犯均应以犯罪既遂论处。但在强奸、脱逃、偷越国边境的共同犯罪中,由于其犯罪构成的特征不同,每个人的行为有其不可替代的性质,各个正犯的既遂或者未遂就表现出各自的独立性。就强奸罪而言,其犯罪目的是强行与妇女发生性关系,这种犯罪目的决定了每个共同实行犯的行为具有不可替代性,只有本人的强奸行为达到既遂才算既遂。笔者认为,上述观点违背了共同犯罪的基本理论。所谓"轮奸",是指两个以上男子出于共同的奸淫故意,在同一段时间内,先后对同一妇女(或幼女)轮流实施奸淫的行为。轮奸是法律所明确规定的强奸罪的加重量刑情节之一,它所解决的仅仅是对行为人所要适用的法定刑档次和刑罚轻重问题,而并非一项独立的罪名,不具有独立的犯罪构成。各行为人只要在共同故意之下实施了轮奸行为,不论是否奸淫得逞,对各被告人均应以强奸罪定罪并按轮奸情节予以处罚。反之,如果行为人事先不具有共同轮奸的故意,没有实施奸淫行为,仅仅实施了帮助行为的,则不能按照轮奸情节来予以加重处罚。

由于轮奸并非独立的罪名,而是强奸罪的情节加重犯,因而该情节本身只有构成与不构成的问题,而不涉及犯罪既遂与未遂的停止形态问题。但由于作为基本犯的强奸罪存在未遂形态,故在具备轮奸情节的情形中,仍然可能存在未遂形态。例如,甲乙两男子以轮奸犯意共同对丙女实施暴力强奸,但均未得逞的,应认定为具有轮奸情节,并适用未遂犯的从宽处罚规定。但针对轮奸中一人以上强奸既遂,一人以上未遂的情形,根据共同犯罪"一人既遂、全体既遂"的基本原理,只要共同行为人中有一人的犯罪行为得逞,各共同行为人的犯罪行为均应认定为犯罪既遂,故部分行为人的强奸行为未得逞,不影响犯罪既遂的认定。例如,甲、乙、丙三人以轮奸的犯意对丁女实施暴力,甲、乙二人均奸淫了丁,但丙中止了自己的行为,对甲、乙二人当然应当适用轮奸的法定刑;丙虽然没有实施奸淫行为,但由于成立共同正犯,丙应当对甲、乙二人的行为与结果承担责任,甲、乙二人属于轮奸且属于既遂形态,故对丙也应认定为轮奸既遂。当然,并不是说具体量刑时就无需区别对待,对于个人奸淫未得逞的共同实行犯可以酌定从轻处罚。

【指导案例】唐胜海、杨勇强奸案①——轮奸案件中一人强奸既遂、一人未遂的如何处理

2003年4月28日凌晨1时许,被告人唐胜海、杨勇从江苏省南京市"太平洋卡拉OK"娱乐场所,将已经处于深度醉酒状态的女青年王某带至该市下关区黄家圩8号的江南池浴室,在111号包间内,趁王某酒醉无知觉、无反抗能力之机,先后对其实施奸淫。唐胜海在对王某实施奸淫的过程中,由于其饮酒过多未能得逞;杨勇奸淫得逞。

在强奸案的共同犯罪中,一人强奸得逞、一人未得逞的情形,对于未得逞之人,是认定为强奸罪的既遂还是未遂,实践中认识不一。一种观点认为,由于两被告人有轮奸的共同故意,且轮流实施了奸淫行为,其中一人奸淫得逞,就应当全案认定为强奸既遂。至于轮奸只是法律所规定的强奸罪的加重处罚情节之一,本身不存在既未遂问题。另一种观点认为,轮奸也有既未遂问题,其中一人由于意志以外的原因未得逞的,就应认定为轮奸未遂。对轮奸未遂的,可以比照轮奸既遂的刑罚予以从轻处罚。笔者同意上述第一种观点。由于被告人唐胜海、杨勇违背妇女意志,实施了轮流奸淫妇女的行为,故首先应当对各被告人以强奸罪定罪并按照轮奸情节予以处罚。由于轮奸系基于共同奸淫故意而实施的共同实行行为,按照共同犯罪既未遂认定的一般原理,只要实行犯强奸既遂的,对其他共犯,无论是帮助犯、教唆犯、组织犯还是共同实行犯,都应当按照强奸罪既遂论处。当然,所谓"一人既遂、整体既遂"原则,并不是说在具体量刑时无需区别对待。相反,对帮助犯、从犯以及个人奸淫未得逞的共同实行犯,均可以酌情从轻处罚。在本案中,两被告人违背妇女意志,实施了轮奸行为,其中一人既遂,故对全案应当以既遂形态来认定,且需按照轮奸情节来适用法定刑。由于被告人唐胜海个人奸淫未得逞,对其可以酌情从轻处罚。

【指导案例】张甲、张乙强奸案②——共谋轮奸且一人得逞,未得逞的人是否构成强奸既遂

张甲和张乙共谋强奸被害人杨某(女,时年已满16周岁)。2010年6月28日13时许,张乙到被害人杨某家中,以有朋友打电话找她为名,将杨某骗至张甲、张乙暂住的出租屋后,张乙实施暴力,欲强行与杨某发生性关系而未得逞。而后,张

---

① 参见张文菁:《唐胜海、杨勇强奸案——轮奸案件中一人强奸既遂一人未遂的应如何处理》,载最高人民法院刑事审判第一庭、第二庭编:《刑事审判参考》(总第36集),法律出版社2004年版,第32—36页。

② 参见冉容、涂俊峰、黄超荣:《张甲、张乙强奸案——共谋轮奸,一人得逞,未得逞的人是否构成强奸既遂?如何区分该类犯罪案件中的主、从犯地位》,载最高人民法院刑事审判一至五庭主办:《刑事审判参考》(总第87集),法律出版社2013年版,第14—20页。

甲强奸杨某得逞。案发后,被害人杨某向公安机关报案。公安机关于当日下午将张甲、张乙抓获归案。

本案两被告人共谋轮奸,但在奸淫过程中,仅张甲奸淫得逞,而张乙未得逞。对于这种情形对两被告人能否均认定为具有轮奸情节?对未得逞的张乙能否认定为犯罪既遂?笔者认为,二被告人的行为构成轮奸,均应认定为强奸罪既遂,但张乙强奸未得逞,可以酌定从轻处罚。理由如下:首先,轮奸系情节加重犯,而非结果加重犯。二名以上行为人只要基于共同的强奸故意,在同一段时间先后对同一被害人实施强奸行为的,就应当依法认定为具有轮奸情节;各行为人的强奸行为是否得逞,并不影响对各行为人具有轮奸情节的认定。在本案中,被告人张甲和张乙二人达成强奸被害人杨某的通谋,并对被害人杨某轮流实施强奸行为,虽然张乙的行为未得逞,但并不影响对二被告人具有轮奸情节的认定。其次,在轮奸过程中,根据共同犯罪"一人既遂、全体既遂"的基本原理,只要共同行为人中有一人的犯罪行为得逞,各共同行为人的犯罪行为均应认定为犯罪既遂,部分行为人的强奸行为未得逞,不影响犯罪既遂的认定。本案被告人张甲和张乙共同实施强奸被害人的行为,其中张甲得逞,张乙未得逞,对二被告人的行为依法均应认定为强奸犯罪既遂。

【指导案例】姜涛等强奸案①——如何认定共同轮奸的既未遂

被告人姜涛与杨卓夫(已判刑)一起,窜至辽河油田沈阳采油二大队女工龚某某的宿舍,以要龚陪他们出去吃饭为名,强行将龚拉出房外。龚某某说要去上班,杨卓夫即用双手掐住龚的脖子,威胁说:"不走就掐死你。"姜涛劝杨卓夫不要掐她的脖子。随后,杨、姜二人把龚某某挟持到张玉忠(已判刑)家。当杨、张、姜三人预谋强奸时,张富海(已判刑)赶到。杨卓夫、张玉忠相继将龚某某强奸,接着姜涛不顾龚哭泣,趴到她身上欲行强奸,因饮酒过多而未能得逞。张富海又过去将龚强奸。法院经审理认为,被告人姜涛已经着手实施强奸,只因饮酒过度而未得逞,应认定为强奸未遂。

针对此案的定性,有观点认为,对于绝大多数犯罪来说,共同正犯中有的人行为虽然未能得逞,如果其他正犯的行为得逞,全体共同正犯均应以犯罪既遂论处,不能对未得逞的正犯认定为未遂。但是在强奸、脱逃、偷越国境的共同犯罪中,每个人的行为均具有不可替代性,故每个共同正犯只有在完成了犯罪构成要件的行为以后才能构成犯罪既遂。轮奸属于强奸的共同正犯,二人以上必须都具

---

① 参见最高人民法院中国应用法学研究所编:《人民法院案例选·刑事卷》(1993年第3辑),人民法院出版社1997年版,第360—364页。

有奸淫的目的,即使其中一人因意志以外的原因未得逞的,其性质仍属于轮奸,但对未得逞者应以强奸未遂论处。① 笔者认为,上述观点显然是违背共同犯罪理论的。根据共同犯罪理论,共同犯罪并非单独犯罪的简单相加,而是共同正犯者之间具有互相利用、互相补充的关系,形成了一个有机整体。在共同正犯的情况下,各共同犯罪人只要实施全部正犯行为中的一部分,就完成了对共同犯罪行为的分担。因此,尽管在共同正犯中,共同犯罪人只实施了共同犯罪行为的一部分,但都要对全部行为承担责任。当共同正犯中有一人犯罪既遂时,全体正犯都应当对该既遂结果承担责任,故均应认定为既遂。具体到轮奸犯罪中,轮奸作为共同正犯行为,如果部分正犯中止自己的行为,但其他正犯的行为导致结果发生的,均不成立中止犯,而成立既遂犯。

九、帮助犯在实行犯离开后继续实施奸淫行为的,能否认定为轮奸情节

(一) 裁判规则

我国刑法理论与司法实践普遍接受片面共犯理论,片面共犯的成立不仅要求行为人具有帮助他人实施犯罪的片面共犯故意,还要求行为人实施了分担或者加担他人的实行行为。在事先未共谋轮奸的情况下,行为人在他人帮助下实施强奸行为完毕离开现场后,其他帮助犯继续对同一被害人实施奸淫行为的,对先前已经离开的行为人不能认定为轮奸情节,而后续实施奸淫行为的帮助犯符合片面共犯的构成特征,应当以轮奸情节来认定。

(二) 规则适用

共同犯罪存在有"全面共犯"与"片面共犯"之分,在轮奸犯罪中同样存在这两种情形。其中,在"全面共犯"的轮奸情节中,各行为人不仅明知在较近的同一段时间内,其他被告人亦有对被害人实施强奸行为的故意,而且各行为人之间存在犯意联络,即存在相互协同实施强奸行为的意思沟通。"全面共犯"的轮奸情节系一种常见典型的轮奸形式,在实践认定中通常不存在问题。比较疑难的是"片面共犯"形式的轮奸情节认定,例如,甲得知乙将要强奸丙女,便提前给丙投放了安眠药,并暗中观察乙的奸淫行为。待乙奸淫完毕离开现场后,甲又奸淫了丙。此种情况下能否认定为轮奸情节? 如果能,又应当认定何人具有轮奸情节? 对此,需要通过运用"片面共犯"理论来进行分析。

所谓"片面共犯",是指参与同一犯罪的行为人中,一方认识到自己是在和他人共同犯罪,而另一方没有认识到有他人和自己共同犯罪。② 由于知情的一方主观上具有与他方共同犯罪的故意,而且客观上为最终结果的发生提供了物理原因力或者心理原因力,故我国刑法无论是在理论还是司法实践当中,都承认行为人

---

① 参见陈兴良:《刑法学教科书之规范刑法学》,中国政法大学出版社2003年版,第469页。
② 参见张明楷:《刑法学》(第3版),法律出版社2007年版,第323页。

基于单向的"合意"可以成立片面共同犯罪。可见，片面共犯的成立不仅要求行为人在主观上具有帮助他人实施犯罪的片面共同犯罪故意，还要求在客观上实施了分担或者加担他人的实行行为。与全面共犯不同，片面共犯在客观行为上表现为具有单向合意的一方去分担或者加担他人的犯罪行为，以促成他人犯罪行为的完成，而并非一种相互协作行为；在主观上所具有的共同故意是片面、单向的，而非全面、双向的。因此，只能对知情的一方适用共同犯罪的处罚原则，对不知情的一方不可适用共同犯罪的处罚原则。对轮奸情节的认定，在事先未共谋轮奸的情况下，甲在乙的帮助下实施强奸行为完毕离开现场后，乙继续对同一被害人实施奸淫行为的，甲无需对乙所实施的后续奸淫行为承担责任，故不能认定为轮奸情节，仅承担普通强奸既遂的责任；而乙则符合片面共犯的构成特征，不仅要对自己的行为与结果承担责任，而且也要对受其帮助的甲的行为与结果承担责任，故应当对其以轮奸情节来认定。

【指导案例】苑建民、李佳等绑架、强奸案①——行为人实施强奸行为完毕离开现场后，其他帮助犯起意并对同一被害人实施轮奸行为的，能否认定该行为人构成轮奸

2009年8月5日，被告人苑建民、王连军、唐刚伙同赵国庆（另案处理）预谋去信阳绑架"小姐"勒索财物。次日凌晨，苑建民等租车来到河南省信阳市新马路大众保健城，以"包夜"为名，将女服务员葛某、许某、小芝（真实姓名不详）诱骗出大众保健城后，强行带至驻马店市正阳县慎水乡三黄鸡场唐刚家中。被告人李佳得知唐刚绑架并将人质带至家中后，驾车赶至唐刚家中。其间，李佳提出对被害人许某实施强奸，得到苑建民等人的同意和协助。李佳对许某实施强奸行为完毕后离开现场。之后，苑建民、王连军又分别对许某实施了强奸。

在本案中，各被告人事先并无轮奸的共谋，被告人李佳实施强奸行为完毕离开现场后，其他帮助犯继续对同一被害人实施轮奸行为，对于李佳的强奸行为是否构成轮奸，具体存在肯定和否定两种不同意见。笔者认为，被告人李佳对被害人许某实施强奸行为完毕后即离开现场，不应认定其具有二人以上轮奸的加重情节。理由在于，轮奸必须同时具备以下条件：一是必须是对同一被害人先后实施强奸行为；二是各行为人具有共同强奸的犯意联络，即不但自己具有实施强奸的故意，而且明知其他行为人也具有实施强奸的故意。本案被告人李佳提出其意欲对被害人许某实施强奸时，苑建民等人表示同意，并把其他两位被害人叫离，为李佳强奸许某提供方便。从这个角度而言，苑建民等人对李佳实施强奸行为在主观

---

① 参见郑鹏飞、吴孔玉：《苑建民、李佳等绑架、强奸案——行为人实施强奸行为完毕离开现场后，其他帮助犯起意并对同一被害人实施轮奸行为的，能否认定该行为人构成轮奸》，载最高人民法院刑事审判一至五庭主办：《刑事审判参考》（总第87集），法律出版社2013年版，第27—31页。

上明知且达成合意。然而,李佳此时并不知道苑建民、王连军之后会对许某实施强奸,其在强奸行为实施完毕后即离开现场,其间没有与苑建民、王连军就分别实施强奸许某的行为进行意思沟通。苑建民、王连军的强奸故意是李佳离开现场后形成的,其对同一被害人许某实施的强奸行为,李佳并不知情。因此,李佳没有与他人实施轮奸的共同故意,仅需对自己实施的强奸行为负责。需要指出的是,被告人李佳不构成轮奸,并不影响对苑建民、王连军构成轮奸的认定。即便在李佳离开现场后,只有苑建民一人对被害人许某实施强奸,也同样应当认定苑建民构成轮奸。因为苑建民为李佳实施强奸提供帮助的行为,已经构成强奸罪的共犯,之后又单独实施强奸行为,符合片面轮奸的认定条件。

【指导案例】柯美兵、董庆强奸案①——事先无共同犯意,在他人强奸完成后继续实施奸淫行为的,能否认定为轮奸情节

2016年6月17日晚上,王定贵以过生日为由叫了被告人柯美兵、董庆以及被害人王某某一起吃饭喝酒。当晚23时许,王定贵等五人离开饭店时,王某某已呈醉酒状态,后五人来到亿旺宾馆×号房间。柯美兵、董庆等人将房间内的两张床并到一起,五人紧挨着躺在床上睡觉。次日凌晨3时许,董庆起床上厕所时,趁王某某醉酒熟睡、不知反抗之机,与王某某发生了性关系。其间,柯美兵醒来,发现董庆与王某某正在发生性关系。在董庆结束后上厕所之际,柯美兵亦起意对王某某实施奸淫,将王某某穿的内裤脱掉,与王某某发生了性关系。董庆上厕所回来看见柯美兵奸淫王某某上前制止,遭柯美兵拒绝后仍继续躺在床上。

在本案中,被告人董庆、柯美兵针对同一被害人先后实施了奸淫行为:第一,对于先实施强奸行为的董庆来说,尽管其在实施强奸行为之后看到柯美兵也实施了奸淫行为,但其在行为当时并不知道柯美兵有强奸的故意,而且与柯美兵在实施奸淫行为之前也并无预谋;董庆在强奸完成后继续待在案发现场宾馆房间,当其看到柯美兵强奸被害人时,明确表示过反对和制止②,与柯美兵在事中亦未形成相互协同实施强奸行为的意思沟通与犯意联络,不符合"全面共犯"的构成特征,故对其只能认定为强奸罪的基本犯,在3年以上10年以下有期徒刑的幅度内量刑。第二,对后实施强奸行为的柯美兵来说,尽管是在明知董庆对被害人实施奸淫行为之后,再次对被害人实施了奸淫行为,客观上已对受害人造成了轮奸的效果,但若要认定为"片面轮奸"情节,要求其基于与他人共同强奸的片面故意,实际分担或者加担了他人的强奸实行行为。然而,柯美兵在主观上并不存在

---

① 参见聂昭伟:《强奸后未阻止他人继续强奸不构成轮奸》,载《人民司法(案例)》2017年第35期。

② 尽管其未能有效制止,但这并不能成为认定其默认共同强奸的理由,因为其实施强奸犯罪留在案发现场并不负有阻止他人实施强奸犯罪的义务,更不存在需要有效制止他人实施奸淫行为的义务。

与董庆共同实施强奸犯罪的片面故意;更重要的是,当董庆实施奸淫行为时,柯美兵并没有为董庆提供任何帮助,即并没有分担或者加担董庆实施的强奸实行行为,以促成董庆强奸行为的完成,故不符合"片面共犯"对主客观要件的要求。事实上,本案情形属于在同一时间或者近乎同一时间、同一地点对同一对象实施的同一犯罪,在性质上类似于同时犯,而非共同犯罪。为此,法院对两被告人均未认定为轮奸情节,对两人以强奸罪的基本犯来追究刑事责任是适当的。

十、轮奸幼女的,能否同时适用轮奸加重处罚与奸淫幼女从重处罚情节

(一) 裁判规则

轮奸情节作为强奸罪的法定加重处罚情节,主要是从犯罪情节、犯罪后果出发来进行规定的;而强奸幼女作为强奸罪的法定从重处罚情节,主要是从犯罪对象的特殊性出发来进行规定的,二者的出发点完全不同,故对轮奸幼女的犯罪分子同时适用上述两个从重处罚情节,并非重复评价。

(二) 规则适用

所谓重复评价,表面上是对犯罪构成事实进行了重复使用,实际上是对同一事实所反映出来的同一不法内涵和同一罪责内涵进行了重复考量,进而在犯罪构成符合性的判断以及刑罚裁量中对该事实重复使用,导致重复处罚。轮奸情节作为强奸罪的法定加重处罚情节,主要是从犯罪情节、犯罪后果出发来进行规定的,该情节所评价的是被害人连续受到多人多次奸淫的犯罪事实,至于被害人是成年妇女还是未成年幼女并非其评价内容。而强奸幼女作为强奸罪的法定从重处罚情节,则主要是从犯罪对象的特殊性出发来规定的,至于被害人被多人多次奸淫并非其评价的内容。由此可见,二者的出发点完全不同,故对轮奸幼女的犯罪分子同时适用上述两个从重处罚情节,并非重复评价。相反,如果对轮奸幼女的行为仅仅适用轮奸加重处罚条款,而不适用强奸幼女从重处罚条款,就会造成轮奸幼女和轮奸妇女承担同等刑罚的后果,不仅违背了罪刑相适应原则,同时也未能体现刑法对幼女的特殊保护功能,导致案件被害人系幼女这一情节没有得到评价,违背了全面评价原则。

【指导案例】王鑫等强奸、寻衅滋事、故意伤害、抢劫案[①]——轮奸幼女的,是否同时适用轮奸加重处罚和奸淫幼女从重处罚情节

2010年3月1日晚,被告人王鑫、刘通、任某、马某、曾某将被害人曲某(时年

---

① 参见邵坤、刘山煽:《王鑫等强奸、寻衅滋事、故意伤害、抢劫案——轮奸幼女的,是否同时适用轮奸加重处罚和奸淫幼女从重处罚情节;对具有多种量刑情节的被告人应当如何规范量刑;若无抗诉,因程序违法被发回重审的,能否加重对被告人的处罚》,载最高人民法院刑事审判一至五庭主办:《刑事审判参考》(总第91集),法律出版社2014年版,第18—24页。

13周岁)带至吉林省德惠市二道街百姓招待所,不顾曲某的反抗,轮流对其进行奸淫。另查明,王鑫、刘通等人还单独或结伙实施故意伤害他人、寻衅滋事、抢劫他人财物等犯罪行为(略)。

本案审理过程中,对于被告人轮奸幼女的行为能否同时适用轮奸加重处罚和奸淫幼女从重处罚情节,存在不同的意见:一种意见认为,五被告人轮奸幼女的行为,只适用《刑法》第236条第3款第(四)项关于加重处罚的规定,而不再适用《刑法》第236条第2款关于从重处罚的规定,因为轮奸条款已经对各被告人加重处罚,再次适用从重条款属于重复评价,应当为刑法所禁止。另一种意见认为,针对五被告人轮奸幼女的行为,应当同时适用《刑法》第236条第3款第(四)项和该条第2款的规定,在加重处罚的同时再从重处罚,并认为同时适用并不存在重复评价的问题。笔者同意上述第二种意见。在轮奸幼女犯罪中,轮奸是强奸犯罪的情节加重犯,从立法本意上理解,在强奸共同犯罪中,当二人以上轮流奸淫的情形出现,与一人奸淫相比,对被害人的身心伤害更大,有更为严重的社会危害性,所以才加重对被告人的处罚。可见,轮奸情节主要是从被害人先后多次受到性侵害的角度,作为加重情节予以规定的。而强奸幼女作为法定从重处罚情节,主要是从犯罪对象的特殊性上来考虑的。因为强奸幼女比强奸妇女具有更大的社会危害性,强奸幼女除了侵犯幼女不可侵犯的性权利之外,还严重侵犯了幼女的身心健康,使幼女的身心受到严重摧残,具有更大的社会危害性,为了体现刑法对幼女的特殊保护,故对这种行为从重处罚。综上可见,轮奸情节作为加重处罚情节主要是从犯罪情节、犯罪后果出发来规定的,而强奸幼女作为从重处罚情节,主要是从犯罪对象出发来规定的,二者的出发点完全不同,故对轮奸幼女的犯罪分子同时适用上述两个情节,并非重复评价。

十一、未经共谋在不同地点对同一被害人先后实施奸淫是否构成轮奸

(一) 裁判规则

1. 轮奸要求各行为人具有共同轮流实施奸淫的故意:在认识因素上,要求各行为人不仅自己具有强奸被害人的犯罪故意,而且明知在较近的同一段时间内,其他被告人亦有对被害人实施强奸行为的故意;在意志因素上,轮奸情节的构成还要求各行为人之间存在犯意联络,即存在相互协同实施强奸行为的意思沟通。

2. 从时空条件来看,轮奸情节的构成通常要求同一被害人在同一地点、同一时间段受到多人强奸。当数个奸淫行为并非在同一时空发生时,需要考察数行为人是否对该妇女进行不间断的控制,数个奸淫行为之间在时空上是否具有接续性,是否相互补充或者相互协助。

(二) 规则适用

轮奸是指二人或者二人以上在同一时间段内,基于共同强奸同一妇女或者幼女的故意而轮流实施奸淫的行为。从主观要件来看,轮奸情节的构成要求实施轮奸的各行为人必须有共同的故意。轮奸犯罪的行为人正是通过意思沟通和行为分担,强化了个体的犯罪决意,使得行为人更加胆大妄为,被害人反抗的精神意志更易被摧毁,强奸更易得逞。而且从犯罪人的角度来看,轮奸犯罪完全无视被害人的自由与尊严,无视社会伦理规范的约束,主观恶性较一般强奸犯罪更深,人身危险性更大,为此刑法将其规定为加重处罚情节。轮奸情节的主观故意包括两个方面:在认识因素上,要求各行为人不仅自己具有强奸被害人的犯罪故意,而且明知在较近的同一段时间内,其他被告人亦有对被害人实施强奸行为的故意;在意志因素上,轮奸情节的构成还要求各行为人之间存在犯意联络,存在相互协同实施强奸行为的意思沟通,即行为人通过意思联络,意欲实施轮流奸淫行为。

从轮流奸淫同一被害人的时空条件来看,通常情况下,被害人系在同一地点、同一时间段受到多人强奸。但是,在同一地点强奸并非认定构成轮奸的必要条件。从司法实践来看,在多个地点分别实施强奸的情况的确存在,不能据此绝对排除构成轮奸的可能。尽管如此,轮奸情节的构成对数个奸淫行为仍然具有时间和空间上的要求。当数个奸淫行为并非在同一时空发生的情况下,需要考察该数个奸淫行为之间是否具有连续性,是否相互补充或者相互协助。只要各共同犯罪人对该妇女进行不间断的控制,即使二人或者多人前后实施奸淫时间间隔相对较长,甚至不在同一地点实施奸淫行为,其犯罪的社会危害性、主观恶性、人身危险性程度同被害人在同一地点、同一时间段受到多人强奸的犯罪情形也是相当的,被害人所遭受的痛苦和恐惧亦是相当的,都应认定为轮奸。

【指导案例】李明明强奸案[①]——如何认定强奸罪中的"情节恶劣"

2008年5月8日晚,被告人李明明伙同同案被告人楚海洋(已判刑)酒后骑摩托车在河南省宜阳县某镇一村庄附近见到初中生陈某(女,时年13岁)、孙某(女,时年14岁)及孙某的弟弟,李明明和楚海洋采取持棍棒及语言威胁的方法赶走孙某的弟弟及闻讯赶来寻找陈、孙二人的多名教师,强行将陈、孙二人带到一旅社。李明明在108房间对陈某实施了强奸,楚海洋在105房间欲对孙某实施强奸,因自身原因未得逞。李明明得知已有人报警后,骑摩托车送陈、孙二人返回,途中强奸了孙某。

---

① 参见李晖、李丽君:《李明明强奸案——共同犯罪人未经共谋在不同地点先后强奸同一被害人的是否构成轮奸以及如何认定强奸罪中的"情节恶劣"》,载最高人民法院刑事审判一至五庭主办:《刑事审判参考》(总第98集),法律出版社2014年版,第31—36页。

在本案中,被害人孙某先后遭到被告人楚海洋、李明明的奸淫,被告人的行为均构成强奸罪,但主观上和客观上不符合轮奸的要件,理由如下:第一,从客观上来看,李明明和楚海洋的行为不具备成立轮奸的时空要件。本案被告人李明明伙同楚海洋以暴力手段将两名被害人带至旅社,李明明将陈某强奸,楚海洋强奸孙某未得逞。至此,二人共谋的强奸行为已告终结。后李明明在送返途中强奸孙某的行为,在时间、空间上与之前的强奸行为已经切断了联系。第二,从主观上来看,李明明和楚海洋不具有强奸孙某的共同故意。李明明和楚海洋共同将陈某、孙某带至旅社,并分别予以强奸。后李明明在送返陈、孙二人途中将孙某强奸,楚海洋并不知情,事先两人也没有商议过,故李明明强奸孙某的故意,超出了此前其与楚海洋分别强奸陈某和孙某的共同故意范围。李明明和楚海洋不论在旅馆时,还是在送返二被害人途中,均无共同强奸孙某的意思联络,不具备成立轮奸所要求的主观要件。综上,楚海洋未与李明明进行过共谋,主观上不知晓李明明在送二被害人回家途中的行为,客观上未参与,亦未对李明明继续强奸孙某起到任何协助作用,故不应对李明明返还途中奸淫孙某的行为承担责任,当然也就不能认定为轮奸情节。李明明尽管明知被害人孙某之前已经遭到楚海洋的奸淫,且其在楚海洋的奸淫过程中提供了帮助,但李明明的送返行为切断了与之前强奸行为的时空联系,李明明在送返过程中临时起意决定强奸孙某,对其也不能认定为具有轮奸情节。

第二十章 强制猥亵、侮辱妇女罪

一、强制猥亵对象中包括已满和未满 14 周岁女性的,对所犯数罪是否并罚

(一) 裁判规则

强制猥亵妇女罪与猥亵儿童罪虽然被规定在同一法条之下,但二者系两个独立的罪名,具有不同的犯罪构成,是两罪而非一罪,故如果强制猥亵对象中既包括已满 14 周岁的妇女,又包括未满 14 周岁女童的,对所犯两罪应当予以并罚。

(二) 规则适用

1. 我国《刑法》第 237 条虽然将强制猥亵妇女罪[①]与猥亵儿童罪规定在同一法条之下,但是强制猥亵妇女罪与猥亵儿童罪被规定为两个独立的罪名,表明二者侵犯的是不同对象和客体,是两罪而非一罪,故规定的不同罪名,并非同种数罪,予以并罚是有法律依据的。而且,从犯罪构成来看,强制猥亵妇女罪与猥亵儿童罪尽管在犯罪主体和主观方面的内容基本一致,但是从客观方面来看,强制猥亵妇女罪要求行为具有强制性,而猥亵儿童罪则不要求必须使用强制手段。不论行为人采用暴力、胁迫手段猥亵儿童,还是征得儿童的同意对其进行猥亵,都构成猥亵儿童罪。两罪的区别还体现在犯罪对象上,强制猥亵妇女罪的对象只能是年满 14 周岁的女性,猥亵儿童罪的对象为儿童,即不满 14 周岁的人,主要是女童,也包括男童。此外,认定为两罪并进行并罚也更符合立法精神。我国刑法将妇女的性权利与儿童的身心健康作为不同的法益加以保护,并将儿童的身心健康作为特殊的法益加以重点保护。实践中,在没有"聚众或者在公共场所当众实施"这两项加重情节的情况下,强制猥亵妇女的最高仅能判处 5 年有期徒刑,最低可能判处拘役;而以强制猥亵妇女罪与猥亵儿童罪并罚,则最高可判处 10 年以下有期徒刑,从某种意义上更能贯彻罪责刑相适应原则,并体现从严惩治性侵害儿童的刑

---

① 《中华人民共和国刑法修正案(九)》(以下简称《刑法修正案(九)》)第 13 条对该条进行了修改,最高人民法院、最高人民检察院于 2015 年 10 月 30 日《关于执行〈中华人民共和国刑法〉确定罪名的补充规定(六)》取消了强制猥亵、侮辱妇女罪罪名,取而代之以强制猥亵、侮辱罪。

事政策精神。

2. 关于正常医疗检查与猥亵犯罪行为的界分。由于医生职业的特殊性,需要对医疗对象的身体进行专业检查,故区分医疗检查与猥亵犯罪行为的确有一定难度。具体而言,主要从行为人的客观和主观两个方面进行甄别:从主观方面来看,医疗检查应当是以治病救人为目的,在遵循相关医疗规范的前提下,对病人进行必要、科学的医务检查和诊治;而猥亵犯罪行为的主观方面需要具备猥亵的故意。实践中,对于犯罪主观方面的证明,可以通过对以下客观行为分析判断得出:第一,是否使用了强制或者欺骗等不正当手段。如果被告人利用病人对医生权威的信任,以及对体检流程不了解等认识能力的限制,在医院诊室这一特定的封闭场所,使病人在精神上受到强制,不能或者不知反抗,进而实施猥亵;而该病人亦证明其在接受身体检查过程中感觉受到了侵犯,据此可以认定被告人实施了强制猥亵行为。第二,是否明显超越了职责范围、是否系诊疗所必需。首先,以一般人的认识为标准,分析诊疗行为是否明显超越职责范围;其次,结合医院关于岗位职责以及检验流程的规定加以判断;最后,参考专业人士的意见。

【指导案例】王晓鹏强制猥亵妇女、猥亵儿童案[①]——如何界分正常医疗检查与猥亵犯罪行为以及强制猥亵对象中既包括已满14周岁女性又包括未满14周岁女童的,对所犯数罪是否并罚

2012年5月28日至31日,甘肃省肃北县某中学组织学生在肃北县医院体检。被告人王晓鹏利用自己作为尿检项目检验医生的便利,超出尿检医生的职责范围,以"体检复查"为名,对14名已满14周岁的女学生和7名不满14周岁的女学生抚摸胸腋部和下腹部、腹股沟区,将裤子脱至大腿根部查看生殖器,用手在阴部进行按压抚摸,对个别女学生以棉签插入阴部擦拭的方式提取所谓"分泌物",进行猥亵。

本案是一起医生利用职务之便,以身体检查为名对众多女学生实施猥亵的案件。案件涉及的问题主要有两个:一是如何界分正常的医疗检查与猥亵犯罪行为?二是对被告人王晓鹏的行为是以强制猥亵妇女罪或者猥亵儿童罪一罪从重处罚,还是实行并罚?首先,在本案中,提取在案的医院尿检常规步骤材料证明,正常的尿检步骤系由受检者将尿液标本送检验室,检验工作人员进行常规检验,并出具报告单,对尿检结果异常需要镜检者,检验人员提取尿液标本做镜检,对分泌物的检验由患者到相关科室由专业技术人员提供分泌物标本送检。依

[①] 参见崔祥莲:《王晓鹏强制猥亵妇女、猥亵儿童案——如何界分正常医疗检查与猥亵犯罪行为以及强制猥亵对象中既包括已满14周岁女性又包括未满14周岁女童的,对所犯数罪是否并罚》,载最高人民法院刑事审判一至五庭主办:《刑事审判参考》(总第98集),法律出版社2014年版,第53—58页。

据该规定进行分析,被告人王晓鹏抚摸女生胸腋部、查看女生生殖器、用手在女生阴部按压等行为明显超越了其职责范围,应当认定其不属于正常的医学检查手段。其次,被告人的猥亵行为既侵犯了妇女性的自主权,又侵犯了儿童不受性侵犯的权利,分别符合强制猥亵妇女罪和猥亵儿童罪的构成特征,法院认定其构成数罪,依法实行并罚,是正确的。

二、如何认定猥亵犯罪行为及在公共场所当众实施猥亵行为

(一) 裁判规则

1. 猥亵行为人主观上是出于刺激、满足性欲的动机,客观上所侵害的身体部位需具有性象征意义。

2. 对于"教室"之类既供多数人使用但同时又具有相对封闭性的特殊场所,因其并非私人场所,具有相对的涉众性,故应当解释为"公共场所"。只要有其他多人在场,性侵害行为处于其他在场人员随时可能发现、可以发现的状况,不论在场人员是否实际看到,均可以认定为在公共场所"当众"强制猥亵、侮辱妇女,猥亵儿童。

(二) 规则适用

1. 通常认为,猥亵是指以刺激或者满足性欲为动机,用性交以外的方式对被害人实施的淫秽行为,客观上包括抠摸、舌舔、吮吸、亲吻、手淫、鸡奸等行为方式。但是在日常生活中,对于一些老师、长辈出于喜爱之情,针对儿童所实施的日常亲昵行为,如亲吻他人脸部,是否属于猥亵行为,在实践中仍存在争议。对此,我们可以综合考虑客、主观两方面因素来认定:从客观方面来看,猥亵应当是足以刺激或者满足性欲,并冒犯普通公民性的羞耻心或者引起其厌恶感的行为。从主观方面看,行为人主观上具有刺激、满足性欲的动机。为此,判断是否系"猥亵",应当考虑行为所侵害的身体部位是否具有性象征意义。如男女下体隐私处、臀部及与臀部密接的大腿,以及女性的胸部等。行为侵害具有性象征意义以外的身体部位,比如脸部、背部、手臂、胳膊等,认定属于猥亵行为应当慎重。在认定为"猥亵"行为的前提下,还需要从猥亵行为侵害的身体部位、持续时间长短、是否伴随暴力胁迫等强制手段、对被害人身心伤害大小、对普通公民性羞耻心冒犯程度大小以及是否具有前科劣迹等方面,将猥亵区分为一般违法行为与犯罪行为。

2. 我国《刑法》第 237 条第 2 款规定,在公共场所当众实施猥亵属于加重处罚情节。性活动具有高度的私密性,而当众对被害人实施强奸、猥亵,侵犯了普通公民最基本的性羞耻心和道德情感,更重要的是,此种情形对被害人身心造成的伤害更严重,社会影响更恶劣,需要对此类猥亵犯罪配置与其严重性相适应的更高法定刑。那么,对于"教室"之类既供多数人使用但同时又具有相对封闭性的特殊场所,能否认定为"公共场所"? 以及是否要求其他在场人员实际看到猥亵行为才能认定为"当众"猥亵? 笔者认为,学校教室是供学生学习的专门设施,尽管在一定时期内使用教室的学生范围相对固定,但学校教室并非私人场所,具有相对

的涉众性,故将教室解释为"公共场所"并未超出"公共场所"概念所能包含的最广含义,也符合一般公民的理解和认知,属于合理的扩大解释。而关于"当众"实施猥亵的认定问题,笔者认为,只要有其他多人在场,性侵害行为处于其他在场人员随时可能发现、可以发现的状况,不论在场人员是否实际看到,均可以认定为在公共场所"当众"强制猥亵、侮辱妇女,猥亵儿童。

【指导案例】吴茂东猥亵儿童案[①]——如何认定"猥亵"和界分猥亵犯罪行为与猥亵违法行为以及在教室讲台实施的猥亵是否属于"在公共场所当众猥亵"

被告人吴茂东系深圳市南山区某小学语文教师。自2012年11月至2013年5月23日期间,吴茂东利用周一至周五在班级教室内管理学生午休之机,多次将协助其管理午休纪律的被害人Z某、C某、H某(女,时年均7岁)等女学生,叫到讲台上,采用哄、骗、吓等手段,以将手伸进被害人衣裤内抠摸敏感部位等方式进行猥亵;吴茂东还多次利用周五放学后无人之机,以亲吻脸部的方式对被害人L某(女,时年8岁)进行猥亵。吴茂东在实施上述猥亵行为后哄骗被害人不能将事情告诉家长。5月23日中午,吴茂东采用上述方式又一次猥亵被害人C某。5月26日,C某的父母发现被害人行为异常,在向其他被害人了解情况后于5月27日向公安机关报案。

在本案中,被告人吴茂东实施亲吻被害人L脸部这一行为,单从其侵害的身体部位而言,并不属于典型的猥亵方式,但吴茂东多次利用其他学生放学离开教室之际,亲吻被害人L脸部,并且在半年多时间内以将手伸进被害人衣裤内抠摸敏感部位等方式猥亵Z某、C某、H某等女学生,可见其亲吻L脸部,主观上具有强烈的刺激、满足性欲动机,因而增强了对其亲吻L脸部的行为进行刑事处罚的必要性。故吴茂东亲吻被害人L脸部的行为,非一般成年人对孩童喜爱之情的自然流露,将其认定为猥亵犯罪行为,是恰当的。被告人吴茂东趁中午学生在教室内午休,将被害人叫到讲台上对被害人进行猥亵,虽然利用了课桌等物体的遮挡,手段相对隐蔽,但是此种猥亵行为处于教室内其他学生随时可能发现、可以发现的状态。而且根据法院审理查明的事实,实际上也有部分被害学生曾发现吴茂东将其他被害人叫到讲台上,并知道吴茂东在实施猥亵。因此,法院认定被告人吴茂东属于在公共场所当众实施猥亵是正确的。[②]

---

① 参见赵俊甫、王钰:《吴茂东猥亵儿童案——如何认定"猥亵"和界分猥亵犯罪行为以及在教室讲台实施的猥亵是否属于"在公共场所当众猥亵"》,载最高人民法院刑事审判一至五庭主办:《刑事审判参考》(总第98集),法律出版社2014年版,第66—71页。
② 《刑法修正案(十一)》于2020年12月26日颁布之后,猥亵儿童罪的加重情节不再以"聚众或者在公共场所当众"为限,以下情形亦属于加重情节:(1)猥亵儿童多人或者多次的;(2)聚众猥亵儿童的,或者在公共场所当众猥亵儿童,情节恶劣的;(3)造成儿童伤害或者其他严重后果的;(4)猥亵手段恶劣或者有其他恶劣情节的。按照上述规定,本案被告人猥亵儿童达3人以上,也属于加重情节。

三、用生殖器磨蹭未成年幼女阴道口,构成强奸罪还是猥亵儿童罪

(一) 裁判规则

在单纯性器官发生接触的案件中,认定为强奸罪还是猥亵犯罪不能一概而论,而应区分情况对待:当性器官接触的对象是成年女性时,如果行为人具有"奸淫"故意,以"性器官插入"为目的,应认定为强奸罪;如果行为人仅具有"猥亵"意图,单纯以"性器官接触"为目的,则应当认定为强制猥亵罪。当性器官接触的对象是未成年幼女时,出于对幼女特别保护的需要,即使行为人仅以性器官接触为目的,并不具有插入的意图,也应直接认定成立强奸罪,且属于强奸既遂。

(二) 规则适用

1. 当性器官接触的对象是成年女性时,如果行为人具有"奸淫"故意,以"性器官插入"为目的,应认定为强奸罪;如果行为人仅具有"猥亵"意图,单纯以"性器官接触"为目的,则应认定为强制猥亵罪。

从刑法规定的犯罪构成来看,强奸罪是指采取暴力、强制或者其他手段,违背妇女意志而与其发生性关系的行为;而强制猥亵罪,是指以刺激或满足性欲为目的,用性交以外的方法对他人实施的淫秽行为。可见,强奸犯罪的本质在于"性交行为",而猥亵行为的本质则是"性交以外的淫秽行为",其中当然包括"性器官的接触"。正是由于上述两种犯罪行为存在本质的不同,导致犯罪行为人在主观故意与目的上存在重大区别。其中,猥亵行为单纯以"性器官接触"为目的,而强奸行为则以"插入"为目的。尽管强奸行为在实施时需要经过性器官"接触",再到性器官"插入"这样一个先后过程,但性器官接触本身并非目的,仅仅是实现奸淫行为的一个自然阶段,接触的目的还在于随之而来的性器官插入。与之不同,在强制猥亵犯罪中,行为人尽管也是以寻求性刺激或满足性欲为目的,具有明显"性"的内容,但行为人的主观意图就是"猥亵",其本意只是单纯的性器官接触,不具有向前进一步发展到插入阶段的意图。

接下来的问题是,在性器官已经发生接触的情况下,如何来判断行为人是否具有插入意图呢?我们知道,主观故意与目的存在于人的内心,故证明犯罪行为人主观心态最直接的证据就是其供述。除此之外,行为人的主观故意还可以通过客观行为表现出来,故可以通过客观行为来认定行为人的主观故意。具体到性器官接触案件中来,行为人主观上系"奸淫"还是"猥亵"故意,也可以通过其所实施的客观行为表现出来。其中,在强奸犯罪中,由于行为人的主观故意是"奸淫",故其在客观行为上就表现为积极地实施性器官插入行为,即使最终停留在"接触"阶段,未能实现插入性交的目的,也往往是由于出现了意志以外的原因,并且这一原因恰好出现在行为人进行性器官接触后准备插入之际。也就是说,如果没有出现意志以外的障碍,行为人在性器官接触之后,紧接下来就会进一步实施插入的行为,从而实现自己性交的目的。而在强制猥亵犯罪中,由于行为人主观目的只是

通过性器官的简单接触来寻找性刺激,并不存在"奸淫"意图,故其在客观方面就表现为主动将行为停留于性器官接触阶段,在具备插入条件的情况下也不再继续向前发展。为此,我们在具体判断行为人的主观意图时,除了需要审查行为人的供述之外,还应当对其未插入的客观原因进行分析,考察被害人是否反抗、是否存在其他插入障碍、行为人是否具备足够的时间和条件去进一步实施插入行为,在综合各方面情况之后再判断行为人的真实意图。

2. 当性器官接触的对象是未成年幼女时,出于对幼女特别保护的需要,即使行为人仅以性器官接触为目的,并不具有插入的意图,也应直接认定成立强奸罪,且属于强奸既遂。

我们知道,犯罪成立与犯罪既遂是两个不同的问题,并适用不同的标准。其中,犯罪成立是一个由犯罪主客观要件构成的体系,应当以犯罪构成四要件为标准;而犯罪既未遂则是以单一的危害后果来作为判断标准,并不包括主观要素在内。此外,关于犯罪成立与犯罪既遂的判断还具有先后时间顺序:即只有在确定犯罪已经成立的前提下,才谈得上再去认定犯罪的具体形态;而不能在犯罪成立尚未作出认定之时,先拿既遂标准去对照案件中的部分犯罪情节,再反向推出犯罪成立的结论。以故意杀人案件为例,尽管被害人死亡是故意杀人罪的既遂标准,但我们不能仅仅因为被害人死亡便直接认定为故意杀人罪既遂。因为故意伤害罪、强奸罪、抢劫罪、绑架罪等暴力犯罪,以及过失致人死亡罪、交通肇事罪等过失犯罪中,都可能存在被害人死亡情节。为此,我们只有在先确定故意杀人罪已经成立的前提下,再根据死亡结果来认定故意杀人罪既遂。同样,当行为人与被害妇女发生性器官接触时,由于猥亵行为也可以通过性器官接触的方式来实施,这就要求我们先根据犯罪构成标准,在确定行为人具有强奸故意成立强奸罪的前提下,再根据"插入说"来认定强奸罪的具体犯罪形态。

然而,上述情形仅适用于以成年女性为犯罪对象的案件。当性器官接触的对象是未成年幼女时,出于对幼女特别保护的需要,和幼女性器官之间发生接触即视为性交。故只要行为人与被害幼女的性器官之间在客观上发生了接触,即便其主观上不具有插入意图,也不再属于猥亵行为,而应直接认定强奸罪,且属于强奸既遂。对此,1957年4月30日发布实施的《最高人民法院1955年以来奸淫幼女案件检查总结》(以下简称《总结》)专门就奸淫幼女与猥亵幼女作出了规定。《总结》指出,"奸淫幼女犯罪的特点是在外阴部接触或摩擦的占绝大多数,真正奸入的很少。在某些案件中仅有双方生殖器的接触是否成立奸淫幼女罪,或者是否可按猥亵幼女论罪,一些审判人员的意见不一致;少数被告人也以'没有奸入的意思'为辩护理由,否认自己成立奸淫幼女罪。京、津两市法院在审判实践中区别奸淫幼女与猥亵幼女,是将犯罪者主观上的犯罪意思和客观上的犯罪行为结合起来考察的。犯罪者意图同幼女性交,并且对幼女实施了性交行为,就是已遂的奸淫幼女罪。如果犯罪者意图用生殖器对幼女的外阴部进行接触,并且有了实际接触的,也按已遂的奸淫幼女论罪,但认为比实施了性交行为情节较轻。至于犯罪者意图猥亵,而对幼女实施性交行为以外的满足性欲的行为(如抠、摸、舔幼女阴部,令幼女摸、含、舔自己的生殖器等),则按猥亵幼女论罪。我们认为上述区别是适当的,可供论定罪名时参考"。据此,即使行为人没有插入意图,但如果其用生殖器对幼女外阴部进行接触的,也按既遂的强奸罪论处。当然,这种情况尽管也成立既遂的强奸罪,但毕竟没有"插入"被害幼女的阴道,对被害幼女的危害要轻,在量刑上要有所体现。

【指导案例】被告人杜行海强奸、猥亵儿童案①——用生殖器摩擦被害幼女阴部但没有插入意图的是否构成强奸罪

1. 强奸

2016 年 8 月 15 日左右的一天中午,被告人杜行海将被害人胡某甲(2003 年 8 月 5 日出生)带出浙江省温冷市城东街道立骅机械有限公司厂区,至路泽太一级公路东边康惠小区北面一空地,在轿车内用其生殖器摩擦对方阴部。

2. 猥亵儿童

2016 年 6、7 月份期间,被告人杜行海多次于中午时分用轿车将被害人胡某甲带出浙江省温冷市城东街道立骅机械有限公司厂区,至路泽太一级公路东边康惠小区北面一空地,在轿车内采用用手摸其阴部、手指插入阴道等方式,对其进行猥亵。

本案中,被告人杜行海用自己的生殖器磨蹭被害人的生殖器而并未插入阴道。对于该行为的意图,尽管其一直供称用阴茎在小女孩阴道口摩擦,只是想找点刺激,并没有插进小女孩的阴道的意图,但是由于被害人系未成年幼女,只要其与被害幼女的生殖器在客观上发生了接触,就应当直接认定为强奸罪,而且属于强奸既遂。根据《刑法》第 236 条第 2 款之规定,尽管奸淫幼女应从重处罚,但是被告人杜行海仅仅是用生殖器摩擦被害幼女阴部,并没有插入的意图与行为,危害相对要轻,故法院对其强奸罪从轻判处有期徒刑 4 年是适当的。至于其实施手摸被害幼女阴部、手指插入阴道等行为,则属于猥亵行为,应认定为猥亵儿童罪。为此,一、二审法院对被告人杜行海的行为分别认定为强奸罪与猥亵儿童罪是恰当的。

---

① 参见浙江省温岭市人民法院刑事判决书(2016)浙 1081 刑初 1931 号;浙江省台州市中级人民法院(2017)浙 10 刑终 15 号。

第二十一章　非法拘禁罪

一、采取劫持、扣押人质手段强行索取债务的行为如何定性

(一) 裁判规则

1. 行为人索要所输赌资或者所赢赌债，在认定其是否具有非法占有目的时，一般可以从索要的数额是否超出所输赌资或者所赢赌债的数额来判断，如果仅以所输赌资或者所赢赌债为索要对象，且索要财物的数额未超出所输赌资或者所赢赌债，一般不宜认定行为人具有非法占有目的。

2. 如果行为人主观上确实是为索取债务而扣押、拘禁他人的，即使债务关系难以查清或者根本不存在，仍然应当认定行为人系为索取债务而实施非法拘禁行为。

(二) 规则适用

1. 以索取债务为目的非法拘禁罪和以勒索财物为目的的绑架罪，尽管在客观上均表现为非法剥夺他人人身自由的行为，但两罪还是有本质区别的。首先，从犯罪对象是否具有特定性上来看，绑架罪双方一般不存在债权债务关系，是行为人纯粹无中生有地向他人索取财物，因此犯罪对象通常是不特定的、财产上充裕的人。而在为索取债务非法拘禁他人的情形中，行为人与被拘禁者之间存在特定的债权债务关系，即使是在赌博、高利贷、嫖娼等非法活动中发生的不受法律保护的"债务"，行为人也是"事出有因"才向他人索取财物，故非法拘禁罪侵犯对象是相对特定的，即与之有债权债务关系的人或其亲属。其次，从客观行为上来看，绑架罪中采取的暴力、胁迫、麻醉等犯罪方法，尤其是在勒索要求未得到满足时将要实施的暴力强度很高，被绑架人的身体健康甚至生命面临着较大风险。而非法拘禁罪在实施扣押、拘禁他人的过程中也可能会有捆绑、推搡、殴打等行为，但主要是侵害他人的人身自由，一般不会危及被拘禁人的生命健康。再次，从给受害人、受害人近亲属造成的心理阴影、不安全感来看，以勒索财物为目的绑架他人，一旦勒索要求得不到满足，人质所面临的危险会给人质亲属，甚至给社会公众会带来巨大恐慌；而因强索债务（包括不受法律保护的债务）扣押、拘禁他人，带给人质亲

属的恐慌相对于绑架罪明显要小。最后,从行为人的主观目的来看,绑架罪的行为人劫持他人做人质,是以勒索财物为目的;而非法拘禁罪的行为人采取非法扣押、拘禁他人的行为,目的是索要债务(包括赌债等法律不予保护的债务),并非无故向"人质"及其家人或单位勒索钱物,不具有勒索财物的目的。

2. 在司法实践中,行为人与被害人间是否存在债权债务关系,是区分非法拘禁罪和绑架罪的重要前提。只有行为人与被害人之间存在债权债务关系,行为人拘禁被害人并向其亲友勒索财物的,才可能涉及非法拘禁罪的适用问题。如果行为人与被害人之间不存在债权债务关系,行为人拘禁被害人并向其亲友勒索财物的行为则应当认定为绑架罪。同时,需要指出的是,这里的债权债务关系应当是真实且客观存在的,必须有其产生的客观原因,而不能是毫无原因凭空虚构、捏造的。从司法实践来看,索债型非法拘禁行为涉及的债务,主要存在以下几种情形:

第一,合法债务。《刑法》第238条第3款规定,"为索取债务非法扣押、拘禁他人的",以非法拘禁罪定罪处罚。这里的"债务",一般理解为合法债务,即民事法律关系上的财产给付义务。被告人实施扣押、拘禁他人行为的目的是为了追讨自己的债务,但在进行私力救济、解决问题的过程中,采用了非法拘禁手段,应当认定行为人构成非法拘禁罪。对此,《刑法》第238条第2款规定,为索取债务非法扣押、拘禁他人的,以非法拘禁罪定罪处罚。

第二,非法债务。被告人与被害人之间虽然存在债务,但该债务系赌债、高利贷或者嫖资等法律不予保护的非法债务,行为人为索取此类非法债务而实施扣押、拘禁他人的行为,系"事出有因"。只要债务是客观存在的,也应确认行为人主观上的索债目的,并以非法拘禁罪定罪处罚。对此,最高人民法院《关于审理抢劫、抢夺刑事案件适用法律若干问题的意见》规定,行为人仅以所输赌资或者所赢赌债为抢劫对象,一般不以抢劫罪定罪处罚。这种考虑主要是,行为人主观上对所输赌资性质的认识毕竟不像抢劫罪中对他人财物性质的认识那样清晰明确,其主观故意的内容与抢劫他人财物有所不同,主要是挽回赌博损失。同样,最高人民法院于2000年6月30通过的《关于对为索取法律不予保护的债务,非法拘禁他人行为如何定罪问题的解释》亦明确规定,行为人为索取高利贷、赌债等法律不予保护的债务,非法拘禁他人的,依照《刑法》第238条的规定定罪处罚。①

第三,索取数额超过实际债务。被告人与被害人间存在合法或者非法债务,行为人为索取债务对被害人实施了扣押、拘禁行为,但行为人在追索债务的过程中,索取的债务数额大于实际存在的债务。此种情况下,不能仅因索要数额超过原债务,就认定该行为构成绑架罪,而要具体情况具体分析。如果索要的数额

---

① 立法者之所以将以索取债务为目的的非法拘禁罪与勒索财物为目的的绑架罪区别对待,是考虑到行为人与被害人之间存在债权债务关系,事出有因,是债权人为了追还债务而采取了法律不允许的方法,而且一般并不侵犯被害人的财产权利,与典型的无缘无故地绑架他人勒索财物的行为相比,行为人的主观恶性和行为的社会危害程度已经大大降低,因而不宜认定为绑架罪重罪。

大大超过原债务数额,且与其他情节相结合,足以证明行为人的主观目的已经由索债转化为非法占有他人财物,则该行为已触犯了绑架罪和非法拘禁罪两个罪名,按照想象竞合犯的处罚原则,应以绑架罪定罪处罚。如果索要的数额超过原债务的数额不大,或者虽然索要的数额超过原债务的数额较大,但超出的部分是用于弥补讨债费用或由此带来的其他损失,行为人认为这些费用和损失应由被害人承担,其主要目的仍是索债,而不是勒索财物。从有利于被告人的刑法原则上看,上述行为应当以相对较轻的非法拘禁罪定罪,而不宜定绑架罪,从而更符合刑法主客观相统一原则的要求。如果索要数额大大超过原债务,当被害人拿出与原债务数额相近的财物后,行为人主动停止犯罪,从客观上可以证明行为人并不具备勒索他人财物的目的,也不宜定绑架罪,而应定非法拘禁罪。

第四,债权债务关系或者数额不明确的债务。在一些"索债型"扣押、拘禁案件中,有以下几种情况:其一,行为人认为确实存在债务,而被害人予以否认,或者行为人与被害人虽然均承认存在债务关系,但是在具体数额上双方说法不一致,由于缺乏证据又难以查清具体数额的;其二,被告人的利益确实受到了损失,但该损失与被害人的言行并无明确的因果关系,双方之间并不存在明确的足以认定的债权债务关系;其三,被告人与被害人之间实际上没有债权债务关系,行为人误认为被害人与之存在有债权债务关系。如果行为人主观上认为确实存在债务或者确认债务为某一数额,即使债务关系难以查清或者有证据证明行为人对债务或数额的认识是基于某种错误,行为人也是在"索要债务"的主观认识之下实施扣押、拘禁被害人的行为,而不存在"勒索他人财物的目的",因此应以非法拘禁罪定罪处罚。如果以绑架罪定罪,则有客观归罪之嫌。此外,对于当事人之间存在债权债务关系但行为人又无法举证的情况下,能否根据民事诉讼法上的"举证不能"而不予认定?笔者认为,在现实生活中,高利贷、毒资、赌债等法律不予保护的债务,往往是在秘密情况下发生的,要证明债务的存在本身是十分困难的,在这种情况下只要可以合理怀疑真实债务的存在,即使证据不足以认定的,仍然应认定为非法拘禁罪。

【指导案例】孟铁保等赌博、绑架、敲诈勒索、故意伤害、非法拘禁案[①]**——扣押、拘禁他人强索赌债的行为如何定罪处罚**

1994年冬的一天晚上,被告人孟铁保因赌博纠纷,纠集薛建平等人到马跃发家,向马跃发索要3000元,孟分给薛建平100元。

1995年8月的一天,被告人孟铁保怀疑在清徐县徐沟镇开歌厅的林连发挖走其歌厅的人,向林连发敲诈1400元。

---

① 参见韩晋萍:《孟铁保等赌博、绑架、敲诈勒索、故意伤害、非法拘禁案——扣押、拘禁他人强索赌债的行为如何定罪处罚》,载最高人民法院刑庭编:《刑事审判参考》(总第10辑),法律出版社2000年版,第31—41页。

1996年2月10日晚,被告人孟铁保为向陈云锁索要赌债7万元,纠集被告人梁宪刚、薛建平、孟宪亮等人,在一饭店门口将陈云锁拦住,孟铁保用火枪枪托将陈头部打破,又将陈劫持到太原。陈的亲友送来5.5万元后被放回家。事后梁宪刚、薛建平、孟宪亮各得1000元。

在本案中,被告人孟铁保纠集他人劫持陈云锁等人并限制其人身自由,目的是为了强索赌债,虽然其索取的赌债属法律不予保护的债务,但是毕竟不是无中生有地勒索财物,而且他们要求给付和实际索取的财物数额也没有超出实际赌债的范围或超出不多,他们非法扣押、拘禁他人,限制他人人身自由的行为,目的在于以此为手段,迫使他人履行"赌债",因此,此种行为不能定绑架罪,应以非法拘禁罪定罪处刑。在本案中,如果犯罪嫌疑人索要财物的金额大大超出了赌债的数额,其行为的目的就不再是单纯地索要赌债,而转化成以索债为名,采取绑架手段来勒索他人的财物,这一行为符合以勒索财物为目的绑架他人的特征,应当以绑架罪定罪处罚。

【指导案例】雷小飞等非法拘禁案①——"索债型"扣押、拘禁案件如何定性

被告人雷小飞与戴夫·罗西因生意纠纷产生矛盾,后雷小飞找到被告人吴立群帮忙,吴立群又纠集被告人尹春良等人预谋绑架戴夫·罗西。2002年3月10日17时许,雷小飞、吴立群、尹春良等人,将戴夫·罗西骗上吴立群驾驶的汽车后带至北京市大兴区德茂小区×号楼×门×号的租房处,对戴夫·罗西进行扣押、威胁,并强迫戴夫打电话,让其公司经理取出戴夫办公室抽屉内的美金4000元交给吴立群等人。后三被告人伙同他人还让戴夫·罗西多次给其亲属打电话索要美元25万元。2002年3月15日17时许,公安人员将被告人雷小飞抓获,雷小飞交待了关押戴夫的地点后,公安人员前往上述地点将吴立群、尹春良抓获,同时将被害人戴夫·罗西解救。

本案双方当事人之间确实存在债权债务关系,但双方在具体数额上认识不一,而且犯罪人索要的钱财超出了其自己估算的债务的数额。犯罪人的行为应认定为绑架罪还是非法拘禁罪,要根据本案的实际情况,结合犯罪人的主观因素和其他具体情节作出判断。雷小飞出资与被害人(未出资)合伙在北京经营公司,办理留学等各项业务,期间雷小飞还向被害人提供食宿费用和业务费用。而被害人却瞒着雷小飞,以该公司的名义私自招揽客户到境外培训、留学,并将收取的费用全部独吞。后被雷小飞发觉,雷小飞要求被害人赔偿其经济损失,二人为此产生纠纷。双方在造成经济损失数额的问题上认识不一:被害人认为雷小飞向其支付

---

① 参见谭京生、高文斌:《雷小飞等非法拘禁案——"索债型"扣押、拘禁案件的定性》,载最高人民法院刑事审判第一庭、第二庭编:《刑事审判参考》(总第34辑),法律出版社2004年版,第24—33页。

了各种费用人民币2.8万余元,雷小飞的损失仅限于此;而雷小飞认为自己为经营公司投入了大量钱财,被害人的行为给公司对留学项目的投资经营造成了实际损失,各种经济损失数额约合人民币70余万元。雷小飞为了"把钱追回来,弥补自己的损失",而找到另两名犯罪人将被害人扣押、拘禁。犯罪人吴立群、尹春良亦供述其二人是为帮助雷小飞索要欠款而实施犯罪。从上述情节可以看出,三犯罪人是在"索要债务"的主观认识下实施扣押、拘禁被害人的行为的。三犯罪人开始向被害人索要25万美元,后承诺交付15万美元(约合人民币120余万元)即可放人。雷小飞承诺讨债成功后,给付吴立群、尹春良索要钱财的三分之一作为"好处费"。犯罪人索要的数额虽高于犯罪人主观估算的债务数额人民币70万元,但雷小飞认为超额部分系用于支付吴立群、尹春良帮助讨债的费用,因此"索要债务"仍为犯罪人犯罪的主要目的。按照主客观相统一及有利于被告人的原则,本案应以非法拘禁罪定罪。

【指导案例】王周云等非法拘禁案①——为索取被害人曾口头承诺的补偿费,持械将被害人挟持到他处限制人身自由、索取财物的行为如何定性

1996年初,被告人王周云与被害人魏文春商量共同租赁重庆市渝中区金鹰商场二楼的摊位。后王周云因病住院治疗,魏文春即独自与金鹰商场签订了租赁合同,并缴纳了定金和前期租赁费。王周云病愈出院后对魏文春单方租赁商场不满,坚持要投资入股,两人约定王周云应投资120万元。后王周云因无资金投入,便私自将协议中自己承担的投资部分转让给被告人陈金明和案外人王某、吴某等三人。魏文春得知后坚决反对,经协商由魏文春补偿给陈、王、吴三人各10万元并另给王周云补偿5万元后,王周云等四人都退出合股经营。后魏文春一直未予补偿,王周云、陈金明等人商量找魏文春要帐,持刀、枪将魏文春挟持到重庆市九龙坡区上桥张家湾东风机械厂家属区。魏被逼迫用移动电话与好友戚某等人联系借款,但只借到3万元。王周云、陈金明等人经商量后将魏文春放行。

就本案而言,一审法院以绑架勒索罪,分别判处被告人王周云、陈金明无期徒刑,剥夺政治权利终身,并处罚金人民币1万元。宣判后,两被告人不服,认为其"主观动机是追索应得的补偿费,不具有勒索财物的目的,原判定性不准,量刑不当,要求从轻处罚",分别向四川省高级人民法院提出上诉。二审法院认为:上诉人王周云、陈金明为了索取被害人魏文春曾口头承诺的补偿费,邀约他人持械将魏文春挟持到他处限制人身自由、索取财物,其行为均已触犯《刑法》(1979)第143条第1款,构成非法拘禁罪。一审没有查清魏文春先承诺后又反悔,王周云是

---

① 参见《王周云、陈金明、刘长华、张文棋非法拘禁案》,载《中华人民共和国最高人民法院公报》1997年第4期。

以追索魏文春承诺的补偿费为目的而实施犯罪的这一情节,由此认定王周云、陈金明等人的行为构成全国人民代表大会常务委员会《关于严惩拐卖、绑架妇女、儿童的犯罪分子的决定》第 2 条第 1 款、3 款规定的绑架勒索罪,属认定部分事实不清导致定性和适用法律错误,应当纠正。据此,二审法院判决撤销第一审刑事判决,以非法拘禁罪,判处王周云有期徒刑 3 年,陈金明有期徒刑 2 年。

【指导案例】罗灵伟、蒋鼎非法拘禁案①——无法查清被害人是否存在债务的情况下,如何认定行为人为索取债务而非法拘禁他人的行为性质

2014 年 1 月 3 日 19 时许,被告人罗灵伟因怀疑王华祥、陈仙兵、潘岩根在管理其经营的石渣生意期间,在账目上造假侵吞款项,遂与蒋鼎、"阿三"等人将王华祥、陈仙兵、潘岩根三人从浙江省台州市路桥区螺洋街道园珠屿村带至黄岩区沙埠镇佛岭水库洋山庙边上,质询账目收支情况,并使用拳脚及持棍殴打王华祥、陈仙兵等人,致王华祥构成轻伤二级。后罗灵伟与王华祥达成协议,将罗灵伟怀疑的账目上被侵吞的 3 万余元与其欠王华祥的 3 万余元抵销,整个过程持续 4 个小时左右。

在本案中,被告人罗灵伟因为怀疑王华祥、陈仙兵、潘岩根在管理其经营的石渣生意期间,在账目上造假侵吞款项,认为王华祥侵吞了其 3 万余元的货款。为了向王华祥等人索取该笔债务,罗灵伟遂与蒋鼎等人将王华祥、陈仙兵、潘岩根三人强行带上汽车,后在水库庙边对三人实施殴打等行为,非法限制王华祥等人的人身自由 4 个小时左右。后来罗灵伟与王华祥达成口头协议,将自己欠王华祥的 3 万余元欠款与该 3 万余元货款相抵销。综合上述案情分析,罗灵伟主观上确实是为了索要其自认为的"债务"而实施了非法拘禁及殴打等行为。该债务能否查清并不影响其主观上的索债目的。蒋鼎为帮助罗灵伟实现索债的目的,与罗灵伟一起共同实施非法扣押、拘禁他人的行为,亦应确认其主观上的索债目的。故法院对两被告并未以抢劫罪来认定,而是以非法拘禁罪来定罪量刑是正确的。

【指导案例】徐强等非法拘禁案②——以剥夺他人人身自由的方式索回赌资的行为如何定性

2010 年 7 月底至 8 月初,被告人徐强与汤义生、被害人张周勇等人在酒店赌

---

① 参见胡尚慧:《罗灵伟、蒋鼎非法拘禁案——无法查清被害人是否存在债务的情况下,如何认定行为人为索取债务而非法拘禁他人的行为性质》,载最高人民法院刑事审判一至五庭主办:《刑事审判参考》(总第 99 集),法律出版社 2015 年版,第 47—52 页。

② 参见贾伟、刘征鹏:《徐强等非法拘禁案——以剥夺他人人身自由的方式索回赌资的行为如何定性、公诉机关指控轻罪名,法院是否可以改变为重罪名以及一审法院将公诉机关指控的轻罪名变更为重罪名的,二审对此如何处理》,载最高人民法院刑事审判一至五庭主办:《刑事审判参考》(总第 96 集),法律出版社 2014 年版,第 66—73 页。

博,因徐强在赌博中输了钱,便怀疑汤义生、张周勇等人诈赌。同年8月4日19时许,徐强纠集同案被告人钟建周等四人,将张周勇押上徐强驾驶的汽车,劫持到福建省福安市一座山上,对张周勇殴打和威胁,逼迫张周勇退还徐强赌输的钱。在徐强等人暴力逼迫下,张周勇打电话给其亲属,要亲属筹集人民币40万元。8月5日凌晨,张周勇亲属汇来人民币12万元。在对张周勇非法关押过程中,徐强等取走张周勇随身携带的人民币3万元及中国建设银行卡1张,并在当地银行将张周勇银行卡内3.7万元转账到徐强账户中。当日,张周勇亲属又汇款3.1万元至徐强账户上。

区分非法拘禁罪与绑架罪,应当从以下两个方面进行:一是要审查行为人与被害人之间是否存在债权债务关系。这里的债权债务除了合法原因产生的以外,还包括因高利贷、赌博等非法行为产生的情形。二是要审查行为人的主观故意和目的。行为人是否具有非法占有他人财物的主观故意和目的,是区分非法拘禁罪和绑架罪的重要因素。具体到本案中,被告人徐强与同案被告人钟建周等均一致供述,徐强与被害人张周勇等赌博并输给张周勇巨额钱财,因张周勇等人在赌博时用脚打暗号,遂怀疑张周勇赌博作弊,才拘禁张周勇逼其归还徐强已支付的赌资;张周勇亦陈述,徐强等因怀疑其诈赌而将其拘禁;证人王绪勇、钟瑞光及同案被告人连宏滨等亦佐证起因是张周勇诈赌骗钱。虽然根据现有证据,尚无法明确认定张周勇有诈赌事实,但综合全案证据,徐强的怀疑并非毫无原因的凭空捏造。因此,在犯罪构成要件存疑情况下,应当作出有利于被告人的认定,即徐强与张周勇之间存在因赌博作弊而产生的债权债务纠纷。徐强认为有权索回已支付的赌资,主观上确实认为存在债务,属事出有因。同理,对于向张周勇家属索要财物的行为,由于徐强仅以所输赌资为索要财物对象而非法拘禁他人,主观目的是挽回赌博损失,且索要财物的数额未超出所输赌资,使用的也是自己真实姓名的银行卡,没有隐瞒身份,事后也未与同案人瓜分财物,可认定徐强非法拘禁张周勇的目的是为索要所输赌资,主观上不具有非法占有他人财物的故意,不宜以绑架罪定罪。现有证据也足以认定其他被告人均是为帮徐强讨债而拘禁张周勇,证明徐强主观意图是索取债务而非勒索财物,故均应当以非法拘禁罪定罪处罚。

二、以索债为目的非法拘禁、扣押他人,是否以债务人本人为限

(一)裁判规则

非法拘禁罪中的"为索取债务非法扣押、拘禁他人"中的"他人"的范围,不仅包括债务人本人,也包括债务人的亲属或者其他与债务人有密切关系的人。

(二)规则适用

司法实践中,有观点认为,勒索型绑架罪的对象是不特定的,犯罪人在实施绑架前可以任意选择绑架的对象,被绑架人没有任何过错;而索债型非法拘禁罪的对象则应当是特定的,即只能是扣押与之有债权债务关系的当事人本人,并向其

本人索取债务,而不能任意扣押其他与之无关的人,否则就侵犯了无过错的他人人身自由,应以勒索型绑架罪论处。笔者认为,这种观点有些过于绝对。不可否认,非法拘禁索债情形的发生,通常是由于被拘禁人欠债久拖不还甚至根本不想还才引发的,被拘禁人客观上存在一定程度的过错,犯罪所绑架的通常也是欠债不还之人;但这并不等于说,索债型非法拘禁罪的对象就只能是与行为人有债权债务关系的当事人本人,而不能是当事人的亲属或者其他有密切关系的人。因为根据《刑法》第238条第3款规定,为索取债务非法扣押、拘禁他人的,以非法拘禁罪定罪处罚,在这里并没有明确限制"他人"就是与行为人有债权债务关系的当事人本人。同样,从《关于对为索取法律不予保护的债务,非法拘禁他人行为如何定罪问题的解释》出台的过程来看,针对司法实践中将"为索取法律不予以保护的债务"的行为认定为绑架罪的不合理做法,《关于对为索取法律不予保护的债务,非法拘禁他人行为如何定罪问题的解释》规定,行为人为索取高利贷、赌债等法律不予保护的债务,非法扣押、拘禁他人的,依照《刑法》第238条的规定定罪处罚。《关于对为索取法律不予保护的债务,非法拘禁他人行为如何定罪问题的解释》主要是从主观要件的角度来考虑,只要行为人实施非法拘禁他人在主观上是为索取债务,不论是合法债务还是法律不予以保护的债务,都只能按照非法拘禁罪论处。至于被扣押、拘禁的"他人"究竟是债务人本人还是其亲属,《关于对为索取法律不予保护的债务,非法拘禁他人行为如何定罪问题的解释》并未做出限制性规定。因此,将"为索取债务非法扣押、拘禁他人"中的"他人"理解为不限定于债务人本人,更符合《关于对为索取法律不予保护的债务,非法拘禁他人行为如何定罪问题的解释》的精神。此外,从司法实践来看,行为人想拘禁当事人本人索债,有时较为困难,故常常选择拘禁当事人的亲属特别是其幼年子女等,并以此来向当事人本人索债。之所以如此,就在于当事人与其亲属、子女具有特定的关系,行为人可以以其为要挟,实现其索债目的。因此,我们认为,为索债而扣押的既可以是债务人本人,也包括其亲属或者其他与债务人有特定关系的人。

【指导案例】辜正平非法拘禁案[①]——**为逼人还贷款非法关押借款人以外的第三人的行为如何定性**

被告人辜正平在担任农村合作基金会主任期间,经主管基金会工作的副镇长刘振中批准后,总计贷款13.5万元给李跃进,由刘得勇担保。1996年1月19日,经刘振中批准,辜正平又经办贷款44000元给刘得勇做生意。上述贷款发放后,连本带息近30万元无法收回。1999年7月至8月,岩口镇党委、政府多次召开会议,部署该镇的农村合作基金会清欠工作。会上责成辜正平负责清收上述17.9

[①] 参见梁清、邵新、洪冰:《辜正平非法拘禁案——为逼人还贷款非法关押借款人以外的第三人的行为应如何定性》,载最高人民法院刑事审判第一庭、第二庭:《刑事审判参考》(总第26辑),法律出版社2002年版,第40—44页。

万元贷款。辜正平了解到债务人刘得勇已与其前妻钟益华离婚3年,离婚协议明确了刘得勇的债权、债务与钟益华无关。但辜正平认为刘得勇与钟益华系假离婚,在找不到刘得勇的情况下,只有找钟益华。经镇党委副书记潘久筠同意后,1999年8月19日辜正平领人将钟益华及其女儿刘某(9岁)强行拉上车带到镇政府,关押进了备有铁门、铁窗的小房间。9月下旬,清欠工作进入尾声,钟益华交了4100元人民币后于9月25日被放回,累计被非法关押37天。

司法实践中,就索债型非法拘禁罪来看,债权人为达到要回欠债的目的,通常会直接非法扣押、拘禁债务人本人,但也不排除债权人可能通过非法扣押债务人的亲属为人质或者扣押其他与债务人有密切关系的人为人质,达到迫使债务人还债的目的。《刑法》第238条第3款规定"为索取债务非法扣押、拘禁他人"以非法拘禁罪论处,这里立法用的是"他人",并未明确限定为债务人本人。为此,"他人"当然可以包括债务人以外而又与债务人具有某种利害关系的人。"绑架他人作为人质"和"为索取债务扣押、拘禁他人"的关键区别在于:前者扣押人质是为了迫使有关方面实现其某种不法要求,而后者扣押人质是为了索取债务。就本案而言,被告人辜正平非法扣押他人,是为了向借款人追回贷款,属于索债型非法拘禁罪,而非人质型绑架罪,故应当认定为非法拘禁罪。

【指导案例】贾斌非法拘禁案[①]**——抱走年幼继女向欲离婚的妻子索要所支出的抚养费、彩礼费的行为,如何定性**

2011年3月25日,被告人贾斌与李宝珠结婚。婚后二人共同抚养李宝珠与前男友李宝所生女儿李某某(女,时年3岁)。2012年9月27日,李宝珠欲与李宝复合,遂向贾斌提出离婚。贾斌要求李宝珠退还其为李某某所支出的抚养费、结婚彩礼等共5万元。二人协商未果,当日李宝珠带李某某回娘家居住。次日9时许,贾斌乘出租车到山西省山阴县西沟村李宝珠的娘家,看望继女李某某,并带李某某到附近小卖部购买零食,返回家中发现无人后,便带李某某离开,乘车前往山西省大同市。途中,贾斌给李宝珠发信息、打电话,要求李宝珠准备8万元现金来交换女儿李某某,后又要求李宝珠到大同市见面。李宝珠即报警。当晚23时许,贾斌被公安人员抓获。其间,贾斌对李某某未实施伤害行为。

在本案中,贾斌抱走继女,以索要离婚纠纷中所涉财物的行为,既不构成"索财"型绑架罪,也不构成"人质型"绑架罪。首先,在主观要件上,贾斌索要的财产是夫妻在离婚纠纷中,双方存有争议,尚未达成一致意见的财产,其索要财产的数

[①] 参见张眉、赵清库:《贾斌非法拘禁案——抱走年幼继女向欲离婚的妻子索要所支出的抚养费、彩礼费的行为,如何定性》,最高人民法院刑事审判一至五庭主办:《刑事审判参考》(总第98集),法律出版社2014年版,第118—124页。

额并未超过合理限度,其主观上不具备"索财型"绑架罪中的恶意勒索他人财物、获取不义之财的目的,故不构成"索财型"绑架罪。其次,贾斌在将其继女挟持期间,并没有以继女的生命安全威胁其妻,也没有以继女的生命相要挟提出其他非法要求,不具有"人质型"绑架罪中为实现非法目的,以被绑架人的生命安全相要挟的客观行为,故不构成"人质型"绑架罪。此外,贾斌为迫使其妻答应离婚条件以及与其见面,而将3岁的继女带至外地,并以此为要挟,若其妻不答应他的要求,便不送还继女。贾斌带走继女,并非出于自己收养或者奴役、使唤的目的,不具备使继女长期脱离家庭的意图,仅是通过暂时限制继女的人身自由,迫使其妻在离婚纠纷中妥协。因此,贾斌的行为不具有收养、奴役等目的,不符合拐骗儿童犯罪的主观要件。贾斌为解决离婚财产纠纷,向其妻索要婚姻存续期间对其继女的抚养费、二人结婚时的彩礼等费用,而将继女擅自带至外地,并以此胁迫其妻支付上述费用,其行为完全符合为索要债务而非法扣押他人的情形,应认定为非法拘禁罪。

【指导案例】颜通市等绑架案①——给付定金方违约后为索回定金而非法扣押对方当事人子女的行为如何定罪

1997年12月19日,被告人颜通市、杨以才(另案处理)与孙冲签订了购船合同。按合同约定,船价20.46万元,定金3.5万元,半个月内付清其余款项。颜、杨当即交付定金3.5万元。到了1998年1月4日,颜、杨未能付清船款,杨以才又与孙冲签订协议,再交付现金4万元,并口头保证如在1998年1月28日前不能付清船款,情愿7.5万元不要。到期后,颜、杨二人仍未付清船款,孙冲遂将船卖给了他人。此后颜、杨多次找孙冲协商退款之事,并找到中间人胡勇出面说情,孙冲只同意退还5万元,但颜、杨不同意。后孙冲付给中间人胡勇3万元,让其转交颜、杨二人,胡勇得款后没有转交,颜、杨也不知情。颜通市与杨以才在多次索款无望的情况下,伙同被告人杨以早等人,于1998年9月10日凌晨,强行将孙冲之子孙某志(1岁)从家中抱走,并向孙冲索要7.5万元。1998年10月23日,孙冲在付给颜通市4.5万元的情况下,才将孙某志救回。

在本案中,被告人颜通市、杨以才的犯罪目的是索取债务,没有勒索财物的故意。第一,被告人颜通市与孙冲间存在经济纠纷,颜通市、杨以才为购买船只向孙冲交付了7.5万元,然而事实上并没有占有船只,在孙冲将船转卖他人后,颜通市曾多次找孙冲协商退款,孙冲亦同意退5万元。第二,7.5万元不全是定金,杨以才支付的4万元并非定金,而是预付款,杨以才口头表示如不能按期付清船款,7.5

---

① 参见谢善娟、吴红健、洪冰:《颜通市等绑架案——给付定金方违约后为索回定金而非法扣押对方当事人子女的行为的定罪》,载最高人民法院刑一、二庭:《刑事审判参考》(总第24辑),法律出版社2002年版,第49—56页。

万元不再索取,这仅仅是其个人意思表示,颜通市并不知道。第三,孙冲退给胡勇3万元被胡勇截留,颜通市、杨以才均不知情。颜通市、杨以才索取的仅仅是其实际支付的7.5万元,没有其他勒索要求。需要指出的是,尽管根据定金罚则,由于被告人方违法,被告人支付的7.5万元虽不一定能全部返回,但被告人主观上认为是其应当索回的,没有勒索他人非法占有其财产的故意。况且,根据最高人民法院于2000年6月30通过的《关于对为索取法律不予保护的债务,非法拘禁他人行为如何定罪问题的解释》的规定,"行为人为索取高利贷、赌债等法律不予保护的债务,非法拘禁他人的,依照刑法第二百三十八条的规定定罪处罚",故被告人为了索取具有合法性的债权而扣押、拘禁他人的,当然成立非法拘禁罪。

三、非法拘禁过程中发生致人伤亡结果的如何定罪量刑

(一) 裁判规则

1. 行为人出于非法拘禁目的而实施暴力行为,致人重伤(伤残)或死亡的,应根据暴力行为的强度分别认定为非法拘禁罪和故意伤害(杀人)罪。

2. 行为人在非法拘禁过程中另起犯意实施暴力行为,并致人重伤(伤残)或死亡的,应当分别认定为非法拘禁罪和故意伤害(杀人)罪,并予以并罚。

(二) 规则适用

1. 行为人出于非法拘禁目的而实施暴力行为,并致人重伤(伤残)或死亡的,应根据暴力行为的强度分别认定为非法拘禁罪和故意伤害(杀人)罪。

《刑法》第238条第2款规定,非法拘禁致人重伤的,处3年以上10年以下有期徒刑;致人死亡的,处10年以上有期徒刑。使用暴力致人伤残、死亡的,依照《刑法》第234条、第232条的规定定罪处罚。关于前段非法拘禁致人重伤、死亡的规定,理论上没有大的争议,均认为系非法拘禁行为本身造成被害人重伤、死亡(结果加重犯),重伤、死亡结果与非法拘禁行为本身具有直接的因果关系,而且行为人对重伤、死亡的结果在主观上均出于过失。① 但对于非法拘禁过程中使用暴力致人伤残、死亡以故意伤害(杀人)罪论处的理解,则存在分歧。主要分歧之处在于,上述条款系注意规定还是拟制规定。笔者赞同"法律拟制说"。所谓法律拟制,是指将原本不符合某种规定的行为,在刑法明文规定的特殊条件下,也按该规定处理。② 而注意规定则是在刑法已作相关规定或以相关的、已为刑法理论所认可的刑法基本原理为支撑的前提下,提示司法人员注意,以免司法人员混淆或忽

---

① 参见高铭暄、马克昌主编:《刑法学》(第4版),北京大学出版社、高等教育出版社2010年版,第528页;张明楷:《刑法学》(第5版),法律出版社2016年版,第884页。
② 例如,《刑法》第267条第2款规定:"携带凶器抢夺的,依照本法第二百六十三条的规定定罪处罚。"携带凶器抢夺的行为原本并不符合《刑法》第263条规定的抢劫罪的构成要件,但立法者将该行为赋予与抢劫罪相同的法律效果。如果没有该款的法律拟制,对于单纯携带凶器抢夺的行为,只能认定为抢夺罪,而不能认定为抢劫罪。

略的规定。① 具体到前述《刑法》第 238 条第 2 款,如果没有该规定,在非法拘禁过程中,故意使用超出拘禁行为所需范围的暴力致人死亡的,应该定非法拘禁罪和故意杀人罪,但是立法者直接规定这种情况只定故意杀人一罪。而且,非法拘禁行为人使用暴力致人死亡的,只要其对伤残、死亡结果具有过失意义上的预见可能性,即使没有杀人的故意,也应认定为故意杀人罪。由此看来,《刑法》第 238 条第 2 款后半部分是拟制性规定。

从《刑法》第 238 条第 2 款规定来看,无论是非法拘禁致人重伤、死亡,还是非法拘禁使用暴力致人伤残、死亡的,均系非法拘禁他人行为本身所致,二者的区别主要体现在是否使用暴力以及暴力的强度上。其中,在非法拘禁罪致人重伤、死亡(结果加重犯)情形中,行为人没有使用暴力而致人重伤、死亡,或者虽然使用一定程度的暴力,但该暴力根本不足以致人重伤、死亡的。此种情况下,行为人对伤亡结果往往是过失心理,直接依照本款有关结果加重犯的规定处理即可。例如对被害人实施捆绑,但因时间过长致使被害人血液不流畅而重伤、死亡,或者因过失使被监禁的被害人因饿、热、冻、病等死亡等,对于这种暴力程度的拘禁行为致人死亡的,直接以非法拘禁罪的结果加重犯认定即可。② 反之,如果行为人在非法拘禁过程中,出于拘束或继续控制被害人的目的,使用的暴力手段超过了非法拘禁他人的必要范围,说明施暴人对其暴力行为可能致人伤残、死亡是出于希望或放任的心理态度,其主观意图已经发生了转变,所以这时应当按照《刑法》第 234 条、第 232 条规定的故意伤害、故意杀人定罪处罚。

2. 行为人在非法拘禁过程中另起犯意实施暴力行为,并致人重伤(伤残)或死亡的,应当分别认定为非法拘禁罪和故意伤害(杀人)罪,并予以并罚。

由于非法拘禁行为属于持续犯,在拘禁过程中容易发生其他暴力行为。这种暴力行为不仅发生在控制、剥夺被害人自由的当时,而且行为人为了维持剥夺被害人自由的持续状态,在拘禁过程中也通常会伴有一定的暴力行为,此外行为人基于其他目的也可能实施暴力行为。在这种情况下,笔者认为,应当从行为人的主观故意与目的来进行区分。如果行为人在拘禁过程中的暴力行为是基于拘禁他人的目的,服务于拘禁他人的需要,则只能认定为一罪。其中,如果行为人所使用的系拘禁他人所需要的轻微暴力,根本不足以致人重伤、死亡,即使发生了致人重伤、死亡的结果,也只能以非法拘禁罪的结果加重犯来认定,而不能认定为故意

---

① 如《刑法》第 382 条第 3 款规定:"与前两款所列人员勾结,伙同贪污的,以共犯论处。"此条即属注意规定,因为即使没有这一规定,对于一般公民与国家工作人员伙同贪污的,也应根据刑法总则关于共同犯罪的规定,以贪污罪的共犯论处。

② 当然,如果行为人使用非法拘禁行为本身的暴力程度虽然较低,但是其主观上具有通过非法拘禁手段来伤害、甚至杀害被拘禁人的故意时,则属于牵连犯情形,仍然可以直接以故意伤害罪或者故意杀人罪论处。例如:行为人想通过饥饿的手段将被害人折磨致死,将他人非法拘禁在荒郊的小木屋里,最后致被拘禁人死亡的。此时非法拘禁只是故意杀人的手段行为,对此应该以牵连犯的处罚原则择一重罪从重处罚,定故意杀人罪。

伤害罪或故意杀人罪;但如果行为人所使用的系较高程度的暴力,则认定为故意伤害罪或者故意杀人罪。反之,如果行为人在非法拘禁他人的故意之外,在拘禁过程中另起犯意,对被拘禁人实施了暴力伤害或杀害行为的,由于该暴力行为侵犯了被害人另一法益,则理应认定为独立的新罪。例如,在被害人的人身自由完全丧失、毫无反抗能力的情况下,行为人为了肆意取乐、泄愤而多次故意殴打、折磨被害人致其伤亡的行为,则不再是为了达到拘禁被害人这一犯罪目的而使用的手段行为。此时从客观上来看,已经不单单是侵害了被害人的人身自由权,还侵害了被害人生命健康权;从主观上来看,行为人不仅有非法限制他人人身自由的故意,同时还有侵害他人生命健康的故意。因此,这种情形实际上应当构成两个罪,即非法拘禁罪和故意伤害(杀人)罪。由于这种暴力行为并非为了非法拘禁他人的需要,故两者之间并不存在包容、吸收的关系,应当以非法拘禁罪与故意伤害罪或故意杀人罪实行并罚。

【指导案例】田磊等绑架案①——**为索取债务劫持他人并致人死亡行为的定性**

被告人田磊销售给被害人刘小平货车4辆,总计价款43.5万元,刘仅付价款13.05万元,所欠30.45万元价款按协议应在1998年3月25日以前付清。到期后,田磊多次向刘索要未果。1999年7月初,田磊让万德友找两个人帮其索款,事成后给万等人12万元酬谢。7月3日,万德友叫丁光富,丁光富又叫廖木方并让廖带上"冬眠灵"针剂和一次性注射器。7月5日,田磊租得1辆桑塔纳轿车,并给廖木方、万德友、丁光富每人1把水果刀。7月6日晚9时许,田磊、廖木方与被害人刘小平饭后同车去宾馆,并接上万德友、丁光富二人上车。刘小平询问干什么,廖木方即拿出刀子威胁刘不许闹,田磊称去西安把事情说清楚,不会对刘进行伤害。后田磊害怕刘小平闹,停下车在刘的右臂注射"冬眠灵"两支,致刘睡着,路上刘小平一旦醒来,即给其继续注射让其昏睡。7月8日凌晨2时许,车到达目的地,四人将刘抬到地下室。7月8日中午12时许,田、廖、万、丁到地下室发现刘小平已死亡。7月12日,田磊给刘小平家打电话索要28万元,威胁否则采取措施。

本案被告人田磊等人为索取债务而绑架他人的行为应认定为非法拘禁罪,而非绑架罪,在这一点上没有异议。那么,对于四被告人将被害人挟持到西安,途中为便于控制多次给被害人注射"冬眠灵",致其死亡的行为,应认定为"非法拘禁致人重伤、死亡",还是"使用暴力致人伤残、死亡",进而以故意杀人罪来定罪处罚呢?对此,需要从各被告人的客观行为与主观心态来进行分析。本案中,被告人为将被害人顺利押到目的地,多次强行给被害人注射"冬眠灵"致其昏睡。这种强

---

① 参见杨晓雄、王琦:《田磊等绑架案——为索取债务劫持他人并致人死亡行为的定性》,载最高人民法院刑事审判第一庭、第二庭:《刑事审判参考》(第4卷·上下),法律出版社2004年版,第90—95页。

行注射"冬眠灵"致人昏睡,不能反抗的方法,虽有一定程度的暴力性质,但不同于殴打、捆绑等典型的暴力形式。更为重要的是,本案被害人的死亡结果并非是由行为人强行注射"冬眠灵"所致。根据鉴定结论,注射的药物并不足以致被害人死亡,被害人的死亡是各种综合因素作用的结果,其中包括药物反应、被害人水盐电解质的紊乱、低血糖、地下室缺氧等因素。据此,可以说,即便强行注射"冬眠灵"的行为属于"使用暴力",本案的情形也不能说是单纯或主要因"使用暴力致人死亡"。而且,从主观方面来看,被告人田磊等人在非法拘禁过程中强行给被害人注射"冬眠灵",其目的是为了讨回债务,并不希望剥夺被害人的生命,也无放任被害人死亡的心理态度。但将被害人非法拘禁达30多个小时,期间多次给被害人强行注射"冬眠灵",田磊等人尽管无医学专业知识,但作为正常人从生活常识考虑,也应当意识到自己的行为会影响被害人的生命健康。被告人基于讨债心切,并害怕被人发现而忽视了这种危害结果的发生,最终造成被害人死亡,其行为符合"过失致人死亡"的特征,故对全案应认定为非法拘禁(致人死亡)罪。

【指导案例】贾军非法拘禁案①——非法拘禁过程中另起犯意使用暴力致人重伤的,是否数罪并罚

2016年6月份,因被告人贾军的妻子林佳佳与他人有不正当男女朋友关系等原因,两人于同年9月1日离婚。离婚次日14时20分许,贾军在林佳佳务工的浙江省温州市喜聚家快餐店外蹲守时,发现林佳佳与同事汤黎海同行,确认与林佳佳有不正当男女关系的男子系汤黎海后,一路跟随林佳佳、汤黎海,后上前用刀顶住汤黎海胸部等处,将汤挟持至温州市鹿城区双屿街道温金路168号旁小巷内一店门口,质问汤黎海为什么要这样做,质问林佳佳是否因汤黎海的原因与其离婚等。公安人员接警后赶到现场,在劝解无效的情况下,于当日17时35分许强行解救汤黎海。在解救过程中,贾军持刀捅刺汤黎海腹部等处致汤黎海受伤。经法医鉴定,被害人汤黎海的伤势程度被评定为重伤二级。

温州市人民检察院以被告人贾军犯绑架罪,向温州市中级人民法院提起公诉。温州市中级人民法院认为,被告人贾军绑架他人作为人质,并故意伤害被绑架人,致其重伤,其行为已构成绑架罪。公诉机关指控的罪名成立,以绑架罪判处贾军无期徒刑。浙江省高级人民法院认为,被告人贾军确认与其前妻有不正当男女关系的男子系汤黎海后,持刀挟持、控制汤黎海,无视警察的劝解,与警方长时间对峙,其行为已构成非法拘禁罪;在警方强行解救时又持刀故意捅刺汤黎海的身体,致其重伤,其行为又已构成故意伤害罪,依法应两罪并罚。据此,以非法拘禁罪,判处贾军有期徒刑二年十个月,以故意伤害罪,判处有期徒刑八年。两罪并

---

① 案例来源:浙江省温州市中级人民法院刑事判决书(2017)浙03刑初23号;浙江省高级人民法院刑事判决书(2017)浙刑终213号。

罚,决定执行有期徒刑十年。

从刑法规定来看,绑架罪与非法拘禁罪在行为方式上具有相似性,即均以暴力、胁迫或者其他手段非法剥夺他人人身自由,但由于绑架罪的法定刑较之非法拘禁罪更为严厉,这就要求我们对绑架罪的构成要件要采取严格解释的态度。立法所规定的绑架犯罪往往发生在没有债务或情感纠葛的当事人之间,且以勒索巨额赎金或者重大不法要求为目的。本案被告人贾军劫持与前妻有不正当关系的被害人汤黎海,质问被害人为什么要这样做,质问前妻离婚的原因等,看似符合绑架罪的形式特征,但此案被告人贾军与林佳佳、汤黎海之间存在情感纠葛,贾军挟持汤黎海之后所提要求也仅仅是告知其离婚的具体原因,该要求在实现时并不存在难度,显然不属于绑架罪中让人难以实现的"重大不法要求",故二审法院最终改变绑架罪指控与一审定性,以非法拘禁罪来认定是适当的。在本案中,被告人贾军持刀控制住被害人汤黎海之后,质问汤黎海为什么要这样做,质问前妻林佳佳是否因汤黎海的原因与其离婚等,属于剥夺他人人身自由的行为,在持续一段时间之后即已经既遂,应当以非法拘禁罪来认定。此后公安人员赶到现场,在劝解无效的情况下强行解救汤黎海。在解救过程中,贾军持刀捅刺汤黎海腹部等处致汤黎海重伤。由于当时被害人已经处于其控制之中,其持刀捅刺并非为了继续控制被害人,而系出于报复目的另起犯意,该行为已经单独构成故意伤害罪,故二审法院将该行为认定为故意伤害罪,并与被告人所犯非法拘禁罪实行并罚是恰当的。

四、将被捉奸的妇女赤裸捆绑示众的行为如何定罪处罚

(一)裁判规则

1. 将他人赤裸捆绑示众的行为既侵犯了被害人的人身自由权利,又破坏了他人的名誉权,二者之间成立手段和目的的牵连关系,由于二者所触犯罪名(非法拘禁罪与侮辱罪)的法定刑相同,应以目的的行为(即侮辱罪)定罪处罚。

2. 刑法在第238条第1款中将"具有殴打、侮辱情节"作为非法拘禁罪的从重处罚情节予以规定,这里的"侮辱情节"仅仅是非法拘禁中的伴随情节,且并不要求达到严重程度。

3. 侮辱妇女罪与侮辱罪中的"侮辱"含义是不同的,前者行为人是基于精神空虚等变态心理,以寻求性刺激或变态的性满足为主要动机,而后者的行为人则主要是基于泄愤、报复等动机,以贬损他人名誉为目的。除此之外,二罪在行为对象和行为方式上也各不相同。

(二)规则适用

1. 侮辱罪是指以暴力或者其他方法,公然贬低、损害他人人格,破坏他人名誉,情节严重的行为。非法拘禁罪,是指以非法拘留、禁闭或其他方法,非法剥夺

他人人身自由的行为。将他人赤裸捆绑示众的行为既侵犯了被害人的人身自由权利,触犯了非法拘禁罪;同时该行为又破坏了他人的名誉权,触犯了侮辱罪。二者之间具有手段、目的关系,属于牵连犯。对于牵连犯,一般应择一重罪处罚,但如果相互牵连的两个罪名法定刑相同,则应根据被告人的目的行为定罪量刑。如果被告人对被害人实施捆绑的行为,是为达到侮辱被害人的目的,是实现侮辱的暴力手段,从属于侮辱目的,对被告人则应当以侮辱罪来认定。

2. 刑法在第238条第1款中将"具有殴打、侮辱情节的,从重处罚"作为非法拘禁罪的从重处罚情节予以规定。这里的"侮辱情节"仅仅是非法拘禁中的伴随情节,是针对行为人以非法剥夺他人人身自由为目的,在实施非法拘禁行为过程中同时又对被拘禁人实施了侮辱行为,且并不要求达到严重程度,不需要构成单独的侮辱罪。只要拘禁人在实施非法拘禁行为或者是在非法拘禁状态持续过程中,对被拘禁人同时又实施了侮辱行为的,就应当以非法拘禁罪从重处罚。

3.《刑法》第237条规定的侮辱妇女罪,是从1979《刑法》流氓罪中分离出来的。从立法精神来看,侮辱妇女罪中的"侮辱"的含义不同于《刑法》第246条侮辱罪中的"侮辱"。二者的区别主要体现在:其一,行为对象不同。侮辱妇女罪的对象只能是14周岁以上的妇女,而侮辱罪的对象则没有性别及年龄上的限制。侮辱罪侵犯的对象通常是特定的妇女或特定的人,而侮辱妇女罪的动机是基于精神空虚等变态心理,寻求性刺激或变态的性满足,其侵犯的对象有可能是不特定的妇女。其二,行为方式不同。根据刑法规定,构成侮辱罪必须以公然实施侮辱行为为要件,而侮辱妇女罪的构成则没有此要求,也可以是以非公然的方式进行。其三,主观动机不同。侮辱妇女罪的行为人主要是基于精神空虚等变态心理,以寻求性刺激或变态的性满足为主要动机,而侮辱罪的行为人则主要是基于泄愤、报复等动机,以贬损他人名誉为目的。

【指导案例】周彩萍等非法拘禁案[①]**——将被捉奸的妇女赤裸捆绑示众的行为如何定罪处罚**

2001年8月1日晚11时许,被告人周彩萍邀约其父母被告人倪稳香、周传美等人到江苏省兴化市大邹镇简家村家中,捉其丈夫钱某某与别人通奸。周彩萍等人冲进房后,见钱某某与妇女林某某正睡在一起,即上前掀开被单,抓住林女的头发往客厅拖,边拖边用手抽打林女的脸部,用脚踢林女的身体。倪稳香在帮忙拖拉林女的过程中,剥光了林女身上的睡衣,致林女全身赤裸。嗣后,周传美让周彩萍母女用塑料绳和包装带将赤裸的林女捆绑起来,置于客厅。周彩萍又在客厅里装上灯泡并点亮。期间虽有邻居规劝周彩萍、倪稳香、周传美让林女穿上衣服,但

---

① 参见倪干强、洪冰:《周彩萍等非法拘禁案——将被捉奸的妇女赤裸捆绑示众的行为如何定罪处罚》,载最高人民法院刑事审判第一庭、第二庭编:《刑事审判参考》(第4卷·上下),法律出版社2002年版,第85—89页。

三人执意不肯,并扬言该女与钱某某通奸,要出出该女的洋相,待天亮后再将其扔到户外公路上给大家看。直至次日凌晨3时许,经众邻居的再三劝说周彩萍等人才让林女穿上衣服。期间,林女被全身赤裸捆绑的时间长达2个小时左右,围观村民十余人。

在本案中,针对被告人将被捉奸的妇女赤裸捆绑、拘禁、示众的行为,应当以非法拘禁罪还是侮辱罪认定,存在争议。笔者认为,三被告人以贬低、损害他人人格,破坏他人名誉为目的,在捉奸中使用暴力殴打被害人,用塑料绳和包装带强行将全身赤裸的林女捆绑于客厅里,点亮灯泡,让十余名村民围观,侵犯了公民的人格和名誉权利,情节严重,已构成侮辱罪。三被告人在侮辱犯罪过程中使用的方法(手段)又牵连《刑法》第238条第1款规定的非法拘禁罪,属牵连犯,其手段行为和目的的行为所触犯罪名的法定刑相同,应以目的行为定罪处罚,即应当以侮辱罪对三被告人定罪处罚。需要指出的是,尽管《刑法》针对非法拘禁罪,在第238条第1款中规定"具有殴打、侮辱情节的,从重处罚",但这里的"侮辱情节"仅仅是非法拘禁中的伴随情节,行为人的目的仍然是非法剥夺他人人身自由,只是在实施非法拘禁行为或者在非法拘禁状态持续的过程中,同时又对被拘禁人实施了侮辱行为,且并不要求达到成立侮辱罪的严重程度。就本案而言,尽管被侵犯的对象也是妇女,但本案被告人主要是基于泄愤、报复等动机,以贬损他人名誉为目的,并非出于精神空虚等变态心理,以寻求性刺激或变态的性满足为主要动机。因此,本案只能以侮辱罪定罪论处。

第二十二章 绑架罪

一、扣押人质索取少量钱财或者提出轻微不法要求的,能否认定为绑架罪

(一) 裁判规则

1. 在不法要求的程度上,对绑架罪的不法勒索要求应当限定在"重大"范围内,即以勒索"巨额"赎金或者其他"重大"不法要求为目的。对于行为人因一时冲动或者因为存在经济、婚恋纠纷扣押人质,索要微不足道的钱财或者提出其他轻微不法要求的,不宜认定为绑架罪,而应当以非法拘禁或者敲诈勒索罪论处。

2. 在不法要求得不到满足的后果上,绑架罪应当以杀害或者伤害相要挟;对于那些为了实现非法目的将他人扣为人质,但不以杀害和伤害相要挟,答应只要满足条件就放人的行为,属于单纯的侵犯他人自由的行为,宜认定为非法拘禁罪。

(二) 规则适用

所谓绑架罪,是指利用被绑架人的近亲属或者其他人对被绑架人安危的忧虑,以勒索财物或者满足其他不法要求为目的,使用暴力、威胁或者麻醉方法劫持或以实力控制他人的行为。非法拘禁罪是以拘押、禁闭或者其他强制方法,非法剥夺他人人身自由的行为。二者在行为方式上具有相似性,即均以暴力、胁迫或者其他手段非法剥夺他人人身自由,被非法拘禁或者被绑架人的身体健康、生命安全随时会遭受到侵犯,其亲属或者他人也会感到忧虑、担心。由此,对绑架罪与非法拘禁罪进行区分时不能仅仅从罪状入手,而更应关注二者的法定刑。根据罪刑相适应原则,具体犯罪和其法定刑之间存在一种对应和制约关系,法定刑的刑种和严厉程度是依照一定的标准而与具体犯罪的构成要件相对应。因此,具体犯罪法定刑对该犯罪罪状的解释,必然具有一定的提示和限制作用,在理解罪状过程中,需要将具体犯罪罪状的含义与相应法定刑合理地对应起来。

从绑架罪与非法拘禁罪的刑罚设置来看,二者相差悬殊。其中,对于绑架罪,我国刑法在定罪、量刑上均表达了从严惩处的态度。在犯罪形态上,规定完成绑架他人的行为即构成绑架既遂;在量刑上,1997《刑法》规定其法定最低刑为10年以上有期徒刑,致被害人死亡或者杀害被绑架人的为绝对确定死刑。尽管在

2009年2月28日《中华人民共和国刑法修正案(七)》(以下简称《刑法修正案(七)》)公布施行之后,对绑架罪的最低法定刑降低到有期徒刑5年,罪与刑之间的冲突已经有所缓解,但是以5年有期徒刑作为最低法定刑,如此高起点的最低法定刑在其他罪名中仍然甚为罕见。立法对绑架罪的严厉处罚,显然是针对社会生活中发生的特定绑架犯罪类型的。这种特定绑架犯罪往往是以勒索巨额赎金或者重大不法要求为目的。由于勒索的赎金或者其他不法要求很高,被勒索的被害人家属或亲友往往难以满足,由此忧心忡忡、精神高度紧张,陷入到两难选择之中:或者在财产上蒙受巨大损失、在某一事项上作出重大让步;或者使人质遭受巨大痛苦甚至牺牲。绑架行为人索取要求的重大性及受害方难以满足性是典型的绑架犯罪行为特征,也是立法对绑架犯罪设置重刑的根本原因所在。因此,在司法实践中,如果被告人与被害人之间具有某种特定的关系,如存在经济纠纷或者婚姻家庭纠纷等,出于解决民事纠纷的主观目的,行为人将另一方作为"人质"予以控制,索要微不足道的钱财或者提出其他轻微不法要求,如继续或恢复婚恋关系等,不宜认定为绑架罪,而应当认定为非法拘禁罪。

【指导案例】舒勇绑架案[①]——**为寻找他人而挟持人质的行为如何定性**

被告人舒勇因其前妻洪英对其避而不见,心生不满,多次发送"汽油要来了""不接要死人的"等内容的短信威胁恐吓洪英。2011年12月7日下午5时许,被告人舒勇携带分装好的多瓶汽油及弹簧刀、打火机等物品窜至浙江省龙游县詹家镇夏金村下街26号洪英父亲洪冬苟家,用脚踢洪冬苟家大门,洪冬苟开门后,被告人舒勇将一瓶汽油淋到自己身上,向洪冬苟要求与洪英见面。之后,被告人舒勇用弹簧刀、汽油、打火机等危险物品将洪冬苟控制在二楼卧室,逼迫其提供洪英的电话号码。打通洪英电话后,被告人舒勇又以伤害洪冬苟要挟洪英即刻与其见面。村干部、民警先后到达现场劝说被告人舒勇,欲解救洪冬苟。但被告人舒勇以自残、泼洒汽油、伤害人质相威胁,阻止村干部、民警进入。其间,洪冬苟的人身受到限制,其人身安全处于危险状态。直至当晚7时30分许,民警趁机强行踢门进入,解救人质并将被告人舒勇抓获归案。经衢州市公安局物证鉴定所鉴定,从现场提取的塑料瓶、玻璃瓶中液体及被告人舒勇身上所穿衣服、鞋子中,检出汽油成分。

在本案中,被告人舒勇为了与前妻洪英见面,而以暴力、威胁等手段挟持了洪英父亲洪冬苟,逼迫洪冬苟给洪英打电话并以伤害洪冬苟要挟洪英即刻与其见面。被告人舒勇限制剥夺了洪冬苟的人身自由,同时客观上也使洪英为其父亲洪

---

① 案例来源:浙江省龙游县人民法院刑事判决书(2012)衢龙刑初字第88号;浙江省衢州市中级人民法院刑事判决书(2012)浙衢刑终字第129号。

冬苟的安危担忧而前来与舒某见面,看似符合绑架罪的形式特征。但此案因被告人舒勇与洪英以前曾存在过婚姻关系,而洪冬苟系被告人舒勇曾经的岳父,三者之间关系比较特定,彼此之间曾存在过一些情感纠葛;被告人舒勇一开始也并没有直接要挟洪冬苟,而是将一瓶汽油淋到自己身上,以自身安危向洪冬苟提出要求。未奏效后,舒勇才进一步挟持洪冬苟,之后其所提要求也仅仅是与其前妻洪英见上一面,该要求在实现上并不存在任何难度,显然不能将其归结为绑架罪中让人难以实现的"重大不法要求"。故二审法院经审理后认为,"绑架他人是刑法规定的绑架罪的客观要件行为,该客观行为只有与主观以勒索财物或其他不法利益为目的相结合,才能构成绑架罪。本案上诉人舒勇虽扣押了洪冬苟,但其目的只是以此为手段,为达到见洪英的目的,而欲与洪英见面的要求,显然不宜认定为不法利益,原判未考虑舒勇的犯罪目的,而仅据其具有绑架他人的基本行为认为其构成绑架罪,属适用法律错误,由此导致的量刑不当,应一并纠正",并最终以非法拘禁罪改判被告人舒勇有期徒刑2年是适当的。

【指导案例】付志军绑架案①——绑架罪与非法拘禁罪如何区分

被告人付志军与禹利英确系恋爱关系。禹利英要求与付志军分手,付志军心怀不满,遂于2003年4月7日上午10时许携带一壶汽油和一把水果刀,到本镇潘窑村禹利英二姐家,翻墙入院,潜入禹家东边的房屋内,并在禹家找出一把斧子和一把菜刀。后禹利英的父亲禹甸回到家中,进入该房间时,被告人付志军手持斧子站在屋内,以找禹利英论理说事为由将禹甸劫持在房间内,利用绳子捆住禹的手、脚,并用桌子和缝纫机顶住屋门,不让禹甸外出(其手持水果刀)。在禹利英回家对其劝说后,被告人付志军仍然拒绝开门。中午12时许,公安人员接警后赶到现场对其规劝,被告人付志军仍然继续对禹甸挟持,抗拒抓捕。直到当日下午2时45分,被告人付志军在其家人的劝说下,才将屋门打开,后被公安人员抓获。

在本案中,被告人付志军因恋爱纠纷,携带汽油和水果刀以及后来在现场发现的菜刀等凶器,进入被害人家中,以捆绑、封住逃生出口等方式限制被害人的人身自由。对于该行为的定性问题,控方认为付志军采取暴力胁迫等手段挟持禹父,实施了绑架禹父作为人质的行为,并且主观上以此要挟禹利英全家同意其与禹利英继续交往的目的,符合绑架罪的客观条件。但是辩方却认为付志军虽然有剥夺禹父人身自由的故意,并且以暴力胁迫实施了剥夺禹父人身自由的客观行为,但是其主观目的并不是勒索财物或者挟持禹父作为人质而要求其他非法利益,因此不构成绑架罪。对此,如果单纯地从两罪的构成要件来看,二者在行为方

---

① 参见最高人民法院中国应用法学研究所编:《人民法院案例选·2004年刑事专辑》,人民法院出版社2005年版,第239—240页。

式上有着相近甚至相同构成要件①,难以区分。笔者认为,应当根据罪刑相适应原则,从两罪的法定刑轻重出发,通过分析被告人与被害人的关系,以及被告人向被害人及其亲友提出的要求程度来对两罪进行区分。本案是一起明显的家庭、恋爱纠纷引发的案件。被告人由于恋爱遭到对方家人的阻碍,在多次谈判未果的情况下,携带凶器进入被害人家中,以持刀威胁、捆绑受害人的手段非法限制被害人人身自由达两个小时。由于被告人与被害人及其家属之间具有特殊的关系(禹利英同付志军交往,禹利英的父亲同他谈过他们是否结婚等问题),被告人系为了解决他与女友之间的感情纠纷而将"人质"禁锢在被害人家里。根据被告人的行为可以看出,被告人对被害人的人身威胁并不是很大,被告人挟持人质的目的也不是为了让他人实现其难以满足的要求。根据罪刑相适应原则,法院将这样的行为认定为非法拘禁罪,而非绑架罪是正确的。

【指导案例】兰隆成非法拘禁案②——绑架罪与非法拘禁罪的主观故意如何区分

1999年11月15日中午12时许,四川省成都市青白江区人民法院太平法庭法官钟秉刚、席铮二人协助该院执行庭法官对青白江区福洪乡进步村6组撕毁法院先予执行公告的村民张祥金、邹大云执行司法拘留。在执行过程中,该组村民李方云极力阻挠,亦被拘留。不久,被拘留三人的妻子黄定英、林桂金、陈王萍(均在逃)及其亲属在该村治保主任兼村民组长兰隆成的误导下,与该村6组村民约50人于当日下午2时20分赶到太平法庭,围攻正准备开庭审案的钟秉刚、席铮二人。随后赶来的兰隆成看见村民围攻法官,不但不劝阻反而对法官说:"你们将上午抓的村民放了,就没得事了。"这一无理要求立即遭到法官的拒绝。在黄定英等人的煽动下,众村民将两位法官强行推出法庭,欲将法官带回进步村以交换被拘留的三人。110巡警接到报案前往阻止。但兰仍声称:"只要法院放了上午抓的村民,我们就放人。"随后不顾民警的阻拦,挟持两名法官返回进步村6组。直到下午5时许,公安干警才将被拘禁多时的两位法官解救出来。经检查,两位法官全身多处软组织挫伤。

基于绑架罪严厉的法定刑,对绑架罪的犯罪故意内容,应当进行严格解释,即绑架罪的犯罪故意涵盖了故意伤害或者故意杀人的故意,一旦被绑架人亲友无法满足绑架人的重大不法要求,人质就会面临着非死即伤的严重后果;如果案件中被绑架人并未面临着人身重大伤亡的风险,控制人质的行为就属于非法拘禁行为。在本案中,被告人等虽有将被害人作为人质以求达到法院放回被司法拘留的

---

① 即以暴力、胁迫或者其他手段非法剥夺他人的人身自由,被非法拘禁或者被绑架人的身体健康、生命安全随时会遭受到侵犯,其亲属或他人也会忧虑担心。

② 参见最高人民法院中国应用法学研究所编:《人民法院案例选》(总第43辑),人民法院出版社2003年版,第23页。

三人的目的,但他们主观上并未产生如对方不放人就要伤害、杀害被害人的故意,且客观上亦无杀害、伤害被害人的行为,他们的行为还仅仅局限于限制人身自由的范围内,即法院不放人他们也不放人。基于绑架罪严厉的法定刑,对绑架罪的构成要件应当作限制解释,不以杀伤被控制人为要挟条件的,不能认定为"绑架他人作人质"。事实上,非法拘禁罪也完全可能是有附加条件的,所不同的是这里的条件并非以杀伤人质为要挟,而更多的是以限制被控制人的人身自由为条件。为此,法院将本案被告人的行为认定为非法拘禁罪而非绑架罪是适当的。

二、受欺骗蒙蔽而帮助绑架人控制人质或勒索财物的如何定性

(一)裁判规则

1. 勒索财物目的(而非索取债务目的)系绑架罪成立的"主观超过要素",行为人为索取债务非法扣押、拘禁他人的,不以绑架罪论处,而应认定为非法拘禁罪。行为人误认为他人索要债务而帮助他人绑架人质或实施勒索行为的,不构成绑架罪的共犯,而应当认定为非法拘禁罪的共犯。

2. 判断勒索型绑架罪既遂与否的标准要看被害人是否被绑架,从而丧失行动自由而处于犯罪分子的实际支配之下。绑架行为完成后,为实现犯罪目的,行为人的绑架行为直到实现其勒索目的为止,一直处于继续状态。在此过程中,明知而帮助实施勒索行为的,属于刑法理论上所称的"承继的共同犯罪",应认定为绑架罪的共犯。

(二)规则适用

1. 从形式上看,为索取债务而非法扣押、拘禁他人的,是完全符合索财型绑架罪构成要件的。但考虑到毕竟双方之间存在债权债务关系,事出有因,债权人系为了追偿债务而采用了不被法律允许的方法,而且一般不会侵犯受害方的财产权利,行为人的主观恶性及行为的社会危害性明显要小于典型的和无缘无故的扣押、绑架他人勒索财物的行为,因而《刑法》第238条第3款规定,为索取债务非法扣押、拘禁他人的,以非法拘禁罪定罪处罚。除此之外,由于刑法所规定的绑架罪系重罪中的重罪,因此对其罪状中的"勒索财物目的"应当作严格解释,只能是那种毫无根据的勒索财物,故即使是为了索取不受法律保护的非法债务,也同样不成立绑架罪。[①] 可见,"索财"(而非"索债")目的系绑架罪主观方面构成的必要条件,缺乏这一目的就不能成立绑架罪。那么,在共同犯罪中,如果行为人受绑架罪

[①] 对此,最高人民法院《关于对为索取法律不予保护的债务非法拘禁他人行为如何定罪问题的解释》中规定,行为人为索取高利贷、赌债等法律不予保护的债务,非法扣押、拘禁他人的,依照《刑法》第238条的规定(即非法拘禁罪)定罪处罚。除此之外,对于行为人与他人之间存在非经济纠纷,如恋爱情感纠纷,行为人非法控制他人,向其亲属提出经济补偿要求(如青春损失费)的,由于行为人提出索取财物的要求确实事出有因,有大致的理由认为自己可以主张债权的,对于这种情形,考虑到绑架罪的法定刑过高,如果直接认定为绑架罪,可能会出现罪刑失衡的情况,故宜以非法拘禁罪来认定。

犯的欺骗、蒙蔽,出于帮助他人索取债务的意思,参与到他人实施的绑架犯罪中,对人质进行拘禁、看管或者向第三人索取所谓"债务"的,是否构成绑架罪的共犯呢?对此,根据《刑法》第 25 条的规定,共同犯罪是指二人以上共同故意犯罪,各共同犯罪人必须具有共同犯罪的故意。所谓共同犯罪的故意,是指各共同犯罪人通过意思联络,知道自己是和他人配合共同实施犯罪,认识到共同犯罪行为的性质以及该行为所导致的危害社会的结果,并且希望或者放任这种结果的发生。如果行为人并不了解他人真正的犯罪意图,不清楚他人所实施的犯罪行为的性质,而是被他人蒙骗或者出于自己的错误认识,在错误理解犯罪性质的情况下参与他人实施的犯罪,则不能认定该行为人与他人实施了共同犯罪,而应当依据该行为人的犯罪实际情况,按照主、客观一致的原则正确定罪处罚。

2. 判断勒索型绑架罪既遂与否的标准是看被害人是否被绑架,从而丧失行动自由处于犯罪分子的实际支配之下。绑架犯罪属于继续犯而非即成犯。所谓"继续"犯,也叫持续犯,是指作用于同一对象的一个犯罪行为,从着手实行到行为终了,犯罪行为与不法状态在一定时间内同时处于继续状态的犯罪。例如,《刑法》第 238 条规定的非法拘禁罪,从行为人非法地把他人拘禁起来的时候开始,一直到恢复他人的人身自由为止,这一非法拘禁的行为处于持续不断的状态。① 与非法拘禁罪相比较,绑架犯罪除了在主观上具有"主观超过要素"即勒索财物目的之外,在客观行为上与非法拘禁犯罪并无二致,故同样属于继续犯,绑架行为从实施终了开始直到实现其勒索目的为止,一直处于继续状态。故尽管绑架行为一经实施就达既遂,但绑架行为的继续状态仍然为其他人的中途加入提供了空间。在此过程中,明知他人实施了绑架行为而帮助实施勒索行为的,属于刑法理论上所称的"承继的共同犯罪",应认定为绑架罪的共犯。由于先前的绑架行为已经既遂,在此之后,任何行为人帮助实施勒索财物行为,一经实施即构成绑架罪的既遂。同样,由于先前的绑架行为已经既遂,任何中途加入帮助勒索财物的行为人,一经加入即构成既遂,不再存在成立中止形态的可能性。

【指导案例】章浩等绑架案②——基于索债目的帮助他人实施绑架行为的如何定罪

被告人章浩因酒店经营不善而严重亏损,遂产生了绑架勒索财物的犯意。2000 年 1 月 14 日上午,章浩向在自己承包的大酒店做服务员工作的被告人王敏

---

① 继续犯不同于状态犯,状态犯是不法行为终了以后,不法状态仍然可能继续。例如盗窃罪,犯罪分子非法占有赃物这一状态也可能维持相当长的时间,直到赃物起获为止,这就是单纯的不法状态的继续,它不是不法行为的继续。而继续犯则是不法行为和不法状态同时继续,而不仅仅是犯罪行为所造成的不法状态的继续。

② 参见宋川、洪冰:《章浩等绑架案——基于索债目的帮助他人实施绑架行为的应如何定罪》,载最高人民法院刑一、二庭编:《刑事审判参考》(总第 24 辑),法律出版社 2002 年版,第 40—48 页。

提出：有人欠债不还，去把其子带来，逼其还债。王敏表示同意。当日13时10分左右，章浩骑摩托车载着王敏至江苏省泗阳县实验小学附近，将去学校上学的被害人吴迪(7岁)指认给王敏，两人一起将吴迪骗至一酒店内，用胶带将吴迪反绑置于酒店贮藏室内。16时许，章浩告知被告人章娟(系章浩外甥女)自己绑架了一个小孩，以及该小孩家人电话，要求章娟帮助自己打电话向被害人家勒索50万元。章娟表示同意，并打电话给被害人家，提出了勒索50万元。次日，章浩赶到沭阳县城，再次要求章娟继续向被害人家打电话勒索，章娟予以拒绝。因被害人家属报案，1月17日凌晨，三被告人先后被公安机关抓获，被害人吴迪同时被解救。被害人吴迪被绑架长达63小时之久，送医院治疗诊断为双腕软组织挫伤，轻度脱水。

在本案中，被告人章浩对被告人王敏谎称："有人欠债不还，去把其子带来，逼其还债。"王敏误以为章浩绑架被害人吴迪是为了索取债务，而并不知道章浩是为了向被害人家人无端勒索财物。王敏虽然与章浩在一起互相配合、共同实施了"绑架"被害人吴迪的犯罪行为，但由于其主观上认为是为了向被害人吴迪的亲属"索取债务"，与共同行为人章浩"勒索财物"的主观故意内容不同，二人没有共同的犯罪故意，因此不构成绑架共同犯罪，只能按各自的主观故意分别定罪量刑。尽管本案中被告人和被害人双方实际上并不存在合法的债权债务关系，也不存在高利贷、赌债等不受法律保护的债权债务关系，但王敏确因受欺骗不知情，而基于索取债务的主观目的帮助他人实施绑架行为，依照《刑法》第238条第1、3款的规定，其行为符合索债型非法拘禁罪的特征，应当认定为非法拘禁罪。而被告人章浩系以勒索财物为目的，并且已经通过暴力手段将被害人吴迪置于自己控制之下，尽管勒索财物的目的没有实现，但仍然构成绑架罪既遂。

被告人章娟在明知章浩真实犯罪意图的情况下，仍应章浩要求帮助打电话勒索财物，能否与章浩构成共同绑架犯罪呢？有种观点认为，在无事前通谋的情况下，他人犯罪已经既遂，后者再加入并不能成立共同犯罪。笔者认为，这种观点是错误的。如前所述，勒索型绑架罪是以勒索财物为目的，为实现犯罪目的，行为人的绑架行为从绑架实施终了到实现其勒索目的为止，一直处于继续状态。在这个过程中，任何明知绑架行为存在，仍加入帮助绑架行为人实施勒索行为的，均属于刑法理论上所称的"承继的共同犯罪"，应认定为绑架罪的共犯。值得注意的是，章娟后来拒绝继续打电话勒索财物，能否认定为犯罪中止呢？回答是否定的。共同犯罪行为是一个互相联系、互相制约的整体。在共同犯罪的过程中，当某个实行犯已经着手实行犯罪时，其他实行犯或者帮助犯只有在不仅自己放弃犯罪，而且及时制止实行犯的犯罪行为，并有效地防止犯罪结果发生的情况下，才能成立犯罪中止。本案被告人章娟明知章浩绑架他人后，仍然应章浩的要求打电话勒索财物，其行为与章浩的绑架行为已经构成共同犯罪。由于章浩的绑架犯罪已构成既遂,因此章娟一经实施勒索财物的行为,即构成绑架罪的既遂。虽然后来章娟自动放弃了打电话勒索财物的行为,但却无法有效地防止犯罪结果的发生,其行为不属于犯罪中止,只能作为量刑的酌定从轻情节加以考虑。

【指导案例】李彬等绑架、非法拘禁、敲诈勒索案[①]——帮人"讨债"参与绑架,与人质谈好"报酬"后将其释放,事后索要"报酬"的如何定罪处罚

2006年3月初,被告人李彬、袁南京、胡海珍、东辉预谋绑架石林清勒索钱财。袁南京以帮助他人"要账"为由纠集被告人燕玉峰、刘钰、刘少荣、刘超参与。同年3月9日2时许,李彬、袁南京、胡海珍、燕玉峰、刘钰、刘少荣、刘超冒充公安人员驾车将石林清绑架至山东省泰安市山区一处住房,期间胡海珍、袁南京将石身上的手链、项链、戒指等物抢走。李彬、袁南京指派燕玉峰、刘钰、刘少荣、刘超看押被害人石林清。尔后,李彬、袁南京、胡海珍两次向石林清家属勒索人民币80万元,打入事先开立的信用卡账号中,并在秦皇岛、葫芦岛、唐山等地以划卡消费的方式,购买大量黄金后私分、挥霍。燕玉峰、刘钰、刘少荣、刘超在看押石林清期间,得知不存在欠款的事实,遂于3月11日将石林清释放。案发后,各被告人被抓获归案。

在本案中,被告人李彬、袁南京、胡海珍、东辉、燕玉峰、刘钰、刘少荣、刘超客观上共同实施了绑架被害人石林清的行为,即每个人的行为都是绑架被害人这一整体行为的组成部分,各人的行为作为一个整体与石林清被绑架并被勒索巨额钱财之间具有因果关系。燕玉峰、刘钰、刘少荣、刘超(下简称燕玉峰等人)的行为,客观上对李彬、袁南京、胡海珍、东辉(下简称李彬等人)实施的绑架犯罪起到了帮助作用,即李彬等人勒索财物的目的是在燕玉峰等人看押被害人的协助下才实现的。但是,李彬等人与燕玉峰等人的主观故意内容明显不同,李彬等人的故意内容是绑架,而燕玉峰等人的故意内容则是帮人索要债务而实施非法拘禁。这具体体现在:第一,袁南京纠集燕玉峰等人时,是以帮助他人要账的名义,而没有告诉他们要绑架他人的真实目的,因此,无论是燕玉峰等人答应帮助实施犯罪还是将被害人绑架时,燕玉峰等人均无绑架的犯罪故意;第二,在看押被害人期间,燕玉峰等人知道自己的行为可能是绑架后,均表示,"要知道是绑架就不干这事了,被抓住得判死刑",由此可以看出绑架是违背四人意志的;第三,燕玉峰等人在看押被害人期间知道可能是绑架后,没有和李彬等人联络进行意思沟通,相反,燕玉峰等人实施了释放人质的行为。综上,由于燕玉峰、刘钰、刘少荣、刘超与李彬、袁南京、胡海珍、东辉之间没有共同的绑架故意,故对燕玉峰、刘钰、刘少荣

[①] 参见郝红鹰:《李彬、袁南京、胡海珍等绑架、非法拘禁、敲诈勒索案——帮人"讨债"参与绑架,与人质谈好"报酬"后将其释放,事后索要"报酬"的如何定罪处罚》,载最高人民法院刑事审判第一至第五庭主编:《刑事审判参考》(总第69集),法律出版社2009年版,第57—65页。

的行为应认定为非法拘禁罪、敲诈勒索罪,对刘超的行为认定为非法拘禁罪。

三、如何准确区分敲诈勒索罪、抢劫罪与勒索型绑架罪

(一)裁判规则

1. 敲诈勒索罪与勒索型绑架罪的主要区别在于实现勒索目的的方式不同:敲诈勒索罪是对被勒索人本人实施威胁或要挟方法,迫使其给付数额较大的财物或财产性利益;而绑架勒索罪,则是以劫持、控制被绑架人为前提,向被绑架人的亲友或相关第三人发出勒索命令。

2. 敲诈勒索罪和以胁迫为手段的抢劫罪的区别,在于二者所采用的威胁方式、内容等方面具有不同的特征。其中,以胁迫为手段的抢劫罪具有两个"当场性",即威胁手段实现的当场性和取得财物的当场性,而敲诈勒索罪并不具有两个"当场性"。

(二)规则适用

1. 敲诈勒索罪与勒索型绑架罪,都是以勒索他人财物为目的,但二者在实现勒索目的的行为方式与对象上存在重大区别。首先,从行为方式和手段来看,敲诈勒索罪多以毁人名誉、揭发隐私的方式向被害人发出威胁,迫使其给付数额较大的财物或财产性利益,即使以暴力相威胁,也不具有当场实施的即时性,而是在将来的某个时间付诸实施。而勒索型绑架罪则是在控制被绑架人人身自由后,以杀害、伤害被绑架人或者以给付钱财方恢复被绑架人人身自由向第三人发出威胁。也就是说,绑架人向被绑架人的亲友或其他相关第三人勒索财物,所采用的威胁手段,多是以杀伤绑架人为内容,属于暴力威胁范畴,且具有可立即付诸实施的现实急迫性。其次,从行为对象来看,敲诈勒索罪中的威胁或要挟以及勒索命令的直接对象通常是同一人,即被勒索人,勒索的财物一般也是从被勒索人手中直接取得;而绑架犯罪人则是向被绑架人的亲友或相关第三人提出勒索要求,也是从被绑架人的亲友或其他相关第三人处取得财物,而非直接从被绑架人处勒索并取得财物。

2. 敲诈勒索罪与以威胁为手段的抢劫罪的区别主要在于后者具有两个"当场性",即威胁手段实现的当场性和取得财物的当场性。所谓威胁手段实现的当场性,具体体现在以下三个方面:第一,由于抢劫行为是直接面对被害人进行,所以其威胁只能是当场向被害人发出,而敲诈勒索罪的威胁既可以是当场向被害人发出,也可以采用非面对面的方式,如通过书信、电话或第三人转告等方式向被害人发出。第二,由于抢劫罪是当场劫取被害人的财物,为排除被害人的反抗,其威胁内容必须具有当场实施的可能性。而敲诈勒索的威胁则并非如此,其内容多是以毁人名誉、揭发隐私等对被害人进行要挟。即便是暴力威胁,其威胁的内容一般也不是直接指向被勒索人,而是指向被勒索人的亲友等,从而达到对被勒索人进行要挟的目的,否则这种威胁就是抢劫罪中的威胁。而且,由于从实施勒索行为

到实现勒索目的需要有一个过程,因此,敲诈勒索的威胁或要挟不具有实施的即时性,其内容一般都是在将来某个时间付诸实施。第三,由于抢劫罪的威胁具有当场实施的紧迫性,其目的就是使被害人当场受到精神强制,没有考虑、选择的时间余地,而只能当场交付财产。敲诈勒索罪的威胁和要挟,精神强制不如前者紧迫,被害人在决定是否交付财物上,仍可有一定考虑、选择的余地,财物取得一般为事后取得,勒索行为与财物取得往往有一定的时空间隔。

【指导案例】熊志华绑架案①——如何准确区分敲诈勒索罪与抢劫罪、绑架罪的界限

2001年1月27日下午,被告人熊志华跟踪其妻子熊某至本市某宾馆大厦内,见其妻熊某在服务台办理房间登记入住手续,便立即打电话约其兄,并由其兄又邀约"民子""宝宝"赶往该宾馆门口会合。四人会面后,即一起闯入该宾馆607房间,发现熊某正和张某某在一起,即对张某某一通拳打脚踢。之后,熊志华责问张某某如何解决此事,张某某提出给熊志华2万元了结此事,熊志华则要求至少得拿出10万元,威胁张某某立即打电话去筹钱,并强迫张某某当场写下10万元的欠条。张某某只得打电话给朋友黄某某,以自己急需钱用为由,让黄某某送4.5万元到朋友陈某处再转交给被告人熊志华。嗣后,在熊志华的安排下,由熊志华之兄与"民子"等人将张某某带往江西耐火材料厂附近的一房屋内看押,由"宝宝"前往陈某处取走4.5万元。由于张某某的朋友报案,熊志华被抓获,张某某被放回,其他同案人潜逃。

在本案中,首先要对熊志华一开始实施的拳打脚踢行为作出客观的分析,应当将其理解为是熊基于一时激愤的单纯的伤害行为,而非出于抢劫故意的暴力,也不能将其与后面的勒索钱财行为联系在一起。此后,张某某为了脱身,主动提出愿以2万元了结此事,熊志华才产生了借机勒索其10万元的故意。可见,本案中熊志华虽有暴力行为在先,但其获取钱财的手段并不是使用暴力或以暴力相威胁,而是借抓住被害人的把柄进行敲诈,所获钱财也非当场取得,故不符合抢劫罪的构成。此外,尽管熊志华勒索既遂的4.5万元由张某某的朋友提供,但仍是张某某以自己急需用钱为由向朋友借来的。熊志华要挟和勒索的直接对象都是张某某本人,而并没有以控制张某某的人身自由或侵害张某某的人身安全为由,直接向他人发出勒索指令,故熊志华的行为不符合勒索型绑架罪的构成。在本案中,由于被告人熊志华系以被害人张某某与其妻有不正当的男女关系为由,要挟迫使张某某写下借据,勒索张某某钱财10万元,尽管熊志华安排他人将张某某带

---

① 参见刘艺军:《熊志华绑架案——如何准确区分敲诈勒索罪与抢劫罪、绑架罪的界限》,载最高人民法院刑一、二庭编:《刑事审判参考》(总第24辑),法律出版社2002年版,第100—104页。

往他处看押,控制了张某某的人身自由,但熊志华并未以此或者以杀伤张某某相威胁,迫使张某某的亲友或其他第三人给付赎金,而且主观上熊也没有这一故意内容,故对其行为应当认定为敲诈勒索罪。

四、故意杀害被绑架人未遂的,能否认定为"杀害被绑架人"并适用死刑

(一) 裁判规则

绑架罪中的"杀害被绑架人"应解释为故意杀人行为,只要对被绑架人有杀害行为,即使未造成死亡结果,如果手段特别残忍,情节特别恶劣的,仍然可以判处死刑。当然,"杀害被绑架人"未遂情形可以适用死刑,并不意味着必须适用死刑,还可以选择判处无期徒刑。

(二) 规则适用

根据《刑法修正案(九)》将《刑法》第239条第2款修改为:"犯前款罪,杀害被绑架人的,或者故意伤害被绑架人,致人重伤、死亡的,处无期徒刑或者死刑,并处没收财产。"由此可见,绑架罪的死刑适用仅限于"杀害被绑架人"以及"故意伤害被绑架人并致人重伤、死亡"这两种情形。针对被告人主观上具有杀害被绑架人的故意,客观上实施了杀人行为,但杀人未遂或者在没有找到被绑架人尸体的情况下,能否认定为"杀害被绑架人"进而适用死刑?对此,存在两种观点:一种观点认为,"杀害被绑架人"应当仅限于杀害被绑架人既遂,而不包括未造成被绑架人死亡结果的故意杀人行为。另一种观点认为,"杀害被绑架人"就其实质而言就是故意杀人行为,而故意杀人存在杀死与未杀死两种结果,因此,"杀害被绑架人"也存在杀死与未杀死的问题。这样,"杀害被绑架人"就应当是指"杀害"的行为而非"杀死"的结果,对于情节恶劣、手段残忍的情形,即使被绑架人未死亡的,也可以对绑架人适用死刑。笔者同意第二种意见,理由如下:

首先,刑法条文系行为规范,为了让社会公众知道什么是犯罪,对刑法条文应尽量使用一般国民能理解的普通用语。然而,刑法同样是裁判规范,当普通日常用语不足以表达该种犯罪的本质及规范目的时,裁判者就需要揭示普通用语的规范意义,而不能完全按字面解释普通用语的含义,形成所谓"文字法学"。绑架罪中的"杀害被绑架人"就是如此,单从字面含义来看,"杀害"是指"杀死""害死"之意,但如此解释显然会存在问题。因为从罪刑相适应原则来看,与故意杀人、故意伤害犯罪相比,绑架犯罪系更为严重的侵害公民人身权利的犯罪。在实践中,经常会出现犯罪分子在绑架过程中杀害被绑架人未果,但是手段特别残忍,情节特别恶劣,或者致绑架人重伤、严重残疾的情形。针对这些情形,故意杀人罪并没有将未遂情形排除在死刑之外。不仅如此,根据《刑法》第234条第2款规定,在性质更轻的故意伤害罪中,即使没有造成被害人死亡,但如果"以特别残忍手段致人重伤造成严重残疾的",仍然可以适用死刑。根据刑法"举轻以明重"的当然解

释原理,在性质更为严重的绑架犯罪中,对于故意杀害被绑架人虽未果,但手段特别残忍,情节特别恶劣,或造成重伤、严重残疾等严重后果的,当然也可以判处死刑。为此,针对绑架罪中所使用的"杀害"这一普通用语,需要使用法律用语"故意杀人"对其进行解释。

其次,我国 1997 年《刑法》分则中规定"致人死亡"的条款众多,但并未严格区分故意与过失,刑法通说也认为"致人死亡"包含故意杀人情形。① 以性质类似的抢劫罪,强奸罪,拐卖妇女、儿童罪为例,其中的"致人死亡"加重情节,不仅包含了过失致人死亡情形,也包含故意杀人行为。既然"致使被绑架人死亡"已经足以包含"故意杀死被绑架人"在内,如果认为"杀害被绑架人"仅指杀死被绑架人,那么从"致人死亡"的立法技术考虑,该条文表述为"犯前款罪,致使被绑架人死亡的"即可,而无须在"致使被绑架人死亡"之外再单独规定"杀害被绑架人"。立法者之所以要对"致使被绑架人死亡"和"杀害被绑架人"予以分别规定,就是因为"致使被绑架人死亡"无法包含被害人未死亡的情形,而"杀害被绑架人"则可以将其包含在内。

最后,1997 年《刑法》对绑架罪表达了异常严厉的态度,起点刑即为 10 年以上,而且将致被害人死亡或者杀害被绑架人的情形规定为绝对确定死刑。尽管在 2009 年 2 月 28 日《刑法修正案(七)》公布施行之后,对绑架罪的最低法定刑降低到有期徒刑 5 年,罪与刑之间的冲突已经有所缓解,但是关于最高刑即死刑适用条款的规定没有任何变化。由于"杀害被绑架人"为绝对确定死刑,如此严厉的法定刑要求对其要件进行严格解释,即只有在杀害被绑架人且被杀死的情况下,才能适用死刑。虽然如此解释有利于保障人质的生命安全,但问题同样存在,因为在故意杀人罪未遂尚且可以适用死刑的情况下,性质更为严重的绑架杀人未遂反而要排除死刑适用,显然与罪刑相适应原则相违背。鉴于此,《刑法修正案(九)》进一步"软化"了绑架罪中的死刑适用条款,将"杀害被绑架人"的法定刑从绝对确定的死刑修改为无期徒刑或死刑。如此一来,将"杀害被绑架人"理解为故意杀人行为并包括未遂情形在内,也就不存在量刑上的障碍了。而且,《刑法修正案(九)》将杀害被绑架人的情形与故意伤害致被绑架人重伤、死亡适用同一法定刑幅度。既然"故意伤害致被绑架人重伤的"尚且可以适用死刑,根据"举轻以明重"的当然解释原理,故意杀害被绑架未致人死亡但致人重伤的当然也可以适用死刑。

当然,对于"杀害被绑架人"未遂情形,如果情节特别恶劣,手段特别残忍的,尽管可以适用死刑,但并不意味着必须适用死刑,还可以选择判处无期徒刑。而且,为了重点体现对人质生命权的保护,对于未造成被绑架人死亡的,一般不适用死刑。

---

① 参见高铭暄、马克昌主编:《刑法学》(第三版),北京大学出版社、高等教育出版社 2007 年版,第 535 页。

【指导案例】王建平绑架案①——杀害被绑架人未遂的是否属于"杀害被绑架人的"情形

2001年1月6日上午,被告人王建平到西良村学校附近,找到其表弟之子高朝蓬(10岁),以找高的叔叔为由将高骗走。王建平挟持高朝蓬乘车先后到河南省安阳市、山西省长治市、榆社县和河北省武安县、涉县等地。此间,王建平用事先准备好的手机亲自或胁迫高朝蓬多次向高家打电话索要现金5万元。在索要未果的情况下,王建平将高朝蓬挟持到涉县境内一火车隧道内,乘高不备,用石头砸击其头部,将高击昏后将其放到下水道内,并用水泥板盖住后逃离现场。1月13日下午,高朝蓬被铁路工人发现,抢救后脱险。经法医鉴定,高颅骨多发性骨折,属轻伤。

本案发生在《刑法修正案(九)》颁布实施之前,应当适用1997年《刑法》。1997年《刑法》第239条第1款规定:"以勒索财物为目的绑架他人的,或者绑架他人作为人质的,处十年以上有期徒刑或者无期徒刑,并处罚金或者没收财产;致使被绑架人死亡或者杀害被绑架人的,处死刑,并处没收财产。"据此,刑法将绑架罪的死刑适用仅限定在致使被绑架人死亡和杀害被绑架人这两种情况。② 本案被告人王建平在绑架勒索未果的情况下,意图杀害被绑架人高朝蓬,但因意志以外原因杀人未遂,这种情况是否属于《刑法》第239条第1款规定的"杀害被绑架人的",进而适用死刑的情形呢?对此,笔者认为,需要通过比较故意杀人罪与绑架罪来对"杀害被绑架人"作出恰当解释。根据《刑法》规定,在故意杀人罪中,对于那些情节极其恶劣的未遂情形,刑法并未将其排除出死刑适用的范围。根据"举轻以明重"的刑法当然解释原理,在绑架过程中"杀害被绑架人"未遂的,更加不能排除出死刑适用的范围。因此,尽管按照汉语语义,"杀害被绑架人"通常是指故意杀人既遂,但根据刑法解释原理,应当包括杀害被绑架人未遂的情形在内。否则,虽杀人未遂,但手段特别残忍致被绑架人重伤或造成严重残疾,论罪应当判处死刑的,也只能判处无期徒刑以下刑罚,这将导致绑架罪和故意杀人罪间的刑罚不平衡。具体到本案中,被告人王建平绑架儿童勒索财物未得逞,意图杀害被绑架人,将被绑架人打昏后放入下水道内,虽因意志以外原因未造成被绑架儿童死亡,但其犯罪手段极其恶劣,应当判处死刑,故法院对其判处死刑立即执行是适当的。

---

① 参见武文和:《王建平绑架案——杀害被绑架人未遂的,是否属于刑法第二百三十九条第一款规定的"杀害被绑架人的"情形》,载最高人民法院刑事审判第一庭、第二庭编:《刑事审判参考》(总第38集),法律出版社2004年版,第111—115页。

② 2015年11月1日起施行的《刑法修正案(九)》将刑法第239条第2款修改为:"犯前款罪,杀害被绑架人的,或者故意伤害被绑架人,致人重伤、死亡的,处无期徒刑或者死刑,并处没收财产。"

【指导案例】高学坤绑架案①——故意杀害被绑架人但未找到尸体的,能否认定为"杀害被绑架人"并适用死刑

被告人高学坤曾注册一名为"亮丽人生"、性别为女的微信号,2012年11月20日高学坤用该微信添加被害人潘以暴(男,殁年32岁)为好友,并谎称其是艺术团工作人员,将其从网上下载的女性照片发送给潘以暴骗取潘的信任。在微信聊天过程中,高学坤发现潘以暴很有钱,因其经济拮据遂产生绑架潘以暴后向潘家属勒索钱财之念,并准备了手套、帽子、胶带、绳子、丝袜等作案工具。同年12月4日,高学坤购买了一只手机和一张手机卡,准备在绑架后用于联系潘以暴家属,并用微信号约潘当晚见面,对潘谎称其一名同事(即高学坤本人)在浙江省舟山市普陀区东港街道要潘捎带上车,潘以暴表示同意。当晚19时许,高学坤将胶带、绳子、手套、丝袜等作案工具装入一只棕色手提包内,在普陀区东港街道碧海莲缘小区等候,后潘以暴驾驶浙L25688宝马X6汽车将高学坤接上车,经朱家尖大桥向大青山方向行驶。途经大青山姆岭山与癞头山之间时,高学坤采用绳子勒、石头砸等方式,致潘倒地不再反抗。随后,高学坤脱掉潘以暴所穿衣服和鞋袜,用绳子捆绑后,将潘从跨海大桥桥面与栏杆间隙中推入大海。次日,高学坤发短信向潘以暴妻子乐艳艳勒索人民币500万元,后又多次打电话和发短信向乐艳艳进行勒索。

针对此案的定性,浙江省舟山市中级人民法院经审理认为,被告人高学坤以勒索财物为目的绑架他人,故意杀害被绑架人,并致被害人死亡,其行为已构成绑架罪。高学坤归案后虽认罪态度较好,但其犯罪主观恶性极深,社会危害极大,依法应予严惩。高学坤及其辩护人要求从轻处罚的理由不足,不予采纳。据此,依照《中华人民共和国刑法》第239条第1、2款、第57条第1款之规定,以绑架罪,判处被告人高学坤死刑,剥夺政治权利终身,并处没收个人全部财产。一审宣判后,高学坤不服,提出上诉。其与辩护人均提出,证明被害人已经死亡的证据不足,不属于"杀害被绑架人"的情形,依法不应对其判处死刑立即执行。浙江省高级人民法院审理查明的事实与一审一致,认为原审判决定罪及适用法律正确,量刑适当。审判程序合法。据此,裁定驳回上诉,维持原判,依法报请最高人民法院核准。最高人民法院经审理认为,被告人高学坤以勒索财物为目的,绑架并杀害被绑架人,其行为已构成绑架罪。高学坤蓄谋绑架,对被绑架人实施杀害并抛入大海,犯罪性质恶劣,手段残忍,情节、后果特别严重,社会危害极大,应依法惩处。第一审判决、第二审裁定认定的事实清楚,证据确实、充分,定罪准确,量刑适当。审判程序合法。据此核准对被告人高学坤以绑架罪判处死刑,剥夺政治权利终

---

① 案例来源:浙江省舟山市中级人民法院刑事判决书:(2013)浙舟刑初字第21号;浙江省高级人民法院刑事裁定书:(2014)浙刑三终字第11号;中华人民共和国最高人民法院刑事裁定书(2014)刑一复62844203号。

身,并处没收个人全部财产。

五、绑架"致人死亡"的,应当如何认定其主观故意与因果关系

(一) 裁判规则

绑架过程中"致人死亡",从主观上来看,是行为人出于伤害故意而过失地造成被绑架人死亡;从客观上来看,要求伤害行为与死亡结果之间具有刑法上的因果关系。如果在被绑架人受到伤害之后,介入了第三者的行为、被害人本身的行为或者特殊自然事件,则需要通过考察行为人的行为导致结果发生的可能性大小、介入情况能否独立引起结果发生以及介入因素的异常性大小,判断绑架行为与死亡结果之间是否存在因果关系。

(二) 规则适用

绑架过程中"致人死亡",从主观上看,要求行为人对被绑架人的死亡结果是出于过失心态;如果是出于故意,则直接属于"杀害被绑架人"情形而不属于"致人死亡"。过失致人死亡包括如下多种情形:第一,在绑架过程中,行为人基于伤害故意而过失地造成被绑架人死亡。第二,完全出于过失而致被绑架人死亡:如绑架过程中,因对被绑架人堵嘴捂鼻或者为其注射麻醉剂过量等原因过失引起死亡。第三,被绑架人自身的过失导致死亡:如试图逃跑翻墙摔死,或者因不堪忍受折磨而自杀身亡等。《刑法修正案(九)》将刑法原有的"致使被绑架人死亡"修改为"故意伤害被绑架人,致其重伤、死亡的",明确了"绑架致人死亡"只能是上述第一种情形,即出于伤害故意而过失地致被绑架人死亡;而对于上述第二、三种情形,即对被绑架人不具有伤害故意,纯粹出于过失甚至不具有过失而致被绑架人死亡,不能认定为绑架致人死亡情形。

从客观上来看,绑架"致人死亡"要求伤害行为与死亡结果之间具有刑法上的因果关系,在具体认定过程中需要考虑介入因素。介入因素可以分为正常介入因素与异常介入因素,如果介入因素是正常的,则因果关系不能中断,行为人依然要对被害人死亡的结果承担刑事责任。如行为人为了顺利绑架被害人而对被害人实施暴力,引起被害人失血过多,在送往医院救治途中因路途遥远、堵车等因素,导致被害人没有得到及时救助,或因在正常治疗期间引起并发症,导致被害人不治身亡。上述情形中,被害人的死亡虽介入了路途遥远、并发症等因素,但这些介入因素在任何人受伤过程中都有可能发生,即合乎事物发展的一般规律。因而,路途遥远、并发症等因素的介入,属于正常介入,由此引起被绑架人死亡结果发生的,不能中断绑架行为与被害人死亡结果在刑法上的因果关系,行为人对被害人的死亡结果应当承担刑事责任。反之,如果介入因素是异常的,并且该异常因素合乎规律地引起了最终的结果,则先前的实行行为与后来的危害结果之间的因果关系中断,行为人对危害结果不承担刑事责任。

【指导案例】张兴等绑架案①——非因被告人的故意、过失行为导致被害人死亡的,能否认定为绑架"致人死亡"

被告人张兴与被害人王凤英(女,殁年34岁)于2008年12月开始保持不正当两性关系。2009年4月30日晚,张兴欲将王带走但遭王拒绝,二人遂发生矛盾。后张兴纠集被告人符安仁等六人帮忙将王凤英强行带走,反遭与王凤英在一起玩的几名男子殴打。当晚,张兴等人密谋绑架王凤英。次日中午,符安仁等五人在一出租屋守候,由张兴、张文青将王凤英带至该房间。此后,张兴等人殴打王凤英并索要人民币5000元钱。王凤英被迫拿出1000元后,又打电话给其他亲戚朋友,要他们将钱汇至张兴提供的账户。后张兴等人怕被发现,挟持王凤英搭乘一辆出租车,行至道滘镇绿福酒店门前路段时,所乘出租车与一辆小汽车发生碰撞,王凤英因钝性外力打击头部致严重颅脑损伤死亡。

根据《刑法》第239条规定,认定绑架"致人死亡"情形须满足两个条件:在客观上绑架人实施了故意伤害行为,并且被绑架人的死亡结果与绑架人的伤害行为之间具有直接因果关系;在主观上要求行为人具有伤害故意。从本案来看,张兴等人在绑架被害人后,仅仅对被害人实施了一般殴打行为,并没有对其实施严重的暴力伤害行为,在主观上不具有伤害的故意。从客观上来看,张兴等人所实施的一般殴打行为并没有致被绑架人严重伤害,被害人的死亡结果与绑架过程中实施的暴力行为更没有关系。相反,在案证据证明张兴等人在将被绑架人转移过程中,由于第三人的原因发生了车祸,即发生类似于上述第三种情形的第三方行为介入的情况,致被绑架人死亡,这种异常介入因素中断了绑架行为与死亡结果之间刑法上的因果关系,因此张兴等人仅对其绑架行为承担刑事责任,而无须对被害人死亡的结果承担刑事责任。由上可见,被告人张兴等人主观上没有伤害故意,客观上没有实施暴力伤害行为,且被害人的死亡结果并非张兴等人的行为所致,而是因为介入了第三人的肇事行为所导致,故本案不能认定为绑架"致人死亡"。

六、绑架行为人绑架他人后自动放弃继续犯罪的如何处理

(一)裁判规则

"以勒索财物为目的"属于绑架罪的"主观超过要素",不要求存在与该目的相对应的客观行为。因此,绑架罪的实行行为仅限于绑架行为,绑架罪的既遂应以行为人实施的绑架行为是否实际控制被绑架人为标准。只要行为人具有勒索财

---

① 参见陈进龙、姚龙兵:《张兴等绑架案——绑架犯罪案件中,非因被告人的故意、过失行为导致被害人死亡的,能否认定为"致使被绑架人死亡"》,载最高人民法院刑事审判一至五庭主办:《刑事审判参考》(总第87集),法律出版社2013年版,第36—42页。

物或满足其他不法要求的目的,实施了绑架他人的行为,被绑架人已经处于行为人的实际控制之下,就构成绑架罪的既遂,即使客观上没有对被绑架人的近亲属或其他人勒索财物或提出其他不法要求,也应认定为绑架既遂。当然,如果行为人着手实施扣押人质的暴力行为,但由于被害人的反抗或者他人及时进行解救等原因,使绑架没有得逞,行为人未能实际控制被害人的,则构成绑架罪的未遂。

(二) 规则适用

关于绑架罪的客观构成要件行为,理论上存在"单一行为说"与"复行为犯说"两种观点。"单一行为说"认为,绑架罪的客观要件行为仅仅是绑架行为,只要行为人实施了绑架他人或偷盗婴幼儿的行为,即使未实施勒索财物或提出其他不法要求,行为人仍然成立绑架罪,且属于既遂形态。"复行为犯说"认为,从自然意义上来说,完整的或者说犯罪人预定的绑架行为由两部分组成:一是扣押他人;二是向被绑架人的亲属提出索财等不法要求。① 持这种观点的学者以抢劫罪为参照物,认为既然抢劫行为是复行为犯(由手段行为与劫财行为构成),那么同样以勒索财物为目的的绑架行为也应当系复合行为,其实行行为应当由绑架行为(或偷盗婴幼儿行为)与勒索财物(或提出其他不法要求)行为两方面组成。而且这些学者认为,按照"单一行为说",以下两个问题无法得到解决:一是犯罪中止问题。按照"单一行为说",行为人一经实施绑架人质行为,犯罪即告成立且处于既遂形态,此后行为人即使自动放弃勒索财物或提出不法要求的,仍然不存在成立犯罪中止的余地,这等于是将绑架人逼上了一意孤行的绝路,与刑法鼓励犯罪分子自动放弃本可以继续进行的犯罪的精神相悖。二是共同犯罪问题。按照"单一行为说",绑架行为一经实施即告既遂,那么对于事先无通谋中途参与实施勒索财物的行为,就属于事后行为,无法按照绑架罪的共同犯罪处理。

笔者认为,抢劫罪之所以被认为是复行为犯,主要是因为抢劫罪被规定在"侵犯财产罪"当中,手段行为虽然也侵犯了他人的人身权利,但只有实施劫财行为,本罪的主要法益即他人的财产权利才能被现实侵犯。而绑架罪被设置在"侵犯公民人身权利"类罪中,表明该罪保护的法益是公民的人身权利,只要行为人着手实行并完成了绑架他人的行为,就已经侵犯了公民的人身权利,满足了绑架罪的实行要件,应构成犯罪既遂。而"勒索财物"的目的是否实现对于该罪法益的侵犯并不产生影响,故将这种行为纳入到绑架罪的实行行为,并不符合该罪的法益侵害本质。此外,将绑架罪理解为"单一行为"也是具有法律依据的。《刑法》第239条的规定,以勒索财物为目的绑架他人的,或者绑架他人作为人质的,构成绑架罪。据此,绑架罪的实行行为仅仅是绑架这一单一行为,而勒索财物目的则属于"主观超过要素"。所谓"主观超过要素"是指超过客观事实范围的内容,或者说客观上不要求存在与目的相对应的客观事实。不可否认,从司法实践来看,行为

---

① 参见肖中华:《侵犯公民人身权利罪》,中国人民公安大学出版社1998年版,第225页。

人在绑架人质之后，通常会以一定的方式将绑架人质的事实通知被绑架人的亲属、其他利害关系人，并以继续扣押人质、杀害人质相要挟，勒令在一定时间内交付一定数额的财物或者满足其他要求；而且，当行为人采用暴力、威胁等手段控制人质之后，如果没有向第三者提出不法要求，也很难认定行为人将被害人作为"人质"，但行为人主观上是否具有"勒索财物"目的，与是否在该目的支配下向第三人提出了索财要求，二者是完全不同的。前者系主观要件，后者系客观行为，尽管主观要件通常需要通过客观行为来认定，但是还存在其他证明方式，如行为人的明确供述等，故并不要求必须有相应的实际行为。因此，勒索财物或提出不法要求行为并不影响本罪的成立以及犯罪形态的认定，只是作为量刑的情节予以考虑而已。

其次，"复行为犯说"针对"单一行为说"所提出的质疑并不成立。一方面，按照"单一行为说"，尽管绑架罪存在犯罪未遂、中止的可能很小，但并非不能存在。而且，为了应对绑架人质之后未索取财物等情形，激励犯罪人争取从宽处理，2009年通过的《刑法修正案（七）》，在第6条绑架罪的法定刑增设了如下规定，"情节较轻的，处五年以上十年以下有期徒刑，并处罚金"。由此，对于绑架他人之后主动释放被绑架人的，或者在绑架之后未实施勒索财物或提出不法要求行为的，尽管不能认定为犯罪中止，但是，完全可以将上述情形认定为"情节较轻"，使绑架行为人获得同中止犯、未遂犯一样减轻处罚的法律效果，从而为绑架行为人在实施绑架犯罪的道路上搭起后退的"金桥"，鼓励犯罪分子自动放弃继续犯罪。另一方面，绑架犯罪属于继续犯。为了实现犯罪目的，行为人的绑架行为从实施终了开始直到实现其勒索目的为止，一直处于继续状态，这就为承继的共同犯罪提供了生存的空间。在此过程中，明知他人实施了绑架行为而仍然帮助实施勒索行为的，属于"承继的共同犯罪"，应认定为绑架罪的共犯，故"单一行为说"并不影响共同犯罪的成立。

【指导案例】俞志刚绑架案①——绑架犯罪人绑架他人后自动放弃继续犯罪的如何处理

2007年3月29日7时30分许，被告人俞志刚驾驶面包车途经浙江省桐乡市梧桐街道世纪大道与茅盾路交叉口时，看到被害人魏某（女，8岁）背着书包独自站在路边，因其无法偿还所欠他人债务顿生绑架勒索财物之念。俞志刚以驾车送其上学为由，将魏某诱骗上车，后驾车途经桐乡市下属乡镇及相邻的浙江省海宁市等地。其间，俞志刚通过电话，以魏某在其处相要挟，向魏某的父亲以"借"为名索要人民币5万元，并要求将钱汇至自己用假身份证开设的农业银行金穗通宝卡

---

① 参见陆建红、杨军：《俞志刚绑架案——绑架犯罪人绑架他人后自动放弃继续犯罪的如何处理》，载最高人民法院刑事审判一至五庭主编：《刑事审判参考》（总第63集），法律出版社2008年版，第10—16页。

上。当日 10 时许,俞志刚出于害怕,主动放弃继续犯罪,驾车将魏某送回桐乡市梧桐街道,并出资雇三轮车将魏某安全送回所在学校。

在本案中,被告人俞志刚以勒索财物为目的,以诱骗的方式实际控制了被害人,已然完成了刑法所规定的绑架罪全部主客观构成要件,对被害人的人身权利构成了实质性侵害,而且向被害人家属实施了勒索行为,足以认定构成绑架罪既遂。之后,其不再继续勒索财物,且将人质安全送回,均为犯罪既遂后的补救措施,系自动放弃继续犯罪,但不能认定为犯罪中止。尽管从对此类犯罪从严打击的刑事政策上来看,这种情形不属于法律意义上的犯罪中止,但是排除法律意义的因素,从犯罪行为的自然意义上来说,类似于犯罪中止。在绑架犯罪行为已经实施的情况下,为了给犯罪分子架起后退的"金桥",尽管定性上不能认定为犯罪中止,但可以在量刑时比照中止犯罪来处理。对那些绑架情节较轻,没有对被绑架人实施暴力、威胁行为的,应该给予从宽的刑事处罚,并且要宽得足以引导和鼓励已经实施了绑架犯罪的罪犯作出放弃犯罪、不伤害被绑架人的选择。而 2009 年之前,刑法对绑架罪规定起刑即 10 年有期徒刑,在发挥这方面作用上存在一定的局限性。因此,法院根据本案的特殊情况,在法定刑以下对被告人俞志刚判处有期徒刑 4 年,处罚金人民币 3 万元,并逐级上报最高人民法院核准,符合罪责刑相适应原则的要求,准确贯彻了宽严相济的刑事政策。需要指出的是,2009 年 2 月 28 日全国人大常委会通过的《中华人民共和国刑法修正案(七)》第 6 条在绑架罪原条文基础上,增加了"情节较轻的,处五年以上十年以下有期徒刑,并处罚金"的规定。绑架他人后自动放弃继续犯罪,属于"情节较轻"的情形,可以适用该条规定处罚,无需报最高人民法院核准在法定刑以下判处刑罚。

七、绑架犯罪中犯罪预备与犯罪未遂如何认定

(一)裁判规则

从《刑法》对绑架罪罪状的表述来看,绑架犯罪的客观要件行为表现为使用暴力、胁迫以及其他方式,劫持人质的行为,故绑架罪的"着手"应该解释为实施了直接侵犯人质人身权利的行为,即劫持人质的行为。在此之前,行为人接近犯罪对象的行为,系为犯罪制造条件的行为,属于绑架预备行为。

(二)规则适用

作为两种犯罪未完成的停止形态,正确区分犯罪预备和犯罪未遂,关键在于考察犯罪行为是否已经着手。其中,尚未着手实施犯罪,只是为了犯罪而准备工具、制造条件,由于意志以外的原因而停止的,属于犯罪预备。犯罪预备有两种情形:其一是准备犯罪工具;其二是为实施犯罪创造便利条件。准备犯罪工具行为容易理解,而且对刑法所保护的具体法益不会造成任何威胁,认定为预备行为不存在问题。但是制造条件的行为方式多种多样,尤其是接近犯罪对象的行为,由

于对犯罪对象的威胁开始增大,往往容易与实行行为相混淆。然而,已经着手实施犯罪,必须是已经开始实施《刑法》分则所规定的具体犯罪构成客观要件行为,这种行为已经使刑法所保护的具体法益开始受到危害或者面临实际的威胁,不再属于为实行犯罪创造便利条件的性质。而接近犯罪对象的行为,尽管对犯罪对象的威胁开始增大,但并不迫切,故并非某一具体犯罪的客观要件,不应属于实行行为,而应属于预备行为。据此,准确认定犯罪行为的着手,必须结合具体个罪,根据《刑法》分则条文的规定,考察其犯罪构成要件的客观方面。

具体到绑架罪,根据《刑法》第239条的规定,绑架罪是指被告人以勒索财物为目的绑架他人,或者绑架他人作为人质的行为。根据本条规定,只有使用暴力、胁迫以及其他方式,劫持人质的行为才属于绑架犯罪构成客观要件行为。凡是为暴力、胁迫等手段剥夺被害人人身自由服务、创造条件的行为,均属于绑架罪犯罪预备行为,不应认定为实行行为。例如,行为人采用欺骗手段将被害人骗至或者骗离某一地点再进行挟持的,这种骗离行为尚未真正侵害到被害人的人身自由,尚不属于劫持行为。据此,从时间上来看,以暴力、胁迫等剥夺被害人人身自由行为的实施为节点,在此之后属于着手实施客观构成要件的行为,而在此之前的行为,并非劫持行为本身,而系劫持开始前为劫持目的服务的行为,属于绑架罪预备阶段的行为,按照犯罪预备处理。而且,从我国《刑法》对绑架罪设置的法定刑来看,其法定最低刑为有期徒刑5年,立法表现出了一种极其严厉的态度。因此,在确定其"着手"的时间时就不宜过早,避免对较轻的行为科以过重的刑罚,从而做到罪刑相适应。具体地说,绑架罪的"着手"应该解释为实施了直接侵犯人质人身权利的行为,即劫持人质的行为。只有这种劫持行为才直接侵犯法益,才能与"五年以上有期徒刑或者无期徒刑"相匹配。而在劫持人质之前的行为,只具有抽象的危险性,尚未对人质造成现实的危害,不足以解释为绑架的实行行为,否则会造成罪刑的不均衡。

【指导案例】白宇良、肖益军绑架案[①]——绑架罪未完成形态如何认定

被告人白宇良于2004年9月间意图绑架陈某某勒索财物,并于当月自制爆炸装置3枚。同年10月间,白宇良与被告人肖益军进行绑架预谋,购买了伪造的牌号为京OA2068的机动车号牌1副、警服1套、弹簧刀1把、仿真枪1把,窃取了牌号为京CB9828的机动车号牌1副作为犯罪工具,伪造了姓名为"金永力""王军"的身份证2张用于犯罪后潜逃。二被告人又用肖益军的照片伪造了姓名为"赵名来"的警官证1本。后根据白宇良制定的犯罪计划,二被告人于同年12月1日8时许,以租车为名从北京市顺义区名都花园社区门前将白某某骗至大兴区亦庄附

---

① 参见臧德胜:《白宇良、肖益军绑架案——绑架罪未完成形态的区分》,载最高人民法院刑事审判第一至五庭主编:《刑事审判参考》(总第69集),法律出版社2009年版,第48—56页。

近,采用暴力手段强行劫走白某某驾驶的黑色帕萨特牌轿车1辆(车牌号京GW6024,价值人民币20.86万元),告诉白某某借用该车一天,用后返还,让白某某留下了联系方式。12月2日早晨,二被告人用捡来的姓名为"李湘婷"的身份证办理了手机卡1张。同日9时许,二被告人将帕萨特牌轿车的车牌号由京GW6024更换为京OA2068,并驾驶该车携带上述作案工具至北京市朝阳区中国紫檀博物馆附近,冒充北京市公安局领导与陈某某电话联系,谎称其子涉嫌刑事案件需向其调查,欲将陈某某骗上车后予以绑架勒索财物,后因误认为陈某某已产生怀疑而于当日11时许逃离现场,并通知白某某在指定地点将帕萨特轿车取回。二被告人于同年12月10日被查获归案。

在本案中,二被告人经过预谋,准备绑架陈某某勒索财物。为了达到这一犯罪目的,进行了周密的计划与部署,包括准备犯罪工具,设骗局接近陈某某。其中,准备用来扣押被害人的车辆和用来胁迫被害人的爆炸装置,均属于准备犯罪工具的范畴,系犯罪预备行为,对此不存争议。问题在于,为了让被害人"自动地"来到其车辆上,被告人通过设骗局与被害人电话联系,这是否属于绑架犯罪的着手?从社会生活领域以及被告人的主观意思来看,被告人经过数月的筹划,准备好了所需要的全部工具,已经是"万事俱备、只欠东风"。到了案发当天,被告人认为时机成熟,可以"着手"实施绑架行为,于是便打电话开始与被害人联系,这一行为乍看起来似乎已经在着手实施绑架罪了。但是,根据绑架罪有关着手的认定标准,绑架的实行行为是剥夺被害人的人身自由,故只有开始实施剥夺被害人人身自由的行为时才属于绑架的着手。而被告人诱骗被害人前来的行为,尚不属于直接剥夺被害人人身自由的行为,仍属于为实施扣押行为创造条件,应当属于犯罪预备。故本案中,二被告人的行为尚处于预备阶段,而不属于已经着手实施犯罪。

本案存在的第二个问题是,二被告人在与被害人联系过程中,误以为被察觉,遂停止了犯罪,这种情况是属于犯罪中止还是犯罪预备?区分犯罪预备和犯罪中止,关键在于正确认定被告人停止犯罪是自愿的还是被迫的,没有着手实施绑架犯罪行为是否违背其主观意志。为此,就需要考察被告人放弃继续实施预备行为及实施犯罪行为是否因为遇到了不利于着手的因素,该因素不利的程度如何,是否足以阻止被告人着手实施犯罪。如果回答是肯定的,则可能成立犯罪预备,否则可能成立犯罪中止。具体到本案中,二被告人经过周密策划,犯罪意志坚定,试图将绑架犯罪进行到底,甚至准备好了犯罪后潜逃使用的犯罪工具。在编造谎言联系被害人即进行犯罪预备活动的过程中,误以为被被害人发现了真相,遂停止了犯罪。被告人试图通过编造谎言的手段接近被害人,因为认识错误而认为存在继续进行犯罪的障碍,不但不能骗出被害人还有被当场抓获的现实危险。这种认识错误本身就是一个客观存在的障碍,且这种障碍是重大的,足以打破二被告人的犯罪计划,使犯罪无法继续。这正是"意志以外的原因"迫使被告人停止了犯罪,属于犯罪预备。

八、绑架犯罪未完成形态能否作为认定绑架罪"情节较轻"的依据

(一) 裁判规则

基于刑事立法模式以及禁止重复评价的原则,作为绑架罪中减轻处罚情节的"情节较轻",是以犯罪既遂为模型的。《刑法》总则规定的犯罪预备、未遂、中止等从轻、减轻情节,不应作为认定"情节较轻"情形的依据,而只能在"情节较轻"判断之外作为单独评价的对象。

(二) 规则适用

1997年《刑法》第239条仅规定了10年以上有期徒刑或者无期徒刑和死刑两个量刑幅度。而且,刑法通说认为,绑架罪的实行行为系单一行为而非复合行为,行为人只要主观上具有勒赎或者其他不法目的,在客观上实施了绑架行为(或者偷盗婴幼儿行为),即使没有实施勒索财物或者提出不法要求的行为,也同样不影响犯罪既遂的认定。这就意味着,行为人一旦"以实力控制人质"之后,就不存在成立犯罪未遂尤其是成立犯罪中止的余地,这样显然不利于激励犯罪行为人争取从宽处罚。在《刑法修正案(七)》发布实施之前,绑架罪的最低法定刑为10年以上,比故意杀人罪还要高,成为重罪中的重罪,而且绑架行为一旦实施很容易达成既遂,如此高的法定刑以及如此容易达成既遂形态的情形,很容易将绑架犯罪人逼上不归路。然而,从司法实践来看,存在大量如下情节较轻的情形:第一,绑架他人之后主动释放被绑架人的;第二,绑架之后实际控制被绑架人时间较短即被查获、被绑架人被解救的;第三,绑架之后没有对绑架人进行严重殴打、虐待,甚至对被绑架人较为优待的;第四,绑架之后未实施勒索财物行为或者勒索财物数额不大的;等等。面对上述情形,如果一律处以10年以上有期徒刑,刑罚明显畸重。为此,2009年通过的《刑法修正案(七)》,在第6条对绑架罪的法定刑增设了如下规定,"情节较轻的,处五年以上十年以下有期徒刑,并处罚金"。

由于对"情节较轻"的认定缺少明确的标准,故实践中存在一定争议,尤其是针对绑架未遂、中止情形,能否认定为"情节较轻"并适用未遂从轻、减轻,中止减轻、免除处罚的规定?对此,笔者认为,根据我国《刑法》分则的罪状表述,不论是基本罪状还是加重、减轻的罪状设计均是以犯罪既遂为前提的。因此,这里的"情节较轻"是在已经成立犯罪既遂的前提下进行评价的。为此,对于绑架预备、未遂和中止形态,不能作为评价绑架犯罪"情节较轻"的依据,而只能单独予以评价,并在"情节较轻"认定之后,再结合犯罪形态的规定加以处罚。而且,针对行为人绑架未得逞情形,根据《刑法》总则的规定应认定为绑架未遂,并予以从轻、减轻处罚。如果再将其作为"情节较轻"的判断基础,显然属于对同一情节的重复评价,违反了禁止重复评价的原则。综上可见,犯罪预备、犯罪未遂以及犯罪中止情形,本身不能作为绑架罪"情节较轻"的认定依据,在认定"情节较轻"时应当先剔

除犯罪形态的因素。① 由于情节较轻系一个综合性评价因素,因此,首先,从犯罪行为本身的情节来看,一切能够反映和体现绑架行为社会危害性程度的主、客观事实因素,均属于"情节较轻"的判断因素。从司法实践来看,主要有两种情形:一是绑架人质后未勒索财物,而主动、安全释放人质,或者虽取得财物但数额不大,之后主动、安全地释放人质的;二是"事出有因、情有可原"的绑架行为,没有对人质的人身造成损害的。其次,一些能够反映行为人人身危险性程度的事实因素,如行为人的一贯表现、犯罪后的悔罪态度,也可以成为判断"情节较轻"的因素。

【指导案例】孙家洪、濮剑鸣等绑架、抢劫、故意杀人案②——绑架罪中的"情节较轻"是否包括未遂情节

被告人濮剑鸣、夏福军同在上海从事房屋中介工作。因经济拮据,濮剑鸣起意以熟人南非籍华人毕某之子为绑架目标,向毕某勒索钱财200万美元。濮纠集了老乡被告人孙家洪、吴桂林共同参与,并事先勘察毕某住处,准备了电击棍、塑料胶带等作案工具。2010年6月某天,濮剑鸣、夏福军、孙家洪、吴桂林等人携带作案工具,由濮驾车至毕家所住大楼地下车库接应,夏、孙望风,吴等人冒充物业人员以检查热水器之名进入毕某家欲绑架毕某之子,适逢毕家有成年男子在场而未能得逞。同年9月8日,濮剑鸣等人再次实施绑架行为,但又因在毕家走廊遭他人盘问而未得逞。

在本案中,被告人濮剑鸣、夏福军等人以毕某之子为绑架目标意图向毕某勒索200万美元,事先勘查住处并准备电击棍等作案工具,在实施作案过程中已进入毕某家中,但由于意志以外的原因而未得逞,系绑架未遂;本案绑架行为虽然未给被绑架人的人身安全造成严重威胁,但勒索财物数额巨大,手段卑劣,社会影响恶劣,不能认定为"情节较轻",而且针对绑架未得逞的行为,在已经认定犯罪未遂的情形下,如果再以该事实来认定"情节较轻",显然属于对同一情节的重复评价,违反了禁止重复评价的原则。

---

① 在这一点上,类似于其他犯罪中"情节较轻"情形的认定。例如,故意杀人罪中同样存在"情节较轻",进而减轻处罚的情形。行为人基于杀人的故意已经将被害人砍成重伤,此后良心发现而将被害人及时送往医院从而避免了死亡结果的发生,虽然成立犯罪中止,但是如果不具有其他"情节较轻"的事由(如大义灭亲、义愤杀人等),仍然只能在故意杀人罪的基本法定刑幅度之内,再按照中止犯的规定处罚,而不能既适用"情节较轻"的规定,又在这一规定前提下按照中止犯处罚。

② 参见张华松:《孙家洪、濮剑鸣等绑架、抢劫、故意杀人案——在绑架案件中,能否仅依据行为人对被害人实施了人身控制行为就认定其具有"以勒索财物为目的"以及绑架罪中的"情节较轻"是否包括未遂情节》,载最高人民法院刑事审判一至五庭主办:《刑事审判参考》(总第96集),法律出版社2014年版,第56—65页。

九、在绑架中又劫取被绑架人随身携带财物的行为如何定罪

(一) 裁判规则

行为人在绑架过程中,又以暴力、胁迫等手段当场劫取被害人财物,构成犯罪的,择一重罪处罚,而无需以绑架罪和抢劫罪予以并罚。

(二) 规则适用

司法实践中,行为人在绑架人质的过程中发现人质身上带有财物,而将其非法占有的情况时有发生。对于这种情形,是以绑架罪和抢劫罪数罪并罚,还是仅认定为一罪?如果认定一罪又应当以何罪论处?

笔者认为,针对在绑架过程中又实施劫取被绑架人随身携带财物的行为,不应以绑架罪和抢劫罪数罪并罚。绑架罪是继续犯,行为人非法占有他人财物而以暴力、胁迫手段劫持被绑架人的行为是一个持续过程,暴力劫持或拘禁被绑架人构成绑架罪的客观要件。如果把实质上的一个暴力劫持或拘禁行为既评价为绑架罪的构成要件,又重复评价为抢劫罪当场劫取他人财物的客观行为,有违"禁止重复评价"原则。那么,究竟应当以绑架罪还是抢劫罪来认定呢?对此,有观点认为,行为人在绑架被害人之后,发现被害人身上带有财物而将其取走,此时,行为人的绑架行为构成绑架罪没有问题,但行为人利用被害人人身自由被限制而无法反抗的状态将其财物取走的行为,不宜另定抢劫罪。理由是:第一,绑架勒赎本身就是以获取被绑架人或其亲友财物为目的,因此在控制被绑架人后携走其随身携带的财物,无论数额大小,对绑架人而言,是再自然不过的事情。反之,指望绑架人不携走被绑架人随身携带的财物,则类似于刑法理论上所讲的"期待不可能"。第二,此种情况下,仅定绑架一罪,把携财的行为作为量刑情节考虑,与定两罪相比,也不至于轻纵犯罪人。①

笔者认为,上述观点并不恰当。从立法将绑架罪规定在侵犯人身权利一章来看,其重点保障的法益并非财产权利,而是人身权利尤其是生命权,而且绑架罪的罪状设置和法定刑配置也是针对人身权利的。因此,对于绑架过程中,即使是从被绑架人处劫取到巨额财物的,只要未造成被绑架人伤亡,按照绑架罪来认定是不能适用死刑的。然而,针对上述情况,如果截取其中的杀人行为或劫财行为,按照故意杀人(未遂)罪或者抢劫罪来认定,均是符合判处死刑条件的。根据"举重以明轻"的刑法当然解释原理,对发生在绑架过程中性质更为严重的抢劫犯罪或者故意杀人(未遂)犯罪更应当判处死刑。为此,最高人民法院通过案例的方式对"杀害被绑架人"进行了扩大解释,认为"杀害"的规范含义系"故意杀人行为",包括"杀人既遂与未遂"两种情形,从而可以对那些虽未造成被绑架人死亡,但手段

---

① 参见最高人民法院刑一、二庭编:《刑事审判参考》(总第24辑),法律出版社2002年4月版,第198—202页。

极其残忍并致被害人严重残疾的情形,在判处绑架罪的同时适用死刑。① 基于同样的道理,针对当场从被绑架人处劫取巨额财物的情形,由于没有造成被绑架人死亡,不符合《刑法》第 239 条判处死刑的加重要件,而认定为抢劫,则符合《刑法》第 263 条第(四)项判处死刑的条件。在这种情况下,根据罪刑相适应原则应当择一重定性,认定为抢劫罪。对此,2001 年 11 月 18 日最高人民法院《关于对在绑架过程中以暴力、胁迫等手段当场劫取被害人财物的行为如何适用法律问题的答复》明确了对绑架过程中劫取财物行为的定性:行为人在绑架过程中,又以暴力、胁迫等手段当场劫取被害人财物,构成犯罪的,择一重罪处罚。

当然,适用《关于对在绑架过程中以暴力、胁迫等手段当场劫取被害人财物的行为如何适用法律问题的答复》的前提是,抢劫行为发生在绑架过程中,即适用于行为人在绑架过程中临时发现被绑架人携带的财物而予以取走的情形。反之,如果行为人在实施抢劫后,又产生以被害人为人质向他人勒索财物或实现其他不法要求的犯意,并实施了相应行为的,属于明显的两个相对独立的行为阶段,此种情形应直接认定抢劫罪和绑架罪,实行数罪并罚。

【指导案例】杨立申等绑架案②——**在绑架中又实施劫取被绑架人财物行为的如何认定**

2010 年 11 月 14 日 18 时许,被告人杨立申、杨顺中、王秀峰携带相同作案工具,由王秀峰驾驶奥迪 100 轿车来到山东省淄博市周村区张周路附近,故意撞击被害人王同仁驾驶的车牌为鲁 CHJ888 丰田皇冠轿车,当王同仁下车理论时,杨顺中假扮警察与杨立申、王秀峰共同上前围殴王同仁,并使用手铐、刀具等企图强行将其拉上奥迪 100 轿车,因遭反抗而未得逞。王同仁之子王卓江下车哭喊求饶,三被告人即强行将被害人王卓江拖上奥迪 100 轿车,并驾驶丰田皇冠轿车逃离现场。同月 16 日凌晨 4 时许,三被告人在河南省鹤壁市一高速公路桥下取得赎金人民币 45 万元后,将被害人王卓江释放,并劫走王同仁的丰田皇冠轿车(价值人民币 28.32 万元)。

检察机关针对上述行为,以绑架罪向浙江省温州市中级人民法院提起公诉,温州市中级人民法院经审理认为,三被告人在绑架过程中又劫取被害人王同仁价值人民币 28.32 万元的丰田皇冠轿车一辆,根据最高人民法院《关于对在绑架过程中以暴力、胁迫等手段当场劫取被害人财物的行为如何适用法律问题的答

---

① 参见武文和:《王建平绑架案——杀害被绑架人未遂的,是否属于刑法第二百三十九条第一款规定的"杀害被绑架人的"情形》,载最高人民法院刑事审判第一庭、第二庭编:《刑事审判参考》(总第 38 集),法律出版社 2004 年版,第 111—115 页。

② 案例来源:浙江省温州市中级人民法院刑事判决书(2012)浙温刑初字第 174 号;浙江省高级人民法院刑事裁定书(2012)浙刑二终字第 191 号。

复》的规定,在绑架过程中又当场劫取被害人财物的,择一重罪处罚,因此,三被告人的行为应构成抢劫罪,检察机关指控绑架罪有误,应予纠正。

【指导案例】李彬等绑架、非法拘禁、敲诈勒索案①——绑架过程中当场劫取人质财物的,应当如何处理

2006年3月初,被告人李彬、袁南京、胡海珍、东辉预谋绑架石林清勒索钱财。袁南京以帮助他人"要账"为由纠集被告人燕玉峰、刘钰、刘少荣、刘超参与。同年3月9日2时许,李彬、袁南京、胡海珍、燕玉峰、刘钰、刘少荣、刘超冒充公安人员驾车将石林清绑架至山东省泰安市山区一处住房,期间胡海珍、袁南京将石身上的手链、项链、戒指等物抢走。李彬、袁南京指派燕玉峰、刘钰、刘少荣、刘超看押被害人石林清。尔后,李彬、袁南京、胡海珍两次向石林清家属勒索人民币80万元,打入事先开立的信用卡账号中,并在秦皇岛、葫芦岛、唐山等地以划卡消费的方式,购买大量黄金后私分、挥霍。燕玉峰、刘钰、刘少荣、刘超在看押石林清期间,得知不存在欠款的事实,遂于3月11日将石林清释放。案发后,各被告人被抓获归案。

在本案中,在绑架期间,被告人胡海珍、袁南京将被害人石林清身上的手链、项链、戒指等物抢走。对此,根据最高人民法院《关于对在绑架过程中以暴力、胁迫等手段当场劫取被害人财物的行为如何适用法律问题的答复》规定,应当以绑架罪或抢劫罪中的一个重罪定罪处罚。那么,如何具体判定绑架罪与抢劫罪的轻重呢?从刑法规定来看,《刑法》对绑架罪规定的起刑点是5年(《刑法修正案七》公布之前为10年),致被绑架人死亡或者杀害被绑架人的是绝对死刑;抢劫罪的起点刑为3年,抢劫罪致人死亡,并不绝对判处死刑,仍然可以根据案件情况在10年有期徒刑至死刑的幅度内裁量。从法定刑来看,绑架罪是重罪,抢劫罪相对是轻罪。但也有抢劫罪比绑架罪重的情形,如绑架过程中未造成人员伤亡,但劫取被绑架人巨额财物的情形,绑架罪最高仅能判处无期徒刑,而抢劫罪则可以判处死刑。在这种情形下,抢劫罪就明显重于绑架罪了。具体到本案中,被告人胡海珍、袁南京在绑架过程中当场劫取被绑架人随身携带的价值3万余元的手链、项链、戒指等财物,属于抢劫数额巨大,依法应在10年以上有期徒刑、无期徒刑或者死刑的法定幅度内量刑;而其绑架勒索钱财达到80万元,依法也应在10年以上有期徒刑或者无期徒刑幅度内量刑。但针对单纯抢劫3万余元没有造成人身伤害的这种抢劫情形,显然难以达到判处无期徒刑甚至死刑的程度,且从侵害财产角度看,绑架勒索的钱财要远远高于抢劫所得,因此,本案中被告人胡海珍、袁南京所犯绑架罪重于抢劫罪,法院以绑架罪对相关被告人定罪处罚是正确的。

---

① 参见郝红鹰:《李彬、袁南京、胡海珍等绑架、非法拘禁、敲诈勒索案——帮人"讨债"参与绑架,与人质谈好"报酬"后将其释放,事后索要"报酬"的如何定罪处罚》,载最高人民法院刑事审判第一至第五庭主编:《刑事审判参考》(总第69集),法律出版社2009年版,第57—65页。

第二十三章　拐卖妇女、儿童罪

一、"两性人"能否成为拐卖妇女罪的犯罪对象

(一) 裁判规则

拐卖妇女罪的犯罪对象必须是妇女,不包括年满14周岁的男性以及具有男性和女性两种生殖器官的两性人。对于行为人以出卖为目的,明知是年满14周岁的两性人而实施拐骗、绑架、收买、贩卖、接送、中转行为的,根据罪刑法定原则,不能以拐卖妇女罪定罪处罚。但如果其由于认识错误,将上述人员误认为系妇女而实施上述行为的,则应当以该罪的未遂形态论处。

(二) 规则适用

从犯罪构成来看,拐卖妇女罪的犯罪对象必须是妇女。而两性人,根据《现代汉语词典》的解释,是指由于胚胎的畸形发育而形成的具有男性和女性两种生殖器官的人。对于两性人的认定,张明楷教授指出,"妇女包括真两性畸形人和女性假性两性畸形人"[①]。这种观点显然扩张了妇女应有的范围。不可否认,尽管两性人具有女性的部分特征,但在生理上与纯粹的女性仍存在一定区别,不能简单地将两性人当作妇女对待,因此两性人不能作为拐卖妇女罪的犯罪对象。对于行为人明知是年满14周岁的两性人而以出卖为目的实施拐骗、绑架、收买、贩卖、接送、中转行为的,根据罪刑法定原则,不能以拐卖妇女罪定罪处罚。但对于行为人因对犯罪对象的认识错误,误将两性人视为妇女而予以拐卖的,属于刑法理论上的对象不能犯未遂。这种对象不能犯未遂,因行为人的行为已具备刑法规定的拐卖妇女罪的全部构成要件,只是因为行为人的疏忽或者是相关知识的欠缺,致使意欲实施的行为与其实际实施的行为形似而质异,才未能发生行为所希望的犯罪后果,但仍具有社会危害性,不影响拐卖妇女罪的成立,只对犯罪停止形态产生影响,应以拐卖妇女(未遂)罪追究行为人的刑事责任。

---

① 参见张明楷:《刑法学》(第4版),法律出版社2011年版,第797页。

【指导案例】张世林拐卖妇女案①——拐卖两性人能否构成拐卖妇女罪

1990年5月12日,被告人张世林伙同四川省芦山县仁加乡村民竹子刚(已判刑),以外出旅游为名,邀约被告人张世林的女友李某,并通过李某邀约芦山县双石镇西川四组"女青年"王某一同外出。四人从芦山县出发,乘汽车、火车到达安徽省利辛县后,张世林、竹子刚对王某谎称外出的钱已用完,叫王某到竹子刚一朋友家暂住几天,他们去其他地方找到钱后再来接王某,并由竹子刚通过其姐夫张登贤(安徽省利辛县人)介绍,将王某卖与利辛县赵桥乡谭阁村村民谭某为妻,获赃款1900元,除去路费,张世林分得赃款380元。谭某将王某带回家,当晚同居时发现王某有生理缺陷,遂将王某退回竹子刚姐夫家,后王某被送回芦山县。经芦山县人民医院检查诊断,王某系"以男性为主之两性人"。

本案虽然发生在1990年,但是犯罪嫌疑人直到1999年才被抓获,这就涉及新旧刑法的适用问题。当然,新旧刑法选择适用的前提是均构成犯罪。从犯罪构成上看,张世林的行为完全具备了1979年《刑法》第141条规定的拐卖人口罪的犯罪构成。客观上,张世林拐卖人口的犯罪行为已经实施终了,虽然由于对象认识错误而没有达到张世林拐卖人口的目的,但1979年《刑法》规定的拐卖人口罪并没有对犯罪对象"人口"作特殊限制。主观上,张世林具有拐卖人口的故意,两性人虽然特殊,但仍然属于刑法意义上的"人口",误认两性人为妇女的认识错误包容在拐卖"人口"的概括故意中,不影响行为定性。因此,被告人张世林的行为已构成拐卖人口罪。同样,按照1997年《刑法》的规定,尽管拐卖妇女罪要求犯罪对象系妇女,而被告人张世林误以为王某是妇女而将其拐卖,对于这种对象不能犯未遂,行为人的行为已具备刑法规定的拐卖妇女罪的全部构成要件,只是因为行为人的认识错误,致使意欲实施的行为未能发生所希望的犯罪后果,但不影响拐卖妇女罪的成立,只对犯罪停止形态产生影响,应以拐卖妇女(未遂)罪追究行为人的刑事责任。可见,无论是按照行为时法还是审判时法,被告人的行为均构成犯罪。然而,按照行为时法认定为拐卖人口罪,对被告人应当在5年以下有期徒刑的量刑幅度内处刑,而按照审判时法认定为拐卖妇女罪,其基本刑为5年以上有期徒刑,根据《刑法》第12条"从旧兼从轻"原则,对被告人应当选择适用行为时法,即以拐卖人口罪对其定罪处罚。

二、如何认定"造成被拐卖妇女、儿童及其亲属死亡或者其他严重后果"

(一) 裁判规则

《刑法》第240条第1款第(七)项规定的"造成被拐卖的妇女、儿童或者其亲

---

① 参见郭彦东、牛克乾:《张世林拐卖妇女案——拐卖两性人能否构成拐卖妇女罪》,载最高人民法院刑事审判第一庭编:《刑事审判参考》(总第11辑),法律出版社2001年版,第10—15页。

属重伤、死亡或者其他严重后果的",是指由于犯罪分子拐卖妇女、儿童的行为本身直接、间接造成被拐卖妇女、儿童或者其亲属重伤、死亡或者其他严重后果的情形。如果拐卖行为与死亡结果之间既不存在直接因果关系,也不存在间接因果关系,则不能认定为该种加重情节。如果被告人针对被拐儿童亲属直接实施杀害行为,则对其应以故意杀人罪和拐卖儿童罪定罪处罚。

(二)规则适用

1. 在拐卖儿童过程中发生了致人死亡的结果,能否一律认定为《刑法》第240条第1款第(七)项规定的"造成被拐卖的妇女、儿童或者其亲属重伤、死亡或者其他严重后果的"？对此,1997年修改刑法后,并未出台相关立法、司法解释,在实践中适用较多的仍然是最高人民法院、最高人民检察院于1992年发布的《关于执行〈全国人民代表大会常务委员会关于严惩拐卖、绑架妇女、儿童的犯罪分子的决定〉的若干问题的解答》。根据文件第4条规定,"造成被拐卖的妇女、儿童或者其亲属重伤、死亡或者其他严重后果的",是指由于犯罪分子拐卖妇女、儿童的行为直接、间接造成被拐卖妇女、儿童或者其亲属重伤、死亡或者其他严重后果的情形。从司法实践来看,其包括以下几种情况:第一,由于犯罪分子采取拘禁、捆绑、捂嘴等手段,致使被害人重伤、死亡或者造成其他严重后果的;第二,由于犯罪分子的拐卖行为本身或者拐卖中的侮辱、殴打等行为,引起被害人或者其亲属自杀、精神失常或者其他严重后果等。可见,从《关于执行〈全国人民代表大会常务委员会关于严惩拐卖、绑架妇女、儿童的犯罪分子的决定〉的若干问题的解答》列举的情况来看,"造成被拐卖的妇女、儿童或者其亲属重伤、死亡或者其他严重后果的",被告人主观上并非以被害人伤亡的结果为目的。如果直接故意杀害、伤害被拐卖妇女、儿童的,或者为进行拐卖犯罪排除妨碍,对被拐卖人亲属进行杀害、伤害的,应当以故意杀人罪或者故意伤害罪与拐卖妇女、儿童罪实行并罚。

2. 在偷盗婴幼儿进行拐卖的共同犯罪过程中,各被告人在事先预谋过程中并未商议如果偷盗过程中被人发现即采用杀人的方式来排除妨碍,但在实施偷盗婴幼儿的过程中,被婴幼儿亲属发现后,如果部分共犯行为人采用暴力手段致婴幼儿亲属死亡的,这种情形属于过限行为。根据刑法共同犯罪理论,实行犯在共同犯罪中实施了超出共同预谋范围外的犯罪行为,不成立共同犯罪。为此,对故意杀人行为,应当由实施过限行为的行为人承担责任。其他同案犯不应认定为故意杀人罪之共犯,而应以拐卖儿童罪定罪处罚。那么,对没有实施过限行为的行为人,能否认定为《刑法》第240条第1款第(七)项"造成被拐卖的妇女、儿童或者其亲属重伤、死亡或者其他严重后果的"？笔者认为,答案是肯定的。因为即便是被害人亲属因被害人被拐卖而自杀的行为,都可以认定为"造成被拐卖的妇女、儿童或者其亲属重伤、死亡或者其他严重后果的"情节。也就是说,即使被害人亲属的死亡与拐卖行为之间没有直接因果关系,仅仅具有间接因果关系,就应当以上述加重处罚情节来认定。那么,在被告人的行为与被害人亲属死亡结果之间具有直接因果关系的情况下,更应当属于加重情节。因此,其他未实施故意杀人行为的同案犯,对被害人的死亡结果也应当承担责任,即应当适用《刑法》第240条第1款第(七)项的规定,认定其行为造成被拐卖儿童的亲属死亡的严重后果。

【指导案例】吕锦城、黄高生故意杀人、拐卖儿童案[①]——拐卖儿童过程中杀害被拐卖儿童亲属的行为如何定性

2008年8月下旬,被告人吕锦城、黄高生商议拐卖儿童赚钱,黄高生提议偷盗其邻居黄金花(被害人,女,殁年26岁)夫妇的男婴黄伟艺(2008年1月4日出生)贩卖,如果被发现就使用暴力抢走孩子。二人为此进行了踩点,并购买了撬门的工具和行凶的匕首、啤酒瓶等物。9月2日3时许,黄高生骑摩托车载吕锦城至黄金花家屋外,由黄高生在屋外接应,吕锦城从屋顶潜入黄金花、黄伟艺卧室时,被黄金花发现。黄金花喊叫,吕即捂住黄金花的嘴,并用啤酒瓶砸黄金花,在未砸中后又用拳头殴打她。睡在隔壁的黄金花的奶奶戴术治(被害人,殁年75岁)听到动静过来与吕锦城搏斗,吕将戴推倒在地,并拔出匕首朝黄金花颈部捅刺一刀,抱着婴儿准备逃离。当发现戴术治坐在地上盯着其看,便又持匕首朝戴颈部捅刺一刀,致黄金花、戴术治死亡。吕锦城、黄高生带着黄伟艺逃离现场后,将黄伟艺以3.7万元的价格卖给了他人。

在拐卖儿童过程中发生了致人死亡的结果,那么能否认定为《刑法》第240条第1款第(七)项规定的"造成被拐卖的妇女、儿童或者其亲属重伤、死亡或者其他严重后果的"情形?对此,根据《关于执行〈全国人民代表大会常务委员会关于严惩拐卖、绑架妇女、儿童的犯罪分子的决定〉的若干问题的解答》的规定,"造成被拐卖的妇女、儿童或者其亲属重伤、死亡或者其他严重后果的",要求行为人主观上并非以被害人伤亡结果的发生为目的,而是因为拐卖行为本身导致被害人死亡。如果对被拐卖人直接实施故意杀害、伤害行为,或者为进行拐卖犯罪排除妨碍,对被拐卖人亲属直接实施杀害、伤害行为的,应当对其中的杀害、伤害行为单独认定为故意杀人罪或者故意伤害罪,并与拐卖妇女、儿童罪实行并罚。在本案中,被告人吕锦城入室偷盗婴儿时被发现,为制止婴儿母亲黄金花的反抗,持刀杀害黄金花,唯恐罪行败露又将婴儿曾祖母戴术治杀害。上述行为不属于拐卖儿童的手段行为,而是属于为排除妨碍、防止罪行败露实行的杀、伤行为,应认定为故意杀人罪,并与拐卖儿童罪并罚。

本案系共同犯罪,二被告人预谋偷盗、遇反抗即用啤酒瓶砸晕人的手段绑架婴儿,其共同的犯罪故意仍在拐卖儿童犯罪范围内。对于吕锦城的杀人行为,黄

[①] 参见魏海欢:《吕锦城、黄高生故意杀人、拐卖儿童案——拐卖儿童过程中杀害被拐卖儿童亲属的行为,如何定性》,载最高人民法院刑事审判一至五庭主办:《刑事审判参考》(总第82集),法律出版社2012年版,第32—38页。

高生主观上不存在共同故意,应认定为吕锦城的过限行为。根据刑法共同犯罪理论,实行犯在共同犯罪中实施了超出共同预谋范围外的犯罪行为,不成立共同犯罪。故对黄高生不应认定为故意杀人罪之共犯,而应以拐卖儿童罪定罪处罚。当然,尽管被害人的死亡结果是吕锦城实施过限的故意杀人行为造成的,黄高生因不具有共同故意而无需承担故意杀人罪的责任,但是其对该结果负有过失责任。理由在于,黄高生在与吕锦城事先预谋的时候即有讲到,偷盗中遇反抗即用啤酒瓶砸晕人,故黄高生应当预见到同案犯吕锦城的暴力行为有可能致他人死亡。而且,根据《刑法》第240条第1款第(七)项的规定,即使是被害人亲属因被害人被拐卖而自杀的,即被害人亲属的死亡与拐卖行为之间仅仅具有间接因果关系的,都应认定为"造成被拐卖的妇女、儿童或者其亲属重伤、死亡或者其他严重后果的"情形。那么,在被告人的行为与被害人亲属死亡结果之间具有直接因果关系的情况下,更应当属于加重情节。因此,对于未实施故意杀人行为的同案犯黄高生而言,对被害人的死亡结果也应当承担责任,即应当适用《刑法》第240条第1款第(七)项的规定,认定其行为造成被拐卖儿童的亲属死亡的严重后果。

【指导案例】谭某等拐卖妇女案[①]——**在实施拐卖妇女犯罪中将被拐卖妇女的雇主杀害的行为,能否作为拐卖妇女罪的加重情节**

被告人谭某伙同他人预谋"控制"住某饭店老板,而后绑架该店女服务员出卖。某日,谭某等人携带匕首等作案工具,来到鹿某所开饭店的包间内吃饭。为顺利抢走女服务员,谭某等人趁鹿某至包间结账之机,用啤酒瓶砸击鹿的头部,持匕首连续捅刺鹿的胸腹部,致鹿某当场死亡。谭某等人采取暴力胁迫手段将石某等4名女服务员劫持到出租车上逃离,后谭某等人以6000元的价格将4名女服务员出卖。

在本案中,被告人谭某等人杀害鹿某的行为是否符合《刑法》第240条第1款第(七)项规定的"造成被拐卖的妇女、儿童或者其亲属重伤、死亡或者其他严重后果"之情形?笔者认为,答案是否定的。首先,从被害对象来讲,第240条第1款第(七)项法定加重情节的被害对象是"被拐卖的妇女、儿童或者其亲属",而本案暴力致死的被害人是被拐卖妇女的雇主,不属于法定的亲属范畴。其次,从文义理解来看,"其他严重后果"是与"重伤、死亡"后果并列的宾语,其对象依然是"被拐卖的妇女、儿童或者其亲属"。最后,从行为人的主观故意来看,"造成……重伤、死亡或者其他严重后果"是指拐卖妇女的暴力行为直接或间接导致危害结果,如由于犯罪分子捆绑、堵口鼻、殴打、虐待等,使被拐卖者重伤或死亡,或者由于犯罪分子拐卖行为、侮辱、殴打等行为引起被拐卖者或者其亲属自杀、精神失常或者其

[①] 参见最高人民法院刑事审判第一、二、三、四、五庭主办:《刑事审判参考》(总第63集),法律出版社2008年版第74—78页。

他严重后果。而本案被告人谭某等人系直接杀害饭店老板鹿某,该行为并非拐卖妇女犯罪所需要,完全超过了该罪的罪状外延,二者在罪状层面不存在包含关系。综上,被告人谭某等人为排除妨碍顺利实施拐卖妇女而故意非法剥夺他人生命,不能认定为《刑法》第240条第1款第(七)项所规定的拐卖妇女罪的加重情节,而应当单独以故意杀人罪论处。

【指导案例】郑建有等拐卖妇女案①——非法拘禁被拐卖妇女致其重伤、死亡的如何处理

被告人郑建有伙同郑徐良(另案处理)于2007年7月6日将从他人手中买来的四川籍妇女孔某某拘禁在浙江省永嘉县瓯北镇星光宾馆706房间,并先后指使被告人郑俊、郑海达、郑博龙等人看管。当日傍晚,郑建有经他人介绍,将孔某某以8000元的价格贩卖给被告人潘江海。7月7日13时许,孔某某借机逃跑未果,潘江海遂要求郑建有等人将人带回。郑建有赶到潘江海住处,殴打了孔某某并将孔带回星光宾馆继续拘禁,并将8000元钱退还给潘江海。当晚8时许,看管人员多人强行抚摸孔某某胸部、阴部等隐私部位。当日23时许,被害人孔某某从旅馆5楼房间窗户跳楼,当场死亡。

依照《刑法》第240条第1款第(七)项的规定,造成被拐卖妇女、儿童或者其亲属重伤、死亡或者其他严重后果的,是指由于犯罪分子拐卖妇女、儿童的行为,直接、间接造成被拐卖的妇女、儿童或者其亲属重伤、死亡或者其他严重后果。可见,被拐卖人的死亡结果并不需要与拐卖行为之间具有直接因果关系,只要与拐卖行为之间存在间接因果关系,也可以认定为本案的加重情形。此外,被拐卖人的亲属因为拐卖行为而间接死亡的,也属于这里的加重处罚情节。在本案中,被告人郑建有将收买来的被害人孔某某卖给潘江海,后因潘江海退回而将被害人孔某某带回继续拘禁并实施殴打,被害人孔某某在被看管期间,因受到侮辱而跳楼死亡。该情节属于在实施拐卖过程中,为控制被害人,使其不得逃跑,而对其非法拘禁并实施殴打、侮辱等行为,导致被害人死亡的情形,依照《刑法》第240条第1款第(七)项的规定,应当从重处罚。

【指导案例】戴金元等拐卖儿童案②——拐卖儿童过程中"致儿童死亡"如何认定

2004年4月,王朝群(已判刑)将收养的一男婴以1万元价格转卖给被告人戴

---

① 参见最高人民法院刑事审判第一庭:《最高人民法院拐卖妇女儿童犯罪典型案例评析及法律法规精选》,中国法制出版社2010年版,第289—298页。

② 参见最高人民法院刑事审判第一庭:《最高人民法院拐卖妇女儿童犯罪典型案例评析及法律法规精选》,中国法制出版社2010年版,第195—205页。

金元等人。同年6月17日,因婴儿生病,戴金元等人将该男婴送到福建省莆田市医院住院治疗,病情好转后,三被告人不愿继续花钱治疗,于同年7月3日出院,并将该男婴送到福建省莆田市一农家利用迷信治病。同年8月6日,公安人员抓获了三被告人,解救了该男婴,并将其送至福利院收养。福利院多次送该男婴入院治疗,但该男婴因患腔隙性白质脑病、左枕部蛛网膜下腔出血等疾病,于同年12月4日死亡。

在本案中,被害婴儿于2004年4月被拐卖后生病,同年6月17日被告人戴金元等将其送去住院治疗,并在病情已有好转的情况下出院。同年8月6日,该婴儿被解救由福利院抚养后,至同年12月4日死亡期间,福利院曾多次将该婴儿送医治疗。虽然该名婴儿是在被拐卖期间发病,未得到最好的治疗,但被告人确有将婴儿送医行为,可以证实三被告人主观上并不希望看到婴儿死亡的结果。且从本案情况来看,被拐卖婴儿从生病到死亡,时间长达半年之久,特别是获救后至死亡已近4个月,现无法证实被告人有虐待、残害婴儿的行为,亦无法证实婴儿发病与各被告人拐卖行为具有直接或间接因果关系,故本案不应认定为致被拐卖婴儿死亡的加重情节。

三、依被拐卖妇女的要求将其再转卖给他人的行为如何定罪处罚

(一) 裁判规则

1. 从法益保护的角度看,基于对人身自由和人格尊严的法律保护,以及维护社会公序良俗的需要,禁止将任何人作为商品进行买卖,即使被拐卖的妇女配合、同意犯罪行为人的拐卖行为,也不影响拐卖妇女罪的成立。

2. 收买被拐卖的妇女又出卖的,应以拐卖妇女罪一罪论处,而不实行数罪并罚。也就是说,行为人先行收买被拐卖妇女的行为,应当为其再出卖自己收买的被拐卖妇女的行为所吸收。

(二) 规则适用

1. 依照所收买的被拐卖妇女的要求将其再转卖给他人的行为,涉及存在被害人承诺或要求的行为(基于权利人自愿的损害行为)能否像正当防卫、紧急避险那样,具有排除社会危害性的属性,从而成为实质上不构成犯罪的正当事由?对此,有观点认为,"由于本罪是侵犯妇女、儿童人身自由与身体安全的犯罪,所以,如果行为人得到了妇女的具体承诺,就阻却构成要件符合性,不应以犯罪论处"[1]。对此,笔者认为,一般而言,属于公民个人所享有的合法权益如财产权、劳动权、隐私权等皆属于个人可自由处分的权益,因此,经权利人同意毁坏其财产,披露其隐私等均不构成毁坏财产、侮辱等罪。公民个人的人身自由权、身体健

---

[1] 张明楷:《刑法学》(第5版),法律出版社2016年版,第895页。

康权尤其是生命权,他人能否在权益人的自愿同意下,给予损害或剥夺,我国立法和司法实践对其持否定态度。如他人不能在被害人的自愿同意下剥夺其生命权利、实施"安乐死"等。依照所收买的被拐卖妇女的要求将其再转卖给他人的行为,尽管被害妇女自愿同意被告人将其转卖,在某种程度上可视为是其真实意图的反映,但是我们也应看到,被告人对被害妇女的再卖行为有违社会公序良俗,具有社会危害性,同样为法律所禁止。因此,对被告人应当以拐卖妇女罪来认定。当然,在具体量刑上也应当考虑到被害人自愿等因素,对被告人从宽处罚。

2. 根据《刑法》第241条第5款的规定,收买被拐卖的妇女又出卖的,应当依照拐卖妇女罪的规定定罪处罚。在这里,"收买"是指不具有出卖目的的收买。本来,收买被拐卖的妇女、儿童后,又出卖所收买的妇女、儿童的,应当以收买被拐卖的妇女罪与拐卖妇女罪实行并罚。然而,按照《刑法》第241条第5款规定,对上述行为仅以拐卖妇女、儿童罪一罪论处,不实行数罪并罚,表明该规定系一种法律拟制。值得注意的是,行为人收买被拐卖的妇女、儿童之后,对其实施了强奸、非法拘禁等行为,后来又将其出卖的,对其中的强奸或者非法拘禁行为是否另行定罪?对此,笔者认为,由于刑法规定"收买被拐卖的妇女、儿童后又出卖的",依照拐卖妇女、儿童罪论处,而拐卖妇女、儿童罪的行为包括非法拘禁行为、加重情节中又包括了强奸行为,故仅认定为拐卖妇女、儿童罪即可,无需再实行数罪并罚。

【指导案例】李邦祥拐卖妇女案[①]——应收买的被拐卖的妇女要求将其再转卖他人的如何定罪处罚?

1994年4月间,"黄振仪"(在逃,真实姓名身份不详)在广西柳州市汽车站以介绍工作为名,将从某县农村出来找工作的妇女刘某、黄某妯娌二人拐骗到刘景胜(同案被告人,已判刑)家。刘景胜伙同他人将黄某卖给了王某为妻,在欲将刘某卖给一名年龄较大的男人为妻时,由于刘某哭闹不愿而未得逞。此后,刘景胜找到被告人李邦祥,商定以1700元的价格将刘某卖给李做小妾,并可随后付款。李邦祥将刘某带回家中后,遭到了其妻的强烈反对,同时又得知刘某已结婚,且已生育,遂表示要么将刘某送回家,要么将其退回给刘景胜。刘某因黄某随其一道出来也被拐卖掉,既怕一人回家无法交代,又怕被送回刘景胜处被刘殴打,故要求李邦祥将其再转卖他人。李遂将刘某以1800元转卖给刘振某为妻。所得款1800元除付刘景胜1700元外,剩余的100元自得。

一审法院经审理后认为,被告人李邦祥明知刘某系被拐卖的妇女,收买后又将其转卖给他人为妻的行为,已构成拐卖妇女罪。依照《刑法》第12条第1款和

[①] 参见罗建国、银霞、洪冰:《李邦祥拐卖妇女案——应收买的被拐卖的妇女要求将其再转卖他人的如何定罪处罚》,载最高人民法院刑事审判第一庭、第二庭编:《刑事审判参考》(总第30辑),法律出版社2003年版,第69—72页。

全国人民代表大会《关于严惩拐卖、绑架妇女、儿童的犯罪分子的决定》的规定,判决被告人李邦祥犯拐卖妇女罪,判处有期徒刑5年,并处罚金1000元。宣判后,被告人李邦祥以是应刘某的要求才将其转卖,其行为不构成犯罪为由,提出上诉。二审法院经审理后认为,上诉人将收买的被拐卖的妇女刘某转卖给他人为妻的行为,已构成拐卖妇女罪。鉴于其在收买刘某之后,曾表示愿意将刘某送返回家,只是应刘某要求才将其转卖他人,主观恶性不大,犯罪情节轻微。依照《刑法》第12条第1款、第240条和全国人民代表大会《关于严惩拐卖、绑架妇女、儿童的犯罪分子的决定》以及《刑事诉讼法》相关规定,判决撤销原审对被告人李邦祥的量刑部分,改判其免予刑事处罚。

【指导案例】夏宝山拐卖妇女案[①]——被害人自愿被出卖是否影响对行为性质的认定

2006年3月,尹发(另案处理)在吉林省龙井市三合镇,以1万元的价格买得被害人郑色英(女),后以2万元价格将郑色英卖给黑龙江望奎县恭六乡三前村村民刘柱,得赃款1万元。2006年,郑色英主动联系人贩子即被告人夏宝山,称收买人刘柱总是打她,要求夏宝山另行联系买主。夏宝山将郑色英带至黑龙江省绥化市北林区三井乡,在准备将郑色英以1.7万元价格卖出时,被当场抓获。

本案的特殊之处在于,被害人郑色英明知被告人夏宝山系人贩子,为改善生活境遇而主动联系被告人,要求被告人将其另行出卖给他人为妻。这就涉及如何来界定被告人基于被害人的承诺而实施的出卖行为的性质,以及被害人对自身自由做出的处分能否阻却出卖行为的违法性问题。一般认为,被害人的承诺在满足如下条件的情况下,方能够阻却行为的违法性:一是承诺者对自身受损害的权益具有处分权;二是承诺必须是被害人真实意思的反映;三是被害人的承诺不能违反法律规定或者违背公序良俗。在本案中,被害人承诺被告人将其卖给他人为妻,显然违反了法律规定和公序良俗,因此该承诺不能阻却违法。当然,在本案这种情况下,被告人的行为没有违反被害妇女的意志,其主观恶性和社会危害性明显小于典型意义上的拐卖妇女犯罪,在量刑时可以考虑从轻处罚。

四、为无民事行为能力妇女介绍对象收取费用的行为如何定性

(一)裁判规则

1. 介绍婚姻收取财物通常是指为男女双方居间联系,促成合法婚姻,并收取一方或者双方财物的行为;而拐卖妇女犯罪是将妇女作为商品出卖谋取非法利

[①] 参见最高人民法院刑事审判第一庭:《最高人民法院拐卖妇女儿童犯罪典型案例评析及法律法规精选》,中国法制出版社2010年版,第27—33页。

益,并非促成合法婚姻,其本质上是否定被拐卖妇女人格的人口贩卖行为。

2. 为精神发育迟滞、无民事行为能力的妇女"介绍对象"获取利益的行为,应当认定为拐卖妇女罪。

(二) 规则适用

1. 拐卖妇女行为在多数时候表现为将被拐卖妇女卖给他人为妻,与介绍婚姻并收取财物的行为具有一些相似之处。为此,在司法实践中,许多实施拐卖妇女行为的被告人往往会辩称自己是介绍婚姻而非拐卖妇女,这就需要对这两类行为有一个恰当的区分。笔者认为,介绍婚姻收取财物通常是指为男女双方居间联系,促成合法婚姻,并收取一方或者双方财物的行为。而拐卖妇女犯罪是将妇女作为商品出卖谋取非法利益,并非促成合法婚姻,其本质上是否定被拐卖妇女人格的人口贩卖行为。从客观方面分析,拐卖妇女犯罪客观上是将妇女作为商品进行买卖,被拐卖妇女完全处于被非法处置的地位,丧失了自主决定婚姻的意志自由和行为自由。而且,为了能够顺利实施拐卖妇女的行为,行为人通常需要对被拐卖妇女实施非法的人身控制。从主观上来看,拐卖妇女犯罪以出卖被拐卖的妇女谋取非法利益为目的,至于被拐卖的妇女是否同意婚姻,并非犯罪行为人所要考虑的因素。相比之下,介绍婚姻行为并不具有出卖妇女的目的,而仅仅是居间联系促成男女双方结成婚姻。婚姻介绍者必须考虑男女双方是否同意该桩婚姻,如果男女一方不同意就无法促成婚姻,故不存在对妇女的人身控制问题,更不存在出卖妇女的问题。

2. 在为精神发育迟滞、无民事行为能力的妇女介绍对象的情形中,由于上述对象无法表达自己的自由意志,其是否同意该桩婚姻不得而知。因此,如果行为人的介绍行为系以获取利益为目的,应当将其介绍行为认定为拐卖妇女罪。当然,在具备如下条件的情形中,也可以不作为犯罪认定:首先,介绍人通常是被介绍妇女的监护人或者是受其监护人之托为其介绍对象;其次,介绍对象的目的通常是为了使被精神发育迟滞、无民事行为能力的妇女生活更有保障;最后,行为人为精神发育迟滞、无民事行为能力的妇女介绍对象,其主观目的并非为了获取利益。

【指导案例】刘友祝拐卖妇女案[①]——为无民事行为能力妇女"介绍对象"收取费用的行为如何定性

2010年农历11月某天,湖南省邵东县廉桥镇白马铺村村民王秀英在其家附近发现一名流浪妇女(真实身份不明,经鉴定重度精神发育迟滞,无民事行为能

[①] 参见刘静坤、陈建军:《刘友祝拐卖妇女案——为无民事行为能力妇女"介绍对象"收取费用的行为,如何定性》,载最高人民法院刑事审判一至五庭主办:《刑事审判参考》(总第87集),法律出版社2013年版第21—26页。

力,以下简称无名妇女),遂予以收留,并想为该妇女介绍对象。王秀英将该想法告知邻村村民周元英(另案处理),周元英随即找到被告人刘友祝。刘友祝告知周元英邵东县流泽镇大龙村村民肖永秀(另案处理)有个不太聪明的儿子尚未结婚,并与肖永秀约好去白马铺村看人。肖永秀看了该无名妇女后同意买下给他儿子做媳妇,并分别给刘友祝三人人民币(以下币种同)2 000元、1 000元、1 600元不等的好处费。因无名妇女不能做家务,肖永秀于2011年7月3日将无名妇女送回刘友祝家中,并要刘友祝退钱;刘友祝想再次将无名妇女介绍给他人,以便返还肖永秀的钱。2011年7月7日,刘友祝委托周元英为无名妇女做媒。次日,周元英得知邵东县廉桥镇东塘村村民周安飞智力有点问题的儿子尚未结婚,便带着周安飞赶到刘友祝家,周安飞看了无名妇女后,经讨价还价以10 628元将其买下。刘友祝分得10 028元,周元英分得600元。周安飞家人得知此事后,怀疑该无名妇女系被拐卖,遂要求周安飞将该无名妇女送回。7月18日,周安飞等人将无名妇女送回刘友祝家,并要求刘友祝退钱,遭刘友祝拒绝,周安飞的家人随即报案。公安人员前往刘友祝家中将其抓获。

本案审理过程中,有观点认为,被告人刘友祝只是应王秀英的要求将重度精神发育迟滞、无民事行为能力的无名妇女介绍给他人做妻子,主观上是为了让无名妇女以后的生活更有保障,其所获得的钱款也是作为介绍婚姻的好处费,因此不符合拐卖妇女罪的构成特征。笔者认为,上述观点值得商榷。首先,本案被害人经鉴定患有重度精神发育迟滞、无民事行为能力,无法对他人介绍婚姻的行为作出判断,缺乏自由表达意志的能力。被告人刘友祝并非被害人的监护人,亦非受人之托介绍婚姻,而是积极通过出卖行为谋取非法利益。刘友祝连续两次寻找买主并将被害人卖出:第一次是将被害人介绍给他人做儿媳妇,刘友祝从中索取2 000元,而王秀英收留被害人多日,仅从中得款1 600元,可见刘友祝行为积极,并非仅是应王秀英的要求出卖被害人。同时,在被害人因无法做事情被退回后,刘友祝为了退还此前收取买家的2 000元钱,又单独将被害人出卖给另一买家,经讨价还价后从中索取10 028元。此外,刘友祝获取利益的行为并非其所称的为了使被害人受益。从该案实际情况分析,刘友祝为被害人寻找的买家并不能让其以后的生活更有保障。一是刘友祝为该妇女寻找的对象均系生活无法自理者,他们自身并不具备完全的民事行为能力,更无法照顾被害人日常生活,由此可以推断,刘友祝出卖被害人的行为是为了谋取非法利益,而不是为了保障被害人的生活。二是刘友祝的行为在客观上并未使被害人的生活更有保障。由于被害人重度精神发育迟滞、无民事行为能力,无法承担一个正常妻子可以承担的责任,导致买家的家庭并未收留被害人,而是将其退回。因此,刘友祝单方面以介绍婚姻的形式将被害人出卖的行为,非但未能更好地保障被害人的生活,反而严重侵犯了被害人的人身权利。如果刘友祝主观上是为了被害人以后的生活更有保障,其应当通过公安机关寻找被害人的亲属,使其恢复原有的家庭社会关系,从而切实保障其正常的生活。综上可见,本案被告人刘友祝客观上实施了非法出卖妇女牟利的行为,主观上具有出卖妇女谋取非法利益的故意,其行为显然不是普通的介绍婚姻行为,而是拐卖妇女的犯罪行为,根据主客观相统一的原则,应当认定被告人刘友祝构成拐卖妇女罪。

五、出卖亲生子女的行为如何定罪量刑

(一)裁判规则

1. 要严格区分民间送养行为与借送养之名出卖亲生子女的界限,区分的关键在于行为人是否具有非法获利目的。具体来说,应当通过审查将子女"送"人的背景和原因、有无收取钱财及收取钱财的多少、对方是否具有抚养目的及有无抚养能力等事实,综合判断行为人是否具有非法获利的目的。

2. 以非法获利为目的,出卖亲生子女的,应当以拐卖妇女、儿童罪论处。不是出于非法获利目的,而是迫于生活困难,或者受重男轻女思想影响,私自将没有独立生活能力的子女送给他人抚养,收取少量"营养费""感谢费"的,属于民间送养行为,不能以拐卖妇女、儿童罪论处。对私自送养导致子女身心健康受到严重损害,或者具有其他恶劣情节,可以遗弃罪论处;情节显著轻微危害不大的,可由公安机关依法予以行政处罚。

3. 拐卖儿童罪的行为,包括拐骗、绑架、收买、贩卖、接送、中转等行为,只要其中某一项行为实施完毕,行为人即可构成既遂,并不需要该儿童已经实际被卖出。当然,在出卖亲生子女的情况下,由于不存在拐骗、绑架、收买、接送、中转等非法控制被拐卖儿童的问题,故认定既未遂的关键在于儿童是否被卖出。

(二)规则解读[①]

1. 拐卖妇女、儿童罪的主观要件是直接故意,而且必须以出卖为目的。以出卖为目的并不等于营利目的,不管是否实际获得钱财,获得多少钱财,均不影响本罪的认定。但是对于将亲生子女送给他人并收取一定数额钱财的行为,是否认定为犯罪,以及是认定为拐卖儿童罪还是遗弃罪,则需要重点考察行为人是否具有获利目的。对此,最高人民法院、最高人民检察院、公安部、司法部 2010 年联合发布的《关于依法惩治拐卖妇女儿童犯罪的意见》明确规定,"以非法获利为目的,出卖亲生子女的,应当以拐卖妇女、儿童罪论处"。《关于依法惩治拐卖妇女儿童犯罪的意见》同时要求严格区分民间私自送养与借送养之名出卖亲生子女行为的界限;对于不是出于非法获利目的,而是迫于生活困难,或者受重男轻女思想影响,私自将没有独立生活能力的子女送给他人抚养,收取少量"营养费""感谢费"

[①] 参见最高人民法院刑事审判第一庭:《最高人民法院拐卖妇女儿童犯罪典型案例评析及法律法规精选》,中国法制出版社 2010 年版,第 34—43 页。

的,属于民间送养行为,不以拐卖儿童罪论处;对私自送养导致子女身心健康受到严重损害,或者具有其他恶劣情节,可以遗弃罪论处。可见,区分拐卖儿童与民间私自送养、遗弃行为的关键就在于,行为人是否具有非法获利目的,即把子女当作商品,把收取的钱财作为出卖子女的身价。在具体案件中,对非法获利目的的认定,要注意从以下几个方面的证据综合进行审查:

首先,需要审查行为人将子女送人的背景和真实原因,及其行为时是否考虑对方有无抚养目的、抚养能力。实践中,父母将亲生子女送人的背景、原因很复杂,有的是家庭经济状况异常困难或者突然遭遇重大变故,如亲属身患重病,无力抚养子女的;或者未婚先育,短期内无法结婚又不具备抚养能力和条件等。在上述情况下,父母将亲生子女送给他人,首先考虑的是子女以后的成长、生活、教育等因素,故对收养方是否有抚养目的和抚养能力会进行认真斟酌考量。对方给不给抚养费、给多少抚养费,父母不会特别在意。如果行为人明知对方不具有抚养目的和抚养能力,或者根本不考虑对方是否具有抚养目的和抚养能力,为收取钱财将子女"送"给他人的,一般情况下,可以认定行为人具有非法获利目的,应当认定构成拐卖儿童罪。

其次,需要审查行为人是否将生育作为非法获利手段,生育子女的目的就是将子女出卖牟利。对非法获利目的的认定,不能局限于一次行为的评价,要综合被告人的关联行为,准确认定被告人是否属于因经济困难而送养小孩。如被告人生育一名女婴,自称女婴有病,因无钱医治,遂通过中间人介绍,将女婴送给他人抚养,并从收养人处收取 5 000 元。在接下来的几年时间里,又先后将所生育的几个孩子全"送"给他人"抚养",共收取 1.5 万元。如果仅局限于第一次行为,很难准确认定被告人的主观目的。然而,其接下来将刚生育的数个子女都先后"送人"换取钱财的事实,足以体现出其借"送养"之名行敛财之实,具有非法获利目的,应当以拐卖儿童罪论处。

再次,需要审查行为人收取钱财的多少以及在收取钱财过程中的态度。一方面,要考虑收取钱财的数额是否明显超出了抚育成本或"感谢费"的范围,但不能唯数额论。数额巨大的,未必都能认定行为人具有非法获利目的,如收养人经济状况较好,主动支付数额较大的"感谢费"的情形;收取钱财数额相对小的,也未必一概不认定具有非法获利目的,如父母为了偿还赌债或者挥霍享乐,以"较低价格"将子女"送人",或者父母为出卖子女积极讨价还价,但最终只收取到少量钱财的情形,就足以体现出行为人具有非法获利目的。因此,行为人在收取钱财过程中的表现、态度,是判断其是否具有非法获利目的的重要因素。

最后,对于将亲生子女送给他人并收取一定数额钱财的行为,实践中一定要结合各种因素综合判断。如果认定行为人非法获利目的的证据存疑的,应当按照存疑有利于被告人的原则,根据案件具体情况,或者认定为遗弃罪,或者作无罪处理。

2. 对于将亲生子女送给他人并收取一定数额钱财的行为,即使具有非法获利目的,应认定为拐卖儿童罪,在量刑时也应当做到区别对待。拐卖儿童犯罪严重侵犯儿童身心健康,只要构成拐卖儿童罪,就至少应当在 5 年以上 10 年以下有期徒刑这个法定刑幅度内判处刑罚,情节特别严重的还可能判处死刑。因此,总体上看,拐卖儿童是一种重罪。然而,拐卖儿童的情形非常复杂,在坚持整体上从严惩处的同时,还需要贯彻宽严相济刑事政策的精神和要求,做到区别对待,宽以济严。出卖亲生子女与"人贩子"采取收买、拐骗、偷盗、强抢等方式拐卖儿童相比,后者的社会危害更大。对于出卖亲生子女的案件,应当考虑行为人出卖亲生子女的动机,子女被卖出后是否受到摧残、虐待以及是否得到解救等因素,合理确定量刑幅度。如果客观情节、主观动机并非十分恶劣的,一般可以酌情从轻处罚。对于那些一方面具有生活困难、未婚先育等特殊情节,但同时又有充分证据证实系为了非法获利而将子女作为商品出卖的行为人,如果根据案件具体情况,参酌社会一般人的道德伦理观念,考虑被解救儿童仍需由原家庭哺育抚养照顾等因素,在处罚上即使判处法定最低刑仍显过重的,可以在法定刑以下判处刑罚,依法层报最高人民法院核准。

司法实践中,出卖亲生子女的案件往往涉及居间介绍等诸多中间环节,对于帮助介绍出卖他人亲生子女的行为人,是否追究其拐卖儿童罪的刑事责任,需要区分不同情况,分别处理,关键是看行为人是否具有非法获利目的。同时,还要注意贯彻好宽严相济的刑事政策,合理确定惩治范围。对于那些明显以非法获利为目的,积极参与介绍出卖他人亲生子女的;或者明知一方是"人贩子"仍然从中居间介绍,撮合买卖的;或者介绍人以帮助送养为名骗得他人的亲生子女后将其出卖的,对行为人应当依法以拐卖儿童罪定罪处罚。反之,如果只是出于邻里、亲朋私情,为行为人出卖亲生子女"牵线搭桥",没有收取任何钱财或者只是事后被动分得少量"感谢费",所起作用明显较小,犯罪情节较轻的,应当从轻、减轻或者免除处罚;情节显著轻微危害不大的,可以不以犯罪论处,避免打击面过宽。

3. 根据《刑法》第 240 条第 2 款规定,"拐卖妇女、儿童,是指以出卖为目的,有拐骗、绑架、收买、贩卖、接送、中转妇女、儿童的行为之一的",只要其中某一项行为实施完毕,被拐卖妇女、儿童转移至行为人或者第三人的实力控制之下,行为人即构成既遂,而并不需要该儿童已经实际被卖出。当然,在出卖捡拾儿童、亲生子女或者收买被拐卖儿童后才产生出卖犯意进而出卖儿童的,由于不存在拐骗、绑架、收买、接送、中转等非法控制被拐卖儿童的问题,因此认定是否既遂的关键在于该儿童是否已经被卖出。

【指导案例】武亚军、关倩倩拐卖儿童案①——出卖亲生子女构成拐卖儿童罪,具备特殊情况的可否在法定刑以下判处刑罚

被告人关倩倩于2009年2月8日生育一男孩,后因孩子经常生病,家庭生活困难,被告人武亚军、关倩倩夫妻二人决定将孩子送人。2009年6月初,武亚军、关倩倩找到山西省临汾市先平红十字医院的护士乔瑜,让其帮忙联系。第二天,乔瑜将此事告知张永珍,张永珍又让段麦寸(同案被告人,已判刑)询问情况。段麦寸与关倩倩电话联系后约定付给关倩倩2.6万元。后段麦寸将此情况告知景九菊(同案被告人,已判刑),景九菊经与赵临珍(同案被告人,已判刑)联系看过孩子后,赵临珍又通过郭秋萍(同案被告人,已判刑)介绍买家。2009年6月13日在赵临珍家中,武亚军、关倩倩将出生仅4个月的孩子以2.6万元的价格卖给蔡怀光(在逃),赵临珍、景九菊、段麦寸、郭秋萍分别获利1 400元、600元、500元、1 500元。赵临珍、郭秋萍、王洪生(同案被告人,已判刑)与蔡怀光一同将婴儿送至山东省台儿庄,卖给他人。后武亚军的父亲向公安机关报警称孙子被武亚军夫妇卖掉,2009年7月17日,公安机关解救出被拐卖的婴儿。

在本案中,根据证人张永珍等的证言和同案被告人段麦寸的供述,张永珍听说有个亲戚想抱养男婴后,联系被告人关倩倩,关倩倩称要收取5万元才能将儿子送人,双方没有谈成。张永珍将该情况告诉了医院的保洁员段麦寸,段麦寸又与被告人武亚军、关倩倩联系,关倩倩说要3万元,经反复讲价,最终商定2.6万元。后一名叫蔡怀光的男子付钱后将该男婴转卖至外省。关倩倩、武亚军虽辩称系因经济困难而将刚生育的婴儿送人"抚养",并不是出卖亲生子女,但根据查明的案件事实,二人在决定是否将婴儿送人的过程中,积极与中间人讨价还价,根本不考虑对方是否具有抚养目的,也不了解、不关注孩子会被送至何处以及被何人"抚养",由此足以体现出二被告人主观上首先考虑的是将子女作为商品出卖以获取非法利益,其行为不属于民间私自送养或者遗弃子女,法院认定其构成拐卖儿童罪,定性是准确的。关于本案的量刑,被告人武亚军、关倩倩生育一男孩,因孩子经常生病,家庭生活困难,二人遂决定将孩子送人,并通过中间人介绍,将该男婴以2.6万元的"价格"卖给他人,后婴儿的爷爷报警后,公安机关将婴儿成功解救,没有造成严重的社会危害后果,且婴儿幼小,迫切需要得到亲生父母的哺育照料,故原审法院对其在法定刑以下判处刑罚,最高人民法院经依法复核,裁定予以核准。

---

① 参见赵俊甫:《武亚军、关倩倩拐卖儿童案——出卖亲生子女构成拐卖儿童罪,具备特殊情况的,可在法定刑以下判处刑罚》,载最高人民法院刑事审判一至五庭主办:《刑事审判参考》(总第86集),法律出版社2013年版,第59—64页。

【指导案例】王献光、刘永贵拐卖儿童案①——出卖亲生子女的行为如何定性

被告人王献光与女友鞠明丽于2008年3月5日生下一子王某。2010年1月,刘永贵在互联网上看到一条收养孩子的信息后,即与发信息者(以上简称收养方)取得联系,称可以为其介绍送养人,随后便在网上搜集相关信息。其间,王献光在网上发信息称"送养北京男孩",刘永贵看到该信息后与王献光取得联系,向王称自己的表弟想收养该男孩。刘永贵与收养方商议后,通过电话代表收养方与王献光商定由收养方支付6.6万元给王献光。同时,刘永贵单独与收养方商定事成后由"收养方支付给刘永贵2万元作为报酬"。2010年1月29日,二被告人带王某到北京市朝阳区望京文渔乡餐厅和收养方见面时,王献光被公安人员当场抓获。

在本案中,被告人王献光发布送养信息后,与被告人刘永贵进行了接洽,在完全不认识收养方,也没有考察收养方是否有抚养目的和抚养能力的情况下,即通过刘永贵向收养方索要6.6万元,其以送养为名非法获取巨额利益的目的显而易见,故王献光的行为属《关于依法惩治拐卖妇女儿童犯罪的意见》中规定的"根本不考虑对方是否具有抚养目的,为收取钱财将子女'送'给他人"的情形,已构成拐卖儿童罪。本案被告人王献光和刘永贵共同拐卖王献光的亲生子女,由于被拐卖的儿童由王献光抚养,不存在拐骗、绑架、收买、接送、中转等非法控制被拐卖儿童的问题,因此认定既未遂的关键在于儿童是否被卖出。二被告人将儿童带往约定地点并欲与收养方见面,属于已经着手实施犯罪。所谓的收养方实际上是打拐志愿者,收养人与二被告人约定好见面时间和地点后即报警并协助公安人员抓捕被告人,致使王献光在等待买主时被公安人员当场抓获,而刘永贵侥幸逃跑,所以二被告人的犯罪行为客观上不具备既遂的条件,属于因意志以外的原因未能得逞,应当认定为犯罪未遂。

需要指出的是,因收养方系"打拐"志愿者,本案还涉及犯罪引诱的问题。"打拐"志愿者通过在网上发布收养孩子的信息来寻找潜在的拐卖儿童行为人,一经发现有拐卖儿童的行为即向公安机关报案并协助抓捕行为人。本案中的收养人对刘永贵进行了引诱,但此处的引诱属于机会提供型引诱,即被诱惑者已有犯罪倾向,诱惑者只是为其实现犯罪意图提供了机会。并且,这种在互联网上发布信息的做法并非针对特定人进行引诱,与传统的针对特定人实施的引诱有很大区别。因此,该引诱情节并不影响刘永贵构成拐卖儿童罪。对于王献光,因其系自行产生出卖自己孩子的意图,而且也未看到"打拐"志愿者发布的信息,故不属于被引诱犯罪。

---

① 参见段伟、罗灿:《王献光、刘永贵拐卖儿童案——出卖亲生子女的行为如何定性》,载最高人民法院刑事审判一至五庭主办:《刑事审判参考》(总第90集),法律出版社2013年版,第68—74页。

【指导案例】孙如珍、卢康涛拐卖儿童案①——**如何把握出卖亲生子女行为罪与非罪的界限以及如何区分居间介绍收养儿童和以非法获利为目的拐卖儿童**

被告人张永才、赵兰香夫妇欲抱养一女孩,并托亲友帮助联系。2011年年初,被告人孙如珍得知此事。同年12月,朱广纪的妻子孟祥玲来到孙如珍所在的妇产科做产前检查。朱广纪夫妇因已生育3个女儿,得知胎儿系女孩后,欲放弃胎儿。孙如珍当即表示孩子出生后其可帮助联系收养人。2012年3月29日,孟祥玲生下一女婴,朱广纪遂与孙如珍联系,孙如珍与张永才夫妇取得联系,双方约定由张永才夫妇抱养女婴,并支付抱养费3万元。同月31日,孙如珍与丈夫被告人卢康涛经商议后来到朱广纪家,交给朱广纪夫妇2万元,将女婴抱走交给张永才夫妇,后者交给卢康涛、孙如珍共3.07万元。

在本案中,被告人孙如珍、卢康涛以共同出卖为目的,拐卖一名女婴,其行为均构成拐卖儿童罪,依法应当惩处。经查,二被告人先给付朱广纪2万元,后收取张永才夫妇3.07万元,明显具有通过倒卖儿童非法获利的目的,不属于居间介绍,故辩护人所提孙如珍、卢康涛的行为属于为送养子女居间介绍的意见,不予采纳。在共同犯罪中,孙如珍单独与张永才夫妇、朱广纪分别联系并商谈"抱养费",卢康涛未参与上述关键犯罪环节,故孙如珍系主犯,卢康涛系从犯。综合考虑二被告人到案后如实供述所犯罪行以及积极退赃等情节,对孙如珍可以从轻处罚,对卢康涛可以减轻处罚并适用缓刑。据此,以拐卖儿童罪,分别判处被告人孙如珍有期徒刑5年,并处罚金人民币5 000元;被告人卢康涛有期徒刑3年,缓刑4年,并处罚金人民币3 000元。

【指导案例】丁训军等拐卖儿童案②——**将生育作为非法获利手段的如何认定**

2001年底,被告人丁训军、丁训巧夫妇因家中已生育两名男孩,预谋出卖自己即将生育的男婴,遂通过丁训军的哥哥丁训奎(已判刑)联系买家。2002年2月,丁训巧产下一名男婴,数日后丁训奎以1.17万元的价格将男婴卖给江苏省沭阳县刘汉翠家,赃款悉数交给丁训军、丁训巧夫妇。2003年6月,被告人丁训巧产下一名男婴后,被告人丁训军即打电话让丁训奎联系买家,随后丁训奎以1.25万元的价格将该男婴卖给他人,赃款悉数交给丁训军、丁训巧夫妇。

本案定罪的关键在于,如何判断被告人是否具有非法获利的目的,即把子女

---

① 参见翟红斌:《孙如珍、卢康涛拐卖儿童案——如何把握出卖亲生子女行为罪与非罪的界限以及如何区分居间介绍收养儿童和以非法获利为目的拐卖儿童》,载最高人民法院刑事审判一至五庭主办:《刑事审判参考》(总第95集),法律出版社2014年版,第86—90页。
② 参见最高人民法院刑事审判第一庭:《最高人民法院拐卖妇女儿童犯罪典型案例评析及法律法规精选》,中国法制出版社2010年版,第44—48页。

当作商品,把收取钱财作为出卖子女的对价。本案可以认定两被告人将生育作为非法获利手段,具有非法获利目的。首先,从行为背景和原因来看,二被告人因家中已生育两名男孩,即决定出卖即将出生的男婴,其并非迫于生计无力抚养男婴,而是不愿履行抚养义务,意图借此非法获利;其次,从行为时间及方式来看,二被告人生育后即出卖男婴,且通过职业人贩子出卖收取巨额钱款,不问买家的情况,也不考虑买家是否具有抚养目的;最后,从行为次数来看,二被告人先后两次出卖自己亲生子女,可见其已经将生育视为谋财捷径,将子女当作商品出卖获利。因此,法院对二被告人以拐卖儿童罪认定是恰当的。

六、如何认定"暴力绑架儿童""偷盗婴幼儿"及"拐骗儿童"

(一) 裁判规则

1. 儿童是指不满14周岁的人,其中不满1岁的为婴儿,1岁以上不满6岁的为幼儿。因此,儿童属于上位概念,儿童包括婴幼儿。

2. 以贩卖为目的,入室偷盗婴幼儿过程中被发现,使用暴力抢走婴儿的行为,不属于《刑法》第240条第1款第(六)项规定的"偷盗婴幼儿"情形,而属于该款第(五)项规定的"使用暴力、胁迫或者麻醉方法绑架妇女、儿童的"情形。

3. "以出卖为目的,偷盗婴幼儿"中"以出卖为目的"系该罪的主观要件,而非客观要件,故成立该罪的既遂形态并不要求有实际的出卖行为。

4. 在拐卖儿童罪中,对于6岁以下的婴幼儿,由于其缺少基本的辨别与自保、自救能力,故只要是以暴力、胁迫或者麻醉以外的平和方法控制婴幼儿的行为,均应认定为"偷盗婴幼儿",并作为加重处罚情节来对待。

5. 在拐骗儿童罪中,拐骗行为是指以诱拐、欺骗为手段,拐骗的对象多为6岁以上的学龄儿童;但对于6岁以下的婴幼儿,一般无需采用诱拐、欺骗手段,直接以捂嘴或者乘其熟睡时将其抢走、偷走即可达到目的,对这种行为也应认定为"拐骗"。

6. 行为人先实施收买妇女、儿童或者拐骗儿童的行为,之后又因各种原因产生出卖妇女、儿童意图并将该妇女、儿童予以出卖的,以拐卖妇女、儿童罪一罪来认定即可,无需数罪并罚。

(二) 规则适用

1. 以贩卖为目的,入室偷盗婴幼儿过程中被发现,使用暴力抢走婴儿的行为,属于《刑法》第240条第1款第(五)项"以出卖为目的,使用暴力、胁迫或者麻醉方法绑架妇女、儿童的"情形,而不属于《刑法》第240条第1款第(六)项规定的"以出卖为目的,偷盗婴幼儿"情形。理由在于:首先,从字面含义来看,"偷盗婴幼儿"系采取非暴力的和平方式控制婴幼儿;在偷盗过程中被人发现,使用暴力手段抢走婴幼儿,当然属于《刑法》第240条第1款第(五)项所规定的"以出卖为目的,使用暴力、胁迫或者麻醉方法绑架儿童的"情形。其次,上述规定中虽然采用

"儿童"而非"婴幼儿"一词,但这里"儿童"是指不满14岁的人,其中既包括不满1岁的婴儿,也包括1岁以上不满6岁的幼儿。也就是说,婴幼儿属于儿童,暴力劫走婴儿的行为属于绑架儿童行为。

2. 根据我国《刑法》第240条规定,拐卖妇女、儿童的,处5年以上10年以下有期徒刑,并处罚金。有"以出卖为目的,使用暴力、胁迫、麻醉方法绑架儿童或者偷盗婴幼儿"等加重情节的,处10年以上有期徒刑或者无期徒刑,并处罚金或没收财产;情节特别严重的,处死刑,并处没收财产。可见,如何准确理解"以出卖为目的,偷盗婴幼儿",关系到法定加重处罚情节的适用。其中,"以出卖为目的"系该罪的主观要件,而并非该罪的客观要件,因此,成立该罪并不要求行为人已经实施了出卖行为;只要行为人实施了偷盗婴幼儿的行为,婴幼儿已经处于行为人的实际控制之下,即使尚未来得及实施出卖行为,也应认定为拐卖儿童罪,且属于犯罪既遂形态。在没有实施出卖行为的情况下,仍然可以通过查证,仔细分析案件情况来认定是否具有出卖目的,从而不会扩大打击面。因此"以出卖为目的"仅指行为人的主观方面,不要求有实际的出卖行为。

关于"偷盗婴幼儿"的认定,典型的情形是趁婴幼儿熟睡或者无法察觉,将其抱走的行为。对于行为人通过给付玩具、外出游玩等欺骗、利诱手段拐走婴幼儿(实践中主要是针对有一定自主活动能力的幼儿)的行为,是认定为一般情节的拐骗婴幼儿,还是认定为加重情节的"偷盗婴幼儿"呢?从《刑法》第240条的规定来看,一般地采取拐骗方式拐卖儿童,基本法定刑幅度是5至10年有期徒刑,而"采取暴力、胁迫或者麻醉方法"绑架儿童予以拐卖,或者"偷盗婴幼儿"拐卖的,加重法定刑至10年有期徒刑以上刑罚。其中,前者强调的是所采用的手段和方法,即"暴力、胁迫或者麻醉方法",至于儿童的类型在所不问;而后者强调是所侵害的对象,即针对儿童中最为弱小的"婴幼儿"群体,这部分人没有辨别是非和自保、自救能力,极易成为拐卖对象,且较之6岁以上儿童,被拐卖后解救难度更大。因此,对婴幼儿应当给予更为严格的特殊保护。而且,行为人以小恩小惠为诱饵,将正在玩耍的两三岁幼儿哄骗离开看护人视线,进而加以控制,与利用看护人疏于防范,抱走熟睡的幼儿相比,并没有什么本质区别,故均应加重法定刑至10年以上有期徒刑。综上可见,"偷盗婴幼儿"所关注的重点应该放在"婴幼儿"上,至于所采用的具体手段和方法则在所不问,只要是以暴力、胁迫或者麻醉以外的平和方法控制婴幼儿的行为,均属于"偷盗"的范畴,故不仅包括秘密窃取,还包括欺骗、利诱等其他手段。

3. 所谓拐骗儿童罪,是指拐骗不满14周岁的未成年人脱离其家庭或者监护人的行为。拐骗的对象多为学龄儿童,因学龄儿童已认人、识路,故为了让其脱离家庭,一般情况下是以诱拐、欺骗为手段。但对于婴幼儿,因其尚不懂事,一般不需以诱拐、欺骗为手段,使其脱离父母、家庭,行为人直接以捂嘴或者乘其睡着时抱走、偷走即可达到犯罪目的。对于这种并未采用"诱拐和欺骗"手段使婴幼儿脱离其家庭或者监护人的行为,能否认定为"拐骗"呢?笔者认为,答案是肯定的。同拐卖儿童罪当中对"偷盗婴幼儿"的理解一样,针对"婴幼儿"这一没有自保自救能力的特殊群体,刑法关注的重点是"婴幼儿"本身,至于拐卖、拐骗的方法和手段则并不重要。因此,作为拐卖儿童罪中加重处罚情节的"偷盗婴幼儿",并不以偷盗为限,还包括拐骗儿童罪当中的欺骗、利诱等其他手段。同样,针对"婴幼儿"这一特殊群体,拐骗儿童罪当中的"拐骗行为"不以"诱拐和欺骗"为限,还包括盗窃、抢夺等行为。可见,拐骗儿童与拐卖儿童区分的关键不在于手段和方法,而在于主观目的。其中,拐骗儿童罪的行为人不以出卖儿童(包括婴儿、幼儿)为目的,其目的通常是自己或者送他人收养,也有少数收养者是为了自己使唤、奴役拐骗来的儿童;而拐卖儿童罪则必须以出卖为目的,无此目的就不构成该罪。

【指导案例】吕锦城、黄高生故意杀人、拐卖儿童案[①]——**以贩卖为目的,入室偷盗婴幼儿时被发现,使用暴力抢走婴儿的行为,如何定性**

2008年8月下旬,被告人吕锦城、黄高生商议拐卖儿童赚钱,黄高生提议偷盗其邻居黄金花(被害人,女,殁年26岁)夫妇的男婴黄伟艺(2008年1月4日出生)贩卖,如果被发现就使用暴力抢走孩子。二人为此进行了踩点,并购买了撬门的工具和行凶的匕首、啤酒瓶等物。9月2日3时许,黄高生骑摩托车载吕锦城至黄金花家屋外,由黄高生在屋外接应,吕锦城从屋顶潜入黄金花、黄伟艺卧室时,被黄金花发现。黄金花喊叫,吕即捂住黄的嘴,并用啤酒瓶砸黄,在未砸中后又用拳头殴打黄。睡在隔壁的黄金花的奶奶戴术治(被害人,殁年75岁)听到动静过来与吕锦城搏斗,吕将戴推倒在地,并拔出匕首朝黄金花颈部捅刺一刀,抱着婴儿准备逃离。当发现戴术治坐在地上盯着其看,便又持匕首朝戴颈部捅刺一刀,致黄金花、戴术治死亡。吕锦城、黄高生带着黄伟艺逃离现场后,将黄伟艺以3.7万元的价格卖给了他人。

在本案中,被告人吕锦城、黄高生以贩卖为目的,预谋偷盗年仅8个月的婴儿,同时,在预谋时即具备偷盗和抢夺婴儿两种故意,商定若遇到反抗可将人打晕后抢走婴儿。作案过程中,黄高生在外望风接应,吕锦城携啤酒瓶等凶器入室偷盗婴儿,在被婴儿母亲、曾祖母发现后,将两人杀害后抱走婴儿。二被告人的行为并非《刑法》第240条第1款第(六)项规定的"以出卖为目的,偷盗婴幼儿"情形,而属于该款第(五)项"以出卖为目的,使用暴力、胁迫或者麻醉方法绑架妇女、儿童的"情形。

---

① 参见魏海欢:《吕锦城、黄高生故意杀人、拐卖儿童案——拐卖儿童过程中杀害被拐卖儿童亲属的行为,如何定性》,载最高人民法院刑事审判一至五庭主办:《刑事审判参考》(总第82集),法律出版社2012年版,第57—61页。

【指导案例】郑明寿拐卖儿童案①——如何理解偷盗型拐卖儿童罪中的"以出卖为目的"和"偷盗婴幼儿"中的"偷盗"

被告人郑明寿系福建省浦城县石陂镇碓下村村民。2008年7月24日左右,郑明寿产生将同村吴翠玲代为照料的尚未满月的男婴予以拐卖的念头。同月26日下午,郑明寿到吴翠玲家谈及男婴在闽南可卖到人民币(以下币种同)一两万元。27日20时许,郑明寿趁吴翠玲外出,把躺在婴儿车上的男婴抱走并逃离当地。28日1时许,公安人员抓获郑明寿,将男婴解救。

在本案中,虽然被告人郑明寿未来得及实施出卖行为即被抓获,但郑明寿到被拐男婴家中与看护人吴翠玲曾谈及男婴在闽南可卖到一两万元,反映出其具有出卖男婴的目的,其在出卖目的支配下实施了将婴幼儿从家中偷走的行为,已构成拐卖儿童罪,且属犯罪既遂。此外,郑明寿趁男婴的看护人吴翠玲离家外出,潜入男婴家中将男婴偷走,属于典型的"偷盗婴幼儿"。法院综合考虑婴儿被拐走不久即得到解救、未受到其他人身伤害等情节,在第二档加重法定刑幅度内对其判处有期徒刑10年,并处罚金,是正确的。

【指导案例】胡从方拐骗儿童案②——如何区分拐骗儿童罪和拐卖儿童罪

被告人胡从方自1994年刑满释放后在浙江省临海市红光镇上岙村净业寺出家做和尚。因无子嗣,胡从方萌生了偷养婴儿以防老的念头。2000年7月12日凌晨2时许,胡从方在浙江省黄岩红十字医院4楼妇产科住院部5-6室,乘人熟睡之机,偷走陈粉琴刚生下1日的女婴,并将该婴儿放在临海市红光镇上岙村杨全富家门口。同日,该婴儿被杨全富家人发现并收养。同月22日,该婴儿被其父母领回。2000年7月14日凌晨1时许,被告人胡从方来到浙江省台州市黄岩区第三人民医院3楼妇产科住院部,乘人熟睡之机,偷走郑素君刚生下7日的女婴,先将婴儿放在自己住处即临海市红光镇上岙村净业寺的后门,后假装发现了弃婴并收养。当天下午,该婴儿被其家人找到领回。2000年12月20日凌晨1时许,被告人胡从方来到台州市路桥区第二人民医院妇产科住院部301室,乘人熟睡之机,偷走孔玲芬刚生下2天的男婴,后将该婴儿托养在临海市沿溪乡昌岙村朱克明家。2001年1月5日,该婴儿被解救回家。

拐骗儿童罪与拐卖儿童罪在客观方面具有重合之处,均是使不满14周岁的未成年人脱离家庭或者监护人。但二者在主观目的上存在重大区别,拐骗儿童罪

---

① 参见耿磊:《郑明寿拐卖儿童案——如何理解偷盗型拐卖儿童罪中的"以出卖为目的"和"偷盗婴幼儿"中的"偷盗"》,载最高人民法院刑事审判一至五庭主办:《刑事审判参考》(总第98集),法律出版社2014年版,第137—140页。

② 参见叶福生:《胡从方拐骗儿童案——如何区分拐骗儿童罪和拐卖儿童罪》,载最高人民法院刑事审判第一庭、第二庭编:《刑事审判参考》(总第25辑),法律出版社2002年版,第55—58页。

的目的千差万别,但不能以出卖为目的。凡是以出卖为目的的拐骗儿童,无论行为人是否已经实际完成了将儿童卖出的行为,均应以拐卖儿童罪定罪处罚。此外,行为人在实施拐骗行为时并非出于出卖目的,但是之后又将被拐骗的儿童予以出卖的,根据最高人民法院、最高人民检察院、公安部和司法部联合发布实施的《关于依法惩治拐卖妇女儿童罪犯罪的意见》第 15 条第 2 款规定:"以抚养为目的偷盗婴幼儿或者拐骗儿童,之后予以出卖的,以拐卖儿童罪论处。"本案被告人胡从方出于偷盗婴儿养大防老的动机,以自己收养为目的,先后三次偷盗他人生下不久的婴儿,使其脱离家庭,尽管其未采取"诱拐和欺骗"手段,但仍然可以认定为系"拐骗"行为。由于被告人胡从方不具有出卖婴儿牟利的目的,而且在拐骗儿童之后没有进一步实施出卖的行为,故法院将其行为认定为拐骗儿童罪是恰当的。

【指导案例】葛明星拐骗儿童案①——**如何区分拐骗儿童罪与拐卖儿童罪**

2007 年 4 月,被告人葛明星和同乡有夫之妇张某某相识。2008 年 3 月,张某某离家与葛明星一同到河南省郑州市东明路租房同居,后张某某被其家人找回。此后,葛明星多次要求张某某与其同去郑州生活,被张拒绝。为达到与张某某共同生活的目的,葛明星于 2008 年 8 月 24 日下午在河南省灵宝市车站路附近将张某某 4 岁的女儿任某某骗走带至郑州市,并送入租住地附近一家幼儿园。同年 9 月 3 日,葛明星被公安人员抓获,任某某被解救。

本案被告人葛明星采取了欺骗的手段,使被害人任某某脱离家庭监护带至郑州,置于自己的控制之下。由于拐骗儿童同样属于实施拐卖儿童犯罪中的一个环节,是取得儿童的方式之一,两罪在客观上存在重合,对两罪区分的关键是行为人主观上是否具有出卖目的。对此,需要从行为人拐骗儿童的背景、事后的行为等因素进行全面考察。在本案中,从葛明星拐骗的背景来看,无非是希望孩子的母亲张某某能够到郑州与其一起生活。从事后行为来看,其并没有积极寻找下家,联系收买人或者和收买人商议价格等行为,而是将任某某送到其租住处附近的一家幼儿园,并且进行了照顾。上述一系列行为表明其主观上没有出卖的目的,故法院认定为拐骗儿童罪是恰当的。

【指导案例】王金和等拐卖妇女案②——**收买被拐卖的妇女为妻后,又将其予以出卖的行为如何定罪**

2005 年年底,被告人刘金在河南省汤阴县宜沟镇将一名迷失的妇女李某某

---

① 参见最高人民法院刑事审判第一庭:《最高人民法院拐卖妇女儿童犯罪典型案例评析及法律法规精选》,中国法制出版社 2010 年版,第 315—316 页。

② 参见最高人民法院刑事审判第一庭:《最高人民法院拐卖妇女儿童犯罪典型案例评析及法律法规精选》,中国法制出版社 2010 年版,第 158—163 页。

(患有精神分裂症,无民事行为能力)领回家,第二天到河南省林州市东姚镇,通过被告人王金和介绍以500元的价格卖给孙全金。因李某某不会做家务,孙全金又通过王金和以4000元的价格将李某某卖给王学印。因李某某与家人不和,王学印又通过王春喜以原价将李某某卖给刘业丰。

从司法实践来看,收买被拐卖的妇女后又出卖的,主要包括以下两种情形:一是行为人完全以出卖为目的收买被拐卖的妇女后又出卖的;另一种是基于非出卖目的收买被拐卖的妇女,之后产生了出卖目的出卖被拐卖妇女的。对于前一种情形,收买妇女直接属于拐卖妇女罪的行为方式之一,故直接以拐卖妇女罪认定即可。对于后一种情形,行为人同时具有收买被拐卖妇女以及出卖被拐卖妇女的行为,而且先后两个行为相对独立,分别符合收买被拐卖妇女罪和拐卖妇女罪的构成要件,彼此之间不存在手段、目的的牵连关系,本来应认定为两个独立的罪名,但是根据《刑法》第241条第5款规定:"收买被拐卖的妇女、儿童又出卖的,依照本法第二百四十条的规定定罪处罚。"这种情形属于法定的一罪,故只按照拐卖妇女罪一罪定罪处罚。在本案中,被告人孙全金、王学印不以出卖为目的,收买被拐卖的妇女,后又出卖被拐卖的妇女,应当直接认定为拐卖妇女罪。

七、如何认定拐卖妇女、儿童罪中的既遂、未遂形态

(一) 裁判规则

拐卖妇女、儿童罪的客观方面表现为拐骗、绑架、收买、贩卖、接送和中转六种行为,在认定既遂、未遂时需要根据上述具体行为的特点来进行,而不能仅仅以被拐卖妇女、儿童被卖出为既遂标准。

(二) 规则适用

《刑法》第240条第2款规定:"拐卖妇女、儿童是指以出卖为目的,有拐骗、绑架、收买、贩卖、接送、中转妇女、儿童的行为之一的。"从上述规定来看,一方面,拐卖妇女、儿童罪的客观要件是拐骗、绑架、收买、贩卖、接送、中转六种行为之一。行为人只要实施了上述一种行为,或者其中某几种行为即可,而并不需要实施全部六种行为;而在犯罪停止形态上,行为人无论是单独实施还是共同实施,只要实施某一种行为即达到完成的状态,即告既遂,而并不要求将被拐卖的妇女、儿童实际卖出。另一方面,"以出卖为目的"属于本罪的主观超过要素,在客观方面并不要求有相应的结果事实。《刑法》规定该要素是为了将拐卖妇女儿童罪区别于拐骗儿童的行为,以及以收养、结婚、奴役为目的的收买被拐卖妇女、儿童的行为。由此可见,拐卖妇女、儿童罪并不以出卖结果为既遂要件,故从性质上来说属于行为犯而非结果犯。

当然,行为犯也并非行为一经实施即达成既遂,还需要完成行为才能成立既遂。由于拐卖妇女、儿童罪包括六种具体行为方式,不同的行为方式在判断既遂

与否时所采用的标准也不同。其中,"拐骗、绑架、收买"属于手段行为,其目的是为了获得对被拐卖妇女、儿童的控制,故只要将被拐卖妇女、儿童置于行为人的控制之下即为既遂。至于行为人是否已经将被害人卖出去,是否已经获得了钱财,甚至是否谈好了价钱,对犯罪既遂均无影响。"接送、中转"则属于中间行为,主要是为了将被拐卖妇女、儿童送达指定地点或交给指定人员,故应当以行为人将被害人送至指定地点或交给指定人员即以脱手完成中转、接送为既遂。"贩卖"属于结果行为,主要是为了将被拐卖妇女、儿童卖出,故应以将被拐卖妇女、儿童已经出卖为既遂。对于行为人单独实施了六种行为中数种行为的情形,只要其中一种行为达到既遂,对行为人的全部行为处以一个拐卖妇女、儿童罪,以既遂论。当然,对于出卖亲生子女或者所收养子女的场合,因被害人一直处于行为人的合法控制之下,故应以被害人被卖出为既遂标准。

【指导案例】陆米分、王天明拐卖儿童案①——如何认定拐卖儿童罪的既未遂形态

2007 年 1 月 31 日,被告人陆米分获悉贵州省兴义市的姚中会夫妇家境贫寒,欲将出生 2 个月的女婴送人收养,遂对姚中会夫妇谎称自己家境良好,在支付 800 元营养补贴费后,陆米分将该女婴抱走并带至上海市南汇区惠南镇,并请被告人王天明帮助寻找女婴买家。王天明即联系了意欲收养女婴的汪爱芝。同年 2 月 6 日晚,陆米分、王天明在南汇区惠南镇芳芳旅馆内,以 8000 元的价格将该女婴卖给汪爱芝,在交易时被公安人员当场查获。

本案被告人陆米分以自己收养为名,以 800 元价格从贵州兴义拐骗女婴到上海,又伙同被告人王天明以 8000 元的价格,将拐骗来的女婴出卖给他人,在交易时被公安人员当场查获,二被告人均构成拐卖儿童罪,而且属于共同犯罪。二被告人在贩卖女婴的过程中被当场查获,其犯罪形态是既遂还是未遂? 拐卖儿童罪的既遂标准又是什么呢? 对此,需要根据各被告人具体实施的行为特征来进行分析。根据《刑法》第 240 条规定,拐卖儿童罪的行为包括拐骗、绑架、收买、贩卖、接送、中转等六种方式,只要行为人实施了其中一种行为,即构成拐卖儿童罪;如果行为人同时实施了其中某几种行为的,只要一种行为达到了既遂,应认定整个犯罪达到了既遂。在本案中,被告人陆米分实施了拐骗、中转、贩卖三个行为,其中拐骗行为已经实现对女婴的控制,构成既遂,即使贩卖女婴尚未完成,对全案仍然应当以既遂论处。而被告人王天明作为共犯,其犯罪停止形态应当根据正犯陆米分的犯罪停止形态来认定。据此,对两被告人均应认定为拐卖儿童罪,且属于既遂形态。

---

① 参见最高人民法院刑事审判第一庭:《最高人民法院拐卖妇女儿童犯罪典型案例评析及法律法规精选》,中国法制出版社 2010 年版,第 227—235 页。

八、拐卖过程中奸淫被拐卖妇女或者强迫其卖淫的如何认定

(一) 裁判规则

1. 在拐卖妇女过程中,奸淫被拐卖的妇女,或者强迫、引诱被拐卖的妇女卖淫的,其行为分别符合拐卖妇女罪、强奸罪或者强迫卖淫罪的构成要件,但依照《刑法》第240条之规定,上述情形均属于拐卖妇女罪的加重处罚事由,无需数罪并罚,直接以拐卖妇女罪的加重处罚情节论处即可。

2. 犯罪分子在拐卖过程中奸淫被拐卖的幼女的,应当作为"奸淫被拐卖的妇女"加重处罚情节,而无需以拐卖儿童罪和强奸罪数罪并罚。

(二) 规则适用

行为人在拐卖妇女过程中,又强奸被拐卖的妇女,或者强迫被拐卖的妇女卖淫的,其行为符合强奸罪,强迫、引诱卖淫罪的构成特征。但是依照《刑法》第240条的规定,上述行为被设置为拐卖妇女罪的加重情节,直接以拐卖妇女罪认定,而无需实行数罪并罚。刑法之所以如此规定,理由在于:一方面,从刑法规定的吸收犯来看,目的性犯罪吸收并发性犯罪(或称附随性犯罪)是一个基本原则。《刑法》分则条文一般是在规定了目的性犯罪之后,将在目的性犯罪过程中经常附随并发的犯罪,作为目的性犯罪进行加重处罚的条件。在拐卖妇女、儿童犯罪中,拐卖妇女、儿童行为是目的性犯罪,奸淫被害人或者强迫其卖淫行为属于附随性犯罪,故对于拐卖过程中奸淫或迫使其卖淫的行为,直接作为加重情节对待,无需数罪并罚。另一方面,将奸淫被拐卖的妇女、强迫被拐卖的妇女卖淫的行为直接作为拐卖妇女罪的加重处罚情节,不适用数罪并罚,不仅不会造成打击不力、轻纵犯罪,而且还提高了法定最高刑,有利于严惩此类犯罪。根据《刑法》第236条规定,强奸罪的基准刑为3年以上10年以下有期徒刑;根据《刑法》第358条规定,强迫卖淫罪的基准刑为5年以上10年以下有期徒刑;根据《刑法》第240条规定,拐卖妇女罪的基准刑为5年以上10年以下有期徒刑。如果行为人在拐卖妇女过程中奸淫妇女或强迫其卖淫,在没有其他加重情节的情况下,按照数罪并罚可能判处的最高刑为有期徒刑20年,而按照拐卖妇女罪加重情节则最高可以判处无期徒刑。由此可见,从量刑档次来看,按照拐卖妇女罪加重处罚情节论处,可能判处的最高法定刑,要高于按照数罪并罚处理可能判处的法定最高刑。

需要注意的是,作为拐卖妇女罪的加重情节,"奸淫被拐卖妇女"中的"奸淫"明显有别于强奸罪中的"强奸"。所谓"奸淫"被拐卖妇女,应当泛指行为人在拐卖妇女过程中,与被害妇女发生性关系的行为。具体来说,既包括使用暴力、威胁等手段,违背妇女意志而强行与其发生性关系的强奸行为,也包括未使用暴力、威胁手段,对被拐卖妇女实施奸淫的行为。对此,1992年最高人民法院、最高人民检察院《关于执行〈全国人民代表大会常务委员会关于严惩拐卖、绑架妇女、儿童的犯罪分子的决定〉的若干问题的解答》第3条明确规定,奸淫被拐卖的妇女,是指拐

卖妇女的行为人在拐卖过程中,与被害妇女发生性关系的行为。不论行为人是否使用了暴力或胁迫手段,也不论该妇女是否有反抗行为,均认定为拐卖妇女罪的加重处罚情节。之所以如此规定,是因为一方面在拐卖过程中,行为人一般会对被拐卖的妇女实行关押、看管、殴打等手段,迫使被拐卖的妇女服从,被拐卖的妇女一般不敢、也不能反抗,不得已而与行为人发生性关系,犯罪分子恰恰是利用被拐卖妇女人身自由受到限制、孤立无援不敢反抗的条件,无需实施新的暴力、胁迫行为,即能实现对被拐卖妇女的奸淫目的,故拐卖过程中的奸淫行为可以理解为该妇女在特定状态下的忍辱屈从。① 另一方面,如此规定也便于诉讼。在拐卖妇女过程中奸淫被拐卖妇女,即使被拐妇女没有反抗,也往往是利用了被拐妇女人身自由受到限制的条件,为此,可以直接推定违背了被拐卖妇女的意志。当然,如果在拐卖过程中,被拐卖妇女真正自愿与行为人发生性关系,则不能认定为加重情节,而应当以拐卖妇女罪的基本犯论处。

【指导案例】陈俊宏拐卖妇女案②——在拐卖过程中奸淫被拐卖妇女并迫使其卖淫的如何认定

被告人陈俊宏伙同陈玉飞(另案处理)预谋拐卖妇女到浙江省桐乡市从事卖淫活动。2007年5月16日晚,陈俊宏纠集崔征飞、吕凤明(已判刑)等人以交友为名,将被害人李某某(女,时年16岁)骗至江苏省苏州市吴江区经济开发区三里桥南海旅社208房间,采用轮奸、殴打、威胁等手段迫使李某某同意卖淫后,将李某某带至桐乡市贩卖给张广忠(另案处理)从事卖淫活动。2007年5月27日晚,被告人陈俊宏伙同崔征飞等人,经预谋,以交友为名,将被害人郭某某(女,时年20岁)从酒吧骗出带上车。在车内,陈俊宏、崔征飞采用殴打、持刀威胁等手段迫使郭某某同意卖淫,并将郭某某带至浙江省桐乡市祥隆宾馆内,对郭某某实施轮奸后,将郭某某贩卖给张广忠从事卖淫活动。

在本案中,被告人陈俊宏以出卖为目的,拐骗、贩卖妇女,并采取轮奸、殴打、威胁等方式强迫被拐卖妇女为他人卖淫。虽然轮奸妇女的行为与强迫妇女卖淫的行为均单独构成了强奸罪和强迫卖淫罪,但是根据《刑法》第240条第1款第(三)项、第(四)项的规定,二者均属于拐卖妇女罪的加重处罚情节,直接以拐卖妇女罪论处即可,而无需实行数罪并罚。此外,尽管轮奸妇女行为是强迫妇女卖淫的手段,但只要是发生在拐卖过程中,同样应当作为拐卖妇女罪的加重处罚情节来对待。在奸淫情节中,轮奸与奸淫未成年少女尽管均系强奸罪的加重处罚情节,但是并不属于拐卖妇女罪的法定加重情节,应当作为酌定从重处罚情节,在量

---

① 参见陈兴良主编:《刑法学》(第2版),复旦大学出版社2009年版,第332页。
② 参见最高人民法院刑事审判第一庭:《最高人民法院拐卖妇女儿童犯罪典型案例评析及法律法规精选》,中国法制出版社2010年版,第164—171页。

刑时予以体现。需要指出的是,行为人在拐卖过程中奸淫被拐卖的幼女的,同样作为"奸淫被拐卖的妇女"加重情节,而不以拐卖儿童罪和强奸罪数罪并罚。对此,根据最高人民法院《关于拐卖、绑架妇女(幼女)过程中又奸淫被害人的行为应当如何定罪的批复》规定,《刑法》第240条第1款第(三)项"奸淫被拐卖的妇女"的"妇女"包括"幼女"。显然,这里的"妇女"在外延上明显大于该条其他条款中的"妇女",属于扩大解释,但符合立法原意。因为如前所述,如果将"妇女"严格解释为已满14周岁的妇女,那么就只能按照数罪并罚来处理,其可能判处的最高刑为有期徒刑20年,明显要低于拐卖一般妇女并奸淫可能判处的最高刑无期徒刑,会造成重罪轻判,不符合罪刑相适应原则。

九、福利院工作人员收买被拐卖儿童的行为如何认定

(一) 裁判规则

福利院工作人员以福利院的名义收买婴儿的行为从实质上来看具有社会危害性,从法律规定来看符合收买被拐卖儿童罪的构成要件;对于单位实施非单位犯罪时,可以直接追究单位主管人员及其直接责任人员的刑事责任。

(二) 规则适用

行为人以福利院名义大量收买被拐卖儿童,在客观上助长了上游拐卖儿童的行为,社会危害性毋庸置疑。否认行为人构成收买被拐卖儿童罪的主要理由在于犯罪主体上,认为既然行为人的行为系单位行为,在《刑法》没有明确规定收买被拐卖的儿童罪的犯罪主体可以由单位构成的情况下,福利院的单位行为就不构成收买被拐卖的儿童罪,也就不能对单位的主管人员以该罪名来追究刑事责任。笔者认为,上述观点是不正确的。以贷款诈骗罪为例,《刑法》只规定了个人贷款诈骗,而没有规定单位贷款诈骗,因而就只能以个人贷款诈骗的构成要件,而不能以并不存在的单位贷款诈骗的构成要件为大前提,再将作为案件事实与构成要件进行对应。因此,对于单位集体研究决定的实施的贷款诈骗行为,应当用个人贷款诈骗罪的构成要件来进行评价,以贷款诈骗罪来追究自然人的责任。同样,在盗窃犯罪中,2002年最高人民检察院《关于单位有关人员组织实施盗窃行为如何适用法律问题的批复》指出:"单位有关人员为谋取单位利益组织实施盗窃行为情节严重的,应当依照刑法第二百六十四条的规定以盗窃罪追究直接责任人员的刑事责任。"此外,全国人民代表大会常务委员会2014年4月24日《关于〈中华人民共和国刑法〉第三十条的解释》亦明确规定:"公司、企业、事业单位、机关、团体等单位实施刑法规定的危害社会的行为,刑法分则和其他法律未规定追究单位刑事责任的,对组织、策划、实施该危害社会行为的人依法追究刑事责任。"综上可见,对于单位实施的非单位犯罪,可以直接追究单位主管人员及其直接责任人员的刑事责任。为此,即使行为人以福利院的名义,而且是为了福利院的利益所实施的收买被拐卖儿童的行为被认定为单位行为,对单位主管人员和直接责任人员仍然可以收买被拐卖的儿童罪定罪处罚。

【指导案例】陈明收买被拐卖的儿童案①——福利院工作人员收买被拐卖儿童的行为如何认定

段美林(已判刑)在广东省打工期间认识了长期捡拾、收养弃婴的梁桂红(已判刑)。因段美林知道送婴儿给福利院可以得到报酬,遂起意从梁桂红处购买婴儿转卖给福利院获利,梁对此表示同意。2002年12月至2005年11月期间,段美林单独或伙同他人从广东省梁桂红手中购买了数十名女婴,贩卖给湖南省衡阳地区的福利院。被告人陈明系湖南省衡东县福利院院长,其为获取外国收养人的捐赠款,于2005年10月至11月期间,先后六次从段美林手中收买弃婴18名,并通过伪造《捡拾弃婴登记表》等一系列证明文件,为这些婴儿办理了涉外收养手续,送给了外国人收养。

在本案中,被告人陈明身为福利院院长,本应严格依法收养社会弃婴,但其为部门利益,置国家法律于不顾,明知是段美林等人从外地购买来的婴儿仍积极予以收买,其行为已构成收买被拐卖的儿童罪。一审宣判后,被告人上诉称,福利院所收养的均是弃婴,其参与收买的行为系单位行为,不构成收买被拐卖的儿童罪。二审法院经审理认为,虽然根据现有证据,只能认定被告人收买的婴儿系弃婴,但在段美林等人以出卖为目的而收买弃婴后,这些弃婴便属于被拐卖的儿童,陈明明知段美林等人送到福利院来的是被拐卖的儿童,仍然向其支付高额报酬予以收买,其行为构成收买被拐卖的儿童罪。

十、被拐卖、拐骗儿童的年龄变化与认识错误对罪名认定有何影响

(一)裁判规则

1. 在拐卖过程中,被拐卖女童成长为妇女的,既不能对行为人以拐卖儿童罪与拐卖妇女罪进行并罚,亦不能对其概括认定为拐卖妇女、儿童罪,而应以拐卖儿童罪一罪来定罪处罚。

2. 在拐骗儿童犯罪中,犯罪对象为不满14周岁的儿童,这是犯罪构成的客观要件,行为人对此必须有认识,即明知被拐骗对象是不满14周岁的未成年人。

(二)规则适用

1. 我国《刑法》第240条第2款规定,拐卖妇女、儿童是指以出卖为目的,实施拐骗、绑架、收买、贩卖、接送、中转妇女、儿童的行为之一的。行为人以出卖为目的,对同一个犯罪对象实施了上述行为,即构成拐卖妇女、儿童犯罪。为此,行为人以出卖为目的,在实施拐骗行为时尽管被害人系未满14周岁的女童,但在出卖过程中该女童成长为妇女的,由于行为人系针对同一犯罪对象实施多个行为,这

---

① 参见最高人民法院刑事审判第一庭:《最高人民法院拐卖妇女儿童犯罪典型案例评析及法律法规精选》,中国法制出版社2010年版,第141—147页。

些行为系拐卖犯罪在不同阶段的行为表现,是同一个拐卖犯罪的组成部分,故不能以数罪来认定,而应作为一个拐卖犯罪行为来处理。同样,只有当行为人同时实施了拐卖妇女和拐卖儿童两种犯罪,才能概括认定为拐卖妇女、儿童罪,也就是说,只有行为人对两个以上且分属不同类型的犯罪对象实施了拐卖行为,才能以拐卖妇女、儿童罪论处。具体来说,要求犯罪对象至少是两人以上,而且必须分别属于妇女、儿童两种类型。如果犯罪对象只有一人,或者只有一种类型,就不可能构成拐卖妇女、儿童罪,而应当根据犯罪对象类型具体认定为拐卖妇女罪或者拐卖儿童罪。

2. 拐骗儿童罪要求行为人明知被拐骗的对象是不满14周岁的未成年人,根据司法实践经验及相关刑法理论,对被拐骗对象年龄的"明知",包括"明知必然"和"明知可能"。亦即包括行为人确切知道被害人为不满14周岁的儿童,或者知道对方可能是不满14周岁的儿童。在具体判断是否可能知道时,应当站在社会一般人的立场上,结合行为人的特别认识能力和认识程度,根据被拐卖儿童的体貌特征、身体发育程度、就学及生活环境等客观因素,综合予以认定。

【指导案例】余玉齐、胡维强拐卖儿童案[①]——**在拐卖过程中被拐女童成长为妇女的如何确定罪名**

2007年6月,被告人余玉齐、胡维强与杨思思(另案处理)经预谋,以介绍工作为名,由杨思思将放学回家途中的王某某(女,时年13岁)拐骗至江苏省南通市竹行镇余玉齐住房内,由余玉齐、胡维强将王某某拐骗至宁夏回族自治区西吉县胡维强家中,准备以2万元的价格将王某某贩卖给当地村民为妻。2007年8月,余玉齐、胡维强先后将王某某(时年14周岁)带至西吉县红耀乡谢锁国、曹永胜家中贩卖,因王某某年龄小等原因,均未成交。同月14日,胡维强将王某某带至季虎家中贩卖,交易过程中,胡维强被公安机关当场抓获。

在本案中,被告人余玉齐、胡维强拐骗王某某时,王不满14周岁,但是到出卖时,王已满14周岁,跨越了不同年龄段。在此情况下,是按照拐骗时的年龄认定为拐卖儿童罪,还是按照出卖时的年龄认定为拐卖妇女罪,抑或概括地认定为拐卖妇女、儿童罪?笔者认为,被告人伙同他人预谋出卖王某某获利,客观上先后实施了拐骗和出卖行为,但是二行为是同一个拐卖犯罪的组成部分,应当以一罪论处。此外,本案虽然从表面来看,被告人的行为既侵害了王某某作为儿童的人身自由及独立人格尊严,又侵害了其作为妇女的人身自由及独立人格尊严,但其行为只针对王某某一人,犯罪对象只有一人,不符合概括定罪的情形,不能构成拐卖妇

---

① 参见最高人民法院刑事审判第一庭:《最高人民法院拐卖妇女儿童犯罪典型案例评析及法律法规精选》,中国法制出版社2010年版,第20—26页。

女、儿童罪。本案被告人以出卖为目的,对王某某着手实施拐骗行为时,因王不满14周岁,属于儿童,被告人的行为符合拐卖儿童罪的构成要件。随后被告人实施的出卖行为,是其拐骗行为的延续,并未产生新的犯罪。可见,被告人先后实施的拐骗、出卖行为是基于同一个犯罪故意,针对同一个犯罪对象所实施的同一个拐卖行为。因此,不能因犯罪对象发生了自然变化,就客观归罪认定被告人实施了新的犯罪,转化为拐卖妇女罪。虽然从犯罪意图来看,被告人拐卖王某某,是为了将其卖给他人为妻,与一般拐卖妇女犯罪的意图相似,但是行为人是在学校门口将放学途中的王某某拐走的,其明知王某某未满14周岁,仍决意实施拐卖犯罪,应当以拐卖儿童罪认定。当然,如果行为人主观上确实不明知被害人不满14周岁,从已有证据看也无法判断被害人不满14周岁,则不能客观归罪认定为拐卖儿童罪。

【指导案例】王荣来拐骗儿童案[①]——对被拐骗儿童年龄的认识程度是否影响拐骗儿童罪的认定

1995年秋,被告人王荣来到江苏省大丰市大中镇龙福村4组张某某(1982年4月24日出生)家,以张某某的父亲生病为由,将单独一人在家的张某某拐骗至江苏省沭阳县,而后交给其哥哥王荣兵(已判刑)为妻。1997年3月15日,张某某生育一男孩。2000年3月,张某某逃回家中后报警,本案案发。

在本案中,被告人王荣来在作案前与被害人张某某认识,王荣来在接受公安机关讯问时辩称误以为被害人是成年人,所以产生将被害人哄骗回家给其兄做妻子的想法。但是,被害人事实上未满14周岁,外表特征与成年人相比存在较大区别,且不存在被害人虚报年龄的事实,被告人在未对被害人的真实年龄进行核实的情况下决意实施拐骗行为,具有放任心态,认定被告人知道被害人可能是儿童仍然予以拐骗,并不违背社会一般人的观念,故法院对其以拐骗儿童罪认定是适当的。

[①] 参见最高人民法院刑事审判第一庭:《最高人民法院拐卖妇女儿童犯罪典型案例评析及法律法规精选》,中国法制出版社2010年版,第320—323页。

第二十四章 重婚罪

一、以夫妻名义同居生活的能否构成重婚罪

(一) 裁判规则

1. 重婚罪侵犯的客体是婚姻家庭制度中的一夫一妻制,《刑法》设置重婚罪的目的是保护合法婚姻关系。判断行为人是否构成重婚罪主要看是否侵犯了合法存续的婚姻关系。先有法律婚姻,又有事实婚姻的,构成重婚罪;先有事实婚姻,又与他人登记结婚,或者两次及两次以上均是事实婚姻的,则依法不构成重婚罪。

2. 外国人在我国境内与他人以夫妻名义同居的行为是否构成重婚罪,应当适用我国的法律规定。如果外国人在国外具有合法婚姻关系,在我国境内又与他人以夫妻名义同居生活的,符合重婚罪的构成特征。

(二) 规则适用

根据 1994 年 12 月 14 日最高人民法院给四川省高级人民法院的批复①,有配偶的人与他人以夫妻名义同居生活的,或者明知他人有配偶而与之以夫妻名义同居生活的,仍应按重婚罪定罪处罚。可见,重婚包括两种情形,一是自己有配偶并且没有解除婚姻关系,又与他人结婚;二是自己虽然没有配偶,但是明知对方有配偶而与之结婚。在民政部 1994 年 2 月 1 日发布实施新的《婚姻登记管理条例》之前,即 1994 年 2 月 1 日之前,我国是承认事实婚姻的,故事实婚姻也可以成立重婚罪。但在此之后,根据 1994 年《婚姻登记管理条例》第 24 条规定,自 1994 年 2 月 1 日起,没有配偶的男女,未经结婚登记即以夫妻名义同居生活的,其婚姻关系无效,不受法律保护,应按非法同居关系处理。那么,在重婚罪中,是否就排除了事实婚姻的存在呢?笔者认为,答案显然是否定的,事实婚姻在某些情况下仍可作

---

① 四川省高级人民法院:你院川高法〔1994〕135 号《〈婚姻登记管理条例〉施行前后发生的事实上的重婚关系是否按重婚罪处理的请示》收悉。经研究,答复如下:新的《婚姻登记管理条例》(1994 年 1 月 12 日国务院批准,1994 年 2 月 1 日民政部发布)发布施行后,有配偶的人与他人以夫妻名义同居生活的,或者明知他人有配偶而与之以夫妻名义同居生活的,仍应按重婚罪定罪处罚。

为重婚罪的构成要件。理由是,一方面,事实婚姻是公开以夫妻名义长期生活在一起,而且周围群众也都认为二人存在夫妻关系。这种关系的存在,显然侵犯了一夫一妻的婚姻制度,需要认定为重婚罪;另一方面,事实婚姻是否有效与事实婚姻是否构成重婚罪不属于同一法律领域问题,前者属于民法问题,后者属于刑法问题,重婚罪的构成并不要求两个以上的婚姻关系均有效。而如果要求两个婚姻关系均有效,反而是自相矛盾,因为任何重婚罪中至少有一个婚姻关系是无效的。

在具体案件中,事实婚姻关系能否认定为重婚罪,取决于该种关系是否会破坏合法登记的婚姻关系。对于已经登记结婚的,如果又与他人公开以夫妻名义同居生活的,或者明知他人已经登记结婚,还与之公开以夫妻名义同居生活的,此种非法关系的存在,事实上破坏了合法登记的婚姻关系。为了保护合法的婚姻关系,有必要在这种情况下将事实重婚认定为重婚罪。反之,对于先有事实婚姻,又与他人登记结婚或者两次以上均为事实婚姻的,并没有破坏到合法登记的婚姻关系,故不构成重婚罪。当然,对于事实婚姻关系,我们还需要有一个正确的判断,防止将一些同居、姘居关系认定为事实婚姻,不当扩大重婚罪的构成范围。根据最高人民法院2001年出台的《关于适用〈中华人民共和国婚姻法〉若干问题的解释(一)》第2条规定,"有配偶者与他人同居"是指有配偶者与婚外异性,不以夫妻名义,持续、稳定地共同居住。由此可以得出"有配偶者与婚外异性,以夫妻名义,持续、稳定地共同居住"则属于"重婚"的结论。因此,对于"有配偶者与他人同居"的情形,即有配偶者与婚外异性,不以夫妻名义持续、稳定地生活",如"包二奶",或者男女双方虽然同居,但不是"持续、稳定地生活",而是随时可以自由拆散的,则只是临时姘居关系,是单纯的同居,不能认为重婚。

【指导案例】方伍峰重婚案[①]——事实婚姻可否构成重婚罪的前提

被告人方伍峰原系新疆维吾尔自治区乌恰县人民武装部独立连副连长。1989年11月,方伍峰参军入伍后与原籍同村女青年王某恋爱。1993年7月27日,方伍峰与王某在原籍按当地风俗举行了结婚典礼。当时,因方伍峰未到结婚年龄(距婚姻法规定的结婚年龄差4个半月),故未到结婚登记机关办理结婚登记手续。此后,二人以夫妻名义同居生活,次年,王某生一女孩。1995年8月,方伍峰结识了部队驻地附近的小学教师李某。1996年2月10日,方伍峰与李某登记结婚,并于1996年底生一女孩。

在本案中,被告人方伍峰的行为不构成事实婚姻关系。被告人的行为发生在1993年7月至1996年2月,对其应适用最高人民法院《关于人民法院审理未办理

---

① 参见薛淑兰:《方伍峰重婚案——"事实婚姻"能否成为重婚罪的构成要件》,载最高人民法院刑一庭编:《刑事审判参考》(第2辑),法律出版社1999年版,第14—18页。

结婚登记而以夫妻名义同居生活案件的若干意见》第 2 条规定,即 1986 年 3 月 15 日《婚姻登记办法》施行之后,未办结婚登记手续即以夫妻名义同居生活,群众也认为是夫妻关系的,如果同居时双方均符合结婚的法定条件,可认定为事实婚姻关系。这里的"同居时",应理解为同居开始时。据此,中国人民解放军兰州军区军事法院认定方伍峰与王某之间在同居开始时,其中一方不符合结婚的法定条件,不构成事实婚姻关系,对方伍峰不能以重婚罪论处,故宣告方伍峰无罪,这一判决是正确的。而且,更重要的是,被告人方伍峰事实婚姻在前,合法登记结婚在后,并没有侵害合法登记的婚姻,故不构成重婚罪。但是,如果被告人登记结婚后,仍然保持原来与王某的事实婚姻,则属重婚行为,应当依法追究刑事责任。

【指导案例】法兰克·巴沙勒·米伦等重婚案①——外籍被告人与外籍配偶在境外结婚后,在我国境内与他人以夫妻名义同居的,是否构成重婚罪

被告人法兰克·巴沙勒·米伦于 1991 年 8 月 24 日在英国与被害人 Josepffine-Millen 注册结婚且婚姻关系一直延续至今。2005 年,法兰克·巴沙勒·米伦到广东省广州市做生意期间,认识被告人罗敏婷并产生感情。罗敏婷在明知法兰克·巴沙勒·米伦已经注册结婚的情况下,双方仍以夫妻名义同居于广州市越秀区淘金东路 112 号×房。2006 年下半年,法兰克·巴沙勒·米伦、罗敏婷举办婚宴,宴请双方亲朋好友,公开他们之间的夫妻关系。后法兰克·巴沙勒·米伦和罗敏婷在广州市生育 2 名儿女。2013 年 2 月 26 日,法兰克·巴沙勒·米伦、罗敏婷向公安机关投案。

在本案中,被告人法兰克·巴沙勒·米伦在英国有一个合法的登记婚姻,有合法的妻子和儿女。在该婚姻关系存续期内,法兰克·巴沙勒·米伦在我国境内又和被告人罗敏婷同居。二被告人虽然未在我国民政部门正式登记结婚,但他们通过摆婚宴等方式对外宣布并以夫妻名义共同生活,后共同生育 2 名儿女。我国《刑法》第 6 条第 1 款规定:"凡在中华人民共和国领域内犯罪的,除法律有特别规定的以外,都适用本法。"该条第 3 款规定:"犯罪的行为或者结果有一项发生在中华人民共和国领域内的,就认为是在中华人民共和国领域内犯罪。"被告人法兰克·巴沙勒·米伦与罗敏婷的重婚行为发生在我国境内,应当认定为在我国领域内实施的行为,依法应当适用我国《刑法》的规定。被告人法兰克·巴沙勒·米伦有配偶仍与他人以夫妻名义共同生活,被告人罗敏婷明知他人有配偶而与其以夫妻名义共同生活,均符合《刑法》第 258 条规定中的重婚罪构成特征,应当以重婚罪论处。

---

① 参见林旭群、潘文杰:《法兰克·巴沙勒·米伦等重婚案——外籍被告人与外籍配偶在境外结婚后,在我国境内与他人以夫妻名义同居的,是否构成重婚罪》,载最高人民法院刑事审判一至五庭主办:《刑事审判参考》(总第 97 集),法律出版社 2014 年版,第 66—71 页。

二、恶意申请宣告配偶死亡后与他人结婚的行为是否构成重婚罪

(一) 裁判规则

恶意申请致配偶被宣告死亡的,从民法意义上来说属于无效行为,申请人与被申请人的婚姻关系实质上并未消灭,申请人与他人结婚的,可构成重婚罪。

(二) 规则适用

恶意申请致配偶被宣告死亡的,申请人与被申请人的婚姻关系实质上并未消灭。民事法律只保护合法的民事法律关系和善意的民事行为,要求行为人在实施行为时不得侵犯他人合法权益和社会公共利益。恶意欺诈行为应当属于无效行为,因欺诈行为而获得确认的法律关系无效,且无效的效力溯及行为开始起。因此,1988 年最高人民法院《关于贯彻执行〈中华人民共和国民法通则〉若干问题的意见(试行)》(以下简称《〈民法通则〉若干问题的意见》)第 37 条规定①仅针对合法的民事行为,亦即申请属于善意行为才具有法律效力,对于恶意实施的欺诈申请行为则不适用本条规定。据此,对上述规定的正确理解应当是,法律对善意的申请宣告死亡,且经法定程序依法作出的宣告死亡的效力予以保护,对于宣告死亡后被宣告人出现的,依法撤销死亡宣告后,其配偶的婚姻关系以维护现存状态为原则,即尚未再婚的,夫妻关系自行恢复;如果再婚后又离婚或者再婚后配偶死亡的,则不得认定夫妻关系自行恢复。

【指导案例】王艳重婚案②——**恶意申请宣告配偶死亡后与他人结婚的行为构成重婚罪**

1993 年 11 月 1 日,自诉人杨国昌与被告人王艳登记结婚。1994 年 2 月,杨国昌所在公司派杨到日本从事劳务工作 2 年。1996 年期满后,杨国昌在日本非法滞留至 2002 年 12 月 20 日。其间,杨国昌与被告人王艳通信至 1997 年 3 月,自 1996 年 7 月至 2000 年 9 月间,多次汇款给王艳。2001 年 11 月 20 日,王艳以杨国昌于 1996 年 5 月后一直下落不明为由,向北京市丰台区人民法院申请宣告杨国昌死亡。丰台区人民法院经公告 1 年后,于 2002 年 12 月 10 日依法判决宣告杨国昌死亡。同月 20 日,杨国昌被遣返回国,多处寻找王艳,王艳明知其回国却避而不见。2003 年 3 月 3 日,杨国昌向丰台区人民法院起诉与王艳离婚。在一审过程中,王艳于同月 10 日与胡宝柱登记结婚,并一直向法庭隐瞒杨国昌已被宣告死亡以及

---

① 《〈民法通则〉若干问题的意见》第 37 条规定:"被宣告死亡的人与配偶的婚姻关系,自死亡宣告之日起消灭。死亡宣告被人民法院撤销,如果其配偶尚未再婚的,夫妻关系从撤销死亡宣告之日起自行恢复;如果其配偶再婚后又离婚或者再婚后配偶又死亡的,则不得认定夫妻关系自行恢复。"

② 参见刘京华:《王艳重婚案——恶意申请宣告配偶死亡后与他人结婚的行为构成重婚罪》,载最高人民法院刑事审判一、二、三、四、五庭主编:《刑事审判参考》(总第 53 集),法律出版社 2007 年版,第 36—41 页。

自己与他人结婚的事实。同月27日,丰台区人民法院判决杨国昌与王艳离婚,并分割了夫妻共同财产。王艳不服,提起上诉,披露了杨国昌已被宣告死亡和自己与他人已结婚的事实。经杨国昌申请,丰台区人民法院于2003年7月7日撤销了宣告杨国昌死亡的判决。同年8月13日,北京市第二中级人民法院裁定撤销了丰台区人民法院作出的杨国昌与王艳的离婚判决。

在本案中,被告人王艳故意隐瞒其至2000年9月仍收取到杨国昌汇款的事实,编造杨国昌于1996年起下落不明满4年的虚假事实和理由,恶意申请致杨国昌被宣告死亡,严重违法,当属无效民事行为,因杨国昌被宣告死亡而导致其与杨国昌婚姻关系消灭的法律关系也自始无效。因此,从民事法律关系看,王艳与杨国昌的婚姻关系因为杨被宣告死亡行为的无效而实质上并未消灭。在案证据证实,王艳在申请宣告杨国昌死亡时,其主观上明知多年来杨国昌一直与其保持联系,并非下落不明这一事实,却故意编造杨国昌下落不明已满4年的虚假事实,导致法院作出宣告杨国昌死亡的判决,从而取得虚假"拟制丧偶"身份;当杨国昌起诉离婚后,又以杨的配偶身份参与离婚诉讼,充分证明王艳对其并非"丧偶"而是"已婚"身份这一点是明确的。应当说,被告人王艳以欺诈手段骗取法院宣告杨国昌死亡,取得法律规定的"拟制丧偶"身份后与他人结婚的行为性质,与已有配偶者采取欺骗手段制作虚假手续,冒充未婚或离异的身份又与他人结婚的性质是同样的,均是重婚行为。只不过本案行为人骗取的虚假手续是法院作出的宣告死亡判决,是重婚行为的一种特殊表现手段而已。综上,王艳明知自己是已婚身份,却隐瞒事实真相与他人又结婚的行为,符合重婚罪的构成要件,法院以重婚罪对其定罪处罚是正确的。

第二十五章　虐待罪

离婚后仍生活在一起的,是否属于虐待罪构成要件要素的"家庭成员"

(一) 裁判规则

对于家庭成员的认定,应当以其是否是以家庭模式在一起共同生活为标准,而不应限于基于婚姻和血亲基础形成的主体。在一起以家庭模式共同生活的恋爱、同居、扶养、寄养以及离婚后仍然生活在一起的"类家庭"关系主体,均可纳入家庭成员的范畴。

(二) 规则适用

关于"家庭成员"的具体含义,刑法及相关司法解释均未明确作出规定。同样,我国民法关于家庭成员的规定也不明确、完整。如《婚姻法》第三章"家庭关系",列举了夫与妻,父母与子女(包括婚生或非婚生子女,合法的养子女和继子女),祖父母、外祖父母与孙子女、外孙子女以及兄姐弟妹四类家庭关系,但除了这四类家庭关系外,是否还有其他主体之间的关系也属于家庭关系,《婚姻法》没有作出规定。从民众的通常观念来看,儿媳与公婆、女婿与岳父母等关系也应当作为家庭成员关系对待。因而笔者认为,对于家庭成员的认定,应当以其是否是以家庭模式在一起共同生活为标准,而不应局限于基于婚姻和血亲基础形成的家庭关系主体。在一起以家庭模式共同生活的恋爱、同居、扶养、寄养等"类家庭"关系主体,均可纳入家庭成员的范畴。为此,夫妻离婚后仍然在一起共同生活的,二人之间的关系与《婚姻法》规定的夫妻关系相比,除了没有履行婚姻登记手续以及其在民事法律关系上有别于夫妻之外,其余方面差别不大。二人之间的情感关系和社会关系都体现出家庭成员的特征,夫妻关系也得到社会明示或者默许的认同,离婚前形成的家庭关系仍然在延续。因此,无论是从大众的通常观念来看,还是出于司法实践的需要,都应当将之认定为家庭成员。如果一方对另一方实施虐待行为,采取各种手段对被害人进行身体和精神上的摧残,这种虐待行为与法定夫妻之间的虐待行为并无差异,故应当认定为虐待罪。

【指导案例】朱朝春虐待案①——夫妻离婚后仍然共同生活的人,是否属于虐待罪犯罪主体构成要件要素的"家庭成员"

1998年9月,被告人朱朝春与被害人刘祎(女,殁年31岁)结婚。2007年11月,二人协议离婚,但仍以夫妻名义共同生活。2006年至2011年期间,朱朝春多次因感情问题以及家庭琐事对刘祎进行殴打,致使刘祎多次受伤。2011年7月11日,朱朝春又因女儿教育问题和怀疑女儿非自己亲生等事项再次与刘祎发生争执。朱期春拿皮带对刘祎进行殴打,致使刘祎持匕首自杀。朱朝春随即将刘祎送医院抢救。经鉴定,刘祎体表多处挫伤,因被锐器刺中左胸部致心脏破裂大失血,抢救无效死亡。

本案被告人朱朝春和被害人刘祎虽然已协议离婚,但此后一直以夫妻名义在同一家庭中共同生活、共同抚养子女、共同购置房产,相互履行夫妻之间的权利和义务。无论是当事人自己,还是双方亲属及周围群众,都认为二人仍然是夫妻,故朱朝春和刘祎应当被认定为同一家庭成员。在本案中,无论是在被告人朱朝春和被害人刘祎婚姻关系存续期间还是在二人协议离婚之后,朱朝春均对刘祎多次实施殴打,对刘祎造成了严重的身体和精神伤害。案发当日,朱朝春再次对刘祎进行殴打,致使刘祎因无法继续忍受而自杀身亡。朱朝春对刘祎的死亡后果承担刑事责任符合法理常情。综上,一、二审法院将被害人认定为朱朝春的家庭成员,对朱朝春以虐待罪判处有期徒刑5年是正确的。

---

① 参见孔磊、唐俊杰:《朱朝春虐待案——夫妻离婚后仍然共同生活的,属于虐待罪犯罪主体构成要件中的"家庭成员"》,载最高人民法院刑事审判一至五庭主办:《刑事审判参考》(总第98集),法律出版社2014年版,第125—130页。

第二十六章　组织残疾人、儿童乞讨罪

如何认定组织儿童乞讨罪中的"暴力、胁迫"手段及"组织"行为

(一) 裁判规则

1. 考虑到儿童身心脆弱、易受伤害等特点,在认定组织儿童乞讨罪中的"暴力、胁迫"手段时,关于暴力的程度标准及证明标准均不宜要求过高:一方面,足以使儿童产生恐惧心理的轻微暴力即属于这里的暴力;另一方面,当儿童陈述受到暴力、威胁,或者身体上留有伤害痕迹的,即可推定遭受到了暴力行为。

2. 组织儿童乞讨罪中的"组织"不以被组织乞讨的人员达3人为入罪条件,即使组织1名残疾人、儿童乞讨也构成犯罪。

(二) 规则适用

1. 我国《刑法》分则多处使用"暴力"的表述,在不同罪状中具有不同的程度。由于组织儿童乞讨罪并非重罪,最主要的是考虑到儿童身心脆弱、易受伤害等特点,在认定是否构成组织儿童乞讨罪中的"暴力、胁迫"时,一方面,在程度上不宜设置过高的标准,无须达到足以压制一般人反抗的程度,只要在常人看来,足以使儿童产生恐惧心理即满足客观入罪条件。一般而言,对儿童实施抽耳光、踢打等轻微暴力,或者采取冻饿、凌辱、言语恐吓、精神折磨、有病不给治疗、限制人身自由、灌服精神镇定麻醉类药物等方式,组织儿童乞讨的,均符合组织儿童乞讨罪的入罪条件。另一方面,在具体认定过程中,对"暴力、胁迫"这一客观要素的证明标准,也不宜设置过高的标准,不能因为儿童年幼,对受到暴力、胁迫的陈述可能不够全面,或者被告人断然否认,形成证据"一对一"的局面,就一概认为证明"暴力、胁迫"的证据没有达到排除合理怀疑的证明标准,而对相关事实不予认定。我们认为,对于乞讨儿童被发现、解救时,经身体检查存在外伤,被灌服精神类、麻醉类药物,或者身体畸形状况经鉴定系人为外力、灌服药物等导致,就可以推定行为人使用了暴力手段,组织、操纵者拒不或者不能作出合理解释、提供相应依据的,即可以认定上述状况系组织、操纵者"暴力、胁迫"所致,以实现对儿童最大利益保护的政策目标。

2. 从我国刑法规定"组织"概念的罪名来看,大体可分为三类:一是其他动词+名词"组织",如入境发展黑社会组织罪,包庇、纵容黑社会性质组织罪。二是动词"组织"+名词,如组织、领导、参加恐怖组织罪,组织、领导、参加黑社会性质组织罪,组织、利用会道门、邪教组织、利用迷信破坏法律实施罪。三是动词"组织"+"活动"式,如组织、领导传销活动罪,组织残疾人、儿童乞讨罪,组织未成年人进行违反治安管理活动罪,组织淫秽表演罪,组织卖淫罪,组织越狱罪,组织他人偷越国(边)境罪,非法组织卖血罪(强迫卖血罪),组织卖淫罪(强迫卖淫罪),组织播放淫秽音像制品罪,组织淫秽表演罪。在此类罪名中,"组织"强调的是发起、策划、指导、安排等组织性的行为方式,对组织对象的人数并不必然有限制性要求。其中,在第一类和第二类罪状中包含的"组织",就是"由诸多要素按照一定方式相互联系起来的系统",应当遵循对"组织"概念的一般文义解释,即组织对象或者成员应当达到3人以上。第三类情况相对复杂。其中,有些罪状本身暗含了对组织对象的最低人数要求。① 然而,组织残疾人、儿童乞讨罪与上述妨害社会管理秩序的组织犯罪不同,基于该罪的行为对象是特定的"弱者",即使通过暴力、胁迫,发起、策划、指导、安排1名残疾人、儿童乞讨,也会贬损其人格尊严,助长儿童形成好逸恶劳或反社会性格,对残疾人、儿童身心健康造成严重伤害,同时还易诱发被组织者实施其他违法犯罪,社会危害性大,故有必要予以刑事制裁。

【指导案例】翟雪峰、魏翠英组织儿童乞讨案②——如何认定组织儿童乞讨罪中的"暴力、胁迫"手段、"组织"行为以及"情节严重"

2005年至2009年期间,被告人翟雪峰伙同其妻魏翠英先后组织被害人冯某某、朱某某、任某某等多名五六岁的儿童,分别到河南、湖南、广西等地,以演杂技为名,利用暴力、胁迫手段让其沿街乞讨。翟雪峰将儿童分组,其中,让翟满响协助管理被害人冯某某等儿童。翟满响在带冯某某外出乞讨时,因冯某某对其言语顶撞,遂将冯某某伤害致死。被害人朱某某被带出乞讨时丢失,下落不明。同

---

① 例如,组织、领导传销活动罪,如果成员少于3人,显然不符合传销活动的本质。有些罪状虽未对组织对象的人数提出明确要求,但是基于法益侵害的严重程度差别较大,为了限制刑事处罚范围,故在不具备其他严重情节的情况下,可以对人数作出限制性解释,即通常被组织者达3人以上,才构成犯罪。这些罪名主要规定在妨害社会管理秩序罪一章中,如组织他人偷越国(边)境罪、组织越狱罪、非法组织卖血罪、组织卖淫罪等,由于这些组织犯罪的共同特点是侵犯的客体为社会管理秩序,因此,组织对象的人数是反映社会危害性程度的重要因素。一般情况下,只有被组织的人数达3人以上,才能说明组织行为的社会危害性已达到危害社会管理秩序的程度,才符合该罪的认定标准。例如,最高人民法院、最高人民检察院1992年联合下发的《关于执行〈全国人民代表大会常务委员会关于严禁卖淫嫖娼的决定〉的若干问题的解答》(该解答目前已失效,仅作参考)即将"组织卖淫"解释为组织多人从事卖淫活动。

② 参见赵俊甫:《翟雪峰、魏翠英组织儿童乞讨案——如何认定组织儿童乞讨罪中的"暴力、胁迫"手段、"组织"行为、乞讨形式以及"情节严重"》,载最高人民法院刑事审判一至五庭主办:《刑事审判参考》(总第98集),法律出版社2014年版,第141—149页。

时,行为人造成任某某身体多处受伤的严重后果。

在本案中,被告人翟雪峰辩称其带儿童外出时都与儿童家长签订了合同,交了定金,儿童是自愿跟随其卖艺,在卖艺过程中没有对儿童使用过暴力、胁迫,也没有殴打过被害人任某某,其对任某某耳朵、舌头、鼻子等部位的伤不知情。但从法院审理查明的事实来看,被害人任某某、夏某某证实,在外出表演杂技期间,翟雪峰、魏翠英经常对小孩包括任某某进行殴打,组织他们乞讨;协助翟雪峰管理乞讨儿童的证人李超义证实,跟随翟雪峰演杂技期间,小孩们乞讨来的钱都交给翟雪峰,如果乞讨的钱少,翟雪峰就用三角皮带打人,朝身上、腿上、屁股上抽,用巴掌朝头上、脸上打;曾被组织乞讨的证人李秀、协助翟雪峰管理乞讨儿童的翟满响也有类似的证言。故本案现有证据足以认定二被告人采取暴力、胁迫手段组织儿童乞讨的事实。值得注意的是,实践中,监护人出于非法获利目的,将儿童"出租""出借"给组织乞讨者的现象时有发生。但因组织儿童乞讨罪要求行为人以"暴力、胁迫"手段组织儿童乞讨,而要证明监护人知道组织者"暴力、胁迫"儿童乞讨,通常较为困难。如果有证据证明监护人明知自己的年幼子女是被带出行乞仍"出租""出借"给乞讨的组织者,其主观上对于组织者是否使用"暴力""胁迫"手段往往持放任心态,可以组织儿童乞讨罪追究监护人的刑事责任。对于为获利而将儿童"出租""出借"给他人,监护人对子女被带出行乞确实不知情的,如果该儿童被组织乞讨期间致伤、致残,下落不明,或者身心受到其他严重伤害的,可以遗弃罪追究监护人的刑事责任,以有效保护儿童权益不受侵犯。

后　记

　　近年来,法官从事的实用性研究有了明显和可喜的进步,《法律适用》和《人民司法》的不断扩容,《中国应用法学》的创刊,全国法院系统学术论文研讨会组织规模的扩大、论文质量的提升等,均是很好的例证。此种局面的形成无疑是下列诸多主客观方面因素影响的结果。例如,疑难、复杂、新类型案件中需要研究的问题增多,司法过程中平衡法律效果与社会效果的难度增大,中国裁判文书网海量文书的公开,法官职业化、精英化的持续推进,法学教育和研究水平的提高,人民群众司法需求的新要求、新期待,等等。此种实用性研究虽然在某种意义上扮演着基础理论研究与适用法律技术之间的"二传手"角色[①],但从理论与实践互动关系而言,基础理论研究与实用性研究均不可或缺,而且需在分工细化的基础上良性融贯,方能最大程度地克服当下依然存在的理论界与实务界相互分隔甚或互不买账、理论与实践"两张皮"的现象。同时,就理论对实践的指导而言,两类研究同样重要,只是实用性研究相比于基础理论研究而言对实践的指导更为直接而已。此时,需要牢记的是康德的如下论说:"如果说理论对实践作用很小的话,那么责任并不在

[①] 参见张卫平:《基础理论研究:民事诉讼理论发展的基石》,载〔德〕康拉德·赫尔维格:《诉权与诉的可能性:当代民事诉讼基本问题研究》,任重译,法律出版社2018年版,序言第4—5页。

于理论,而在于人们没有从经验中习得足够的理论。"①

北京大学出版社策划的"法官裁判智慧丛书"可谓是助添实用性研究之繁荣昌盛。基于前期出版的民事法官所撰写的《公司纠纷裁判精要与规则适用》《民间借贷纠纷裁判精要与规则适用》等系列著作所取得的良好的社会效果,蒋浩副总编和陆建华编辑诚邀我组织在刑事审判实践一线的法官撰写类似的刑事法著作。这正好契合我近年来倡导和践履的实践刑法学②的研究理念和学术路径。经过一段时间的联络和沟通,我和诸位同人将陆续推出《侵犯公民人身权利罪类案裁判规则与适用》《侵犯财产罪类案裁判规则与适用》《贪污贿赂罪类案裁判规则与适用》《危害公共安全罪类案裁判规则与适用》等系列图书。

感谢北京大学出版社蒋浩副总编和陆建华编辑的组织策划,感谢责任编辑辛勤、细致的工作!

刘树德

2018年10月5日初记

2021年4月6日补记

---

① 〔德〕马蒂亚斯·耶施泰特:《法理论有什么用?》,雷磊译,中国政法大学出版社2017年版,第53页。

② 参见刘树德:《刑事裁判的指导规则与案例汇纂》,法律出版社2014年版,代序第1页以下。